那种平等理念，转而在法国政体中郑重引入自己深信不疑的法
律面前人人平等的信条。

　　旧王朝贵族人数在 8 万与 40 万之间随意浮动，拿破仑王　　466
朝的贵族人数显然更精确、更受限。他分封的贵族数量如下：
1808 年，744 人；1809 年，502 人；1810 年，1085 人；1811
年，428 人；1812 年，131 人；1813 年，318 人；1814 年，55
人。1789 年，每 1 万名法国人中有 7 个贵族，但 1814 年每 1
万人中只有 1 个。[9] 拿破仑一共封了 3263 名贵族，其中 59% 的
人是军官，22% 的人是官吏，17% 的人是名流。[10] 不少医生、
科学家、作家与艺术家也封爵。[①]　拿破仑的 131 名省长中，至
少有 123 人封爵。巴黎上诉法院享有 4 名伯爵、3 名男爵和 11
名骑士。1811 年，拿破仑册封了几乎所有大使，仅 3 人未受
封。他也设立卡斯蒂廖内、奥尔施泰特、里沃利、埃克米尔这
类亲王和公爵头衔，借贵族制永久铭记战绩名称。[②]

　　1806 年，拿破仑还设立捐赠制，它和贵族制不同，但两
者经常重叠。捐赠制下，忠实臣民系受赠人，受赏从征服的战
败国领土中征收的土地和财产。捐款常常相伴而来，提供这笔
钱的一般是意大利、德意志，后来又加上了波兰。1815 年，

---

① 1884 年，英国首次授予诗人爵位，受封人是阿尔弗雷德·坦尼森
（Alfred Tennyson）；1896 年某日，英国首次授予艺术家爵位，次日受封
人弗雷德里克·莱顿（Frederic Leighton）去世。

② 撇开为家人考虑时，拿破仑的确相信精英政权，但他也有些势利。1813
年，他对莫莱说：" '有些家庭没法封爵。有多少上校是小姐和夫人的侍
女的兄弟？'莫莱回答道，拿破仑的某位参政院顾问有个巴黎街道清洁工
兄弟。" Noailles, *Count Molé*, p. 197. 勒菲弗夫人曾是随团洗衣妇，但拿
破仑的确封勒菲弗为但泽公爵（见页边码 448 页）。某次招待会上，男仆
当众将勒菲弗之妻介绍成但泽公爵夫人，她便对他使眼色："呃，小伙
子，你觉得那称呼怎么样?!" Haythornthwaite, *Final Verdict*, p. 231.

已有 6000 人被赐予这类土地，其总价值为 3000 万法郎。

创立帝国新贵族制时，拿破仑对国内异议日渐无情。1807年 8 月 9 日，他召开参政院特别会议，提出废除保民院，"对君主政府来说，它的名称和目标听来像国外产物"。十天后，元老院令适时关闭了保民院。[11]针对《政教协定》、荣誉军团、《民法典》各章节与称帝，少数保民官曾发言抗议、投票反对。即便建立保民院的初衷恰恰是听取异议，拿破仑却愈发用军官眼光审视立法人员的不同意见，事实上，保民院这种机构在他治下存续八年之久已不同寻常。萨瓦里的回忆录解释道，只要人们是出于忠心私下提异议，拿破仑就不介意。"他从不憎恨坦率反对他的人，他乐意让人讨论自己的看法。"[12]拿破仑喜欢和康巴塞雷斯、参政院探讨他的观点，康斯坦、多努、谢尼埃等保民官也会发起这种讨论，但他对此的态度就没那么热情了。"盯着邦雅曼·康斯坦，"拿破仑和康巴塞雷斯提起这位臭名昭著的花花公子时说，"要是他插手任何事，我就送他去不伦瑞克见老婆。"[13]元老院令废止保民院时，拿破仑也把进入立法机关的年龄下限一律定为 40 岁，而他自己当时仍然只有 38 岁。

拿破仑一回巴黎就能集中精力改善法国财政，近期的胜利帮了他非常大的忙。1807 年 9 月，根据《蒂尔西特条约》部分安排，达吕详细列出 22 个普鲁士城市待交纳的现金和补给，其中现金共有 72474570 法郎 7 分，补给总价值达 30994491 法郎 53 分，若算上其他地区，总额立刻就超出 1.53 亿法郎。[14]因为这些财物与和平宣言，巴黎证券交易所（Paris Bourse）对拿破仑政府的信心激增。1800 年 2 月，利率为 5% 的政府公债交易价格为 17.37 法郎，1807 年 8 月 27 日，它涨至 93 法郎，此后稳定在 80 ~ 90 法郎。[15]

　　拿破仑所谓的波兰战争开始后，这段时间他并非一直工作。1807 年 10 月 4 日，据记载他给了巴拉尔（Barral）伯爵夫人 3 万法郎。此人是波利娜的女侍长，其夫则是恶名昭彰的通奸之徒，在威斯特伐利亚给热罗姆当管家。[16] 1807 年 9 月，拿破仑也展示控制欲天性，下令逮捕美国驻热那亚领事库恩（Kuhn）先生，理由是他身佩英国颁发的马耳他勋章。当月，拿破仑要求获知哪些波尔多贵族抵制元老院成员拉马蒂利埃（Lamartillière）的舞会及背后的原因。他甚至在一桩谋杀悬案中扮演业余侦探，指示富歇重新调查 1805 年 5 月的"某蒙彼利埃人士让－纪尧姆·帕斯卡尔（Jean-Guillaume Pascal）"投毒案，"据说这个无赖杀了自己的妻子"。拿破仑命令警方盘问帕斯卡尔的妻舅。他怀疑这对夫妻的狗可能也被下毒了，要求警察对它进行尸检。[17]

　　很久没打仗了，拿破仑头一回享受了将近一年的家庭生活。他在埃及时，约瑟芬借钱买下美丽的马尔迈松城堡，该地位于巴黎以西 7 英里处，此后他俩有时住马尔迈松，有时住杜伊勒里宫。马尔迈松逐渐变成 300 英亩的花园与林野，其雕塑收藏也很丰富。园内主要景观是大鸟舍、种植珍奇花木的植物温室、夏日凉亭、高塔、爱神殿以及毗邻塞纳河的葡萄园与田野。① 约瑟芬养了一群野生动物，其中有袋鼠、鸸鹋、飞鼠、羚羊、鸵鸟与美洲驼，还有一只凤头鹦鹉，它只会反复不断地

468

――――――――

①　约瑟芬带贵族露西·德·拉图尔·迪潘参观马尔迈松时，曾向她解释道，所有画作与雕塑都是外国宫廷的礼物，迪潘于是指出："这个好女人撒谎成性。就算直白的真相比谎话更令人震撼，她也情愿扯谎。" Moorehead, *Dancing to the Precipice*, p. 286.

说"波拿巴"。有一只母红毛猩猩身穿白色无袖宽衬衣，约瑟芬有时会请它上桌和客人一同吃芜菁。[18]拿破仑从埃及带回羚羊，不时喂它们鼻烟。① "它们很喜欢烟草，"他的私人秘书回忆道，"一分钟就能吃空一个鼻烟盒，而且看起来毫无不适。"[19]拿破仑在马尔迈松的书房放了一把卡宾枪，有时他会在窗边射鸟，但约瑟芬劝他不要射她的天鹅。[20]〔他想打也很可能打不中。拿破仑的男仆格雷瓜尔（Grégoire）回忆说，他"用肩膀托枪的姿势不对，又叫人把枪上满膛，结果他总是才开一枪就手臂发黑"。[21]有一次，他连开七枪才打死受困的牡鹿。〕

拿破仑的皇宫在鼎盛时有 39 座宫殿②，几乎相当于国中之国，尽管其中不少行宫他从没去过。[22]他效法路易十四，重设公开弥撒、筵席宴会、音乐盛典等太阳王的很多派头。[23]他相信这些公开展示的盛况既能激发民众的敬畏之心（"我们必须对眼睛说话"），又可刺激法国奢侈品业的发展。[24]皇宫每年预算达 2500 万法郎，在法国全部公共开支中排第六位。拿破仑认为其私人金库和法国国库是一回事（不过这在当时不算异常，1760 年英国才开始实行王室年俸制），他的个人库藏中

469

---

① 据一名侍从回忆，拿破仑自己吸鼻烟可谓"得不偿失。与其说吸烟是他的实际需要，不如说是爱好和某种娱乐。他的鼻烟盒造型非常简单，呈椭圆状，由黑贝壳制成，内衬黄金。它们几乎长得一模一样，不同之处只有盖子上的古典风味的银质漂亮奖章。"Bausset, *Private Memoirs*, p. 428. 虽说拿破仑有烟瘾，他却认为吸烟"无益，只能让懒人快活"。Constant, *Memoirs II*, p. 11.

② 包括杜伊勒里宫、枫丹白露宫、圣克卢宫、贡比涅宫、凡尔赛的大小特里亚农宫、朗布依埃宫（狩猎行宫）、默东宫、巴约讷外面的马拉克城堡、美因茨附近的德意志宫（Deutschhaus）、布鲁塞尔附近的拉肯宫（Laeken Palace）、米兰王宫（Palais Royal）、佛罗伦萨碧提宫、热那亚杜拉佐宫（Palazzo Durazzo）、都灵斯图皮尼吉堡（Castello Stupinigi）、罗马蒙特－卡瓦洛宫（Monte-Cavallo）。

一共积聚了 54514 枚宝石。①

拿破仑巡视法国时，他的随行队伍达 60 辆马车，这么做是刻意给人留下印象。当代美国总统的汽车队可达 45 辆车，它也是类似的政府权力的有形象征，同拿破仑的车队是一个道理。然而，他私下保持小贵族军官的谦逊，其本性一向如此。"在御座上会客时，"沙普塔尔回忆道，"他摆出非常奢华的架势，其勋章、剑柄、帽绳、帽扣、搭扣都用漂亮的钻石制成。这些衣服令他难受，他似乎感到尴尬，一完事便立刻脱掉。"[25]拿破仑的日常穿着要么是帝国近卫掷弹兵上校的蓝色便服制服，要么是近卫猎骑兵的绿色制服。在圣赫勒拿岛上，他发现弄不到与制服色泽吻合的绿色布料，干脆把衣服翻过来穿。

拿破仑本人在非正式场合不太重视装饰，他身边的人却穿着华服盛装，很多人如他所愿发现了这种对比。事实上，德农指示画家弗朗索瓦·热拉尔"注意充分强调皇帝身边官员的华服，他们的盛装同他的简朴形象形成对照，立刻在人群中突出他"。[26]布拉兹上尉也指出，"亲王和将军的衣服上，每条缝都镶边，而皇帝戴着小帽子，穿着猎骑兵的绿色长外衣，在他们之中显得与众不同"。[27]除了荣誉军团勋章，拿破仑也戴意大利铁冠勋章，他曾被授予其他很多饰物，但从来不戴，假如戴上那一排东西，他可能会在战斗中吸引狙击手的目光（或许纳尔逊应该好好考虑这一点）。1811 年，拿破仑全部衣物的清 470

---

① 拿破仑的开销极大，但他总是设法节省，在 248 页（页边码）我们就看到他削减装潢商的账单。"这里的人曾经每天喝 155 杯咖啡，"有一次，他在杜伊勒里宫对一位大臣说，"每杯咖啡花掉我 20 分，一年下来我就花掉 56575 法郎。我停止供应咖啡，补偿每人 7 法郎 6 分。现在我要付 21575 法郎，节省了 35000 法郎。" Chaptal, *Souvenirs*, p. 335.

单制成，其中仅有 9 件外套（供未来三年使用）、2 件晨衣、24 双丝绸袜子、24 双鞋子、4 顶帽子。清单上注明："非经陛下准许不得花费。"后来侍从夏尔·德·雷米萨（Charles de Rémusat）伯爵真的在拿破仑的衣服上花了太多钱，结果他被解雇了。[28]

拿破仑的宫廷体系完全以工作为中心。傍晚 6 点晚餐开始，但皇帝非常容易误点，他倒是趁工作允许时开饭，不论那是什么时候。厨房成天在烤架上放几十只鸡，这样他想吃饭时总有一只准备好了（很不符合他的节俭愿望）。人们拿什么他就吃什么，也不讲究顺序。他不是美食家，吃通心粉也会非常开心。"拿破仑喜欢最简单的菜，"一位管家回忆道，"葡萄酒他只喝香贝坦，而且经常是稀释过的。"[29]就连香贝坦也没能一直保住最佳葡萄酒的地位，奥热罗被问及意见时评价道："我知道更好的。"[30]拿破仑白兰地是个错误名称，因为他从不喝烈酒，他习惯了每日早餐前和晚餐后来一杯咖啡。据我们所知，他没有醉过。拿破仑明白自己不是美食家。"要是你想吃得好，找康巴塞雷斯。"执政府时代，他对蒂埃博将军说，"要是你想吃得差，找勒布伦。要是你想吃得快，找我。"[31]他在餐桌上一般待不到十分钟，除非是周日晚上的家庭聚餐，这时他最多会待上半小时。[32]"我们都遵守皇帝在桌旁站起来的讯号，"一名和他一同进餐的人回忆道，"他的礼仪举止草率又惊人。他会突然推开椅子，像被电击了似的起身。"[33]拿破仑曾说，虽然很多人，特别是约瑟芬对他说应该在餐桌边多待一会儿，但他认为自己在那儿花的时间"已然是权力的腐败"。[34]

他在家时就像战时一样，不问时间，只有需要时才睡觉。"若他入睡，"财政部长莫莱伯爵回忆道，"那只是因为他发现有必要睡觉，并且能靠睡眠恢复以后所需的活力。"[35]他一天要睡七小时，但一名秘书回忆道，他的睡眠是"多次打盹，晚上他也能像白天时一样想醒就醒"。[36]拿破仑的所有宫殿中，他的卧室都靠近书房，所以无论昼夜何时，他都能穿着晨衣工作，对轮班的秘书口授指示。"以前他常常睡一小时就起来，"另一名秘书回忆道，"这时他的头脑非常清醒明晰，仿佛他差不多睡了一整晚。"[37]

471

　　拿破仑相当擅长掌控事情的轻重缓急。他总是马上处理紧急事务，将重要但不紧迫的文件放进待办文书堆，并把他认为不重要的东西统统扔到地板上。路易十八用邮票代替自己的签名，而拿破仑会在亲自签字前通读所有信件，重要原因之一是他口述的速度太快，秘书有时可能会错记。"思维跑得最快，"拿破仑解释为何他需要秘书时道，"然后它就对信和字说再见了！我现在只能口授，这样做非常方便，就像是谈话一般。"[38]他几乎从不在书桌旁坐下，除非是给妻子和情妇写信（只有她们收到的信是他亲笔写的），或是签署文件。他有三个私人秘书：布列纳，1797～1802年在职；克洛德－弗朗索瓦·德·梅纳瓦尔，1802～1813年在职；阿加顿·费恩（Agathon Fain），1813～1815年在职。秘书坐在小书桌边记录口述，他们都发明了自己的速记法，以便跟上他的言语激流。在杜伊勒里宫书房口授时，皇帝坐在绿色塔夫绸沙发上，不远处是一面屏风，隔开他和火炉，其他宫殿的书房都复制了这一格局。若凌晨1点拿破仑和秘书还在工作，有时他们便会微服前往圣奥诺雷街，在那儿喝几杯热巧克力。[39]（某次出访后次日，皇帝冲警察局长抱怨道，宫殿大门的灯都坏了。"他想不通我是怎么发现的。"[40]）

　　每个秘书和大臣都对拿破仑的惊人记忆力和口述能力有一番说辞。内政部长让·沙普塔尔讲述的一则故事也许可被视作非常典型的事例：拿破仑想在枫丹白露开办军校，他让沙普塔尔坐下，口授了 517 封信，其间他根本不看笔记。沙普塔尔彻夜起草信件，完工后，拿破仑"对我说，写得不错，但还不全"。[41]他曾对梅纳瓦尔说，离开布列讷后，他开始每天工作十六个小时，天天如此。[42]

　　拿破仑身边的一切事务进展极快。据莫莱回忆，1806 年夏某日，皇帝离开弥撒仪式，前往圣克卢宫参加招待会，他"走得飞快，随行的外国亲王和……法国大显贵努力跟上他，累得气喘吁吁"。[43]他一分钟都不愿浪费，经常同时做好几件事。他喜欢长时间泡热水澡，几乎天天泡很久，19 世纪早期欧洲很少有人这样做。不过，就像贴身男仆给他刮胡子时和某些早餐时间一样，他一边泡上一两小时，一边听人读报纸或政治文章。读到英国报纸时，拿破仑的秘书不愿翻译，因为他几乎变得自虐，坚持要听所有写到自己的文字，不论它们多么不堪入耳。[44]历史小说家让利斯（Genlis）伯爵夫人每周都为他列出新出版的小说清单，长途马车旅程中，约瑟芬就从中挑一些简短的念给他听。[45]

　　拿破仑让自己的班子工作得很累，但他体贴属下，他们几乎都仰慕他。贴身男仆、副官和传令兵觉得他是真英雄，愿意陪他流放的私人侍者也远超英国允许的人数，这是他帝王之才的有力证明。约瑟芬的侍女阿夫里永（Avrillon）小姐回忆道，他"极有礼貌"，"对待小错误时非常宽容"。拿破仑的侍从博塞伯爵写道："我可以直截了当地说，他那卓越的人格、文雅的举止鲜有人可以匹敌。"阿加顿·费恩认为，"拿破仑是忠实的朋友和最好的统治者"，重要原因之一是"他宠爱所有人"。[46]某位酗酒的车夫曾在马伦戈驾驶货运马车,因为这一点,即便他被解雇了,其后数年他也留在工资名录上。

"我原以为他粗鲁无礼、脾气多变,"梅纳瓦尔回忆道,"但与之相反,我发现他耐心宽厚、平易近人、绝不严苛,喧闹和调侃常令他开怀,有时他的温和也让人着迷。"[47]秘书布列纳经常批判拿破仑,因为严重贪污,1802年他被降职。拿破仑后来又给布列纳找了个工作,任命他为汉堡总督,但他再次滥用职权谋私利,接着又用多年诽谤回报善待他的上司。

拿破仑一生中的所有平常夜晚包含法国普通资产阶级家庭的很多乐事。梅纳瓦尔回忆道:

> 他和家人一起用餐,饭后去自己的私人办公室(cabinet)查看,除非被那儿的一些工作拖住,接着他会返回客厅下棋。一般说来,他乐于用亲切的口吻交谈。他热爱讨论,但不强加自己的观点,也不会卖弄高深学问、炫耀显赫地位。如果只有女士在场,他就喜欢批评她们的着装,或是讲悲剧故事与讽刺故事——大多是鬼故事。就寝时间到了,波拿巴夫人便随他进卧室。[48]

473

拿破仑在周日晚上的马尔迈松小型舞会上跳舞,表扬继子女的短剧,"沉醉于这种家长生活"。[49]他狩猎成年牡鹿和野公猪,不过比起享受追逐,他的目的更偏向于锻炼身体。下棋打牌时,他不时使诈,但常常把借此赢来的钱还了回去。他只是忍不了不能赢。

1808年年初,法国已征服普鲁士,并同俄国达成重要的和解，拿破仑遂能转而思考可能强迫英国谈判的方法。特拉法尔加海战之后，他显然不能重启侵英计划，但英国人想摧毁大陆体系，他们仍然在欧洲全境积极促进走私，并封锁法国港口，完全没有想停战的意思。拿破仑希望打击英国贸易，他始终认为这是让"店老板民族"屈膝的关键，于是他把目光转向南方。1800 年 11 月，他致信约瑟夫："对我们来说，占领葡萄牙最能打击英国商业。"[50]甚至从那时开始，拿破仑就一直认为英国的老盟友是它的死穴。[①] 1807 年 7 月 19 日，他一边驰过德累斯顿，一边要求葡萄牙到 9 月时对英国船只关闭港口、逮捕里斯本境内所有英国人、没收一切英国货物。1801年时葡萄牙向法国求和，同意支付赔款，但一直拖延未付。葡萄牙允许英国船只入港采购该国出口量最大的商品葡萄酒，坐拥广阔的殖民地和庞大的舰队，但它的陆军只有 2 万人。葡萄牙统治者若昂（João）王子性格懒散、身材肥胖、头脑愚钝，却实行绝对专制，1805 年，若昂的西班牙王妃卡洛塔（Carlota）曾试图推翻他。[51]

1807 年 8 月 29 日，法军入侵伊特鲁里亚，力图抑制当地长期上演的英国货走私现象。西班牙首相唐曼努埃尔·德·戈多伊－阿尔瓦雷斯·德·法里亚（Don Manuel de Godoy y Álvarez de Faria）明白，为了合理补偿玛丽亚·路易莎公主（西班牙国王卡洛斯四世之女、伊特鲁里亚王后，1803 年 5 月，其夫路易一世国王死于癫痫），他得和拿破仑合作。拿破

474

---

① 英葡同盟是世界上最古老的同盟：1376 年，两国初次结盟；1386 年、1643 年、1654 年、1660 年、1661 年、1703 年、1815 年、1899 年、1904年、1914 年，两国都重申同盟关系（1899 两国系秘密结盟）；1982 年马岛战争中，英国引用了英葡同盟关系。

仑既不喜欢也不信任戈多伊。1801 年，戈多伊向吕西安求取拿破仑的肖像，他回绝了："我永远不会把自己的画像送给将前任关进地牢①、采用异端裁判所传统的家伙。我也许会利用他，但我对他只有鄙视。"⁵²耶拿会战当天，戈多伊曾动员西班牙军队，但他在知道会战结果后就快速解散了军队，因此拿破仑非常怀疑他的行为。戈多伊断定，允许法军经西班牙入侵葡萄牙是明智之举。

"为了迫使英国求和，"1807 年 9 月 7 日，拿破仑致信国王卡洛斯四世，"最重要的是必须从其势力范围中夺取葡萄牙。"⁵³10 月 27 日，戈多伊的代表签署《枫丹白露条约》，该条约秘密条款计划将葡萄牙一分为三：北部归玛丽亚·路易莎公主，补偿她的伊特鲁里亚；中部由法西联军占领；南部成为戈多伊的私人封地，他将加封阿尔加维斯（Algarves）② 亲王。这位英俊、狡猾、粗鄙、浮夸的首相已然使用自夸头衔"和平亲王"（Príncipe de la Paz），意指 1795 年他与法国缔结《巴塞尔条约》。⁵⁴戈多伊的家乡埃斯特雷马杜拉（Estremadura）是西班牙养猪业中心，所以他有绰号"做香肠的"。比起这个流行戏称，他更喜欢那两个亲王封号。条约保证了卡洛斯四世的统治疆域，允许他使用头衔"两美洲皇帝"。⁵⁵

10 月 29 日，拿破仑批准条约，此时法军已深入伊比利亚半岛。朱诺向葡萄牙进军，10 月 18 日，他已渡过比达索亚河（the Bidasoa），进入西班牙。就连里斯本也没有抵抗他。11 月 29 日，葡萄牙王室登上皇家海军战舰，早早逃往里约热内卢，

---

① 1792 年某次战斗中，法军击败西班牙军，此后戈多伊囚禁原西班牙首相阿兰达（Aranda）伯爵。

② 今阿尔加维（Algrave）。——译者注

他们离去时，群众在码头上喝倒彩。[56]拿破仑命令朱诺确保他的工兵沿途绘制西班牙公路草图。他写道，"告诉我村庄间的距离以及该国的自然环境与资源"，这表明甚至在那时他就考虑要侵略盟友了。[57]

475

西班牙政局腐败透顶，波旁家族又颓废无能，看起来这正是推翻他们的大好时机。卡洛斯四世的妻子、帕尔马的玛丽亚·路易莎（María Luisa）为人专横，两人的长子兼继承人是24岁的阿斯图里亚斯（Asturias）亲王费迪南德，即未来的费迪南德七世（Ferdinand VII）。国王夫妇憎恨儿子，儿子也憎恨他们，两股怨愤之情不相伯仲。戈多伊家里既有妻子又有一位情妇，但他还是王后的情人。几年前，拿破仑致信卡洛斯，警告对方戈多伊给他戴绿帽。戈多伊截获了这封信，但卡洛斯太顺从了，以至于前者什么也没做，只是任由这封信送达后者。戈多伊在西班牙权势滔天，他一次海也没出过都能受封海军将领。费迪南德像父亲一样孱弱胆怯，他和戈多伊彼此憎恶。其实整个西班牙都痛恨戈多伊，因为1808年时他已经祸国殃民，被英国夺走的殖民地、特拉法尔加的灾难（西班牙损失了11艘战列舰）、疲软经济、腐败、饥荒、教会土地的售卖、斗牛禁令乃至南部暴发的黄热病疫情令他格外可憎。[58]

1807年10月，费迪南德王子致信拿破仑，或者说"超越所有前人的英雄"（王子的奉承话），求娶波拿巴家族的女子，这展示了诱人前景。[59]当月，卡洛斯曾以（莫须有的）谋反罪为由监禁费迪南德，但他后来只能十分勉强地释放了儿子，所以费迪南德很可能既想智胜父母，又想保住王位，使它免遭法军侵犯。这本是理想的解决之道，可让拿破仑避开他日后所谓的"西班牙溃疡"（Spanish ulcer），但最佳候选人、他最大的侄女、吕西安之女夏洛特（Charlotte）才 12 岁。夏洛特在拿破仑宫中短暂寄居时给罗马的父母写了好几封信，抱怨这里道德败坏，恳求让她回家，拿破仑拦截了这些信后同意了她的请求。①60

占领里斯本后，朱诺随即采取行动，他废黜已经离开的布拉甘萨王朝、没收王室财产、强征"捐赠"款 1 亿法郎、颁行宪法。宪法内容包括宗教宽容、法律面前人人平等和个人自由。61他宣布将修建道路、挖掘运河、促进工农业、扶持公共教育，但葡萄牙人依然小心观望。拿破仑颁布的法令称，朱诺的士兵除常规补给外每日可领一瓶葡萄牙产的葡萄酒。62

看起来法军已拿下葡萄牙，1808 年 1 月，拿破仑便派缪拉去西班牙北境。此举表面上是支援朱诺，但实为夺取圣塞瓦斯蒂安（San Sebastián）②、潘普洛纳（Pamplona）、菲格拉斯（Figueras）、巴塞罗那（Barcelona）这四座巨大要塞。戈多伊一心依据《枫丹白露条约》秘密条款自立为君，全力支持拿破仑的行动。西班牙首相正帮助法军侵略西班牙，唯一算不上入侵之处仅在于他们没打着入侵的旗号。3 月 13 日，缪拉已率 10 万人到达布尔戈斯（Burgos），正在向马德里进军。为了麻痹西班牙人，拿破仑命令"散播消息，就说我要围攻直布罗陀③，然后去非洲……进入西班牙是计划的一部分"。63

有流言称戈多伊打算带着国王夫妇经安达卢西亚（Andalusia）去美洲，1808 年 3 月 17 日，在这则谣言的煽动下，

478

---

① 两年后，吕西安试图逃往美洲，中途被皇家海军俘虏。他去了伍斯特郡（Worcestershire）流放，之后好几年过得舒适惬意，还写诗贬低"查理曼"（他二哥）。

② 今多诺斯蒂亚（Donostia）。——译者注

③ 1713 年，《乌得勒支条约》把直布罗陀割让给英国。

比斯开湾

费罗尔
科伦纳
阿斯图里亚斯

菲尼斯特雷角

加利西亚

布尔戈斯

贝纳文特

旧卡斯蒂利亚

巴利亚多利德

大西洋

阿尔梅达

萨拉曼卡

瓜达拉马山脉
索莫谢拉口

丰特斯-德奥尼奥罗

马德里

牙

阿兰胡埃斯

塔拉韦拉

托莱多

新卡

托里什韦德
拉什防线

罗利萨
维梅鲁

圣塔伦

葡

萄

西

班

牙

辛特拉
里斯本

埃

斯

特

雷

马

杜

拉

拜伦

葡

萄

牙

科尔多瓦

安

达

卢

西

加的斯

特拉法尔加角

直布罗陀

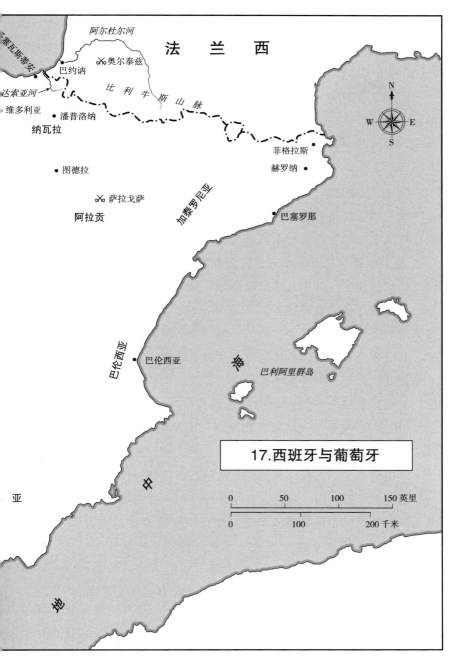

阿尔杜尔河

法 兰 西

奥尔泰兹

巴约讷

达索亚河

维多利亚

潘普洛纳

纳瓦拉

比 利 牛 斯 山 脉

菲格拉斯

赫罗纳

图德拉

萨拉戈萨

加泰罗尼亚

阿拉贡

巴塞罗那

巴伦西亚

巴伦西亚

巴利阿里群岛

海

中

亚

地

**17.西班牙与葡萄牙**

| 0 | 50 | 100 | 150 英里 |
|---|----|-----|---------|

| 0 | 100 | 200 千米 |
|---|-----|---------|

马德里以南 25 英里处的王家冬宫爆发"阿兰胡埃斯暴动"（Tumult of Aranjuez），推翻了戈多伊。一群暴民冲进戈多伊家里，想用私刑处死他，但他躲进阁楼上卷起的毯子（也可能是垫子）里，逃过一劫。[64]费迪南德王子支持反叛，两天后卡洛斯四世退位。逊位前日，他不情愿地被迫罢免戈多伊，马德里城中于是热烈欢庆。"我已做好充分准备，要在西班牙实施一些改变，"拿破仑得知消息后对萨瓦里说，"但我想事态没有按我期望的轨道发展。"[65]他发现有机会扩张势力，于是不肯承认费迪南德的王位，称卡洛斯是自己的忠实盟友。

戈多伊躲了三十个小时，饥渴万分，他试图去当局自首，但被暴民抓住了。他们几乎搞瞎他的一只眼睛，还弄伤他的臀部，不过他还是活着归案了。[66]西班牙财政大臣在马德里被杀。暴民洗劫了戈多伊及其朋友的家，然后又去抢葡萄酒商店。当时，西班牙公众和英国媒体认为是拿破仑煽动了暴动，但实情并非如此。然而，他挑拨各派的关系，设法借此来利用暴动提供的机会。拿破仑怀疑费迪南德既是保守贵族和教士的傀儡（他的确是），又是英国的秘密盟友（当时他不是），而西班牙的战略和经济地位十分重要，他不能让此人继续统治它了。

479

拿破仑承受不起南部邻国的混乱状态，何况该国此前一直每月给他 500 万法郎，再说它甚至在特拉法尔加海战后仍拥有庞大的海军，只要他还想重拾侵英梦想，他就需要这支海军。1700 年，路易十四立波旁族人为西班牙国王，然后这个家族才统治西班牙。此刻，波旁家族实际上制造了权力憎恶的真空。雾月十八日的事件已然证明，如果拿破仑认为有利可图，他非常乐意发动政变，而且在操作上他也相当在行。

蒂尔西特会议已经结束，现在大军团的陆上军务仅剩卫戍任务和卡拉布里亚的一些反游击战斗。"（我）入侵西班牙不是为了立（我的）家人为王，"1814 年，拿破仑声称，"而是为了让它革命，为了建设法治国家，为了废除异端裁判所、封建特权和某些阶级的过分特权。"[67] 现代化方案似乎在意大利、比利时、荷兰和莱茵邦联西部特别成功，他指望这套法子也能安抚西班牙，让它接受自己的统治。这一过程总是颇有事后文饰的意思，但他的确希望西班牙的一些阶级欢迎他的改革，某种程度上他也做到了。拿破仑说他并不想要西班牙在拉丁美洲的巨额财富，称该国只需每年给他 6000 万法郎，以便在其境内实施法国化的措施（pour la francifer）。[68] 尽管有这些渴望，但西班牙战争系王朝战争，和他之前的所有战争都不相同。从这个意义上看，西班牙战争表明他背离了过去的革命战争。

3 月 21 日，卡洛斯四世撤回逊位声明，他提出了一个非常合理的理由——退位是被迫的。[69] 两天后，缪拉率蒙塞军和杜邦军的 5 万人占领马德里。起初一切似乎平静下来了，即便次日费迪南德返回马德里时受到狂热的欢迎。费迪南德认为拿破仑只想罢免戈多伊，4 月 10 日，他离开马德里，去西班牙边境附近的巴约讷（Bayonne）和拿破仑开会。国王夫妇也各自赴会。西班牙人民和费迪南德本人都认为拿破仑会承认他是西班牙的合法国王，在王子去巴约讷途中，百姓们便脱掉夹克衫，放在他的马车车轮下，以便"保存旅程印迹，这次旅行是他们一生中最幸福的时刻"。[70]

4 月 15 日，拿破仑到达巴约讷，入住附近的马拉克城堡（Chateau de Marracq）。一支帝国近卫军部队在城堡草坪上扎营，陪他待了三个月。他在战场上总是攻击敌人力量薄弱的接

480

合部，借此占他们的便宜，这回他同波旁王室谈判时也用了这一招。国王夫妇和王子这两代人的互相仇恨要比卡洛斯和玛丽亚·路易莎对费迪南德的任何感情深得多。拿破仑非常乐意侵扰这个严重不正常的家庭的悲伤私事，再说他在马德里有 5 万人，哪一方想上台都得靠他支持，于是他策划了一个着实不寻常的构想。

在巴约讷达成的一系列协议规定，费迪南德把西班牙王位让给父亲卡洛斯四世，条件是卡洛斯四世立刻让位于拿破仑，然后拿破仑再传位于自己的哥哥约瑟夫。[71]与此同时，缪拉偷偷把戈多伊带出马德里，玛丽亚·路易莎于是能和他在一起了，她感到很高兴。似乎又一个国家落入了波拿巴家族手中。"除非我搞错了，"4 月 25 日，拿破仑告诉塔列朗，"这出悲剧已经演到第五幕，马上就要演结尾了。"[72]

他错了，将要开演的只是第二幕。5 月 2 日，巴约讷流出一些传言，此时马德里民众（madrileños）也做了最坏打算，于是他们起来反对缪拉的占领行为。这次起义被称作"五月二日起义"（El Dos de Mayo），缪拉的部队中约有 150 人丧命。[73]就像在帕维亚、开罗和卡拉布里亚一样，法军残暴地镇压反抗，然而他们并未在西班牙遇上全民团结一心的起义。在阿拉贡（Aragon）等地区，几乎没人反抗法国的统治；在纳瓦拉（Navarre）等地区，反抗却非常激烈。加的斯议会发现难以征税或征兵，他们的困境就和日后约瑟夫面临的一样棘手。[74]西班牙疆域广大，因此在确实反抗的省份中，地方反叛政府（juntas）可能到处都是，而法军既要和西班牙正规军作战，又得对付地方游击队。

法军在战争开局时围攻赫罗纳（Girona）、巴伦西亚

（Valencia）、萨拉戈萨（Zaragoza）等战略地位重要的城市。　481
事实上，半岛战争的围城战比拿破仑战争中其他战场的加起来
还要多。[75]所以说，即便卡拉布里亚尚未平定，拿破仑又开始
征服另一片辽阔得多的土地，而很多相同因素在这两个战场发
挥作用：糟糕的交通；疯狂的天主教教士；坚毅落后的农民；
明显比波拿巴家族候选人更有资格要求人民效忠的正统波旁君
主；皇家海军轻易提供再补给的所有可能性。1794～1795 年，
法军轻松击败了西班牙军。拿破仑以为，既然西班牙没有任何
精兵良将，当年的战况便会重演。尽管有卡拉布里亚的先例，
他却不明白有时游击抗争可以非常成功地对付最强大、最训练
有素的军队。拿破仑离开后继续插手将军们的西班牙战事，但
帮不上忙。部队开始熟悉某地地形后，他又把他们调离；而当
军官们收到他的命令时，它们已经跟不上军情变化了。

　　"葡萄弹和刺刀扫清了街道。"缪拉从马德里向拿破仑报
告道。[76]起义被镇压后，缪拉命令火枪小队枪决了一群起义农
民，弗朗西斯科·戈雅（Francisco Goya）后来画下了这一幕，
使它永载史册，该画作今展示于普拉多（Prado）。据说 1808
年 3 月 29 日拿破仑在巴约讷致信缪拉，力劝他谨慎克制，但
这封信纯属杜撰——多年后拿破仑的秘书把它加进了回忆
录。[77]事实上 4 月 15 日拿破仑才到巴约讷，尽管如此，真相揭
晓前波拿巴分子的谎言却瞒过了历代历史学家。拿破仑确曾致
信缪拉，并谈论五月二日起义，然而这封真实信件写道："我
会给你那不勒斯或葡萄牙的王位。马上答复我，就当我今天就
要册封你。"[78]（缪拉选择了那不勒斯，他很走运，因为不出三
个月一支英军就进入了葡萄牙。）

五月二日起义定然有爱国、反法、反无神论、支持费迪南德的属性，但它也涉及其他问题：阶级、土地所有权、军队开小差、走私、地区主义、反征兵的法纪废弛状态、反教权主义、食物短缺，以及贸易崩溃。所以，接下来的战争不仅仅是西班牙英勇民众和法国贪婪侵略者的对抗，虽然它肯定具有这一性质，但还要复杂得多。[79] 一些军事化反法队伍组织良好，如瓜达拉哈拉（Guadalajara）的胡安·马丁·迭斯（Juan Martín Díez）与纳瓦拉的弗朗西斯科·埃斯波斯·米纳（Francisco Espoz y Mina）所率部队，但是相对于拿破仑当第一执政时镇压的那种法国匪帮和所有政府碰到都得对付的反叛者而言，西班牙大部分反法队伍好不了多少。像所有游击战一样，有些游击队员受爱国主义鼓舞，有些队员是为了报复无可辩驳的暴行，另有队员抱着机会主义心态，不少匪帮还劫掠西班牙同胞。帝国近卫军上尉布拉兹发现，很多村庄的村民根本不区分法军和西班牙土匪。[80]

马德里传来五月二日起义的消息，拿破仑决定加快促成一件事，而那正是暴动者最希望避免的结果。5 月 6 日，他举行了一小时的典礼，所有出席者都得站着，就连身患痛风与风湿的可怜老人卡洛斯四世也不例外。仪式结束后，费迪南德签署《巴约讷条约》，让位于父。① 卡洛斯憎恨儿子，热切希望王子无法继承王位。两天后他就把所有权利让给拿破仑，并要求在

① 7 月 5 日，在伦敦圣詹姆斯街布鲁克斯俱乐部，议员汉弗莱·豪沃思同第四代乔姆利（Cholmondeley）伯爵打赌，赌"现阶段约瑟夫·波拿巴不在马德里或其周边地区行使君主权力"，前者下注 100 几尼，后者下注 25 几尼（Brooks's Club Betting Book）。法国人其实已在马德里掌权，不过 7 月 20 日约瑟夫才到。

法国获得庇护。[81]拿破仑致信约瑟夫，劝他接受王位："西班牙不是那不勒斯，它有 1100 万人口，岁入超过 1.5 亿法郎，这还没算上殖民地的巨额财富和'两美洲'领地。若接受王位，你将在马德里称王，那儿离法国只有三天路程，守护着它的一条边疆。那不勒斯却在世界另一头。"[82]后来，他懊悔自己的草率，说："我让约瑟夫那个蠢货当西班牙国王，犯了巨大的错误。"[83]7 月，约瑟夫在马德里即位，缪拉则接过他的那不勒斯王位。路易和奥尔唐斯存活下来的子嗣中，时年 3 岁的长子拿破仑－路易亲王接替缪拉成为贝格大公。

　　如果西班牙人民反对《巴约讷条约》的安排，拿破仑就得控制住费迪南德。因此，王子住进了塔列朗在瓦朗赛（Valençay）的乡间城堡，任自己的支持者说他被绑架监禁了。① 王子麾下近卫的勇敢上校、28 岁的唐何塞·德·帕拉福斯（Don José de Palafox）建议他设法逃走，但他说宁愿待在这儿绣花剪纸。[84]（1814 年春，费迪南德真的返回了西班牙，然后他废止拿破仑的所有自由化改革，甚至重建异端裁判所。）"和阿斯图里亚斯亲王比，普鲁士国王就是英雄了。"拿破仑告诉塔列朗，"王子什么都不关心。他非常追求物质，一天吃四顿，脑子里一点想法都没有。"[85]皇帝要求塔列朗保证费迪南德享受瓦朗赛的生活。"假如阿斯图里亚斯亲王爱上一个美人，那没有害处，"他写道，"她要是可靠的话就更无妨了。"[86]费迪南德患有今人所谓的斯德哥尔摩综合征，他的症状太严重了，以至于 1808 年 11 月他致信拿破仑，祝贺

483

---

① 塔列朗靠这一安排赚了不少：费迪南德铺设价值 20 万法郎的地毯，购置水力发动机给庄园供水，甚至花钱购买厨房菜园的蔬菜。Kolli, *Memoirs*, p. 3.

法军在图德拉（Tudela）战胜西班牙军队，并再次试图向波拿巴家族求亲。他的父亲卡洛斯先是去了马赛，后来在罗马平静地度过了余生。拿破仑同意每年支付波旁家族 1000 万法郎年金，但他确保西班牙人全额偿还这笔钱，而且早在 1808年 7 月，他就致信莫利安："不用急着给西班牙国王年金，他不缺现金。"[87]

虽说人们批评拿破仑在西班牙强取豪夺，但他们经常忘了，那一年，沙皇亚历山大发动了一场短暂但同样非法的战争，轻轻松松从瑞典手中夺取了芬兰。拿破仑说，"我用芬兰换了西班牙"，但他做了笔最不划算的买卖。[88]为了获得西班牙王位，他不用明目张胆地威胁任何人，甚至根本不用开战，但 5 月时他对塔列朗说的话表明，他错在相信"西班牙民族和其他民族一般无二，他们会乐意接受帝国的制度"。与之相反，西班牙人给约瑟夫起了"入侵者之王"（El Rey Intruso）的绰号，哪怕他还没进入马德里，比斯开（Biscay）、加泰罗尼亚、纳瓦拉、巴伦西亚、安达卢西亚、埃斯特雷马杜拉、加利西亚（Galicia）、莱昂（León）、阿斯图里亚斯全境以及新旧卡斯蒂利亚的部分地区就已爆发全面起义，伊比利亚半岛的很多港口也已交给皇家海军。拿破仑焦躁过头了。就像萨瓦里日后承认的一样，"我们急着奔向结果，没有充分考虑民族自尊心"。[89]

6 月 2 日，拿破仑在巴约讷集中他能召集的所有西班牙贵族，以便批准西班牙语世界第一部成文宪法。[90]其内容有：废除特权和异端裁判所；保留三级议会（Cortes）；立天主教为唯一国教。宪法自然迎合所谓的"亲法派"（"josefinos"或"afrancesados"），即亲法合作者，这些人大多出身自由、开明、从事专业工作的中产阶级，但他们在西班牙人口中仅占极少数。当时，西班牙仍是农村面积广大、文盲众多、经济非常落后、天主教思想相当激进、保守性特别强的国家。（1804 年之前，西班牙的市政会席位是世袭的，而且异端裁判所仍在运作。）

"幸运给我重建西班牙的机会，我抓住了其中一丝。"拿破仑后来对一位秘书说。[91] 他指望西班牙人同他的政权合作，原因之一也许是其父正好是这种亲法合作者，要果真如此，他就该回想自己年少时如何痛恨法国人占领科西嘉，并把西班牙看作放大版科西嘉岛。就连拿破仑的仰慕者、侍从博塞也承认，在法军占领的西班牙地区，居民"沉默不语、含糊其辞地漠视"宪法，其他地区也都"强烈鄙视"宪法。[92]

帕拉福斯上校乔装成农民，从法国逃回西班牙。5 月 25 日，他领导阿拉贡首府、设防的中世纪城市萨拉戈萨起义。帕拉福斯麾下只有 220 人，其金库里的西班牙货币仅相当于 20 镑 6 先令 8 便士，可他还是对法兰西帝国宣战了。[93] 6 月 8 日，夏尔·勒菲弗－德努埃特（Charles Lefebvre-Desnouettes）将军在图德拉赶跑帕拉福斯之兄拉桑（Lazán）侯爵的军队，但一周后他率 6000人力图猛攻萨拉戈萨时被西班牙人击退，折损 700 人。这座有60000 人口的城市开始经历第一次围攻。勒菲弗－德努埃特要求帕拉福斯投降，前者说了两个词，"投降"（La capitulation），后者回答了四个字，"血战到底"（Guerra al cuchillo）。[94]

拿破仑入侵西班牙的主要原因之一是设法掌控西班牙海军，以便重拾侵英梦想。然而 6 月 14 日，维尔纳夫将军的继任者、弗朗索瓦·德·罗西利－梅斯罗（Admiral François de

Rosily-Mesros）将军被迫率 6 艘船组成的一小股法军舰队向西班牙海军投降，这些没有在特拉法尔加海战中沉没或被俘的船停泊在加的斯。[①] 6 月 25 日，拿破仑听闻卡尔大公已经下令在奥地利征募 15 万人，这对他又是一击。他让尚帕尼警告维也纳他仍有 30 万人，但此举全无效果。一个月后，他告诉热罗姆："奥地利不承认正在武装自己，所以它是为了对付我们而武装……若奥地利在武装，我们也得这么做……我和奥地利之间没有仇恨。我不向它索要任何东西，我武装的唯一理由是它在武装。"[95]

　　拿破仑认为，即便约瑟夫不是受西班牙人欢迎的救世改革家，自己也总能在战场上击败西班牙军队。事实上，7 月 14 日，贝西埃的确在里奥塞科城（Medina de Rioseco）之战中战胜西班牙加利西亚军团和敌军总司令唐格雷戈里奥·德·拉奎斯塔（Don Gregorio de la Cuesta）。然而才过八天，灾难便降临到法军头上。皮埃尔·杜邦（Pierre Dupont）将军在拜伦（Bailén）战败，率全军 18000 人向弗朗西斯科·卡斯塔尼奥斯（Francisco Castaños）将军的安达卢西亚军团投降，并将 36 门大炮与全部军旗交给敌军。卡斯塔尼奥斯承诺让皇家海军遣返杜邦的军队，但皇家海军不是投降条约缔约方，拒绝照办。杜邦和高级军官获准回家，但他的军队被送去巴利阿里群岛中的卡夫雷拉岛（Cabrera），一半以上的人在那里饿死了。[96]

　　拜伦之战是 1793 年以来法国陆军的最惨败绩，消息传来

---

① 可就连这件事也没让拿破仑取消海军计划。1808 年，他写给德克雷的海量信件涉及造船的不同方面，如所需木材种类、伐木、木材运输、木材储存。1810 年 7 月，他致信德克雷，提到他计划在 1812 年年底建成由 110 艘船组成的海军。Bingham ed.，*Selection III*，p. 50.

后，欧洲上下一片轰动。拿破仑当然大发雷霆。皇帝把杜邦送
上军事法庭，让这位将军在茹堡坐了两年牢，还剥夺其贵族封
号（他原本是帝国伯爵）。拿破仑后来说："我们应该在西班
牙战场选出一定数量的将军，然后送他们上断头台。杜邦为了
保护他的赃物害我们失去半岛。"[97]诚然，杜邦的军队洗劫科尔
多瓦（Córdoba）后携带过多辎重，但少有法军将领能逃出卡
斯塔尼奥斯为他设下的陷阱。尽管如此，拿破仑还是坚持解雇
约瑟芬的侍女、投降条约签署人阿尔芒·德·马雷斯科
（Armand de Marescot）将军之妻塞西尔（Cécile），"不论她有
多无辜"。某次杜伊勒里宫招待会上，他抓住另一名条约签署
人勒让德尔（Legendre）将军的手腕，苛刻地说："这只手怎
么没烂掉？"[98]

　　"他在师里打头阵时似乎什么事情都能办得非常漂亮，"
拿破仑致信克拉克时论及杜邦称，"但他做指挥官时表现差
劲。"[99]拿破仑的下属动不动就出这种问题，以至于他为此挨
批，被指太过集权、扼杀部下主动性。似乎只有拿破仑在场
时，他的大部分属下甚至元帅才能发挥最佳水平，有时他还因
此自责。然而，虽说进入安达卢西亚是奉命而行，但拿破仑也
没有塞给杜邦铺天盖地的命令。8月30日，他致信约瑟夫：
"战争中，人算不上什么，但一人就是一切。"[100]此言长期被解
读为无情地对待麾下军队的自私之言，实际上这句话指的是杜
邦，它出自一封充满自我批评的信件："此前我们只在敌人的
历史中见过这类事例，不幸的是，今天我们身边也发生了这种
事。"所谓的自私之言远非称赞拿破仑自己的天才，它实为承
认一个糟糕的指挥官可能带来灾难。

　　"你不要觉得征服王国有多不寻常，"拿破仑尚未得知拜

486

伦之败时致信约瑟夫，"费利佩五世和亨利四世都被迫征服他们的王国。高兴点，别受影响。不要怀疑，事情的解决一定比你想的更快更好。"[101] 约瑟夫在首都待了十一天就匆忙逃往马德里以北 135 英里处的布尔戈斯。8 月 14 日，赫罗纳围攻开始，16 日萨拉戈萨围攻开始，贝西埃从葡萄牙边境撤退，帝国其他地区的大批军队也开始调往西班牙战场。"军队组织良好，可以解决叛军，"8 月 16 日，拿破仑致信约瑟夫，"但它需要一个统帅。"[102] 他当然应该亲任统帅，但此前在 6 月，他和沙皇亚历山大约好 9 月时再度会晤，所以就连约瑟夫的退位请求信也没说动拿破仑去西班牙，尽管他为此还大发脾气。接下来的三个月他不在西班牙，其间局势稳步恶化。

7 月 22 日晚，拿破仑离开巴约讷。当约瑟夫在布尔戈斯发抖时，他的足迹却遍及下列地区：波城（Pau）；图卢兹（Toulouse），他参观了当地的南部运河（Canal du Midi）；蒙托邦（Montauban）；波尔多，8 月 2 日，他在此获知拜伦之战；蓬斯（Pons）；罗什福尔，他参观了当地省政府、造船厂、兵工厂和医院；尼奥尔（Niort）；丰特奈（Fontenay），他在此参观三年前自己下令建造的新城拿破仑 – 旺代（Napoléon-Vendée）；南特，他与前来陪同的约瑟芬一起去了当地的红帽子圆形广场（Rouge Chapeau Circus）出席舞会；索米尔（Saumur）；图尔（Tours）；圣克卢，他在此打猎，还同克莱门斯·冯·梅特涅亲王谈了七十五分钟，激烈争论奥地利重整军备之举；凡尔赛，他在此观看芭蕾舞剧《维纳斯与阿多尼斯》（*Vénus et Adonis*）；杜伊勒里宫，他在此接见波斯大使。拿破仑 – 旺代据称是模范城市，但皇帝发现那儿的房屋全是泥巴和稻草盖的。他怒不可遏，拔剑刺进一堵墙，直到剑柄以下全部没入墙中，然后他解雇了施工责任人。在图卢兹，他召见在南部运河上架桥的人。拿破仑问了主动露面的总工程师一些问题，发现他虽盼着邀功，却不可能造出那座桥。皇帝于是叫省长特鲁韦（Trouvé）先生领来真正的造桥人，然后对此人说："我很高兴能亲自来一趟，否则我不会知道是你造了如此出色的建筑，并剥夺你的应得权利。"拿破仑随后任命造桥人为总工程师，这体现了史上罕见的诗中的正义。

9月7日，拿破仑收到更糟的消息：阿瑟·韦尔斯利爵士率小股英国远征军进入葡萄牙，他只有1.3万人，却在罗利萨（Roliça）和维梅鲁（Vimeiro）击败朱诺，使对方投降。[①] 8月30日，两军签订《辛特拉条约》（Convention of Cintra），根据其中非常宽松的条款（事后韦尔斯利为此接受军法审判，不过他后来脱罪），朱诺的军队携其武装乃至战利品乘皇家海军军舰返回法国，但什么也掩盖不了法军丢失葡萄牙的事实。有人批评拿破仑没有在这个关键时刻更重视威灵顿（即韦尔斯利，1809年8月，他被加封为威灵顿子爵），但考虑到英国此前的水陆远征失败过（1799年的荷兰远征；1805年的那不勒斯远征；1805～1806年的北德意志远征；1807年的斯特拉斯堡、亚历山德里亚和南美远征；1808年的瑞典远征），他的态度可以理解。接下来五年，西班牙和葡萄牙的正规军与游击队把法军赶出伊比利亚半岛，威灵顿帮了他们很大忙，而他的英军仅有不到1万人战死。1810年8月，威灵顿已经表明事实上他多半是个强敌，拿破仑遂在《箴言报》中插入一段话，说

---

① 五个月后，拿破仑和蒂埃博回顾维梅鲁之战细节，蒂埃博佩服他"能指出我军部署的大部分薄弱点，我惊讶地发现，他的确比我还记得清我的报告内容"。Butler ed., *Baron Thiébault II*, p. 238.

他只是个"印度将军",即仅仅指挥过印度军队的军人。兴许拿破仑不知为英国效力的印度士兵中有一些出色的战士。[103]

488　　9 月 18 日,拿破仑在圣克卢发布又一篇经典宣言,承诺道,一旦法军击败"猎豹"(英国)、攻克直布罗陀、报复拜伦之败,和平就会降临。他宣称:

> 士兵们,我需要你们。丑恶的猎豹盘踞在半岛,玷污了西班牙和葡萄牙。你们要走近它,把它吓跑。让我们带着胜利的鹰旗走向海格立斯之柱(即直布罗陀),在那儿我们也要一雪前耻。士兵们,罗马军队在同一场战役中决胜于莱茵河、幼发拉底河、伊利里亚与塔古斯河(the Tagus)①,论声望你们已经超越当代军队,论荣誉你们赶上罗马人了吗?你们的辛劳将赢来长久和平与持久繁荣。[104]

这种胜利本该简单许多,因为正如拿破仑对约瑟夫所说,他的新臣民"西班牙人卑鄙懦弱,令我想起我认识的阿拉伯人"。[105]

拿破仑有效利用在巴黎的时间,确保立法院通过一项措施——在所有阶级中征召 1806 ~ 1809 年度新兵 16 万人。21 日,他在卡皮西纳林荫大道(Boulevard des Capucines)观赏蒂尔西特全景图。次日,他动身前往 400 英里外的爱尔福特,五天后到达目的地。

----

① 今塔霍河(the Tajo)。——译者注

爱尔福特会议的背景是明显冷淡下来的法俄关系。正如拿破仑对萨瓦里所说的，这是"检验我在蒂尔西特所获成果可靠性的时候"。[106]之前一年，拿破仑一直给沙皇亚历山大寄去热忱信件："在这几行文字中，我向陛下展示了自己的全部灵魂……我们在蒂尔西特的业绩将左右世界命运。"[107]可是弗里德兰之败的危机缓和了，芬兰也已落入俄罗斯帝国之手，亚历山大于是对法俄同盟渐失兴趣，因为严重不受欢迎的大陆体系让他在国内付出了不少代价。当月的前一阵子，他致信自己的母亲、皇太后玛丽亚·费奥多罗芙娜，称"我们的利益迫使我"同拿破仑结盟，但"我们会冷静地见他垮台，如果这是天意……最明智的政策是等待采取措施的良机"。[108]他对她说，他得去爱尔福特，因为"这可以拯救奥地利，让它把实力保留到可以真正实现普遍利益时。这个时刻也许近了，但还不确定。催它加速将毁灭一切、失去一切"。与此同时，俄国"必须能自由地喘一会儿气，并利用这宝贵时间增加财富和兵力……我们只应在最深沉的沉默中工作，不应同我们正在反对的人大声叫板"。[109]在这些私人信件中，亚历山大依然称拿破仑为"波拿巴"，有时还叫他"科西嘉佬"。[110]沙皇一边命令外交大臣尼古拉·鲁缅采夫（Nikolai Rumiantsev）亲近法国，一边在外交和军事上为"采取措施的良机"做准备。

美丽的图灵根城镇爱尔福特是法国在莱茵邦联的飞地，蒂尔西特会议之后，这个王公封地就是拿破仑的私人领地，所以两国在此开会。9月28日（周三），拿破仑在距离小镇5英里的公路上会见亚历山大。两位皇帝走下马车，"热情拥抱"。[111]亚历山大戴着荣誉军团大十字勋章，拿破仑戴着俄罗斯帝国圣安德烈勋章。沙皇曾在蒂尔西特赠送拿破仑孔雀石家具（此时它放置在凡尔赛大特里亚农宫的皇帝沙龙中），所以后者在爱尔福特回赠前者一套埃及风格塞夫勒瓷餐具。法国只有两套这种瓷器，其表面上凸显德农作品《上下埃及游记》（*Voyage dans la Basse et la Haute Égypte*）中的场景。拿破仑的礼物被恰当地划入史上君主间赠送的最昂贵礼物之列。①[112] 宴席上，拿破仑让亚历山大坐在他右手边。两人造访对方的寓所，每次互道再见时都把对方领到楼下门厅，并且几乎天天一起用餐。他们甚至轮流给司礼官每晚的值夜口令。

沙皇住在昂格普拉茨，拿破仑住在今天的州政府，两人在1715 年建造的古典巴洛克宫殿恺撒殿会面。皇帝们的住宅和会晤地点今仍可见。拿破仑带了很多随员，包括贝尔蒂埃、迪罗克、马雷、尚帕尼（外交部长）、雷米萨、萨瓦里、科兰古、达吕、洛里斯东、梅纳瓦尔、费恩、御医伊万（Yvan）、4 名侍从武官和 8 名听差。[113] 拜恩和符腾堡国王抱怨塔列朗索取巨额贿赂，1807 年 8 月，他便解除了此人的外交部长职务。[114] 然而拿破仑还是留下了塔列朗，任命他为次大选侯，允许他出入宫廷、觐见自己。由于这些权利，塔列朗可以随时贩卖情报。拿破仑喜欢有塔列朗陪伴，他曾对拉普说，"你知道我尊敬并依恋那位大臣"，所以他愿意忽视这一点，或许他对此的认识也不够充分。皇帝带塔列朗去了爱尔福特，想听取其经验和建议。既然塔列朗曾鼓励他处决昂吉安公爵、起草创立大陆体系的《柏林敕令》、支持入侵西班牙，他要是还听此人的意见就奇怪了，可事实就是这样。此时携塔列

---

① 另一套是为约瑟芬制造的，但是 1818 年路易十八把它送给威灵顿。该套瓷器今展示于伦敦阿普斯利邸宅。

朗赴会是个严重的错误，因为被撤职后他没有原谅自己的上司，而且（为了换钱），他向俄国和奥地利泄露法国情报，490 与此同时，他还建议拿破仑撤出德意志。[115] 在爱尔福特，塔列朗多次秘密会见沙皇，首次密会时，他说："陛下，您为何要来这儿呢？您的使命是拯救欧洲，而挽救它的唯一办法就是您来反对拿破仑。法兰西民族是文明民族，但其君主不是文明人。"[116]

亚历山大带了 26 名高级官员随行。与会者还有 4 位国王（拜恩国王、萨克森国王、威斯特伐利亚国王和符腾堡国王），莱茵邦联首席主教亲王卡尔·达尔贝格，2 名大公以及另外 20 位亲王，这些人的地位由其加入莱茵邦联的日期顺序决定。（博塞明智地指出，这是拿破仑给予莱茵邦联更多威望的巧妙手段。[117]）爱尔福特有舞会、音乐会、检阅、招待会、宴席、戏剧、狩猎旅行和烟火，表面上会议氛围良好，但这并不代表谈判轻松。大部分重要讨论是两位皇帝的单独对话。"你的亚历山大皇帝顽固得像头骡子，"拿破仑对科兰古说，"他不愿意听时就装聋。"[118] 拿破仑嘲讽科兰古亲俄（所以他用了"你的"），但沙皇的确不想听拿破仑证明俄国海关检查员偷偷允许英国货物流入圣彼得堡等地。谈判时，拿破仑一度把帽子扔在地上，开始踹它。"您发火，我固执，"亚历山大镇定地说，"但没人能靠发脾气从我这得到什么。我们坐下谈谈，不然我就走了。"[119]

俄国遵守大陆体系，无法向英国出售小麦、木材、兽脂和大麻，因此经济受损。单是华沙大公国的存在就令俄国担心波兰王国复国。就拿破仑而言，他不希望俄国的不冻港舰队去地中海，所以不赞成俄军的对土作战计划。亚历山大想夺取土耳

491    其的摩尔达维亚和瓦拉几亚，理论上拿破仑支持他（法国将
获得补偿）。与此同时，哪怕奥地利再败后欧洲权力天平将更
倾向于法国，理论上亚历山大还是承诺道，倘若法奥开战，他
会和拿破仑"联手"。

看起来拿破仑有可能谈了他同约瑟芬离婚的可行性，因为
亚历山大返回圣彼得堡后才过八天，俄国皇太后就宣布把自己
的女儿、沙皇的妹妹叶卡捷琳娜·帕芙洛夫娜（Ekaterina
Pavlovna）女大公嫁给奥尔登堡公爵嗣子的弟弟、荷尔斯泰
因－奥尔登堡（Holstein-Oldenburg）的乔治亲王。奥尔登堡公
国位于波罗的海沿岸，不属于莱茵邦联。根据沙皇帕维尔一世
的特别敕令（ukaz），亚历山大的妹妹们经母亲的同意方可结
婚，所以他可以诚实地说，尽管身为"全俄罗斯的主宰"，他
对妹妹的婚事却无最终决定权。亚历山大的另一个未婚妹妹安
娜当时只有13岁，所以罗曼诺夫家族的两个女孩似乎都躲过
了与拿破仑联姻，也许玛丽亚·费奥多罗芙娜认为那是科西嘉
弥诺陶诺斯（minotaur）① 的危险暴行。

歌德是拿破仑最崇拜的尚在人世的文豪，他住在魏玛，离
爱尔福特仅有15英里。拿破仑趁自己在爱尔福特时召见歌德，
1808年10月2日，两人一同用餐，在场人士还有塔列朗、达
吕、萨瓦里和贝尔蒂埃。歌德进屋时，皇帝惊叹道："来了一
个人物！"（Voilà un homme!）［也可能是"您是一个人物！"
（Vous êtes unhomme!）］[120]两人讨论《少年维特之烦恼》、歌德

---

① 希腊神话中牛首人身的怪物。——译者注

翻译过的伏尔泰剧作《穆罕默德》以及戏剧的一般概况。① 拿破仑埋怨伏尔泰，说他的剧作《恺撒之死》不应该把"世界征服者"尤利乌斯·恺撒"刻画成如此不佳的形象"。[121]歌德后来说，拿破仑"睿智地评价，像是用刑事法官的眼光研究悲剧场景"。拿破仑告诉歌德，他认为法国戏剧太偏离自然和真实了。皇帝问道："我们现在能对命运做什么呢？"这里他指的是预设命运是决定力量的戏剧。"政治就是命运。"[122]苏尔特来了后，拿破仑花了点时间处理波兰事务，让作家观赏壁毯和画像，等他办完事后，两人又如歌德日后所说，继续"平等地"（Gleich gegen Gleich）谈论歌德的私生活与家人。

　　四天后，拿破仑和歌德在魏玛的舞会上再会。皇帝对作家说，悲剧"既是诗人的最高成就，也应该是国王和人民的训练场"。[123]（他致信约瑟芬，称亚历山大"经常跳舞，我没怎么跳，40 岁就是 40 岁啊"。[124]）拿破仑建议歌德再创作一部以恺撒遇刺为题材的戏剧，把这一事件描写成巨大的错误。他接着谴责塔西陀的偏见、蒙昧主义和"卑鄙风格"，批评莎士比亚把悲剧与喜剧、"恐怖与滑稽"相结合，他还惊讶地说，像歌德这样的"伟大灵魂"竟然欣赏定位如此模糊不清的体裁。[125]拿破仑没有像说教一样表达看法，而是在说完后照常问道："您怎么看，歌德先生？"[126]他说歌德可以在巴黎看到更宽广的世界，获得丰富的诗歌素材，竭力劝作家搬去那儿，不过对方没答应。

492

---

① 歌德的书信体作品《少年维特之烦恼》是非严格意义上的自传性小说。拿破仑有一本翻烂了的《少年维特之烦恼》，其封面和封底上凸印着帝国金盾徽。该书今展示于纽约皮尔庞特·摩根图书馆，拿破仑经常读它，以至于有些页纸几乎要脱落了。这本书是 1804 年巴黎出版的版本，可见他甚至在称帝后常读此书。

分别前，他授予歌德荣誉军团勋章。歌德后来说，同拿破仑谈论文学和诗歌是他一生中最快乐的时光之一。[127]

　　皇帝与沙皇彼此相伴，在爱尔福特待了十八天，几乎每天晚上他们都观剧，并且同坐和其余观众隔开的御座。此外，两人检阅对方的部队（拿破仑热切盼望亚历山大尽可能多地看大军团实施机动）、长谈至深夜、出行时同乘马车、一起射杀牡鹿和雄獐（一共猎杀了 57 头）。他们还游玩耶拿战场，在开战前夜拿破仑的宿营地用餐。亚历山大发现把佩剑忘在宫里了，拿破仑便解下自己的，"尽可能优雅地"呈给他，沙皇于是说："我收下它，视它为您的友谊的象征。陛下，您大可放心，我绝不会对您拔出此剑！"[128]10 月 3 日，两人观看《俄狄浦斯》。第一场戏中，饰菲罗克忒忒斯的演员对英雄的朋友兼知己季马斯说："伟人友谊乃天赐恩泽！"这时亚历山大转向拿破仑，"尽可能优雅地向他伸出手"。观众热情鼓掌，只见拿破仑鞠躬回礼，"他的神情表明，他拒绝受领这个令他如此尴尬的赞誉"。[129]几天后，他们在晚饭后单独谈了三个小时。"我喜欢亚历山大，我想他也喜欢我，"10 月 11 日，拿破仑致信约瑟芬，"如果他是女人，我想我会把他收为情妇（amoureuse）。我很快就会回到你的身边。保重，希望能见到丰满鲜亮（grasse et fraîche）的你。"[130]

　　爱尔福特会议巩固了在蒂尔西特形成的法俄分享欧洲的共识，然而拿破仑和亚历山大很少达成具体协议，尽管他们私下谈了很久。就肢解奥斯曼土耳其帝国一事，两人意见不一，但是 10 月 12 日签署的《爱尔福特条约》中有这样一条秘密条款：拿破仑承认芬兰、摩尔达维亚和瓦拉几亚是俄罗斯帝国领土，若奥地利武力反对上述安排，他会站在俄国这边。亚历山大同意承认约瑟夫的西班牙王位，并答应道，如果奥地利进攻法国他就援助拿破仑，可关键在于，两人根本没有详细讨论确切的援助范围。当日，拿破仑致信乔治三世，再次用熟悉的口吻对英求和，"我们齐聚此地，恳求陛下听一听人道之声"，[131]然而英国政府又忽视了他的请求。10 月 14 日，在爱尔福特 - 魏玛公路上的两人相遇点附近，两位皇帝相拥后分别，之后他们再没见过面。

此时，拿破仑的敕令通行于英吉利海峡港口至易北河地区、奥德 - 尼斯线（Oder-Neisse line）以西的德意志中部地区、因河以北至因河以南的南德意志地区。除了教皇国和卡拉布里亚，他控制了意大利全境；丹麦是他的盟友；荷兰国王是他的弟弟。拿破仑掌控了西欧，但西班牙是个显著的例外。此后六年，他至少在西班牙战场投入了 50 万人，其中有很多荷兰人、德意志人、意大利人和波兰人。"一次巧妙机动可以一举结束战争，"10 月 13 日，拿破仑致信约瑟夫，谈及西班牙战事，"但我必须在场。"[132] 11 月 5 日，他已到达西班牙北部的巴斯克（Basque）城市维多利亚（Vitoria）。他照例生军需部的气，给战争管理部长德让将军写了一系列抱怨信，比如，"你给我的报告只是一堆废纸……然而我的军队又在即将作战时赤身裸体……这像拿钱打水漂……" "我听到的是漂亮故事……你的部门的头头不是蠢货就是小偷。从来没人遇上过这样恶劣的服务和背叛"。[133] 当地承包商卖给炮兵 68 头骡子，但他根本不肯付账，因为"我下令只买五岁的骡子"，而这些骡子只有三四岁。[134]

494　　　　据估计，西班牙游击队只有 3.5 万 ~ 5 万人。即便在游击队完全控制的地区，队伍之间也没多少合作，很多游击队员在赶走法军后仅仅是返回乡下的老家。[135] 然而，纵然当年年末拿破仑夺回马德里，试图从中央向外扩大控制范围，太远的距离和糟糕的路况还是令法军难以遂愿。[136]

游击队经常在非常适合埋伏的乡间袭击交通线，以至于法军的一封急件都需要 200 人护送。1811 年，光是为了保证马德里至法国的交通线安全可靠，马塞纳就需要 7 万人。[137] 西班牙和葡萄牙游击队杀死的法军士兵总数比西班牙、葡萄牙和英国正规军杀死的加起来还多。亲约瑟夫派（josefino）平民给法军提供信息或食物，但如果他们在通敌时被游击队抓获，则必然会被立刻处决。[138]（英国故技重施，立刻伸手资助拿破仑的敌人。1808 ~ 1814 年，英国平均每年给西班牙和葡萄牙境内的各地军政府 265 万英镑。[139]）游击队的恐怖战术包括切断肢体（特别是阴茎）、弄瞎、阉割、钉十字架、钉到门上、锯成两段、斩首、活埋、活剥皮肤等，一旦法军开始用几乎同样凶残的手段回击，西班牙战事马上就和拿破仑之前的战事大不相同了。此前战事的特征是冲锋、军旅精神和华丽制服，虽说那些战事也有杀戮，但总体上不存在蓄意折磨与虐待。[140] 法军俘获西班牙"盗匪"（banditti，不穿正规军军服的人）后绞死他们。若在战场上杀死身着制服的正规军士兵，却不绞死抓获的盗匪，那也不合逻辑。

拿破仑在埃布罗河（the Ebro）接过军队指挥权，决心进军马德里。"我很好，"11 月 5 日，他致信约瑟芬，"我盼着能迅速了结这一切。"[141] 在以前的战局中，他靠击败正规军、占领首都战胜敌国，若他在西班牙战场也能这样取胜，那我们就能有把握地认定他将迅速克敌制胜。然而，拿破仑很快明白了老策略不适用于西班牙。迪马将军埋怨道，自己被留在苏尔特军的后方布尔戈斯，他便说："将军，这个战场没有前线和后方……你在那儿有足够的活要干。"[142]

索莫谢拉山（Somosierra）的山口掩护通往马德里的道路，11月30日凌晨3点，拿破仑距该山口仅有5英里。皇帝裹着沙皇亚历山大赠送的"上乘毛皮大衣"，围着营火取暖，他"知道自己就要发起重要的战事，难以入眠"。当日晚些时候，两军开战，拿破仑的11000人艰难下山，逐退兵力更少的西班牙正规军（7800人），然后他发动两次波兰枪骑兵冲锋、一次近卫猎骑兵冲锋，夺取了山口与16门大炮。波兰骑兵中队折损甚多，战后，拿破仑命令帝国近卫军全军在他们驰过时举枪致敬。[143]

12月2日，拿破仑到达马德里，他发现城中防守最严密之处是缪拉加固过的丽池宫（Retiro Palace）。双方互相炮击了一阵。博塞会说西班牙语，于是充当皇帝的翻译。他记载道，3日早上，拿破仑走出墙外，"不太留心从马德里最高处投下的炮弹"。[144]4日早上6点，马德里投降，但他依然待在查马丁（Chamartin）的司令部，该地是紧挨马德里的小型乡间住宅。拿破仑只进了一次首都，他微服潜入，视察约瑟夫的王宫，惊讶地发现西班牙人很尊敬这座宫殿。在约瑟夫宫中，皇帝查看了大卫创作的他跨越阿尔卑斯山脉的画以及王室地窖中"珍贵的酒"。法国流亡者圣西蒙（Saint-Simon）侯爵在马德里丰卡拉尔门（Fuencarral gate）上冲法军开火，被当场抓获。侯爵的女儿恳求放父亲一条生路，拿破仑便赦免了他。[145]

拿破仑一直在查马丁待到12月22日，那天他得知英军将

495

领约翰·穆尔（John Moore）爵士率一支远征军返回位于马德里以西 110 英里处的萨拉曼卡（Salamanca）。博塞记载道，他"发现终于能在坚实的陆地上会会这些敌人了，非常开心"。[146] 12 月 23 日，穆尔开始退往科伦纳，为了追赶他，拿破仑得冒着狂风与暴雪翻越瓜达拉马山脉（Sierra de Guadarrama）。法军曾翻越阿尔卑斯山脉、参与埃劳会战，因此他相信部下们顽强得可以挺过任何气候，这一结论对他的未来决策造成了灾难性影响。拿破仑翻山时摔下马背，但没受伤。[147] 天气严寒，博塞的仆人喝白兰地喝得烂醉，冻死在山上，而拿破仑就冒着这种酷寒翻山，大部分时候他徒步走在一个纵队的最前头。[148] "我们顶着可怕的飓风翻过瓜达拉马山脉，"戈纳维尔回忆道，"旋风夹着雪花，雪下得特别猛，在我们身上包裹了厚厚一层，浸入我们的斗篷中……带火炮翻山无比困难。"[149] 然而他们还是成功运走了大炮，在此过程中，拿破仑不断在旁催促，尽管有一回牢骚兵当面咒骂他。"我亲爱的，" 1808 年最后一天，他从贝纳文特（Benavente）致信约瑟芬，"我在追赶英军，已经追了一阵子，但他们一直惊慌逃窜。"[150] 英军其实并不惊慌，面对远超己方的敌军兵力，他们只是务实地撤退。

拿破仑盼着追上穆尔，把英军赶出半岛，但他安插在维也纳的间谍警告道，奥地利正在迅速整备武装，事实上它可能在动员。多年后，威灵顿声称，拿破仑"不确定能否战胜"穆尔，遂离开了西班牙，但他显然说错了。[151] "我正在追赶英军，剑指他们的肾脏。" 1809 年 1 月 3 日，拿破仑如此写道。[152] 然而次日，奥地利传来可怕的消息，拿破仑只好派苏尔特去追穆尔，这样他自己便能先回贝纳文特，再回巴利亚多利德（Valladolid），从而与法国取得更畅通的联系。[153] 在

496

巴利亚多利德，他派波兰副官亚当·赫瓦波夫斯基去达姆施塔特、法兰克福、卡塞尔和德累斯顿警告德意志亲王们务必"立刻准备好参战兵力"，并派另一名副官、波拿巴家族在科西嘉的恩人马尔伯夫伯爵之子去斯图加特和慕尼黑传达同样的讯息。[154]

有人在巴利亚多利德的圣多明我会修道院水井中发现一具法军军官的尸体，拿破仑于是下令关闭该修道院。[155]博塞一本正经地回忆道，修道院中共有 40 名修士，拿破仑召集了他们所有人，狂怒地"说着稍显军事风格的话，而且直截了当地使用强烈措辞"。外交官泰奥多尔·戴杜维尔（Théodore d'Hédouville）充当翻译，传译了脏话，拿破仑"命令他"听到脏话时"用同样的语调坚定传达自己口中的恶毒词语"。[156]1 月中旬，拿破仑确信得回巴黎，他叫约瑟夫在王宫里留几间房，供自己返回马德里时居住。[157]此后他再没回来过。

因为"西班牙溃疡"，1808 年冬，拿破仑被迫在伊比利亚半岛驻扎 30 万人；1810 年春法军进攻时，这个数字升至 37 万人；1811 年，法军兵力又升至 40.6 万人。此后法军兵力开始减少，在 1812 年跌至 29 万人，在 1813 年又跌至 22.4 万人。除了战役刚开始的时候，拿破仑根本承受不起抽走这些军队。[158]绝大多数情况下，他派去的是没打过仗的新兵营，他们的指挥是大龄老兵、负伤老兵或缺乏经验的国民自卫军军官。新兵们也没有加入已有团弥补损失，而是聚在一起。[159]拿破仑经常在西班牙战场的军队中搜寻兵员，以便填补其他地区的炮兵、卫戍部队、宪兵、运输队、帝国近卫军和工兵的空缺，所以在西班牙，四个营组成的旅其实只有约 2500 人，而它本该有 3360 人。拿破仑并未从西班牙调走很多人参加 1812 年的俄

497

国战局，但他大大减少了派往那儿的新兵。没有增援的话，什么军队也无法战斗，何况伊比利亚半岛经常减员，病号一直在当地法军中占到五分之一。[160]总而言之，法军在西班牙和葡萄牙折损了约 25 万人。[161]"我不得不说，这件事我搞得很砸，"数年后，拿破仑承认道，"道德败坏得太明显，不公正行为让人太愤世嫉俗，整件事仍然十分肮脏。"[162]

# 第二十一章　瓦格拉姆

在大炮安全可以保障的前提下，应当始终把炮兵置于最有利的位置，让他们待在骑兵和步兵阵线前面，越靠前越好。

——拿破仑军事箴言第 54 条

加农炮面前人人平等。

——1819 年 4 月，拿破仑对贝特朗将军说

"维也纳宫廷表现非常糟糕，"1809 年 1 月 15 日，拿破仑从巴利亚多利德致信约瑟夫，"它会为此后悔的。不要不安。就算不动西班牙的军队，我也能在一个月内带足够兵力去维也纳……其实只要我在巴黎，奥地利又会衰退得像往常一样无关紧要了。"[1] 当时，他不知道英国已经给了奥地利一大笔资助，并说服它开战，此战后来成为第五次反法同盟战争。卡尔大公已让所有 18～45 岁的健壮男子穿上新组建的国民后备军（Landwehr）军装。国民后备军是民兵，但其中一些部队和正规军并无区别。奥斯特利茨会战结束后，卡尔大公一直在奥军中实施深层变革：精简指挥结构，改善服役待遇；简化移动操练，引入密集编队（Bataillons-masse，这种编队方式让步兵组成更牢固的方阵以抵御骑兵）；废除团级炮兵，以便组织规模

更大的炮兵预备队；修改散兵战术，招募九个猎兵（Jäger）团；最重要的是，采纳了军体系。1806 年，大公与人合著军事战略著作《将军的战争艺术》（*Grundsätze der Kriegkunst für die Generale*），他打算检验自己的设想。

1807 年 4 月时，塔列朗曾建议拿破仑要鼓励奥地利去爱（aimer）法国及其功绩，他回答："爱，我不知道政治里的爱是什么意思。"[2] 此言不假。拿破仑看待国际事务时预设国家间会不断竞争，所以他的观点颇为自私。他明白奥地利想为曼托瓦、马伦戈、坎波福米奥、吕内维尔、乌尔姆、奥斯特利茨和普雷斯堡的屈辱复仇，但他觉得奥地利要犯蠢才会开战，毕竟它的盟友只有英国和西西里，何况英国还不会出兵。相形之下，拿破仑的盟友包括意大利、比利时、瑞士、那不勒斯、荷兰、拜恩、符腾堡、萨克森和威斯特伐利亚。"普鲁士已毁，"奥地利驻巴黎大使梅特涅总结普遍形势道，"俄国是法国的盟友，法国是德意志之主。"[3] 对奥地利来说，此时并非宣战良机，但它又一次想赢回在意大利和德意志的地位，还是对法宣战了。欧洲列强之所以能拖垮法国，恰恰是因为 1805 年之后没有长期的和平，在这一点上，奥地利的坚持必然占了大功。

拿破仑确认自己的情报后，立刻像闪电一样从巴利亚多利德赶往巴黎。他和萨瓦里、迪罗克、鲁斯塔姆、一名副官、一个猎骑兵小队飞驰四小时，到达 70 英里外的布尔戈斯，途中他们经过很多游击队出没的地区。蒂埃博看见拿破仑超过他的马车，"一边策自己的马，一边鞭打副官的马"。[4] 1809 年 1 月 17 日早上 7 点，拿破仑动身，23 日早上 8 点他已到达巴黎。他在六天中走了 600 多英里，这是个非凡成就。"反法同盟国家的内阁都以为他在西班牙北部作战，"迪马将军记载道，

"但他已返回帝国中心，正组建另一支伟大的军队……此事不可思议，叫那些本想让他吃惊的人大吃一惊。"[5]拿破仑日后致信达武，对比西班牙和奥地利战局，称奥地利"民族如此优秀、理智、冷静、包容、安分守己，以至于在德意志作战时没有一个法国人被他们谋杀"，而西班牙人却是疯子。[6]

立法院已被削弱，1809 ~ 1810 年它一共只开了四个月的会。拿破仑一回到巴黎就命令立法院提前一年征召 1810 年度新兵，因此他能动员 23 万人，这是目前为止他指挥过的规模最大的军队。1808 年 12 月 23 日，弗朗茨就已决意开战，次年 2 月，他确认了这一决策。拿破仑的谍报网不仅让他非常了解奥地利的想法和动作，还警告了一件危险的事——富歇与塔列朗和解了。两人本是宿敌，现在却串通密谋，计划等拿破仑死在西班牙后立缪拉为法国国君。拉瓦莱特拦截了富歇和塔列朗友人的信件，欧仁传来的信息也佐证了这些信，拿破仑遂掌握了他需要知道的一切。1809 年 1 月 28 日（周六）下午，他在杜伊勒里宫办公室召集康巴塞雷斯、勒布伦、德克雷、富歇和塔列朗，然后骂了富歇和塔列朗半个小时（出自帕基耶，他是听雷米萨夫人说的，而她又是听塔列朗说的）或两小时（出自莫利安，他不在现场，但认识所有在场者）。

拿破仑埋怨道，富歇和塔列朗不顾西班牙战局相对顺利的事实（苏尔特在科伦纳把英军赶出半岛，于 1 月 16 日击杀穆尔），在沙龙里批评战事。两人还扶持缪拉，阴谋反对约瑟夫的帝位继承权，这表明他们已经背离了效忠拿破仑的誓言。"哟，"拿破仑总结时对塔列朗说，"你只是丝袜裹着的一泡屎。"[7]塔列朗依然十分镇定，"明显无动于衷地"听皇帝说话，

500

他仅仅在事后对一位朋友说："太遗憾了，这么伟大的人竟这么没教养。"[8] 面谈后第三天，拿破仑解除了塔列朗的次大选侯职务，但允许他保留别的头衔和地位。皇帝也没流放塔列朗，这令人难以理解。富歇也依旧当他的部长。没过多久，梅特涅花费 30 万 ~ 40 万法郎向 "X 先生" 购买法军作战序列的详细信息，而塔列朗被视为此事的首要嫌疑人。[9]

索取通行证前，梅特涅尽可能待在巴黎，也许他是为了继续从 "X 先生" 处搜集秘密情报。拿破仑照例严厉警告敌人开战的后果。3 月 23 日，法奥外交关系即将崩盘，这天他看见了梅特涅，问道：

> 501　你们被狼蛛咬了吗？什么在威胁你们？你们又恨谁？你们仍想让世界燃起战火？为什么？我的军队在德意志时，你们不觉得自身存在受威胁，如今它在西班牙，你们倒觉得自己陷入危机了！这思维有些奇怪。结果会是怎样？我将武装起来，因为你们在武装。我终于有害怕的东西了，所以它值得我小心对付。[10]

梅特涅用圆滑的外交辞藻反驳，但拿破仑打断了他："你们的忧虑从何而来？先生，如果是您将这些忧虑传达给了您的宫廷，那这么说吧，您需要什么解释来安抚它，我全给您……先生，我同您的宫廷交易时总是被耍，我们得开诚布公地谈谈。"[11] 就像第三次和第四次反法同盟战争一样，拿破仑既不渴望，也不需要打这场仗，并且言明自己想阻止它。然而这回，他还是根本不肯为避战而妥协，因为他自信会赢。为筹备未来战事，光是 3 月 9 日这一天，他就写了 29 封信。①

卡尔大公计划一边率八个军进入拜恩，一边派一个军去波兰、派两个军去意大利。他希望普鲁士对法宣战、德意志全境激烈反抗拿破仑的统治，但局势表明这两件事都不会发生，于是他转而把多瑙河南岸当作主战场，以便掩护维也纳，并同意大利的奥军保持联络。卡尔的决策导致来回穿行于这一地区的奥军出现严重混乱，还浪费了宝贵时间。萨拉戈萨英勇抵抗法军，2 月 20 日该城终于陷落，两天后约瑟夫重新在马德里称王，而拿破仑也能全力应对盟友拜恩面临的威胁。

达武和马塞纳都是志骄意满、战功赫赫的资深元帅，认为彼此平起平坐，拿破仑知道没法让两人中的一人指挥另一人，所以在亲临战线前，他任命贝尔蒂埃为德意志军团司令。3 月30 日，他已经替贝尔蒂埃拟好整个战略。按照预期，4 月 15日前后奥军将进攻，届时法军将组成巨型营方阵，以便引诱奥军进入巨大的陷阱。勒菲弗的拜恩军充当法军前卫，屯于伊萨尔河（the Isar）岸边。勒菲弗军的三位师长为拜恩的路德维希（Ludwig）王子、卡尔－菲利普·弗雷德（Karl-Philipp Wrede）亲王、贝尔纳·德鲁瓦（Bernard Deroy）伯爵，其参谋长则为让－巴蒂斯特·德鲁埃（Jean-Baptiste Drouet）将军，即未来的埃尔隆（Erlon）伯爵。卓越的战士拉纳从西班牙回来后会立刻率自己的军同勒菲弗会合。在拜罗伊特和纽伦贝格之间，左侧是规模颇大的达武军，该军下辖三个步兵师、第 2

502

---

① 1809 年，他像往常一样勤奋写信，这一年他总共写了 3250 封信，其中一封给富歇的信指出警务部账务记录有 1 法郎 45 分的偏差。

重骑兵师、一个轻骑兵旅，还新添了一个预备队、一个德意志师，全军共有 55000 人与 60 门大炮；右侧是乌迪诺军，该军下辖步兵和轻骑兵，屯于法费诺芬（Pfaffenhoffen）。马塞纳军在奥格斯堡（Augsburg）充当后卫。贝西埃的骑兵预备军由两个轻骑兵师、两个重骑兵师组成，它和帝国近卫军、旺达姆的符腾堡部队在斯特拉斯堡列队。德意志军团共有 16 万人与 286 门大炮，各军彼此相隔较近的行军里程，雷根斯堡则是军团布阵的中心枢轴。拿破仑给贝尔蒂埃的命令称，如果奥军在 4 月 15 日前进攻，法军就转而在奥格斯堡和多瑙沃特集结。

拿破仑依据《爱尔福特条约》请求俄国支援对奥作战，作为答复，沙皇亚历山大派戈利岑亲王率 70000 人驰援，但直到 5 月 22 日，俄军才设法穿过边境，到达伦贝格（Lemberg）附近的奥属加利西亚（Galicia），结果他们完全没有与敌人交锋，整场战役中仅折损两人。[12] 因此，奥地利只需在东边部署最少的军力，并可集中几乎一切力量对付拿破仑，这令他火冒三丈。

4 月 3 日，奥地利正式对法国和拜恩宣战。卡尔大公本人反对宣战，他认为现在开战太早了，但 6 日他还是对奥地利民众发布军事宣言。① 四天后，127000 名奥军士兵渡过因河，侵入拜恩，但行军速度未达卡尔大公的期望，反而因为天气恶劣降至一日 6 英里。15 日，卡尔大公才到伊萨尔河，当天奥军也入侵了华沙大公国。贝尔蒂埃误解了拿破仑的指令，奥军比预期日提前五天进攻时，他又慌了手脚，结果他搞砸了法军战

---

① 当日，拿破仑要求妹妹埃莉萨（上个月他封她为托斯卡纳女大公）在佛罗伦萨颁行帝国其余地区通行的禁赌令，理由是"赌博破坏家庭，树立恶例"。CG9 no. 20738, p. 443. 巴黎不在此限之列，因为"那儿无法禁赌，当地警察也利用赌博"。

役的开局着数。4 月 14 日，贝尔蒂埃没派达武军去奥格斯堡，反而命令他们在雷根斯堡集结，此外他还沿莱希河分散军队，分别让 52300 人和 68700 人待在北岸与南岸，其中很多部队的间距超出行军里程。与此同时，奥军集中大股兵力，突袭兰茨胡特（Landshut）。4 月 12 日时，拿破仑收到可视信号系统的报告，获知奥军已过因河的警报。① 五天后，他赶到多瑙沃特，当地司令部这才恢复镇静。"士兵们！"他宣称，"我像雄鹰一样飞奔至你们中间。"[13]

"我到达战场时，贝尔蒂埃已经慌得丢了魂了。"拿破仑日后回忆道。[14] 此言不假，然而一旦他到达战场，发现己方军队严重分散，他便察觉奥军进攻兰茨胡特一事既是威胁，又是机会——德意志军团各军可以立刻从不同方向朝卡尔大公的位置集中。拿破仑命令马塞纳和乌迪诺进军兰茨胡特，威胁敌军交通线，派旺达姆与勒菲弗去阿本斯贝格（Abensberg）。达武则奉命经 80 英里艰难行军返回至主力部队，并留下自己的堂姐夫、上校路易·库塔尔（Louis Coutard）男爵的第 65 战列步兵团驻守雷根斯堡的桥梁。这些命令非常重要，以至于拿破仑传达每个指令时都派了四名副官送信，平常他只会派三个。马塞纳的任务如下：迅速推进至法费诺芬，进攻敌军侧翼，与此同时，确保作战基地奥格斯堡固若金汤。

到 4 月 18 日时，奥军发现他们不但没有如己所想地追赶

---

① 沙普可视信号系统以发明人沙普兄弟命名，它能把可动臂板组合成 196 种形式，从而表示单个字母或整句短语。该系统可传达相对准确的信息，其最快传讯速度为每日 250 英里。法国最早启用沙普系统，拿破仑大大扩张其应用地域，让它深入德意志和意大利。Olsen and van Creveld, eds., *Evolution of Operational Art*, p. 17.

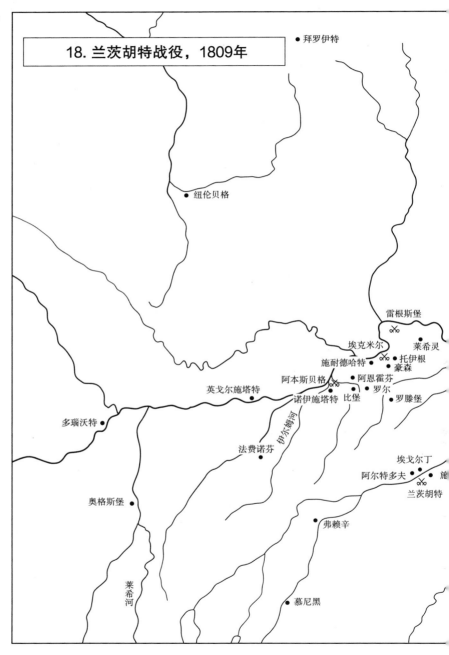

18. 兰茨胡特战役，1809年

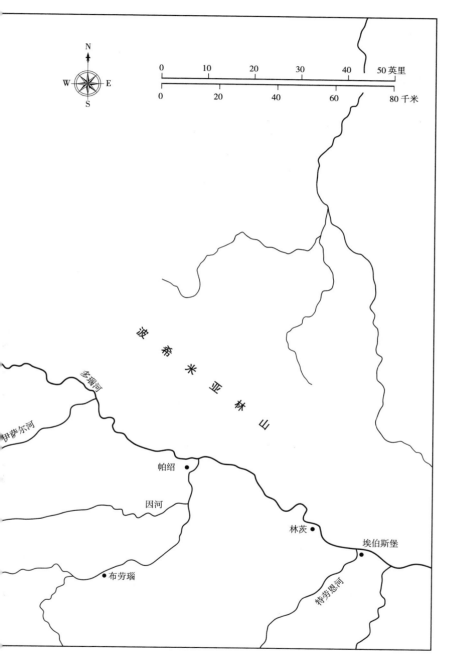

退兵，反而面对着反抗的敌军。拿破仑前往英戈尔施塔特，拉纳陪在他身边。路过德意志部队时，皇帝鼓励士兵。当日，奥军总参谋部的一名上校被俘，然后被带至拿破仑面前接受盘问。上校拒绝回答问题，皇帝便说，"别担心，先生，反正我什么都知道"，接着他马上准确地描述奥军所有的军甚至他面对的团的位置。奥军上校心生佩服，问道："我有幸与之说话的是何人？""这时，"赫瓦波夫斯基回忆道，"皇帝倾身向前，摸摸他的帽子，回答道：'波拿巴先生。'"[15]（上校的观察力一定特别迟钝，因为赫瓦波夫斯基指出，面谈时法军步兵不断从旁边列队经过，同时高呼"皇帝万岁！"）

506

当晚，拿破仑致信马塞纳，解释道，卡尔"已经率三个军从兰茨胡特去雷根斯堡，他约有 8 万人。达武离开了雷根斯堡，正前往诺伊施塔特（Neustadt）……假如你的军天亮前经法费诺芬动身，然后进攻卡尔大公的后方，敌军就输了。那样的话，18 日至 20 日之间德意志所有的战事就结束了"。他还亲笔写了一则附言："行动，行动，速度！我指望着您。"（Activité，activité，vitesse! Je me recommande à vous.）[16]马塞纳回信，承诺必要时连夜行军，并且言行一致。此次战局中，他非常勇敢坚韧。卡尔大公收到报告，得知达武已率约 3 万人来到多瑙河南岸。就像本尼希森在弗里德兰对拉纳打的算盘一样，大公也想歼灭拿破仑大军的这支孤军，他显然忘了三年前达武军在奥尔施泰特独立作战的战果。

次日，法奥两军在德意志战局中首次真正接触，这次遭遇战奠定了该战局其余战斗的套路。卡尔大公想在多瑙河下方的托伊根村（Teugen）和豪森村（Hausen）消灭达武，但后者设法逃脱了，与拿破仑安全会合。两军对敌军实力的看法都一样不确定。天空低沉，战事在丘陵地带展开，奥军缓慢严谨地作战，达武的老兵娴熟地实施机动。奥军战败后退往东方，拿破仑遂能组织追击。同日，勒菲弗与蒙布兰（Montbrun）分别在阿恩霍芬（Arnhofen）和施耐德哈特（Schneidhart）取胜。卡尔的野战军有9.3万人，拿破仑的有8.9万人，可如今，法国－拜恩联军在很大程度上掌握了主动权。

　　拿破仑计划切断卡尔去维也纳的退路，把他困在拜恩。此时达武在左翼，勒菲弗和拉纳在中路，乌迪诺在右翼。拿破仑对马塞纳下令：派兵援助阿本斯贝格，并率自己的主力去兰茨胡特攻击敌军交通线。4月20日，库塔尔上校偃旗投降，交出雷根斯堡。面对兵力远超自己的奥军，库塔尔设法守了超过二十四小时，使敌军折损达己方损失的两倍。在多瑙河南岸、英戈尔施塔特以东20英里处有一系列小村庄，同日，拿破仑沿覆盖这些村子的宽广战线发动持续进攻。凌晨3点时他已经醒了，正向勒菲弗、马塞纳与旺达姆传令。早上6点30分，他和拉纳、贝西埃骑马前往阿本斯贝格。在城外的一座小山坡上（它日后得名拿破仑斯山①），拿破仑为拜恩军的军官写了一篇激动人心的演说词，它由拜恩王储路德维希译成德语，并作为当日公告发布：

507

　　　　拜恩士兵们！我来到你们中间，但我现在不是法国皇帝，而是你们的国家和莱茵邦联的保护人。今天你们将独自迎战奥军。你们的前排队列里面没有法军，我完全相信你们的勇气。两百年来，拜恩旗帜在法国的保护下抵抗奥

---

①　该山坡今位于麦当劳餐馆停车场后方。

地利。奥地利频繁伤害你们的国家，而我们要去维也纳，在那儿我们将知道如何惩罚它的行径。奥地利想瓜分你们的国家，解散你们的部队，把你们分入它的团。拜恩人！这是你们最后一场反抗敌人的战争，用刺刀进攻吧，消灭他们！[17]

拿破仑随后沿两条轴线攻击奥军：第一条从阿本斯贝格和派辛（Peissing）向东南方延伸，直至罗尔（Rohr）和罗滕堡（Rottenburg）；第二条从比堡（Biburg）向东南方延伸，直至普费芬豪森（Pfeffenhausen）。奥军的兵力和法军的一样多，还占据有利位置，当天大部分时候，他们表现不错，但拿破仑得知左翼的拉纳有所进展后立刻从拿破仑斯山骑马前进，以便监督左翼战事。

战后，第2猎骑兵团少校（chef d'escadron）向拿破仑呈现他缴获的两面军旗，这是此次战局中法军缴获的首批军旗。少校受了刀伤，伤口中的鲜血顺着他的脸流下。拿破仑问他叫什么，而他有一个很妙的名字——迪厄多内·利翁（Dieudonné Lion）①。"我会记住你，而你会感激我，"拿破仑对少校说，"你非常引人瞩目。"几个月后，贝尔蒂埃举荐一人填补近卫猎骑兵空缺，拿破仑否决了这一提议，说他想让"雄狮"晋升。

拿破仑认为自己正追着敌军主力前往兰茨胡特，事实上卡尔大公正在向雷根斯堡进军。约翰·冯·希勒（Johann von Hiller）男爵的两大股奥军纵队在兰茨胡特集结，导致当地两

① 意为"天赐雄狮"。——译者注

座桥梁附近出现大面积交通堵塞。雅克·德·洛里斯东将军
（像很多拿破仑的高级指挥官一样，他也是从西班牙战场调来
的）的炮兵在阿尔特多夫（Altdorf）和埃戈尔丁（Ergolding）
之间的山脊上布阵，向人口密集的城镇倾泻炮火。（今人若站
在兰茨胡特的桥上，便能发现奥军能开火反击的地方非常
少。）奥军一过桥就试图烧桥，但雨下个不停，浇灭了火焰。
12 点 30 分，拿破仑对副官乔治·穆顿将军说："你去那路纵
队最前头，夺下城镇。"[18]

508

当时，这句话听来肯定像死刑判决，但穆顿率领掷弹兵冲
锋，小岛岸边的密集滑膛枪射击掩护了他们。穆顿的战斗工兵
用斧头劈碎城门，第 13 轻步兵团的士兵、三个拜恩营、两个
拜恩中队、一些符腾堡人加入战团，到下午 1 点时，兰茨胡特
已陷落。卡尔大公损失了 11 门大炮、近 5000 人、全部辎重车
队（共 226 辆货运马车）。[19]拿破仑后来送给穆顿一幅描绘桥上
战事的出色画作，并且一反常态地说了句不太巧妙的俏皮
话——他的"绵羊"（"Mouton"意为"绵羊"）变成狮子了。
"拿破仑给的这件纪念品比最高赞誉都珍贵。"画中的另一名
副官说。战局结束时，穆顿已经受封洛鲍（Lobau）伯爵。[①][20]

"铁元帅"（Iron Marshal）达武设法在莱希灵（Laichling）
阻挡了卡尔大公，就像 1806 年时那样，拿破仑战后才发现达
武在那儿遇上了敌军主力。4 月 21 日早上 7 点至傍晚 5 点，

---

① 不止副官们获得了奖励。法军成功攻下兰茨胡特后，拿破仑问第 13 轻步
兵团上校，该团最勇敢的战士是谁。上校犹豫不决，也许他认为特地挑
出某个人会招来怨恨。拿破仑于是问军官们，他们也沉默不语。最后，
一位年长的上尉回答鼓手长最勇敢。拿破仑在士兵的欢呼声中对鼓手长
说，"你被称作勇士部队的最勇敢之人"，然后当场封他为荣誉军团骑士。
Haythornthwaite ed., *Final Verdict*, p. 220.

达武给拿破仑送了 4 封信，告诉他卡尔正调来预备队，准备大举反击。从 22 日凌晨 2 点开始，拿破仑蓦地行动起来，命令拉纳、旺达姆和圣叙尔皮斯（Saint-Sulpice）率 20000 名步兵与 5500 名骑兵尽快北上。乌迪诺和其余的拜恩部队已经奉命去和达武会师，所以不出一小时，拿破仑的 50000 名步兵、14000 名骑兵和 114 门大炮就逼近卡尔大公了。

22 日，拿破仑在埃克米尔迎战卡尔大公，这次会战是兰茨胡特机动的高潮，也是军体系的又一次胜利。达武军钉住了 54000 名奥军士兵与 120 门大炮，但卡尔推迟了进攻，直到约翰·科洛夫拉特（Johann Kollowrath）将军的军从战场以北 15 英里处的雷根斯堡赶来，拿破仑遂有时间让拉纳和马塞纳从兰茨胡特急行军 25 英里至埃克米尔解救达武。拜恩和符腾堡骑兵到达战场，迫使一个奥军师退到城镇后方的高地上，卡尔大公发现后取消了整个进攻。下午 2 点刚过时，皇帝随拉纳军与马塞纳军赶到，并攻击敌军左翼。拿破仑取胜，折损了 3000 人，奥军则损失了 4100 多人与 39 门大炮。事后不久，他封达武为埃克米尔亲王。

"随军时，白天我一般会穿着厚厚的优质皮大衣坐马车出行，因为总司令应该在晚上上班，"多年之后，拿破仑说，"假如白天他徒劳地累着了，晚上他就会太疲惫，无法工作……如果埃克米尔会战前夜我睡觉了，我就不可能实施如此出色的机动，那是我最好的一次机动……通过行动，我一个人能变成几个人。拉纳睡得太死了，我不停踹他才把他弄醒。"[21]德塞死后，拉纳和迪罗克是他最亲密的朋友。拉纳在元帅里面最得皇帝的宠爱，有些玩笑只有他开拿破仑才会接受。拉纳甚至说，"人们应该同情他，因为他如此不幸地热爱这婊子

（cette catin）”，即拿破仑。正如沙普塔尔所回忆的：“皇帝知道，当他需要元帅时对方总是在自己身边，所以他听到这些玩笑后付之一笑。”[22]

　　法军在埃克米尔取胜后，有些混乱的奥军被迫退到雷根斯堡，希望逃到多瑙河对岸。4月23日，拿破仑到达雷根斯堡。他决定不围城，因为那太耗时了，与之相反，他坚持靠攀登猛攻城镇。法军在距城墙20步处架设云梯，试了三次后终于拿下雷根斯堡。卡尔唯一的退路经过宽30英尺的坚固石桥。不论当时还是现在，这座桥都是多瑙河上最大的桥之一，它有六个石质大桥墩，不易被加农炮摧毁。卡尔过桥后安全了，但在此过程中，他又损失了5000人和8门大炮。在今天的铁轨附近，拿破仑的右脚踝被一发冲力已尽的子弹击中，受了挫伤。他坐在一面鼓上，让伊万医生处理伤口。医生在他的靴子上剪了个洞，这样他骑马时不会太疼。[23]为免军队士气受挫，伤口刚处理完毕，拿破仑就“在热烈的欢呼声中从整条战线前骑过”。[24]战事继续　510进行了一段时间，这时他说：“那些子弹看上去像在侦察我们，难道不是吗?”[25]5月6日，他安抚约瑟芬道：“擦到我的子弹没有伤到我，它差点削掉了我的阿喀琉斯之腱。”[26]

　　雷根斯堡之战结束后，一个牢骚兵自称曾在“酷热”的雅法给了拿破仑一个西瓜，于是向他索要荣誉军团星章。他说这个理由太微不足道，拒绝了对方，老兵便愤怒地补充道：“那好，难道你不认为我在阿尔科莱桥、洛迪、卡斯蒂廖内、金字塔、阿克、奥斯特利茨、弗里德兰受的七处伤以及我参加的十一场战役，十一场在意大利、埃及、奥地利、普鲁士、波兰……”皇帝大笑，打断了老兵，然后他封此人为享有1200

法郎津贴的荣誉军团骑士，当场将星章挂在对方胸口。"皇帝
正是靠这种亲密赢得士兵的仰慕，"马尔博指出，"但这种方
法仅适用于因累累战功闻名于世的指挥官，其他将军这么做就
会损害自己的名誉。"[27]

　　拿破仑在阿本斯贝格、兰茨胡特、埃克米尔和雷根斯堡度
过的连续四天中，胜利频繁降临，频率世所罕见。4 月 24 日，
趁大军休整之时，皇帝则与一些军官进行面谈。据布拉兹上尉
的记载，皇帝与一名显然熟记所属团名册的上校展开了如下对
话：

　　　　　"现在多少人有武器？"
　　　　　"陛下，48 人。"
　　　　　"今年招了多少新兵？"
　　　　　"22 人。"
　　　　　"多少士兵已经服役四年了？"
　　　　　"65 人。"
　　　　　"昨天多少人受伤？"
　　　　　"18 人。"
　　　　　"战死的呢？"
　　　　　"10 人。"
　　　　　"被刺刀杀死的？"
　　　　　"是的，陛下。"
　　　　　"不错。"[28]

刺刀拼杀被视作最勇敢的行为。5 月 3 日的战斗结束后，拿破
仑高兴地发现第 26 轻步兵团最勇敢的战士其实是卡宾枪手下

士巴约内特（Bayonnette①），于是他封此人为享有津贴的荣誉军团骑士。[29]

1809 年 5 月 10 日，拿破仑到达维也纳城门，他的波兰副官亚当·赫瓦波夫斯基记载道：　　511

> 若非亲眼所见、亲耳所闻，我不会相信眼中景象，即便当时我也觉得难以置信。城墙并不拥挤，但仍有很多富裕的居民待在护墙上。皇帝直接骑马上斜堤，所以他和人群只隔一条 10 码宽的沟。他上一次来这儿是在 1805 年，他们根据那时的记忆认出了他，于是纷纷脱帽，我想这可以理解。然后人群开始欢呼，我觉得这不必要，而且更不恰当……我对几个法军军官述说自己的惊讶之情，这些人便向我保证道，这正是 1806 年他们在柏林勃兰登堡门的见闻。[30]

拿破仑花了半小时骑马环绕维也纳城防，只有 25 名护卫骑马随行，他"不停举帽回应欢呼，仿佛正骑马环绕巴黎"。然后他转向城外的美泉宫（像 1805 年一样，他住在那儿），并对赫瓦波夫斯基说："等我们到那儿，你的床就已经备好了。你在马背上度过了那么多夜晚，现在该承蒙法兰西皇帝的照料休息一下了。"[31]

维也纳遭受了非常短暂的炮击，5 月 13 日凌晨 2 点，该城向拿破仑投降。此时卡尔大公已毁掉所有的桥，正屯兵于多瑙河右岸。今天的多瑙河水流平稳，有大量运河，但当时的水

---

① 意为"刺刀"。——译者注

道截然不同，要湍急得多。"这个家族的王公们抛弃了他们的首都，"当日，拿破仑发表宣言称，"他们不像是屈服于战场环境和挫折的光荣战士，倒像是被自身悔恨追赶的伪证者。"[32] 然而，虽说他不介意指责哈布斯堡王朝，他却不想疏远维也纳市民，他们已然保证自行承担城中警务。"围捕所有以疲惫为借口离队去抢劫的掉队士兵，"14日，他命令道，"将他们移交临时宪兵法院审判，并在一小时内实施处决。"[33] 每个纵队都设有惩罚劫掠的审判庭。

拿破仑的军队花了三天时间在维也纳下游架设浮舟桥，以便去河对岸攻击奥军。5月18日傍晚5点，加布里埃尔·莫利托（Gabriel Molitor）将军的步兵师开始乘船横渡多瑙河。他们只到达了宽2英里的洛鲍岛，然后开始在小岛和对岸间架设更多的牢固桥梁。拿破仑日后被指没有造出足够坚固的桥，但他的军队里没有多少专业工兵，而且水流湍急，奥军又不断在河中投放漂浮的树干和其他碎屑，让它们顺流而下摧毁浮桥，有一次他们甚至投放了拆解后的整个风车。

就像在奥斯特利茨和波兰一样，拿破仑再次到达漫长补给线的尽头，并且深入敌境，直面首都沦陷后也不求和的敌人。5月8日，欧仁在皮亚韦河之战中击败弗朗茨皇帝和卡尔大公的弟弟约翰·冯·哈布斯堡（Johann von Habsburg）大公。此刻，约翰大公正率军从意大利返回多瑙河。魅力超凡的领袖安德烈亚斯·霍弗（Andreas Hofer）也率领蒂罗尔人反抗拜恩。反对法国霸权的德意志人心存不满，而卡尔大公的战略似乎旨在让拿破仑无法决战。可是19日近傍晚时，多瑙河上已然横跨一座长825码的桥，它由86条船和9个筏子组成。次日中午，大批法军已经上桥，向洛鲍岛进发。连接洛鲍岛和对岸的另一座桥长 100 码，由 15 艘缴获的平底船和 3 个支架组成。这座桥看起来明显摇摇晃晃，但拿破仑决定冒险过河。

　　阿斯佩恩村和埃斯灵村位于多瑙河东北岸、维也纳以东 22 英里处，彼此相隔 3 英里。5 月 20 日午夜，马塞纳登上阿斯佩恩的教堂塔楼，发现营火较少，于是他告知拿破仑奥军正在撤退，可事实上他们正在列队，将要发动进攻。马塞纳犯了埃劳会战日早上缪拉的错误。5 月 21 日（周日）黎明，拿破仑过河，他显示出惯有的远见，立刻下令加强桥头堡防务。不幸的是，马塞纳没有充分巩固阿斯佩恩的防御，大概他认为，既然卡尔大公在撤退，这样做并无必要。上午 8 点，事态已然非常显著——大公没有撤退。

　　1809 年，阿斯佩恩的布局如下：106 栋两层高房屋连同其带墙花园散布在两条东西走向的道路上，几条南北走向街道横贯其间；齐胸高的墙环绕教堂（今天的教堂内设有博物馆）及墓地；村子西头地势稍高，那儿有一栋坚固的教区神父住宅和一座大花园。东边某处河岸连着通往埃斯灵的路（今亦然）。埃斯灵村的广场两边各有一组房屋，合计 56 栋。村中还有一个大谷仓，其石墙厚 3 英尺。拿破仑打算一边把这两个村子和连接它们的路当作防御阵地，一边穿过村庄前方的马希费尔德平原（Marchfeld plain）展开攻势。这个平原非常平坦，所以奥军拿它当阅兵场。

　　多瑙河一夜之间涨水 3 英尺，上午 10 点，最北端的浮舟桥已被满载的驳船撞碎。让·德帕涅（Jean d'Espagn）将军的重骑兵上桥前，法军及时修好了它，重骑兵遂用下马中队队形过桥。拿破仑正位于阿斯佩恩东边，他得知桥受损后考虑撤

513

退，因为忌背水而战乃战争首要原则之一，但将军们（只有贝尔蒂埃一言不发）保证自己能守住战场。下午1点，他听闻大股奥军正穿过马希费尔德平原，若奥军散兵没有干扰法军轻骑兵收集情报，他本该早点发觉这一点。投入战斗的奥军数目惊人：5月21日（周日），有约3.7万名奥军士兵进攻；次日，有8.5万名奥军士兵与292门大炮进攻。周日，约3万名法军士兵过了河，周一时又有2万名法军士兵过河，但他们只有58门大炮。[34]如果达武军设法到达多瑙河对岸，这一不利比率会更均衡，但桥梁的状态决定了这是不可能的。

下午1点至2点，阿斯佩恩率先爆发战斗。5000名法军士兵驻守阿斯佩恩，他们得击退兵力远超己方的敌人。法军炮兵痛击进攻纵队。第67战列步兵团的一个营站在墓地墙后射击，压制攻势，但奥军不屈不挠地前进，两军遂在村子的街道上激战。浓烈的炮击烟雾让战斗更加可怕。3点之后，奥军用90门大炮组成炮群，进一步轰炸村子，并清扫外围路障。

在大致位于两村正中间的小坑里（靠近今阿斯佩恩制瓦厂），拿破仑坐在一面鼓上，关注战事进展。他命令贝西埃派四个师保卫中部，这一职责同缪拉在埃劳的类似。贝西埃发起四次大规模骑兵冲锋，完成任务。冲锋队伍前进时，拿破仑集中炮兵，痛击太靠近的奥军骑兵，从而支援阿斯佩恩的防御。奥军发动大举炮击，随后派三路纵队进攻，下午4点30分，守军已被迫撤出教堂和墓地。一小时后，勒格朗师奉命进入教堂和墓地，第26轻步兵团和第18战列步兵团也夺回阿斯佩恩。可是半小时后，卡尔大公亲率六个营进攻，另有十三个营支援他们。大公高呼："为了祖国！勇敢前进!"（人们说他亲自擎着一面军旗，但他后来否认了。）村子着火了，与此同时，奥军猛攻教堂和墓地，法军开始撤离。

　　浮舟桥又有好几处塌掉了，但马塞纳第四军的克洛德·卡拉·圣西尔将军设法率其师渡过多瑙河，冲向阿斯佩恩，并夺回村子南部边缘。两军一直战斗到晚上 9 点。约 8000 名奥军士兵与 7000 名法军士兵在战场上过夜。晚上 10 点时，桥又修好了。近卫军的十四个营、拉纳军和多门大炮（足够让拿破仑的大炮总数变为 152 门）随后成功渡过多瑙河，但达武军仍未过河。21 日下午 4 点 40 分，奥军曾进攻埃斯灵村及其附近坚不可摧的谷仓（谷仓木门上的子弹孔今仍可见），拉纳亲自监督防御，让士兵凿枪眼、瞄准炮群、在街上安放路障、在墙上加筑雉堞，直到晚上 11 点战斗停止。

　　次日凌晨 3 点 30 分，战斗再次开始。在第 26 轻步兵团、第 46 战列步兵团和巴登猎兵团（Baden Jägers）的支援下，马塞纳的第 4、第 18 战列步兵团冲入阿斯佩恩，在两条主街上发起纵队冲锋。到凌晨 4 点时，法军已夺回村庄大部分地区，不过教堂仍在奥军手中。日出后战斗继续进行，早上 7 点，马塞纳向拿破仑报称，阿斯佩恩四度易手后他夺回了全村，尽管到 11 点时奥军又夺回村子的大部分地区。青年近卫军推进至埃斯灵村，正好阻止了奥军攻陷它。

　　早上 6~7 点，拿破仑准备好让三个师用密集营纵队队形大举进攻。拉纳随圣伊莱尔师去右翼，乌迪诺在中路，让·塔罗（Jean Tharreau）将军在左翼。他们后面是安托万·德·拉萨尔（Antoine de Lasalle）将军的轻骑兵和南苏蒂的重骑兵。虽然晨雾笼罩，密集的奥军炮火还是狠狠痛击了法军。战士们非常勇敢。圣伊莱尔一度派第 105 战列步兵团对一个奥军胸甲骑兵团发起刺刀冲锋，迫使他们退向身后的掷弹兵预备队。因为货运马车无法过桥，上午 9 点时法军弹药已然不足。拿破仑曾承诺封圣伊莱尔为元帅，战斗中，他的脚被一发加农炮炮弹炸断了，此后法军攻势陷入停滞。（十五天后，圣伊莱尔死于伤口坏疽。）

515　　桥又断了，卡尔也把巨大的炮群拉到中部，因此法军更不可能在那儿进攻了。拿破仑开始考虑全军经临时浮舟桥撤退的复杂问题，于是传令拉纳逐渐减少进攻。拉纳把他的营排成两排方阵，然后他们非常整齐地撤离，如同阅兵一般。撤退时，乌迪诺的参谋不是战死就是负伤，他自己则再添一伤。多尔塞纳（Dorsenne）将军胯下至少有三匹坐骑被击毙，他提出派老近卫军进攻奥军炮兵，拿破仑唯有回绝这一自杀性建议。

下午 3 点，奥军已攻占埃斯灵大部分地区，仅谷仓尚在让·布代（Jean Boudet）将军手中。拿破仑亲自命令老近卫军去埃斯灵以左阻挠卡尔大公前进，而士兵坚持要他在他们进攻前退回安全地带。幸好他离开了，因为接下来的战斗中有四分之一的人死伤。上午 11 点，马塞纳率青年近卫军的三个营步行进入阿斯佩恩，但到下午 1 点时，奥军已再度夺回村子。一小时后，双方都筋疲力尽了，当日会战此时已历经约十一个小时，其间战斗几乎一刻未停。下午 3 点 30 分，卡尔大公已在中部组织大炮群，他集中了 150 ~ 200 门大炮（当时这是战争史上最大的炮群），一个接一个地压制拉纳的炮群。然后，奥军炮兵转而轰击任何暴露在外的法军队伍，两日会战中，他们一共发射了 44000 发炮弹。大量法军战士命丧炮火之下，包括拉纳本人。他盘腿坐在一条沟边，这时一发 3 磅重加农炮跳弹炸碎了他的双膝。40 岁[①]的元帅被带至多瑙河以南的埃伯斯多

---

① 拉纳生于 1769 年，原文误作 "30 岁"。——译者注

夫（Ebersdorf）营地，首席军医拉雷截掉了他的左腿，并奋力保住右腿。那个年代还没有麻醉剂，这些手术的痛苦无法想象，但目击拉纳负伤的人一致认为他是位模范勇士。

下午4点左右，浮舟桥刚好能通过了，拿破仑遂命令全军渡过多瑙河，退至洛鲍岛。他调来24门大炮和所用可用的火力掩护桥头堡。法军按照伤员、炮兵、近卫步兵（不包括轻步兵中仍在埃斯灵战斗的散兵）、重骑兵、步兵、轻骑兵、后卫步兵师的顺序过桥。一些腾跃兵直到深夜才乘船至洛鲍岛。尽管好几个奥军将领激烈反对，但卡尔大公认为军队太累了，已经无力骚扰法军撤退，所以他们继续待在多瑙河对岸。晚上7点，拿破仑难得召开了军事会议。贝尔蒂埃、达武、马塞纳都想远远撤离多瑙河，但他说洛鲍岛需充当未来战事的基地，撤离该岛就得放弃维也纳。皇帝说服了元帅们。

516

自从十年前在阿克战败后，这还是拿破仑第一次失败。到目前为止的军事生涯中，他仅有四次败仗。（规模相对较小的巴萨诺之战和卡尔迪耶罗之战发生在1796年11月。）据估计，法军总损失如下：2万~2.3万人死伤，3000人被俘。可是他们只丢了3门大炮，这证明撤退是有序的。奥军的损失差不多，他们共有1.9万人死伤，不过仅有700人被俘。[35]次日，拿破仑发布公报，仅承认有4100人死伤，并称阿斯佩恩－埃斯灵会战为"法军荣誉与顽强毅力的新纪念"，这是他能写出的最接近承认失败的声明了。他日后声称，拉纳恢复意识后说："不出一个小时，您就会失去带着自己一直是、现在也是您最好的朋友这一点信念和荣耀而死的人了。"拉纳的一条腿刚做了截肢，另一条也可能被截掉，所以他的脑子里多半不会蹦出这种语法结构。[36]

　　奥军宣称赢了阿斯佩恩－埃斯灵会战，而拿破仑封马塞纳为埃斯灵亲王，尽管会战中他没去埃斯灵。巴黎警察局局长奉命张贴布告，通知巴黎人点亮前屋庆祝胜利。[37]然而 5 月 23 日，法军拆除了连接洛鲍岛和多瑙河北岸的桥，并把小岛改成要塞。当晚，疲惫不堪的法军士兵坐下吃马肉。马尔博回忆道，马肉"在胸甲里煮着，调味的是火药"，而非胡椒。渡船运补给和军火去洛鲍岛，伤员被送至维也纳。法军设立了野战医院，搭建更牢固的新桥，他们也在河床中插入柱子，以便保护桥梁。

　　拉纳的腿生了坏疽，九天后他去世了，其间拿破仑每天探望他两次。元帅断气后不久，皇帝又来看他。[38]不久之后，皇帝的贴身男仆路易·康斯坦（Louis Constant）在司令部里看见他"一动不动地坐在匆匆做好的早餐前，沉默不语，呆呆地盯着前方。拿破仑的眼中满含泪水，眼泪越聚越多，静静地滴入他的汤中"。[39]塞居尔、拉斯卡斯、珀莱①、马尔博、勒热纳和萨瓦里证实了拿破仑心怀悲痛。②康斯坦和皇帝的药剂师卡代·德·加西古（Cadet de Gassicourt）称拉纳谴责拿破仑野心勃勃，但马尔博、萨瓦里和珀莱强烈反对此说。[40]今天，拉纳长眠于先贤祠（Panthéon）22 号墓穴（caverne），墓室墙上挂着写有他参加过的战斗的九面旗帜，而他的棺材包裹着三色旗。"今早蒙特贝洛公爵死了，我悲痛万分，"5 月 31 日，拿破仑致信约瑟芬，"那么一切都结束了！再见，我亲爱的。只

517

---

① 军官，全名为 Jean-Jacques-Germain Pelet-Clozeau，非前文中的国家参政珀莱。——译者注
② 拉斯卡斯本人不在场，但他有很多机会在圣赫勒拿岛上和拿破仑谈论此事。

要你能做点什么安慰不幸的元帅遗孀，就去做吧。"[41]

6月上旬，拿破仑对萨瓦里提起俄国人：

> 我没搞错，那些盟友靠不住。如果我未与俄国人媾和，有什么事会变得更糟吗？如果他们不能保证德意志的和平，我同他们结盟又有何用？那时候，要不是残存人性阻止俄国人马上背叛信誓旦旦的信义，他们更愿意反对我。我们不能受辱。他们都想在我的坟上聚会，但不敢去那儿会合……我这边得到的不是盟友。我被耍了。[42]

爱尔福特会议多多少少维持了蒂尔西特的友善，但6月5日拿破仑返回美泉宫时，这一善意已经严重受损。

然而，当时的气氛也非全然愤怒，玛丽·瓦莱夫斯卡一来怒意就更少了。① 某晚在美泉宫，拿破仑迟迟才用晚餐，叫人上一只冷鸡。鸡端上来后，他问道："什么时候生下来的鸡只有一条腿一只翅膀了？我看有人指望我靠仆人的剩饭过活吧。"然后，他揪住鲁斯塔姆的耳朵，笑话他吃了另外半只鸡。[43]拉普记载道，尽管失去了拉纳，当时皇帝"总的来说心情挺好"，不过他看到巴黎警务报告后情有可原地发火了。该报告包括最新流言——他发疯了。"圣日耳曼郊区编了这些不错的故事，"他关注该地区向来令他心烦的贵族和知识分子沙龙，"这些人最终会气得我把他们统统赶去虱子肆虐的乡

518

---

① 当月，拿破仑的特别情妇账户为"维也纳冒险"支出12000法郎。瓦格拉姆会战后，他返回王宫陪伴玛丽，9月，特别账户又支出了17367法郎。Branda, *Le prix de la gloire*, p. 57.

下。"[44]他对科兰古说，问题在于"沙龙社群总是敌视政府，在那儿什么都被批评，全无赞扬"。[45]

阿斯佩恩－埃斯灵会战后，卡尔大公沿维也纳以北的多瑙河集中军队。6月9日，奥军入侵萨克森，五天后，欧仁却在匈牙利拉布（Raab）① 大败约翰大公。这取悦了拿破仑，因为拉布之战后卡尔大公无法获得急需的增援，而欧仁的意大利军团能同他会师了。波尼亚托夫斯基公爵的波兰人在西里西亚（Silesia）对战奥军，与根本不乐意参战的俄军形成鲜明对比，拿破仑也欣赏这些波兰人的表现。

7月上旬，德意志军团②工兵已在多瑙河南岸和洛鲍岛之间修了足够坚固的桥，以至于拿破仑自夸道："多瑙河不存在了，它废掉了。"[46]阿斯佩恩－埃斯灵会战后第七周，洛鲍岛与北岸之间的灵活浮桥可以晃荡着投入使用了，所以拿破仑已做好复仇准备。他穿着中士的长外套，亲自来到对岸奥军哨兵射程内侦察，寻找最佳的过河点。拿破仑原先选择的过河点位于正北岸，但这回他决定改去东边城镇大恩策斯多夫（Gross-Enzersdorf）。1809年7月4日晚，军队开始过河。

拿破仑现在集中了130800名步兵、23300名骑兵以及至少544门大炮（由10000名炮兵操纵），这是阿斯佩恩－埃斯灵会战中法军兵力的三倍。布拉兹上尉回忆道，洛鲍岛上"能听到欧洲的所有语言"，有"意大利语、波兰语、阿拉伯语、葡萄牙语、西班牙语和每一种德语"。这支庞大的多语种军队的人数和D日进攻诺曼底的盟军兵力差不多，通过细致

---

① 今杰尔（Győr）。——译者注
② 原文误作"大军团"。后文的类似错误已被译者修改，不再特地标出。——译者注

策划与筹备，拿破仑只用一个晚上就让全军与其全部马匹、加农炮、货运马车、补给、弹药渡过了欧洲最大河流之一，进入敌境，而且没让一个人掉队。[47]这是项惊人的后勤成就。法军刚到远岸就穿过马希费尔德平原，迎战卡尔大公的 113000 名步兵、14600 名骑兵和 414 门大炮。当时，将要爆发的战斗是欧洲历史上规模最大的会战。

　　就像阿尔科莱会战、埃劳会战、埃克米尔会战和阿斯佩恩－埃斯灵会战一样，瓦格拉姆会战持续了两日。7 月 5 日（周三）上午 8 点，法军拿下大恩策斯多夫。晚上 9 点，乌迪诺、达武、马塞纳都已经过河。（马塞纳在洛鲍岛摔下马，受了伤，于是他乘坐马车。）拿破仑在拉斯多夫（Raasdorf）的一个小土墩上设立司令部，马希费尔德平原其余地区都是平坦地块，这座小土墩是方圆数英里内唯一的凸起。鲁斯巴赫河（the Russbach）宽 25 ~ 30 英尺，水流湍急，卡尔大公让士兵在这条小河后排成横队，盼着弟弟约翰大公及时从东南边的普雷斯堡赶来，该地距此处约有 30 英里。

　　拿破仑的布阵如下：达武军和两个龙骑兵师在右翼，乌迪诺在中路，马塞纳和轻骑兵在左翼；14000 名萨克森人组成的贝纳多特军就近支援；欧仁和麦克唐纳的意大利军团、马尔蒙军和帝国近卫军结成第二条大战线；贝西埃的骑兵预备军构成第三条战线。葡萄牙兵团守卫起自洛鲍岛的桥头堡，大量弹药马车、补给马车不断拥向对岸。按照拿破仑的盘算，乌迪诺和贝纳多特要正面迎敌，钉住奥军，马塞纳会保护通往小岛的交通线，与此同时，达武则击退敌军左翼。意大利军团将适时突破敌军中路。若约翰大公在右翼的达武身后露面，拿破仑的计划就会严重受损，所以两军一直都在找他。

519

# 19.瓦格拉姆会战

罗伊斯 ××× 第五军

朗－恩策斯多夫

××× 第三军

科洛夫拉特

××× 第六军 克勒瑙

掷弹兵师

××× 预备军 利希滕施 泰因军一部分

盖斯多夫

德意志－瓦格拉姆

阿德克拉

××× 第九军

贝纳多特

意大利军团

欧仁

近卫军 ×

利奥波尔道

××× 第四军

布赖滕莱

骑兵预备军

克勒瑙

多瑙河

阿斯佩恩

××× 第六军

埃斯灵

维也纳

洛鲍岛

××× 马尔蒙 第十一军

弗雷德 ××

凯撒－埃伯斯多夫

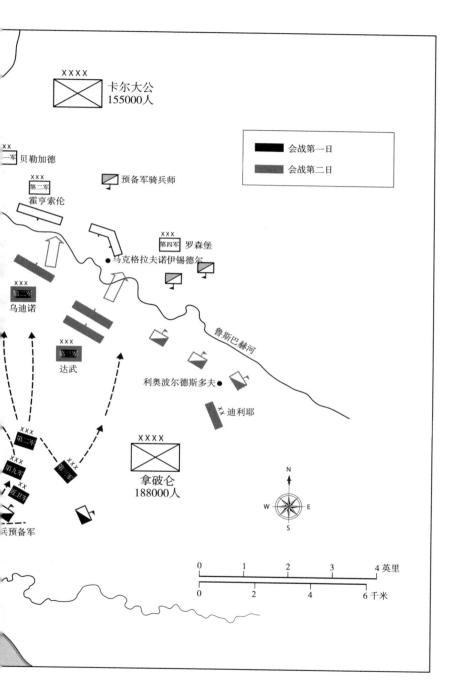

卡尔大公
155000人

会战第一日
会战第二日

第一军 贝勒加德

预备军骑兵师

第二军
霍亨索伦

第四军 罗森堡

马克格拉夫诺伊锡德尔

第三军
乌迪诺

鲁斯巴赫河

第三军
达武

利奥波尔德斯多夫

迪利耶

拿破仑
188000人

第二军

第二军

第九军

近卫军

骑兵预备军

N
W E
S

| 0 | 1 | 2 | 3 | 4 英里 |

| 0 | 2 | 4 | 6 千米 |

下午 2 点，烈日炎炎，法军穿过马希费尔德平原上齐腰高的玉米丛，一边行军一边在 16 英里宽的战场上展开队伍。3 点 30 分，贝纳多特一枪没放，迅速拿下拉斯多夫。到 5 点时，他已在阿德克拉村（Aderklaa）前布阵，该地是战场上的关键村庄，占领它几乎等于将奥军切为两半。拿破仑攻击从马克格拉夫诺伊锡德尔（Markgrafneusiedl）延伸至德意志－瓦格拉姆（Deutsch-Wagram）的整条奥军战线，他壮志满怀，命令乌迪诺"稍稍前进，天黑前给我们来点音乐"。[48]乌迪诺派士兵蹚过鲁斯巴赫河，他们过河时将滑膛枪和子弹袋举过头顶。晚上 7 点，乌迪诺的 7300 人进攻鲍默斯多夫村（Baumersdorf），该村位于河畔，有 30 栋房屋。1500 名奥军把守鲍默斯多夫村，法军伤亡惨重。拿破仑 7 月 5 日的夜袭为时太迟、太缺乏明确目标，而且不协调。鲁斯巴赫河几乎只是一条小河，但它扰乱了步兵队形，此外骑兵和炮兵只能靠寥寥几座桥梁过河。法军攻势的确钉住了奥军，但晚上 9 点时，各地法军都已被逐回鲁斯巴赫河南岸，乌迪诺也损失了很多人手。

晚上 8 点，欧仁的意大利军团中有人进入德意志－瓦格拉姆镇，尽管有 4 名将军负伤、2000 名意大利人崩溃奔逃。9 点，贝纳多特率 9000 名萨克森步兵与 14 门大炮进攻卡尔大公。战场混乱不堪，但他一直战斗到 11 点，折损了一半兵力。事后，贝纳多特大肆抨击拿破仑，批评他命令自己发动这次进攻。[49]达武明智地暂停了攻击，11 点时战事已经平息。会战第一日，奥军占据上风。晚上，他们往多瑙河上投放了 18 艘着火的筏子，想冲垮下游的浮桥，但法军插进河床的柱子拦下了它们。

6 日（周四），达武正在准备黎明攻势时，他的副官勒热

522

纳上校路遇数千名奥军士兵，发现他们正在列队，预备进攻，但他来不及回去警告元帅。[50]凌晨 4 点，奥军进攻大霍芬（Grosshofen），好在达武已经准备好了，重要原因之一是各团军乐队没有接到卡尔大公的命令，不知道攻击前应该保持绝对安静。拿破仑吃早餐时，右翼的喧闹惊动了他，他担心约翰大公已从东边赶来，于是派一些重骑兵预备队支援达武。在接下来的两个小时中，奥军拿下大霍芬，但法军又夺回该地。

　　贝纳多特没收到命令就退出阿德克拉，奥军遂不费一卒拿下村子，同时两组大炮群开始对轰。在咨询了马塞纳后，拿破仑只好在早上 7 点 30 分派圣西尔的法国 - 黑森师夺回阿德克拉。双方展开激战，他们对射子弹时仅仅相隔 80 步，然后法军攻克村庄。这一天，44000 名奥军士兵与 35000 名法国 - 德意志联军士兵在阿德克拉村作战，而贝纳多特相当淡然地放弃了它。拿破仑讽刺地问贝纳多特："你就想靠那科学机动让大公放下武器？"接着他解除了此人的指挥权，说："像你这种笨蛋对我没用。"[51]9 点 45 分，马塞纳军的莫利托将军夺回阿德克拉，但因为贝纳多特自愿犯错，很多人已经战死。

　　俯瞰马克格拉夫诺伊锡德尔的高地上有一座瞭望塔①，上午 10 点，达武拿它当瞄准点，派 10000 名骑兵穿过开阔的平原，奔赴右侧。他们清扫奥军骑兵，为弗里昂和莫朗的步兵师开辟前进空间，奥军被迫延长战线，以防侧翼被击退。若约翰大公此时出现，拿破仑定会陷入灾难，但约翰允许士兵们中途停下吃午餐，还对哥哥说下午 5 点前来不了，所以卡尔只好投入预备队。约翰的侦察兵终于赶到后，他们却说奥军已败，现

523

---

　　①　当地现有的塔系战后所建。

在去战场毫无意义，于是约翰就没去。若他不是皇帝的手足，这一决策会让他上军事法庭。

现在，马克格拉夫诺伊锡德尔是奥军阵地的关键。一处平缓山崖在此折向东北方，而村子就在崖底。在石屋、风车、修道院和壕沟环绕的老教堂之间，两军挨家挨户地激烈肉搏，村子很快着火了。然而，反击的奥军欠缺协调性，未能夺回村子。此前七十二小时中，拿破仑在马背上过了六十小时。会战进展到此刻，他却惊人地再次小睡十分钟，这既表明他有多疲惫，同样也体现他有多冷静。他醒来后，发现马克格拉夫诺伊锡德尔仍在达武手中，于是宣布会战胜利。[52] 当日，在拉斯多夫的小土墩（司令部所在地）及其附近至少有 26 名参谋官死伤，考虑到这一点，拿破仑能在 700 门加农炮轰鸣的战场上睡着便更显不凡。近卫猎骑兵下辖两个团，这两个团的两名指挥都丢了一条腿：皮埃尔·多梅尼（Pierre Daumesnil）少校失去了左腿，他浑身是伤，受全军爱戴；埃居尔·科尔比诺（Hercules Corbineau）少校失去了右腿，他是多梅尼少校的朋友，在埃劳战死的拿破仑的副官的弟弟。数年后，科尔比诺要当塞纳省（the Seine department）① 稽税员，他来找拿破仑商量此职位所需预付定金。据说皇帝说，他会用科尔比诺的腿代替需要的任何定金。一枚榴弹袭来，拿破仑的坐骑受惊，乌迪诺便大叫："陛下，他们在轰炸司令部。""先生，"皇帝回答道，"战争中一切意外皆有可能。"[53] 一发加农炮炮弹掀飞了一名参谋官的头盔，拿破仑于是打趣道："还好你就这么高！"[54]

---

① 塞纳省今已不存在，其领土划归巴黎、上塞纳省（Hauts-de-Seine）、塞纳－圣但尼省（Seine-Saint-Denis）、瓦勒德马恩省（Val-de-Marne）。——译者注

上午 11 点刚过时，卡尔大公派 14000 人沿多瑙河向洛鲍岛进军，他希望切断拿破仑的退路，绕到法军后方。马塞纳军实施了整个战局中最雄心勃勃的机动之一，他们正对着奥军的两个军行军 5 英里，径直横穿战场。[55]拿破仑随后命令贝西埃派骑兵冲击科洛夫拉特军和奥军掷弹兵预备队的结合处。他看着 4000 名重骑兵驰过自己身边，他们高呼"皇帝万岁！"他回答道："别拿刀砍，用你们的刀尖，用刀尖。"[56]贝西埃胯下的坐骑被击毙，他自己也中了一发加农炮炮弹，被人带离战场。拿破仑担心这会打击士气，于是敦促那些知道不该关心发生了何事的人继续战斗。贝西埃一康复，拿破仑便同元帅开玩笑，说对方不在场导致他少抓 20000 名俘虏。[57]贝西埃的冲锋是拿破仑战争中最后一次决定性的骑兵战斗，正如整个瓦格拉姆会战是炮兵主导战场之始。此后，骑兵不再是战争中的关键部队，不过数十年后人们才彻底明白这点。

法军在瓦格拉姆折损了大量战马，但贝西埃的冲锋让洛里斯东有时间将 112 门大炮组成密集的大炮群，其中包括 60 门帝国近卫炮兵的 12 磅炮，它们号称"拿破仑的爱女们"，位于战场中部。洛里斯东朝奥军发射了 15000 枚炮弹，这些炮弹经常在平坦坚硬的地面上弹跳，并点燃玉米地，从而烧死了很多伤员。战场上回响着巨大的震荡喧嚣。

当奥军后撤时，法军大炮群开始前进。拿破仑要求老近卫军的每个步兵连派 20 名志愿者跑去前方，帮炮兵调动并操作大炮，各连照办。下午 1 点左右，达武正沿鲁斯巴赫河行军。拿破仑命令麦克唐纳进攻，以便钉住奥军预备队队列，阻止他们去攻击达武。1804 年拿破仑初次册封元帅时，麦克唐纳盼望封帅，但他从事共和派政治活动（他依然身穿旧制服，佩戴三色腰带），又是莫罗的朋友，所以被排除在外了。麦克唐纳是欧仁的副司令，他非常称职，在意大利干得相当漂亮，在瓦格拉姆也表现卓越。他的 8000 人现在组成宽 900 码、深 600 码、背部开口的巨大空心方阵，向奥军战线进军，骑兵掩护其敞开的后背。这是拿破仑战争中最后一次有人采用这种编队，原因是它太难控制：前面的营可以开火，但后面的不行，而且这种阵型自然会吸引大量炮火。不管怎么说，附近的奥军骑兵太多，步兵不得不结成方阵，这种编队也让麦克唐纳的兵力看起来增加了不少。

意大利军团重骑兵与轻骑兵分别在左右两侧支援麦克唐纳的方阵，大炮群也为其提供炮火掩护。尽管方阵损失惨重，麦克唐纳还是为马塞纳和达武争得了必要时间，两人遂能各自包抄奥军右翼与左翼。拿破仑发现麦克唐纳需要更多的增援，便派弗雷德的拜恩师（共 5500 人）和一部分青年近卫军驰援。（弗雷德在进攻时受轻伤，于是夸张地大喊："告诉皇帝，我为他牺牲了！"结果弗雷德只听见麦克唐纳铿锵有力地回答："你死不了，自己去跟他说。"[58]）

下午 2 点时，卡尔大公决定分阶段撤退。两军继续争夺施塔德劳村（Stadlau）、卡格兰村（Kagran）、利奥波尔道村（Leopoldau）和施特雷伯斯多夫村（Strebersdorf），与此同时，奥军预备军的掷弹兵师和骑兵师互相掩护。正是在战役的这一阶段，法军骑兵名将安托万·德·拉萨尔在部下面前被击毙。拉萨尔在奥斯特利茨、埃劳和斯德丁表现出色，在 1800 年战局中用坏了七把刀，还分别在埃及和海尔斯贝格救了达武和缪拉的命。"30 岁还没死的骑兵是孬种，"他曾经评价骠骑兵，"我不指望活过 30 岁。"[59]拉萨尔战死时 33 岁。

这四十个小时中，法军一些部队几乎一直在战斗。大部分法军士兵纯粹是太累了，所以才没有追击敌军。晚上 7 点左右，拿破仑和一名腾跃兵共享汤、面包和鸡肉，并察觉到自己不能在战场上乘胜追击。虽说瓦格拉姆会战和奥斯特利茨会战、阿尔科莱会战并排刻在荣军院拿破仑墓的大理石基座上，但它实际上是某种皮洛士式胜利①。在瓦格拉姆会战中，德意志军团至少有 30000 人死伤，此外有 4000 人被俘。法军还折损了大量战马、11 门大炮、3 面鹰旗和 9 面军旗。奥军有23000 人死伤、18000 人被俘，虽然损失严重，但他们退向茨纳伊姆时秩序良好，所以只丢了 9 门大炮、1 面军旗。"瓦格拉姆会战结束后，晚上法军全军都喝醉了，"布拉兹上尉回忆道，"有很多甘醇美酒，士兵们放肆痛饮。"[60]经历了前两天的那种战斗后，他们有资格享用这些酒。

◆

"不要怨恨，"战后，拿破仑与麦克唐纳谈话，承认两人昔日的政治差异，"从今天起，我们就是朋友了。昨天你非常光荣地赢得了元帅权杖，我将把它授予你，从而证明我们的友谊。"[61]拿破仑仅在战场上封过两名元帅，除了麦克唐纳，另一人是波尼亚托夫斯基，他将在莱比锡会战中封帅。皇帝不满意会战第一日乌迪诺造成的大量损失，也批评马尔蒙过多瑙河时磨磨蹭蹭，但一周后他俩也受赏元帅权杖。马尔蒙只有 34 岁，这导致现役元帅平均年龄降至 43 岁。当时，士兵们如此评价瓦格拉姆会战后的三项册封，"一个为了友谊，一个为了法国，一个为了军队"，因为马尔蒙从土伦会战开始一直追随拿

526

---

① 西方谚语，意指代价高昂、得不偿失的胜利。——译者注

破仑，麦克唐纳是优秀军人，乌迪诺深受部下爱戴。[62]

"我的敌人战败了，他们一败涂地，一片混乱，"会战结束后当晚，凌晨 2 点时拿破仑致信约瑟芬，"他们人数众多，被我击溃了。今天我很健康。"[63]三个小时后，他又给她写信，说缴获了 100 门大炮（此乃荒唐夸张），还抱怨晒伤。7 月 10～11 日，马尔蒙和卡尔大公又在茨纳伊姆对战，此战无决定性战果。次日，大公提出停火，拿破仑同意了。此后三年，他没再上过战场。

瓦格拉姆会战后第七天，弗朗茨一世否决拿破仑与卡尔大公的停火协议。35 艘战列舰和 200 艘其他船只刚刚送约 40000 名英军士兵在荷兰瓦尔赫伦岛登陆，而弗朗茨想在求和前看看英军如何进攻。这次远征是一场灾难，疟性痢疾立刻打垮了英军，一半的人无力战斗，超过 10% 的人病死（相比之下，战死者只有 106 人）。"热病和洪水会弄死一批英军，"早在 8 月 9 日，拿破仑就致信战争部长亨利·克拉克，显示出卓越的远见，"只要他们待在瓦尔赫伦岛，就没什么可担心的……他们在沼泽里鞭打自己的屁股，还追赶猎物的影子，随他们去吧。"[64]就在圣诞节前夕，远征军带着 11000 名患病士兵艰难地回国。富歇曾迅速行动，他招募了一大股军队保卫安特卫普，以防英军也在那儿上岸，但拿破仑只是稍稍欣赏他："你可能考虑招募一支军队反对我！"富歇予以回击。[65]甚至在英军失败之前，9 月时弗朗茨就承认瓦尔赫伦远征无法挽救他，奥地利遂开始谈判，准备结束第五次反法同盟战争。

# 第二十二章　登峰造极

人人都知道，政治筹谋中家庭纽带只占很少一点，而 527
且二十年后它就断了。费利佩五世就对自己的爷爷开战。

——1808 年 7 月，拿破仑致沙皇亚历山大

公主应该恋爱吗？她们是政治奴隶。

——圣赫勒拿岛上的拿破仑

"必须让一个至高国度统治其他国家，"拿破仑赤裸裸地宣称，"且该国度应有足够权力强制它们和谐共处。法国最适合担当此任。"[1] 在他掌权时，法国凭借人口（当时它是欧洲人口最多的国家）、农产品、科技革新、歌剧、家具、绘画、设计、戏剧、文学、欧洲通用的法语、开阔美丽的巴黎这些要素的综合实力，成为欧洲的重要国家、主导国家。

从 17 世纪晚期开始，欧洲迭出开明独裁者。拿破仑相信理性化进程，认为温和独裁可行，所以他是最后一位开明独裁者。他本人尊重最著名的独裁者典范弗里德里希大王，此举凸显了他这一自我认知。像很多法国人一样，他认为可以靠大军团在欧洲上下推广近代治理思想。[2] "你们只有特别法，"1805 年，他在里昂与一名意大利代表交谈，"因此你们必须制定普通法。你们的人民只有地方习惯，他们必须养成民族

习性。"[3] 用英国历史学家 H. A. L. 费希尔（H. A. L. Fisher）的话说，很多意大利与德意志公职官员认为，拿破仑帝国"粉碎旧俗的坚硬外壳，用有效结合的广泛思想取代狭隘、散漫、倦怠的地方主义"。[4] 到 1810 年时，他正在建立进步的一元制帝国，这个帝国拥有以《拿破仑法典》为基础的统一法律、开明的世俗主义和宗教宽容、法律面前人人平等、统一的度量衡与货币。[5] 然而，法国行政模式几乎从来不曾简单适用于被征服领土，倒不如说它会根据当地普遍情况做微妙调整。若法典多半会激起反抗，或阻碍"捐赠"和征兵，法国就会推迟实施它。[6] 举个例子，拜恩和巴登的行政人员按照拿破仑帝国的方式彻底改造了政府结构，然而相对不太亲法的梅克伦堡及其邻国萨克森就没有进行改革。[7]

在被兼并领土上，支持拿破仑的政治力量有很多种：不希望本地正统统治者复位的城市上层阶级；重视效率的行政改革者；自身权利受法律保护的较小宗教信徒，如新教徒和犹太人；信奉世俗教育、离婚自由权等理念的自由派人士；盼望实现民族自决的民族，如波兰人；商人（至少在大陆体系开始伤害他们之前）；《拿破仑法典》简明性的仰慕者；反对行会限制贸易的方式的人；中产阶级改革者；收购了国家没收的教会或王公财产，希望法律保护这笔交易的法国人；不用再缴纳封建税款的农民，特别是德意志农民。[8] 拿破仑想完全废除封建社会的头衔、限嗣继承以及特权的所有痕迹，但帝国中的威斯特伐利亚、波兰、西班牙、伊利里亚（Illyria）①、卡拉布里亚等地区太落后了，所以除了名字，它们仍处于封建时代。[9]

---

① 位于巴尔干半岛（Balkans）西部。

为使拿破仑的体系平稳运行，最需要的是时间。

当然，在拿破仑之前，一些正统政府就曾推行近代化改革，但教会阶级、特权秩序、根深蒂固的行会、横加阻拦的司法机关、一毛不拔的议会（parlements）、保守贵族和疑虑重重的农民常常反对它们。[10]拿破仑政府的能力比其所有前任的都强得多，因此他能斩开这些戈尔迪之结，实现所谓的辽阔帝国中"行政、官僚和财政制度的系统化重塑"。[11]结果，他建立了统一的等级制行政体系，而巴黎是其控制中心。照当时一名仰慕者的说法，从巴黎开始，"执行链向下传达至被管理者，不受大臣干扰，法律和政府命令也传递至社会秩序最远的分支"。[12]18 世纪开明独裁者的梦想实现了。

欧洲上下，很多人认为拿破仑似乎代表着进步、精英政权和理性未来的理念。1806～1817 年，实际上的拜恩首相马克西米利安·冯·蒙特格拉斯（Maximilian von Montgelas）伯爵让修道院世俗化、引入义务教育和疫苗、建立公务员考试制度、废除国内通行费，并给予当地犹太人和新教徒公民权，他之所以这样做，是因为这些改革符合他所谓的时代精神（Zeitgeist）。[13]拿破仑是法兰西学院院士，认为应对人才开放就业渠道，与他相比，意大利、荷兰、比利时、德意志的律师、医生、建筑师、商人怎会更想被某个近亲结婚生下的幼年王公统治呢？当然，现实中他们通常无甚选择余地，只能为法国短期效力，但是法军的胜利让很多人有机会从革命体系中汲取近代惯例，而且这一过程跳过了断头台和恐怖统治。此外，如果这些人不喜欢拿破仑和法国，他们也能理解他和它的做法更有效。比如说，拿破仑下台后，他在意大利设立的税收制度延续了一个世纪。[14]然而，拿破仑信奉泛欧主义之说乃一则神话。

529

1812 年，他鼓吹自己是欧洲基督教文明的守护人，正抵御俄国的野蛮亚裔部落。他构建遗产时也充分利用了欧洲统一的思想。可是他的帝国本质上始终是法兰西帝国，而非欧洲帝国。

拿破仑固守大陆体系，此举在很多方面损害了他，其中之一是他和教皇的关系。庇护七世曾经不准热罗姆离婚、不承认约瑟夫的那不勒斯王位，现在他又拒绝加入欧洲封锁体系，不限制对英贸易和英国产品。这些事凑一块后，拿破仑就认为梵蒂冈看上去有他的敌人。1808 年 2 月，他派塞克斯修·米奥利斯（Sextius Miollis）将军沿意大利西海岸南下占领教皇国，包括特雷韦河（the Tevere）上的教皇城堡圣天使城堡（Castel Sant'Angelo）。法军加农炮很快就可以直接对准圣彼得大教堂（Basilica Papale di San Pietro）。然而，教皇还是不肯对英宣战，拿破仑指出英国是异教国家，他也无动于衷。事态已然明了，教皇不会向拿破仑屈服，不会驱逐教皇国境内的英国货物和英国商人。拿破仑当即采取行动，1809 年 6 月 10 日，他把教皇国并入法兰西帝国。庇护七世立刻报复法兰西皇帝，开除了他的教籍。

此前在 1807 年 7 月，拿破仑曾对塔列朗嘲讽教皇处罚这一概念。"他们只剩一招，那就是把我关进修道院，像鞭打路易·德·德博奈尔一样抽我。"[15]（查理曼之子路易一世曾下令把红热匕首刺入侄子贝尔纳亲王的眼球，后来他为此鞭打自己。）然而，开除教籍不是什么玩笑，因为波兰、意大利和法国的数百万虔诚天主教徒现在得重新考虑是否效忠不信教的皇帝。更麻烦的是，当时拿破仑正希望赢得西班牙激进天主教徒

530

的拥护，而西班牙天主教的教士将利用他新得到的异端地位，有效推行反对法国占领的宣传活动。

接下来的十三个月，法国和梵蒂冈的关系继续恶化。瓦格拉姆会战前夜，即 1809 年 7 月 5 日，萨瓦里奉拿破仑的命令采取出格行动，派艾蒂安·拉代（Étienne Radet）将军逮捕梵蒂冈教皇。拉代只给了教皇半小时收行李，然后把他押至意大利西海岸小港口萨沃纳港的主教宫殿。庇护七世于是说了一句话，此言堪称 19 世纪最睿智言论之一。"相信我，我的儿子，"他对拉代说，"那些指令不会让你听到神的旨意。"[16]与此同时，拿破仑告诉自己的妹夫，即阿尔卑斯地区总督卡米洛·博尔盖塞亲王（其辖区包括萨沃纳），"教皇的看守应该打扮得和仪仗队一个样"。①[17]

庇护七世的表现非常高贵，但这则铁腕战术的悲剧故事对拿破仑绝无益处。唯一的实质改变是，此前公开登陆码头的英国货物现在得靠走私进入里窝那。虔诚天主教徒私下为教皇所受待遇愤愤不平，而拿破仑替他的行为找到了历史先例，宣称罗马一直是查理曼帝国一部分。他补充道，现在罗马将成为"帝国自由都市""帝国第二大都市"，法国也将每年捐赠 200 万法郎负担教会开支。[18]卡诺瓦还轻松说服他每年花 20 万法郎保护罗马古迹。"教皇是好人，"8 月 6 日，拿破仑告诉富歇，"但他无知又疯狂。"[19]唉，这些形容词其实更适合描述拿破仑

531

---

① 1812 年 5 月，拿破仑察觉皇家海军巡航舰可以足够接近萨沃纳，从而解救教皇，于是他把教皇带到枫丹白露宫。庇护七世在那里过得比较奢华，直到 1814 年获释。今人仍可在枫丹白露宫见到教皇入住的房间。"教皇不得穿教皇礼服出行，"拿破仑致信博尔盖塞，显示其对公众意见的典型眼光，"他只能穿教士服装，这样的话，路上没人……能认出他。"CN12 no. 8710，p. 417.

自己对教皇的态度。

　　1809 年 7 月 27 ~ 28 日，塔拉韦拉（Talavera）会战爆发，威灵顿和西班牙军总司令奎斯塔大败约瑟夫、儒尔当和维克托。儒尔当报称，威灵顿损失 10000 人（英军兵力的三分之一），还丢失了战场。这份报告误导了拿破仑，所以他格外恼火。等皇帝发现英军其实只损失了 4600 人，而"一整天下来"法军都"被击退"时，他便说儒尔当的谎言是"直截了当的犯罪"，并且因这些谎话很可能影响了他的西班牙战略而大发雷霆。"在马德里报纸上，他爱说啥说啥，"拿破仑写道，这等于承认媒体文字常常弄虚作假，"但他无权对中央政府掩盖真相。"[20]比起麾下将军的报告，拿破仑更愿意相信英国媒体的报道，并告诉克拉克："你必须对塞纳蒙将军说，他没有正确报告自己的炮兵部队状态，英军缴获的大炮比他承认的多。"[21]（塞纳蒙报称丢了 6 门，但他丢了 17 门。）"只要他们进攻占据有利位置的英军等精兵，又不确定能否占领敌人的阵地，"他继续说，"我的人就被毫无意义地引向死亡。"[22]

　　1809 年 8 月 15 日，拿破仑庆祝自己的 40 岁生日，遂封马塞纳、贝尔蒂埃和达武为亲王，并给予每人大笔赠款。当天，他举行大阅兵，检阅恩策斯多夫的近卫军，并出席庆祝晚宴。这一切活动结束后，晚上，他和贝尔蒂埃微服潜入法军占领的敌国首都维也纳（在那儿他可能被认出来），观看向他致敬的烟火表演。[23]然而当日白天，他还是照常勤奋工作，从美泉宫写信：致康巴塞雷斯的信提及给元老院的信；致法国驻莫斯科大使科兰古将军的信提及英国试图从俄国购买滑膛枪的谣言；

致战争部长克拉克的信提及西班牙。此外，他命令德意志军团 532
军务总监皮埃尔·达吕给奥斯特利茨会战中所有战死者的孩子
每人 300 法郎。当日，拿破仑还给缪拉和贝尔蒂埃写了几封
信。致缪拉的信称，一旦"清理完"西西里的敌人就在那儿
设立公国；致贝尔蒂埃的信谈论造船——修造可载 6600 人横
渡多瑙河的船只。[24]

到 9 月时，弗朗茨被迫开始和谈。"你的主子和我像两头
公牛，"拿破仑对奥地利谈判代表、奥军上校费迪南德·布勃
纳（Ferdinand Bubna）伯爵说，"都想跟德意志和意大利配
种。"[25]接着，他对缪拉的副官夏尔·德·弗拉奥上校（奥尔唐
斯的情人）说："我需要德意志，也需要意大利，因为意大利
意味着西班牙，而西班牙是法兰西的延伸。"[26]这几乎确保了奥
地利的永久敌意，在法国大革命之前，它曾世代控制意大利和
德意志。"我不怕他，"拿破仑私下说起弗朗茨，"我太鄙视他
了。他不无赖，恰恰相反，他像路易十六一样思想单纯，但总
是被最后一个跟他说话的人影响。永远不能信任他。"[27]对于将
要展开的和谈，他则说："放弃几个省对他们来说又怎样呢？
他们如此不讲信用，难道不会一有机会就夺回来吗？"1796 ～
1797 年、1800 ～ 1801 年、1805 年、1809 年的经历当然说明此
言不假。"这是我第二次来奥斯特利茨战场，"9 月 17 日，拿
破仑和将军们在布吕恩用餐，他说，"我还会第三次来这儿
吗？""陛下，"他们回答道，"根据我们每日所见，谁也不敢
打赌这不会发生。"[28]

10 月 14 日，尚帕尼和利希滕施泰因在《美泉宫条约》上
签字。次日，拿破仑批准条约，没过多久弗朗茨也批准了。弗
朗茨收到数次警告后依然发动战争，所以他没什么资格抱怨条

款严苛。拿破仑把奥军兵力限制在 15 万人，还兼并伊利里亚
省份，奥地利保住了阜姆（Fiume）①，但几乎成为内陆国，于
是他成功地把奥地利贬为二流国家。奥地利割让伊斯特拉半
岛、克恩滕给法国，割让萨尔茨堡②、贝希特斯加登
（Berchtesgaden）以及上奥地利部分地区给拜恩。此外，它被
迫加入大陆体系，并承认拿破仑在伊比利亚半岛和意大利实施
的所有改变。奥属加利西亚被瓜分，占其面积五分之四的西部
领土归华沙大公国，剩余的五分之一（基本上是东加利西亚）
归俄国。俄罗斯帝国增加了 40 万人口，尽管如此，圣彼得堡
还是新添恐惧，担心拿破仑想重建波兰王国。[29] 总的来说，奥
地利得放弃 350 万人口，还要支付巨额赔款。弗朗茨也得保证
"永远……和平友好"。仅仅四年前，他曾做出同样的承诺，
这一回他的诚意也和上次的一样。[30]

　　早在 4 月时，蒂罗尔就爆发了拥护奥地利的起义。《美泉
宫条约》签订之日，拿破仑派欧仁帮助拜恩平定反叛。[31] 10 月
17 日，欧仁率 5.6 万名拜恩军和法军士兵进入蒂罗尔，镇压
反抗运动。颇具魅力的起义领袖、前旅馆老板安德烈亚斯·霍
弗被出卖了，1810 年 1 月下旬，他在南蒂罗尔圣马丁村（St
Martin）被俘。（抓获霍弗的士兵想从这个可怕的敌人身上弄
点纪念品，于是扯他的胡子，直到其双颊流血。）[32] 欧仁请求宽
待霍弗，但 2 月 11 日，拿破仑回答道，自己正全力和奥地利商
讨将要来临的联姻，不希望奥地利官方请求放过霍弗，导致事
态复杂化，因此需召集军事法庭，在二十四小时内枪决霍弗。[33]

---

① 今里耶卡（Rijeka）。——译者注
② 1805 年，奥地利兼并了萨尔茨堡。——译者注

人们批评《美泉宫条约》，称这种迦太基式和平①迫使奥地利再度与拿破仑开战，最终损害他自己的利益，但 1812 年他在俄国惨败后奥地利才动手。当时，《美泉宫条约》似乎建立了防止持续复仇战争所需的新型法奥关系。10 月 8 日，梅特涅就任外交大臣，他已然总结道，十二年来奥地利连续四次战败，现在它唯一的选择就是和法国联手，视它为主要伙伴。他谈及"适应胜者法国的体系"。[34]如果拿破仑同约瑟芬离婚，迎娶弗朗茨的女儿、12 月时将满 18 岁的玛丽·路易丝（Marie Louise）女大公，奥地利就能一下子融入法国体系。双方已有尝试性初步试探。1809 年，拿破仑尚未放弃娶罗曼诺夫公主的念头，但他仍是约瑟芬的丈夫，所以不可能娶到奥地利或俄国新娘。

　　两年前的事和刚刚才发生的一件事或许促使拿破仑将思绪集中到继承前景上，让他再度渴望让亲生子继承王朝。[35]拿破仑可能曾考虑立路易和奥尔唐斯之子、荷兰王储拿破仑－路易－夏尔为最终继承人，1807 年 5 月 5 日早上，这个孩子在海牙死于类似哮喘的疾病，年仅 4 岁。奥尔唐斯非常悲伤，别人寄来的信件也不太能宽慰她，比如 6 月 16 日拿破仑的信："你的不幸令我触动，但我希望你更加勇敢。活着就是受罪，有资格受人尊敬者必须力争掌控自己。"他又写了三句话，然后用弗里德兰会战作结："6 月 14 日，我取得大胜。我很好，我非常爱你。"[36]就算奥尔唐斯对路易尚有苟延残喘的感情，儿子的死也让它破灭了，后来她和弗拉奥伯爵生了个孩子。[37]

534

---

① 第二次布匿战争中，迦太基败于罗马，被迫接受条件严苛的和约。所谓"迦太基式和平"，是指强国强迫弱国接受的短暂且不平等的和平。——译者注

"愿我此刻在你身旁，让你在悲痛中克制和理智。"拿破仑致信约瑟芬，提及她的外孙之死，"你很幸运，没有失去任何子女，但这种失去系人类悲剧的境遇和痛楚之一。愿我只听闻你头脑理智，状态良好！你要让我更加悲伤吗？"[38]拿破仑自己也许没有立刻察觉到，小路易夭折后他的婚姻压力也增大了，但现年45岁的约瑟芬情商要高得多，她明白这一点。她之所以不能"在悲痛中理智"，原因之一是她不仅为女儿和外孙哀伤，也为自己的婚姻哀痛——她意识到丈夫现在没准想要亲生继承人了。拿破仑知道自己有生育能力，因为他曾和前情妇埃莱奥诺尔·德·拉普莱涅生下私生子莱昂伯爵，而且1809年夏末，玛丽·瓦莱夫斯卡也怀了他的孩子。

1809年10月12日（周四）9点，在美泉宫后屋的马蹄形复式楼梯附近，拿破仑准备面见一些获释的法国战俘。就在此时，爱尔福特路德会牧师之子、18岁的弗里德里希·施塔普斯（Friedrich Staps）打算假意向拿破仑递交请愿书，借机刺杀他。施塔普斯本会成功，但拉普在几步之外抓住了他，然后拉普、贝尔蒂埃和两名宪兵从他身上搜出一把大餐刀。"他看我的眼神令我一震，"拉普回忆道，"他的坚决态度让我起疑。"[39]事后不久，贝纳多特、贝尔蒂埃、萨瓦里和迪罗克陪拿破仑和施塔普斯面谈，阿尔萨斯人拉普充当翻译。皇帝希望这个年轻学生精神失常，这样便可宽恕他，但科维萨尔宣布，尽管施塔普斯是个政治狂热者，但他健康理智。拿破仑问刺客，假如获释他会做什么，而他回答："再找法子杀你。"17日早上7点，施塔普斯被枪决。他对行刑队高呼"德意志万岁！"，还喊了"暴君去死！"。[40]拿破仑通过非常直接的方式亲身体会到，尽管这片土地仅仅三年前还在历经数百年的神圣罗马帝国

535

臂弯中微眠，但在它之上，不屈不挠的新德意志民族主义精神已然兴起。① 拿破仑对秘书说，"我一直害怕疯子"，并回忆起某晚在剧院，一个从比塞特（Bicêtre）疯人院逃走的疯子找他搭话。"我爱皇后！"疯子大叫。"你好像找了一个不得了的倾诉对象。"[41]拿破仑回答道。②

　　拿破仑的下一步行动完全暴露了他的无情。从埃及回国后，他和约瑟芬过上亲密、宜人、友善的婚姻生活，她抱怨他寻花问柳，但对他忠贞不贰。现在，这段婚姻阻碍了他的政治和王朝野心以及他眼中的法国最大利益，所以它得结束了。他多次在战场上接近死者、幸运地躲过地狱阴谋、在雷根斯堡负伤，最近又经历了一起未遂刺杀，这些都促使劝说他的人集中思虑。10 月 16 日，拿破仑离开美泉宫，26 日上午 9 点，他返回枫丹白露宫。当晚，波利娜和她的一位侍女来访。这名侍女是皮埃蒙特人士克里斯蒂娜·德·马蒂斯（Christine de Mathis）男爵夫人，她现年 25 岁，丰满俏丽，担任波利娜的侍读女郎。克里斯蒂娜几乎立刻就成了拿破仑的情妇，这一风流关系一直持续到他结婚前夜。他后来说她"接受了礼物"。[42]他的卧室和约瑟芬的有一扇门连通，而他下令砌墙堵死这道

---

①　瓦格拉姆会战后某晚，拉普用少有人获准的打趣方式揶揄拿破仑。当然，他俩玩 21 点，赌注是 1803 年开始铸造的面值为 20 法郎的金币，它们被称作"拿破仑"。这时，皇帝想说句双关妙语，问道："拉普，德意志人非常喜欢这些小拿破仑，难道不是吗？""是的，陛下，"拉普回答道，"比起那个大的，他们明显更喜欢小的。""我想，"皇帝笑道，"这就是你所谓的德意志式坦诚。"Rapp, *Memoirs*, p. 26.

②　拿破仑不仅害怕疯子，还给他们灵感。1840 年 12 月他在巴黎下葬时，比塞特疯人院里至少有 14 个病人认为自己是他。

门，这堪称最抽象、最明确的离弃讯号。"皇帝的温柔、为我母亲的考虑统统消失了，"奥尔唐斯描述这些痛苦时光时道，"他的态度变得不公正又无理……我希望他们已经宣布离婚了。"[43]11 月 15 日，皇帝一家离开杜伊勒里宫。博塞近距离目睹了这桩婚姻步入病态的最终阶段，27 日，他已经发现"皇后的相貌大大改变，而拿破仑则沉默收敛"。[44]

如果拿破仑帝国是稳固的古老王朝，兄弟或侄子继位也许不会让它灭亡，但这个帝国还不满五年，于是他得出结论——他需要一个儿子来延续波拿巴王朝。他尝试了十三年，但 46 岁的约瑟芬显然不会生孩子了。亚历山大大帝和尤利乌斯·恺撒过世时没有留下明确的继承人，导致他们身后出现血腥的权力斗争，拿破仑清楚这些历史。目前他的继承人是约瑟夫，但其妻朱莉·克拉里没生下一个儿子，约瑟夫自己也在西班牙大败。早在 1806 年 7 月，雾月十八日后归国的流亡者莱维（Lévis）公爵就已警告皇帝："阿特拉斯①肩扛世界，但他之后混乱来临。"[45]

11 月 30 日，拿破仑告诉约瑟芬他想离婚。"你有孩子，"他说，"但我没有。你必须明白，我身负巩固王朝的必要职责。"[46]约瑟芬抽泣，她说没有他她活不下去，恳求他重新考虑。"我一共见她哭了几小时，"拉普回忆这一时期道，"她说她眷恋波拿巴，以前我们在场时，她就这么叫他。辉煌生涯即将结束，她感到惋惜，这非常自然。"[47]当日晚餐桌上，她戴着大白帽，以便掩饰泪痕，但博塞发现，"她显得悲伤绝望"。[48]拿破仑和约瑟芬单独用餐，他们都没吃多少。两人始终沉默，

---

① 古希腊神话中的擎天神。——译者注

唯一的例外是皇帝问博塞天气如何。拿破仑回忆道，晚餐中，"她尖叫一声，然后昏倒了"，侍女只好带她离去。[49]又有一次（或许是同一件事，但是博塞和拿破仑的记忆不同），博塞听到"皇帝的卧室中传来约瑟芬皇后的激烈哭喊"。他走进房间，发现她躺在地毯上，"嘤嘤哭泣，喃喃抱怨"，诉说离婚后她"绝对活不下去，哭声与怨言直入肺腑"。拿破仑要博塞和一名秘书带她经私人楼梯回楼上卧室，他们照办，尽管博塞差点被自己的礼仪佩剑绊了一跤。

　　12月5日，欧仁来了，这让他的母亲冷静了些。没过多久，波拿巴家族和博阿尔内家族也能着手讨论细节问题了。拿破仑的下一场婚礼需要举行教会仪式，为了满足这一礼仪需求，加冕前夜他和约瑟芬的宗教婚礼得宣告无效，哪怕主持婚礼的是教会亲王、红衣主教费施。拿破仑遂辩称道，那场婚礼是秘密的，没有足够见证人，而且当时他为约瑟芬所迫。[50]约瑟芬同意陪他干这桩荒唐事，但27名法国红衣主教中，至少有13人拒绝出席拿破仑的下一次婚礼。（拿破仑禁止他们穿鲜红官袍，这些异议者便被称作"黑衣红衣主教"。）政府司法官员借助路易十二和亨利四世的先例，宣布拿破仑和约瑟芬的婚姻无效。[51]

　　12月7日的会议上，约瑟芬被迫当着帝国高官的面宣布同意离婚。她侄女的丈夫、大臣安托万·拉瓦莱特记载道："她的心智非常勇敢坚定，旁观者都被深深打动。次日，她离开杜伊勒里宫，再没回来。"[52]她和侍女上马车时，"不止一个人留在那儿，感激地看着她"。这就是宫廷的残酷。然而，我们很难说约瑟芬被逐出了巴黎，因为爱丽舍宫仍是她的一处住所。拿破仑分给她马尔迈松、14世纪建成的诺曼底纳瓦尔城

537

堡（Château Navarre，花了他 90 万法郎），她也保留皇后头衔以及全部荣誉和特权。她的 200 万法郎账单清偿了，余生中她每年可享 300 万法郎。[53] 第一次瓜分波兰时，弗里德里希大王评价玛丽亚·特蕾莎时道："她哭了，但收下了东西。"① 此言也适用于约瑟芬。

对拿破仑和约瑟芬来说，财政方面的安排不错：她获得大笔收入；他幸运地能让国家为离婚埋单。虽说拿破仑同约瑟芬离婚是为了生下帝国继承人，结果却是讽刺的：下一任法国皇帝是她的外孙，而非他的任何后代；今天，她的嫡系后裔依然端坐比利时、丹麦、瑞典、挪威和卢森堡的王座，而他的嫡系后裔里连一个国王都没有。

11 月 22 日，拿破仑尚未对约瑟芬摊牌，即便如此，他仍然致信法国驻俄大使科兰古，要求对方私下打探沙皇对其妹妹安娜·帕芙洛夫娜（Anna Pavlovna）女大公未来婚事的看法："我不是正式请求，而是想听听你的意见。"[54] 于是，他开始同时追求俄国和奥地利的公主。12 月中旬，拿破仑明确表示他更想娶安娜，并且不介意宗教问题。他曾考虑过信奉伊斯兰教，并接受被开除教籍，所以她的俄国东正教徒身份算不上无法逾越的障碍。萨克森的公主也是一种选择，但若论联姻实现的地缘政治利益，娶她比不上娶沙皇亚历山大的妹妹或奥皇弗朗茨的女儿。1 月时安娜才满 15 岁，她和拿破仑的年龄差很可能意味着她将在圣彼得堡住几年，然后再搬去巴黎。

538

---

① 奥地利太后玛丽亚·特蕾莎曾反对瓜分波兰，最后仍获得了波兰领土。——译者注

12月16日，一纸四句话的元老院令解除了拿破仑和约瑟芬的婚姻。他当即命令科兰古代表他向安娜求婚，并要求俄国皇室两日内答复。三十八天后，俄国方面回话了。"老实跟你说，"亚历山大对科兰古说，"我妹妹不会做得更好。"[55]沙皇没有说老实话，对于罗曼诺夫王朝屈尊同科西嘉暴发户联姻一事，他的反对态度不亚于其母。同样，当时法国如此占上风，俄国又没有盟友，所以他得罪不起拿破仑。亚历山大希望法国最起码和他签署有关波兰未来命运的条约，以之换得他的首肯。为此目的，12月28日，科兰古和俄国外交大臣鲁缅采夫草拟了一份条约：第一条，"互相约定永不允许波兰复国"；第二条，不得在一切公共活动中使用词语"波兰"或"波兰人"；第五条，完全禁止华沙大公国继续扩张领土。[56]亚历山大暗示道，他可以解决太后的阻挠，于是科兰古签字了。由此可见，若能确保瓜分波兰，俄国沙皇非常乐意牺牲自己的妙龄妹妹，让她嫁给罗曼诺夫家族眼中的40岁科西嘉暴发户。我们无法判断这一切会导致拿破仑麾下的波兰枪骑兵勇士做出什么事。次年1月10日，科兰古收到拿破仑的命令——在得令后十天内让俄国王室明确答复提亲（当时，从巴黎到圣彼得堡送信要花近三周时间）。[57]

2月6日，拿破仑已然认为，为安娜而把自己束缚在波兰问题上不值得。他说已经签字的条约"荒唐可笑"，命令尚帕尼不要批准它。他不承认科兰古的行为："我不能说波兰王国永远不会复国，因为那等于是说，假如有一天立陶宛人或其他人要重建它，我就得派兵镇压他们。这有辱我的尊严。我的目标是安抚俄国。"[58]拿破仑提出另一份条约，承诺不帮助任何其他国家复建波兰，但沙皇认为这不够。[59]结果拿破仑感觉被冷

539

落了，他开始盼着维也纳给他未来新娘，而亚历山大意识到波兰问题上拿破仑不可信。[60]没过多久，他也疑心法国同时向两国求亲，因此生气了，或者说至少假装生气了。[61]

"我不知道这一切之后需要什么，" 1809 年最后一天，拿破仑致信亚历山大，希望保住他们的友谊，"我不能消灭怪兽，或同云雾战斗。"[62]1810 年 2 月上旬，亚历山大正在推行俄军的彻底变革。[63]早在 1 月，他就已任命现代化改革者巴克莱·德·托利将军为战争大臣，沿西德维纳河（Zapadnaya Dvina）① 与别列津纳河（the Berezina）一线防御俄国西部疆界的方案也已拟定。当年，俄国还出现了民族主义宣传运动，媒体则再次获准批评法国。反法的文学作品和政治俱乐部亦解禁了。[64]1810 年 5 月 4 日，玛丽·瓦莱夫斯卡生下一子，拿破仑给他取名亚历山大，但这并未改善俄法关系。

多年后，拿破仑回忆道，当时他曾短暂地考虑娶一个巴黎女人。他说他列出了五六个女人的名单，但是在杜伊勒里宫举行投票时，五名参政支持和奥地利联姻，两名参政支持和萨克森联姻，而富歇和康巴塞雷斯仍然主张娶安娜。拿破仑怀疑，富歇和康巴塞雷斯之所以反对娶奥地利公主，仅仅是因为他们曾投票赞成处决玛丽·路易丝的姨祖母玛丽·安托瓦内特。康巴塞雷斯否认这一点，他说自己清楚，不论哪个国家没被选中，拿破仑最终都会和它开战，"我觉得进军圣彼得堡比进军维也纳更可怕"。[65]

拿破仑和玛丽·路易丝的婚姻有着不祥的先兆：小时候，

---

① 今道加瓦河（the Daugava）。——译者注

她在自己的儿童房内玩弄他的"凶恶雕像"；14 岁和 18 岁时，她被迫离家躲避他的军队。玛丽·路易丝曾写道，"我同情他选中的公主"，那时她完全不知被选中的就是自己。一旦她意识到这一点，便写道，"我将命运交付神圣上苍"，并请求一位朋友"祈祷那永不会发生"。[66]拿破仑明显更喜欢这桩婚事。"我非常高兴地得知玛丽·路易丝不错。"他回忆道。[67]她不只是不错。拉瓦莱特称，她"高挑匀称，特别健康，年轻人常有的优雅与美丽都装点了她的形象"，此外，她"神情和蔼，和家族中其他人不同，她的笑容亲切甜美"。[68]拿破仑给玛丽·路易丝的信现存 318 封，其中第一封是求婚信，1810 年 2 月 23 日，一位秘书在朗布依埃宫执笔写了这封信：

540

> 我的姊妹（Ma cousine），您的卓越特质令您出类拔萃，也让我们激起服侍您、尊重您的渴望。为遂此愿，我等与令尊皇帝接洽，恳求他将殿下您的幸福托付给我们。希望促使我等如此行事的感情没有冒犯您？希望果如我等自夸，您并非单纯履行顺从令尊令堂的义务？倘若皇女殿下的感情偏向我们，我等将殚精竭虑地培育它，始终不渝地用一切方式取悦您，如此，我等便能期盼有朝一日赢得您的尊敬。此乃我们欣然拥抱的目标，有鉴于此，我等恳求殿下您的眷顾。[69]

这是 40 岁男人致 18 岁姑娘的礼貌求婚信。两天后，他亲笔写信（字迹糟糕），称她为"我的亲姊妹"（Ma Soeur），这一称呼一直用到结婚。婚后，他开始使用"夫人"，后来还用"我亲爱的路易丝"（ma chère Louise）、"我的好路易丝"（Ma bonne Louise）以及其他变体。

欧洲大陆最古老君主国和最年轻君主国的联姻过程很复杂。3 月 11 日，维也纳霍夫堡宫（Hofburg Palace）嘉布遣会小教堂举行拿破仑和玛丽·路易丝的代理婚礼，仪式上，卡尔大公代表玛丽，而贝尔蒂埃代表拿破仑。拥有旧王朝荣誉头衔法国首席施赈官的贵族人士、大主教费迪南·德·罗昂（Ferdinand de Rohan）给拿破仑写了一封荒唐的奉承信，祝贺对方即将结婚，皇帝便对迪罗克说，他必须"从戏剧资金中掏 12000 法郎给首席施赈官"。[70]

在代理婚礼和世俗婚礼之间，拿破仑细心策划了 1810 年 3 月 27 日（周二）那天他和新娘的初遇。他们将在距苏瓦松（Soissons）3 英里的帐篷之中相会，他要向她鞠躬，但她鞠躬回礼时他会扶她起身。事与愿违，天下雨了。不管怎么说，他太不耐烦了，于是和缪拉驾车经过帐篷，在库尔塞勒（Courcelles）的教堂前拦下玛丽·路易丝的马车。"夫人，"他一边钻进她的四轮大马车，一边说了句不太威风的话，"见到您万分高兴。"[71]接着他携她坐进自己的四轮大马车，前往贡比涅宫。9 点 30 分，他们到达目的地，然后违反礼节一同用餐，在场人士还有他的近亲，包括卡罗琳（身为那不勒斯王后，她夺走了玛丽·路易丝的另一位姨祖母玛丽亚·卡罗利娜的地位）。[72]

这次晚餐的地点是贡比涅宫弗朗索瓦一世长廊（François I Gallery）。席上，当着玛丽·路易丝的面，拿破仑问一向派得上用场的红衣主教费施他们是否已依法结婚。费施保证道，因为维也纳的代理婚礼，他们已是合法夫妻。当晚，为了遵循礼节，拿破仑照理应入住附近的掌玺大臣公馆（Hôtel de la

541

Chancellerie），而玛丽·路易丝将在王宫过夜。可是次日中午，皇帝下令把他的早餐端到皇后床边来，所以博塞认为，"我们觉得他差不多没去掌玺大臣公馆睡觉"，真去了的可能性不比世俗婚礼当晚他睡在圣克卢意大利式帐篷中的可能性高。[73]

拿破仑日后和一位心腹交谈，回忆他和玛丽·路易丝的初夜："她太喜欢了，叫我再来一次。"[74]虽然她感到不安，但这段姻缘之初两人美满幸福。1810 年 7 月至 1811 年 9 月，他们每晚睡在一起。拿破仑曾把玛丽·瓦莱夫斯卡安置在巴黎，再婚后他离开了她。事实上，至少在玛丽·路易丝找情夫之前，尚不清楚拿破仑是否对她不忠。梅特涅写道，"妻子们对他的个人举止从无怨言"，并回忆玛丽·路易丝对自己说的话，"我不怕拿破仑，但我开始认为他怕我"。[75]然而，她并非他的一生挚爱。"我想，"数年后，他说，"虽然我的确深爱玛丽·路易丝，但我更爱约瑟芬。那是自然的。我们一同崛起，而且她是我选中的真正发妻。她举手投足间充盈优雅，甚至准备上床时也优美自如。她解衣时楚楚动人……如果她给我生了儿子，我绝不会离开她，但是，我的诺言……"[76]拿破仑最终后悔再婚，将垮台归咎于第二次婚姻。"毫无疑问，要是没娶玛丽，我绝不会和俄国开战，"他说，"但我确信奥地利将支持我。我错了，因为奥地利天生是法国的敌人。"[77]

1810 年 4 月 1 日（周日），拿破仑和玛丽·路易丝在圣克卢宫大长廊（Grand Gallery）举行了世俗婚礼。典礼上，奥地利大使卡尔·冯·施瓦岑贝格（Karl von Schwarzenberg）身着陆军元帅服，看上去"和磨坊主一样白"。太后也出席了婚礼。次日，一行人去杜伊勒里宫参加宗教婚礼和公共庆典。[78] 542
卢浮宫阿波罗沙龙（Salon d'Apollon，这间方屋常用来展示画作）中竖起一座镀银圣坛，在它之上，红衣主教费施祝福新婚夫妇。巴黎有如下庆祝活动：燃放烟火；向穷人分发 3000 条羊腿、1000 条香肠；在香榭丽舍大街（Avenue des Champs-Élysées）举办舞会；赦免囚犯；表演马术；组织音乐会；游行；在战神广场上升起热气球。没人比现代恺撒更懂"面包和马戏"的重要性，和他同日结婚的 6000 名老兵各自领到 600 法郎。[79]哪怕和约瑟芬比，玛丽·路易丝也没给拿破仑省下太多钱。他曾经平均每年给约瑟芬花 899795 法郎，现在他平均每年给新妻子花 772434 法郎（或者说，至少法国国库要花这笔钱）。[80]

婚礼当天，玛丽·路易丝接见了 1500 人。"我戴着钻石皇冠，一直不舒服，"事后她对一位朋友说，"它太沉了，我几乎戴不住。"这次婚礼效仿 1770 年路易十六和玛丽·安托瓦内特的婚礼，也许这是人们能想到的最不浪漫的先例，但它也最符合拿破仑眼中王室婚礼的应有之义。婚礼后次日，拿破仑致信沙皇亚历山大："先生，我的兄弟（mon frère），我对您心怀完美敬意和温柔友谊，凭此成为陛下您的好兄弟。"[81]根据当时的官方礼节，他也许是沙皇的兄弟，但亚历山大不会当他的妻舅。他写下这些话后才过两天，亚历山大就对其波兰心腹、前外交大臣亚当·恰尔托雷斯基（Adam Czartoryski）公爵预言，"从现在起，九个月后"法俄关系将陷入危机。[82]沙皇和恰尔托雷斯基保持联系，问他华沙大公国对拿破仑有多忠诚。不久前的 1807 年，拿破仑已把选侯封地拜恩、符腾堡大公国和威斯特伐利亚地区变成王国，亚历山大担心华沙大公国将是下一个。

拿破仑大婚后又过了三个月。7 月 1 日，施瓦岑贝格在勃朗峰街（rue de Mont Blanc）奥地利大使馆举办庆祝舞会，结果一支蜡烛点着了薄纱窗帘，火舌随后席卷了整个大使馆。共有 600 人出席舞会，其中 4 人死亡，包括施瓦岑贝格的大嫂，人们靠她手上的戒指才认出那具尸体。① "我不害怕，可要是皇帝没强迫我离开房间，我会被烧着，因为我根本没意识到危险。" 一周后，玛丽·路易丝对波利娜说。拿破仑把妻子带到安全场所，然后返回火灾现场监督救援。他很不满意针对救火的反应速度，于是彻底重整巴黎的火警系统，创建了消防队（sapeurs-pompiers）。[83] 拿破仑迷信意外事件，所以他认为自己或施瓦岑贝格被诅咒了。

543

拿破仑适合在卢浮宫举行婚礼，因为那儿的视觉艺术是当时人士与子孙后代认识其帝国的关键。拿破仑对达吕说，"我打算让艺术转向倾向于永久铭记近十五年成就的题材"，他的慷慨资助也取得了丰硕成果。[84] 拿破仑统治时期，法国鲜有文学巨著面世，若他为此挨批（有时的确如此），那么照这逻辑，既然他大力赞助帝国艺术杰作，他也应该因它们而受赞。当然，拿破仑利用文化宣传政治，干过这种事的有路易十四、法国革命党，事实上还包括他崇拜的很多罗马皇帝，如奥古斯都皇帝。[85] 然而，只要某个时期享有雅克 - 路易·大卫（他有一次说起拿破仑时道："在我的英雄的身影里，我将名垂后世"）、弗朗索瓦·热拉尔、泰奥多尔·热里科（Théodore Géricault）、阿内 - 路易·吉罗代（Anne-Louis Girodet，1812

---

① 施瓦岑贝格的大嫂保利娜（Pauline）本已脱险，但她为了寻找女儿重返火场，其实她的女儿安然无恙。——译者注

年，他奉命创作了至少 36 幅一模一样的拿破仑全身像。皇帝
第一次退位前，他完成了 26 幅）、安托万 – 让·格罗、让·
于尔班·介朗（Jean Urbain Guérin）、让 – 奥古斯特·安格尔
（Jean-Auguste Ingres）、皮埃尔 – 保罗·普吕东（Pierre-Paul
Prud'hon）、卡尔·韦尔内（Carle Vernet）与其子奥拉斯·韦
尔内（Horace Vernet）、伊丽莎白·维热 – 勒布伦（Élisabeth
Vigée-Lebrun）以及小像画师奥古斯丁（Augustin）和伊萨贝
（Isabey）这样的人才，它就必须冠上用烂了的绰号"黄金时
代"。[86]（在西班牙，就连戈雅也曾在约瑟夫朝中工作。）拿破
仑每年安排 6 万法郎预算额鼓励绘画，而且经常超支。光是在
1810 年的沙龙，他就花 4.7 万法郎买下 20 幅画，把它们送入
卢浮宫。[87]

拿破仑的形象和事迹在画作、印刷品、壁毯、勋章、瓷
器、艺术品和雕像中不朽，除了让其统治合法化，照一位艺术
史学家的说法，这也是为了"使法国人民永远铭记他"。[88]午餐
时间，只要画家和雕塑家来了，他就会坐下，同时给两人当模
特，并且一言不发。摄影发明之前，没人指望艺术准确写实。
举个例子，大卫的画中，拿破仑骑着一匹前蹄一直腾空向后仰
的雄马翻越阿尔卑斯山脉，但无人信以为真。与其说大卫描绘
了真实场景，不如说此画旨在为这一业绩的荣耀提供宏大寓言
式点评。画作左下角的阿尔卑斯山脉石块上涂写着"汉尼
拔"、"查理曼大帝"（Karolus Magnus）①、"波拿巴"。

反对派们冷落拿破仑时代的艺术，认为那不过是宣传工
具，但是很多眼光敏锐的非法籍收藏家欣赏并收集这些作品，

544

---

① 括号中为拉丁文。——译者注

甚至委托艺术家创作它们。比如说，1811 年，第十代汉密尔顿（Hamilton）公爵委托大卫画《拿破仑在杜伊勒里宫书房》。英国摄政王买下了伊萨贝的《杜伊勒里宫阅兵》。第二代兰斯当侯爵买了很多拿破仑时代艺术品，约翰·索恩（John Soane）爵士收集拿破仑帝国的书籍封皮，约翰·鲍斯（John Bowes）在巴纳德城堡（Barnard Castle）楼梯间挂上拿破仑麾下元帅的肖像。[89]

　　拿破仑有时谦和虚心，不肯让别人把他刻画成半神。安托万·卡诺瓦为他塑了一尊大理石雕像，把他塑造成"缔造和平的战神"（他为这尊雕像当了五回模特，创了自己的记录）。1811 年 4 月，塑像即将公开展出，但是拿破仑看过后立刻下令储藏它。直到他下台，这尊雕像一直藏在木制帆布屏风后。[90]皇帝担心，人们会嘲讽塑像近乎全裸，并对比 1803 年卡诺瓦开工时他的体格和八年后他胖了几圈的身材。这尊拿破仑像现藏于伦敦阿普斯利邸宅（Apsley House）楼梯井，当年威灵顿公爵的客人经常把雨伞挂在它身上。

　　拿破仑扶持艺术，而约瑟芬的赞助明显更积极。两人的资助开创了整个新古典派艺术风格，它涉及的领域包括房屋、家具、时钟、餐厅、餐具、纺织品、墙纸、卧室、带描画的装饰、枝形吊灯、镜子、灯具以及园艺。督政府时代，旧王朝时的奢华装饰已略有重现，但真正奠定这种风格的是拿破仑帝国。[91]皇帝迷恋古埃及和古罗马，所以他总是偏好古典风格的建筑。佩西耶（Percier）、方丹、贝尔托（Berthault）等建筑师以及很多室内设计师也从他的埃及远征中汲取灵感，尝试埃及主题。[92]

　　帝国风格的很多成就今仍可见，它们进一步证明拿破仑时代法国的建筑和装饰艺术领先世界。随便举几个例子，这些成就包括：贡比涅宫的舞厅和图书馆；波尔多附近的马尔戈酒庄外观；普雷莱宅邸的纺织品；巴黎的博阿尔内公馆大沙龙和布列纳公馆一楼，艾蒂安·勒孔特（Étienne Leconte）作品；爱丽舍宫的楼梯间；雅各布－德马尔泰（Jacob-Desmalter）的写字台（secrétaires）；查茨沃思（Chatsworth）的太后雕像，卡诺瓦作品；圣克卢宫约瑟芬闺房；马丁·比耶奈（Martin Biennais）的银芥末罐；枫丹白露宫中庇护七世的卧床和约瑟芬的坐浴盆；布莱兹·德阿尔姆（Blaise Deharme）的涂清漆金属茶几；凡尔赛大特里亚农宫皇帝沙龙（拿破仑在凡尔赛的寓所不是凡尔赛城堡本身，因为它有旧王朝意味）；安托万－德尼·肖代（Antoine-Denis Chaudet）的青铜雕塑；朗布依埃宫浴室装潢，奥古斯特·法曼（Auguste Famin）作品（诚然，拿破仑不太喜欢它）；皮埃尔·贝朗热（Pierre Bellangé）的扶手椅；达尔特·弗雷尔（Darte Frères）的天鹅形茶杯；约瑟夫·雷韦尔（Joseph Revel）的时钟；马尔迈松图书馆的天花板，佩西耶作品；马尔迈松爱神殿，贝尔托作品；产自欧比松（Aubusson）的地毯，萨朗德鲁泽（Sallandrouze）作品；约瑟夫·图弗南（Joseph Thouvenin）的书籍封皮；朗瑟洛（Lancelot）公司的双烛灯罩；约瑟芬的笛形香槟杯，产自勒克勒索（Le Creusot）的蒙塞尼（Montcenis）工厂；约瑟夫·迪富尔（Joseph Dufours）的墙纸；戈布兰工厂的壁毯；马里－约瑟夫·热尼（Marie-Joseph Genu）的银制船形调味碟。[93]执政府和第一帝国时期，艺术界迅速百花齐放，令人惊叹，不能说这一现象与拿破仑全无干系，十多年来，他是欧洲最大的艺术赞助人。当然，不少工匠也能在欧洲其他地方找工作，1799 年前和 1815 年后，很多人

545

也处于高产状态，但若无皇帝夫妇的鼓励与灵感启迪，辉煌的帝国风格不大可能发展到这种水平。

1810 年 4 月 16 日，拿破仑不顾安德烈·马塞纳元帅本人的请求，任命他指挥新的葡萄牙军团。在洛鲍岛摔下马后，马塞纳一直苦于呼吸系统的毛病，而且 1808 年 9 月，拿破仑在打猎时意外击中他，几乎射瞎他的一只眼睛。（马塞纳得到的全部道歉是："你躲过了那么多危险，现在被一枪打伤，真不走运。"[94]）可是两人面谈时，拿破仑设法说服了马塞纳接过葡萄牙军团指挥权，重要原因之一是他承诺给元帅战略决策权，并保证道："你不会缺任何补给。"[95] 拿破仑曾仔细考虑亲征，决定率 10 万多人从威灵顿手中夺回葡萄牙，但他现在只给马塞纳三个军，总兵力不足 7 万人。5 月 29 日，拿破仑又败给微观管理癖了，他开始通过马塞纳的仇敌贝尔蒂埃寄去详细命令，指示元帅应该在何时向何地进军。

7 月下旬，马塞纳已有一腔怨言：他的军队已经欠饷六个月了；因为缺乏货运马车，他只好抛弃数千份补给；三分之一的炮兵没有骡子，只能留在西班牙；承诺的增援没来；诸如此类。马塞纳的抱怨完全正当，而听者贝尔蒂埃并不同情他。不管怎么说，马塞纳追赶威灵顿，在一个月之内到达离里斯本不足 20 英里的地方，就在此时，他遇上强大的防御阵地托里什韦德拉什防线（Lines of Torres Vedras），被迫停下。如果马塞纳有重炮和大量补给，他也许能找到防线最薄弱点，并猛攻该点，但这两个条件他都不具备。拿破仑认为，马塞纳的兵力远超威灵顿的 2.5 万人，可以轻松取胜，但他完全没算上和威灵顿一同作战的另外 2.5 万名葡萄牙人。他不曾亲见防线，低估了其防御能力，直到 11 月 24 日马克西米利安·富瓦将军向他解释情况。

如果参观托里什韦德拉什防线，特别是被巧妙复原成其 1810 年形态的部分，今人就会明了马塞纳面临无法克服的困难。在长 29 英里的里斯本半岛上，7000 名葡萄牙劳工至少修了三条横跨半岛的防线，它们包括由 628 门大炮防守的 165 座设防多面堡。[96]皇家海军建立了可视信号系统，以便沿每条防线快速通信。炮艇停泊在塔古斯河与海面上，掩护防线侧面。

拿破仑可以在《箴言报》上嘲笑威灵顿，说他只是个"印度将军"。然而，皇帝私下还是欣赏威灵顿退往托里什韦德拉什时采取的无情焦土战术，并对沙普塔尔说："欧洲只有威灵顿和我能采用这些措施，但他和我有个区别，就是说，法国……会谴责我，而英国会赞成他。"[97]此言不假，威灵顿在葡萄牙战局中使用焦土战术，拿破仑也在巴勒斯坦战役、普鲁士战役与未来俄国战局中采用几乎相同的手段，但威灵顿不曾广受非议，拿破仑却备受责难。马塞纳的军队待在防线外的圣塔伦（Santarém），到 1811 年 1 月时，只有德鲁埃率 6000 人来援。这时，法军已然饥肠辘辘、开小差、抢劫。马塞纳一直待到不得不撤，3 月 5 日晚，他竖了一些稻草人冒充哨兵，然后离开圣塔伦。"他被榨干了，"拿破仑评价马塞纳，"他现在都没本事指挥四个列兵一个下士了！"[98]

◆

547 　　　1810 年 5 月，61 岁的瑞典国王卡尔十三世（Karl XIII）的继承人去世。[①]埃劳战役中，贝纳多特善待瑞典战俘，所以

---

① 1809 年 3 月，瑞典贵族废黜卡尔的侄子古斯塔夫四世（又一个智商低下的欧洲君主），从那时起卡尔才登基。

瑞典人突然想到让他当未来国王。贝纳多特曾是狂热的共和党人，在胸口刺了文身"打倒国王"，但瑞典人显然不介意这一点。他们还认为，败于俄国且丢失芬兰后，立法国元帅，特别是和拿破仑有姻亲关系的元帅为王可建立有效的同盟。

然而，正如我们所见，拿破仑和贝纳多特根本不像瑞典人想的那样友好共处。"那个人自负过头，" 1809 年 9 月，拿破仑从维也纳致信富歇，"我已经命令战争部长召回他。他的资质十分平庸。我一点儿也不相信他。这座伟大首都里阴谋者泛滥，而他乐意听他们所有人的……他差点害我输了耶拿会战；他在瓦格拉姆表现无能；他不在埃劳，尽管他可以去那儿；他在奥斯特利茨也没做任何他能做的事。"[99]拿破仑说的都是实话，而且早在雾月政变之前，他对贝纳多特的蔑视可能就添了不少——毕竟贝纳多特娶了德西蕾。然而，能在未来的对俄战争中发挥无价作用的瑞典人恳请拿破仑允许他们授予贝纳多特（永久）王冠时，他还是同意了，不过他犹豫了一阵，这足以惹恼贝纳多特，此人仍因瓦格拉姆战后他对自己的讥讽之言而心存芥蒂。

沙皇亚历山大认为贝纳多特去瑞典就像拿破仑放弃安娜·帕芙洛夫娜一样，是针对俄国的侮辱与挑衅。贝纳多特的晋升表面上体现了任人唯贤，只有军队才赞赏这一点。"贝纳多特的例子改变了所有人的看法，" 布拉兹上尉回忆道，"我们都幻想自己的剑鞘里藏着一把王权之杖。一个士兵成了国王，我们都觉得自己能像他那样。"[100]

1810 年 6 月 3 日，拿破仑罢免了富歇，理由是他擅自与英国秘密和谈。"我清楚你对我的一切效劳，" 他写道，"我也相信你的感情与热忱，然而我无法让你继续留职。警务部长一职需要绝对的完全信任，因为你扰乱了我和国家的安宁，那种信任已无法维系。"[101]通过法国银行家加布里埃尔·乌夫拉尔（此人借助隐形墨水和富歇通信）、英国银行家弗朗西斯·巴林（Francis Baring）爵士等中间人，富歇尽情地同英国外交大臣、威灵顿公爵的长兄韦尔斯利勋爵详细磋商媾和事务，把拿破仑蒙在鼓里。[102]

富歇让韦尔斯利勋爵以为他奉拿破仑的命令行事，皇帝发现后大发雷霆，这可以理解。富歇的行为既能代表"我的政治关系彻底改变"，也是"我的人格污点"。拿破仑希望借大陆体系强迫英国和谈，但未经授权的手段只会给伦敦传达复杂的信息。他抱怨道，富歇的阴谋导致"我被迫一直监督，这使我疲惫"。[103]他派富歇去罗马当总督，任命其竞争对手萨瓦里为警务部长。[104]乌夫拉尔被关进圣佩拉吉（Saint-Pélagie）债务人监狱，三年的牢狱之灾中，他过着有些奢华的生活，玩猜字谜和惠斯特牌。[105]

1810 年 7 月，拿破仑察觉大陆体系没有如他所愿起效，但他没有根除该体系，倒是决定修改它。于是他创立"新体系"（Le Nouveau Système），允许出售特别许可证，这种证件容许特定个人与公司和英国交易若干指定产品。许可证售卖滋生腐败，比如说，布列纳在汉堡卖许可证，大捞一笔。很多人也指责出售者偏心。帝国境内非法籍制造商确信（他们想的没错），政府倾向于把许可证发给法国人，并深深怨恨这种偏祖。1810～1813 年，同是和美国交易，波尔多领到 181 张普遍许可证和 607 张一次性许可证，相形之下，汉堡只领到 68

张普遍许可证和 5 张一次性许可证。[106]就连国库部长莫利安也怀疑，拿破仑"想牺牲大陆体系，以便利用许可证体系垄断部分（与）英国的（贸易）"。[107]1812 年 4 月，拿破仑致信贝尔蒂埃，称"科西嘉没有海关人员，所以糖和咖啡畅通无阻地进来了，这些东西未获任何许可，但有人视而不见，放它们上岛"。[108]

接下来几年，随着法令继续颁行，官僚政治拖累了许可证体系。举个例子，在英吉利海峡的安特卫普和比斯开湾的洛里昂（Lorient）之间，六分之一的出口产品需是葡萄酒，其余的则是白兰地、种子（草种除外）和没有被禁的法国商品。下夏朗德省（Charente Inférieure）① 可以出口谷物，但葡萄酒和白兰地也得在其出口产品中占一半。若船只从奥斯蒂亚（Ostia）和阿格德（Agde）之间的港口出发，它就只能去黎凡特和西班牙的九个指定港口。1810 年 7 月，法国颁布通告，允许省长拒绝授予非法国船只许可证。[109]价格不同的不同类型许可证授权不同省份的不同公司与不同外国港口交易不同的规定产品。规则经常变化，似乎反复无常，而数不尽的条和款又涵盖排列组合所有可能。拿破仑凭借其惯有的细节注意力监督这一切。"7 月 11 日，'调停人号'（Conciliateur）把乌木载至热那亚，谁批准它进来的？"8 月 14 日，他如此询问巴黎的消费税总长。

俄国人认为新体系冒犯了他们，因为俄国仍然不能和英国贸易，而法国制造商似乎正在回避障碍。亚历山大在蒂尔西特把拿破仑当朋友，在爱尔福特也温厚待人，一件事或许可以说

549

---

① 今滨海夏朗德省（Charente-Maritime）。——译者注

明在蒂尔西特甚至爱尔福特之后他发生了多大的转变。1810
年7月，弗里德里希·威廉的副官弗里德里希·冯·弗兰格尔
（Friedrich von Wrangel）男爵拜访沙皇，宣告路易莎王后的噩
耗——她死于肺部损伤和心脏息肉。亚历山大显然悲伤，他荒
唐地把王后之死归咎于拿破仑在蒂尔西特待她的行径，对弗兰
格尔说："我向你发誓，我要为她的死复仇，凶手一定会受到
惩罚。"[110]沙皇补充道，他正在迅速重新武装军队，但此举的目
的既不像某则假谣言所称是帮助拿破仑入侵印度，更不是继续
和当前敌国奥斯曼土耳其、波斯作战，而是与法国开战。"根
据我的最确切估计，"亚历山大说，"1814年，我就能让一支
全副武装的40万大军参战。我要率20万人过奥德河，另外
20万人将过维斯瓦河。"[111]沙皇还说，他希望到时候奥地利和
普鲁士起身反抗，跟随他的步伐。

拿破仑盼望家庭义务能让奥地利留在法国的政治轨道上，
但这种义务并未阻止他推翻亲弟弟路易。路易把荷兰臣民的利
益置于法兰西帝国利益之上，事关征兵和大陆体系时尤其如
此，所以拿破仑在1810年6月3日废黜了弟弟。"虽然他犯了
那么多错误，但我无法忘记自己曾像父亲一样养育他长大。"
拿破仑如此致信玛丽·路易丝。[112]"我还是炮兵中尉时，"他
告诉萨瓦里，"我用自己的军饷抚养他。我有什么面包都分给
他吃，而这就是他对我做的事！"[113]法国吞并荷兰，把它变成一
系列帝国省份。路易去了奥地利各温泉城镇流亡，他泡葡萄皮
热水浴，还用自封头衔圣勒伯爵（Comte de Saint-Leu）的名义
书写反对拿破仑的短文。

拿破仑没有天真地对待他和亚历山大关系恶化一事。8月

上旬，他致信萨克森国王，要求他秘密强化武装，特别是增援波兰的莫德林要塞（Twierdza Modlin），以防备俄军可能发动的攻势。"我和他的感情非常好，"拿破仑说起亚历山大时道，"但人必须做好准备。"[114]俄国与奥斯曼土耳其看上去开始和好了，拿破仑便让科兰古警告亚历山大，他愿意见俄国取走摩尔达维亚、瓦拉几亚和多瑙河左岸，然而，"要是它在右岸留任何东西，或干涉塞尔维亚人（Serbians），它就违背了和我的约定"，那是因为，"如果俄国在多瑙河右岸占有单单一地，土耳其就彻底丧失了独立性，时局也会完全改变"。[115]皇帝要求获得俄军调动的情报，10月中旬，他开始增强驻但泽和北德意志的兵力，俄军则在西德意志维纳河与别列津纳河加筑防御工事。两个超级大国之间的火药桶地区大大增加，形势日益危险起来。

1810年，拿破仑喜忧参半，尽管帝国权力和疆域登峰造极，但他犯的错误预示它未来的厄运。大部分错误都不是被迫的，而且正如我们现在所见，很多麻烦是他自找的：他没必要公开和教皇翻脸，并且当然不需要吵架吵到逮捕对方；他等不及建立王朝同盟，结果得罪了亚历山大，还让对方怀疑他对波兰的态度，哪怕他并不想重建波兰王国；与奥地利联姻永远不足以缓和《美泉宫条约》缔造的严苛和平；他应该充分援助马塞纳，或者说根本不该派马塞纳去葡萄牙——亲征威灵顿会更好；他判断不周，任由不可信任、满腹牢骚的贝纳多特去了战略地位如此重要的瑞典，还让明摆着的叛徒富歇基本上没受惩罚；类似地，他应该像帝国其余地区、盟国特别是俄国一样，看出大陆体系的新许可证制度乃虚伪产物。亚历山大正在

551

重整武装，计划打一场复仇战争，但现阶段，大军团可以游刃有余地在德意志境内与俄军进行边境战争，何况奥地利已同法国联姻。拿破仑帝国是古罗马之后欧洲最大的帝国，甚至比查理曼帝国还大，任何敌人都无法威胁到它的存在，只有拿破仑自己可以。

第三部

※

尘埃落定

# 第二十三章　俄国

一个法国人是勇士，但是长期困苦与恶劣气象会拖垮555
他的身体，打击他的信心。我们的气候、我们的冬天将与
我们并肩作战。

——1811 年年初，沙皇亚历山大致科兰古

向幸运索求时万万不可超出她的能力范围。

——圣赫勒拿岛上的拿破仑

每年有好几个星期，拿破仑飞快地巡视帝国。1811 年秋，
他用二十二天造访 40 座城市，尽管中途耽搁了几天：弗卢兴
狂风呼啸，导致他在军舰"查理曼号"上困了两天半；默兹
河水淹两岸，因此他又在日韦（Givet）滞留一天。比起听地
方贤良的称颂演说，他显然更关心收集资料。有一次，一名市
长费了很大功夫背讲稿，而拿破仑"几乎不等他说到关键词，
就急躁地命令车夫前进，市长于是落得鼓动空气"。次日，
《箴言报》登载了演讲关键词和讲稿全文，市长看到后也许会
感慰藉。公务员特奥多尔·冯·法贝尔（Theodor von Faber）
回忆道："'不要高谈阔论，先生们！'波拿巴经常用这句令人
扫兴的呼语打断那些发抖的代表。"[1] 拿破仑向市长问的问题证
明他对什么信息都感兴趣，他当然会问人口、死亡人数、岁

入、林业、费用、城镇化率、征兵、民事诉讼、刑事诉讼这些
人们可以料到的主题，但他也想知道"最高上诉法院推翻了
多少你下的判决？"以及"你找到办法给修道院院长提供舒适
住宅了吗？"①[2]

556

"有证据表明，"1810 年 11 月 4 日，拿破仑致信沙皇亚历
山大，"700 辆货运马车把殖民地商品从俄国运至最近的一次
莱比锡集市……英国人用 20 艘军舰护送 1200 艘挂着瑞典、葡
萄牙、西班牙和美国旗帜的英国商船，其中一些已在俄国卸
货。"[3] 接着他要求沙皇没收"所有英国人带来的货物"。12
月，拿破仑同时命令尚帕尼和科兰古分别向俄国驻巴黎大使亚
历山大·库拉金（Alexander Kurakin）和沙皇发出直接警告：
如果俄国径自违反《蒂尔西特条约》，允许装载英国商品的船
只入港，战争就不可避免。[4]

1810 年 12 月 19 日，拿破仑将汉堡、不来梅、吕贝克等
汉萨城镇并入法国，其目的在很大程度上是对付德意志西北部
海岸的走私活动。继罗马、汉诺威与荷兰之后，这是近十二个
月来拿破仑第四次兼并领土。像前三回一样，吞并汉萨城镇的
直接原因也是他执着于对英国的保护主义经济战。然而，若他
不取威悉河左岸的奥尔登堡公国，亲自统治这些主要城市并无
地缘政治或商业意义。奥尔登堡占地 2000 平方英里，其摄政
公彼得（Peter）公爵乃亚历山大的妹妹叶卡捷琳娜·帕芙洛
夫娜女大公的公公。拿破仑反复警告奥尔登堡，但它仍然相对
公开地与英国贸易，以至于被比作巨大的走私库房。[5]《蒂尔西

---

① 根据法贝尔的原文，最后两个问题分别针对法官和主教。——译者注

特条约》保证了奥尔登堡公国的独立地位，但拿破仑决定堵上漏洞。在吞并汉萨城镇那天，他也兼并了奥尔登堡。一个月后，他提出用王公封地爱尔福特补偿彼得公爵，但这块土地的面积只有奥尔登堡的七分之一，亚历山大于是愈发恼火。[6]

　　早在拿破仑之前，法俄之间就有嫌隙：路易十六帮助奥斯曼帝国对抗俄国的扩张主义，还同波罗的海的瑞典国王古斯塔夫三世（Gustav III）联合。[7]17 世纪末，彼得大帝出行，遍访欧洲主要宫廷（凡尔赛宫除外），从那以后，历任沙皇和女皇都把目光投向西方，圣彼得堡便是一例证明。亚历山大吞并摩尔达维亚和瓦拉西亚，把俄国疆界推进至多瑙河，并垂涎土耳其属巴尔干领土。亚历山大的祖母叶卡捷琳娜大帝是德意志公主，长期视法国为潜在敌人，在她治下，1772～1795 年，俄国三次参与瓜分波兰。亚历山大的父亲帕维尔一世成为马耳他骑士团大头领，并派名将苏沃洛夫侵入伦巴第和瑞士。由此可见，很久很久以前，俄国就怀着跻身欧洲主要势力的雄心，不管某个时代的欧洲霸主是谁，俄国几乎总是会和它产生矛盾。18 世纪的很多时期，法国就称霸欧洲，而拿破仑时代肯定也不例外。

　　甚至在拿破仑兼并奥尔登堡前，亚历山大就谋划再战法国。[8] 从 1810 年 10 月开始，沙皇的战争大臣巴克莱·德·托利、军事顾问恩斯特·冯·普菲尔（Ernst von Pfuel）、前参谋军士路德维希·冯·沃尔措根（Ludwig von Wolzogen）伯爵以及法国流亡者阿隆维尔（Allonville）伯爵都给亚历山大送去详细计划，其内容涵盖攻防中的所有意外事件。12 月上旬，巴克莱拟定如下计划：俄军迅速先发制人，摧毁拿破仑的波兰基地，然后在普里皮亚季沼泽（Pripet Marshes）两岸（今白俄

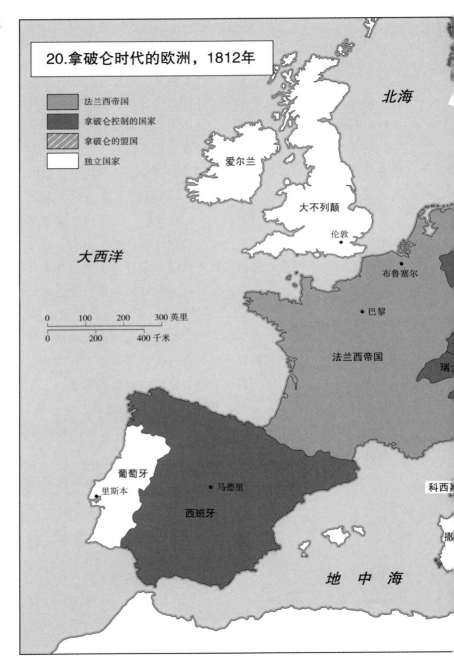

20.拿破仑时代的欧洲，1812年

法兰西帝国
拿破仑控制的国家
拿破仑的盟国
独立国家

北海

爱尔兰

大不列颠

伦敦

大西洋

布鲁塞尔

巴黎

法兰西帝国

瑞

0    100    200    300 英里
0      200      400 千米

科西嘉

葡萄牙

里斯本

马德里

西班牙

撒

地 中 海

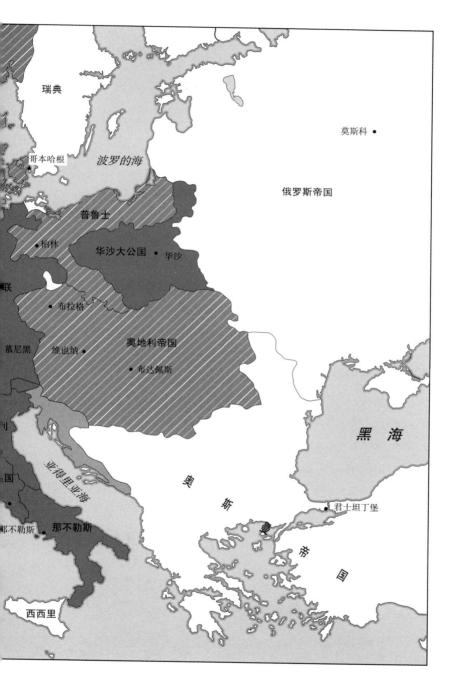

瑞典

哥本哈根

波罗的海

普鲁士

柏林

华沙大公国 · 华沙

布拉格

莫斯科 ·

俄罗斯帝国

慕尼黑

维也纳 ·

奥地利帝国

· 布达佩斯

亚得里亚海

那不勒斯

那不勒斯

奥

斯

黑 海

· 君士坦丁堡

曼

帝

国

西西里

罗斯南部和乌克兰北部）打防御战。[9]蒂尔西特的亚历山大是热情的友人（拿破仑希望沙皇如此），爱尔福特的亚历山大是更勉强的盟友，现在的他则越来越像未来的敌人了。

《蒂尔西特条约》限制贸易，因此俄国国库顶着无法承受的巨大赤字：1808 年，亏损 1.26 亿卢布；1809 年，亏损 1.57 亿卢布；1810 年，亏损 7700 万卢布。俄国国债涨了 13 倍，导致其货币严重贬值。1808 年，俄属波罗的海海域出口量跌至 1806 年的三分之一。[10]12 月 19 日，拿破仑吞并汉萨城镇和奥尔登堡，同日，沙皇亚历山大实施报复，颁布敕令：从年末开始，俄国向中立国（如美国，不过不包括英国）开放贸易，禁止法兰西帝国特定奢侈品入境，并对葡萄酒等其他法国商品征收巨额进口税。[11]康巴塞雷斯认为，敕令"毁了我们和俄国的商业关系……表露出亚历山大的真实意图"。[12]敕令的确规定焚烧所有英国出产的货物，但它补充道，这一条很快也将适用于法国和莱茵邦联制造的某些丝绸与衣物。拿破仑听闻消息后，说："我宁愿脸上挨一拳，也不愿见臣民的工业产品和劳作成果被焚。"[13]没过多久，英国船只挂上星条旗，以便避开敕令，而俄国海关官员与它们暗中勾结。[14]

1811 年，欧洲大陆爆发历时两年的经济危机，英国也被卷了进来，受到歉收、大规模失业、降薪、勒德运动①和食物短缺的冲击。[15]法国东部的米卢斯（Mulhouse）有 6 万名劳动力，其中三分之二失业了。里昂也有 2 万多人失业。[16]拿破仑需要刺激增长，但他持科尔贝主义经济观，否认竞争和自由交易的积极意义，结果他复归原轨，试图比以往更严格地执行大

560

---

① 英国手工业工人发起的捣毁机器的运动，也叫卢德运动。——译者注

陆体系，哪怕此举可能最终导致俄法再战。拿破仑担心，假如俄国获准离开大陆体系，他国会效仿，但 1811 年时，诸国不大可能尝试脱离。

1812 年，拿破仑认为大陆体系正在生效，为了佐证自己的看法，他提到伦敦各大银行与企业纷纷破产。正如他的私人秘书费恩男爵所说的："再下点功夫，封锁就能折服英国的骄傲。"[17]拿破仑认为英国不能同时承受费恩列出的事："英国占领印度、与美国开战、在地中海建立势力、保卫爱尔兰和它自己的海岸线、派海军大军驻防，与此同时，它还在半岛和我们打一场……顽固的战争。"[18]事实上，既然英国刚好能够同时应付这些任务，这就表明其政府与基础经济实力值得认可，但拿破仑确信，若想打击英国商业，大陆体系需要遍布全欧洲。1807 和 1809 年，他分别把普鲁士和奥地利纳入体系，现在他绝不会允许俄国打破体系，哪怕英俄贸易对英国经济来说根本不重要——肯定不及对俄国经济来得重要。当时，约 19% 的英国出口商品流入伊比利亚半岛，这也说明为何拿破仑不应给俄国施压，而应重返半岛。[19]

拿破仑认为，1811 年全年和 1812 年上半年，他的大陆体系狠狠打击了英国，事实的确如此，这一时期也被称作"英国的大危机年代"。[20]贸易额迅速下跌；1810 年，3% 的政府统一公债价格为 70 英镑，1812 年，它跌至 56 英镑；1811 年和 1812 年，粮食歉收，导致食物短缺和通货膨胀；1810 年，预算赤字为 1600 万英镑，军费开支致使 1812 年赤字涨至 2700 万英镑。1811 年与 1812 年之交的冬天，17% 左右的利物浦人口失业。英格兰中部和北部到处是潜在的暴徒和勒德分子，政府得部署民兵对付这些人，他们中的首犯被判流放澳大利亚，有时甚至被处死。[21] 1812 年 6 月，英美因贸易和强行征用问题开战，这实际上意味着英国经济进入最糟糕时期。[22] 然而，斯潘塞·佩瑟瓦尔一边铁了心地坚持半岛战争资助计划，一边应付费恩列出的其他任务。由于拿破仑发动俄国战局，1812 年年末至 1813 年年初，英国才卸下身上的巨大压力。要是他没有征俄，我们无从得知英国在大陆体系面前还能撑多久。

当时，拿破仑能组建起 60 多万人的大军，而沙皇敕令直接违反《蒂尔西特条约》与《爱尔福特条约》，威胁了他的帝国体系。然而，即便 1812 年拿破仑击败俄国，他能否贯彻大陆体系也存疑。他要兼并波罗的海南部其他海岸线，并在圣彼得堡设置法国海关官员吗？皇帝很可能认为，如果亚历山大战败，此人就会像 1807 ~ 1810 年一样重新为他执行大陆体系，这是计划的关键部分，但我们也不确定它是否系深思熟虑的产物。拿破仑的大量书信显然提都没提战后他想如何实施对英贸易禁令。

1810 年圣诞节，亚历山大致信亚当·恰尔托雷斯基公爵。他提及"波兰复国"时，赤裸裸地说："俄国不是不可能让波兰复国……我一直最喜欢这个想法，受情势所迫，我两度被迫推迟行动，但无论如何它留在我心里，现在就是实现它的最佳时机。"[23] 亚历山大让恰尔托雷斯基调查波兰人的意见，问他们是否愿意接受"任何团体给予的"国民身份，"是否不加区分，只要某国真诚忠实地拥护他们的利益，就愿意与它联手？"沙皇一边要求绝对保密，一边问恰尔托雷斯基"哪个军官最能影响军队的意见？"，并坦率地承认，他的"波兰复国"提议的"基础不是对抗拿破仑的天才的希望，而完全在于让华沙大公国脱离，进而削弱他的兵力，并利用德意志全境对他的普遍愤慨"。沙皇附上表格，表明俄军、波兰军、普军、丹麦军共有 23 万人，而他们的对手——拿破仑的德意志驻军——则有 15.5 万人。（亚历山大只算了 6 万名法国人，再说丹麦也是法国的忠实盟友，所以此表格无甚意义。）亚历山大写到结语时警告恰尔托雷斯基："这种时机只有一回，任何其他组合只会导致法俄两国在你的国家死战。拿破仑本人终有一死，波兰人只能指望他提供有限的援助。"[24] 恰尔托雷斯基谨慎地回信，他质疑沙皇的数字，并指出，"法国人是波兰人的战友……俄国人是波兰人的仇敌"。恰尔托雷斯基还说，2 万名波兰人在西班牙作战，如果他们陡然转换阵营，就容易遭到"拿破仑的报复"。[25]

　　因为这次通信，1811 年春，亚历山大转而反对打进攻战，尽管直到 1812 年春，拿破仑依然担心奇袭。此时，亚历山大试图和奥地利、普鲁士缔结秘密军事条约，若拿破仑知晓，他会更加担心。1810 年 9 月，亚历山大已批准巴克莱的建议，同意扩充军队、实施深层军事与社会变革。[26] 俄军采纳军与师的体系；军事学院废止，军权统一收归战争部；军用物资工厂奉命在宗教节假日保持运营；《现役大军管理条例》颁行，这部法律规定了更好的食物收集与分配方式以及其他很多事项；军事指挥官权限法典化、规范化；建立更有效的参谋部结构。[27] 俄国最近的战争是北伐瑞典与南征土耳其，所以其西部边界的保护措施相对较少。亚历山大亲自负责在西部边境广泛修建防御工事的计划。此外，俄军在西伯利亚、芬兰和多瑙河的驻军也调至波兰边境。拿破仑认为这些修造与调动是挑衅。梅纳瓦尔称，1811 年年初，皇帝总结道，俄国打算"和英国联手"。[28] 1811 年 1 月第一周，亚历山大致信妹妹叶卡捷琳娜：

563 "看来洪水又得泛滥了，但至少我已尽人之所能阻止它。"[29]上年他的行动和通信显然证明此乃谎言。

双方开始集中大量军力。1811 年 1 月 10 日，拿破仑把法军重组为四个军：达武的第一军和乌迪诺的第二军驻易北河；奈伊的第三军占据美因茨、杜塞尔多夫（Düsseldorf）和但泽。1812 年 1 月，但泽已变为主要的卫戍城市，其库存足以养活 40 万人和 5 万匹马。1811 年 4 月，单是斯德丁和屈斯特林（Küstrin）① 就积累了 100 万份补给。[30]拿破仑操办一切，上至大事——"如果我和俄国开战，"2 月 3 日，他告诉克拉克，"我估计需要给波兰起义者 20 万支滑膛枪和刺刀"——下至几天后的一次抱怨：100 名新兵向罗马行军，其中 29 人在鲁瓦亚河畔布雷伊（Breil-sur-Roya）逃走了。[31]

比起 1805 年和 1809 年的法奥战争，拿破仑并非更积极地追求法俄开战，但他担心退让会损害帝国，所以不会让步。1812 年 2 月下旬，他让沙皇的副官、俄国驻巴黎大使馆人员亚历山大·切尔内绍夫（Alexander Chernyshev）上校转交致亚历山大的信。信中，拿破仑用友善平和的语句历数他的不满，表示自己从未谋划恢复波兰王国，还坚称两人在奥尔登堡、敕令等问题上的分歧可用非冲突的方式解决。[32]拿破仑不知道，切尔内绍夫是俄国安插在巴黎的间谍头目，其谍报工作成果赫赫。切尔内绍夫用了十八天把信送到亚历山大手中，俄国方面又在必要的讨论和写回信上花了二十一天。[33]切尔内绍夫返回巴黎时，波尼亚托夫斯基已听闻恰尔托雷斯基探听波兰贵族的口风，而拿破仑预计 3 月中旬至 5 月上旬俄军将发动进攻，他

---

① 今科斯琴（Kostrzyn）。

已让德意志和波兰的驻军进入全面戒备状态。

拿破仑致亚历山大的信有如下内容：

> 我无法欺瞒自己，陛下已经不再是我的朋友了。奥尔登堡一直是英国走私商的温床，我没有拒绝给予它同等补偿，您却因为这个问题提出种种刁难……请允许我直言不讳，陛下，您忘了您从这一同盟中所获的利益，而蒂尔西特会议后又发生了什么呢？根据《蒂尔西特条约》，您应该把摩尔达维亚和瓦拉几亚还给土耳其，然而您不但没有恢复这些省份，还把它们并入您的帝国。摩尔达维亚和瓦拉几亚在土耳其的欧洲领土中占三分之一，这次吞并是一次大扩张，它支撑陛下的辽阔帝国的多瑙河领土，剥夺土耳其的全部力量。[34]

564

拿破仑继续辩称，要是他想恢复波兰，弗里德兰之战后就动手了，但他刻意没有那样做。

3月1日，亚历山大下令从农奴中征募一批新兵。在此之后，他回复了拿破仑的信："我的感情和我的政治都不曾改变，我只愿维持并巩固我们的同盟。难道我不能认为，倒不如说陛下对我改变了态度？"[35]沙皇提及奥尔登堡，并用有些夸张的话作结："假如必有一战，我知道如何战斗，就算死，我也要让敌人付出巨大的代价。"[36]

1811年3月19日，玛丽·路易丝感到分娩阵痛，此时距她初遇拿破仑已将近一年。博塞回忆道："整个宫廷、全体政府高官群集杜伊勒里宫，他们等待着，耐心已然低到极限。"[37]

拿破仑最不耐烦，拉瓦莱特回忆道，他"非常焦躁，不断在客厅和卧室之间来回踱步"。[38]他听取科维萨尔的建议，用10万法郎高薪请来产科医生安托万·迪布瓦（Antoine Dubois），但他对迪布瓦提议："你不要认为自己是在给皇后接生，把她当成圣但尼街的资产阶级妇女。"[39]

1811年3月20日（周三）上午8点，拿破仑–弗朗索瓦–约瑟夫–夏尔（Napoléon-François-Joseph-Charles）出生。这次生产困难重重，甚至满含痛楚。"我并非天生心软，"多年后，拿破仑承认道，"但我见她那么痛苦，深受触动。"助产要用工具，意味着分娩过程需要"很多摩擦"，而孩子出现时"头上也有一点刮痕"。[40]"他的脸红扑扑的，表明他降生于世时一定经历了很多疼痛与艰辛。"博塞写道。抛开拿破仑对继承人的一切付出不谈，他指示医生们，倘若面临抉择，必须优先保障皇后的生命。[41]拿破仑宣布封婴儿为"罗马王"（神圣罗马帝国的头衔），波拿巴派宣传人员则昵称他为"雏鹰"（L'Aiglon）。

565　　　孩子的第二个名字乃是致敬其外祖父奥地利皇帝，第四个名字进一步表明拿破仑爱卡洛，纵然他并不仰慕父亲。官方曾宣布，若生下女儿，就鸣炮21次，若生下儿子，则鸣炮101次。于是乎，加农炮第22次轰鸣后，巴黎热烈欢庆，庆典规模如此盛大，以至于几天后警察局长还得暂停市中心的全部交通。[42]"我的儿子块头大，身体健康。"拿破仑致信同自己保持亲密联系的约瑟芬，"我希望他能茁壮成长。他的胸口、嘴唇和眼睛像我。我相信他会完成自己的天命。"[43]拿破仑溺爱儿子。"皇帝把手伸进酒杯，然后让孩子吮吸手指，借此喂他一点波尔多葡萄酒，"阿布朗泰斯公爵夫人洛尔回忆道，"有时他用肉汁涂抹小王子的脸，孩子会尽情大笑。"[44]当时，很多王族对子女严苛无情，西班牙的波旁家族和英国的汉诺威家族几乎树立仇恨子女的典范，但拿破仑疼爱儿子。小王子的血缘背景让皇帝过分自豪，他指出，罗马王分别通过姨丈、母亲、婶婶、母亲的姨祖母继承了罗曼诺夫家族、哈布斯堡家族、汉诺威家族、波旁家族的血统。他说："我的家族和欧洲所有君主国结盟。"[45]事实上，这四个家族现在都盼望拿破仑倒台，但他的满足感完全没有因此减少。

1811年4月上旬，拿破仑致信符腾堡国王，要求他和萨克森国王、拜恩国王、威斯特伐利亚国王一同出兵，以防皇家海军袭击但泽。信中，拿破仑使用某种诗化的无奈口吻，谨慎地说谈论战争常常注定会引发战争，还说沙皇可能被迫开战，不管他自己是否想一战。

> 如果亚历山大渴望战争，公众意见和他的意图一致。如果他不想开战……下一年他会被战争之念控制，所以不管他怎样，不管我怎样，不管法国和俄国的利益怎样，战争都会爆发。我常见这种事发生，以至于我的过往经历能揭开未来的面纱。所有这些都是歌剧场景，英国人操纵其情节变动……假如我不想开战，假如我远远不想当波兰的堂吉诃德，我就有权坚持要求俄国继续忠于同盟。[46]

拿破仑也害怕俄国与土耳其和解的影响，很久以前他就在考虑　566
此事，并采取了预防措施。

拿破仑应该在运筹谋划时给另一个问题分配大得多的权

重，那个问题就是西班牙。1811 年 5 月上旬，丰特斯 - 德奥尼奥罗（Fuentes de Oňoro）会战爆发，威灵顿击败马塞纳。自此，法军被彻底赶出葡萄牙，再没回来。拿破仑用马尔蒙换下马塞纳（马尔蒙对付威灵顿时表现更糟），不再授予"胜利的宠儿"任何要职。可是马塞纳的补给和增援一直不足，所以他的失败很大程度上归咎于拿破仑的错误。然而，1811 年中期，西班牙局势并未陷入绝境：游击队依然四处蔓延，但西班牙正规军完全算不上威胁；威灵顿在西葡边界上，远离马德里；西班牙的大部分要塞（除了加的斯）都在法军手中。假如拿破仑未下令在巴伦西亚集结，或者提供更多增援，抑或亲征，形势将大大改善，甚至可能逆转。[47]

由于疾病、逃兵现象、游击战、英军的行动、俄国战局和几乎为零的增援，1812 年，拿破仑在伊比利亚半岛的军队只有 29 万人，1813 年中期，这个数字跌至仅剩 22.4 万人。法国每年征召 8 万名新兵，而西班牙战事平均每年折损 5 万人，中欧地区也需要卫戍部队，新兵人数只是刚刚足以填平这两个缺额。所以说，拿破仑根本没有足够的法国人在俄国发动大战局。[48]1810 年或 1811 年，要是他重新立费迪南德为王并撤回比利牛斯山脉，从而治愈"西班牙溃疡"，未来他就不会受那么多的创伤。

尚帕尼反对将要爆发的战争，1811 年 4 月 17 日，未来的巴萨诺公爵于格 - 贝尔纳·马雷接替他任外交部长。据说资产阶级人士马雷温顺驯服，甚至毕恭毕敬，所以他肯定无法制造任何障碍。[49]康巴塞雷斯、达吕、迪罗克、拉屈埃、洛里斯东、科兰古和尚帕尼或多或少口头批评了拿破仑的征俄计划。[50]也许康巴塞雷斯等人的警告并不像这些人日后说的那样深谋远虑、言辞响亮，但不管怎么说，某种程度上他们都曾建议不要和俄国开战。问题之一在于，早些年拿破仑可能会听一些人的话，而其中很多人已然无法给他意见了：莫罗和吕西安各自去了美国和英国流放；塔列朗、马塞纳、富歇被贬职；德塞与拉纳已死。再说，昔日别人表示反对时，事实往往证明拿破仑是对的，所以他不会认为异议者才是对的，哪怕有一群人抗议。法国外交人员几乎都反对开战，可拿破仑也不在意。[51] 当时，战争看来并不像大赌局，因为他没打算深入俄国内部。此外，之前他的鲁莽行动也成功过。

5 月中旬，洛里斯东接替科兰古任驻俄大使。拿破仑召科兰古回巴黎，询问正在成形的危机期间他掌握的俄国内部的情报。1811 年 6 月某日，科兰古花了五个小时劝皇帝不要开战。据他所述，亚历山大佩服西班牙游击队丢了首都也不求和，称俄国冬季严酷，并自夸道："我不会率先拔剑出鞘，但我将最后收剑入鞘。"[52]科兰古还说，蒂尔西特会议之后，亚历山大与俄国彻底改变了，但拿破仑回答道："只要一场大胜，我就能了结你的朋友亚历山大的全部妙招和沙堡！"[53]6 月 21 日，他对马雷说了类似的自矜之辞："我接受挑战后，俄国看上去害怕了，但一切尚无定论。俄国的目标似乎是让波兰割出两块地区，以便补偿奥尔登堡公国。他们会完全毁了大公国，而且我顾及荣誉，所以不会同意。"[54]

拿破仑所谓的"荣誉"指的是他的威望，但他显然没意识到，为了波兰的两块地区以及华沙大公国已然丧失的完整性，他正拿荣誉、威望和自己的御座冒险。他仍然期盼来一场奥斯特利茨、弗里德兰、瓦格拉姆那样的战局，相信攻势激

567

烈、力量集中的 1807 年战局再现版（尽管规模大一些）不会招致巨大风险。然而 1812 年，俄国三次紧急征兵，招募了至少 40 万人（1805～1813 年，俄国一共征召了 110 万名新兵）。拿破仑没有考虑到，他将要对付的俄军已今非昔比，尽管它仍具备普乌图斯克之战和戈维明之战中令他钦佩的顽强。一半以上的俄军军官是老兵，拥有丰富的经验，三分之一的俄军军官参加过至少六次战斗。俄军已然变了，但拿破仑并未注意到。所以说，虽然他并非积极追求开战，但他非常乐意"接受"沙皇敕令的"挑战"。

1811 年 7 月，又一条避免再战的充足理由出现：诺曼底的法国北部全境以及法国南部很多地区遇上粮食歉收，导致拿破仑私下称为饥荒的食物短缺。[55]大臣帕基耶负责资助烘焙业、防止民众骚乱，他说此举成了"政府的巨大负担"。9 月 15 日，一条 4 磅重面包的价格几乎翻了一倍，涨至 14 个苏，而拿破仑"非常不愿意"见到价格再涨。[56]他主持食品委员会，频繁召开会议，调查价格控制措施。与此同时，照帕基耶的说法，在乡下，"恐慌开始代替焦躁"。玉米市场爆发暴力事件，诺曼底乡间遍布大群饥饿的乞丐，面粉磨坊遭抢劫，甚至被毁，所以拿破仑一度下令封闭巴黎城门，以防面包流出。他还分发了 430 万份干豌豆和大麦汤。[57]军队奉命去卡昂（Caen）等城镇镇压面包暴乱，暴徒（包括女人）被处死。最终，谷物和面包价格的管制措施、各省省长协调下地方名流的善举、施食处、食物库存的隔离、暴民受到的严惩一并缓和了困难。[58]

1811 年夏天，洛里斯东和鲁缅采夫继续协商奥尔登堡的

568

补偿与敕令的缓和等事项，但两国依然在波兰边境备战。8 月
15 日，杜伊勒里宫举办拿破仑的生日宴，席上，他冒犯了俄
国大使库拉金。长期以来，他和大使交谈时都非常坦率，这类
事例包括与孔萨尔维红衣主教谈《政教协定》、与惠特沃思谈
《亚眠条约》、1809 年开战前夕与梅特涅谈话等，但全面坦诚
的言谈只是大使工作的一部分。这一回，拿破仑责备了俄国半
小时。他对库拉金说，俄国支持奥尔登堡、实施牵涉波兰和
（据说涉及）英国的阴谋、违反大陆体系、筹备军力，这意味
着战争多半会爆发，但俄国将像 1809 年的奥地利一样孤立无
靠，而法俄新同盟则能避免这一切。库拉金说他无权商谈这一
事项。"无权？"拿破仑大叫道，"你必须立刻写信给沙皇，问
他要。"[59]

次日，拿破仑和马雷费力处理奥尔登堡的补偿、波兰的承
认、土耳其瓜分计划、大陆体系这些问题，回顾上溯至蒂尔西
特会议的所有相关文件。此举令皇帝确信俄国人谈判时不讲信
用。当晚，他告诉参政院，囿于天气原因，1811 年无法发动
俄国战局，可一旦确保普鲁士和奥地利与法国合作，1812 年
时俄国就会受到惩罚。[60]俄国想同奥地利和普鲁士签订军事条
约，这两个国家害怕拿破仑报复，遂打破了它的希望。不过奥
地利和普鲁士暗中对亚历山大口头承诺道，它们只会给法军最
少援助，就像 1809 年俄军入侵奥地利那样。照梅特涅的说法
是，"有名无实"。

拿破仑再度关注军中鞋子的状况，这证明他认真对待自己
的意图。11 月 29 日，达武向拿破仑报称（该报告现藏于国家
档案馆）："1805 年战局中，很多人因为没鞋子落在后面，现
在他正给每人积累 6 双鞋。"[61]没过多久，拿破仑命令战争管理

部长拉屈埃为 40 万人提供五十天战役的补给，要求获得以下
物资：2000 万份面包和大米；6000 辆货运马车，可载能供 20
万人食用两个月的面粉；200 万蒲式耳燕麦，可供马匹食用五
十天。[62]战争部档案的每周报告证明，1812 年年初，拿破仑正
组织庞大的行动。随便举个例子，1812 年 2 月 14 日，整个帝
国西部的法军向东进发，前往 20 多座德意志城市。[63]1811 年 12
月，拿破仑命令其图书馆管理员巴尔比耶（Barbier）收集所
有能找到的关于立陶宛和俄国的书，这更加体现了他的想法。
巴尔比耶找了不少书，有伏尔泰的作品，有论述 1709 年瑞典
国王卡尔十二世侵俄遭惨败、其军队在波尔塔瓦会战中被歼灭
的书，但也有描述俄国资源与地理的 500 页著作，以及讨论俄
军的两本新著。[①][64]

570          1812 年 1 月初，如果沙皇真的在意回避战争，他仍有六
个月的时间防止开战，此时，他致信妹妹叶卡捷琳娜："魔鬼
般的政事统统变得更糟了，身为人类祸害的那个丑恶家伙每日
愈发可憎。"[65]切尔内绍夫的下属中有个代号"米歇尔"的间
谍，此人在巴黎战争管理部工作，1812 年 2 月下旬，他和三
个同谋落网，然后被处决。被捕前，"米歇尔"一直向亚历山
大传递情报，这些报告让沙皇获知法军筹备与调动的规模有多
浩大，甚至给他提供了拿破仑的作战序列。[66]

     1 月 20 日，拿破仑又干了一件目光短浅的事。他吞并瑞
典属波美拉尼亚，以便沿波罗的海执行大陆体系。康巴塞雷斯
回忆道，拿破仑对待贝纳多特时"很缺练达手腕"，毕竟贝纳

---

① 拿破仑照常忙于其他事务。"我刚刚看了送给皇后的新年礼物，就是那套
  瓷餐具。"12 月 31 日，他致信尚帕尼，"它好丑，明年弄个漂亮点的。"
  Bingham ed.，*Selection III*，p. 132.

多特已是王室的亲王，需要某种新层次的尊重。迟至 1809 年
9 月，瑞典与俄国的战争才结束，而这次兼并把它推向俄国一
边。[67]假如拿破仑与北方的瑞典成功结盟，他就能靠它分散俄
军的注意力，可他不但没有这样做，还确保了贝纳多特愿与俄
国签订友好条约。1812 年 4 月 10 日，贝纳多特真的在奥布
（Åbo）与俄国订立友好协议。

2 月，奥地利同意让施瓦岑贝格亲王率 3 万人参与侵俄，
但正如梅特涅对英国外交部所说的，"按照我的原则和设想，
不只要欺瞒法国政府，还得骗过欧洲大部分地区"。[68]当时，梅
特涅没什么可辨原则，而且他的设想就是观望侵俄事态。一周
后，普鲁士承诺提供 2 万人，整整四分之一的普军军官辞职抗
议，其中很多人实际上加入了俄军，如战略家卡尔·冯·克劳
塞维茨（Carl von Clausewitz）。[69]昔日，拿破仑常说"公然的敌
人比可疑的盟友更好"，但 1812 年时，他没有照此信条行
事。[70]达武报称俄军兵力庞大，皇帝便认为，他既需要尽可能
多的外籍部队，又得给他们精良装备。[71]"我已下令给轻骑兵
配卡宾枪，"1 月 6 日，他致信达武，"我也想给波兰人配卡宾
枪。我得知每个波兰连只有 6 把卡宾枪，荒唐，他们可是要对
付满身披挂的哥萨克。"[72]

2 月 24 日，拿破仑致信亚历山大，他说自己"决心和切
尔内绍夫上校谈谈最近十五个月的不幸事件。只要陛下愿意
就可结束一切"。[73]沙皇回绝了这一进一步的开放性求和之举。
同日，欧仁开始让意大利军团的 27400 人开赴波兰。费恩称，
此时拿破仑一度考虑肢解普鲁士，从而"确保从第一声加农
炮响开始，他就有对付俄国战局所有不利风险的保障"。[74]然
而，圣彼得堡和华沙大公国之间聚集了 20 多万名俄军士兵，

571

拿破仑得先应对他眼中的俄国的重大威胁，承受不起扰乱后方的影响。①

拿破仑盼望再次速战速决，但 1811～1812 年，他留给敌人的备战时间比之前任何战局的都充裕得多。1811 年年初，他初次对莱茵邦联部队发布动员令，从那时起，俄军足足有一年多时间来筹备，他们也把这个机会用到了极致。此前所有战局中，拿破仑的敌人能在他发动猛攻之前准备几个星期就不错了。1812 年春，冯·普菲尔将军草拟了沿德里萨（Drysa）②集中兵力的计划，他的方案未被采纳，但俄军高级指挥官一直在思考其他战略，显然比拿破仑想得深远。当时，拿破仑的策略已然明朗——迅速在边境上打一场决胜会战。

拿破仑称这次战事为"第二次波兰战局"，但他私下里对部下说："我们不用管对波兰事业的轻率热情。我的政治就是法国绝对优先。波兰人不是本次战争的主体，他们不能阻挠和平，但我们能利用他们当战争工具。如此巨大的危机前夕，我也不会不给他们意见或指导。"[75]他任命普拉特（Pradt）教士为法国驻华沙大使。"按照拿破仑的路子，战局开始时没有任何补给，"普拉特后来在（激烈反对拿破仑的）回忆录中写道，"有些崇拜他的傻瓜以为这就是他的制胜秘诀。"[76]普拉特说的不对，战局之初军队给养充足，但此言后来成了中肯批评，原因之一是普拉特自己的错误，因为波兰是此次战争中的主要补

572

---

① 拿破仑发了数百道命令，涉及向东行军的每一个方面，直至是否有足够的煮锅和白兰地酒瓶。他还给孟德斯鸠－费藏萨克伯爵寄去巴黎的"舞会邀请的青年男女名单"，并指出，"只要年轻女士的姑姨和母亲收到请柬，她就能赴会。没过问她们的母亲前，不宜邀请年轻女士"。CN23 no. 18482，p. 208.

② 今上德温斯克（Verkhnedvinsk）。——译者注

给点，而他疏忽大意且能力不足。拿破仑还想过任命塔列朗为驻华沙大使。他甚至会考虑普拉特和塔列朗，这说明其惯有的识人之明严重受损，而且他在塔列朗的问题上依然失察。

亚历山大将在北部和南部施展重大的外交策略，这能让他集中兵力应付未来的侵略，而拿破仑过了很久才察觉，此时情势已然凶险。迟至1812年3月30日，他告诉贝尔蒂埃："普鲁士、奥地利支持我，瑞典很可能也帮助我，土耳其又开始敌视俄国了，它会发动新战事，苏丹将亲征。这一切导致俄军不大可能轻易违抗我。他们不会不明白，所以我认为俄军将避免任何调动。"[77] 实际上，由于拿破仑对待贝纳多特和瑞典无法做到尊重与包容，他已经丢了北岸。1812年5月下旬，他又丢了南岸，尽管他派安德烈奥西将军去君士坦丁堡对苏丹穆罕默德二世（Mahmud II）说："如果苏丹率10万名土耳其人渡过多瑙河，我保证不仅拿摩尔达维亚和瓦拉几亚来换，还会把克里米亚给土耳其。"[78] 亚历山大开出了与之相当的条件——给予苏丹多瑙河省份。5月29日，他与土耳其签订《布加勒斯特条约》，这意味着俄军的多瑙河军团可以开始威胁拿破仑的南岸了。

"土耳其人将为这个错误付出高昂代价！"拿破仑听闻俄土条约后说，"这招蠢得我都无法预料。"[79] 其实这回犯蠢的却是他自己——他太自信奥斯曼会支持他。1799年，奥斯曼迫使拿破仑在阿克折返，1812年，它又允许俄军将巴尔干半岛的兵力调去对付他，可见所谓的"欧洲病人"其实在他的两次大挫折中发挥了重要作用。"只要我被指发动这场战争，"8月，拿破仑对费恩说，"为了洗刷我的罪名，就请想想，我的事业和土耳其的联系那么少，瑞典还那样骚扰我！"[80]

3 月 15 日，大军团所有的军皆已到达易北河。同日，拿破仑命令法国驻维也纳大使路易·奥托以每瓶 10 个苏的价格收购 200 万瓶匈牙利葡萄酒，并将酒运至华沙。[81] 为了增强入侵兵力，比利时国民自卫军部队接替法军驻守大西洋沿岸，波利娜·博尔盖塞公主的私人卫队应召而来，海军加农炮被挪用，医院也搜寻装病逃兵役者。后备部队解散后再集结，以便让能去俄国的兵力增至最大。举个例子，没过多久，巴黎国民自卫军第 10 大队几乎全由扁平足者组成。[82]

4 月 8 日，在大军团到达奥德河一周后，亚历山大发布最后通牒，要求拿破仑立刻撤出普鲁士、瑞典属波美拉尼亚、华沙大公国，并裁减但泽卫戍部队。这将是重新划分欧洲边界的先行协定，根据其规定，俄国有权与中立国贸易，但它会协商补偿奥尔登堡一事，并削减针对法国货物的关税。[83] 拿破仑显然无法接受这些条款，而且无论如何，比起真实的媾和基础，这份通牒听来更像宣传公报。4 月 21 日，亚历山大离开圣彼得堡，前往维尔纽斯（Vilnius）的俄军基地。早在 17 日时，拿破仑已向英国外交大臣卡斯尔雷勋爵求和，他开出的条件如下：若英军撤出伊比利亚半岛，他也会撤离那儿；若英国承认缪拉的那不勒斯王位和约瑟夫的西班牙王位，波旁家族便可继续统治西西里。"要是第四次像前几次一样失败，"他总结《亚眠条约》废止后他的诸多求和举措，"法国至少能想想又可流动的血河最终全落到英国头上，借此自我宽慰"。[84] 这次求和，特别是涉及缪拉和约瑟夫的荒诞条款乃厚颜无耻的机会主义行为，卡斯尔雷是小皮特的忠实信徒，可想而知他定会对此嗤之以鼻。

针对沙皇的最后通牒，4 月 25 日，拿破仑派副官路易·

德·纳尔博纳－拉腊（Louis de Narbonne-Lara）伯爵（此人很可能是路易十五的私生子）送去更现实的对应提议，其内容不包括撤离盟国领土。"这些可向陛下证明，我渴望避免战争，并且忠于蒂尔西特和爱尔福特的情谊，"拿破仑写道，"然而，陛下您将允许我向您保证，若命运使然，你我之间必有一战，我对陛下的感情也不会变，它将安然度过动荡与沧桑。"[85]历史学家常常怀疑此言，既然拿破仑打算摧毁俄国，他们就质疑他为何屡屡设法保住与俄国君主的私人友情，然而这是可能的，原因之一是他相信皇帝之间存在超越现实的手足之情。同亚历山大相比，蒂尔西特的相伴时光对他的意义明显大得多。5月，拿破仑奔赴前线，临行前，他对帕基耶说，将要来临的俄国战局是"我尝试过的最伟大、最艰巨的事业，但既然开了头，就得干到底"。[86]

574

　　5月9日（周六）早上6点，拿破仑携玛丽·路易丝与婴儿罗马王离开圣克卢宫，动身去前线。出发前一天，他征收小麦税，大力采取食品价格控制措施。帕基耶总结道，"他希望自己不在时，这套法子能保证他们依旧满意"，但此举仅能解决短期问题。[87]拿破仑像往常一样快速行动，皇帝一家乘坐马车，分别在13日与29日渡过莱茵河和易北河，6月6日他们又过了维斯瓦河。七天之内，一家人在没有铺碎石且车辙纵横的路上走了530英里，其平均日行里程超过75英里。然而，拿破仑仍有时间在德累斯顿举行会议，出席者有符腾堡国王、普鲁士国王、萨克森国王和拜恩国王。1810年，符腾堡国王拒绝派兵去西班牙，但他答应对付俄国。拜恩国王仍然生拿破仑的气，因为他从未偿还1805年的军费，不过国王还是派兵参与征俄。玛丽·路易丝婚后第一次见父亲，而拿破仑和岳父的上一次会面还是在奥斯特利茨附近的风车磨坊。弗朗茨也见了他的外孙。孟德斯鸠夫人是照顾罗马王的保姆，她的官方头衔是"皇家子女保姆"，这说明拿破仑和玛丽·路易丝想要更多孩子。事实上，拿破仑后来说，自己打算生个次子，让他当意大利国王，然后为保险起见要第三个儿子。

很久之后，梅特涅声称，他在德累斯顿会见拿破仑时，对方跟他说了俄国战略。"胜利归于最耐心的人，"根据不可靠又相当自私的梅特涅回忆录的相关记载，皇帝说道，"我的战局始于横渡涅曼河，终于斯摩棱斯克（Smolensk）和明斯克（Minsk）。我将停在那两个地方，并修筑防御工事。总司令部要在维尔纽斯度过下个冬天，我会在那儿忙着组织立陶宛人……也许我自己会在巴黎度过冬季最恶劣的几个月。"[88]梅特涅问道，假如亚历山大不求和会怎样，据说拿破仑回答道："那样的话，明年我就进军帝国中心，1813 年，我会像 1812 年时一样耐心！"梅特涅和俄国人的联系渠道极好，而且拿破仑必然疑心对方不希望自己战胜俄国，所以我们也许能怀疑他是否对此人吐露了这些秘密。

5 月 29 日黎明时分，拿破仑离开德累斯顿，把玛丽·路易丝留在她的父母身边。当天上午，他致信妻子，称两个月之内就会回来。"我将信守对你的一切承诺，"他说，"所以我们只是短暂分离。"[89]将近七个月后，他们才重逢。拿破仑奔赴东边，途经包岑、赖兴巴赫（Reichenbach）、海瑙（Hainau）①、

---

① 今霍伊努夫（Chojnów）。——译者注

格洛高（Glogau）①、波森、托伦、但泽、柯尼希斯贝格，在 6
月 23 日到达涅曼河畔。他故意没去华沙，一位俄军将领估计，
要是他在华沙宣布成立波兰王国，他可以招募到 20 万人，并
煽动立陶宛、沃伦（Volhynia）、波多利耶（Podolia）这几个
波兰民族的省份反抗沙皇。[90] 拿破仑没有那样做，他情愿不得
罪盟国奥地利与普鲁士。

　　6 月 4 日凌晨 1 点，在托伦，皇帝的参谋官马莱谢夫斯基
上校听见他一边哼着《出征曲》，一边在卧室里踱步，其中有
一句是"颤抖吧，法兰西的敌人"。[91] 光是那一天，拿破仑又写
了一些信：致达武的信埋怨符腾堡士兵在波兰劫掠；致克拉克
的信提及招募一个易北河战斗工兵连；致玛丽·路易丝的信
说，从凌晨 2 点开始，他在马上待了十二个小时；致康巴塞雷
斯的信称前线宁静；致欧仁的信下令筹集 3 万蒲式耳大麦。此
外，拿破仑给贝尔蒂埃写了至少 24 封信，它们涵盖从应当受
惩的一位无能出纳员直至需要搬迁的一座热病医院。[92] 为了准
备征俄，从 1812 年 1 月初至法军横渡涅曼河，拿破仑给贝尔
蒂埃写了近 500 封信，致达武、克拉克、拉屈埃和马雷的信合
计则有 631 封。

　　6 月 7 日，拿破仑和拉普待在但泽。比起梅特涅，他显然
更可能和拉普谈战略思想。皇帝说，他的计划限于渡过涅曼
河、击败亚历山大、攻占俄属波兰领土。他会把这些领地并入
华沙大公国，使它成为波兰王国。他还要广泛武装波兰，留给
它 5 万骑兵，从而建立对付俄国的缓冲国。[93] 两天后，他对费
恩等人进一步阐释自己的方案：

———————

　　① 今格洛古夫（Głogów）。——译者注

等我们了结北部后，我希望苏尔特仍然待在安达卢西亚，马尔蒙也在葡萄牙边境挡下威灵顿。只有摆平俄国和西班牙的摊子，欧洲才能喘口气。唯有那时我们才可指望真正的和平来临。复兴波兰将巩固这一和平，因为奥地利会多关心多瑙河，少关心意大利。最终，筋疲力尽的英国将拱手投降，同意和大陆船只分享世界贸易。我的儿子还小，你们得让他做好平静治国的准备。[94]

这些战争目的都是有限的，甚至是可实现的，就连与英国媾和这一条也不例外（6月1日，美国对英宣战）。人们普遍认为，侵俄前夕，拿破仑陷入疯狂的自大，但上述目标显然与此说相去甚远。举个例子，他没有谈进军莫斯科（在这一点上，他说到的内容不比所谓的拿破仑和梅特涅之间推心置腹的谈话提到的内容多）。法兰西帝国有居民4230万人，"大帝国"卫星国另有4000万居民，相对而言，1812年，俄国有4600万人口。[95]拿破仑曾两度战胜俄军。此时，他的军队有60多万人，比俄国野战军的两倍还多。6月20日，他仅仅指定给帝国近卫军十二天的行军补给，这暗示他只想打一场短期战役，肯定没打算从涅曼河行军800英里至莫斯科。

6月22日，拿破仑发布此次战局的第2期公报：

士兵们！第二次波兰战争开始了。第一次终结于弗里德兰和蒂尔西特。俄国在蒂尔西特发誓，它将永远与法国结盟，并对英国开战。今天，它违背了自己的誓言……它认为我们衰弱了吗？我们不再是奥斯特利茨的战士了吗？

它置我们于屈辱和战争之间，我们的选择无须多想……让
我们渡过涅曼河！……五十年来，俄国在欧洲事务上施加
恶劣影响，我们缔结的和平将终结这种现象。[96]

1812 年 6 月 24 日（周三）拂晓，拿破仑的浩大军队开始横渡
涅曼河，自从公元前 49 年他的英雄尤利乌斯·恺撒渡过卢比
孔河后，还没有哪次渡河比他的这次更显不祥。几天前，亚历
山大司令部打发洛里斯东走了，并且没有回复最后关头拿破仑
的求和条件，所以双方不用正式宣战——宣战必要性至少是像
奥地利王朝继承战争和七年战争的一样少。

　　渡河之日，拿破仑在涅曼河畔巡逻。他的坐骑被一只兔子　　577
吓到了，结果他摔在河岸沙地上，臀部受了瘀伤。[97]"不祥之
兆，罗马也会退缩！"有人喊道。不过我们不知此言是出自皇
帝本人还是他的某个部下，但是他嗜好古代史（其他人也不
想发表这么明显的观点，这可以理解），所以这句话很可能是
他自己说的。[98]拿破仑命令原先率领炮兵的工兵指挥官让－巴
蒂斯特·埃布莱（Jean-Baptiste Éblé）将军在波涅曼村
（Poniémen）附近架三座浮舟桥，然后他在帐篷和临近的屋子
里过了这一天。塞居尔称，皇帝在"凝滞的空气和令人窒息
的热浪中无精打采地躺着，徒劳地想休息"。[99]

　　拿破仑大军兵多将广，其规模难以计算。1812 年，他共
有 100 万武装力量，扣除卫戍部队、后备部队、国民自卫军的
88 个营、留在 156 个法国兵站的士兵、各沿海炮台的部队、
驻于帝国各地的 24 个战列步兵营以及西班牙的军队后，还剩
45 万人待在征俄第一战线，第二战线也动员了 16.5 万人。因
此，合理准确的总兵力可能是 61.5 万人，这比当时巴黎的全

部人口还多。[100]当时，拿破仑大军显然是人类史上兵力最多的入侵军队，而且其国籍成分非常复杂。波兰人组成最大的外籍部队，但大军也包括奥地利人、普鲁士人、威斯特伐利亚人、符腾堡人、萨克森人、拜恩人、瑞士人、荷兰人、伊利里亚人、达尔马提亚人、那不勒斯人、克罗地亚人、罗马人、皮埃蒙特人、佛罗伦萨人、黑森人、巴登人、西班牙人和葡萄牙人。拿破仑战争期间，英国一共发起七次反法同盟，这些联盟的确非凡重大，关于其规格颇有论述，但那个年代最广泛的同盟却是协助法国征俄的联盟。[101]在拿破仑的步兵中，约48%是法国人，约52%是外国人；骑兵中，64%是法国人，36%是外国人。[102]就连帝国近卫军中也有葡萄牙和黑森的骑兵部队，一支马穆鲁克中队亦附属于老近卫军猎骑兵。如此依赖外籍部队产生了问题，正如符腾堡人雅克布·瓦尔特（Jakob Walter）在日记中所承认的，很多人"对战局结果漠不关心"，他们对法国人和俄国人一视同仁，自然也不忠于拿破仑本人。[103]打个比方，再怎么鼓动也不能让一个普鲁士人狂热地忠于法国事业。

578

由于军队人数众多，展开的阵线又相当长，拿破仑无法像从前一样把部队编成六个或七个军，只好采用新的军团编队。第一战线分为三个军团。中央军团由拿破仑亲自指挥，兵力达18万人，其中大部分是法国人。该军团下辖缪拉的两个骑兵预备军、帝国近卫军、达武军、奈伊军和贝尔蒂埃的总参谋部（现在总参谋部有近4000人）。拿破仑的右侧有欧仁第四军（该军有4.6万人，朱诺任参谋长）、第三骑兵预备军以及位于更南方的波尼亚托夫斯基第五军。拿破仑的左侧是守卫北岸的乌迪诺军。大军团共有1200多门大炮。[104]

拿破仑带了约25万匹马征俄，其中炮兵有3万匹，骑兵有 8 万匹，其余的拉拽 2.5 万辆各类车辆。然而，要为这么多马匹补给饲料，这种工作完全超出了拿破仑或任何人可实施的系统的能力。[105]皇帝推迟入侵，直到草料充足，但是天气炎热，军队又给马匹喂湿草和没熟的黑麦，结果光是战局第一周就有 1 万匹马死亡。[106]每匹马每天要吃 20 磅饲料，因此拿破仑最多能维持三周的充足补给。他有 26 个运输营，其中 18 个由 600 辆重型货运马车组成，每辆重型马车靠 6 匹马拉拽，它们一共可载货近 6500 磅。可是俄国道路变泥泞后，军队立刻发现这些马车对路来说太沉了，其实他们本该从第一次波兰战局中汲取这个教训。[107]每个士兵背了四天的补给口粮，跟着军队的货运马车另载有二十天的食物，这些物资足够应付拿破仑预想的超短战役，然而，如果他不能在渡过涅曼河后一个月内大败俄军主力，他要么得撤退，要么得停下再补给。所以，此次战局的关键时刻将于 7 月第三周出现，如果不是更早的话。

　　拿破仑此前的战局中，军队具有旨在追赶并迅速包围敌军的高机动性，横渡涅曼河的大军却不然。单单他的司令部就有 50 辆马车，需 650 匹马拉拽。[108]缪拉的随员里有一位波兰名厨，很多军官也把晚礼服装进行李箱，还带了私人马车。[109]拿破仑战争前期战局有很多典型特征：敌将老迈无力；敌军民族杂融，语言多样，法军系出同源；拿破仑紧咬敌人薄弱处不放；军队调动速度比敌军的快很多；集中兵力，在恰好足以决胜的时间内实现数量优势。在广袤的俄属欧洲土地上，这些因素要么不存在，要么根本不可能存在。俄军将领常常比拿破仑在意大利的对手年轻不少（俄军将领平均 46 岁，相对而言，法军将领平均 43 岁），而且俄军比拿破仑的军队更加同一。这次战局完全异于他之前的战局，事实上，它和史上任何战局都不同。

579

# 第二十四章　进退维谷

他不想征服俄国，甚至不想重建波兰，他放弃与俄国结盟时只觉遗憾。但他的目标是占领首都，按照他的条件签订和约，并彻底禁止俄国港口与英国通商。

——尚帕尼的回忆录

战争之书第一页第一条准则是："不要进军莫斯科。"

——1962 年 5 月，陆军元帅蒙哥马利子爵

在英国上院的发言

1812 年 6 月 24 日清晨 5 点，拿破仑渡过涅曼河，然后他待在附近的小山丘上。行军队伍经过小山丘时，高呼"皇帝万岁！"，[1] 他则自顾自哼着儿歌《马尔伯勒去战场》（*Malbroughs'en va-t'en guerre*）。（"马尔伯勒去战场/谁知何时回故乡？"）[2] 当天，拿破仑穿着一件波兰制服，还骑着象征意味同样分明的战马弗里德兰。接着，他在下午渡过维利亚河（the Viliya），进入考纳斯（Kaunas）。全军花了五天渡河。

1812 年，俄军共有 65 万人，但他们广泛散布，遍及俄罗斯帝国全境。俄军各部队位于摩尔达维亚、高加索、中亚、克里米亚、西伯利亚、芬兰等地，在西部对抗拿破仑的三个军团仅有 25 万人和若干门大炮。巴克莱·德·托利的西方第一军

团有 12.9 万人，驻扎在维尔纽斯两侧的宽广土地上；巴格拉季翁的西方第二军团有 4.8 万人，屯于维尔纽斯以南 100 英里处的沃尔科维斯克（Volkovysk）①；亚历山大·托尔马索夫（Alexander Tormasov）将军的西方第三军团有 4.3 万人，其位置比第二军团靠南得多，因为俄土媾和，第三军团不用在多瑙河战斗，正在北上。拿破仑想阻止三路军团会师，各个击破敌军。趁巴格拉季翁的第二军团和巴克莱的第一军团尚未会合，他派欧仁和热罗姆实施大范围包围调动，以图围住第二军团。拿破仑把如此重要的任务交给继子和弟弟，却不让达武、缪拉、麦克唐纳这些有经验的资深军人上阵，个中原因不明。1806～1807 年战局中，热罗姆曾指挥第九军（军团的德意志部队），但他并无显著过人的表现。拿破仑在考纳斯修女院建立司令部，他致信玛丽·路易丝，称"天气酷热"，并补充道，"你可以送一堆书和版画给帝国大学。学校会非常高兴，而你什么也不用花。这种东西我有不少"。[3]

　　俄军高级指挥官意见不一，贵族将军支持巴格拉季翁的反击战略，而"外籍人士"（通常是波罗的海德意志人）支持巴克莱·德·托利的撤退战略。巴克莱的战略本质上和 1807 年时本尼希森的一致，区别在于前者的实施地域要大得多。拿破仑渡过涅曼河时，撤退派占了上风，原因之一是大军团规模庞大，如何反击它变得难以想象。由于后勤原因，拿破仑需要早早开战，矛盾的是，减少征俄兵力能助他引诱俄军早日战斗，还可给他更多的战斗时间（因为补给需求较少）。亚历山大任命巴克莱为战争大臣兼西方第一军团司令，假如他选择了俄军

581

---

① 　今瓦夫卡维斯克（Vawkavysk）。——译者注

# 21. 拿破仑进军、撤离莫斯科的路线，1812年

圣彼得堡

诺夫哥罗德

夫

- - - - → 进军莫斯科的路线
- - - - → 撤离莫斯科的路线

图上日期为拿破仑本人到达之日

莫扎伊斯克
（9月9日）
（10月28日）

彼得罗夫斯基宫
（9月16日）

格扎茨克
（9月1日）
（10月29日）

博罗季诺

莫斯科
（9月15日）

维捷布斯克
（7月28日）

维亚济马
（8月29日）
（10月31日）

莫斯科河

克拉斯内
（8月14日）
11月15日）

多罗戈布日
（8月25日）
（11月5日）

福明斯科耶
（10月22日）

塔鲁季诺

戈罗德尼亚
（10月25日）

奥卡河

利亚德
（11月17日）

斯摩棱斯克
（8月18日）
（11月9日）

叶利尼亚

小雅罗斯拉韦茨
（10月24日）

卡卢加

图拉

第

0        50        100       150 英里

0        100       200 千米

军官会欢迎的人选巴格拉季翁，拿破仑或许就能在维尔纽斯，甚至在到达维尔纽斯前消灭俄军。亚历山大没有那样做，而是选中了更踏实、更具洞察力的巴克莱，并坚持后者的计划，即诱骗大军团深入俄国境内，使其补给线向前延伸，远离美因茨、但泽、柯尼希斯贝格等地的巨型兵站。

俄军离开维尔纽斯前带走了部分给养，还把剩下的烧光了。6 月 28 日，拿破仑进入波兰民族省份立陶宛的首府维尔纽斯，将它变为巨大的补给中心。他告诉玛丽·路易丝，自己把司令部设在"一间挺不错的宅邸，几天前亚历山大皇帝也住在这儿，那时他万万没想到我这么快就进来了"。[4] 维尔纽斯大学校长扬·施尼亚德茨基（Jan Śniadecki）是著名的天文学家、数学家、物理学家，离入城还有半小时的时候，拿破仑命令参谋班子里的波兰炮兵军官罗曼·索尔蒂克（Roman Soltyk）伯爵找他来谈话。施尼亚德茨基坚持出门前换上袜子，索尔蒂克便反驳道："校长，没关系的。外在只能打动普通人，皇帝不在乎那个……咱们走吧。"[5]

"我们以胜者的姿态入城，"另一名波兰军官写道，"街上……人山人海，女士们装点了所有窗户，表露出最狂烈的热情。"[6] 列队进城时，拿破仑走在波兰部队中间，这体现其对公众意见的惯有敏感性。皇帝为立陶宛的波兰人设立临时政府。维尔纽斯的大教堂举行统一仪式，于是立陶宛和波兰在礼仪上重新结为一体。在格罗德诺（Grodno）①，游行群众拿着圣像与蜡烛欢迎法军。队伍里还有唱诗班，他们赞美法军将自己从

584

---

① 今作"Hrodno"。——译者注

俄国统治下"解放"出来。① 格鲁希将军在明斯克递送捐献盘，当地还演唱了《感恩赞》。然而，一听说法军像之前所有战局一样征集食物时，农民就把牲口赶进了林子。"法国人带走了我们的镣铐，"当年夏天，俄国西部的波兰农民说，"但他也拿走了我们的靴子。"7

"我爱你们的民族，"拿破仑对维尔纽斯的波兰民族代表说，"这十六年来，你们的士兵一直在意大利和西班牙与我并肩作战。"他提出给波兰"我的尊重与保护"。然而，施瓦岑贝格正掩护拿破仑的南岸，所以他得补充道："我已经向奥地利保证，我会让它保持领土完整。它和平占领着手中剩下的波兰省份，我不能批准任何倾向于干扰这种占领的行为。"8 他只好施展微妙的平衡术。

拿破仑在维尔纽斯待了十天，让大量士兵休息重整，他还准许没经验、未受考验的热罗姆率大军右翼（包括达武的两个师、施瓦岑贝格的奥地利人、波尼亚托夫斯基的波兰人、雷尼耶的萨克森人，共计 8 万人）前进至别列津纳河下游，力图夹击巴格拉季翁的军队。前卫继续向前，6 月 29 日，猛烈的冰雹和暴雨打断灼人热浪。雹暴和大雨停止后，帝国近卫军中士让 - 罗克·夸涅发现，"附近的骑兵营地中躺着冻死的战马"，他自己的也死了 3 匹。9 雨后，地面亦成为泥沼，道路则变得泥泞，这导致补给出现问题，还拖慢了追赶俄军的前卫。有时，士兵要蹚过没到下巴的沼泽和湿地。10

6 月 26 日、29 日和 30 日，贝尔蒂埃先后从维尔纽斯致信

---

① 从 1569 年起，立陶宛就是波兰 - 立陶宛联邦的一部分。1772～1795 年，俄国三次参与瓜分波兰，吞并立陶宛。

热罗姆，鼓励他紧跟巴格拉季翁并拿下明斯克。[11] "要是热罗姆奋力向前，"拿破仑告诉费恩，"巴格拉季翁就有大危险了。"[12]热罗姆从西出发，达武从北出发，他们本该在博布鲁伊斯克（Bobruisk）[①] 击溃巴格拉季翁。可是热罗姆不擅指挥，巴格拉季翁又娴熟地撤退，结果俄军第二军团逃走了。7 月 13 日，热罗姆显已失败。"要是军团各军更快、更协调，"军务总监迪马将军日后认为，"战局一开始目标就能实现，胜利就成定局。"[13]得知行动失败后，拿破仑任命达武来指挥热罗姆的军队。幼弟于是大怒，战局才到第三周，他就气鼓鼓地回威斯特伐利亚了。[14]

"总是下雨，"7 月 1 日，拿破仑从维尔纽斯致信玛丽·路易丝，"这个国家的暴风雨糟透了。"[15]我们没有见过皇后的信，但那个月她隔天就给他写信。"上帝保佑我早日见到皇帝，"当时，她对父亲说，"因为这次分离是我不能承受之重。"[16]拿破仑在每封信里提到自己的健康状态时，总是说自己身体不错，不仅如此，他还过问儿子，恳求听到罗马王"是否开始说话、是否走路"等消息。

7 月 1 日，拿破仑接见沙皇的副官亚历山大·巴拉绍夫（Alexander Balashov）将军。巴拉绍夫说，拿破仑仍可撤出俄国，避免战争，此言已然有些太迟。皇帝给沙皇写了一封长长的信，提醒对方他曾在蒂尔西特发布反英言论，并指出自己在爱尔福特迁就了他对摩尔达维亚、瓦拉几亚和多瑙河的需求。拿破仑说，从 1810 年开始，沙皇一直"大兴重整武装之事，

---

① 今巴布鲁伊斯克（Babruysk）。——译者注

拒绝协商途径"，并要求修改欧洲形势的当前安排。他回忆道，"有时你表露对我本人的敬意"，但他又说，4 月 8 日，对方下达让自己撤离德意志的最后通牒，"显然"旨在"置我于战争和屈辱之间"。[17]拿破仑写道，即便"这十八个月来，你什么也不肯解释，我却始终愿意聆听和谈提议……你会发现，我永远怀有相同的感情与真正的友谊"。他指责沙皇的糟糕顾问，批评库拉金对战争的傲慢态度，还写下往日致信教皇、奥皇等人时用过的短语："那些人给陛下出这种馊点子，我对他们的恶意表示遗憾。"拿破仑接着辩称，如果 1809 年他不用与奥地利战斗，"1811 年西班牙战事就能结束，那时我也很可能与英国媾和了"。他在总结时开出如下条件：

> 将停战协议建立在最慷慨的基础上，如不把医院病号看作战俘（这样两军都不用仓促撤退，可防止严重损失）、每过两周双方就按照军衔对等的交换制度各自放归俘虏，以及适用文明民族战争传统允许的所有其他规定。陛下会发现我准备好了一切。[18]

拿破仑的结尾再次声明，尽管两人之间爆发战争，"我对您的私人感情完全不受这些事影响……（我仍然）对您那伟大贤良的品质满怀感情与敬意，渴望向您证明这一点。"①

---

① 拿破仑写完了这封特殊又坦诚的信，然后他问巴拉绍夫去莫斯科走哪条路最好，这很可能是句玩笑话。"陛下，"巴拉绍夫巧妙地反驳道，"想走哪条就走哪条。卡尔十二世走的是经过波尔多瓦那条。"Foord, *Napoleon's Russian Campaign*, p. 75；Mowat, *Diplomacy of Napoleon*, p. 256.

586

亚历山大根本没采纳拿破仑的提议。俄军在大军团面前稳步撤退，四周后才出现双方皆折损 1000 多人的冲突，但这并不是说俄军不曾抵抗。俄军意识到，在这场战争中，后勤与会战一样重要，于是他们有组织地销毁所有带不走的东西。长达好几英里的道路两侧，凡是将要到来的法军可能派得上任何用场的东西，不是被带走了就是被烧掉了，如庄稼、风车磨坊、桥梁、牲畜、兵站、饲料、避难所、谷物。拿破仑自己撤离阿克时干了同样的事，他也佩服威灵顿撤往托里什韦德拉什防线时娴熟地实施类似的焦土策略，因为正如沙普塔尔记载的，"他评价将才时就以这些品质为尺度"。[19]

587　　北意大利和奥地利林木繁茂、土壤肥沃，波兰东部和白俄罗斯却是另一片天地。这里穷困潦倒、人口稀疏，哪怕在和平时期，营养不良也是普遍的现象。陡然要求当地落后的农业经济额外养活几十万张嘴总是会引发严重的补给困难。然而，俄军撤退时彻底焚毁村庄，导致法军很快陷入了绝境。更糟糕的是，俄军轻骑兵中队在法军战线背后行动，威胁其延长的交通线，比如说，亚历山大·切尔内绍夫就曾领导一次著名英勇之举。[20]

湿漉漉的 6 月下旬一结束，炽热的太阳就回来了。淡水不足，新兵累晕了。热浪扬起令人窒息的灰尘，这些尘土太厚了，所以鼓手得待在营的前头，以防跟在后面的行军队伍中有人掉队。由于货运马车经过浮舟桥时陷入交通瓶颈，7 月 5 日大军团便面临严重的食物短缺。"伙食困难依然存在，"洛鲍伯爵的副官博尼法斯·德·卡斯特拉内（Boniface de Castellane）指出，"士兵没有吃的，马匹也没有燕麦。"[21]莫尔捷告诉拿破仑，不少青年近卫军士兵其实已饿死。皇帝说：

"不可能！他们的二十天补给呢？统领得当的士兵绝不会饿死！"[22]饿死者的指挥官来了，他说士兵们"要么是因为懦弱要么是因为不确定"，他们实际上死于醉酒。对此，拿破仑便总结道："一场大胜就能弥补一切！"[23]

大军团在俄国待了175天，平均每天有1000匹马死亡。塞居尔回忆，1万多匹马只能吃没熟的黑麦，结果死于脱水和中暑，马尸"臭得没法闻"。[24]拿破仑的御厩总管科兰古累垮了，他记载道：

> 高速的强行军、不足的马具和备件、匮乏的补给以及不到位的照料都导致马匹死亡。士兵缺少满足自身需要的所有东西，不怎么乐意照顾自己的马。这些人看着马匹死去，毫无悔意，因为这意味着他们解除了身负任务，此后自己的补给也不再缺乏。关于我们的早期灾难和最终败局，你已经知道了其秘密与原因。[25]

早在7月8日，拿破仑就不得不致信巴黎的克拉克，称没必要扩招骑兵，原因是"在这个国家中，我们正损失大量马匹，以至于算上法国和德意志的全部资源，我们也很难保住目前部队里有马者的人数"。[26]

当日，拿破仑得知俄军主力部队西方第一军团屯于战略位置非常重要的强大要塞德里萨。他满怀希望，派前卫去那儿。17日，法军前卫到达目的地，但他们发现俄军已放弃要塞。7月16日，拿破仑获知达武已占领明斯克，可是巴格拉季翁又设法逃走了。离开维尔纽斯前夕，皇帝和约米尼将军一同用餐，两人说莫斯科离这儿很近（其实它在500英里之外），后

588

者便问前者是否打算向那儿进军，前者大笑道：

> 我觉得，两年之内再去要好得多……要是巴克莱先生认为，我会一路追他追到伏尔加河（the Volga），他就大错特错了。我们最远跟到斯摩棱斯克与西德维纳河，在那儿，我们会打一场大胜仗，然后就能扎营了。我和司令部将返回维尔纽斯过冬。我会让法兰西喜剧院派歌剧班子和演员来。接下来，要是双方未能在冬季媾和，明年5月我们会完成这项工作。我想那比跑去莫斯科更好。你怎么看，战术家先生？[27]

约米尼同意这一看法。

此时，拿破仑正面临灾难性的新威胁，而那个年代的军队对此皆无防备。斑疹伤寒系污垢之疾，其病原体普式立克次体（Rickettsia prowazekii）介于诱发梅毒、肺炎的较大细菌和微小的天花、麻疹病毒之间。携带普式立克次体的虱子进入肮脏的衣缝内，寄身在未清洗过的身体上。斑疹伤寒病原体的传播渠道不是虱子叮咬，而是排泄物和尸体。[28]多年来，这种疾病一直在波兰和俄国西部蔓延。

下列因素都是传播斑疹伤寒的理想条件：高温；缺乏洗澡水；大股军队挤在一起过夜，住在破烂的小屋里；身上某些部位瘙痒时，人会忍不住去挠；士兵不换衣服。光是战局第一周，每天就有6000人感染斑疹伤寒。7月第三周，已有8万多人死亡或患病，其中至少有5万人死于或患上斑疹伤寒。入侵开始后第一个月，拿破仑的中央军团已然折损五分之一的兵力。[29]大军团首席军医拉雷是良医，然而当时人士尚未把斑疹伤寒和虱子联系起来，虽然他们觉得虱子是讨厌的寄生虫，却没想过它是杀手，因此拉雷手足无措，不知如何应对疫情。但泽、柯尼希斯贝格、托伦的医院能够治疗痢疾病人和伤寒病人，但斑疹伤寒是另一种疾病。拿破仑支持疫苗特别是天花疫苗，罗马王两个月大时，他就给儿子注射疫苗，但那时并无斑疹伤寒疫苗。近来，有研究者在维尔纽斯大墓出土的 2000 具尸骨的牙齿上提取 DNA。研究表明，这些人都携带病原体斑疹伤寒病菌（typhus exanthematicus），即所谓的"战争瘟疫"（war plague）。讽刺的是，拿破仑坚称住院士兵应当洗澡，但他不知道健康士兵同样需要洗浴。[30]法军从莫斯科撤退时，天气一度特别冷，以至于皇帝连续几天没脱一件衣服，结果就连他身上也长了虱子。[31]用沸水清洗内衣、用热熨斗烫熨外衣可消灭虱子，但从 11 月 4 日开始，气温却一直在零度以下，所以这两个办法都不可行。[32]

随着法国大革命战争和拿破仑战争逐渐展开，法国本土的斑疹伤寒（它和伤寒、痢疾等"贫穷之疾"大大不同）问题也愈发严重，主干道上的村庄普遍暴发这种瘟疫。1806 年后，斑疹伤寒一直在塞纳和马恩省（Seine-et-Marne）肆虐，几乎从未间断，巴黎东部的公社亦然，而莱茵河上的部队回国后就待在那里。1810～1812 年，斑疹伤寒致死率居高不下。卫生官员梅伦（Melun）和内穆尔（Nemours）奉命解释此事，两人一致认定主要原因是"持续的战争"。[33]1814～1815 年，联军侵入法国，斑疹伤寒随之卷土重来。当时最杰出的医师认为，若同时具备"非常艰苦的状况、寒冷、生活必需品匮乏以及由其引发的食用腐烂食物"这些条件，斑疹伤寒便可暴发。[34]

1812 年，J. R. L. 德·凯尔克霍弗（J. R. L. de Kerckhove）曾任某法军医院院长，甚至在战争结束二十年后，他也还没认清斑疹伤寒的病因。凯尔克霍弗写道："斑疹伤寒夺走大量法军士兵的生命，它源于匮乏、疲惫、呼入挤满病人与疲乏者之地的污浊空气，然后通过接触传染。"[35] 直到 1911 年，人们才发现斑疹伤寒和虱子的联系。然而，凯尔克霍弗描述的症状完全正确：

590

> 感染症状如下：全身不适，通常伴随倦怠无力；脉搏虚弱、缓慢，或不规律；面相改变；运动有困难……疲惫至极，难以站立，食欲不振；频繁发生眩晕、耳鸣、恶心与头痛；病人有时呕吐；病人的舌头上有时粘着白色或黄色黏液。

大约四天之后，病人会发烧。"开始时"，发烧的"明显症状是发抖，随后病人不定时感到热……发烧继续恶化，转为持续性症状，皮肤干燥……大脑充血，有时肺部充血"。[36]大部分情况下，死神随后来临。1812 年，拿破仑麾下多达 14 万名士兵病死，大部分人死于斑疹伤寒，但亦有不少人死于痢疾或相关的疾病。

拿破仑不会让疾病阻挠整个入侵行动，他加紧向东，希望分离俄军西方第一军团和第二军团。皇帝参谋部的军械官加斯帕尔·古尔戈上尉估计，在这次战局中，拿破仑本人"非常健康"，他每天在马上度过数小时，并无身患重病的说法。[37]新兵缺乏经验，而大军团高速行军，因此很多人跟不上队伍。"掉队者犯了严重的错误，"卡斯特拉内写道，"他们掠夺洗劫，移动纵队便组织起来了。"³⁸7 月 10 日，拿破仑命令贝尔蒂埃派一个宪兵纵队去沃罗夫诺逮捕"第 33 团的抢劫者，在那儿，他们正实施着可怕的毁灭行径"。³⁹到 7 月中旬时，士兵也开始成队逃跑。

7 月 18 日，拿破仑抵达格卢博科耶（Glouboko ïé）。皇帝在当地加尔默罗会修女院住了四天，他出席弥撒，建立一座医院，检阅近卫军，并听人汇报大军因连续行军所面临的严重困难。"数百人自己了断了，"符腾堡近卫军中尉、梅克伦堡人卡尔·冯·祖科（Karl von Suckow）回忆道，"他们害怕忍不下来这种艰难的生活。道路旁的树丛每天都传来零星枪响。"⁴⁰几乎已经取不到药物，除非拿钱买。拜恩人冯·舍勒（Scheler）将军向其国王报称，甚至早在横渡维斯瓦河时，"所有常规食物补给和有序分发就断了，从那里一直到莫斯科，没有一磅肉、一磅面包、一瓶白兰地来自合法分配或常规征收"。⁴¹此言语带夸张，但情有可原。

有证据表明，在食物补给和军中健康士兵人数这两方面，拿破仑都被误导了。他闻知某些部队有十日伙食，可他们其实一点吃的都没有了。迪马将军回忆道，达武的襟兄、两个近卫掷弹兵团的指挥官路易·弗里昂将军"想让我出具一份关于第 33 战列步兵团的报告，表明它有 3200 人，可我知道实际上它至多还剩 2500 人。弗里昂奉缪拉的命令行事，他说拿破仑会冲自己的上司发火。弗里昂情愿引入一个错误，普舍隆（Pouchelon）上校便制作了他需要的虚假报告"。⁴²于是，单单这一桩造假行径就牵涉 3 名高级军官（可能还涉及缪拉），或者说，它至少需要他们听之任之。不知为何，军队文化已然改变，拿破仑曾如此亲近士兵，现在他却经常被高级指挥官蒙

591

蔽。他依然亲自巡查，但大军团规模庞大，其进军跨度又宽广，所以同此前任何战局相比，他对指挥官的依赖大大增加。皇帝的警卫中亦有一人在回忆录中记载，12 月，拿破仑在撤退途中问贝西埃近卫军情况如何。"非常舒服，陛下，"贝西埃回答道，"几处火堆上转着烤肉叉，他们也有鸡肉和羊腿。"卫兵称："要是元帅动动两只眼睛，他就会发现这些可怜的家伙几乎没任何吃的。大部分人患了重感冒，所有人都累坏了，而且近卫军人数也已大大减少。"[43]

7 月 19 日，缪拉的副官马里 - 约瑟夫·罗塞蒂（Marie-Joseph Rossetti）少校告诉拿破仑，俄军已放弃德里萨，这令"他抑制不住喜悦之情"。[44]他从格卢博科耶致信马雷："敌人已然撤离德里萨的设防营地，还烧毁了当地所有的桥梁和巨量库存。之前好几个月，俄军的工作中心就是这些建筑和补给，现在它们都被牺牲了。"①[45]罗塞蒂的日记记载道，皇帝"迈开大步"，快步"走上走下"，对贝尔蒂埃说："你看，俄军既不懂打仗也不懂媾和。他们是衰弱的民族，一枪没放就丢了自己的屏障！来吧，只要我们再来一次真正的行动，我的兄弟（即沙皇）就要后悔听取我的敌人之言了。"[46]拿破仑向罗塞蒂详细询问骑兵士气与马匹状况，后者给予了肯定回答，然后当场晋升上校。可事实上，缪拉太折腾骑兵了，他让马匹连续工作，

592

①　拿破仑照常考虑法国的情况。"我必须提醒你，我打算买下整个耶尔群岛（islands of Hyères）。" 6 月 21 日，他致信克拉克（他指的是法国南部的一组小岛），"并设法让人移居该地。"CG12 no. 31281，p. 899. 他也担心巴黎的大型谷仓不能在他规定的时间内完工。"凯旋门、耶拿桥、荣耀殿、斗兽场可以方便地推迟两三年，"他告诉自己的商务部长，"与之相反，这座巨大仓库必须建成，此乃最重要的事。"CG12 no. 31255，p. 885.

导致它们的体质衰退。"缪拉总是待在散兵线前沿,"科兰古抱怨道,"成功毁了骑兵,最终他害了军队,把法兰西与皇帝推向深渊的边缘。"[47]

7 月 23 日,巴克莱到达维尔纽斯以东 200 英里处的维捷布斯克(Vitebsk),如果巴格拉季翁前来会师,他就准备迎敌。然而,当日出现了战局第一场主要战事——萨尔塔诺夫卡(Saltanovka)之战①。对战双方为达武和巴格拉季翁,前者麾下有 4100 人死亡、受伤和失踪,但他设法阻止了后者北上。巴格拉季翁被迫改道去斯摩棱斯克。两天后,在维捷布斯克以西的奥斯特罗夫诺(Ostrovno),缪拉的前卫与奥斯特曼 – 托尔斯泰率领的巴克莱军团后卫小战。拿破仑盼望打一场大会战。他照常在(第 10 期)公报中大肆夸张战果,称缪拉的对手是"1.5 万名骑兵与 6 万名步兵"(事实上俄军士兵共有1.4 万人),还说敌人有 7000 人(实为 2500 人)死亡、受伤和失踪。公报称法军损失为 200 人死亡、900 人负伤、50 人被俘,然而当代最佳估计结果为 3000 人死伤、300 人被俘。[48]

拿破仑怀抱厚望,他盼着俄军战斗,而非献出维捷布斯克城。26 日,他致信欧仁:"要是敌军想开打,我们就走大运了。"[49]同日,他思索战略时似乎首次用心思考了约米尼询问的进军莫斯科的可行性。7 月 22 日,拿破仑对雷尼耶将军说,"威胁如此逼近圣彼得堡和莫斯科时",敌人不敢进攻华沙。四天后,他致信马雷:"我倾向于认为,正规师想夺取莫斯科。"[50]照他原先的计划,要是敌军不战斗,他就在维捷布斯克或斯摩棱斯克停下,但这套方案显然正变得更庞大、更野心勃

---

① 此战又叫莫吉廖夫(Mogilëv)之战。

勃。他任由自己被拽入巴克莱·德·托利的陷阱。

7月28日黎明，缪拉派人传话，称俄军已离开维捷布斯克，而他正追踪他们。俄军带走了一切，没留下任何线索指示自己去了哪个方向。塞居尔指出，"他们的失败看上去比我们的胜利更有序！"[51]拿破仑同缪拉、欧仁、贝尔蒂埃开会，他必须面对某个事实，那就是他们如此渴望的决胜会战"刚从我们手中溜走了，就像在维尔纽斯一样"。[52]胜利近得诱人，它总是就在下一座山上，抑或下一片湖泊、平原、森林的另一边——这当然是俄军的算盘。拿破仑在维捷布斯克待了十六天，其间他非常认真地考虑在此结束战役，等1813年再恢复战事。他正位于旧俄罗斯的边境，此地的西德维纳河与第聂伯河（the Dnyapro）构成天然防线。他可以建立军火库和医院，在政治上重组立陶宛人，他们已经为他招募了五个步兵团、四个骑兵团。他也能增加中央军团兵力，该军团已有三分之一的人死于或染上斑疹伤寒、痢疾。如有必要，他还可以从维捷布斯克威胁圣彼得堡。[53]缪拉的参谋长奥古斯特·贝利亚尔（Auguste Belliard）将军对拿破仑坦言，骑兵筋疲力尽，"急需休息"，因为下令冲锋时，他们已无法奔驰。此外，马掌钉、铁匠乃至适合做钉子的金属都不够了。据塞居尔回忆，拿破仑在28日进入维捷布斯克时说："我就停在这儿！我必须看看我的四周，集结并重整我的军队，我还要重新组织波兰人。1812年战局结束了，剩下的交给1813年战局。"[54]

拿破仑在维捷布斯克的防线自然不错：左翼固守波罗的海沿岸的里加（Riga）；大军接着穿过迪纳纳堡（Dünaborg）、波洛茨克（Polotsk）、设防城市维捷布斯克，其中央位于维捷布斯克地区林木覆盖的高地；军队随后沿别列津纳河下行，穿过无法通行的普里皮亚季沼泽，其右翼位于里加东南边400英里处的要塞城镇博布鲁伊斯克。库尔兰、萨莫吉希亚（Samogitia）、克卢博科奥平原（Klubokoë plains）可分别为麦克唐纳军、乌迪诺军和拿破仑自己提供食物和补给，施瓦岑贝格也能停在肥沃的南部省份。维尔纽斯、考纳斯、但泽和明斯克有巨大的补给站，能够支持军队过冬。拿破仑下令在维捷布斯克造29座大烤炉，它们一共可烘烤29000磅面包，他还叫人拆毁房屋，以便改善其住所冬宫广场（Palace Square）的外观。显而易见，他的确考虑过停下。然而冬营之事在当时难以想象，因为正如他致信玛丽·路易丝时所言："气温达27度，热得我们受不了。这儿和法国南部一样热。"[55] 塞居尔谴责缪拉劝拿破仑继续向前，尽管皇帝据称说了这么一句话："1813年我们会到莫斯科，1814年我们会到圣彼得堡。俄国战争将持续三年。"[56]

出于多个非常合理的军事原因，拿破仑选择继续追赶巴克莱。他在一个月内前进了190英里，且其战场折损不到1万人；假如7月时他决定停止当年战事，这对战局历表来说就早得太荒唐了；目前为止，他的冒险成果一直很好，1812年时，假如他那么早就在维捷布斯克停下，他就会让出主动权；7月24日，沙皇在莫斯科召集8万名民兵与40万名农奴，合理之举便是趁他们受训并列阵之前进攻；此前他只在马伦戈和阿斯佩恩-埃斯灵被迫打防御战，而那两场会战中他开局不顺。缪拉也指出，不断撤退一定会摧毁俄军士气。拿破仑要继续蹂躏多少俄国国土，沙皇才会求和呢？他不会知道，亚历山大曾在圣彼得堡宣布永不求和："我宁愿胡子及腰，去西伯利亚啃土豆。"[57]

　　法军得知巴克莱军团仅在 85 英里外的斯摩棱斯克，8 月 1 日，它同巴格拉季翁军团会师了。拿破仑认为，俄军不会一场大战不打就让出旧俄国最大的城市之一。到头来，他还是决定不在维捷布斯克停留，而是先去斯摩棱斯克对战俄军，并保留了战后返回那儿的选项。拿破仑决策前，迪罗克、科兰古、达吕、纳尔博纳劝他留在维捷布斯克，波尼亚托夫斯基、贝尔蒂埃和勒菲弗 - 德努埃特也持类似意见，而缪拉主张前进。[58]据塞居尔回忆，皇帝不时问别人半截句子，如"好吧！我们该怎么办？待在原地，还是前进？"，但是"他不等回答，反倒继续转来转去，好像正寻找某人某事来了结自己的踌躇"。[59]我们可从一些句子中窥见拿破仑的想法，如 8 月 7 日他致玛丽·路易丝的信："我们这儿离莫斯科只有 100 里格。"[60]（事实上，维捷布斯克距莫斯科有 124 里格，即 322 英里。）

　　继续进军斯摩棱斯克的决策不是说着玩的。据塞居尔记载，11 日前后，拿破仑对达吕和贝尔蒂埃说：

595　　　　他们认为他疯了吗？他们觉得他打仗是因为想打？他说西班牙和俄国战争侵蚀法国根基，它无法同时承受这两个溃疡，难道他们没听见吗？他急切渴盼和平，但媾和得靠两个人出力，他只是一个人。[61]

拿破仑还指出，冬季时俄军可在冰冻河面上行军，而在斯摩棱斯克，他要么能占领大要塞，要么能赢得决胜会战。他说："流血尚未开始，俄国非常强大，不会不战而退。大战后亚历山大才会和谈。"[62]谈话持续整整八小时，其间贝尔蒂埃突然失声痛哭，他哭着对拿破仑说，大陆体系和重建波兰不是过分拉长法军交通线的充足理由。皇帝决定向前，他和迪罗克的友谊几乎因此破裂。

不管怎么说，拿破仑坚信"勇敢是唯一谨慎之道"。[63]他的考虑如下：假如自己停步，奥地利和普鲁士也许会重新思考结盟一事；只有在迅速取胜后返程才能缩短交通线；"长期留在原地防御不符合法军天性"。他也害怕英国对俄国的军事援助将生效。据费恩记载，拿破仑总结道："也许二十天就够我们实现目标了，为何还要在这儿停八个月呢？……我们得赶快进攻，否则一切都有危险……战争的一半是机遇。如果总是等待有利的条件组合，我们什么也做不成。总而言之，我的战役计划是一场会战，我的政治都是胜利。"①[64]

8月11日，拿破仑下令继续进军斯摩棱斯克。13日凌晨2点，他本人离开维捷布斯克。卡斯特拉内受托陪伴他，此人指出：
596

> 这些天，陛下骑行的速度大大放慢。他胖了好多，骑马时比以往更加吃力。上马时，御厩总管（科兰古）得扶他一把。皇帝出行时大都乘车。跟着他的军官非常累，因为当陛下得骑马时，他已然休息好了……陛下的旅途

---

① 那一周，拿破仑的秘书梅纳瓦尔致信皇帝的图书馆管理员巴尔比耶。"皇帝想看一些有趣的书。要是有不错的新小说，或者他不知道的旧小说，抑或读来愉悦的回忆录，麻烦您寄给我们，因为我们在这儿难以打发空闲时间。" CN24 no. 19052, p. 128. 拿破仑称，他忙得没空读拉普拉斯的《概率分析理论》。"能收到您写的论概率计算的论文，我感到高兴，"他致信元老院议长，"以后我会津津有味地阅读它，但今天我必须仅限于告诉您，只要我见你出版促进并拓展这门首要科学的书，我就感到满意。它们有助于国民启蒙。数学的发展完善与国家繁荣联系密切。" CG12 no. 31388, p. 949.

中，别指望二十四小时之内能休息一会儿。（将军让－巴蒂斯特·）埃布莱对皇帝说马匹不足，陛下回答："我们能在莫斯科找到一些不错的马车挽马。"[65]

在拿破仑全速前进时，人们得往他的马车车轮上浇水，以防轮子过热。

8月中旬时，拿破仑两翼的情况看来都挺好：麦克唐纳成功地保护了他的北面；12日，施瓦岑贝格在戈罗杰奇纳（Gorodeczna）痛击托尔马索夫的西方第三军团（拿破仑遂要求弗朗茨升他为陆军元帅）；四天后，乌迪诺和圣西尔在波洛茨克拦下彼得·维特根施泰因（Peter Wittgenstein）将军的芬兰军团。因此，拿破仑能够实施"斯摩棱斯克机动"，这是一次大行动，其意图如下：钉住第聂伯河北岸的俄军，与此同时，凭借埃布莱麾下工兵出色的造桥工作，大军团大部分兵力马上前往南岸。可是14日那天，俄军涅韦罗夫斯基（Neverovski）将军的第27师在克拉斯内（Krasnoi）打了一场后卫战，该师英勇对敌、奋不顾身，导致法军未能迅速赶到斯摩棱斯克。因为第27师且战且退，第一军团和第二军团遂有时间去斯摩棱斯克设防。

16日早上6点，缪拉的骑兵接近斯摩棱斯克，冲入俄军前哨。下午1点，拿破仑和贝尔蒂埃巡视阵地，他们的位置距城墙不到200码（有说法称还要更近），这时前者对后者说："我总算抓到他们了！"[66]8月17日，斯摩棱斯克之战爆发，拿破仑希望击退俄军左翼，切断敌人去莫斯科的路，迫使他们返回西德维纳河下游。然而，斯摩棱斯克城防牢固，有结实的城墙与深邃的沟谷掩护，巴克莱损失 6000 人后便找到机会继续往东撤，而奈伊军和波尼亚托夫斯基军折损了 8500 多人。洛鲍炮轰斯摩棱斯克，点燃该城，拿破仑与其部下在司令部观看城中大火。塞居尔称，"皇帝静静地凝视这幕盛大奇观"，但是据科兰古回忆，拿破仑当时说："那难道不美妙吗？我的御厩总管？""太可怕了，陛下！""呸！"皇帝回答道，"先生们，记住罗马皇帝的话：'敌人的尸体闻着香！'"①67

597

8 月 18 日，法军进入硝烟弥漫的城市。他们踩着瓦砾与尸首，发现俄军已弃城而走。拿破仑听闻俄国人在圣彼得堡演唱《感恩赞》，纪念他们所谓的胜利，于是他讽刺地说："他们不但骗人，还骗上帝。"68他检阅了战场。塞居尔称："皇帝面部紧缩，焦躁恼火，也许可以据此判断他的痛苦。"拿破仑极少召开军事会议，但在第聂伯河附近的城寨门边，他破例了。与会者有缪拉、贝尔蒂埃、奈伊、达武、科兰古（可能还有莫尔捷、迪罗克和洛鲍），他们坐在找来的垫子上。"无赖们！"皇帝说，"幻想放弃这样的阵地！来吧，我们必须进军莫斯科。"69因为这句话，大家"激烈地讨论了"一个多小时。缪拉的副官罗塞蒂听见，所有人都赞成停在斯摩棱斯克，唯达武表示反对，"但达武一向顽固，他坚称我们只能在莫斯科缔结和约"。70此言亦被当作缪拉的观点，而且它当然是拿破仑后来不断重复的台词。多年后他承认道："我应该让军队在斯摩棱斯克入住冬营。"

拿破仑打算紧紧追赶俄军，就在第二天，他的愿望破灭

———————

①　此言出自韦斯帕西安（Vespasian），又译维斯帕西亚努斯。

了。当日，瓦卢季诺山（Valutina-Gora）之战①爆发，俄军重创奈伊，再度成功逃走。此战中，一发加农炮炮弹掠过地面，炸断能干的师级将军居丹（Gudin）将军的双腿，致他死亡。战后医疗物资急缺，为了给伤员包扎，军医们先是撕下自己的衬衫，然后用干草，接着又用斯摩棱斯克档案馆的文件。然而，战局这一阶段的伤员是幸运儿，数据表明，和继续向东的健康士兵相比，他们的生还率高得多。

**598** 　　奈伊想在瓦卢季诺山钳住俄军，但朱诺未能及时推进军队，导致计划失败。可想而知，拿破仑发火了。"朱诺别想要元帅权杖了"，他说，然后把威斯特伐利亚士兵的指挥权交给拉普，"此事也许会阻止我去莫斯科。"拉普说军队还不知莫斯科现在是最终目的地，拿破仑回答："玻璃杯满了，我得干掉这杯。"[71]阿克战役之后，朱诺没打过一次胜仗。《辛特拉条约》签订后，法军丢了葡萄牙，朱诺本该被贬职，但拿破仑看在友情的份上留下了他。②

　　瓦卢季诺山之战后次日，拿破仑授予居丹的第7轻步兵团和第12、第21、第127战列步兵团至少87项奖励与晋升，他"非常清楚，在这种毁灭性灾难中，士兵尤其会想到不朽"。[72]居丹师身处"战友与俄军士兵的尸首之间，四周是残破林木的树桩。他们脚下的大地被战士踩过、被炮弹划过，布满武器

---

① 又叫卢比诺（Lubino）之战。

② 朱诺的判断力可能受梅毒影响，后来他被此疾逼疯。次年，在拉古萨的舞会上，他几乎全裸出场，身上只有肩章、手套、舞鞋、勋章和饰物。D'Abrantès, *At the Court*, p. 21. 1813 年 7 月，朱诺以为自己能飞，他从二层窗户跳楼，结果受伤。他死于伤口坏疽。（奇怪的是，朱诺的身体一直健康，他一天能吃 300 只牡蛎。）Strathearn, *Napoleon in Egypt*, p. 422.

碎片、破烂制服、翻倒的马车、零落的肢体"。[73] 由于疾病、饥饿、逃跑与战死，此时拿破仑的中央军团已减至 12.4 万名步兵和 3.2 万名骑兵，另有 4 万人留下来，保护补给路线。[74]

巴克莱再度成功逃走，撤往多罗戈布日（Dorogobuzh），尽管如此（或者说正因如此，毕竟俄军将士相当不喜欢撤退策略），8 月 20 日，沙皇任命陆军元帅米哈伊尔·库图佐夫亲王接替他任总司令。库图佐夫现年 67 岁，曾在奥斯特利茨战败。拿破仑闻之欣喜，认为"召他来指挥军队的条件是要他战斗"。[75] 事实上，上任后头两周，库图佐夫继续退向莫斯科，并仔细搜寻立足点。他选中了莫斯科以西 65 英里处的博罗季诺村（Borodino），该地正好位于莫斯科河（the Moskva）西南岸。虽说拿破仑难以补给军队，但 8 月 24 日他还是决定追赶库图佐夫。

次日下午 1 点，拿破仑离开斯摩棱斯克，5 点时他到达多罗戈布日。圣城莫斯科是俄罗斯帝国的庄严旧都，他的确认为，库图佐夫不会一场大战没打就交出莫斯科，而大战后沙皇就得求和，于是他对部下说："胜利就在眼前。"[76] 拿破仑进军莫斯科，强迫俄军开战，他已经转而考虑打算施加的投降条款。皇帝告诉德克雷，不管缔结什么和约，他都会设法弄来多罗戈布日地区的木材，以之为船只桅杆原料。[77] 缪拉的副官夏尔·德·弗拉奥从维亚济马（Vyazma）致信母亲，说自己确信"一场胜仗就能结束战争"。前线将士给母亲写信时不受誓言制约，而法军高级指挥官普遍像弗拉奥一样，认为"沙皇自然会求和了"。[78]

一个月没下雨了，约瑟夫·德赛（Joseph Dessaix）将军的副官吉罗·德·兰（Girod de l'Ain）上尉便写道："太热了，

599

我在西班牙从没遇上过比这还热的天。高温和灰尘让我们渴得嗓子冒烟，水又很少……我看见有人趴在排水沟边喝马尿！"[79] 他也发现，士兵第一次违抗拿破仑的命令。皇帝认为某辆私人马车是多余的奢侈品，下令烧掉它，可是他"几乎才走出100码远，人们就匆匆扑灭火焰。马车复归纵队，像之前一样平稳疾驶"。

8月26日，拿破仑致信缪拉。此信称，他听闻"敌军决定在维亚济马等我们。几天后我们会到维亚济马，然后我们就在斯摩棱斯克和莫斯科中间了，我想那儿距莫斯科有40里格。要是我们在维亚济马战胜敌军，那座伟大的首都又没有守护，9月5日我就会到莫斯科"。[80]然而，俄军也不在维亚济马。29日，大军团进入维亚济马，发现1.5万名城中居民已然离开。当地某教士得知拿破仑接近后吓死了，他听说后便按全套军礼的规格安葬此人。俄国东正教圣议会曾正式宣布拿破仑其实是《启示录》中的敌基督，教士可能因此承受不住。[81]

7月22日，萨拉曼卡会战爆发，威灵顿击败马尔蒙。9月2日，拿破仑收到马尔蒙的相关汇报。"读不到比这更差的报告了，"拿破仑致信克拉克，"文中的噪音和咔嗒咔嗒比时钟里的还多，而且没有一个词解释真实的事态。"然而，报告字里行间的信息足以让他明白，马尔蒙不等约瑟夫来援就离开了防守牢固的萨拉曼卡，与威灵顿开战。"时机恰当时，你必须让马尔蒙元帅知道，他那不可理喻的行为令我非常生气。"皇帝告诉战争部长。[82]不过，因为法军集结，10月时威灵顿被迫离开马德里，撤回葡萄牙，拿破仑可感宽慰。11月2日，约瑟夫返回王宫。

　　食物短缺导致的危险不仅仅是饥饿。如果法军士兵觅食时离主力部队太远，他们有时便会落入俄军非正规军之手。这些非正规军由正规军军官指挥，在远离主干道的地方行动。塞居尔的哥哥奥克塔夫（Octave Ségur）就中招了。9月3日，拿破仑对贝尔蒂埃说，"假如我们开战，战损也不及"奈伊正损失的人手，原因是法军派小队外出寻粮。他还说："敌人每天都抓走好几百个俘虏。"[83] 皇帝只要看到失职和疏忽现象就会发怒，特别是涉及照顾伤病员时。当日，他致信拉屈埃：

　　　　二十年来，我一直指挥法军，我还从没见过比这更没用的军事管理……派来这儿的人既无能又无知。没经验的军医比敌军炮群更伤害军队。军需总监身边的四个组织官员一点阅历也没有。卫生委员会派来这种废物医生，极其该骂……医护连的组织就像其他作战管理一样彻底失败。我们一给大炮和军服，他们就不想在医院效力了。[84]

拿破仑忽视的简单事实也是最明显的事实：俄国疆域辽阔，一次战役只能侵入至维亚济马，无法继续向前大幅度推进。他的军事管理体系不能应付他施加的巨大压力。他日复一日地急切盼望决胜会战，在巴克莱的陷阱里越陷越深。

　　9月5日，拿破仑夺取博罗季诺战场西南端的舍瓦尔季诺（Shevardino）多面堡，该地离俄军主要阵地太远，故而防守不充分。俄军约有6000人死亡、负伤或失踪，法军中这一数字则为4000。自从十周前横渡涅曼河，拿破仑一直渴

601

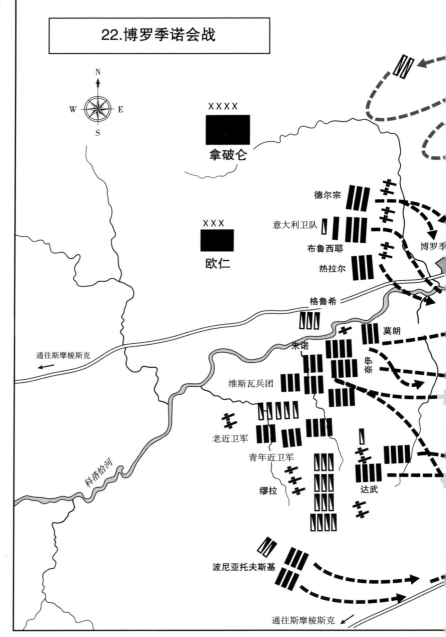

## 22.博罗季诺会战

N
W ← → E
S

XXXX
拿破仑

XXX
欧仁

德尔宗
意大利卫队
布鲁西耶
热拉尔

博罗季

格鲁希

莫朗
莫诺

奈伊

维斯瓦兵团

通往斯摩棱斯克 ←

老近卫军

青年近卫军

缪拉

达武

科洛恰河

波尼亚托夫斯基

通往斯摩棱斯克 ←

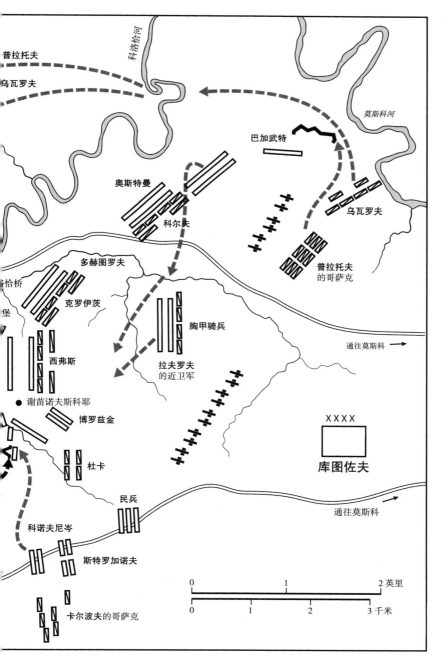

望这种战斗，于是他为此勉励军队。这十周来，11 万人染上斑疹伤寒，尽管有些人没病死，另有很多人被击毙或掉队。[85]若大会战爆发，拿破仑麾下可参战军力尚余 10.3 万人与 587门大炮，相对而言，库图佐夫则有 12.08 万人与 640 门大炮。之前三天，俄军建造了难以攻克的多面堡与箭头型土木防御工事箭头堡，挖深战壕，并清理战场上的火炮射界。后来，不少多面堡和箭头堡按照其 1812 年的规格复建，今人仍可观看它们。

会战开始的前一天，博塞男爵到达司令部，其所乘马车车顶捆着弗朗索瓦·热拉尔画的罗马王肖像。费恩写道，拿破仑收下画像，"难以抑制自己的感情"，遂把肖像放在帐篷外的椅子上，让部队瞻望未来的皇帝。[86]"先生们，"拿破仑对前来做简报的军官们说，"相信我，要是我儿子 15 岁了，站在这儿的就不是画，而是他了。"[87]次日，皇帝说："把画拿走，好好保管。他太小了，还不能看打仗。"（事实上罗马王只有十八个月大。撤退途中画像丢了，但热拉尔留了副本。）

博塞发现，拿破仑"状态挺好……如此快速复杂的入侵未令他感到丝毫不适"。某些历史学家认为当日皇帝患病，他们的诊断结果各不相同，如膀胱炎、热病、流感、脉搏不稳、呼吸困难、重感冒、膀胱炎症，这同博塞的说法相反。[88]会战前日，拿破仑致信玛丽·路易丝，此信说他"特别疲惫"，但战后次日，他又宣称自己"非常"健康（他常常在信里这样说）。会战前，他断断续续地睡了一晚上。会战日，他在凌晨3 点起床，直到晚上 9 点后才睡觉。索尔蒂克伯爵证明，拿破仑指挥会战时正患重感冒，但塞居尔写道，皇帝苦于"滚烫高烧，何况那痛苦恶疾凶猛地复发了，折磨着他。只要他动作狂暴、情绪高涨，此疾就会发作"。（复发的疾病可能指痔疮，五年多以前，水蛭治好了他的痔疮。[89]）会战大部分时间，拿破仑一直在舍瓦尔季诺多面堡坐着。勒热纳后来回忆道："我执行了很多任务，每当我完成使命后返回那儿，我都看见他坐在同一个位置上，用袖珍望远镜追踪所有动向，并镇定自若地下达命令。"[90]

会战前日，拿破仑、贝尔蒂埃、欧仁及一些参谋官侦察 604 战场边缘。俄军发射葡萄弹，哥萨克骑兵也威胁到皇帝一行，他们只好离开了。[91]拿破仑能看见俄军阵地有多牢固，他派一系列军官观察防务，可他们没发现战场中央的大多面堡。莫斯科民兵建成内含 18 门（这一数字很快增至 24 门）大炮的大多面堡。军官们也没发现战场中部的大多面堡和两座箭头堡位于完全相隔的两块高地上，而且视线外还藏着第三处箭头堡。

博罗季诺会战前夜，拿破仑发布宣言：

> 士兵们，这就是你们盼望已久的战斗！从现在开始，胜利就靠你们了。我们必须赢。打了胜仗后，你们就有充裕的物资，可住进舒适的冬营，还能马上返回家乡！拿出你们在奥斯特利茨、弗里德兰、维捷布斯克和斯摩棱斯克的样子来，最末代的后人也会自豪地引述这一天你们的表现。让他们这样说你们："他参加过莫斯科城墙下那场伟大的会战。"[92]

1812 年 9 月 7 日（周一），博罗季诺会战爆发。当时，它是史上最血腥的单日会战，直到一个多世纪后第一次马恩河会战打响。① "皇帝几乎没睡。"拉普回忆道。他不断叫醒拿破仑，并送上前卫的报告，表明当晚俄军没有再逃。凌晨3点，拿破仑起床，他喝了些潘趣酒，对拉普说："幸运是自由的情妇。我经常这么说，现在我开始体会到了。"[93]他补充道，大军清楚只能在莫斯科找到补给。"这支可怜的军队已少了很多人，"拿破仑说，"但留下的是精兵，此外我的近卫军未受影响。"[94]后来他撩开帐篷帘子往外走，路过帐外的两名卫兵，说："有点冷，但太阳不错，这是奥斯特利茨的太阳。"[95]

605　　早上6点，100门法军大炮组成炮群，炮轰俄军中部。6点30分，达武开始进攻。他派出三个精锐步兵师，共计2.2万人。这三个师由将领路易·弗里昂、让·孔庞（Jean Compans）、约瑟夫·德赛指挥，组成旅纵队，另有70门大炮密切支援他们。奈伊的三个师跟随其后，他的兵力共有1万人。7500名威斯特伐利亚士兵留作预备。这场战斗持续了一上午，战况的确惨烈。达武胯下坐骑被击毙，他自己也负伤。俄军士兵照常不愿让出战场。最后，法军得派4万名步兵与1.1万名骑兵去力克箭头堡。法军靠密集方阵刺刀战拿下两处箭头堡，然后他们才发现第三处箭头堡，那时它开始朝前两处箭头堡后无掩护的地区倾泻炮火。拿下第三处也得付出巨大代价。箭头堡七度易手，这正是俄军擅长的消耗战，而拿破仑远离本国，需要避免这种战斗。

---

①　当天，法军一共发射了6万发加农炮炮弹和140万发滑膛枪子弹。整场会战中，哪怕俄军开火频率较小（没有迹象表明这一点），平均算来，双方仍然每秒发射3枚以上加农炮炮弹和77发滑膛枪子弹。Cate, *War of the Two Emperors*, p. 235. 一名俄军副官称，他穿过战场时得张嘴，从而缓和耳膜受到的震荡压力。

到 7 点 30 分时，欧仁已经靠刺刀冲锋攻占了博罗季诺村，但他随后走过科洛恰河（the Kolocha）上的桥，冲向戈尔基（Gorki），这就走得太远了。欧仁的士兵退回博罗季诺时遭蹂躏，但他们设法守住了村子，直至会战结束。10 点，波尼亚托夫斯基拿下乌季察村，莫朗将军的一个步兵旅也攻克大多面堡，但没有部队充分增援该旅，于是没过多久，莫朗就被逐出大多面堡，并遭受惨重的伤亡。与此同时，法军终于攻下了巴格拉季翁箭头堡，而巴格拉季翁本人在反击中遭受致命伤——他的左腿被炮弹碎片炸得血肉模糊。近午时分，达武攻占由120 栋房屋组成的谢苗诺夫斯科耶村（Semyonovskoe），拿破仑遂能调炮兵上前，让他们轰击俄军左翼。中午，会战进入紧要关头。俄军战线仍然拉得过长，数名元帅（7 位现役元帅和 2 位未来元帅）便恳求拿破仑投入帝国近卫军，以便切断敌军战线。在这次会战中，拉普四度负伤，他也求拿破仑让近卫军参战。

拿破仑拒绝了，他不带其他预备队，来到距巴黎 1800 英里远的地方，就连这种冒险也有个限度，所以说，如果当时确有战机，也无人利用它。塞居尔回忆道，奈伊、达武和缪拉派贝利亚尔将军来见皇帝，请求他让青年近卫军进攻半敞开的俄军左翼。拿破仑"犹豫不决，命令那位将军再去看看"。[96] 这时贝西埃来了，他说俄军只是有序退往第二处阵地。皇帝对贝利亚尔说，投入预备队前，他想"把棋局看得更分明"，这一暗喻他用过多次。

塞居尔认为，决策背后可能有政治动机。"团结外籍军队的纽带只有胜利"，由于大军的多语言性质，拿破仑"断定有必要保留一路忠诚的精兵"。[97] 俄军将领普拉托夫（Platov）正

606

威胁他的左翼和后方，所以他不能投入近卫军；战场南侧有一条旧驿道（Old Post Road），中午时分，波尼亚托夫斯基尚未夺取该道的任何一边，假如此时他派近卫军沿旧驿道下行，俄军炮兵可能会狠狠打击他们。后来，达吕、迪马和贝尔蒂埃再次力劝拿破仑投入近卫军，他回答道："假如明天还有一场会战，我要拿什么军队去打呢？"不管战前宣言说了什么，此刻他离莫斯科尚有 65 英里。当日早上，皇帝命令青年近卫军进入战场阵地，他急切地对莫尔捷强调道，没有直接命令绝不能行动："听我之令，仅此而已。"[98]

没过多久，库图佐夫就收紧战线。阿尔芒·德·科兰古称，大多面堡的加农炮继续"向法军中央喷射，营造出真实的地狱"，并阻挡其他地方的全部主要进展。[99]下午 3 点，欧仁率三路步兵纵队进攻大多面堡。一队骑兵冲锋，设法从多面堡后方进入堡内，但蒙布兰、御厩总管的弟弟奥古斯特·德·科兰古（Auguste de Caulaincourt）都战死了。奥古斯特的死讯传至司令部，拿破仑便对科兰古说："你听到消息了，想退下吗？"[100]科兰古没有回答。他只是借举帽承认这一点，唯有眼中的泪水表明他听见了弟弟的噩耗。[101]

下午 4 点，大军团已拿下战场。欧仁、缪拉和奈伊再次请求拿破仑投入近卫军，这回他们想动用骑兵，可拿破仑又拒绝了。[102]"我不想见它被毁，"他对拉普说，"它不参战，我也自信能赢。"[103]到 5 点时，缪拉仍然主张让骑兵上阵，但贝西埃已然反对这一提议，他指出："皇帝和法国之间还有欧洲。"此时贝尔蒂埃也改了主意，他补充道，不管怎么说，现在出动近卫军太迟了。[104]到此时俄军已后撤半英里，然后他们停下了，准备防守阵地。大军团筋疲力尽，他们准备好炮轰敌军阵地，但无意进攻。拿破仑命令近卫炮兵指挥官让·索尔比耶（Jean Sorbier）将军冲俄军新阵地开火："既然他们想要，就给他们！"[105] 607

晚上，库图佐夫在夜色掩护下离开。他折损了大量士兵，很可能达43000人，但俄军非常顽强地抵抗，因此他麾下只有1000人和20门大炮落入敌手。[106]（"我俘虏数千人，缴获60门大炮。"拿破仑仍对玛丽·路易丝这么说。[107]）会战持续十小时，其总损失可以这样算：整整十小时中，每隔五分钟就有一架满载乘客的大型喷气式飞机在占地6平方英里的区域内坠毁，机上乘员非死即伤。库图佐夫立刻致信沙皇，宣称俄军大胜，圣彼得堡于是又演唱《感恩赞》。拿破仑的帐篷在舍瓦尔季诺多面堡后面，当晚7点，他在帐篷里同贝尔蒂埃、达武用餐。"我发现他一反常态，非常激动，"博塞记载道，"他头发蓬乱，看上去疲惫不堪。失去了这么多英勇的将士，他心怀悲伤。"[108]据说皇帝还自嘲道，他保住了战场，打开了通往莫斯科的路，己方战损（6600人死亡，21400人受伤）也比俄军战损少很多，但他仍没取得自己如此急需的决定性胜利，这既是因为他的正面进攻缺乏想象力，也是因为他不肯拿预备队冒险。在此意义上，他和库图佐夫都输了博罗季诺会战。"人们批评我没有死在滑铁卢，"拿破仑日后在圣赫勒拿岛上说，"我想我更应该死在莫斯科会战。"[109]

对于应该在中午时分投入近卫军这一看法，拿破仑显然敏感。晚上9点，他召迪马和达吕两位将军来帐篷，询问伤员的护理情况。接着他睡了二十分钟，又忽然醒来，继续谈话。"我没有让预备队去争取更大战果，人们会感到惊讶，"他说，

"但敌军将在莫斯科之前打一场大会战，所以我得保存近卫军，让他们到时候实施决胜一击。今日胜利已收入囊中，而我得考虑整个战局的胜利。"[110]他很快失声了，只好写下所有其他命令，秘书们却发现他的笔迹难以释读。费恩回忆道，拿破仑"沉默地工作着，堆起文件。命令都要誊一遍，每当要誊写时，他都会敲桌示意。"[111]

608 　　当日，拉雷截了200具肢体。波尼亚托夫斯基的步兵攻占了一片树林，会战结束后，近卫军第2轻骑枪骑兵团（即荷兰红枪骑兵）就在那里过夜。树旁堆满了遗体，枪骑兵只好拖走路上的数十具尸体，然后才清出一块地面来搭帐篷。[112]"找水的话，必须远离战场，"中年近卫军少校、老兵路易·约瑟夫·维奥内（Louis Joseph Vionnet）在回忆录中写道，"战场上找到的水全被血染透了，马都不喝。"[113]第61团夺取了大多面堡，次日，拿破仑来到该团残部面前，感谢并犒赏他们。他问第61团上校为何第3营不来接受检阅。"陛下，"上校回答道，"他们在多面堡里。"[114]

45. 帝国雄风：身着加冕袍的拿破仑。雅克 - 路易·大卫作。

46.（上图）1807年2月，缪拉在埃劳的万人以上大型骑兵冲锋。这是拿破仑战争中规模最大的骑兵冲锋。

47.（下图）1807年6月，弗里德兰会战。这是拿破仑最辉煌的胜利之一，它迫使俄国求和。

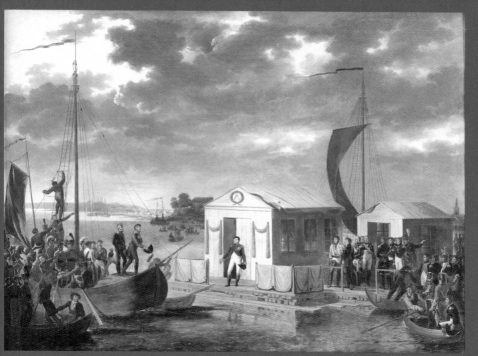

48.（上图）1807年6月，在蒂尔西特附近的涅曼河中段，拿破仑迎接沙皇亚历山大一世进入系于岸边的特制木筏上的帐篷，法俄与普鲁士的和谈就此开始。亚历山大的第一句话是："我将是仅次于你的英国之敌。"

49.（左图）沙皇亚历山大和拿破仑在蒂尔西特交好，但是1810年年末，沙皇在那儿签署的条约就令后者恼火了。没过多久，他开始谋划让拿破仑倒台。

50.（左上图）德西蕾·克拉里是拿破仑的初恋，他向她求婚时遭拒。德西蕾后来嫁给贝纳多特元帅，并成为瑞典王后。

51.（右上图）拿破仑发现约瑟芬与骠骑兵伊波利特·夏尔偷情后，他在开罗把 20 岁的骑兵中尉之妻波利娜·富雷斯收为情妇。

52.（左下图）1800 年，拿破仑和 27 岁的歌剧院歌手朱塞平娜·格拉西尼在米兰开始长期的风流关系。

53.（右下图）1802 年，15 岁的玛格丽特·魏默尔成了拿破仑的情妇，当时她的艺名是"乔治小姐"。

54.（左上图）1807 年元旦，拿破仑遇见波兰伯爵夫人玛丽·措隆纳 - 瓦莱夫斯卡，当时她 20 岁，嫁给了 72 岁的波兰地主。拿破仑有 22 个情妇，瓦莱夫斯卡成了最得宠的一位。1814 年和 1815 年，她分别来厄尔巴岛和枫丹白露宫探望他。

55.（中图）拿破仑的私生子亚历山大·瓦莱夫斯卡伯爵，他在拿破仑三世执政时期担任外交部长和立法院议长。

56.（右上图）1806 年，拿破仑把 17 岁的埃莱奥诺尔·德努埃勒·德·拉普莱涅收为情妇，她是个"美人，瞳色黝黑，发色深棕"。拿破仑和埃莱奥诺尔生下私生子莱昂伯爵。莱昂长得特别像皇帝，以至于在其后来的人生中，街上的人们经常盯着他看。

57.（左下图）女演员安妮·伊波利特·布泰·萨尔韦塔，艺名为"火星小姐"。1815 年，她用紫罗兰向拿破仑致敬，象征春天时他返回巴黎。

58.（右下图）拿破仑在圣赫勒拿岛找的最后一个情妇阿尔比娜·德·蒙托隆。她把一个女儿取名为约瑟芬 - 拿破仑，这个孩子可能是他的。

59.（左图）塞夫勒制造厂生产的长瓷瓶，属于拿破仑的母亲。瓶上是大卫的名作，描绘的是 1800 年拿破仑跨越大圣伯纳德山口。

60.（右上图）立法院的皇帝御座，1805 年。

61.（右下图）体现了君权的金制船形调味碟，它叫舟碟（Nefs）。亨利·奥古斯特（Henry Auguste）为 1804 年的拿破仑加冕礼制作了这只舟碟，碟盖上印有他的个人徽记蜜蜂。舟碟上展示的其他象征物代表名望、正义与慎重，以及塞纳河、马恩河、埃及（棕榈树）、法国（小公鸡）、胜利（月桂树叶）、查理曼的王冠，以及巴黎的 12 个区。

62.（上图）旺多姆柱。它建于 1803 ~ 1810 年，其柱顶立着拿破仑的雕像，其基座则称赞"拿破仑大帝"。1870 年巴黎公社起义时，旺多姆柱被毁。

63.（下图）布龙尼亚公馆（Palais Brongniart）是拿破仑热衷于古典建筑的典型例子，巴黎证券交易所位于此地的时间将近两百年。

*Grande hazaña! Con muertos!*

64.（左上图）1803 ~ 1813 年，克洛德 - 弗朗索瓦·德·梅纳瓦尔担任拿破仑的忠实秘书。

65.（右上图）阿加顿·费恩男爵接替了梅纳瓦尔，并且也像他一样崇拜自己的上司。梅纳瓦尔和费恩都提供了表现皇帝工作时的样子的私人肖像。

66.（下图）弗朗西斯科·戈雅描绘半岛战局的《战争之灾》的插图。在此战局中，人们发明了游击战，双方都实施骇人的暴行。

67. 1809 年 7 月，瓦格拉姆会战第一日与第二日之间的晚上，拿破仑在营地。贝尔蒂埃元帅在火堆后的桌边忙活，拿破仑的警卫马穆鲁克鲁斯塔姆则躺在此图前景处。

68.（上图）1805 年奥斯特利茨会战后奥地利皇帝弗朗茨（左）、约翰·利希滕施泰因
亲王（中）与拿破仑的会面。五年后，弗朗茨成了拿破仑的岳父。

69.（左下图）奥地利驻法大使、外交大臣克莱门斯·冯·梅特涅亲王，他最后成了首相。
梅特涅是狡猾的外交官，完美地把握了奥地利最终倒向拿破仑敌对面的动机。

70.（右下图）卡尔·冯·施瓦岑贝格亲王，他让兵力远超法军的军队实施谨慎机动，这
是拿破仑在 1813 年战败的关键因素。

71. （上图）玛丽·路易丝皇后，弗朗索瓦·热拉尔作。创作此图的那一年，玛丽·路易丝成了拿破仑的第二任妻子。当时，她才 18 岁，而他已经 40 岁，但他们的婚姻起初非常成功。

72. （左下图）拿破仑溺爱他和玛丽·路易丝的儿子罗马王（未来的赖希施塔特公爵）。罗马王 21 岁时死于肺结核。

73. （右下图）时髦的独眼奥军将领亚当·冯·奈佩格。1813 年，拿破仑在战场上击败奈佩格，但次年皇帝第一次退位后，奈佩格成了玛丽·路易丝的情夫。

74.（右图）卡尔·韦尔内协助设计了法军的军旗，正如他绘制的此图一般，大军团常有华丽制服。拿破仑的军队入侵俄国时就穿着这类制服。

75.（下图）1812 年 9 月，法军刚占领莫斯科，俄国人就在城中放火，超过三分之二的城市遭焚毁。

76.（上图）从莫斯科撤退途中，拿破仑（中间偏左）在取暖。"渡过涅曼河的雄壮大军几乎认不出自己了。"此图作者法布尔·迪福尔（Faber du Faur）如此写道。

77.（下图）1812 年 11 月下旬，拿破仑的军队奇迹般逃生——在两座栈桥上穿过结冰的别列津纳河。

78.（左上图）夏尔 - 莫里斯·德·塔列朗，四任法国外交部长。拿破仑封塔列朗为亲王，但是 1807 年，此人密谋反对他。两年后，皇帝叫塔列朗"丝袜裹着的一泡屎"。

79.（右上图）约瑟夫·富歇，警务部长。从雅各宾派到波旁王朝，富歇侍奉了所有政权，成功地永远站在赢家一边。

80.（左下图）夏尔 - 让·贝纳多特元帅，拿破仑允许他成为瑞典王储。1812 年大军团遭受致命打击后，贝纳多特随即反对拿破仑。

81.（右下图）奥古斯特·德·马尔蒙。他是拿破仑交情最久的朋友，被拿破仑封为元帅，1814 年 3 月，马尔蒙把巴黎献给联军，背叛了拿破仑。

82. （上图）1814 年 4 月，皇帝即将流放厄尔巴岛。临行前，他在枫丹白露宫告别老近卫军，这是拿破仑史诗中最动人的时刻之一。

83. （下图）1815 年 6 月 18 日，如英国漫画家乔治·克鲁克香克所绘一般，拿破仑逃离滑铁卢战场。

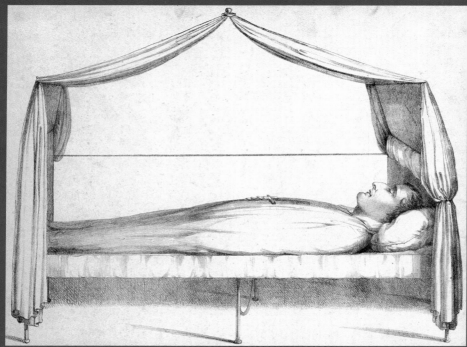

84.（左上图）圣赫勒拿岛上的长林，拿破仑（门口处）在此住了五年半。

85.（右上图）圣赫勒拿岛上的拿破仑，肥胖且秃顶。

86.（下图）在长林客厅，刚刚去世的拿破仑躺在其铁行军床上。草图作者是一名皇家海军指挥官。

# 第二十五章　大撤退

败给绝望多于败给流血。

　　　　　　——据说出自拿破仑

撤退总是比最血腥的行动更折损人员与物资。

　　　　　　——拿破仑军事箴言第 6 条

　　博罗季诺会战结束了，次日下午，拿破仑造访战场。"整排整排的俄军各团躺着，这些人身下的土地浸透了自己的鲜血，表明他们死也不退一步，"博塞回忆道，"在这令人悲伤的地方，为了确认敌人投入的军的特征与位置……拿破仑尽可能地收集信息，甚至按序观察敌军士兵的制服上有多少枚扣子，但他最关心伤员护理问题。"[1]皇帝的坐骑踩中一名垂死的俄军战士，他的反应则是"慷慨地给予这个可怜的家伙人道关怀"。一名参谋官指出，这个士兵"只是个俄国人"，拿破仑立刻反驳道，"胜仗后没有敌人，只有人"。[2]

　　麦克唐纳在北，施瓦岑贝格在南，照皇帝的盘算，夺取莫斯科或可缓解他们两人的压力。9 月 10 日，拿破仑致信施瓦岑贝格："敌人的心脏既已受创，他就只能集中精力关注心脏，不会考虑四肢。"[3]缪拉开始追赶撤退的俄军，他占领莫扎伊斯克（Mozhaisk），俘虏了 1 万名俄军伤员。法军主力休息了两天，在

11 日继续前进。此时事态已然明朗——俄军不会在莫斯科城下
打另一场大会战。库图佐夫决定献城，并说："拿破仑是激流，
但莫斯科这块海绵会吸干他。"⁴14 日早上，俄军径直穿过莫斯
科。军队显然已放弃该城，于是全体居民几乎都离家外逃。只
要侵略者能用得上某个带不走的东西，他们就隐藏或摧毁它。
莫斯科市民有 25 万人，仅有 1.5 万人留下，其中很多人并非俄
国人，不过附近乡村里的确有人入城抢劫。⁵9 月 13 日，莫斯科
大学校长与法籍莫斯科居民的代表拜访拿破仑司令部。他们告
诉他，莫斯科已是空城，所以不会有人代表显贵送来传统礼物
面包和盐，或交出钥匙。⁶与之相反，一个大胆的老农悄悄走来，
提出带皇帝参观城中的主要名胜，后者婉拒了这个机会。⁷

站在救赎山（Salvation Hills）上的士兵看到城市就在眼前，
他们高呼"莫斯科！莫斯科！"，重振精力，向山下行军。"莫斯
科有副东方外观，或者这么说，有副迷人外观，"维斯瓦兵团上
尉海因里希·冯·勃兰特（Heinrich von Brandt）回忆道，"城
中五百个穹顶或是镀金，或是涂了最花哨的色彩，零零星星地
耸立于名副其实的屋宇海洋。"⁸拿破仑的话更平淡："总算到了
那座名城，是时候了！"⁹缪拉与俄军后卫达成休战协议，占领莫
斯科。皇帝既考虑了补给和安全问题，也不想让大军团大规模
洗劫城市，所以他只让帝国近卫军和意大利王国近卫在城中宿
营。其他士兵仍待在城外郊野，但他们很快便去郊区抢劫。

15 日（周二）上午，拿破仑进入莫斯科。克里姆林宫的
地雷刚清理干净，他就住了进去，早早就寝。①"这座城市和

---

① 克里姆林宫中，数不清的时钟仍在滴答作响，但酒窖里的部分葡萄酒的
确被俄国人掺了酸，导致蒂雷纳伯爵的贴身男仆的嘴唇"严重烧伤"。
Merridale, *Red Fortress*, p. 212；Bausset, *Private Memoirs*, p. 328.

巴黎一样大，"拿破仑致信玛丽·路易丝，"提供了一切。"[10]塞居尔回忆道，"拿破仑看到宫殿后重燃先前希望"，可是当日黄昏，城中各地同时起火。二分点时的东北风势头强劲，而莫斯科总督费奥多尔·罗斯托普钦（Fyodor Rostopchin）离城前挪走或销毁了所有消防车，并凿沉了消防舰队，因此火势无法控制。[11]罗斯托普钦在莫斯科城外的沃罗诺沃（Voronovo）有一处宅邸，他在那儿贴了致法国人的告示："我宁肯烧了自己的房子，也不想见它被你们玷污。"[12]（罗斯托普钦下令焚烧莫斯科，他释放了一些囚犯，这些人便制造了最初的部分火灾。后来，人们纪念罗斯托普钦的决策，但终其一生，他一直否认此事，这令其亲朋迷惑不解。[13]）当晚的火焰特别明亮，以至于在克里姆林宫中，不点灯都能阅读。

611

　　法军踏入莫斯科，开始彻查城市，紧接着他们就得努力拯救该城，以免它被自己的居民毁灭。法军不清楚莫斯科的地理环境，也无灭火装备，所以他们不能胜任这项任务。法军枪决了约 400 名纵火犯，但莫斯科的 9000 座主要建筑中，6500 座不是被焚就是被毁。[14]据拿破仑回忆，很多士兵"竭力在火中抢劫"，结果葬身火海。[15]法军走后，莫斯科居民清理城市，他们找到了近 12000 人与 12500 多匹马的焦尸。[16]

　　拿破仑的铁行军床放在克里姆林宫枝形吊灯下。9 月 16 日凌晨 4 点，皇帝在床上睡得正熟，这时他被叫醒了，得知城中失火。"多么壮丽的奇观！"他在窗边（窗格玻璃已经热得烫手）观看大火，高喊道，"他们自己干的！这么多地方！多么非凡的决心！什么人！这些的确是锡西厄人！"[17]（他照例回顾古代寻找比喻，这回他指的是希罗多德提过的波斯部落。这些人离开伊朗故土，去中欧干草原作战，他们因冷酷无情名声而在外。）卫兵不够称职，允许一个火炮运输队（包括火药马车）在克里姆林宫中拿破仑下榻处的窗下列队，所以他没被火舌吞没当属幸运。着火的木屑飞来飞去，塞居尔指出，要是有一块落在这儿，"军中精锐和皇帝就毁了"。[18]当日大部分时间，拿破仑把士兵组织成消防部队，令人拆除火灾蔓延路线上的房屋，还审问了两位纵火犯。贝尔蒂埃、缪拉、欧仁力劝他离开莫斯科，下午 5 点 30 分，大火烧到克里姆林宫军火库，他便听从了他们的劝告。塞居尔回忆道："我们已然只能呼吸烟尘。"[19]皇帝一行前往位于城外 6 英里处的皇宫彼得罗夫斯基宫（Petrovsky Palace），这段长达两小时的旅程危机四伏。马匹怕火，所以他们有时得步行。此时，烈焰与残骸已封锁克里姆林宫的前门，拿破仑便从河上岩石中的秘密后门脱身。[20]"他绕了很多路，"老将方坦·德·奥多阿尔（Fantin des Odoards）回忆道，"然后脱险。"[21]皇室审计官纪尧姆·佩吕斯（Guillaume Peyrusse）也被带离该地，他告诉哥哥："我们坐在马车里，要被蒸熟了……马不想前进。我最担心宝库。"[22]宝物逃过一劫，不久后还增加了，因为法军在宝库里建了一座锻造间，熔掉 11700 磅黄金和 648 磅白银，其中很多金银来自宫殿和教堂。[23]

两年后，拿破仑讨论俄国战局时承认道："（我）到莫斯科时，（我）以为事情结束了。"[24]他声称，莫斯科储备充裕，自己本可在那儿度过整个冬天，但它起火了。"我无法预料这一点，因为我相信它是史无先例的事，可上帝啊，必须承认那体现了惊人的人格力量。"[25]城市未被焚毁的部分足以充当冬营，法军也在那儿的私人地窖中找到一些补给，但莫斯科远远不能让 10 多万人的军队度过长达半年的冬季。马匹饲料不够，法军得用桃花心木家具和镀金窗框生营火，士兵很快就能靠腐烂的马肉为生。[26]回头看的话，我们发现烧光整座城市对法军更好，因为那可迫使他们立刻撤退。

从横渡涅曼河到进入莫斯科的这八十二天中，大军团的核心打击力量已经减少到不足初始规模的一半。据拿破仑当时得到的数据，博罗季诺会战结束时，他已损失 92390 人。[27]然而，他却不像选择受限的人一样行事。皇帝在美丽的彼得罗夫斯基宫待了两天，其间他考虑了某种策略：实施循环调动，差不多立马撤至西德维纳河下游，与此同时派出欧仁军，营造法军正进军圣彼得堡的表象。[28]拿破仑对费恩说，他认为自己可在 10 月中旬到达里加和斯摩棱斯克之间。他开始查看地图、起草命令，可是只有欧仁支持这个主意。其他高级军官的态度都显"勉强"，他们辩称军队需要休息，而且去北方是"找冬天，就好像它来得还不够快！"这些人催促拿破仑向亚历山大求和。[29]军医需要更多时间看护伤员，他们争辩道，莫斯科灰烬下仍有资源。[30]拿破仑对建议者说："别以为烧了莫斯科的人几天后会媾和。我见你们心怀希望，要是该为放火决策负责的家伙现已控制亚历山大的内阁，你们的那些愿望都是泡影。"[31]

亚历山大的宫廷位于圣彼得堡，该地距莫斯科近 400 英里。也有人提出向那儿进军的计划，但贝尔蒂埃和贝西埃马上让拿破仑确信这不可行，理由是从后勤角度看，"他没有时间、补给、道路，也没有完成如此庞大的远征的任何一个必要条件"。[32]他们转而探讨向南行军近 100 英里、到达俄军的谷仓卡卢加（Kaluga）和军火库图拉（Tula），抑或退往斯摩棱斯克。9 月 18 日，拿破仑最终选择返回没被烧掉的克里姆林宫，

613

他打算等一阵子，看亚历山大是否愿意结束战争。事实证明，此举乃下下之策。"我最多只应该在莫斯科待两周，"拿破仑后来说，"但我每天都被骗。"[33]此言不实。亚历山大没有骗拿破仑相信他有意媾和，他仅仅是积极或消极地拒绝回复。拿破仑也没自欺，莫斯科大火后，他确信和平无望，哪怕他愿意接受的媾和条件很可能少到只需让俄国重返大陆体系。[34]他之所以在莫斯科待了那么久，是因为他觉得有充足时间率军返回斯摩棱斯克的冬营，而且他更想靠敌人的资源过活。

9 月 18 日，拿破仑向无家可归的莫斯科居民分发抢来的 5 万卢布。他还探望一家孤儿院，消除他要吃掉当地居民的普遍谣言。[35]"莫斯科曾是一座非常美丽的城市，"他致信马雷，并使用过去时，"俄国得花两百年才能挽回它遭受的损失。"[36]20 日，秋雨终于浇灭了火焰，此时有些地方已经烧了六天。当日，拿破仑给亚历山大写了封信。俄国驻卡塞勒（Cassel）公使的弟弟将信送交沙皇。在法军于莫斯科抓获的俄国俘虏中，此人地位最尊贵，可见贵族的撤离行动多么彻底。这封信的开头写道：

> 若陛下先前对我的感情尚有些许残痕，您将欣然接受此信……壮丽名城莫斯科不复存在，罗斯托普钦焚毁了它……行政系统、地方法官和国民卫队都应保留，我曾两度在威尼斯、柏林和马德里这么做……我与陛下开战时并无敌意。最后一场会战之前或之后，您的一封信就能让我停止进军，我甚至乐意牺牲进入莫斯科的益处。[37]

614

沙皇收信后迅速召来英国大使卡思卡特（Cathcart）勋爵，并对他说，20 场莫斯科大火一样的灾难也不能诱使自己放弃抵抗。[38]拿破仑在信中列出的城市（他还可以多列些）证明，他从经验中得知，攻占敌人首都并不能让对方投降，而莫斯科甚至不是俄国的政治首都。拿破仑在马伦戈、奥斯特利茨和弗里德兰消灭敌军主力后才取胜，但这回，他未能在博罗季诺歼灭俄军主力。

皇帝一边等待亚历山大的答复，一边为莫斯科的士兵组织娱乐活动，好让他们的生活尽量轻松点，不过他有时也划定界限。"尽管有反复警告，"一份命令称，"士兵们仍然在庭院里，甚至在皇帝本人的窗户下解手。兹令每个部队惩罚违令者挖公厕……营房角落将放置便桶，两日清理一次。"[39]在克里姆林宫，拿破仑精简军中各单位、考虑它们的损失，并检阅各部队、收受关于其状态的详细报告。他由此得知，援军来后他还有 10 万多名有生力量。与此同时，法军在博罗季诺战场上收集加农炮炮弹，用大车将它们运至莫斯科。[40]拿破仑喜欢摆出总是勤勉操劳的样子。他的门房安热尔（Angel）后来透露，自己奉命每晚在他的窗前放两支蜡烛。"这样军队就会惊呼：'看，皇帝白天晚上都不睡。他一直在工作！'"[41]

奥萝尔·比尔赛（Aurore Bursay）夫人的剧团里有 14 名法籍男女演员，他们被俄军和法军打劫了。拿破仑得知剧团困境后便来帮助夫人，要她在波斯尼亚科夫剧院（Posniakov Theatre）表演 11 场，其中大部分演出是喜剧和芭蕾舞剧。[42]他自己没去观剧，但他的确听了莫斯科著名歌手塔尔奎尼奥（Tarquinio）先生唱歌。拿破仑为法兰西喜剧院起草新规章，还决定把伊万大帝钟楼的金十字架迁至荣军院穹顶上。[43]法军取下金十字架后，发现它只是镀金的木十字架。撤退途中，米　615

歇尔·克拉帕雷德（Michel Claparède）将军的波兰师将十字架丢进了别列津纳河。[44]

农奴终身被贵族地主束缚，如果拿破仑打破这种枷锁，他可给俄国统治阶级带来大麻烦。18世纪70年代中期，叶梅利安·普加乔夫（Emelian Pugachev）曾领导激烈的农奴暴动，这次起义在某些方面预示了法国大革命来临，俄国上流社会担心拿破仑将回顾它的理念。[45]他自然令人从克里姆林宫档案馆取来涉及普加乔夫暴动的文件，还向欧仁询问韦利基耶（Velikiye）农民起义的相关信息，"告诉我，我们可用何等命令和宣言激励俄国农民起义，并召集他们？"[46]然而，尽管拿破仑在所有征服地废除封建主义，他却认为俄国农奴既无知又不文明，没有解放他们。[47]这当然无助于让亚历山大同意和谈。

库图佐夫在塔鲁季诺（Tarutino）固守，该地又叫温科沃（Vinkovo），位于纳拉河（the Nara）后方、莫斯科西南方45英里处。10月的第一周，拿破仑派原驻俄大使雅克·德·洛里斯东去见库图佐夫。塞居尔称，拿破仑告别信使时说："我渴望和平，我必须要和平，我绝对会得到和平——只拯救我的荣誉！"[48]库图佐夫不肯授予洛里斯东去圣彼得堡的安全通行权，他说对方的信可由谢尔盖·沃尔孔斯基（Sergei Volkonsky）公爵代交。这封信亦无回音。现阶段，莫斯科郊区的哥萨克突击队导致缪拉每天折损40~50人，而库图佐夫的兵力增加了，此时他麾下兵力为：正规军88300人，正规顿河哥萨克（Don Cossacks）13000人，非正规的哥萨克与巴什基尔（Bashkir）骑兵15000人，622门大炮。拿破仑在莫斯科待了三十五天，与库图佐夫相比，这段时间他的援军只有15000人，而且法军中还有10000人伤重而死或病死。

10 月 6 日，拿破仑致信玛丽·路易丝，称莫斯科"像巴黎一样暖和"。在始自涅曼河的灼人旅程中，士兵扔了冬装，因为莫斯科天气不错，此事看来不太重要，不过他们马上就需要鞋子、靴子与马匹，而皇帝担心买不到这些东西。[49] 当日，他给玛丽·路易丝写了第二封信，要她劝父亲支援施瓦岑贝格军，"以便为他增光"。[50] 拿破仑不会知道，梅特涅已对沙皇秘密承诺道，奥地利绝不会做这种事。大约在这时候，施瓦岑贝格开始采取可疑的独立行动，尽力避免与俄军战斗。"现在，"9 月中旬，拿破仑承认当年的其他外交失策，对费恩说，"贝纳多特本该在圣彼得堡，土耳其人本该在克里米亚。"[51]

616

拿破仑收集了关于俄国冬季的所有可得历书与图表，他从中获知，11 月时才能指望气温降到零度以下。"在那件事上，没有一条信息、没有一次计算被忽视，所有可能性都令人安心，"费恩回忆道，"俄国通常只在 12 月和 1 月经受严酷凛冬。11 月的温度不会比 6℃ 低很多。"[52] 之前二十年的冬季观察记录证明，11 月中旬，莫斯科河才结冰，拿破仑遂认为他有充足时间返回斯摩棱斯克。他的军队只用了不足三周的时间便从斯摩棱斯克到达莫斯科，其间他们还在博罗季诺待了三天。[53]

拿破仑在莫斯科阅读伏尔泰的《卡尔十二世史》，此书称俄国冬季严寒，以至于空中飞鸟会冻住，如中枪一般坠下。[54] 皇帝也读了三卷本《卡尔十二世军事史》，该书系卡尔国王的侍从古斯塔夫斯·阿德勒费尔德（Gustavus Adlerfeld）所著，于 1741 年出版。[55]《卡尔十二世军事史》以波尔塔瓦的灾难作结，阿德勒费尔德认为，瑞典国王败给了顽抗的俄军和"深入骨髓"的冬季严寒。第三卷某段写道："在这些行军中，有一回冻死了 2000 人。"另一段则称，瑞典士兵"沦落到奋力用兽皮暖和身子，他们常常连面包都缺。因为没有马匹拉炮，他们只好把几乎所有加农炮沉入沼泽与河流。昔日的浩大雄师如今……即将饿死"。[56]阿德勒费尔德写道，夜晚"极其寒冷，很多人死于异常凛冽的天气，更有无数人的四肢、脚和手冻得僵死"。若无别的渠道，拿破仑也能从此书中深刻领会到俄国的冬季有多严寒。10 月 18 日，军队终于离开莫斯科，这时他对部下们说："抓紧了，我们得在二十天内进入冬营。"[57]十七天后，天降第一场大雪，所以他只耽误了三日。后来他没有执行原计划，被迫改走另一条远路去斯摩棱斯克，此举仅仅出于军事考虑，并不能说明他不关心天气。

617　　　13 日时，第一波雪花飘落。此时马匹饲料的情况已变得危急。队伍早上离开莫斯科，天黑前很难回来，他们的马累得筋疲力尽。[58]亚历山大不回话，而冬天显然即将到来。10 月 13 日，拿破仑终于下令五天后撤离。17 日，洛里斯东返回莫斯科，他告诉皇帝，库图佐夫拒绝缔结停火协议，这件事支持了撤军决策。大军团现在有 107000 名士兵、数千平民、3000 名俄军战俘、550 门加农炮、40000 多辆车，这些车满载此前一个多月的劫掠成果（比起食物，人们更想带上它们）。18 日，大军团开始撤出莫斯科，这时库图佐夫对塔鲁季诺发动出色的奇袭，导致缪拉麾下有 2000 人死伤、1500 人被俘、36 门大炮被缴。[59]

　　　1812 年 10 月 19 日中午，阳光明媚，拿破仑本人离开莫斯科。他选了南路，它通往西南方 110 英里处的卡卢加〔他昵称它为"卡利古拉"（Caligula）①，就像他叫格洛高为"古

――――――――――
①　罗马皇帝。――译者注

尔戈"一般]。[60]拿破仑留下了去图拉的选项，他希望摧毁那儿的俄军兵工厂、到达肥沃的乌克兰，并调来斯摩棱斯克的援军，或是在必要时北上，返回斯摩棱斯克和立陶宛。不管采取哪种方式，他都能把撤离莫斯科之举变成纯战略撤退，即打击亚历山大的战局的下一阶段。然而，衰弱笨重的大军速度太慢，不能完成现在他所急需实施的行动。10月21日晚，天降大雨，地面变得泥泞，这让法军动作更慢。两天后，库图佐夫方知拿破仑已撤军，可大军团排成长达60英里的纵队，跌跌撞撞地前进，所以他此时才察觉也无甚要紧。库图佐夫派出多赫图罗夫（Dokhturov）将军的第六军去小雅罗斯拉韦茨（Maloyaroslavets）阻截拿破仑。23日，多赫图罗夫到达目的地。次日，他径直撞上亚历克西斯·德尔宗（Alexis Delzons）将军指挥的欧仁前卫。

　　拿破仑命令莫尔捷炸毁克里姆林宫，人们指责他实施科西嘉式复仇，但此举实为保留选择权。他对拉里布瓦西埃将军说，"我可能返回莫斯科"，而且他认为，如果莫斯科没有牢固的防御工事，再次占领它会容易些。[61]莫尔捷在克里姆林宫拱门下堆放了180吨炸药，20日下午1点30分，拿破仑在25英里之外听到爆炸声。他在公报中吹嘘道："与（罗曼诺夫）王朝同时崛起的古老城堡、沙皇宫殿克里姆林宫已不复存在。"可事实上，克里姆林宫保存了下来，法军毁掉的只有军火库、一座塔楼、尼科利斯基门（Nikolsky Gate），此外还有伊万大帝钟楼受损。[62]拿破仑也催促莫尔捷把所有伤员带出莫斯科，他引用古典先例，说："罗马人授予拯救平民者公民荣誉冠，特雷维索公爵应得此冠，只要他拯救士兵……他和部下们应当把马让给他们骑，皇帝在阿克就是这么做的。"[63]莫尔捷

618

尽可能带走所有伤员，但他不得不在弃婴堂留下 4000 人。出发前夕，拿破仑以纵火罪为由枪毙了 10 名俄军战俘。[64]这次枪决很难算得上雅法事件，但它是无法解释的冷酷行径，也不大可能改善他被迫抛下的法军伤兵的命运。

10 月 24 日，小雅罗斯拉韦茨会战在俯瞰卢扎河（the Luzha）的地方打响。此战是俄国战局中规模第三大的战斗，其影响远远超出直接战果。法军最终攻占城镇，库图佐夫退至卡卢加路，但是小雅罗斯拉韦茨之战极其激烈（当日对战中，镇子九度易手），战斗就要结束时拿破仑才到场，惨烈的战况令他确信俄军会在南路上奋力拼杀。（"杀死俄国佬还不够，"大军团中流传一句赞赏俄军的话，"你还得推倒他。"）皇帝的公报称，法军赢了小雅罗斯拉韦茨会战，尖刻批评者、制图师欧仁·拉博姆（Eugène Labaume）上尉却回忆道，当时有人说："再来两场这种'胜利'，拿破仑就成光杆司令了。"[65]战斗中，小雅罗斯拉韦茨被焚毁，只有石砌修道院及其门上的弹孔保存至今，但皇帝看见阵地上堆满了焚烧过的尸体，因此他能知道俄军曾多么顽强地战斗。

戈罗德尼亚村（Gorodnya）位于莫斯科西南方约 60 英里处，拿破仑在该村的桥边织工小屋内设立司令部。晚上 11 点，贝西埃到达司令部，他对皇帝说，自己认为库图佐夫设在道路前方的阵地"固若金汤"。次日凌晨 4 点，拿破仑出门，试图亲眼看看情况（在沟谷另一边的小山上，人最多只能看到城镇），结果差点被大群鞑靼人（Tartars）组成的乌兰枪骑兵（uhlans，系轻骑兵）俘房。鞑靼人离他只有 40 步不到，高喊"抢劫！抢劫！"200 名近卫骑兵赶走了他们。[66]拿破仑后来和缪拉笑谈这次侥幸脱险，但从此以后，他把一小瓶毒药挂在脖子上，以防万一被俘。"事态正在恶化，"25 日，离破晓还有一小时的时候，他对科兰古说："我次次击败俄军，但还是没完没了。"[67]（此言不太对，缪拉曾在塔鲁季诺大败，尽管拿破仑本人不在场。）619

费恩说，拿破仑被小雅罗斯拉韦茨的大量伤员"震住了"，他们的命运触动了他。此战中，德尔宗等 8 位将军非死即伤。[68]继续沿卡卢加路南下几乎必将引发又一场伤亡惨重的战斗，相反，若法军向北撤退，去往上个月走过的莫斯科 – 斯摩棱斯克公路上的补给站，他们便可回避这一必然事件。法军还可选择第三条路线，这条路穿过梅登（Medyn）和叶利尼亚（Yelnya），来自法国的增援部队在那儿等待他们，这批援军有一个师的生力军。（11 月 6 日，拿破仑写到叶利尼亚："据说该地区风景秀丽，补给充足。"[69]）地图未指明第三条路线路况，但若法军选了这条路，或许他们能在第一场大雪前到斯摩棱斯克。货运马车、大车、战俘、随营人员、战利品现在成了大军团的巨大尾巴，这是不是拿破仑的考虑因素？文献记录不曾提及这一点。另一件事倒是真的影响了拿破仑的思绪：如果去叶利尼亚，库图佐夫的 9 万人可以一路跟踪他的左翼，此外，一支沿道路延伸 60 英里的军队将有不少薄弱点。在乡间瞎转是军需官的梦魇，这比经莫扎伊斯克返程更危险，至少他知道那儿有食品站。然而冬天将要来临，去莫扎伊斯克的话，行程会长很多，实际上，那等于循着长达数百英里的急转弯向正北方行军。

拿破仑通常不开军事会议。对抗普军与俄军的整个1806～1807 年战局中，他没开过一次会，但他现在召人议事了。司令部所在地织工小屋只有一个房间,靠单单一张帆布床单分为皇帝的卧室与书房。10 月 25 日(周日)晚,这座小屋接待了一群元帅和将军,拿破仑做出关键决策前听取了他们的意见。"在这间卑微工人的破旧住宅内,"他的一位副官后来写道,"有一个皇帝、两个国王、三个将军。"[70] 拿破仑说,小雅罗斯拉韦茨的胜利代价高昂,没有弥补缪拉的塔鲁季诺之败,他想南下,向卡卢加以及横跨道路两侧的俄军主力出击。缪拉因为打了大败仗而闷闷不乐,他同意皇帝的看法,力主马上进攻卡卢加。达武支持走另一条路,即经过梅登的南路。该路当时尚无防备,法军可穿过乌克兰北部和第聂伯河畔未受损的肥沃土地,若一切顺利,此后他们能在斯摩棱斯克重返主干道,甩开库图佐夫好几天的行军里程。"铁元帅"的担心如下:大军团尚未赢取决定性会战,若跟随库图佐夫沿卡卢加路南下,那么最东边还没下雪时,他们就愈发深入俄国境内了;反之,若让全军转向,改去莫扎伊斯克–斯摩棱斯克公路,军中就会出现延迟、拥堵和补给问题。

"目标是斯摩棱斯克,"塞居尔记载道,"他们该向哪行军呢,卡卢加,梅登,还是莫扎伊斯克?在场人士必定面露苦色。拿破仑坐在桌边,他用双手枕着头,遮住脸和苦闷的情绪。"[71] 会上,大部分人认为,部分军队以及不在小雅罗斯拉韦茨的大量火炮已屯于通往莫扎伊斯克的博罗夫斯克(Borovsk),所以博罗夫斯克–莫扎伊斯克–斯摩棱斯克线路最理想。他们指出,"炮兵和骑兵已筋疲力尽,事实将证明,若改变方向(转而追踪库图佐夫),士兵会非常累,我们领先俄军的距离也会完全丧失"。他们辩称道,假如库图佐夫"不想在小雅罗斯拉韦茨这种绝佳阵地立足并开打",他也不大可能在 60 英里之外的地方开战。欧仁、贝尔蒂埃、科兰古和贝西埃持这种观点。达武提议进军梅登，缪拉狠批这一计划，因为法军侧翼将暴露在敌军面前。两位元帅长期不和，这一争执导致他俩激烈争吵。"好吧，先生们。"当晚，拿破仑总结会议时说，"我来决定。"[72]

拿破仑选择从北路返回斯摩棱斯克。对他的统治来说，这也许是最为致命的单独的一项决策。他的现存文件中，只有给贝尔蒂埃的一封信解释了这一决定。拿破仑在信中叫贝尔蒂埃致信朱诺，向他转告俄军情况。"26 日，我们去进攻他们，可对方在撤退。（达武）去追他们了，但是天气寒冷，我们又需要让随军伤员下车，皇帝遂决定去莫扎伊斯克，从那儿退往维亚济马。"[73]然而此言毫无意义。如果敌军正撤退，现在就是攻击他们的理想时机；北方多半会冷得多；伤员的需求从来不曾左右战略。多年后，古尔戈批评缪拉和贝尔蒂埃，设法把大军选错路线一事算到他们头上，拿破仑便纠正他道："不，我是统帅，这是我的错。"[74]他像莎士比亚笔下的悲剧英雄一样，明明有其他路可走，偏偏选了灭亡之路。塞居尔日后称，小雅罗斯拉韦茨是"征服世界之途的终点，在这片命定的战场上，20 场胜利随风而逝，我们的伟大帝国开始土崩瓦解"。俄国人更直接，但其准确性不输塞居尔的。他们在战场上竖起一块小纪念碑，上面仅仅写道："进犯之终，敌亡之始。"

621

库图佐夫察觉拿破仑正在撤退，他立刻调转军队，采用"并行战略"，以便将对方赶出俄国。"并行战略"的内容如下：库图佐夫随法军一同行军，瞧见弱点便进攻，但不给拿破仑机会实施决定性反击。拿破仑曾从阿克和阿斯佩恩－埃斯灵撤军，但那两次的情况和他眼下的处境连像都不像，何况 10 月下旬时温度骤跌至零下 4℃。拉博姆在其回忆录《1812 年之罪》中记载，后卫炸毁自己的弹药马车，于是不断传来爆炸声响，"声音远远震荡，如雷霆咆哮"。可以拉弹药马车的马死了，其中一些死于食用了从村舍茅草屋顶上扯下的不洁稻草。法军抵达乌瓦罗斯科耶（Ouvaroskoe）时，拉博姆看见了"大量士兵和农民的尸体、被割喉的婴儿、被杀害的迷人少女"。[75]拉博姆和凶手同处一军，所以他没理由编造这些暴行。纪律一崩溃，法军就开始施暴了。

到达莫斯科后，有士兵开始留面包，现在他们则"躲到一边，悄悄吃掉面包"。[76]10 月 29～30 日，军队拖着沉重的步伐（已然算不上行军）经过博罗季诺战场，那儿堆满"饥饿的狗与猛禽啃过的骨头"。大军找到一名折了双腿的法军士兵，两个月来，此人靠药草、植物根以及从尸体上搞来的一点面包为生，晚上他就睡在剖了内脏的马腹里。拿破仑下令让所有幸存者坐上大车，但没过多久，士兵们就粗鲁地推下了一些人。[77]10 月下旬，就连将军也只能吃死马肉了。[78]11 月 3 日，俄军试图包围达武、奈伊、欧仁、波尼亚托夫斯基（他受了伤）回头救援，在维亚济马挫败敌人的计划。此战中，3000 名法军士兵被俘，这个大得离谱的数字表明大军团士气接近崩溃。

11 月 4 日，第一场大雪来临，而混乱的法军正从维亚济马撤退。"比起饥饿，很多人明显更苦于极寒，他们丢掉装备，"拉博姆回忆道，"躺在自己点燃的大火堆边，但是该出发时，这些可怜的、不幸的家伙没劲站起来了，他们宁愿落入敌手也不想继续行军。"[79]那样做也需要勇气，因为流言表明，农民和哥萨克对待法军战俘的做法往往同土耳其人、卡拉布里亚人、西班牙人的相当，包括活活剥皮。（哥萨克卖战俘给农民，一个人卖 2 卢布。）最幸运的人只是被剥光衣服，赤条条躺在雪地里，但酷刑则是家常便饭（所以撤退途中，法军中出现很高的自杀率）。[80] 就算成群法军士兵设法向俄军正规军投降，他们的下场也近似于被判死刑。某队法军战俘有 3400 人，其中仅 400 人幸存；另一支队伍有 800 人，其中仅 16 人幸存。农民抓住 50 名法军士兵，将他们活埋进坑里，"一个少年鼓手勇敢地率领忠诚的人，跳进坟墓"。[81] 偶尔也有博爱无私的故事。举个例子，拉博姆曾记载，一名法军士兵在墓地里发现一个俄国妇女，她刚刚分娩，饥肠辘辘，他便把食物分给她。可是总的来说，撤退现在令人想起希罗尼穆斯·博施（Hieronymus Bosch）笔下的哈得斯。[82]

11 月 5 日，奈伊接过后卫指挥权。这时，降雪覆盖了路标并让路面结冰。除了波兰人和近卫军的部分团，没几个人想过给马匹钉上耐冰马掌，结果很多马滑倒或摔倒。11 月第二周，"大军全无士气和军队组织。士兵不听军官的话了，军官不在乎将军了。七零八落的团尽全力行军。他们搜寻食物，散布于平原，烧掉或抢走路上所有东西……他们饿得难受，一见马匹倒地就冲上去，像饿狼一样争抢肉块"。[83] 与此同时，脚趾、手指、鼻子、耳朵、性器官因为冻伤而坏死。[84] "士兵们倒下，"卡斯特拉内回忆意大利王国近卫时道，"一点血涌上他们的嘴唇，然后一切就完了。战友们看到这种濒死征兆后，往往不等他们彻底气绝就上去推一把。这些人把垂死者扔在地上，并拿走他们的衣服。"[85]

11 月 6 日，拿破仑在多罗戈布日收到康巴塞雷斯的信，此信内含的消息非同小可：两周前，克洛德－弗朗索瓦·德·马莱（Claude-François de Malet）将军企图在巴黎发动政变。马莱伪造文件，称拿破仑死在莫斯科城下。他还炮制假元老院令，任命莫罗将军为临时总统。[86]马莱的同谋不到 20 人，10 月 23 日凌晨 3 点，他却控制了 1200 名国民自卫军士兵。政变者逮捕警务部长萨瓦里，将他关进拉福斯监狱（La Force prison），警察局长帕基耶则被逐出其警局。[87]巴黎总督于兰将军下颚中弹，子弹未被取出，于是他得了个绰号"食弹者"（Bouffe-la-balle）。[88]塞纳省省长、参政院成员弗朗索瓦·弗罗绍（François Frochot）认可了马莱的故事，完全没有阻止政变，因此他后来被免职。

值得称道的是，康巴塞雷斯似乎保持了冷静头脑。他给圣克卢宫中保护玛丽·路易丝和罗马王的哨兵增派一倍人手，还命令宪兵指挥官蒙塞元帅从附近省份调来军队、释放萨瓦里、恢复帕基耶之职。[89]"上午 9 点，一切都结束了。"拉瓦莱特回忆道，"快乐的巴黎居民一觉醒来，然后听说了这起特别事件，他们便对此事开了一些可以接受的不错玩笑。"[90]拿破仑一点也不觉得好笑。他"死后"，除了康巴塞雷斯，似乎根本没人想到过玛丽·路易丝或他的儿子是法国正统统治者，这令他大怒。"拿破仑二世，"皇帝对费恩吼道，"没人想起他！"[91]前政治犯、忠实的共和党人马莱接受短暂的军事审判，法庭让他供出同党，他回答："谁是我的同伙？要是我得手了，你们都是我的同伙！"10 月 29 日，他和另外 12 人被枪决。[92]拿破仑担心马莱的话是真的。这桩阴谋提醒了他——他刚刚才开创的王朝几乎全靠他一人支撑。

11月7日，温度降至零下30℃，暴风雪似乎一刻不停，撤退也开始慢得像爬行。几天之内，约有5000匹马死亡。士兵呼吸时，气体刚出口就冻成冰柱，他们的嘴唇牢牢粘在一起，鼻孔也冻住了。埃及战局中，军中流行沙漠眼炎，与之相应，军队现在被雪盲折磨。袍泽情谊不复存在：要烤火得付一个金路易；食物和水不再共享；士兵吃马的饲料，驾着马车碾过前方道路上倒下的人。[93] 俄军将领、法国流亡者路易·德·朗热隆（Louis de Langeron）伯爵指挥一个师，他曾看见"一个死人的牙齿深深咬入还在颤抖的马腿"。[94] 11月8日，欧仁警告贝尔蒂埃："这三天的苦难太打击士兵的精神了，我认为他们几乎不可能再努力。很多人死于寒冷或饥饿，其他人眼巴巴盼着被敌人抓走。"[95] 同类相食的例子有很多翔实的记载。库图佐夫的英籍联络官罗伯特·威尔逊（Robert Wilson）爵士发现，假如围着营火的一群法军士兵被俘，"很多战俘便忙于用手剥下战友尸体的衣服，并用这些烧焦的遗体当饭吃"。[96]

德意志籍俄军将领彼得·维特根施泰因从北而来，海军将领帕维尔·奇恰戈夫（Pavel Chichagov）从南而来，两人皆直奔别列津纳河，所以法军可能全军被俘。11月9日，拿破仑到达斯摩棱斯克。鲍里索夫（Borisov）有一座桥横跨别列津纳河，而他尚在鲍里索夫以东近160英里处。库图佐夫位于拿破仑和桥之间，他在克拉斯内布阵拦路，准备开战。两天前，拿破仑就已焦急地给维克托元帅写了封密码信，命令对方立刻从维捷布斯克附近的阵地向南行军：

　　　　这次调动万分重要。几天后，哥萨克就会淹没你的后方。明天，军队和皇帝将到斯摩棱斯克，但他们连续行军120里格，现在非常疲惫。采取攻势，大军能否得救在此一举，每耽搁一天都是一场灾难。马都冻死了，军中骑兵得步行。行军，那是皇帝的命令，也是必要的命令。[97]

冷静顽强的维克托恰好赶到。

拿破仑的军队减至6万人不到，尽管再没人做记录了。因为无马拉炮，士兵钉死很多大炮，然后把它们丢在路边。沃皮河（the Vop）附近方圆3英里内，举目所见只有弹药马车、加农炮、马车、枝形大烛台、古铜器、油画和瓷器。一个好开玩笑的人说，那儿"半是炮场，半是拍卖商的仓库"。另一名士兵回忆道，与此同时，猎犬"发疯般狂吠，它们一怒之下，常常和士兵争抢路上遍布的死马。渡鸦……被尸臭吸引，它们在我们头顶盘旋，如同黑云"。[98]

整支军队花了五天进入斯摩棱斯克，但城中大部分补给第一天就吃光了，所以奈伊的后卫进城后什么也没找到。拉雷的外套上系着支温度计，它的读数为﹣16 ℉（零下26.7℃）。拉雷还指出，因为天气极寒，就连最轻微的伤情也可导致坏疽。[99]11月14～18日这五天中，拿破仑在克拉斯内孤注一掷地战斗。严重减员的欧仁军、达武军、奈伊军力图突破库图佐夫的军队，去往别列津纳河。法军中，约13000人死亡，26000多人被俘，其中包括7位将军。[100]法军在斯摩棱斯克一共钉死112门大炮，俄军又在克拉斯内缴获123门大炮，于是除了骑兵，拿破仑的炮兵几乎也耗尽了。[101]然而，整场会战中，他始终泰然自若，奋力让通往鲍里索夫的路继续保持通畅。库图佐夫的兵力近似于法军的两倍，但他未能施展致命一击。如果库图佐夫在恰当时机部署托尔马索夫的部队，他本能取得成功。俄军也损失惨重。在塔鲁季诺时，库图佐夫有 105000 人，但是克拉斯内会战后，他还剩 60000 人。然而，他依然能实施并行战略。

拿破仑以为奈伊军从克拉斯内返回时全军覆没，博塞记载过这一时期："皇帝得知他的勇敢元帅中最勇敢的一位陷入绝境，悲痛得无法形容。这一天，我多次听他说出一些流露内心极大痛苦的字眼。"[102] 11 月 21 日，奈伊终于在奥尔沙（Orsha，差不多在斯摩棱斯克和鲍里索夫中间）追上主力部队，但他的军只有 800 人幸存，而 6 月时，随奈伊渡过涅曼河的军有 4 万人。"那些回来的，"奈伊声称，"都拿铁丝吊着蛋。"[103] 拿破仑得知奈伊生还，说："我的杜伊勒里宫地窖里有 4 亿多（法郎），我情愿把这些钱全拿去换我忠实的战友。"①[104]

"你们中很多人抛弃军旗，独自前进，这就背叛了你们的职责、荣誉以及大军的安全。"11 月 19 日，拿破仑在奥尔沙发表宣言，"立刻逮捕并惩罚违犯者。"这一次，他的话没多少效果。他正为自传做笔记，当日，他将这些文字付之一炬。关于这本传记，我们就知道这么多。别列津纳河宽 300 英尺，两岸遍布泥沼。曾有"大军团"之尊称的军队如今已是一群武装暴民，11 月 21 日，他们中的第一批队伍到达别列津纳河，发现俄军将领奇恰戈夫已经占据了河流西岸。他已经夺取该段河流上的唯一桥梁鲍里索夫桥，并焚毁了它。维特根施泰因沿河流东岸下行，威胁法军右翼。库图佐夫跟在后面。总而

626

---

① 当然，他的杜伊勒里宫里根本没那么多钱。

言之，约 14.4 万名俄军士兵正拥向法军的 4 万名有生力量
（维克托军、乌迪诺军增援后）以及成千上万的掉队者、随营
人员。朗热隆回忆道，俄军士兵"管不幸掉队者叫'莫斯科
纵火犯'，用滑膛枪枪托砸烂他们的脑袋"。[105]

　　始自莫斯科的撤退进入最危险的阶段，接下来发生的事成
了拿破仑史诗中不可或缺的一部分。拿破仑曾命令埃布莱销毁
舟桥工兵（pontonniers）的六车架桥工具，以便减轻辎重车队
负重，幸运的是，埃布莱没有听令。乌迪诺建议在斯图江卡村
（Studzianka，在白俄罗斯语中意为"非常非常冷"）渡过别列
津纳河，拿破仑同意一试。别列津纳河水位高涨，河上漂满
"大块浮冰"，有时冰块长 6 英尺。埃布莱和 400 名工兵（大
多是荷兰人）就在别列津纳河的冰凉河水中工作，他在鲍里
索夫以北 8 英里处的河面上架好两座浮舟桥。[106]第一座给骑兵、
大炮和辎重用，第二座在第一座上游 180 码处，供步兵使用。

　　乌迪诺用诱兵引诱奇恰戈夫向南。在所谓的别列津纳之战
中，维克托在东北方拦下维特根施泰因的 3 万人，与此同时，
奈伊、欧仁和达武经博布尔（Bobr）去斯图江卡。[107]11 月 24
日，军队在博布尔附近的树林里焚烧鹰旗，以防它们沦为战利
品，可见当时形势多么绝望。[108]"天气非常冷。"当日，拿破
仑致信玛丽·路易丝，"我非常健康。替我吻小国王，永远不
要质疑你的忠实丈夫的感情。"[109]

　　次日傍晚 5 点，荷兰工兵开始架桥。他们拆除了村中木
屋，在七八英尺深的河床里插入桩子。圣西尔的回忆录将这次
渡河称为"奇迹般的别列津纳河横渡行动"，此言不虚。渡河
开始时，温度已骤降至零下 33℃。[110]乌迪诺的勤务兵弗朗索
瓦·皮尔斯（François Pils）回忆道，因为这次行动得瞒过奇

恰戈夫在对岸的巡逻队，"造桥者被警告不得说话，各军种的士兵都奉命离开视线范围。我们的工兵在河岸边的小丘陵后做完所有预备工作，搭完全部支架，所以敌人的瞭望哨看不到他们在干什么"。[111]

11月26日（周四）凌晨3点，拿破仑到达。此时，所谓的"脆弱脚手架"已然显眼。[112]他身着毛边大衣，头戴镶毛边绿色天鹅绒帽，其帽舌盖过眼睛。当天，他在河边鼓励舟桥工兵，向他们递送白兰地。他也确保工兵们每隔十五分钟能休息一下，并烤火取暖。拿破仑还组织了河流更上游处的另一出骗局。费恩回忆道，士兵们一边"盯着皇帝"，一边说，"他会带我们离开这儿"。[113]早上7点刚过不久，乌迪诺来了，拿破仑携他和贝尔蒂埃下行至河边。"好吧，"皇帝对乌迪诺说，"你将是锁匠，为我打开这条通路。"[114]一批骨干部队已乘筏子过河，他们未遇上敌人，此刻正保护着对岸，所以从8点开始，舟桥工兵便准备好在冰凉的河水中放入3~9英尺高的支架。它们保持相等间距，连成一线横穿河流。"水没到士兵的肩膀，"某旁观者回忆道，"他们展示了非凡的勇气。有人倒下身亡，被激流吞噬。"[115]

上午9点30分左右，皇帝返回贝尔蒂埃的指挥部。侍者端上肉排，他站着吃完了它。御膳总管（maître d'hôtel）呈上盐皿，那是一个纸卷，内含灰色陈盐，于是他开玩笑道："你装备充足，只缺白盐。"[116]在那种时候，人要是还能发挥幽默感，这就表明他意志如钢，或者确如奈伊所说，"用铁丝吊着蛋"。然而，灾难正让皇帝付出代价，这不出所料。乌迪诺军的瑞士军官路易·贝戈斯（Louis Bégos）上尉认为，拿破仑看起来"疲惫焦虑"，另一名瑞士军官雷伊（Rey）上尉则"看到

627

皇帝的忧虑神情，大为震撼"。[117]拿破仑对埃布莱说："花了很长时间了，将军，相当长了。""陛下，"埃布莱答道，"你能看见，水浸到我的士兵的脖子，冰也在拖慢他们的进度。我没有食物和白兰地让他们暖和身子。"皇帝看着地面，回答道："那就行了。"[118]过了一会儿，他似乎忘了埃布莱的话，又开始埋怨。

将至 11 点时，法军建好第一座桥。拿破仑命令约瑟夫·阿尔贝（Joseph Albert）第 6 师第 1 团下辖的第 1 营过河。"我的星星回来了！"他们安全过河时，他喊道。[119]他也高兴地发现，"我骗过了那个将军（即奇恰戈夫）！"诚如此言。[120]下午，乌迪诺军其余部队过河。浮舟桥没有护栏，几乎贴着水面，它们也不稳定，向河底下陷，冻僵了的舟桥工兵只好频繁修桥。粪便很快覆盖了骑兵桥，士兵得把死马和残骸丢进河里，以免造成拥堵。军队过桥前，掉队者和随营人员留在原地。[121]当晚，奈伊和他的部队不能过桥，因为三座支架吃重不住，垮掉了。在那三座支架修过两次后，奈伊才最终过桥。[122]

据雅克布·瓦尔特的日记记载，大军过河时，能听见有人咒骂拿破仑。

> （瓦尔特的部队）来到拿破仑吃饭的地方，他也在那儿下令给自己的驮马解下马具。他看着陷入最悲惨境地的军队走过。猜不出他心里是什么感觉。他的外在样子似乎表明，他对士兵的可怜处境漠不关心、毫不在意……法军和联军的很多士兵冲他耳边赌咒谩骂，斥责他为人邪恶，但他仍能无动于衷地听着。[123]

拿破仑更习惯听"皇帝万岁！"，最差也是听友善玩笑，所以
这对他来说是个新体验。军中有很多外国人，他们缺乏统一动
机，牢骚遂变成坦率的异议。瑞士人、威斯特伐利亚人、巴登
人、黑森－达姆施塔特人认为这是法国的战争，怨恨参战，但
他们在别列津纳河照样表现出色。在河流两岸的激战中，瑞士
人和威斯特伐利亚人赢取了大部分荣誉军团星章。（四个瑞士
团一共受赏 34 枚星章。）[124]

　　11 月 27 日中午，拿破仑走过摇摇欲坠的栈桥。当晚，他
睡在扎尼夫斯基（Zaniwski）的小村舍。"我刚刚渡过别列津
纳河，"他致信维尔纽斯的马雷，"但是河上漂下的浮冰导致
桥梁非常危险……天气很冷，军队特别累。我会马不停蹄地赶
往维尔纽斯，以便稍稍重整队伍。"[125]埃布莱的栈桥虽然不稳，
但最终发挥了效力，据信共有 5 万多名士兵和改组过的掉队者
靠这两座桥过了别列津纳河。11 月 28 日，维特根施泰因的军
队开始靠近，维克托遂毁掉了桥。前夜，约 1.5 万名掉队者以
及 8000 名随营人员和平民没来得及过桥，现在他们任凭俄军
处置了。"我看见一个不幸的女人坐在桥上，"流亡者罗什舒
阿尔（Rochechouart）伯爵回忆道，"她的脚垂在桥边，冻在
冰里。她把一个冻僵的孩子紧紧抱在怀中，抱了二十四小时。
她求我救救孩子，却没意识到她拿给我的是一具尸体！"[126]一名
哥萨克打碎了她的脑壳，终于"了结了她那骇人的痛苦"。法
军在东岸丢下 1 万多辆车，其中有四轮双座篷盖马车、折篷轻
便马车、四轮敞篷轻便马车，拿破仑反复下令烧掉这些车辆，
但它们依然保存下来。朗热隆看到了"莫斯科的教堂的圣杯，
圣约翰（伊万）大帝教堂的镀金十字架，一堆版画，来自布
图尔林（Buturlin）伯爵和拉祖莫夫斯基（Razumovsky）伯爵

629

杰出图书馆的很多藏书，以及银盘乃至瓷器"。[127]十年后，一名普军军官造访此地，他发现了"成堆……忧郁的遗物，里面混杂着人骨、动物骨头、头颅、锡制设备、子弹带、马笼头、近卫军熊皮帽碎片"。[128]

11 月 29 日和 30 日，米洛拉多维奇（Miloradovich）将军和库图佐夫先后到达鲍里索夫。斯图江卡有一尊纪念石，石上文字称，此乃库图佐夫"彻底击败拿破仑"之地。此言颇为不实，事实上，因为奇恰戈夫未能那样做，人们一直没忘记他的耻辱。拿破仑听取乌迪诺的建议，并据此修改计划，这体现了他在战场上惯有的灵活性。他迅速行动，运用诈术实施出色的佯攻，引诱俄军向南。另外，两天之内，他的整个军队便靠两座临时建成的木制栈桥过河。这次脱险是个奇迹，不过他付出了高昂代价，以至于法语中出现了形容灾难的常用短语——"一条别列津纳河"（une bérézina）。"食物，食物，食物，" 29 日，他从河流西岸致信马雷，"要是没有食物，这一大群涣散的人到维尔纽斯后什么可怕的事都干得出。也许军队到涅曼河才会集结。维尔纽斯不能有外国代理人。现在大军看上去不大好。"[129]

12 月 3 日，拿破仑已到达明斯克西北方 45 英里处的莫洛杰齐诺（Molodechno）①。这天，他发布了 1812 年战局第 29 期公报，这也是所有公报中最著名的一期。皇帝把灾难完全归咎到天气头上。"如此凛冽的季节，"他写道，出乎意料，气温降至零下 27℃ "每天晚上，骑兵、炮兵和辎重队都有马匹死

① 今马拉泽齐纳（Maladzyechna）。

亡，数量不是几百匹，而是几千匹……我们必须放弃并销毁大量加农炮、弹药与补给。6日，军队状态非常好，14日，它却大大变样，如今它几乎没有骑兵、没有炮兵、没有运输队。"俄军取胜了，拿破仑未称赞对手，他仅仅写道："可怕的灾难击垮了法军，敌人看见了它留在路上的痕迹，便努力利用这个机会。"他瞧不起哥萨克，认为"这支卑鄙的骑兵只会制造噪音，无法突破一个腾跃兵连"，但他被迫说了句实话——路易·帕尔图诺将军的整个师（隶属维克托军）在鲍里索夫附近被俘。

　　拿破仑承认损失严重，以至于"为了组成各有150人的四个营，有必要集合仍有一匹马的军官。将军代行上尉之职，上校代行中尉之职"。[130]12月16日，这期公报（比普通公报长两倍）在巴黎出版，法国人惯于从字里行间寻找真相，所以他们大吃一惊。拿破仑尚未完全摆脱夸大胜绩并缩小损失的习性，可现在，他趁更糟的谣言到达首都前公布自己笔下的灾难情况，试图创造一个自然之手导致的关于失败的故事。他给出的数字统统非常不准，不过很久以后才有人开始精确计算。

　　法国人的愤怒大都针对公报最后一句话："陛下的身体再好不过。"人们说，此言"显然无情地表露皇帝的自私"，事实上，拿破仑这么说几乎是习惯使然。[131]到达莫斯科前，他给玛丽·路易丝的30封信都包含短语"我很健康"，屯于莫斯科时以及在撤退途中，又有12封致她的信写了这句话，所以它差不多是句口头禅。次年的五个月中，他说了22次"我很健康"。[132]更重要的是，马莱阴谋刚刚结束，拿破仑得彻底消除一切声称他可能健康欠佳的谣言。

　　12月5日，在斯莫尔贡（Smorgoniye）村（据博塞回忆，

630

那儿有一座"兽医学校，训练俄国熊跳舞"），拿破仑告诉欧仁、贝尔蒂埃、勒菲弗、莫尔捷、达武和贝西埃，"假如我要威慑欧洲，让它选择战争或和平，就必须用最快的速度返回巴黎"。[133]他说当晚10点，他会带科兰古、迪罗克、洛鲍、费恩和康斯坦一同出发。

　　拿破仑选择让缪拉继续指挥军队。皇帝走后，随着后备部队、新兵和调动过来的部队拥入波兰，这位浮夸的元帅试图稳住维斯瓦河阵线，但事实证明，面对前进的俄军，他不可能完成任务。普军将领约翰·约克·冯·瓦滕堡（Johann Yorck von Wartenburg）①突然宣布，12月30日，他和俄军缔结《陶罗根条约》（Convention of Tauroggen，卡尔·冯·克劳塞维茨曾参与条约谈判），根据这份互不侵犯协议，现在他的军队保持中立。[134]缪拉先是被迫放弃波兰，后来又弃守奥德河防线。缪拉同奥地利密谈，然后他忽然把大军团指挥权交给欧仁，自己则去了那不勒斯，试图保住他的王位。勒菲弗、莫尔捷与维克托已回国，乌迪诺和圣西尔在养伤，奈伊因疲惫与神经衰弱而丧失战斗力，因此欧仁、达武与波尼亚托夫斯基拯救了大军团残部。三人一同重组、再补给各军，并创立新战力的核心。《箴言报》声称缪拉抱病，但拿破仑大为光火，他告诉欧仁："我可以不费吹灰之力逮捕他示众……他是战场勇士，但他根本没有智慧和气节。"[135]

　　"法国人像女人，"回程路上，拿破仑对科兰古说，"你绝不能离开她们太久。"[136]皇帝完全清楚战败报告在维也纳和柏林

---

　　①　原文有误，约克在1814年才被封为瓦滕堡伯爵。——译者注

会造成什么影响，对他来说，尽快返回巴黎才是正确之举。[137]
大军团残部离维尔纽斯只有一两天行军里程，并且比较安
全。[138]尽管像埃及战局时一样，很多人批评他离开（拉博姆称，
士兵们说了"能用我们的语言骂出的最激烈的词语，因为他
们从未遇上过如此可耻的背叛"），但拿破仑必须返回巴黎，
以便对付灾难的政治和外交影响。[139]卡斯特拉内（战局中他一
共折损了 17 匹马）认为军队并不愤怒。"我没有看到那种
事，"他说，"虽然经历了灾难，我们对他的信心并未受损。
我们只担心他会在路上被俘。"他补充道，军队理解拿破仑的
动机，他们"非常清楚，只要他回国就能阻止德意志反叛，
重组一支有条件拯救我们的军队也需要他出马"。[140]从横渡别列
津纳河到 1813 年 2 月中旬，法军与俄军再无冲突。"当他们知
道我在巴黎，"拿破仑评论奥地利人和普鲁士人道，"见我身
处国家元首之位，后面跟着 120 万名我将要组织的士兵，他们
在开战前就会三思了。"[141]

　　拿破仑化名热拉尔·德·雷纳瓦尔（Gérard de Reyneval）
伯爵，这显然是科兰古的惯用套路。他从斯莫尔贡出发，经维
尔纽斯、华沙、德累斯顿、美因茨（他在那儿给儿子买了些
小糖果）到达巴黎，这十三天内，他一共走了 1300 英里的冬
季道路。在华沙，他对普拉特教士说："从伟大崇高到荒唐可
笑只有一步之遥。"[142]此言恰当地形容了这次战局。携科兰古回
国途中，拿破仑反复说这句话，它后来成了他最著名的言论之
一。在莱比锡，他会见萨克森国王，用雪橇换了对方的马车。　634
经过爱尔福特时，他还派人向歌德问好。12 月 18 日（周五），
离午夜还有一刻钟时，他到达杜伊勒里宫，走下马车。

　　次日早上，拿破仑开始了整整一天的工作。他对康巴塞雷

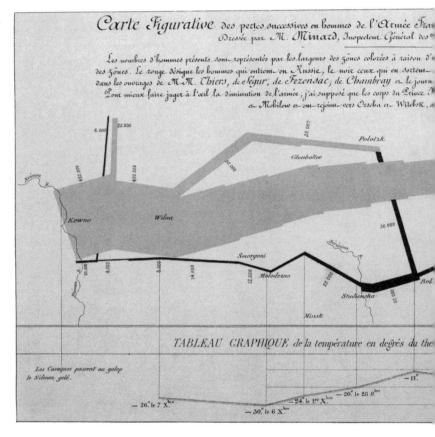

法军在俄损失的著名示意图，1830~1836年的路桥总监夏尔–约瑟夫·米纳尔（Charles–Joseph Minard）作，于1869年发布。淡色阴影代表进入俄国的兵力，深色阴影代表离开俄国的兵力。热罗姆国王和达武元帅的部队被派往明斯克和莫吉廖夫，后来在奥尔沙和维捷布斯克附近回归大军，而米纳尔假设他们的部队仍随大军行军。下方与其平行的示意图代表撤退时的气温（单位为华氏度）。

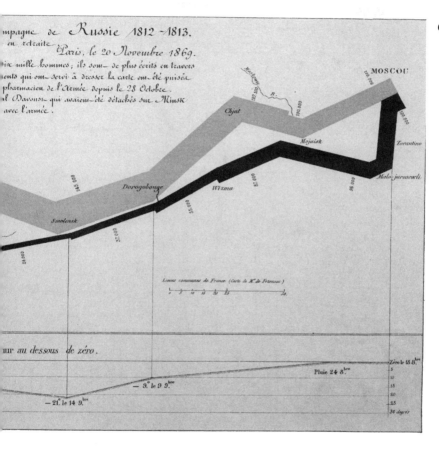

ampagne de Russie 1812~1813.
en retraite
Paris, le 20 Novembre 1869.
six mille hommes; ils sont de plus écrits en travers
uents qui ont servi à dresser la carte ont été puisée
pharmacien de l'Armée depuis le 28 Octobre.
al Davoust qui avaient été détachés sur Minsk
avec l'armée.

MOSCOU

Chjat

Mojaïsk

Tarantino

Malo-jaroscwli

Dorogobouge          Wizma

Smolensk

Lignes communes de France (Carte de M.ᵉ de Fezensac)

ur au dessous de zéro.

Pluie 24 8.ᵇʳᵉ

Zéro le 18 8.ᵇʳᵉ

— 9.° le 9 9.ᵇʳᵉ

— 21.° le 14 9.ᵇʳᵉ

斯、萨瓦里、克拉克、德克雷说，他在莫斯科花了太长时间等待求和提议的回复。"我犯了大错，"他说，"但我有办法弥补它。"[143]某侍臣没有出征，他摆出一副"非常忧郁的神情"，评论道："我们，的确，遭受了惨痛损失！"拿破仑回答："是的，巴里利（Barilli）夫人死了。"[144]他提到那位著名的歌剧演员，借此嘲笑侍者对这明显事实的愚蠢评价，但撤离莫斯科的恐怖经历深深影响了他——他的家仆里至少有 44 人死在撤退途中。

一到达安全地区，大军团官僚体制就变得一丝不苟。某份字迹整洁的 150 页文件堪称代表性的战争部档案记录，该文件列出 1806～1813 年第 88 战列步兵团的 1800 名官兵，记载了每个人的姓名、编号、出生日期、出生地、父母双方的姓名、出生地所属行政区与省、居住地所属行政区与省、身高、脸型、鼻子尺寸、嘴唇尺寸、瞳色、发色、眉色、特殊体征、开始服兵役日或志愿从军日、到达兵站日、职业、所属连和营的番号、晋升历史、所有行动的细节、伤口、荣誉、退伍日或死亡日。[145]假如整个半旅参与征俄，翻阅其名册就会看到一页接一页的如下文字："据推测被敌军俘虏""被俘""负伤""死亡""住院时死于热病""住院时死于伤寒""掉队""逃跑""获准离队""不明"。名册偶尔会记载道，极少数的幸存者中有人"离队休养"，也许记录者希望此人最终能摆脱今人所谓的创伤后应激障碍。[146]

拿破仑折损了约 524000 人，其中有 100000 人到 120000人被俘。俄国将迅速组建新军对付拿破仑，约 20000 名非法籍战俘志愿投身其中，尽管如此，接下来几年，很多俘虏都死了，而且滑铁卢会战前，几乎没人返回法国。北岸的麦克唐纳军有 32300 人，在很大程度上未受损失，但该军士兵有一半是普鲁士人，要不了多久他们就会摆开阵势来对付拿破仑。施瓦岑贝格的 34000 名奥军士兵如今亦不可信。从别列津纳河撤至维尔纽斯时，渡过该河的生还者队伍又少了 15000 人。① 12 月 14 日，奈伊最后一个返回涅曼河对岸。那时他身边几乎只有 400 名步兵、600 名骑兵，此外他一共还有 9 门加农炮。[147]（战局中没有元帅死亡，但有 4 位元帅受伤。）接下来几周，掉队者三三两两地回来了，不过他们去西边时，不少人被普鲁士村民悄悄地谋杀。现在大军团的核心兵力不到 25000 人，其中能战斗者仅有约 10000 人。[148]哪怕算上麦克唐纳军的法军部队以及来自法国的 60000 名援军官兵，1812 年与 1813 年之交，拿破仑在波兰和德意志的驻军也会少得可怜，而且他严重缺乏炮兵与骑兵。[149]很多部队的兵力仅及其编制的五分之一：达武军原有 66000 人，减至 2200 人；乌迪诺军起初有 47864 名有生力量，现在仅 4653 人尚在；帝国近卫军原有 51000 人，此时其兵力还剩 2000 人多一点；27397 名意大利人曾翻越阿尔卑

---

①　如何评价 1812 年战局中拿破仑大军的死亡、受伤或被俘人数？有一个粗略但比较可靠的方法，即只是加总每次行动的战损，并用总损失 524000 人减去战损总和。从 7 月 9 日的第一次行动到 11 月 26 日的最后一次行动，大军团参与了 46 次会战、交锋、小战、包围和伏击，一共有 186500 人因此死伤。由于还要考虑缺乏明确数据的更次要行动，我们将这个数字四舍五入，算成 20 万人。这说明，拿破仑大军在俄总损失中，只有不到 40% 的折损归于重要战斗中俄军正规军的军事行动。这次战局中，士兵的死因还有很多种，如疾病、挨冻、饥饿、农民的行为、自杀等，这些其他因素导致了另外 60% 的折损。进军莫斯科与撤离莫斯科时，死于其他因素的士兵人数相同。Muir, *Tactics and Experience of Battle*, p. 9；Smith, *Data Book*, pp. 379－408.

斯山脉，如今只有不到 1000 人返程（意大利王国近卫有 350
人，仅 8 人生还）；荷兰近卫掷弹兵原有 500 人，仅 36 人生
还。[150]400 名勇敢的荷兰舟桥工兵在别列津纳河拯救了大军，
但这批工兵中只有 50 人回到了荷兰。

1812 年 12 月，缪拉撤离维尔纽斯。后来在当月下旬，立
陶宛小说家、贵妇人索菲·德·蒂森豪斯（Sophie de
Tisenhaus）在当地与沙皇亚历山大用餐。亚历山大提到了拿破
仑的"浅灰色眼睛，它们凝视着你，要把你看穿，让你无法
忍受"。沙皇接着说："他毁了多好的事业啊！他赢取了那么
多荣誉，本可赐予欧洲和平，但他没有那样做。诅咒已然破
除。"[151]索菲指出，亚历山大多次重复最后一句话。

# 第二十六章　重整旗鼓

如果你的精神不曾历经逆境，后世将无从知晓它的极
限。

——1813 年 3 月，莫莱致拿破仑

他能对家庭不幸心生悲悯，却对政治灾难淡然处之。
——1813 年 7 月，梅特涅论拿破仑

"一旦见识了他到巴黎后那二十天的创举，"圣西尔元帅在回忆录中写道，"我们就必须承认，他仓促离开波兰的决定是正确的。"[1] 拿破仑发起了一系列大动作，他明白俄军很快就会与普军合作，还可能同其岳父奥地利皇帝联手，他们会先把法国势力逐出波兰和德意志，然后设法推翻他。拿破仑试图弥补由俄国灾难造成的损失，即将就任司法部长的莫莱伯爵认为，他"表现出极强的活力，也许超越了他之前展现过的所有精力"。[2] 奥尔唐斯赶到杜伊勒里宫，发现她的前继父虽心事重重，但坚决刚毅。"我觉得他疲惫忧虑，但并不沮丧。"她写道，"我经常见他对一些琐事发脾气，比如一扇本该关上的门打开了或该打开的关上了，又如房内照明太亮或太暗，但遇上厄运或困难时，他能完全主宰自己的意志。"她想稍稍劝慰他，说："我们的敌人一定也遭受了严重损失吧？"他回答：

"那当然，但这并不能安慰我。"[3]

637　从 1812 年 12 月中旬返回巴黎到 1813 年 4 月发动战争，拿破仑在十七周不到的时间里完成下列事务：他将国民自卫军的 8.4 万名步兵与 9000 名炮兵编入正规军，征召 1809～1812 年度兵员 10 万人与 1814～1815 年度新兵 15 万人；他把数十个新半旅改组成 30 个步兵团，向兵工厂订购 15 万支滑膛枪；他仔细搜寻各兵站和卫戍部队的多余人员，把 1.6 万名海军士兵调入陆军，并将海军炮手中的老兵补入炮兵；他对 1.2 万个帝国行政区下令，让它们各出一人一马；他彻查西班牙常规部队，以便重建帝国近卫军；他尽一切可能购买或征用马匹，要求盟国重建自己的军队，并创建易北河、莱茵河及意大利观察军。[4]《箴言报》自然说应征新兵是"雄壮战士"，但是有些人仅有 15 岁。在骑兵竞技场的一次检阅中，莫莱注意到，"新兵们年龄过小，体格瘦弱，周围的人群不禁深深同情他们"。[5]这些年轻新兵绰号"玛丽·路易丝们"，这既是因为拿破仑不在时皇后签署了新兵征兵令，也是因为他们正处于不谙世事、面颊光滑的少年时代。牢骚兵还管骑兵叫"骑小公马的鸡崽"。法国新兵来不及操练，所以他们战斗时的机动性大大降低。此后两年，法军之所以采取缺乏创意的正面攻击，原因之一便是需要让训练不足的大群士兵共同行动。

如果拿破仑帝国的统治残暴专制，他在俄国一败涂地后，我们便能期盼忍了最久的欧洲地区率先反抗他，然而事实并非如此。1813 年，法军没有占领的东普鲁士和西里西亚反叛了，但柏林、勃兰登堡等从 1806 年开始就被占领的普鲁士地区并无任何动作。[6]荷兰、瑞士、意大利和其他大部分德意志地区也是如此，它们或是根本没有反抗拿破仑，或是等待自己的政府宣布反抗，或是静观其变直至联军到来。在法国本土，除了布列塔尼的几次面包暴动以及旺代与南部地区的小骚乱外，反抗直到 1813 年、1814 年甚或 1815 年才出现。1813 年，法国境内大量地区弥漫着强烈的厌战情绪，地方人士也激烈反对征兵，收获季节时反对声尤烈，但法国人并不想赶走正同祖国之敌战斗的皇帝。只有公开谴责拿破仑的人才可能被捕，即便是这一温和的镇压也采用了 18 世纪的法式古典方式。保王党人 638 夏尔·德·里维埃（Charles de Rivière）"表达自己的希冀时稍显恶意与不成熟"，结果被关进拉福斯监狱，但其友人和萨瓦里玩桌球时为他赢得了自由，于是他获释了。[7] 一些心怀抱负的军官甚至希望战争继续。"有件事困扰着我们，"帝国近卫军上尉布拉兹写道，"我们说，假如拿破仑早早结束他的光辉事业，假如他不幸要考虑和平，挥别我们的所有希望。幸运的是，我们的恐惧没有成为现实，因为他取消了我们无法胜任的工作。"[8]

　　1812 年，俄军损失严重，不过很少有人注意到这一点。在整场战争中，俄军约有 15 万人死亡、30 万人负伤或冻伤，而平民伤亡远远超出军队伤亡。俄军野战军沦为 10 万名疲惫之卒。波兰与莫斯科之间的很多地区都毁灭了，导致俄国国库损失数亿卢布税款。尽管如此，亚历山大仍然一心要消灭拿破仑。1813 年年初，四个俄军师渡过维斯瓦河，侵入波美拉尼亚，法军被迫撤出吕贝克与施特拉尔松德，不过他们留下部队防守但泽、斯德丁等普鲁士要塞。根据《1812 年奥布条约》，瑞典一直保持中立，但它现在已被贝纳多特掌控。1 月 7 日，瑞典对法国宣战。贝纳多特告诉拿破仑，他这样做不是反对法国，只是为了瑞典，两国关系之所以破裂，是因为对方吞并了瑞典属波美拉尼亚。贝纳多特不顾接下来的话多么虚伪，补充道，他对自己的老统帅始终怀有前战友的感情。[9]贝纳多特身为法国人，自然不愿让法国人流血，此外他也明白，对法宣战意味着永远放弃亚历山大之煽风点火的念想，即有朝一日君临法国。

"因为寒季提前，"12月20日，拿破仑对元老院说，"我的军队遭受了损失。"[10]他利用约克的背叛激起爱国义愤，定下招募15万人的目标，还命令地方官组织集会支持他的征兵行动。1月9日，他致信贝尔蒂埃："我这儿一切都在运作。"[11]一切需要运作起来，因为从1812年圣诞节到1813年1月14日，俄军已经前进了250英里，抵达普鲁士马林韦尔德（Marienwerder）①。俄军从科夫诺出发，尽管他们还得在北境的凛冬中夺回柯尼希斯贝格等法军要塞。[12]欧仁别无选择，只好退守柏林。

拿破仑谈起俄国败局的严重性时惊人坦率。费恩写道："他第一个说到灾难，甚至把它当话题。"[13]然而，倘若皇帝愿意承认他的厄运，他也没有一直说实话。"俄军完全不曾缴获大炮或鹰旗，他们只抓到了散兵，"1月18日，他告诉热罗姆，"我的近卫军从未参战，不曾在行动中折损一人，所以它根本不可能如俄军所称的丢了鹰旗。"[14]近卫军鹰旗在博布尔遭焚毁，所以没丢，但拿破仑很清楚克拉斯内会战中近卫军损失惨重。他也对丹麦国王弗雷德里克六世（Frederik VI）说，俄军一门大炮也没缴获。就这一点而言，1812年战局中俄军共

① 今克维曾（Kwidzyn）。——译者注

缴获了 1131 门法军大炮。沙皇亚历山大曾计划用这些大炮组建庞大的纵队，但他的设想从未付诸实践，数十门拿破仑的大炮至今仍展示于克里姆林宫。[15]

　　为了将国内民怨降至最低，1 月下旬，拿破仑在枫丹白露宫与教皇重新缔结《政教协定》。早在上一年 12 月 29 日，他就写道："我们非常渴望消除政府与教会的不合，也许能达成目的了。"此言看来野心勃勃，但不出一个月，双方就签署了一份文件，其内容广泛详尽，涵盖大部分分歧点。[16]"教皇陛下将在法国和意大利行使教皇权力，"《政教协定》开头写道，"教皇国驻外大使享有外交人员特权……教皇领地中，未被兼并的不用交税，已被兼并的将获总计 200 万法郎的补偿……教皇将在六个月内为皇帝的大主教辖区建立教会制度。"也就是说，教皇承认皇帝任命的大主教。此外，拿破仑也获准任命 10 名主教。[17]《政教协定》对皇帝有利，但教皇立刻后悔，试图食言。"你能相信吗？"拿破仑告诉克勒曼元帅，"教皇心甘情愿地签订这份《政教协定》，然而八天后，他却写信给我……急切地恳求我把整个协定当作无效文件。我在回信中写道，因为他是万无一失之人，所以这回他不可能搞错了，而且他的良知太过警惕了。"[18]

　　2 月 7 日，拿破仑在杜伊勒里宫举行大阅兵，随后他召开参政院会议，以便建立君主出征时的摄政制度。马莱阴谋令皇帝不安，他想防止任何人趁他不在时又设法推翻帝国。他也急于确保自己死后人们能承认他的儿子的继承权，就算到时孩子还是婴儿。（和怒斥君主的少年时代相比，他已然变了很多。）康巴塞雷斯起草了一份含 19 条条款的元老院令，其规定道：若拿破仑死亡，玛丽·路易丝将行权，并听取摄政会议的意

640

见，直到罗马王成年。按照皇帝的设想，康巴塞雷斯将是法国的实权统治者，但玛丽·路易丝将"以她的名义授予中央政府权力"。[19]康巴塞雷斯、雷尼耶、戈丹、马雷、莫莱、拉塞佩德、丹热利、蒙塞、奈伊、内政部长蒙塔利韦（Montalivet）伯爵以及又被原谅的塔列朗出席了这次摄政筹备会议。莫莱称，"从表面上看来"，拿破仑"冷静自信地面对他将要发起的战役，但他提到战况变迁与命运无常，这让他镇定自若的表情成了假象"。[20]皇帝命令康巴塞雷斯只"给皇后看适合让她知道的东西"，叫他别向她送每日警务报告，因为"要是和她谈令她担心或污染她思想的事，那没意义"。[21]

2月13日，拿破仑已收到非常不祥的消息——奥地利正在动员至少有10万人的野战军。事后不久，梅特涅提出"靠调停促成"和平处置欧洲的方案，很少有人会指望盟友做出这种事。当日晚餐后，拿破仑在杜伊勒里宫桌球室与莫莱长谈，坦陈自己对多个问题的看法。他对玛丽·路易丝评价颇高，称她身上有其祖先奥地利的安妮的印迹。他说"她很清楚哪些人曾投票赞成处决路易十六，也知道每个人的生日与记录"，但她从不偏爱旧贵族，也不歧视弑君者。皇帝接着谈到雅各宾派，他说"巴黎有很多"雅各宾党人，"他们特别强大"，但"只要我活着，那些人渣就不敢行动，因为葡月十三日那天那伙人完全看清了我，而且他们也明白，不论何时，我一有麻烦就要立刻打压他们"。[22]拿破仑知道，"俄国灾难后"自己的外敌与内敌会"大胆得多。我必须再打一仗，战胜那些卑鄙的俄国佬。我们必须把他们赶回边境，让他们决定再也不离开那儿"。[23]然后，他埋怨元帅们道："没人能指挥其他人，他们全都只会听我的命令。"[24]

　　拿破仑对莫莱说，他看好欧仁，尽管此人"仅具平庸才　641
能"。皇帝批评缪拉给孩子写信时"对着信纸号啕大哭"，还
说后者从莫斯科撤退时饱受"意志消沉"之苦。

　　　　（与他相反，）就我而言，我花了数年培养自控力，
　　从而防止自己流露真情实感。就在不久前，我还是世界征
　　服者，指挥当代最大、最强的军队。现在一切都过去了！
　　想想，我完全保持了镇静，我甚至要说我的高昂精神始终
　　不曾动摇……然而，别认为我的心比其他人的更冷酷。我
　　非常善良，但从最年幼之时开始，我就致力于压抑自己的
　　心弦，如今它已不发一音。假如我将要开战时，有人告诉
　　我，我那爱得发狂的情妇正咽下最后一口气，我会冷淡地
　　回应，但此时我就像承受不住打击一样悲痛……战后若有
　　时间，我会哀悼我的情妇。要是没有这种自控力，你觉得
　　我能取得业已实现的这些成就吗？[25]

对现代人的脾气来说，如此严格地收敛情绪也许惹人厌，但在
那个年代，此举被视作古典美德。毫无疑问，它帮助了拿破仑
应对命运中的重大挫折。

　　2月14日，拿破仑在立法院和元老院开幕式上发表讲话，
明显展示了这种自控力。据一名目击者回忆，他在议员的欢呼
声中走上御座台阶，"不过他们的焦虑脸色比他的不知多到哪
去了"。[26]自从拿破仑从他所谓的俄国"荒漠"返回法国后，这
还是他第一次在议员们面前做完整讲话。他解释失败的原因时
说："冬季寒流提前到来，冷得超常，导致我的军队损失惨
重。"他接着宣布，自己和教皇已然化解"矛盾"，波拿巴王

朝将永远统治西班牙，而且法兰西帝国拥有贸易盈余 1.26 亿法郎，"哪怕海洋遭封锁"。[27]（三天后，蒙塔利韦发布数据，支持皇帝的一切言论，此乃独裁者的惯常做派。）不过，皇帝也说了句实话："《亚眠条约》破裂后，我曾四次（对英）求和。"他补充道："我绝不媾和，除非和平是光荣的，并与我的伟大帝国相称。"[28]十字军东征后，"背信弃义的阿尔比恩"这一短语就时有出现（诗歌《拉纳之死颂》中亦有此言），但直到 1813 年，它才因为拿破仑的命令推广开来。[29]

642

1812 年战局摧残了法国财政。直到 1811 年，法郎对英镑的汇率都是坚挺的，甚至稍有上涨。1810 年，预算约有 930 万法郎的少许盈余，公债利率则为 6%，处于可控水平。但在臭名昭著的第 29 期公报发布后，公债利率从 6% 激增至 10%，这表明民众对拿破仑的未来缺乏信心。此外，1812 年预算赤字也高达 3750 万法郎，只有征收新税、再次出售国有财产才能弥补缺口，但因为所有权太难保障，国有财产出售额只占此前拍卖额的一小部分。政府公开售卖价值 3.7 亿法郎的国有土地，但仅筹得 5000 万法郎，因此销售税得上涨 11.5%，土地税得上涨 22.6%。[30]与此同时，拿破仑本人也采取一些节俭措施，他对自己的总管说，他想要"更少的厨师、更少的盘碟，等等。在战场上，就连给我上菜也只能上汤、一道热菜、一块烤肉、蔬菜，不要布丁"。[31]军官不能再任选葡萄酒或啤酒，他们拿到什么就得喝什么。内政部提议，若拿破仑在位时身亡，就用 10% 的省长薪水为他操办葬礼，对此他草草批复道："驳回。为何想方设法花更多钱？"[32]加泰罗尼亚军团驻地有充足的葡萄酒、白兰地、燕麦、腌肉，于是法国本土不再拨给该军团上述物资。"迪马将军正在搞的都是疯狂交易，"拿破仑论及军务总监的奥德河要塞补给计划时道，"他显然视金钱如粪土。"[33] 俄国战局前，国家建设工程都搁置了，并且再未重启。1813～1814 年，尚无迹象表明政府将取消大规模的动员与高昂的军费开支，财政赤字持续攀升。

因为约克将军在陶罗根与俄军签订互不侵犯协议，1813年 1 月上旬，弗里德里希·威廉三世便提出将约克送上军事法庭，但他此举只是在拖延时间而已。《蒂尔西特和约》签订后，普军经历了近代化改革，因此拿破仑面对的敌人远非将近七年前他在耶拿击溃的对手了。这个国家改变了，战败是它革新的动力，而它效仿的正是拿破仑的军事管理体系。冯·施泰因（vom Stein）男爵、哈登贝格男爵、冯·格奈泽瑙（von Gneisenau）将军、冯·沙恩霍斯特（von Scharnhorst）将军都主张"理性变革"，它将消除"过时的偏见"，从而重振普鲁士"沉睡的实力"。普鲁士实施重大的财政与行政改革，其内容包括以下措施：废除大量内部关卡税；取消限制性的垄断与惯例；解除农民的世袭奴役地位；打破职业管制、人口流动管制与土地所有权管制。普鲁士创立了自由劳动力市场，调和税收，给予大臣更多直接职责，并撤销了针对犹太人的财产制约、婚姻制约与出行制约。[34]

军事方面，普鲁士有下列举措：整肃高层指挥官（1806年共有 183 名将军在职，到 1812 年时只有 8 人仍在）；向平民开放军官职位；在军官学校中引入竞争性考试；废除鞭刑；动员国民后备军（Landwehr，民兵）和国民军（Landsturm，后备部队）的成年男性。1813 年，普鲁士总人口中有超过 10%的人参军，这一比例超过其他国家。在此后两年的持续战事

643

中，普军中开小差者也最少。[35]普军在将要来临的战局中坐拥优秀指挥官，如冯·比洛（von Bülow）、冯·布吕歇尔、冯·陶恩钦（von Tauentzien）、冯·博延（von Boyen）等将军，这得益于总参谋部的巨大改观。[36]拿破仑不得不承认，在早期战局之后，普军有了长足进步。他相当粗鲁地说："这群畜生多少学会了点。"[37]奥斯特利茨会战后，卡尔大公效仿他的许多做派，实施军事变革；弗里德兰会战后，巴克莱·德·托利的不少改革措施也复制了他的举措。普鲁士就像奥俄两国一样，从拿破仑身上学习良多，这实在算不上什么宽慰。1812 年，欧洲军队已全面采纳军体系，因此联军实施机动时的灵活性大大提高，这是在向法军致敬，但也是在威胁他们。

　　1813 年 2 月 28 日，弗里德里希·威廉与亚历山大签署《卡利什条约》（Kalicz Treaty）。沙皇在条约中承诺道，如果普军出 8 万人对付拿破仑，他就恢复蒂尔西特会议前的普鲁士疆界，并提供 15 万名士兵。条约刚刚签订，英国船只就把武器、装备、制服运至波罗的海港口，供普军与俄军使用。欧仁被迫放弃柏林，并留下部队驻守马格德堡、托尔高（Torgau）与维滕贝格（Wittenberg）。俄军野战军已在斯德丁、屈斯特林、施潘道、格洛高、托伦、但泽围攻法军，所以其兵力减至 4.6 万名步兵与 1 万名哥萨克，不过 6.1 万名普军士兵将同他们会合。联军的计划如下：进军德累斯顿，以便从拿破仑手中夺取萨克森；与此同时，大量哥萨克部队将奉命穿过北德意志平原，并设法煽动汉萨城镇与莱茵邦联反叛。

　　"只要普鲁士城村稍有反抗，就烧了它，"3 月 3 日，拿破仑命令欧仁，"就算是柏林也不例外。"[38]幸运的是，当日俄军就进入普鲁士首都，所以法军不可能烧毁它了。拿破仑听闻消息后对欧仁大发雷霆："你遵循的方向最无军事意义，经验丰富的将军会在屈斯特林前建立营地。"[39]他接着抱怨道，自己没收到欧仁帐下参谋长的每日报告，"只有英国媒体告诉我发生了什么"。拿破仑更生热罗姆的气。幼弟埋怨道，威斯特伐利亚人得交很多税来补给马格德堡等要塞。"战争状态允许我们使用这些方法，自从世界诞生，人们就经常动用它们，"皇帝在一封典型的激烈回信中大发脾气道，"你会看到我放在西班牙的 30 万人、今年我征募的所有军队、我正在装备的 10 万名骑兵要花费多少……你总是争辩……你的论证都不讲道理……你的看法错成这样，你的脑子干什么去了？为什么你要惹恼自己的保护者来满足虚荣心？"[40]3 月 4 日，拿破仑派兵守卫马格德堡，在这支部队出发前，他同其指挥官过了一遍熟悉的清单。"务必确保每人的脚上有一双鞋子、背包里有两条裤子。务必确保他们按时领军饷，要是未及时发饷，需支付欠饷。保证每个士兵的子弹袋里有 40 发子弹。"[41]

　　拿破仑致信蒙塔利韦，称自己将去不来梅、明斯特（Münster）、奥斯纳布吕克（Osnabrück）和汉堡，但出于新的节俭精神，他在这些城市的寓所和仪仗队"一定不能花费国家的钱"。[42]然而此举是诡计，旨在欺骗敌军相信他将如此行动。不过幸好他没去汉堡，因为就在 3 月 18 日，哥萨克到达汉堡，如联军所愿地促使汉萨城镇起义。梅克伦堡率先叛离莱茵邦联。3 月下旬时，情势相当恶劣，以至于拿破仑告诉易北河观察军现任司令洛里斯东，他已经不敢向欧仁写信述说防卫马格德堡和施潘道的计划了，因为他没有密码，而"哥萨克可能截获我的信"。[43]还有两件更为糟糕的事：如果英国资助瑞典 100 万英镑，后者就答应出 3 万人参加第六次反法同盟；4

月上旬时，皮埃尔·迪吕特（Pierre Durutte）将军的小股守军
被迫放弃了德累斯顿。

645 　　与此同时，拿破仑和莫莱谈论恢复 1791 年的法国战前
"旧"疆界的可行性，他说：

> 　　我的一切都归于我的荣誉，要是我牺牲它，我就什么
> 也不是了。我靠荣誉才取得了所有权利……这个国家如此
> 强烈地渴望和平、厌恶战争，假如我让它缔结令我本人蒙
> 羞的和约，它会彻底丧失对我的信心。你将看到我的威望
> 与优势损失殆尽。[44]

拿破仑把俄国灾难比作一场风暴，它撼动了树根，却"未刮
走泥土，这棵树会更加牢牢地扎根于这片土壤"。除了暧昧不
清的树之比喻，他还讨论了法兰西民族："比起喜欢我，它更
怕我，我的死讯一开始会令它宽心，但是，相信我，如果它喜
欢我却不怕我，那要糟得多。"[45]（被喜爱与被畏惧的对比响应
了马基雅维利的《君主论》，他非常熟悉这本书。）拿破仑接
着说，他会战胜俄军，原因是"他们没有步兵"，而且他将把
奥德河定为帝国疆界，因为"普鲁士背叛了，我会寻求补
偿"。他也认为奥地利不会宣战，理由是："婚姻是我的政治
生涯中最出色的举措。"[46]至少在论述最后三点时，他显然是在
努力振奋莫莱的情绪，并未真正考虑现实事态。

　　拿破仑从俄国回来后，其军队的核心部分仅剩 1 万名有生
力量，但他仍在四个月内投入 15.1 万人参加易北河战役，另
有大量士兵正开赴战地，这既可说明他多么擅长重整旗鼓、多
么足智多谋，也可体现他依然具备怎样的自信。[47]4 月 15 日凌

晨 4 点，他离开圣克卢宫，奔赴战场。随行人员有丹麦国王、符腾堡国王、拜恩国王、萨克森国王、巴登大公、维尔茨堡大公这些盟友，尽管其中有些人态度比较勉强。"每周给弗朗索瓦（François）① 爸爸写一封信，"三天后，拿破仑致信玛丽·路易丝，"给他寄军事详情，告诉他我对他的爱。"[48]西班牙的威灵顿正在进攻法军，缪拉与奥地利商谈那不勒斯事务，贝纳多特将率瑞典军队登陆，西德意志有反叛的忧患，而且奥地利正迅速重整武装，至多提供"调停"。在此态势下，拿破仑明白，他需要迅速打出决定性大捷。"我会去美因茨，"3 月，他致信热罗姆，"假如俄军前进，我会制订相应计划，但我们迫切需要在 5 月前取得胜利。"[49]4 月，库图佐夫去世，此后维特根施泰因指挥联军。联军在莱比锡附近集结，已聚集 10 万人，其中 3 万人是配有良马的骑兵，而且他们还有大量增援力量。相形之下，因为上一年在俄国的集体湮灭，法军匆匆组建的大军团中只有 8540 名骑兵。

646

　　4 月 25 日，拿破仑到达爱尔福特，接过军队指挥权。他惊讶地发现，有些军官严重缺乏经验。他调走第 123、第 134 战列步兵团的上尉，任命他们为第 37 轻步兵团少校，并冲战争部长亨利·克拉克将军抱怨道："让没打过仗的人当上尉是荒唐行径……你带走那些刚从学校毕业，甚至没上过圣西尔（Saint-Cyr，军校）的年轻人，他们什么也不知道，而你竟然就把他们招进新的团里！"[50]可是拿破仑在俄国折损了 50 多万人，因此克拉克只能从这些人选中挑人。

　　抵达目的地后，拿破仑在三天内率领法军渡过易北河，进

---

　　① "Franz"的法语变体。——译者注

入萨克森，其兵力共计 12.1 万人。他打算收复北德意志，并
解除对但泽等城市的包围，以便救出 5 万名老兵，他还盼着打
回维斯瓦河一线。拿破仑准备对付莱比锡的敌军，他采用营方
阵编队：洛里斯东军充当前卫，走在最前面；麦克唐纳军和雷
尼耶军位于左翼；奈伊军与亨利·贝特朗将军的军位于右翼；
马尔蒙军组成后卫。拿破仑左侧的欧仁还有 5.8 万人。5 月，
波尼亚托夫斯基归队，但皇帝任命达武为汉堡总督，没有充分
利用他麾下最好的元帅，这是个危险举动。

5 月 1 日，贝西埃出去侦察敌军阵地。一发加农炮炮弹击
中墙壁后反弹，结结实实地打在了贝西埃胸口，致他身亡。博
塞写道："这位卓越人物的噩耗狠狠打击了拿破仑。"从 1796
年开始，贝西埃参加了拿破仑的所有战局。"我深深地信任
你，"拿破仑曾致信贝西埃，"如同我深深地欣赏你的军事才
华、你的勇气、你对秩序和纪律的热爱一般。"[51]［为了安抚皇
后，他要康巴塞雷斯"让她明白，伊斯特拉公爵（贝西埃）
遇难时离我很远"[52]。］此刻，他致信贝西埃的遗孀："你和你
的孩子无疑遭受了重大损失，但对我来说，这一损失更深重。
伊斯特拉公爵之死最为壮丽，而且他没受苦。他留下了无可挑
剔的身后名誉，这是他能给孩子们的最好遗产。"[53]她也许能理
直气壮地同他争辩谁的损失更大，但不管怎么说，他写了封诚
挚恳切的信，还附了一笔丰厚的抚恤金。

现在，拿破仑面对的敌军共有 9.6 万人。[54]5 月 2 日（周
日），他看着洛里斯东前进，这时他听说，当天上午 10 点时
维特根施泰因在吕岑村附近奇袭奈伊。他专心听加农炮连续轰
鸣，命令奈伊守住阵地，并调转军队：贝特朗和麦克唐纳实施

教科书般的军级机动，分别进攻敌军左右两翼，洛里斯东则组成新预备队。[55]"我们没有骑兵，"拿破仑说，"没关系。这将是埃及式会战，任何地方有法军步兵就够了，我并不害怕屈从于年轻新兵的内在资质。"[56]很多新兵到爱尔福特后第一次领到滑膛枪，而那时离开战仅剩几天了，还有人会战日前一天才拿到枪，[57]然而，"玛丽·路易丝们"在吕岑表现得不错。

下午 2 点 30 分，拿破仑来到战场，他走在近卫骑兵前头，驰往卡亚村（Kaja）。他迅速拟定计划：奈伊继续守中路，与此同时，麦克唐纳从其左侧奔来，马尔蒙保护其右侧，博内（Bonnet）则设法从魏森费尔斯 - 吕岑（Weissenfels-Lützen）公路绕到敌后。14100 名近卫步兵留作预备，他们在视线外集结，并在吕岑和卡亚之间布阵。奈伊军的一些年轻士兵退向后方，有人甚至扔掉了滑膛枪，拿破仑看见后便让近卫骑兵排成行拦下他们。他鼓动并劝说这些人，直到他们返回队伍。总的说来，奈伊却告诉拿破仑，他认为新兵比老兵打得好，因为老兵常常计算行动的可行性，以便减少风险。《箴言报》随后报道："我们的年轻战士不惧危险。在这次伟大的战斗中，他们彰显了法兰西血脉的无上崇高。"[58]

会战地中心为大格尔申（Gross-Görschen）、卡亚、拉那（Rahna）、小格尔申（Klein-Görschen）这四个村庄。沙皇和弗里德里希·威廉都在战场，不过联军总司令维特根施泰因制定一切重要军事决策。沙皇派出俄军骑炮兵。每个村子都数度易手，里卡尔师的战斗便停滞不前。奈伊在前线负伤，苏昂师所有的高级军官非死即伤，唯独他本人安然无恙。维特根施泰因的预备队逐渐耗尽，他也发现法军每小时投入的兵力越来越多，但他选择再次攻击卡亚。傍晚 6 点，拿破仑断定马上就该

650

23. 1813年战局

柏林

哈弗尔河

大贝伦 ✕✕
登讷维茨 ✕✕

哈格尔山 ✕✕

卢考

易北河

哈茨山脉

萨勒河

穆尔德河

易北河

莱比锡 ✕✕
大格尔申
普拉格维茨
魏森费尔斯 ✕✕ ✕✕
吕岑

德累斯顿

厄尔士山脉

特普

奥德河

舒雷河

博伯河

卡茨巴赫河

• 格尔利茨

包岑 ✂

柯尼希施泰因

赖兴巴赫 ✂

西 里 西 亚

易北河

布拉格 ● 波希米亚

| 0 | 10 | 20 | 30 | 40 | 50 英里 |

| 0 | 20 | 40 | 60 | 80 千米 |

发动最后一击了。德鲁奥率近卫炮兵的 58 门大炮上前，加入大炮群，因此 198 门大炮可炮轰敌军中路。在博罗季诺会战中，拿破仑未让近卫军发挥决定性作用，这回他吸取了教训，命令莫尔捷带青年近卫军（四个纵队，共 9800 人）发动进攻，老近卫军的六个营组成四个方阵，支援他们。近卫骑兵的两个师（共 3335 人）在青年近卫军后面排成横队，他们一边高喊"皇帝万岁！"，一边前进，从拉那冲向大格尔申。与此同时，博内师开始从施塔西德尔（Starsiedel）发动进攻，而莫朗师继续从西边策动攻势。

联军派出了全部的预备队。俄军近卫军在大格尔申后聚集，鼓励撤退的联军队列集结。夜幕降临，五个燃烧着的村庄照亮了黑夜，法军重新发动进攻，继续扰乱敌军。联军的骑兵数量远远超出法军的，但他们未能利用这一优势，在会战后秩序井然地撤走。拿破仑胜利了，但他遭受了重大损失：2700人死亡，多达 16900 人受伤。俄军与普军的战损同法军的相当（尽管他们只承认折损了 11000 人）。拿破仑无法实施骑兵追击，在整个 1813 年战局中，这都是个大问题。然而，他的确开始收复萨克森与易北河西岸。战后他对科兰古说，"我的鹰又成了凯旋之鹰"，然后补充了一句不祥之言，"但我的星星正沉向地平线"。[59]

"我特别累，"当晚 11 点时拿破仑致信玛丽·路易丝，"我彻底战胜了亚历山大皇帝与普鲁士国王的俄军和普军。我损失了 1 万名死伤者。我的士兵身环荣誉，用触及我心的方式证明对我的爱。吻我的儿子。我非常健康。"[60]他还致信岳父，称玛丽·路易丝"继续给予我极大快乐。现在她是我的首相，我非常满意她的履职表现。我不希望陛下不知道此事，我清楚它会令她的父辈之心多么愉快"。[61]拿破仑迎合弗朗茨身为父亲的骄傲，此举显然旨在阻止对方同自己的敌人联手。他刚好能应付俄国和普鲁士，但若奥地利加入它们，他取胜的机会将大大减少。

拿破仑在战后公报中激动地说："士兵们！你们让我满意，你们实现了我的期望！"然后，他奚落亚历山大，提起"弑父阴谋"与俄国的农奴制："这些鞑靼人应该再也不离开自己的可怕地区，我们要把他们赶回那儿。让鞑靼人待在他们的冰封荒原，在那里，奴隶制、野蛮与腐败盘踞，人类沦落到和野兽一般无二。"[62]

651

联军排成两路大纵队（一路大都是普军士兵，一路大都是俄军士兵），撤回易北河对岸，而法军只能用步兵的速度追赶他们。普军自然想退往北方，以便保护柏林，而俄军想去东边掩护贯穿波兰的交通线。维特根施泰因仍在找机会攻击法军侧翼，还猜到了拿破仑打算夺回柏林，于是他在包岑附近聚集军队。包岑距奥地利边境仅有8英里，维特根施泰因可在此地掩护柏林和德累斯顿。

5月8日，拿破仑到达德累斯顿，在那待了十天。他得到了青年近卫军的一个师、老近卫军的四个营，把萨克森军队编入大军团的一个军，并派欧仁去意大利，以防奥地利入侵。此外，他确立了三条通往法国后方的独立交通线。"我有理由喜欢奥地利的盘算，"他告诉克拉克，"我不怀疑它的条款，然而我的意图将处于和它无关的立场。"[63]此乃明智政策，但在德累斯顿市民代表欢迎拿破仑时，他发火了。他对代表们说，他知道联军占领德累斯顿时他们曾为之提供帮助。"你们的女仆在君主脚下铺撒鲜花，现在这堆花仍然丢在你们的街道上，你们的房子也照样挂着花环碎片，"他说，"尽管如此，我还是愿意忽视这一切。"[64]

拿破仑随后干了一桩他往往能做出的惊人之举。他致信前首席情报官富歇，指示对方尽快悄悄赶往德累斯顿，以便等普鲁士失陷后立刻管理该国。"在巴黎的人不可知晓此事，"皇帝告诉富歇，"你必须装出要去参战的样子。只有摄政皇后知道你离开。我非常高兴能有机会召你承担新职责，并见你依恋我的新证明。"[65]富歇与英国秘密和谈后突然被解职，从那以后，他对拿破仑再无依恋之情，次年之事会证明这一点。由于军事形势，富歇从未掌管普鲁士，但就像对待塔列朗一样，拿破仑已无法分辨谁支持他、谁反对他，或者说，他太相信自己的权力，以至于不在乎。他能信赖的忠实顾问圈子正在缩水。

652

奥地利正在武装起来，而且看上去比往日更加好战，这个消息令拿破仑忧心。他经常致信玛丽·路易丝，叫她在父亲面前说情。举个例子，5 月 14 日，他写道："人们力图误导弗朗索瓦爸爸。梅特尼克（Metternik，即梅特涅）纯粹是阴谋家。"[66]三天之后，他致信弗朗茨本人，称对方为"兄弟和我亲爱的岳父"。此信开头写道，"没人比我更热盼和平，我答应启动全面和谈、召集会议"，但是，"像所有热血法国人一样，如果有人试图强迫我接受条件，我宁愿握剑战死也不投降"。[67]与此同时，拿破仑派科兰古向沙皇求和，说："我打算为沙皇造一座金桥①……你必须在此基础上设法和他直接谈妥。"事

---

① 指退路。——译者注

到如今，皇帝还相信两人能重归于好。"一旦对话开始，"他说，"我们总能在结束时达成共识。"[68]当科兰古到达联军司令部后，沙皇却只肯当着普鲁士国王、奥地利大使、英国大使的面接见他。

5月18日下午2点，拿破仑离开德累斯顿，他要去施普雷河（the Spree）上的设防城镇包岑进攻联军主力。人们难以根据次日他写给玛丽·路易丝的信猜到这一点。此信称："这个季节，蒙莫朗西山谷（valley of Montmorency）非常秀丽，但我猜，6月初樱桃成熟时它最宜人。"[69]当日，他命令意大利的欧仁"立刻忙于组织你的六个团。首先，你要让他们穿上短外套、裤子、戴上筒帽……"欧仁的女儿、洛伊希滕贝格（Leuchtenberg）的约瑟芬现年6岁，拿破仑特地在意大利的艾米利亚－罗马涅（Emilia-Romagna）地区为她创立加列拉（Galliera）公国，他给欧仁的另一封信详细解释了小约瑟芬将如何获得加列拉的收入。[70]

联军约有9.7万人，他们退往俯瞰包岑的低矮丘陵上。联军修筑野战工事，迅速改善了这一天然的牢固阵地。报告皆表明敌人欲在此立足，这正中拿破仑下怀。拿破仑共有9万人：贝特朗军、马尔蒙军、麦克唐纳军的6.4万人直面敌军，乌迪诺军和帝国近卫军提供支援。联军已在山上建了11座多面堡，也在城里造了一些，他们的第二道防线上还有3个设防村庄。然而，联军的北部侧翼敞开了，这是个危险迹象，而拿破仑就打算派奈伊军和洛里斯东军去北边。到会战结束时，他调动的总兵力将达到约16.7万人。军官们告诉他，他们要对付一些曾在弗里德里希大王麾下作战的普鲁士军团，他便明确指出："不错，但弗里德里希已经不在了。"[71]

653

1813 年 5 月 20 日（周四），乌迪诺猛攻联军左翼，包岑会战随之爆发。奈伊指挥的大军团侧翼部队扩充至约 5.7 万人，拿破仑等待他们前进至阵地，然后他要给敞开的联军右翼决定性一击，将对方赶入厄尔士山脉（Erzgebirge mountains）。第一日，计划进展相当顺利，因为沙皇犯了个错，他正如拿破仑所愿，把大部分联军预备队投入左翼。次日，拿破仑确信奈伊和洛里斯东会投身战场，打赢这场会战。乌迪诺再度猛攻联军左翼。麦克唐纳和马尔蒙进攻中路，等到拿破仑认为时机恰当时，他派出帝国近卫军。可是一道令人迷惑的命令让奈伊停留了一小时，结果他来迟了，此时联军已察觉险情，于是退往安全地带。伤亡人数可体现出这场战斗的残酷性：法军有 2.1 万人死伤；联军得益于牢固的防御工事，其损失只是法军战损的一半。因为缺乏骑兵，拿破仑还是不能让战术胜利发挥任何有意义的作用。

"我今天打了一仗，"拿破仑致信玛丽·路易丝，"占领了包岑。我赶走了俄军与普军……这仗打得不错。我很不好，这天我湿了两三回。吻你，请你替我吻儿子。我身体不错。我没有失去任何重要的人。我认为自己损失了 3000 名死伤者。"[72] "我身体不错"紧跟在"我很不好"后面，这暗暗表明，现在他写下这一讯息不过是本能使然。

拿破仑说他没失去任何重要的人，但这封信写完后才过几小时，他最亲密的友人弗柳尔（Frioul）公爵热罗·迪罗克就中弹了。当时是 5 月 22 日，双方在赖兴巴赫（Reichenbach）交战，拿破仑和迪罗克待在俯瞰下马克斯多夫（Nieder-Markersdorf）的小山上。一发加农炮炮弹掠过皇帝面前，击中了迪罗克，他的肠子都被炸出来了。《箴言报》称，拿破仑对友人说："迪罗克，死者有灵，你会在幽冥等我来。"据说，迪罗克的答复为"是的，陛下，等你实现祖国的所有愿望后，我们会重逢"云云，然后他又说："啊，陛下，你走吧，你看到我会心痛。"[73]一年后，拿破仑谈起当时的真相，承认道："我眼看着他的肠子流出来，他不断冲我喊，要我了结他的痛苦。我对他说：'朋友，我同情你，但我没法救你，你只能忍到最后。'"[74]

迪罗克能解读拿破仑的情绪，辨明他是真怒还是佯怒，失去了这样的朋友之后，拿破仑在情感和政治上立刻遭遇毁灭性打击，何况1813年春天时，他急需明智公正的顾问。"昨天一整天，我深深哀悼弗柳尔公爵之死。"次日，皇帝致信玛丽·路易丝，"我和他做了二十年朋友。我从来没有抱怨他的由头，他给我的全是安慰。他的离去是无可弥补的损失，是我在军中遭受的最大损失。"[75]（皇帝立遗嘱时还惦记迪罗克的女儿。）"弗柳尔公爵之死令我心痛，"几周后，拿破仑致信儿子的保姆孟德斯鸠夫人，"这是二十年来他唯一一次没猜中该如何取悦我。"[76]如今，皇帝已在战场上挥别很多友人及亲密战友，这份亡者名录令人悲伤。米龙死在阿尔科莱，布吕埃斯死在尼罗河，卡法雷利死在阿克，德塞死在马伦戈，克洛德·科尔比诺死在埃劳，拉纳死在阿斯佩恩－埃斯灵，拉萨尔死在瓦格拉姆，贝西埃死在吕岑会战前一天，现在他最好的朋友迪罗克又死在赖兴巴赫。迪罗克还不是名单上的最后一人。

法军在吕岑和包岑取胜后，拿破仑遂能控制萨克森全境与西里西亚大部分地区，但他付出了高昂的代价，6月4日，他只好接受临时停火协议。起初，双方打算让《普莱斯维茨停火协议》（Armistice of Pläswitz）维持至7月20日。"两件事导

654

致我如此决策，"拿破仑告诉克拉克道，"一是我缺乏骑兵，无法实施强力攻击；二是奥地利敌视我。"[77]他的战争理念是迅猛奔袭，并一直保持主动权，接受停火协议完全有违这一点，不是他的风格。（事实上，波旁王朝的情报人员给他起的代号是"激流"。）拿破仑后来承认，联军比他更有效地利用了《普莱斯维茨停火协议》规定的停火时间，他们几乎增加了一倍兵力，并强化了勃兰登堡和西里西亚的防务。英国也趁此时组织签订《赖兴巴赫条约》，根据这份条约，它慷慨资助俄国与普鲁士 700 万英镑，这是战争中最大的一笔资助款。[78]然而，科兰古（他已接替迪罗克的职责，担任顾问与宫廷司礼官）和贝尔蒂埃都赞成停火，只有苏尔特认为这是个错误。

这一时期，拿破仑急需完成下列事务：训练、重组、支援他的部队，特别是骑兵；在易北河渡口筑防；再补给军火和食物库存。"必须把士兵的健康置于经济计算等一切事之上。"他试图购置 200 万磅大米，对达吕说："大米是预防腹泻与痢疾的最佳渠道。"[79]整个休战时期，他办公的速度像平常一样疯狂。6 月 13 日，他在马上待了一下午，结果中暑了。拿破仑需要时间的另一个原因是，他得劝说奥地利不向自己宣战。停火期间，梅特涅分别派施塔迪翁伯爵和布勃纳（Bubna）伯爵去盟国和拿破仑那儿，以便商讨法军撤离德意志、波兰和亚得里亚海之事。梅特涅要求各国在布拉格开会，并商讨媾和事项，但拿破仑担心那只是奥军加入联军的借口。会议也将讨论法军撤出荷兰、西班牙和意大利的事宜。

拿破仑愤怒地发现，奥地利是要一仗不打就从他手中取走伊利里亚。"如果有可能，我想等 9 月时再猛攻，"他写道，"所以我得处于可以打击敌人的位置，越远越好。那样的话，当奥地利发觉我能如此行动时，它将……直面自己那虚伪荒唐的借口。"[80]然而，他也对费恩承认道："假如盟国并非诚心求和，这次停火对我们来说可能非常致命。"[81]不过，拿破仑并非一直忧郁，他得知玛丽·路易丝在床上接见同性恋康巴塞雷斯时，便告诉她："我求你了，无论如何都不要在床上见任何人，只有30岁以上的人能这么做。"[82]

拿破仑的一些元帅主张道，要是停火协议废止，法军就撤回莱茵河，但皇帝本人指出，这意味着永久放弃奥德河、维斯瓦河、易北河上的要塞以及丹麦、波兰、萨克森、威斯特伐利亚这些盟国。"上帝啊！"他说，"你们的聪明才智呢？十场败仗也难以让我退到那儿，你们却叫我立刻过去！"元帅们提醒他别忘了通往德累斯顿的漫长交通线，他则说："当然，你们不用轻易拿行动路线冒险，我知道，这是常识规则和基础工作……但重大利益瓦解之刻，有时人就必须为胜利牺牲，不惧破釜沉舟！……假如战争只是不冒任何风险的艺术，庸才也可摘取荣誉。我们需要全胜！"[83]

拿破仑打算利用德累斯顿的地理环境，他对费恩说：

656

> 我将以德累斯顿为枢纽实施机动，从而应对所有攻击。在柏林和布拉格之间，敌人从外围出现，而我占据中央。在敌军必须循着的轮廓线上，他们的最短交通线变得更长。我的话，靠一些行军就能让自己和预备队去任何需要我们的地方。可我不在时，我的部将们得明白，他们绝不能碰运气，必须等我到达……联军可以长时间跟上如此广泛的行动吗？至于我，早晚有一天，我可以趁他们的某次错误调动时发动奇袭，难道我的盼头不理智吗？[84]

拿破仑的推断有理，但是，这种策略完全仰仗他本人的明智判断以及内线机动。

有些法军高级指挥官争辩道，俄军可能让轻骑兵渡过易北河甚至莱茵河，拿破仑遂反驳道："我等着了，我有东西对付他们。撇开美因茨、韦瑟尔（Wesel）、爱尔福特、维尔茨堡的大批守军不算，奥热罗正在集结美因河（the Main）观察军。""只要一场胜仗，"他补充道，"我们就能迫使联军求和。"[85]在早年的军事生涯中，拿破仑的胜利确实会很快带来和谈，如今他却犯了个核心错误——他以为还能靠那一套实现和平。现在，他的敌人像他自己一样意志坚决，不久前他们还下定决心，非要强迫他投降。萨瓦里再次告诉他，巴黎人民非常渴望和平。"你老是跟我说有必要媾和，搞得我心烦。"6月13日，他回复萨瓦里道，"没人比我更关心媾和，但我不会达成屈辱和平或者不出六个月就让我们再开战的和平。不要回信，这些事和你无关，别插手。"[86]

6月19日，塔尔马与其十年前的情妇、艺名为乔治小姐（Mademoiselle George）的玛格丽特·魏默尔（Marguerite Weimer）以及另外15名演员到达德累斯顿。没有迹象表明拿破仑特地叫玛格丽特·魏默尔来，但他似乎很感激剧院提供的消遣活动。"拿破仑的口味变了很多，"侍从博塞回忆道，"此前他一直喜欢悲剧。"[87]现在，他只让剧团表演喜剧以及表现近距离观察到的"行为与人格刻画"的戏剧。也许到那时候，他已经看够了真实悲剧。

接下来的这一周，拿破仑致信玛丽·路易丝："今天下午梅特涅到了德累斯顿。我们会看看梅特涅要说什么，弗朗索瓦爸爸又要什么。他仍然在波希米亚增兵，我则增加我在意大利的军队。"[88]

　　1813 年 6 月 26 日，拿破仑与梅特涅在德累斯顿马科利尼宫（Marcolini Palace）的中华室（Chinese Room）会面，谈了八小时（有的版本为九个半小时），要想知道这期间到底发生了什么仍然得靠猜测，因为当时只有他俩在场，而且两人的说法截然相反。在相关记述中，最不可靠的当属数十年后问世的梅特涅回忆录，但若比较此书与其他可得的资料，如当日梅特涅致弗朗茨的简短官方报告、两日后梅特涅致其妻埃莱奥诺蕾（Eleonore）的信、当时拿破仑告知科兰古的情况、1824 年马莱对费恩的陈述、拿破仑在生命还剩六周时对蒙托隆伯爵说的话，我们可以大致了解这次颇能决定欧洲命运的高峰会见中发生了何事。[89]

　　上午 11 点刚过不久，会谈开始。拿破仑想吓唬欧洲最冷静的政客梅特涅，以让对方放弃奥地利的调停计划。他觉得自己可以说服梅特涅返回法国阵营。相形之下，梅特涅则执意靠和谈缔结全面覆盖德意志、荷兰、意大利、比利时未解决的领土问题的和平协议。两人的视角大相径庭，这是会谈时间较长的原因之一。外交官梅特涅曾与法国议定拿破仑的婚姻，维也纳人士便认为他亲法。大军团在俄国崩溃时，他（至少当众）面露忧色。拿破仑日后指责梅特涅对和约确切条款含糊其辞，真是这样吗？或者说，他是故意玩拖延战术，好让祖国重整武装？他是否想让拿破仑看上去丧失理智，明知某事完全超出对方的接受范围还把它列入条件？抑或他真的想媾和，但又认为只有在欧洲各地的法军大规模撤离后和平才有保障？梅特涅向来反复无常，他很可能被一堆不断变化的要素驱使，这个要素

集合包括但不限于上述多个动机。梅特涅肯定认为，他在德累斯顿之时，大陆命运的主宰不是拿破仑，而是他自己。"数月

前，我独自为欧洲定好轴线，那时周围的人都觉得我的想法是琐碎愚念或浅薄幻想，"他对妻子自夸道，"现在，我让整个欧洲围绕着那轴线旋转。"[90]

关于会谈的各种叙述有多处矛盾。拿破仑承认，他一度把帽子扔到地上。梅特涅则告诉妻子，拿破仑扔了"四回"，他把帽子"……丢到屋角，像魔鬼一样咒骂"。[91]费恩说，会面结束时拿破仑答应参加布拉格会议。梅特涅则说四天后他才同意，当时自己正要乘车离开德累斯顿，而他钻进了马车。梅特涅称，自己警告拿破仑说"陛下，您输了!"，而对方则指责他收钱替英国人办事。[92]拿破仑的最后一句话是句蠢话，临终时，他承认自己犯了灾难性的错误，把梅特涅变成了"不共戴天之敌"。[93]当时，差不多话一出口他就设法弥补失误，假装那只是个玩笑。两人似乎彬彬有礼地结束了会谈，但梅特涅开始确信（或者说，他声称自己开始确信）拿破仑冥顽不灵、执意一战。

"你忘了过去的经历，"拿破仑对梅特涅说，"我三次赶走弗朗茨皇帝，坐上他的宝座。我承诺永远与他和平共处，我娶了他的女儿。那时我对自己说，你在干蠢事，但木已成舟，现在我后悔了!"[94]拿破仑随后跑题，他谈论奥军的兵力和战略，并吹嘘道，他对其部署了如指掌，所掌握信息细至"你方军队中那些鼓手"。为了证明他的谍报网工作多么厉害，两人返回他的书房，接下来一个多小时，他们挨个浏览纳博讷的间谍送来的奥军各团每日清单。

梅特涅提出，法军士兵"年纪轻轻"，据说拿破仑打断了

他：“您不是军人，不懂军人心思。我在战场上长大，像我这样的人，死一百万人也不太在乎。”[95]梅特涅在回忆录中写道：“拿破仑当时说的话恶劣得多，我不敢写下来。”拿破仑因百万生命之谈被狠批，人们认为此言明摆着证明他根本不关心士兵，可语境是关键之所在。当时他拼命想办法让梅特涅相信，除非和约条款适当，他非常乐意重回战场。拿破仑的这句话常被当作无情讥讽之论，然而，就算他真的说过，它也只是吓唬人的狂言。

梅特涅主张的和平条件远远超出把伊利里亚还给奥地利。他似乎提出了下列要求：半个意大利和整个西班牙实现独立；普鲁士收回《蒂尔西特条约》割让的几乎全部领土，包括但泽；教皇返回罗马；拿破仑卸下莱茵邦联保护人的身份；法军撤离波兰与普鲁士；汉萨港口取得独立；华沙大公国就此废止。有那么一会儿，拿破仑在挨着书房的地图室里喊道，他不介意放弃伊利里亚，但其他条件门儿都没有，这声音响到他的随员都听见了。[96]

梅特涅的要求实际上是恢复法国的战前边界，而拿破仑多次告诉自己的宫廷，如果他签署“屈辱”和约，让法国恢复旧疆界，法兰西人民就会推翻他。皇帝的警务报告常常指出，比起荣誉（la Gloire），法国人显然更想要和平，但他清楚国家荣誉是支持自己统治的四大重要柱石之一，其他三个则是国有财产权利、低税、集权政府。或许梅特涅诚心渴望和平（不过通常说来，“梅特涅”和“诚心”这两个词最兼容时也只是不和谐地搭在一起），但他索要的对价明显太高昂了。

“我和梅特涅的谈话又长又累，”次日，拿破仑致信玛丽·路易丝，“我希望能在几天内议和。我想要和平，但和平

659

必须光荣。"[97]同日，奥地利与普鲁士、俄国秘密签订又一份《赖兴巴赫条约》。奥地利在条约中承诺，要是拿破仑拒绝布拉格会议的和平条款，它就对法国宣战。此举当然导致普鲁士和已经变成法国死敌的俄国增加条件。

6月30日，拿破仑再次召见梅特涅。这回他们谈了四小时，把停火时间延长至8月10日。布拉格会议开幕日定为7月29日，拿破仑同意届时接受奥地利在会上的调停。"我觉得，"会面后，拿破仑告诉妻子，"梅特涅是个阴谋家，非常严重地误导弗朗索瓦爸爸。"[98]他批评道，假如弗朗茨皇帝对女婿开战，那将"有违人性"，但是在1807年①时，他自己也曾要求西班牙国王卡洛斯四世对其女婿葡萄牙国王开战，所以他的理由不太站得住脚。

6月21日，威灵顿在西班牙北部的维多利亚大败约瑟夫及其参谋长儒尔当元帅，约瑟夫损失了8000人和几乎所有西班牙王家艺术藏品。今天，这些艺术品展示于伦敦阿普斯利邸宅，温莎城堡（Windsor Castle）滑铁卢展馆则陈列着儒尔当的镶金蜂红色天鹅绒元帅权杖。7月2日，维多利亚会战的消息传来，严重削弱了拿破仑在将要召开的会议中的地位。皇帝称，维多利亚会战的败因是"约瑟夫睡了太久"，此乃荒谬之言。[99]与此同时，他致信玛丽·路易丝，说约瑟夫"不是个军人，什么也不知道"，不过这话不禁引人思考为何他要让哥哥统帅47300人去对付马尔伯勒之后最伟大的英国军人。[100]因为在西班牙的灾难，兄弟俩的感情与信任几乎完全破裂，他们都把责任算到对方头上。五天之后，拿破仑告诉玛丽·路易丝，

---

① 原文误作"1800年"。——译者注

如果约瑟夫常住瓦兹河（the Oise）岸边他那可爱的莫特方丹城堡与其小岛、橘园、大鸟舍、两座公园以及全欧洲风景最美丽的一些花园，则"他必须使用化名，而你一定要忽视他。我不要他干涉政治，也不允许他在巴黎策划阴谋"。为了保护潘普洛纳和圣塞瓦斯蒂安，拿破仑命令苏尔特接手约瑟夫麾下溃败的军队，并让卓越干将奥诺雷·雷耶（Honoré Reille）、贝特朗·克洛泽尔（Bertrand Clauzel）、埃尔隆伯爵让·巴蒂斯特以及奥诺雷·加赞任其主要副手。

7 月 12 日，俄军、普军与瑞典军的总参谋部在特拉申贝格（Trachenberg）① 协调战略，以防布拉格会议失败。从领导人的表现来看，这一回，他们难得从历史中汲取了教训。联军指挥官明白，拿破仑常常包抄敌军侧翼，然后痛击中路，于是他们采纳奥军将领约瑟夫·拉德茨基（Joseph Radetzky）的战略：全军分成三个军团后进军萨克森，不给拿破仑本人开战的机会，而是在他面前撤退，并集中兵力攻击其部将的弱势部队。要是拿破仑进攻一个军团，另外两个就攻其侧翼或后方。这个主意将迫使他从下列三种决策中选择：采取守势；敞开交通线；分散军队。[101]联军制定的特拉申贝格战略明确地旨在制约拿破仑的军事天才，它将产生巨大的威力。

7 月 29 日，布拉格会议终于召开，科兰古和拿破仑代表法国出席。当时，皇帝对费恩说：

> 俄国有权获得对其有利的和平，它打了两年仗，首都　661

---

① 今日米格鲁德（Żmigród）。——译者注

丢了，省份毁了，而它将用那一切换来这种和平。相反，奥地利不配得到任何东西。在当前形势下，我不反对可让俄国增光的和平，但奥地利背叛了我们的同盟，我的确不愿见它摘取平定欧洲的果实与荣誉，把它们当作背叛罪行的奖励。[102]

拿破仑认为弗朗茨和梅特涅正在策划背信弃义之事，他不想为此给他们好处。收到间谍的情报后，他在 8 月 4 日警告元帅们："布拉格会议上什么事也没发生。他们不会得出任何结论。联军想在 10 日打破停火状态。"[103]

8 月 7 日，梅特涅提出下列要求：重新瓜分华沙大公国；解放汉堡（停火协议签订前，达武占领了汉堡）；但泽和吕贝克成为自由城市；以易北河为界重建普鲁士；割让伊利里亚（包括的里雅斯特）给奥地利。[104]如果执行梅特涅的提案，那么此前七年的战事就付诸东流，联军会陷入尴尬境地，成千上万牺牲者的血也白流了，尽管如此，那个年代的其他政客几乎都会答应这些条件。然而，法兰西皇帝、恺撒与亚历山大的继承人完全不能接受他眼中的屈辱和平。

# 第二十七章　莱比锡

恐惧与不确定性会加速帝国的崩溃；它们比一场注定
失败的战争的危险和损失更致命一千倍。

——1804 年 12 月，《箴言报》所载拿破仑的发言

两支排成作战序列的军队相遇，若一军需经桥梁撤
退，另一军占据敞开的包围圈外缘，则后者掌控全部优
势。

——拿破仑军事箴言第 25 条

1813 年 8 月 8 日，拿破仑从德累斯顿致信达武，警告对
方：“毋庸置疑，敌人定会在 10 日取消停火协议。16 日或 17
日，敌对状态将卷土重来。”照他预计，届时奥地利会派 12
万人、3 万人和 5 万人分别对付他、拜恩与意大利的欧仁。[1] 然
而，他还是总结道：“不管这事让联军增加多少兵力，我认为
自己都能应对。”8 月 10 日，他便提前五天庆祝生日，这是他
在位期间最后一次正式庆生。萨克森骑兵上校恩斯特·冯·奥
德莱本（Ernst von Odeleben）男爵在回忆录中记载道：军队举
行了一次两小时长的阅兵式，共 4 万名士兵参加；伴着礼炮轰
鸣，德累斯顿的一座大教堂中响起《感恩赞》的歌声；易北
河畔的椴树下，帝国近卫军与萨克森王国近卫军宴乐；乐队演

奏军乐；每个士兵都领到两倍军饷和双份肉；萨克森国王在军中分发成千上万瓶葡萄酒。至于拿破仑，他"身着盛装，全速驰过队列，这时'万岁'呼声回荡不息"。法军炮兵和萨克森炮兵"一同痛饮狂欢"，没几个人能猜到要不了几周他们就会对轰。晚上 8 点，拿破仑去萨克森国王的宫殿出席生日宴。筵席散场后，他们的士兵共同庆祝，在桥两边燃放烟火。"蔚蓝天空给无数火箭平添一层魅力，"奥德莱本回忆道，"它们飞过城中阴暗的屋顶，彼此交错，照亮浩渺夜空……停了一阵后，拿破仑的花押字高悬皇宫上空。"[2] 一名渔夫太靠近火箭，结果受了致命伤，等人群散去后，岸边传来他的"悲切哭声"。"这是否算个不祥之兆，"奥德莱本想，"预示庆生的英雄前途堪忧？"

1813 年 8 月中旬，拿破仑已聚集 4.5 万名骑兵，他们散布于四个军和十二个师。[3] 与停火协议刚签订时相比，他的骑兵数量大大增加，但仍然不足以对抗集结起来的敌人。11 日中午，联军宣布废止停火协议，这和拿破仑的估计结果相差不到二十四小时，他们声称将在 17 日午夜重新开战。[①] 12 日，奥地利对法宣战。在梅特涅的操纵下，奥地利先离开盟友，再奉行中立，接着它实施所谓的客观调停，停火协议终止后次日，它又加入第六次反法同盟。梅特涅的巧妙手腕被称作"外交艺术杰作"。[4] 拿破仑只觉得他要两面派。"布拉格会议从未正经议事，"他告诉符腾堡国王，"奥地利借此挑明立场。"[5]

---

① 甚至在这种危机时刻，拿破仑也设法确保法兰西喜剧院演员在战事重启前返回巴黎。Bausset，*Private Memoirs*，p. 395. 8 月 12 日，他给了乔治小姐 2 万法郎，此举可能只是回馈她的歌声。Branda，*Le prix de la gloire*，p. 57.

皇帝致信奈伊和马尔蒙，他告诉两人，自己将在格尔利茨（Görlitz）和包岑之间立足，并观察奥军与俄军的动向。他在总结时老调重弹，写了一句已然为人熟知的话："依我看，除非先来场大会战，当前战役不会有好结果。"[6]

战略形势固然严峻，但并不绝望。正如拿破仑所说，虽然强敌从三面包围他，但他拥有萨克森境内的内线优势。施瓦岑贝格率波希米亚军团从波希米亚北部赶来，该军团由奥地利人、俄国人、普鲁士人组成，其兵力合计 23 万人；布吕歇尔率西里西亚军团从上西里西亚向西，该军团由普鲁士人、俄国人组成，其兵力合计 8.5 万人；贝纳多特率北方军团从勃兰登堡南下，该军团由普鲁士人、俄国人、瑞典人组成，其兵力合计 11 万人。这三路军团共有 42.5 万人，另有联军部队正奔赴前线。拿破仑用 35.1 万人对付他们，他的军队分布在汉堡与奥德河上游之间。[7]此外，9.3 万人驻守德意志与波兰的城镇，5.6 万人在法军兵站受训，但这些人不能马上投入战斗。拿破仑需要实施往日他常常采取的策略，也就是在中央集中兵力，各个击破敌军。然而，他没有那样做，反倒分散兵力，这是个严重的错误，违背了其军事箴言中最重要的两条："保持兵力集中"；"不要小股小股地浪费军队"。[8]

拿破仑的计划如下：他亲率 25 万人对战施瓦岑贝格，与此同时，乌迪诺（尽管元帅抗议）率 6.6 万人北上，力图攻克柏林，让－巴蒂斯特·吉拉尔（Jean-Baptiste Girard）将军则率 9000 人去守马格德堡，该地位于乌迪诺军以西 80 英里处。他还对达武下令：留下 1 万人驻守汉堡，另派 2.5 万人支援乌迪诺。昔日，拿破仑只会集中兵力歼灭敌军主力，这套战略他屡试不爽，但就像进攻莫斯科时一样，现在他抛开了这种

664

做法，反倒被次要的政治目标干扰，如攻克柏林并惩罚普鲁士的渴望。他也没规定达武和乌迪诺谁指挥谁，这导致北部战场缺乏统一调度权。

就算乌迪诺攻下柏林，和 1806 年时相比，在 1813 年拿下柏林并非更能保障胜利；如果法军集结起来，击溃施瓦岑贝格，则贝纳多特无论如何也守不住柏林。拿破仑明白，战役将在萨克森或波希米亚北部见分晓，他让乌迪诺阻止贝纳多特夺取易北河、保卫法军后方，但他仅仅拨给对方一支骨干军队。[9] 达武元帅的独立指挥战绩最能体现其才干，拿破仑却让他处理德意志西北部不存在的威胁，此乃惊人的浪费人才之举。

8 月 15 日是拿破仑的 44 岁生日。这一天，皇帝从德累斯顿去西里西亚，打算在那攻击布吕歇尔，此人已占领布雷斯劳（Breslau）①。途中，他在包岑同缪拉会合。出乎意料，缪拉重新拥护他的事业。皇帝回报了缪拉，让他重任骑兵总指挥。当日，拿破仑告诉乌迪诺，马格德堡的吉拉尔师有 8000 ~ 9000 人，这是实话。然而就在第二天，他便对麦克唐纳保证道，吉拉尔师有 12000 人。[10]

"是他想要开战。" 拿破仑致信玛丽·路易丝，提及其父时称，"因为他野心勃勃、贪得无厌。事件会决定态势。"[11] 从那以后，他只称呼弗朗茨皇帝为 "你爸"（ton père）或 "弗朗索瓦爸爸"，8 月 17 日的信便是如此，那天他写道："你爸被梅特涅骗了，同我的敌人联手。"[12] 身为法国摄政皇后与贤

---

① 今弗罗茨瓦夫（Wrocław）。——译者注

妻，玛丽·路易丝忠于丈夫而非父亲，待在法国而非祖国。

　　联军如约践行特拉申贝格战略，他们在拿破仑面前撤退，并寻找他的主要部将。8月16日，布吕歇尔便准备好在博伯河（the Bober）① 与卡茨巴赫河（the Katzbach）② 之间进攻奈伊，但拿破仑率野战军主力的大股部队前来，于是他撤走了。乌迪诺进军柏林，瓢泼大雨几乎令炮兵寸步难行，拖慢了他的进度。8月21～23日，乌迪诺在大贝伦（Gross-Beeren）三度与敌交手。比洛的普军与斯特丁克（Stedingk）伯爵的瑞典军猛攻乌迪诺，击败了他。如果拿破仑处于这种境地，他会倾向于退往卢考（Luckau），但乌迪诺却撤退至维滕贝格（Wittenberg）。拿破仑对贝尔蒂埃说，"真难当一个比雷焦公爵③更没脑子的人"，然后他派奈伊接手乌迪诺的指挥权。[13]

　　8月20日，拿破仑在波希米亚，他想阻止施瓦岑贝格去布拉格。"我赶走了奈佩格将军，"当天，他告诉玛丽·路易丝，"俄军与普军进入了波希米亚。"[14]才过一年，时髦的独眼奥军将领亚当·冯·奈佩格（Adam von Neipperg）就在私生活领域狠狠报复了他。拿破仑听闻波希米亚军团大举进攻德累斯顿，22日他便调转军队，奔回该地，并留麦克唐纳提防布吕歇尔。与此同时，他致信圣西尔："我认为，要是敌人成功实施大调动，前往德累斯顿，那将是非常好的消息，它甚至可驱使我在数日内打一场大会战。决定事态的永远是会战。"[15]当日，他还致信侍从长孟德斯鸠伯爵，声称自己不满巴黎的生日庆典。"我听说，8月15日那天，管理乱糟糟的，以至于皇后

---

① 今布布尔河（Bóbr）。——译者注
② 今卡恰瓦河（Kaczawa）。
③ 指乌迪诺。——译者注

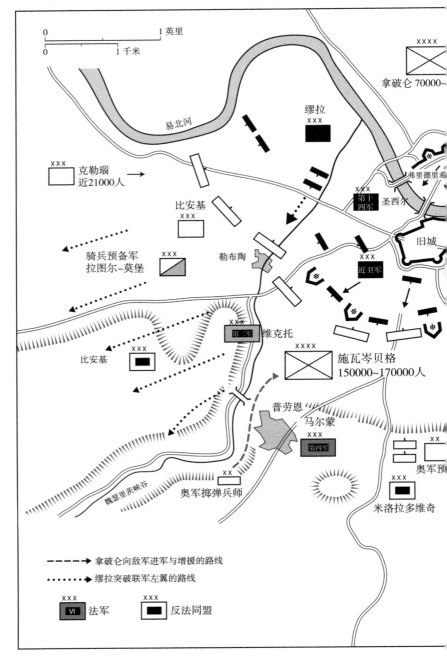

易北河

拿破仑 70000~

缪拉
×××

克勒瑙 →
近21000人
×××

弗里德里希

第十四军
×××
圣西尔

比安基
×××

旧城

骑兵预备军
拉图尔-莫堡
×××

勒布陶

近卫军

维克托
第二军
×××

比安基
×××

施瓦岑贝格
150000~170000人
××××

魏瑟里茨峡谷

普劳恩
马尔蒙
第四军
×××

奥军预

奥军掷弹兵师
××

米洛拉多维奇
×××

- - - → 拿破仑向敌军进军与增援的路线

• • • • → 缪拉突破联军左翼的路线

法军
×××
VI

反法同盟
×××

# 24. 德累斯顿会战

拉图尔—莫堡

骑兵
预备军

第二军 维克托

第六军 马尔蒙

易北河

通往包岑

莫尔捷

兰格拉本河

维特根施泰因

N
W E
S

巴克莱

大花园

斯特

圣西尔

第十四军

俄军预备队

近卫军
奈伊

近卫军
莫尔捷

维特根施泰因

洛伊布尼茨

欧仁
12500人

近皮尔纳

通往皮尔纳

第一军
旺达姆
40000人

近皮尔纳

听糟糕的音乐时耽搁了很长时间，"他写道，"这导致公众烟火等了两小时。此事令我非常不悦。"[16]

668　　　　1813 年 8 月 26 ~ 27 日，德累斯顿会战爆发。拿破仑的情报人员送来警报，准确地指出庞大的联军部队正在向城市集中。19 日，巴克莱·德·托利的俄军已同施瓦岑贝格会师，他们组成一支浩大军团，其兵力有 237700 人，包括 172000 名步兵、43500 名骑兵、7200 名哥萨克与 15000 名炮兵，而且该军团共有 698 门大炮。8 月 21 日，扩充后的波希米亚军团分五路纵队进入萨克森。维特根施泰因率 28000 人的纵队前往德累斯顿。然而，拿破仑控制了易北河上所有的桥梁，因此法军可在河流两岸行军。

在德累斯顿本身，旧城（Altstadt）防御工事实际上呈半圆形，其两端固定在易北河上。圣西尔军的三个师驻守旧城防线，其兵力约为 19000 名步兵与 5300 名骑兵。城市卫戍部队的八个营在城墙上就位。26 日上午 10 点，拿破仑驰至战场，准许圣西尔如此布局。他犯了胃病，战前因胃疼而呕吐，但他还是下达了连珠炮般的指令。旧城外有 5 座大多面堡，新城内有 8 座，这些堡垒中皆设大炮。旧城街道和大门上都布置了障碍物。以城墙为基，方圆 600 码之内的树全被砍了。30 门大炮在河流右岸组成炮群，以便轰击维特根施泰因侧翼。[17] 冯·克勒瑙（von Klenau）将军的奥军纵队行动迟缓，导致总攻延迟至次日，这有利于法军开展上述准备工作。

沙皇亚历山大、让·莫罗将军（他离开了流放地英格兰，前来见证联军大举进攻拿破仑）、亨利·德·约米尼将军（奈伊的瑞士籍参谋长，停火期间他改投俄军阵营）都认为拿破仑的阵地非常牢固，不宜进攻，但普鲁士国王弗里德里希·威廉争辩道，不进攻会损害军队士气，他坚称联军应开战。上午9点30分，双方皆已做好战斗准备，但直到下午3点左右两军才有动作。当时，拿破仑命令圣西尔夺回城外某座紧挨城墙的工厂。法军只是稍稍前进，联军指挥官却误以为那是开战讯号，所以战斗爆发本质上是个意外。

　　下午4点时，维特根施泰因投身战团。青年近卫军抵御俄军进攻，而他冒着猛烈的炮火前进。五个猎兵团（轻步兵精兵）、一个骠骑兵团进攻城墙外的正宗巴洛克园林大花园（Gross-garten），步兵和炮兵支援他们。法军坚守大花园，他们设法让一个炮群穿过安东亲王园（Prinz Anton Gardens），上前轰击敌军侧翼。与此同时，法军在易北河对岸发射猛烈炮火，困住了正在进攻的两路俄军纵队。当日结束时，双方各占据半个大花园。今人可在高达300英尺的圣母教堂（Frauenkirche）穹顶上清楚地纵览战场。在5号多面堡，奈伊元帅率领青年近卫军和圣西尔军的部队冲锋，迫使奥军投入预备队，即便如此，一个黑森营也被包围，全营被迫投降。夜幕降临后，第一日战斗结束，联军有4000人死伤，这是法军伤亡的两倍。

　　晚上，维克托军增援拿破仑，进军弗里德里希施塔特（Friedrichstadt），马尔蒙前往中路，而老近卫军则渡过了易北河，组成中路的预备队。拿破仑有效地利用军体系，已为次日的会战调集155000人。整晚大雨如注，8月27日早上，天降大雾。浓雾散去后，拿破仑发现深邃的魏瑟里茨峡谷（Weisseritz ravine）把联军分成两半，只见峡谷一边是久洛伊·伊格纳茨（Gyulay Ignácz）伯爵指挥的联军左翼，另一边是其右翼与中路。[18]早上7点，他决定大举进攻，为此投入了

669

两个步兵军和几乎所有的骑兵。缪拉肩披镶金边斗篷，头戴羽饰，他预备用第 1 骑兵军的 68 个中队、30 门大炮进攻久洛伊军，维克托军的 36 个营、68 门大炮也将加入战团。

上午 10 点，克勒瑙终于同波希米亚军团会合，但奥军面临巨大压力。维克托军与艾蒂安·德·博德苏勒（Étienne de Bordessoulle）将军的重骑兵成功击退奥军侧翼。11 点，缪拉下令发动总攻，他高呼"皇帝万岁！"，冲向前方。法军炮兵充分支援勒布陶（Löbtau）一带，在那儿，街上设置了路障，房中开凿了供滑膛枪射击的枪眼，当地的奥军步兵遂陷入困境，他们的散兵被赶了回来。奥军从似有若无的雾气中看到，缪拉的步兵排成大股纵队，上前进攻。法军冒着猛烈炮火，填上村子间的缺口，并经过奥军队列，然后他们调转方向，袭击敌后。奥军反击，但其退路变得非常危险。

从凌晨 4 点开始，中路的奥军与普军便已做好准备，盼望战事重启。马尔蒙负责钉住他们，与此同时，法军侧翼将击败敌军。上午 8 点，圣西尔进攻施特雷伦高地（Strehlen heights）上的普军第 12 旅，迫使对方退往洛伊布尼茨（Leubnitz），俄军第 5 师与该旅在那会合。虽说滑膛枪有保护性火镰，但大雨浸湿了它们的火药池，所以在这场缠斗中，刺刀成了主角。

上午 10 点，拿破仑已在施特雷伦高地聚集了一个大型炮群，这些大炮控制了战场中央。圣西尔暂时停下，重组军队，这时奥军步兵对他发起反击。他力图前进，但联军的猛烈炮火把他推回原地。中午时分，拿破仑来到圣西尔身旁，他一边命令对方继续对敌施压，一边把青年近卫军投入洛伊布尼茨，试图从西里西亚步兵手中夺占村庄。下午 1 点，拿破仑直面联军中右翼。他置身可怕的炮兵对轰之中，亲自指挥一些骑炮兵，在很大程度上压制了奥军的很多大炮。在这次交火中，一发加农炮炮弹炸断了莫罗的双腿。正午后不久，普军骑兵开始前往右翼。圣西尔对敌军施加的压力慢慢打破平衡局面。

早上 7 点 30 分时，法军左翼的奈伊发动进攻。普军已被逐出大花园，他便借这座园林掩饰自己的部分进军行动。11点，拿破仑到达，他鼓励散兵积极进攻，尽管普军和俄军的骑兵不时阻挠他们。巴克莱·德·托利手上至少有 65 个俄军骑兵中队、20 个普军骑兵中队，但他没派他们出击。倾盆大雨中，大炮轰鸣声间或打断这场刺刀和马刀的战斗。施瓦岑贝格仔细地策划大反击，结果发现麾下部队皆已深陷缠斗，这正如拿破仑所料。

下午 2 点，拿破仑返回中路，他在拉赫尼茨（Rachnitz）附近用 32 门 12 磅炮组成炮群，轰击联军中路。5 点 30 分，施瓦岑贝格得知，旺达姆已在皮尔纳（Pirna）渡过易北河，正向他的后方进军。现在他别无选择，只能彻底放弃战斗。（旺达姆是个肆无忌惮的流氓，拿破仑曾说，每个军队都需要一个旺达姆，但假如有两个，他就得枪毙其中一个。[19]）傍晚 6点，法军停留在上午时联军曾占据的阵地。双方都损失了约10000 人，但缪拉在右翼取胜，俘虏了 13000 名奥军士兵，法军还缴获了 40 门大炮。[20]拿破仑听说施瓦岑贝格战死了，大喊道："施瓦岑贝格解除诅咒了！"皇帝希望施瓦岑贝格之死最终驱散 1810 年他婚庆时的火灾阴影，他日后解释道："我闻言欣喜，这不是说我盼着那个可怜人死，而是因为我心里的一块石头落了地。"[21]他后来才发现，战死的将军不是施瓦岑贝格，而是莫罗，于是懊恼万分。9 月 2 日，莫罗伤重不治，就在临终前，他致信妻子："那个无赖波拿巴总是很走运。原谅我的

671

潦草字迹。我全心全意地爱你、拥抱你。"[22]变节的将军辞世时还能勇敢地为自己的笔迹道歉，但他没有正确地评价拿破仑一连串的超常好运。

"我刚刚在德累斯顿大败三位君主亲自统领的奥军、俄军与普军，"拿破仑致信玛丽·路易丝，"我正在追赶他们。"[23]次日，他纠正了自己的话："弗朗索瓦爸爸明智地没来。"他接着说，亚历山大和弗里德里希·威廉"打得非常好，并迅速撤退"。拿破仑对奥军更加苛刻。"这是弗朗索瓦爸爸麾下最糟糕的士兵，"他告诉奥地利妻子，"他们在哪儿都打得惨兮兮。我俘虏了 25000 人，缴获 30 面军旗与无数大炮。"[24]事实与之相反，联军君主与将领错误布阵，缺乏协作，他们在战略与战术上都对不住部下，完全是靠坚强勇敢的士兵，这次两日会战才没有变成溃败。

拿破仑冒着大风雨驰过战场，他的感冒由此而加重了，战后，他上吐下泻。队列里的一个牢骚兵冲他喊："你得回去换衣服。"然后，他终于回到德累斯顿，并泡了个热水澡。[25]晚上 7 点，他告诉康巴塞雷斯："我太累，太心事重重，所以没法多写。（马雷）会替我写。此地事态进展非常好。"[26]拿破仑承受不起长期患病，就在一周前，他还给高级指挥官下达总指示："从我的立场看，绝不能制订任何不以我本人为中心的计划。凡是把我移至远处的方案皆会引发常规战争，那么敌军骑兵乃至将军的数量优势将彻底毁了我。"[27]此言公开承认，当元帅们面对比自身兵力多出 70% 的敌军时，不能指望他们完成胜利所需的必要军级调动。事实上，拿破仑觉得大部分元帅刚刚达到能够独立指挥的水平。

下面这件事佐证了拿破仑的判断。8 月 26 日，即德累斯顿会战第一日，在卡茨巴赫河畔的普鲁士西里西亚，布吕歇尔的西里西亚军团击溃麦克唐纳元帅的 67000 人（由法军和莱茵邦联部队组成）。[28] 拿破仑在圣赫勒拿岛上重申自己的观点："要是麦克唐纳等人知道自己在哪儿，并且听我命令行事，他们便是良将，超越这一层，情况就不同了。"[29] 就在麦克唐纳战败后次日，普鲁士国民后备军和一些哥萨克在哈格尔山（Hagelberg）成功歼灭吉拉尔将军的部队，而国民后备军一直装备长矛，不久前才换用滑膛枪。吉拉尔的军队遭受打击，严重减员，他费了很大功夫才返回马格德堡。8 月 29 日时，雅克·皮托（Jacques Puthod）将军的第 17 师（3000 人）被困在普拉格维茨（Plagwitz），其身后便是泛滥的博伯河。他们打光了所有弹药，被迫集体投降。第 17 师丢了三面鹰旗，战后，人们在河里找到了其中一面。[30]

拿破仑打算阻止施瓦岑贝格退往波希米亚，他命令旺达姆率 37000 人离开彼得斯瓦尔德（Peterswalde）①，然后"切入波希米亚，逐退符腾堡的亲王"。此举旨在切断通往杰钦（Děčín）、奥西希（Aussig）②、特普利茨（Töplitz）③ 的敌军交通线，但是巴克莱、康斯坦丁及普军将领克莱斯特（Kleist）的总兵力比旺达姆多出一倍。旺达姆的部队英勇奋战，给敌军造成大量伤亡，但是 30 日时，他被迫率麾下 10000 人在库尔姆村（Kulm）④ 附近投降。在旺达姆勇敢对战奥军前卫时，拿破仑

---

① 今彼得罗维采（Petrovice）。——译者注
② 今拉贝河畔乌斯季（Ústí nad Labem）。——译者注
③ 今特普利采（Teplice）。——译者注
④ 今赫卢梅茨（Chlumec）。——译者注

派缪拉、圣西尔、马尔蒙去特普利茨进攻奥军后卫，但他们救不了他。拿破仑自己病了，没法离开卧室，甚至直到 29 日下午时，他能去的最远地点也只是皮尔纳。[31]次日，让－巴蒂斯特·科尔比诺（Jean-Baptiste Corbineau）带来了灾难性消息，皇帝只能说："战争就是这样，早上来个大高潮，晚上又来个大低潮。胜利与失败仅一步之遥。"[32]

到 8 月末时，部将们已耗尽拿破仑靠德累斯顿胜绩所获得的优势，坏消息则继续传来。贝纳多特击败乌迪诺后，拿破仑派奈伊再度进攻柏林，以便重振形势。9 月 6 日，奈伊和乌迪诺在勃兰登堡登讷维茨（Dennewitz）与冯·比洛将军交手，两人告败。拜恩随后宣布中立，其他德意志国家不由得重新考虑自身立场，特别是在当月末联军宣布废除莱茵邦联之后。

673 　　9 月的大部分时间里拿破仑都待在德累斯顿。他不时冲出去迎战太接近的敌军，但无法采取任何大型攻势来左右战事，因为联军决心不给他任何开战机会，并继续集中兵力对付其部将。这几周，他沮丧灰心，间或急躁失态。600 名哥萨克在德累斯顿和托尔高之间进攻萨米埃尔－弗朗索瓦·莱里捷·德·谢泽勒（Samuel-François l'Héritier de Chézelles）将军的 2000 人（隶属第 5 骑兵军），拿破仑便致信贝尔蒂埃，称谢泽勒的部队应该更积极地战斗，哪怕"他们没有马刀或手枪，只用扫帚柄作战"。[33]

这种战斗损伤士气。在瓦格拉姆会战中，某个萨克森营曾归贝纳多特指挥，9 月 27 日，该营全体官兵改投贝纳多特。在巴黎，玛丽·路易丝要求元老院签发征兵令，招募 28 万人，其中至少有 16 万人是提前征召的 1815 年度新兵，而且 1814 年度新兵已全部应征。然而，在法国境内的很多地区，民众们已然普遍抗议继续征兵了。

蒂埃博将军在这次战役中任师长，他准确地总结了1813年秋天的事态：

> 这次庞大斗争的舞台扩张得令人心惊胆战。在这种战场上，可在几小时内，或者说至多一两天内完成的聪明、秘密、突然的机动不再构成优势。拿破仑……不能像马伦戈会战和耶拿会战时那样击退敌军侧翼，甚至不能像瓦格拉姆会战时那样，靠消灭敌军一翼击溃敌军。拿破仑发起出人意料的迅捷调动，它靠单单一次会战决胜战役或战争，并助他成名。贝纳多特带16万人去北边，布吕歇尔带16万人去东边，施瓦岑贝格带19万人去南边，他们用前线威胁我们，同时保持甚远间距，不给他机会实施这种调动。空间毁了他。重申一遍，在那之前，拿破仑从来没有同时对付一支以上的敌军，现在他面临三路敌人，若他攻击其中一路，侧翼就会暴露给另外两路。[34]

10月上旬，联军在法军交通线上自由穿梭，拿破仑有好几天不能收发信件。10月6日，拜恩对法宣战，形势大大恶化。"拜恩不会认真地向我们进军，"皇帝豁达地对费恩说，"要是奥地利全胜、法兰西遭灾，它的损失就太大了。它很清楚，这两个国家一个是天敌，一个是必要支援。"[35]次日，威灵顿渡过比达索亚河，离开西班牙。自从二十年前胡德将军撤离土伦后，这是外国军队第一次侵入法国本土。布吕歇尔率6.4万人横渡易北河，波希米亚军团（20万人）则进军莱比锡。拿破仑留圣西尔守德累斯顿，自领12万人北上。他打算先把布吕

674

歇尔赶回易北河对岸，再回身对付施瓦岑贝格。与此同时，他一直对柏林施加切实威胁。

施瓦岑贝格、布吕歇尔、贝纳多特指挥的联军共计 32.5 万人，拿破仑屯于莱比锡，其兵力远远少于他们的。10 月 10 日，三路联军向莱比锡集中，打算困住他。10 月 13 日清晨 5 点，他致信奈伊："莱比锡必将爆发大会战。"同日，他发现拜恩军同奥军会合，正威胁莱茵河。[36]拿破仑陷入严重的敌众我寡境地（他能指挥的总兵力只比 20 万多一点），但他决定为守卫莱比锡而战。次年，英国记者弗雷德里克·肖伯尔（Frederic Shoberl）称，莱比锡"无疑是德意志第一商都和欧洲大陆的巨大交易场"。[37]拿破仑怀疑很多士兵自己弄伤头部，拉雷医生则说，那是因为士兵装填弹药和开火时，其滑膛枪靠近前排跪着的战友的脑壳。皇帝相信了军医的话，于是他把部队分成两排，而非三排。"这种新阵型有个优势，"拿破仑说，"它让敌人以为军队人数比其实际兵力多三分之一。"[38]

10 月 14 日，帝国近卫军从迪本（Düben）来到莱比锡。当晚，拿破仑待在城市东部的罗伊德尼茨（Reudnitz）郊区，入住韦斯特（Wester）先生家。宫廷营房总管（maréchal de logis）照例用粉笔在每个将军的卧室房门上写下其姓名。拿破仑的房间里很快生起火，"因为陛下非常喜欢温暖"。[39]皇帝随后和韦斯特的首席书记员聊天。

拿破仑："你老板是干什么的？"

书记员："做生意的，陛下。"

拿破仑："什么生意？"

书记员："他是个银行家。"

　　拿破仑（微笑）："噢！那他轻如一根鸿毛。"

　　书记员："请陛下宽恕，事实不是那样。"

　　拿破仑："好吧，也许如两根鸿毛?"

675

他们讨论折扣的账单、利率、书记员的薪水、当前的（糟糕）商业形势和房主一家。"谈话中，皇帝的心情一直非常好，他经常微笑，吸了很多鼻烟。"冯·奥德莱本上校回忆道。[40]拿破仑住得很开心，临走时便留下 200 法郎，一名副官指出，此举"肯定不是惯常做法"。

　　次日，施瓦岑贝格的 20 万人在南部遇上缪拉，然后把一整天花在巡逻与小战之上。与此同时，布吕歇尔沿萨勒河、埃尔斯特河（the Elster）前进。当日，拿破仑骑着奶油色母马，向三个营分发鹰旗与军旗。伴随着鼓声，每一面将交给军官的未展开旗帜渐次从盒中取出。一名目击者回忆道：

　　　　（拿破仑的）语调清晰庄重，但并不十分响亮，或许可同轻声的（mezza voce）乐章区分开。他说："轻步兵第 26 团的士兵们，我把法兰西的鹰旗托付给你们。它将是你们的集结点。你们愿意誓死守护它吗？发誓吧，你们永远不会容忍别人侮辱法国，你可杀而不可辱！你们发誓！"他特意强调最后一句话，不仅换了副独特腔调，而且精神勃发。此讯号一出，军官们举剑，全体士兵热情高涨，在平常的欢呼声中，他们异口同声地大喊："我们发誓！"

昔日，军乐队常出席这种仪式，如今他们不再露面。"音乐家寥寥无几了，绝大部分人已葬身俄国雪原。"[41]

莱比锡会战号称"民族会战"（the Battle of the Natiions），当时它是欧洲历史上规模最大的会战。共有 50 万人参战，他们来自法兰西民族、德意志民族（双方都有德意志人）、俄罗斯民族、瑞典民族、意大利民族、波兰民族、奥地利帝国所有民族，联军中甚至有英军火箭队。[42] 会战打了三日，分别为 1813 年 10 月 16 日、18 日、19 日。拿破仑几乎聚集了法军所有野战军，他共有 203100 人（其中仅有 28000 名骑兵）和 738 门大炮。未上阵的有圣西尔军（在德累斯顿，有 30000 人）、拉普军（被困在但泽，有 36000 人）、达武军（在汉堡，有 40000 人）和住院伤病员（约 90000 人）。会战最后一日，联军一共能投入 362000 人与 1456 门大炮，这几乎是法军兵力的两倍。[43] 埃尔斯特河与普莱瑟河（the Pleisse）将广阔的战场分为两半，丘陵与通往东边的空旷平原为炮兵提供了平台，并掩护其后的军队。①

阿道夫·德·戈维尔（Adolphe de Gauville）上尉在莱比锡负伤，他后来回忆称，10 月 16 日早上，天色昏暗阴沉，天空落雨。"清晨 5 点，拿破仑让人把扶手椅和桌子搬到战场上。他有很多地图。他给许多军官和将军下令，他们一个接一个来听令。"[44] 根据拿破仑的计算，他可用 138000 人在城市以南对战施瓦岑贝格的 100000 人。他清楚，在西北边的布吕歇尔、北边的贝纳多特、东边的本尼希森赶到之前，他有一天、至多两天时间来战胜施瓦岑贝格。（会战第一日，本尼希森的前卫——哥萨克——到达战场，17 日，其

676

---

① 今天，观看战场的最佳地点为高达 270 英尺的民族会战纪念碑（Völkerschlachtdenkmal）顶端平台。

主力部队跟着抵达，并预备于次日交战。那时，贝纳多特也到了。）

16 日一早，普军从波尼亚托夫斯基的波兰人手中夺走马克 - 克莱贝格村（Mark-Kleeberg），会战随之爆发。普军和波兰人展开激烈的巷战，种族仇恨更是激化了战斗。瓦豪（Wachau）的守军相对较少，在一个普军旅的支援下，俄军迅速攻陷瓦豪，但法军炮兵完全阻止他们继续前进。中午至下午 1 点之间，拿破仑来了。他用 177 门大炮组成炮群，在其猛烈的连射下法军大举反击。俄军被迫退至莱比锡平原，那儿没有掩护，很多人被葡萄弹轰倒。

若有必要，拿破仑可退往西边。奥军将领久洛伊·伊格纳茨正威胁着这唯一一条逃生之路，他便派亨利·贝特朗将军的军去保护退路，导致他的主要攻势大大减弱。久洛伊占据公路附近的林德瑙（Lindenau），并站稳脚跟。将近傍晚时，奥军不顾密集炮火，猛攻燃烧的村庄，法军真的陷入危机了。贝特朗后退，重整队伍。下午 5 点，他开始反击。贝特朗设法扫清了公路，但久洛伊拖住他的军，立下了大功。

上午 10 点，克勒瑙进军至利伯特沃克尔维茨（Liebertwolkwitz），除了教堂和村子北端，该村很快失守。法军迅速反击，径直把奥军推回村外。热拉尔将军率其师（其中有很多意大利人）进攻小波斯纳（Klein-Posna）时负伤，随后，莫尔捷率领青年近卫军的师上前，并夺下该地。11 点时，联军退回初始战线，他们筋疲力尽，也用光了预备队。联军的攻势令拿破仑震惊，他本不想这么早动用预备队，但被迫让他们上场。弗里昂的老近卫军拿下莫伊斯多夫（Meusdorf）羊场，青年近卫军的两个师（由乌迪诺指挥）和大群骑兵预

677

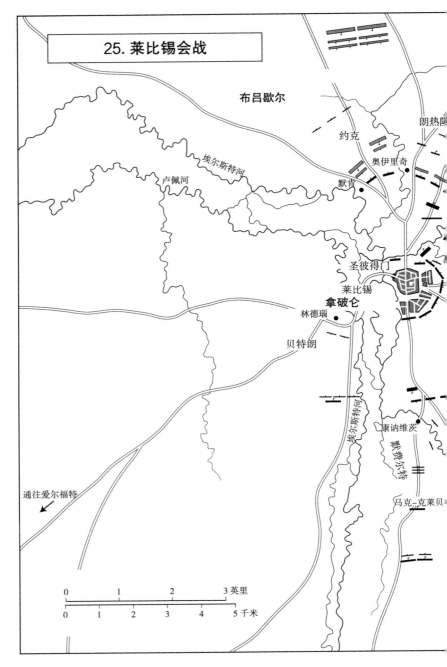

25. 莱比锡会战

布吕歇尔

埃尔斯特河

卢佩河

约克

奥伊里奇

默肯

朗热隆

圣彼得门

莱比锡

拿破仑

林德瑙

贝特朗

埃尔斯特河

康讷维茨

默费尔特

通往爱尔福特

马克-克莱贝

| 0 | 1 | 2 | 3 英里 |
| 0 | 1 | 2 | 3 | 4 | 5 千米 |

帕尔特河

贝纳多梣

陶哈

保恩斯多夫

塞勒豪森

普拉托夫

麦克库纳

小波斯纳

霍尔茨豪森

斯泰达

楚克尔豪森

本尼希森

科尔姆贝格高地

多夫羊场

瑙恩霍夫

利伯特沃尔克维茨

瓦豪

大波斯纳

施瓦岑贝格

备队在瓦豪后集结。

战场雾气散去后，拿破仑可以评估他的显著优势。瓦豪是联军战线最薄弱之处，他发现有机会在那儿切断敌军阵线。中午时分，他便派麦克唐纳军去击退敌军右翼。下午 2 点，皇帝亲自鼓励第 22 轻步兵团猛攻俯瞰大波斯纳 （Gross-Posna） 的高地科尔姆贝格山 （Kolmberg），他开玩笑说，他们只是在猛烈炮火下交叉着双臂站在基地边。[45] 第 22 团攻下了高地，不过亚历山大、弗里德里希·威廉、施瓦岑贝格看见了该团，遂派普军预备队去拦下敌人。（像战局前期一样，两位君主只是提供建议、鼓舞士气，专业军人制定军事决策。）

缪拉来到平原上，他在瓦豪和利伯特沃克尔维茨之间集结密集的骑兵纵队，以支援乌迪诺和波尼亚托夫斯基。下午 2 点 30 分，博德苏勒率骑兵在中路冲锋，他突破维特根施泰因亲王的步兵，进入联军大炮群的炮兵之中。博德苏勒的 18 个中队共有 2500 把马刀，他们冲向俄军近卫骑兵师，打败敌人，接着前往联军司令部。然而，法军步兵未能跟上冲锋。泥泞的地面也拖慢了博德苏勒的部队，他们只好撤走。撤退时，这些骑兵挨了很多下攻击，包括被友军误伤。

拿破仑一直在等待北边的马尔蒙赶来，但下午 3 点时，他决定用手头的兵力发动总攻。他让炮兵来到很靠前的地方，以便炮轰敌军中央；他命令骑兵连续冲锋和反冲锋，派步兵近距离射击。拿破仑差点突破联军战线，但奥军投入生力军，为了快点投入战斗，他们中有些人蹚过及腰深的普莱瑟河，俄军和普军队列也殊死抵抗，因此他未能成功。

拿破仑听见默肯方向不断传来加农炮响，他驰至战场北部，布吕歇尔和马尔蒙正在此交手。默肯的狭窄街道上，双方展开激烈的肉搏战。马尔蒙设法进入村子另一边的高地，而约克派骑兵冲锋，并让步兵提供支援。马尔蒙军被迫退入莱比锡城中。奈伊逐渐退向城市，他不但未能阻止布吕歇尔和贝纳多特前进，反而放弃了一个又一个牢固阵地。

联军从三面包围，拿破仑只好分散进攻的兵力，结果战场各地的法军攻势都太薄弱了，无法发挥决定性作用。下午5点，双方都准备好结束当日战斗。此战伤亡惨重，法军折损约2.5万人，联军折损约3万人。[46]当晚，拿破仑本该沿通往西边的路溜走，趁大股军队增援施瓦岑贝格前逃出陷阱，但他没有这样做。相反，10月17日一整天，他让军队休整，请求签订停火协议（被拒），并派当日被俘的奥军高级将领马克西米利安·冯·默费尔特（Maximilian von Merveldt）给弗朗茨皇帝送去斥责俄国的粗鲁信件。"这个半游牧民族本质上是征服者，他们的广大帝国从这儿一直延伸到中国，奥地利、法国乃至普鲁士费不了多大力气就能在维斯瓦河拦下他们那泛滥的人口，"之后他补充道，"我得靠牺牲结束事态。我知道，我准备好牺牲了。"[47]拿破仑告诉费恩，为了和平，他愿意立刻牺牲华沙大公国、伊利里亚、莱茵邦联。他也同意考虑西班牙、荷兰、汉萨城镇的独立问题，尽管对包括英国在内的全面处置方案而言，这只是部分内容。拿破仑想让意大利"王国保持完整与独立"，此言听来模棱两可，不像他给奥地利开出的实际条件，即撤离德意志，退至莱茵河以西。[48]三周之后，弗朗茨才回复拿破仑的提议，彼时，他所处形势已严重恶化。[49]

威灵顿后来说，如果拿破仑早点撤离莱比锡，联军将不会冒险靠近莱茵河。[50]可是，假如他不签订停火协议就撤出莱比锡，那么他实际上放弃了戍守东部要塞的数万人。他怕自己一

681　走，萨克森和符腾堡就会像拜恩一样离开他。因为这些原因，拿破仑没有退至爱尔福特，相反，他组织军火补给（会战中，法军炮兵一共发射了22万发加农炮炮弹，比瓦格拉姆会战中他们使用的炮弹多出三倍），命令全军在城市东北侧和南侧集结，排成半圆形，与此同时，他还派贝特朗和莫尔捷掩护出口，以便在必要时脱身。[51]17日晚，皇帝被重感冒击倒，但他决定和敌人一决雌雄。会战开始后，雷尼耶军的1.4万人增援拿破仑，然而，贝纳多特和本尼希森的师来了，因此施瓦岑贝格的援军超过10万人。[52]

　　10月18日上午8点，拿破仑驰往林德瑙。当天大部分时间，他待在托恩贝格（Thonberg）的烟草工厂，老近卫军与近卫骑兵在该地留作预备。① 此时，阳光闪耀，军队准备作战。为了应对新一轮战事，施瓦岑贝格动用29.5万人与1360门大炮，组织了六次大规模集中进攻。他打算先攻占康讷维茨（Connewitz）、马克－克莱贝格（Mark-Kleeberg）、普罗布斯泰达（Probstheida）、楚克尔豪森（Zuckelhausen）、霍尔茨豪森（Holzhausen）、林德瑙和陶哈（Taucha），再击溃莱比锡本地的法军。

　　当天上午晚些时候，本尼希森来了。他已从麦克唐纳手中夺下霍尔茨豪森及其邻近村庄。雷尼耶的援军位于麦克唐纳以左，这支部队里有5400名萨克森人与700名符腾堡人，但上午9点时，这些到达战场的生力军突然带38门大炮改投联军，导致拿破仑的阵线出现大缺口。让·德弗朗斯（Jean

---

　　① 在英戈尔施塔特的拜恩陆军博物馆（Bavarian Army Museum）的宏大立体模型中，这座工厂最引人注目。

Defrance）将军的重骑兵师试图填补口子。[53]事实上，萨克森炮群的炮兵掉过头来，卸下大炮，开始冲法军战线开火。耶拿会战后这些人背叛了普军，此后七年他们一直在拿破仑麾下作战。如此冷酷的叛离沉重打击了法军士气。

冯·比洛很快占领了保恩斯多夫村（Paunsdorf）。拿破仑派老近卫军和青年近卫军夺回该村，但普军人数众多，就连这些精兵也被赶了回来。维克托和洛里斯东守卫普罗布斯泰达，该地成了名副其实的要塞，一整天都没陷落，尽管沙皇本人也在密切关注攻占行动。两个普军旅试了三次都没成功，俄军第3步兵师也得闷闷不乐地退回其轻步兵屏障后。拿破仑非常担心这些攻势的力度，遂派老近卫军屈里亚尔（Curial）师上前增援，但他感激地发现战事不需要他们。 682

在莱比锡以北，马尔蒙和俄军将领、法国流亡者朗热隆激烈争夺舍讷费尔德（Schönefeld）。马尔蒙调走苏昂军所有大炮来补充自己的，所以他能用 137 门加农炮对付朗热隆的 180门。两个大炮群炸平了它们之间的地面。猛烈的炮击连续不断，6 名法军将领非死即伤。午夜时分，马尔蒙撤回莱比锡城外的战壕，炮轰这才停止。朗热隆对付马尔蒙时，布吕歇尔正向莱比锡郊区推进。奈伊派两个师反击，攻打塞勒豪森村（Sellerhausen）。在这次战斗中，英军发射了声音大、破坏力强的康格里夫（Congreve）火箭。这种武器发挥了巨大作用，比如沉重打击法军士气。十六年前人们就知道火箭了，在1807 年哥本哈根海战中，火箭的威力得到证实，但拿破仑没有建立自己的火箭队。

下午 4 点 30 分左右，在茨韦 - 瑙恩多夫（Zwei-Naundorf），拿破仑亲率老近卫军和近卫骑兵上前反击，他们投身战斗，直到最后一刻才抽身。可是联军打得老近卫军无法前进，俄军和普军的人潮也渐渐逐退法军。"这时，我看见皇帝置身敌人的一大波霰弹之下，"法军某腾跃兵连的军士长约翰·勒里希（Johann Röhrig）回忆道，"他面色苍白，像大理石一样冷淡。他的脸上仅仅偶尔闪过怒气。他明白一切都完了。我们只是为撤退而战。"[54]勒里希给了一些老近卫军掷弹兵2克朗（即6法郎，相当于三日军饷），买来8个土豆。事后，他如此记载当日情况：

> 我不明白，为什么皇帝这样的聪明统帅竟让我们挨饿。要是有充足食物，军旅生活将大大不同。然而，没有经历过的人根本想象不出，皇帝亲临时，腹中半饱、疲惫不堪的士兵会爆发出怎样的热情。假如所有人士气消沉，而他出现了，那士兵就会像被电击了一样。大家高喊"皇帝万岁!"，盲目地冲进火海。[55]

683 当天，激烈的连续炮轰和肉搏战导致双方各损失约2.5万人。

10月19日上午，拿破仑终于决定撤军。三天前，他授予波尼亚托夫斯基元帅权杖。19日那天，他对波尼亚托夫斯基说："公爵，你来守南部郊区。""陛下，我的人太少了。"波兰人回答道。"嗯，你有什么就用什么守卫自己!"拿破仑说。"啊，陛下!"新近册封的元帅说，"我们会坚持到底! 我们都准备为陛下献身。"[56]当天晚些时候，波尼亚托夫斯基践行了承诺。很多萨克森人叛变了，而萨克森国王的战场指挥官没有背叛。拿破仑造访了萨克森国王，上午10点左右，他离开城市。

"拿破仑离开莱比锡，他骑着马，慢慢穿过圣彼得门（St Peter's Gate）。他看上去沉着镇静，"冯·奥德莱本上校回忆道，"但他汗流浃背，原因也许既是体力消耗，又是精神紊乱。"[57]撤退陷入了混乱，"弹药马车、宪兵、炮兵、牛羊、女人、掷弹兵、驿马车、健康人、伤员、垂死者全挤作一团，奋力向前。队形如此混乱，以至于几乎不可能盼着法军继续行军，更别提保护自己了"。[58]10点30分，联军开始攻城，大大加剧了混乱形势。

普莱瑟河、卢佩河（the Luppe）、埃尔斯特河上没有建浮舟桥，因此所有人都得经过城中唯一一座桥。该桥位于一连串狭窄街道的末端，横跨普莱瑟河。11点30分，灾难发生了。此时离全军完成过桥尚需很久，但桥被炸毁了，无须被俘即沦为战俘的士兵人数远远超出2万，战败变成了溃败。拿破仑的第50期公报点名批评蒙福尔（Montfort）上校，说他把任务交给"一个下士，这人是个白痴，不懂自己身负何等职责"。[59]爆炸撼动城市时，人畜尚在桥上，人与马的肢体便如下雨般落在街上与河里。[60]一些军官决定游泳过河，以免被俘。麦克唐纳成功了。波尼亚托夫斯基骑马下水，但那匹马爬不上对岸，摔倒在主人身上，结果他连人带马被激流卷走。[61]一名渔夫从河中打捞上波尼亚托夫斯基的尸体，一些波兰军官想把元帅的镶钻肩章、戒指与鼻烟盒还给其家人，渔夫把这些东西卖给他们，赚了一大笔钱。[62]拿破仑有一个装外国报纸的红皮公文包，上映醒目烫金字"外国报纸"（Gazettes Étrangères）。此公文包和他的马车一同被缴获，它在贝纳多特眼皮底下被人打开。①

684

---

① 这只公文包今展示于斯德哥尔摩王宫旁边的绝佳展馆——军械博物馆（Armoury Museum）。

"胜负相隔无穷距离,"莱比锡会战前夜,拿破仑说道,"帝国横亘其间。"[63] 从死者算到伤员的话,三天之内,拿破仑损失了 4.7 万人。约 3.8 万人被俘,另有 325 门大炮、900 辆货运马车、28 面步兵和重骑兵的军旗(包括 3 面鹰旗)被缴获。从数据上看,这显然是拿破仑军事生涯中的最大败仗。[64] 皇帝在公报中承认的战损是 1.2 万人与数百辆货运马车,他还说损失的主要原因在于桥梁被炸毁。"炸桥导致军队陷入混乱,改变了局面,"他写道,"凯旋的法军像败军一样抵达爱尔福特。"[65] 后来又有士兵逃跑、叛变,因此他只能带着 8 万人返回萨勒河对岸,而战局开始时,他的大军团有 20 多万人。"我们的混乱队伍中暴发了伤寒,疫情可怕,"巴雷斯(Barrès)上尉回忆道,"所以也许能这么说,离开莱比锡时,我们遭遇了能吞噬军队的一切灾祸。"[66]

拿破仑且战且退至莱茵河畔;21 日,他分别在克森(Kösen)和弗赖堡(Freiburg)驱散奥军与普军;27 日,他在赫瑟尔贝格(Hörselberg)赶走俄军;30～31 日,他在哈瑙(Hanau)战斗两日,逐退拜恩军。11 月 2 日,他在美因茨渡河,返回莱茵河对岸。次日,他致信妻子:"要冷静,要高兴,并笑话那些杞人忧天的家伙。"[67]

然而,拿破仑的军队中仍有 12 万人被困在易北河、奥德河与维斯瓦河的要塞中:拉普在但泽(他的 4 万名有生力量最后减至 1 万名);阿德里安·迪塔伊(Adrien du Taillis)将军在托尔高;让·勒马鲁瓦将军在马格德堡;让·拉普瓦佩将军在维滕贝格;路易·格朗多(Louis Grandeau)将军在斯德丁;路易·达尔布(Louis d'Albe)将军在屈斯特林;让·德·拉普拉内(Jean de Laplane)将军在格洛高;还有部队在德累斯顿、爱尔福特、马林堡（Marienburg）①、莫德林、扎莫希奇（Zamość）与韦瑟尔（Wesel）。达武守住了汉堡和易北河下游，但是 1813 年年末，大部分东部要塞一个接一个陷落，原因常常是饥饿。一些守军一直坚持到 1814 年战役结束，但围城期间，除了镇压本地民兵部队外，没有一个要塞发挥了任何作用。拿破仑在离他如此远的东方留下这么多人，可见他的乐观心态不曾动摇。到 1814 年时，要塞守军大都被俘。

685

　　1813 年战局中，2 名元帅（贝西埃与波尼亚托夫斯基）、至少 33 位将军身亡，缪拉也叛变了。10 月 24 日，他和拿破仑待在爱尔福特，但他暗中答应加入联军，条件是对方保证继续让他当那不勒斯国王。然而，拿破仑并未气馁，至少他不曾当众面露沮丧神情。11 月 9 日，他到达巴黎，（照费恩的说法）他"竭尽全力，把剩余资源转化为最佳筹谋"。[68]皇帝命令科兰古接替马莱任外交部长（他两次提出让在野人士塔列朗恢复此职，表示自己有意与对方和解）；他颁布紧急征兵令，下令征募 30 万人，尽管现在国内激烈地反对征兵，但他仍招到了 12 万人；他的前侍从武官、科兰古夫人的堂兄圣艾尼昂（Saint-Aignan）男爵从法兰克福带来联军的求和条件，而他认真考虑了这一提议。[69]根据名为"法兰克福和平基础"的条款，法国将恢复所谓的"天然疆界"。这一边界由利古里亚阿尔卑斯山脉、比利牛斯山脉、莱茵河与阿登高原（Ardennes）组成，它也是所谓的"波旁疆界"（哪怕波旁王朝攻城略地时经常跨越这些山河）。拿破仑得放弃意大利、德意志、西班牙与荷兰，但不用放弃比利时全境。[70]当时，西班牙仅剩少量卫成

---

① 今马尔堡（Malbork）。——译者注

部队坚守，而防守莱茵河对拿破仑来说不过是一通狂言，于是他告诉费恩，自己乐意交出伊比利亚半岛与德意志，但不愿让出意大利与荷兰。意大利可在战时"分散奥地利的注意力"，荷兰则"提供了那么多的资源"。[71]

11月14日，法兰克福提议送抵目的地。同日，拿破仑在杜伊勒里宫对元老院领导人发表演说。"就在一年前，整个欧洲随我们一同进军，"他坦率地说，"今天，整个欧洲向我们进军。事实是法国或英国决定世界的意见……后世会说，对法国或者我而言，如果重大危机爆发，它们也算不上十分要紧。"[72]次日，他指示科兰古，若英军到达巴约讷附近的马拉克城堡，就"烧掉它，还要烧掉我的所有房子，让他们没法睡在我的床上"。[73]

为了筹集1.8亿法郎，拿破仑下令对烟草和邮资征收双倍间接税，并把盐税税率上调一倍，但他也对莫利安承认，这些 686 措施是"我的最后一根救命稻草"。国库里仅剩3000万法郎，所以该动用这根稻草了。[74]拿破仑要求延迟支付所有津贴与薪水，从而继续执行战争管理部的命令。

12月1日，反法同盟公布法兰克福条款，声称将"保证法兰西帝国疆域超过所有法国国王的领土"。帕基耶与拉瓦莱特告诉拿破仑，他们的情报人员指出，法国人民希望他接受盟国的条件。[75]"聚会①时刻已到，"拿破仑煞有介事地对萨瓦里说，"他们看着狮子，认为他死了。复仇姗姗来迟，谁会第一个动手？假如法兰西抛弃我，我什么也做不了，但他们很快就会后悔。"[76]次日，科兰古致信梅特涅，同意接受"总体概要基

---

① 关于拿破仑提到的聚会，参见第二十一章中他说的话。——译者注

础"。[77]威灵顿渡过了尼夫河（the Nive），苏尔特退至阿杜尔河（the Adour），12月10日，梅特涅便回信称盟国正等待英国答复。拿破仑战争可以立刻结束了，但是，外国军队能从比利时海岸线入侵英国，只要法国占据这条海岸线上的任何地区，特别是安特卫普，英国就会抗议媾和。卡斯尔雷对梅特涅条件的反对破坏了法兰克福求和尝试，特别是自1814年1月他来到欧洲并鼓励沙皇彻底拒绝与拿破仑媾和之后，和平更是无望。[78]卡斯尔雷认为，只要拿破仑是法国君主，和平局面就不会长久。

"战局中，辉煌胜绩让法军增光，"12月19日，拿破仑告诉立法院道，"史无前例的背叛让这些胜利付诸东流。一切都反对我们了。要是法国人孱弱涣散，就连法兰西也会有危险。"他说只有丹麦和那不勒斯继续忠于法国，但他私下里还是怀疑那不勒斯。小妹卡罗琳和妹夫缪拉返回意大利，再度和奥地利人谈判。拿破仑致信妹妹、托斯卡纳女大公埃莉萨，叫她不给缪拉夫妇任何滑膛枪。他对立法院说"他不会反对重建和平"，并轻蔑地总结道："我从不迷恋繁荣，我将战胜逆境的打击。"[79]

拿破仑在元老院讲话时同样态度强硬。"如果外国人看到我们全民皆兵，他就会逃走，抑或在他自己提出的基础上签订和约。问题不再是收复我们征服的土地。"[80]元老院仍然忠诚，可是12月30日，立法院以223张赞成票对51张反对票的比例通过声讨拿破仑的长文，此文结尾主张政治与公民权利。文章总结道："无止境的野蛮战争定期吞噬从学校、农田、商界、艺术界拉走的年轻人。"[81]皇帝在俄国首次战败时，法国人容忍了他，但是莱比锡的灾难紧随其后，导致很多人反对他。

687

要是拿破仑还想掌权，他没多少别的选择，只能放逐以约瑟夫·莱内（Joseph Lainé）为首的作者们，并禁止该文出版。次日，他宣布立法院休会。

拿破仑麾下仅剩 8 万人不到，现在他不仅要对付莱茵河畔的 30 万名俄国人、普鲁士人、奥地利人，还需应对正在跨越比利牛斯山脉的 10 万名西班牙人、英国人、葡萄牙人。[82] "国家面临生死存亡，这不是跟我说宪法和人民权利的时候。"拿破仑告诉萨瓦里，"敌人正在靠近，我们不能浪费时间玩小鬼游戏。"[83]既然联军正在渡过莱茵河，国民团结就比政治纷争更重要。敌军即将侵略法国，拿破仑决意一战。

# 第二十八章　困兽犹斗

若一军兵力、骑兵数、炮兵数皆处劣势，则它绝对需 688
要规避普遍战斗。

——拿破仑军事箴言第 10 条

庞培需保住罗马，他应该在那儿集中所有兵力。

——拿破仑，《恺撒战史》

1709 年、1712 年、1792～1793 年、1799 年，法国曾先后面临被侵略的危机。当时，数量庞大的法军和 17 世纪军事工程师塞巴斯蒂安·德·沃邦（Sébastien de Vauban）建造的边境大要塞保护了它。[1] 这回情况不同了。联军兵力浩大，可以从侧面包抄并围困由凡尔登、梅斯（Metz）、蒂永维尔（Thionville）、梅济耶尔（Mézières）等东北部要塞组成的强大战线，此外，他们能把这个任务交给国民后备军、民兵、次要德意志国家的军队等二线部队。1792～1793 年，奥军和普军仅派 8 万人入侵法国，但他们的对手是 22 万名法军将士。1814 年 1 月，拿破仑面对的联军共有 95.7 万人，可他的野战军不到 22 万人，其中 6 万人与 3.7 万人分别随苏尔特和絮歇在法国西南部对付威灵顿的英国 – 西班牙 – 葡萄牙联军，5 万人随欧仁守意大利。在接下来的战役中，拿破仑的军队几乎不到 7 万人，而且他极其缺乏骑兵和炮兵。[2]

很多人是新兵，除了外套和军便帽，他们基本上没有军人样儿。然而，新兵们坚守在军旗下。1814 年战役中，共有 5 万名年轻的新兵经过库尔布瓦（Courbevoie）主兵站，在这些人中，只有 1% 的人当了逃兵。[3] 人们常说，拿破仑是吃人妖魔，他为了维持统治，送孩子们去战场当炮灰，但他其实不想这么做。"给我的得是成人，不能是孩子，"1813 年 10 月 25 日，他致信克拉克，"我们的少年最勇敢，但是……需让成人保卫法国。"1807 年 6 月，他告诉克勒曼元帅："18 岁的孩子太小了，不能去远方作战。"[4]

拿破仑试图重塑 1793 年的爱国情怀，甚至允许街头音乐家演奏先前被他禁掉的共和派圣歌《马赛曲》，但昔日的革命呼声"祖国有危险了！"（La Patrie en danger!）不再振奋人心。[5] 然而，他仍然盼望靠军队和自己的能力战胜敌人。"我和 6 万人在一起时，"他说，"我们相当于 10 万人。"[①][6] 可是，若法国人如拿破仑所愿动员起来，联军入侵时，法国境内就会爆发游击抗争，但根本没人打游击战。"公众意见是神秘莫测、不可抵御的无形力量，"拿破仑日后沉思道，"没有什么比它更善变、更模糊、更强大。虽然公众意见反复无常，但不管怎么说，它常常比人们想象的更加真实、理智、正确。"[7]

从大革命爆发到雾月政变历时十年，这一时期，波旁王朝大权旁落。此后十五年中，拿破仑继续阻止波旁王朝掌权，于

①　威灵顿完全赞同这一评价。1814 年，有人问他是否和拿破仑交过手，他回答："没有，我非常高兴没遇上他。不论何时，我宁愿听说有 4 万人援助法军，也不想听到他来指挥了。"Longford, *Years of the Sword*, pp. 248 – 9.

689

是他在很大程度上巩固了大革命的政治和社会进步成果。所以说，巴士底狱被攻占之后，法国已经换了一代人，民众也渐渐习惯了新近确立的自由与制度。然而，正统王朝连续组建六个反法同盟，对革命法国和拿破仑法国宣战。在这一系列战争中，很多法国人流血蚀财，对他们来说，这些代价已超出新自由与新制度的利益。法国人民打了二十二年仗，如今他们渴望和平。哥萨克在布洛涅森林（Bois de Boulogne）点燃营火，为了实现和平，法国人欢迎这种羞辱。拿破仑很快就发现，就连省长们也靠不住了，只有两人——斯特拉斯堡的阿德里安·德·勒泽－马尔内西亚（Adrien de Lezay-Marnésia）与贝桑松的德·布里（De Bry）——照其命令在省会避难，并抵御入侵。其他人要么"退休"（也就是说，一获知小战的消息就逃往内陆），要么像孚日省（Vosges）的安贝尔·德·弗莱尼（Himbert de Flegny）那样干脆投降。下塞纳省（Seine-Inférieure）① 省长路易·德·吉拉尔丹（Louis de Girardin）等人则升起百合花旗（fleur-de-lys）。[8] 拿破仑从厄尔巴岛回来后，好几个省长设法再度拥护波拿巴主义，结果他们只是在滑铁卢会战后三度倒向保王主义。[9] 1800～1838年，马恩省（Marne）省长克洛德·德·热桑（Claude de Jessaint）成功挺过每一次政权交替，他始终在职，也无人控诉他。

　　拿破仑失望地发现，没多少法国人响应1814年征兵令，只有约12万人应征，而名义上的征募人数要多出几倍。但等新兵真的到达兵站后，他也很难给他们制服和滑膛枪。近些年的征兵导致他的核心支持者富农疏远了他，国内亦出现激烈的

690

---

① 今滨海塞纳省（Seine-Maritime）。——译者注

反征兵暴动。1804 年 3 月至 1813 年 11 月，法兰西帝国签发 15 项法令、18 份元老院令、1 道参政院令，一共招募 2432335 人。1813 年应征人数占了将近其中一半，因为征兵者忽视了年龄与身高的下限。[10]（青年近卫军的身高要求原为 5 法尺 4 法寸，现在变为 5 法尺 2 法寸。）① 1800 ~ 1813 年，逃兵役者的比例从 27% 降至 10%，但是 1813 年年末，这一比率超过 30%，沃克吕兹省（Vaucluse）等北部省份也爆发大规模的反征兵暴动。[11]阿兹布鲁克（Hazebrouck）的 1200 多名暴民几乎杀死当地专区区长（sous-préfet），其中 4 人被处死。1804 年，拿破仑预断道，不受欢迎的征兵令与间接税有朝一日将毁灭他。据珀莱记载，他的"预言的确成真了，1814 年，复辟王朝的旗帜上就绣着'更多征兵、更多间接税'（Plus de conscription-plus de droits réunis）的口号"。[12]应税对象从酒、烟草、盐扩张至金银、邮票和扑克牌。法国人虽交税，但心怀怨愤。[13]

俄国灾难后，拿破仑能在战端重启前用四个月的时间重组并再补给军队，但这回他只有六周。自知之明是其人格中更具魅力的层面，1814 年年初，他便带着这种自知说："我不怕承认自己打了太多仗。我想确保法国当上世界之主。"[14]现在这已经不可能了，但皇帝打算利用内线痛击一切对巴黎构成较大威胁的敌军，他希望靠这招强迫反法同盟接受法兰克福和平基础，从而挽救自己的帝位。与此同时，拿破仑豁达地看待失败。他问廷臣们："要是我死了，人们会说什么？"没等他们想出一句恰当的油滑之词，他就耸耸肩，接口道："他们会松一口气：'呼！'"[15]

691

---

① 1 法尺为 12 法寸，约合 0.325 米；1 法寸约合 0.027 米。此处的身高要求仅指青年近卫军狙击兵的身高要求，不包括其他兵种。Alain Pigeard, *L'Armée de Napoléon 1800 – 1815*, p. 294. ——译者注

1814 年元旦，拿破仑在杜伊勒里宫御座大殿设宴。一名在场人士回忆道："他镇静严肃，但其眉间凝结着一团阴云，表明暴风雨将临。"[16] 他考虑了 1813 年年底时英国开出的和平条件，但拒绝了那一主张。1 月 4 日，他告诉科兰古：

> 要是法国失去奥斯坦德（Oostende）与安特卫普，它就没法和欧洲其他国家平起平坐。英国等国都明白法兰克福的这些限制。奥地利、俄国、普鲁士曾获得波兰与芬兰的土地，英国在亚洲有地盘，不能把法国在莱茵河与阿尔卑斯山脉征服的疆土当作这些地区的补偿……我已接受法兰克福提议，但盟国很可能有别的主意。[17]

拿破仑也能把俄国在巴尔干半岛所获地块与英国在西印度群岛所占土地列入单子。他提出继续抵抗，给出了下列论据：意大利"完好无损"；"哥萨克劫掠当地后，居民就会武装起来，则我军规模可翻一倍"；他的兵力够打好几次战斗。他不服逆境，意志坚决："假如幸运离我而去，我也下定了决心，我不在乎帝位。我不会答应这些屈辱的条件，让国家和自己丢脸。"拜恩、巴登、萨克森、符腾堡改投敌营，塔列朗、富歇等大臣叛离，就连缪拉和亲妹妹卡罗琳也反水了。拿破仑可以挺过这些背叛，但幸运一直是其最大支持者，如果它也抛弃他，他就挺不住了。在理智层面上，他自然非常清楚，天命和幸运不会左右自己的命运，但终其一生，这两个概念都影响着他。

1 月 16 日，拿破仑致信梅特涅，他恭维对方，请求与奥军停火。[18] 此信开头写道："亲王，我正致信像您这样开明的大臣。您本人很信任我，我自己也非常信赖您的坦率谈吐，您总是流露出高尚的情感。"拿破仑要梅特涅保密，这当然不可能，后者让其他盟国的人看了信。然而，1814 年春天，以科兰古为主的皇帝的全权代表们一直和反法同盟商谈和约可行性，而盟国每天都根据军队的运气换条件。为迎合民意，1 月21 日，拿破仑释放教皇，允许他从枫丹白露宫返回梵蒂冈。

692

1 月 11 日，缪拉与奥地利签署协议。他同意率 3 万人进攻意大利的欧仁，条件是对方给他安科纳、罗马涅，并确保他和他的继承人安坐那不勒斯王位。至此，缪拉的背叛已是板上钉钉。就在一周后，他占领了罗马，拿破仑便对萨瓦里说："他不太聪明，但他准是瞎了眼才会认为，一旦我倒台后，或者等我战胜这一切后……他还能留在那儿。"[19]拿破仑说的没错，不出两年，缪拉就被那不勒斯火枪队枪决。"那不勒斯国王的行径臭名昭著，王后干的事也没名声，"拿破仑回应妹妹和妹夫的行为道，"他们如此侮辱我和法国，做出如此可怕的忘恩负义之事。我希望我活得够长，能为自己和国家复仇。"[20]相形之下，波利娜给哥哥送去一些珠宝，好让他付军饷。约瑟夫则留在巴黎，指导摄政会议。3 月 24 日，拿破仑允许费迪南德七世回国，即便如此，约瑟夫仍自称西班牙国王。

1 月 23 日，拿破仑在杜伊勒里宫元帅厅（Hall of the Marshals）举行了令人动情的仪式。"我将皇后与罗马王托付给勇敢的国民自卫军。"典礼上，他对国民自卫军军官说，"我自信地动身去迎敌，把我最珍视的东西留给你们，那就是皇后和我的儿子。"[21]在场军官高呼"皇后万岁！"（l'Impératrice！）、"罗马王万岁！"（Vive le Roi de Rome！），帕基耶看到"很多人流泪了"。[22]拿破仑明白婴儿皇子的宣传价值，下令创作一幅版画来刻画儿子对天祈祷的场景，画上题字为："我请求上帝拯救父亲与法兰西。"他宠爱罗马王，这男孩能让他产生奇怪思绪。有一次，孩子跌了一跤，受了点伤，结果引发一场大骚动。"皇帝变得忧心忡忡，他说：'我见识过一发加农炮炮弹炸死一整排的二十人。'"23拿破仑宣称"有信心"取胜，但 24 日晚上，他烧掉了所有私人信件。次日早上 6 点，他离开巴黎奔赴前线。之后，他再没见过妻儿。

塞纳河、马恩河、埃纳河（the Aisne）贯穿巴黎以东的香槟地区，这些河谷是联军进军法国首都的天然走廊。双方在此开战时，西欧遭遇了一百六十年来最凛冽的寒冬，天气冷得就连俄军也惊讶。军中一直存在低体温、冻伤、肺炎、疲惫与饥饿现象。斑疹伤寒又成了特殊问题，尤其是在美因茨营地暴发大规模疫情之后。"我的军队！我的军队！他们真的以为我还有一支军队吗？"当时，拿破仑告诉警察局长帕基耶，"他们难道不明白，我从德意志带回来的人其实都死于这恶疾吗？事实证明，继其他灾难后，它是压倒我们的最后一根稻草。还一支军队！从现在开始，我能在三周后聚集 3 万~4 万人就走运了。"24这场战役共有 12 场战斗，其中 9 场发生在仅仅长 120 英里、宽 40 英里的地区，其面积相当于半个威尔士。此地地形平坦，覆盖积雪，是理想的骑兵战场——如果拿破仑真有骑兵的话。他的敌人是联军的两支主力，即布吕歇尔的西里西亚军团与施瓦岑贝格的波希米亚军团，他们有 35 万人。联军野战军共有近 100 万人。①

693

---

① 1814 年战役中，普军与奥军分别参加了一半的战斗，但沙皇执意攻克巴黎（拿破仑在科西嘉的老对头波佐·迪·博尔戈伯爵建议他这样做），因此除了蒙特罗之战，俄军参与了所有的主要战斗。

1812年，拿破仑的军队太庞大了，他只好指望元帅们行使相当独立的指挥权。军队一旦缩编至7万人，他就能像征战意大利时一样亲自指挥部队了。贝尔蒂埃、奈伊、勒菲弗、维克托、马尔蒙、麦克唐纳、乌迪诺、莫尔捷这8位元帅在他身边，十多年前，有几个人还只是他麾下的将军或师长，如今，他能再像那时一样指挥他们——每个元帅只率领3000～5000人。（其他元帅的动向如下：贝纳多特与缪拉已是敌人；圣西尔被俘；儒尔当、奥热罗及马塞纳管理军区；苏尔特和絮歇在南部；达武仍然坚守汉堡。）

1月26日，拿破仑在维特里－勒弗朗索瓦（Vitry-le-François）接过指挥权，他只有3.6万人与136门大炮。他命令贝尔蒂埃在军中分发30万瓶香槟酒和白兰地，"我们自己喝比留给敌人喝要好"。拿破仑发现布吕歇尔很靠前，而施瓦岑贝格的进军方向稍稍偏离了布吕歇尔的，29日下午，他便在布列讷进攻西里西亚军团。[25]"我不认识布列讷了，"他后来说，"一切全变了，就连距离都好像缩短了。"[26]他只能认出自己曾在哪棵树下阅读塔索作品《被解放的耶路撒冷》。此战中，当地本堂神父给他当向导，此人原为他的老师。向导骑着鲁斯塔姆的马，后来它被一发加农炮炮弹击毙，当时它紧跟拿破仑之后。[27]法军奇袭布列讷城堡，差点俘虏布吕歇尔与其参谋部，尽管俄军奋力反击，他们还是守住了城堡，因此拿破仑取胜了。"等战斗打响时，再过一小时天就要黑了，于是我们彻夜作战，"拿破仑告诉战争部长克拉克，"要是士兵们年龄大些，战绩会更好……但是，考虑到我手上军队的状态，我们必须对战果心怀庆幸。"[28]皇帝开始尊敬自己的对手布吕歇尔："如果他战败，下一秒他就能像之前一样蓄势待战。"[29]拿破仑返回梅济耶尔司令部，途中，一队哥萨克离他太近了，其中一人举枪刺他，结果只是被古尔戈击毙。"天色非常暗，"费恩回忆道，"在混乱的夜间营地中，各方只能靠营火之光认出彼此。"[30]拿破仑奖赏了古尔戈，授予对方自己在蒙特诺特、洛迪、里沃利所用之佩剑。

战后，拿破仑评估形势，他发现己方折损 3000 人，乌迪诺再度受伤。普军从布列讷退至奥布河畔巴尔（Bar-sur-Aube），他们在两镇之间的平原上同施瓦岑贝格的一些部队会师。为了阻止布吕歇尔进军特鲁瓦，法军已自毁首要退路，即在莱蒙（Lesmont）横跨奥布河（the Aube）的桥，所以拿破仑不得不开战。他停留了一天，这时间太长了。马尔蒙军来援后，他的兵力增至 4.5 万人，但 2 月 1 日，8 万名联军士兵在拉罗蒂埃（La Rothière，距布列讷 3 英里）的空旷地面上攻击他。法军成功守卫村庄至天黑，但拿破仑折损了近 5000 人，他很难承受得起这种消耗，尽管联军的损失更大。他还丢了73 门大炮，最后被迫撤退。他睡在布列讷城堡，命令军队经刚刚重建的莱蒙之桥撤至特鲁瓦。次日，拿破仑致信玛丽·路易丝，叫她别去歌剧院看《军旗》（L'Oriflamme）："只要敌人蹂躏帝国领土，你就不能看任何演出。"[31]

拉罗蒂埃之战后，联军认为拿破仑将撤往巴黎，于是他们又分兵了。施瓦岑贝格前往正西方的奥布河谷、塞纳河谷，布吕歇尔则进军马恩河谷、小莫兰河谷（Petit Morin valley），这两座河谷与奥布河谷、塞纳河谷平行，位于拉罗蒂埃以东 30英里处。从后勤角度看，施瓦岑贝格与布吕歇尔的士兵确实太多了，没法一同行军，而拿破仑能利用两人之间的缺口灵活行动。威灵顿后来说，拿破仑的 1814 年战役 "让我更了解他那 695

26. 1814年战役

拉昂
（3月9～10日）

贡比涅　埃纳河

苏瓦松

菲

蒂耶里堡
（2月12日）

蒙米拉伊
（2月11日）

瓦兹河

莫城

克利希

巴黎

瑞维西
（3月30日）

塞纳河

楠日
（2月17日）

塞纳河畔诺让

塞纳河

枫丹白露
（3月31日）

马西

约讷河

蒙特罗
（2月18日）

桑斯

0　　　10　　　20　　　30 英里

0　　　　　20　　　　　40 千米

➤　拿破仑的行军

⚔　战斗

克拉奥讷
（3月7日）

贝里欧巴克

兰斯
（3月13日）

埃纳河

默兹河

凡尔登

皮贝尔
（月10日）

马恩河

马恩河畔沙隆

费尔尚普努瓦斯

维特里-勒弗朗索瓦

圣迪济
（3月26日）

布吕歇尔

奥布河畔阿尔西
（3月20~21日）

奥布河

（1月28日）

布列讷
（1月29日）

杜勒旺

拉罗蒂埃
（2月1日）

特鲁瓦

塞纳河

施瓦岑贝格

超越所有人的天才。要是他稍微再坚持一下那套方案，我认为他能保住巴黎"。[32]威灵顿指的是接下来的四场战斗。

"敌军到哪儿都干可怕的事。"拿破仑从一片萧瑟的布列讷致信科兰古，"居民全躲进树林里，村里找不到农户。敌人吃掉一切，拿走农民的所有牛马、衣物及全部破衣烂衫。他们见人就打，不分男女，还强暴平民。"[33]科兰古曾参与俄国战局，他当然非常清楚连同法军在内的侵略军会干出什么勾当。拿破仑写这封信是为了记录吗？下一句话就体现了他的意图。"我刚刚亲眼看见了这幅画面，它应该能让你迅速明白，我多么渴望尽快将我的人民从不幸与苦难中解救出来，现在这状态着实可怕。"[34]2 月 5 日，双方开始在塞纳河畔沙蒂永（Chatillon-sur-Seine）议和。拿破仑写这封信，好让科兰古依据人道主义理由接受联军开出的任何合适条款。①

沙蒂永会议一直开到 3 月 5 日。反法同盟此前曾在法兰克福提出让法国恢复"天然"疆界，现在他们知道己方凭借浩大兵力占据上风，便否决了那一提议。以英国全权大使阿伯丁（Aberdeen）勋爵为首的盟国代表转而要求法国恢复其1791 年疆界，那意味着法国彻底失去比利时。拿破仑在加冕礼上发誓"护得共和国领土完整"，他有意践行誓言。贝尔蒂埃和马雷催他结束战争，哪怕要接受这些惩罚性条款。拿破仑质问他们道：

> 你们怎么能指望我签订这样的条约，进而违背我的庄

---

① 事实上，除了哥萨克，1814 年，在法国的联军纪律非常严明。圣迪济耶某博物馆纪念拿破仑的 1814 年战役，馆内藏有联军军官签署的征收单，它用于向农民和商人支付货款。

重誓言！因为史无前例的厄运，我要答应放弃的不是自己征服的土地，而是法国在我之前征服的土地！人们如此信赖我，而我背叛他们的信任？流血之后，胜利之后，我留下的法国比我认识它时还小吗？绝不！要是我这么做了，难道我不该被称作卖国贼和懦夫吗？[35]

拿破仑后来承认，他觉得自己不能放弃比利时，因为"法国人不会让（我）留在帝位上，除非我是征服者"。他说，法国就像"压得太紧的一团空气，一旦爆炸，势如雷霆"。[36]因此，拿破仑不听贝尔蒂埃、马雷、科兰古的建议，他指望盟国分裂、法国人爱国（尽管这两点都无多少迹象），然后继续战斗。现在，法军靠本国村民的支持过活，于是他哀叹道："军队不但没有保卫祖国，反而滋生祸害。"[37]

2月6日，在杜伊勒里宫庭院中，人们用大车装载国库的金银条，悄悄地把它们运出巴黎。德农请求拿破仑准许自己挪走卢浮宫画作，他以士气为由拒绝。他试图让玛丽·路易丝振作起来，当日凌晨4点，他写道："听说你正担心，我感到遗憾。打起精神来，高兴点。我非常健康。我的事情虽然都不简单，但不算糟糕，上周它们还有改观。我希望在上帝的眷顾下办成这些事。"[38]次日，他致信约瑟夫，"我由衷地希望皇后不要离开"，否则"民众会震惊绝望，这可能导致灾难与悲剧"。[39]当日晚些时候，他告诉哥哥："杞人忧天的家伙们觉得巴黎陷入绝境了，事态还没那么坏。邪恶天才塔列朗等人试图让国民无动于衷，阻挠我征兵。看看他们给我们带来了什么通路！"[40]拿破仑终于认清了塔列朗的本来面目。此时，塔列朗和富歇在巴黎策划政变，两人与联军公开讨论投降

698

协议。① 面临入侵时，国民反应冷淡，这表示他们已然厌战，而皇帝自己接受不了这一点。教堂举行长达四十小时的"悲痛"礼拜，祈求联军解放法国。拿破仑致信康巴塞雷斯，他提起这种新狂潮，问道："巴黎人疯了吗？"他致信约瑟夫时评论道："要是他们继续耍这些猴戏，我们都会怕死了。很早以前就有个说法——教士和医生让死亡变得可怕。"[41]

在计划废黜拿破仑的人中，塔列朗、莱内（Lainé）、郎瑞奈、富歇等主谋都曾反对或背叛他，但他既没关押这些人，更没处死他们。从这个意义上说，拿破仑与其敬仰的英雄尤利乌斯·恺撒相像。苏拉曾让恺撒面对合法但不公正的死刑判决，但他却宽待他的同党，决定不记仇（屋大维之后也会这么做），结果正是这些人刺杀了他。

随着沙蒂永的政治形势恶化，拿破仑开始考虑自己的后事。他致信约瑟夫，谈及巴黎失守的可能性。"等那一天到来，我就辞世，所以我不是为自己说话，"2月8日，他写道，"我重申一遍，我有生之年，巴黎绝不能被占领。"[42]约瑟夫的回信没有多大帮助："如果你渴望和平，那就别计较媾和的代价。如果你做不到，那你就像君士坦丁堡的末代皇帝那样毅然赴死吧。"[43]（1453年，大股奥斯曼军队攻陷君士坦丁堡，君士坦丁十一世战死。）拿破仑的答复更实际："那不是问题。布吕歇尔从蒙米拉伊（Montmirail）沿公路前进，我正要想法子打败他。明天，我会战胜他。"[44]拿破仑的确成功了，在接下

① 1814年时，如果波旁王朝复辟，塔列朗、富歇之流也能保住自己的地位，所以他们可以抛弃拿破仑了。假如很久以前波旁王朝就回归，政府将处决这类弑君者，哪怕他们倒戈。

来的一连串快节奏战斗中，他不断取胜。这些战斗的时间、地点挨得非常近，但它们彼此独立。

拿破仑派维克托去塞纳河畔诺让（Nogent-sur-Seine），调乌迪诺去布赖（Bray）。他自己带着奈伊、莫尔捷北上至塞扎讷（Sézanne），路上，马尔蒙与他会合。西里西亚军团仍和波希米亚军团保持平行，但前者进军速度快得多。拿破仑位于两路联军之间，西里西亚军团太靠前了，因此它不仅把侧翼暴露给他，还几乎露出了后方。皇帝发现俄军没有骑兵，而且被孤立了。2月10日，他便在尚波贝尔（Champaubert）进攻敞开的俄军侧翼，并击退拉得太长的西里西亚军团中路。他歼灭了扎哈尔·德米特里耶维奇·奥尔苏菲耶夫（Zakhar Dmitrievich Olsufev）将军所辖军的最精锐部队，俘虏了一整个旅，而他的损失仅仅是600人死伤和失踪。当晚，拿破仑和奥尔苏菲耶夫在尚波贝尔的旅馆用餐。他致信玛丽·路易丝，给她寄去奥尔苏菲耶夫的佩剑。"让荣军院发射礼炮，在一切娱乐场所发布消息……我预计午夜时分到达蒙米拉伊。"[45]歌剧院正在上演让－巴蒂斯特·吕里（Jean-Baptiste Lully）的《阿米德》（*Armide*），该剧院合唱团还演唱了《胜利属于我们》。

11日，冯·扎肯（von Sacken）将军违反特拉申贝格战略，在马尔谢（Marchais）直接攻击拿破仑，该地位于俯瞰小莫兰河谷的布里高原（Brie plateau）之上。① 奈伊守卫马尔谢，与此同时，莫尔捷和弗里昂在莱皮讷－欧布瓦（L'Épine-

---

① 蒙米拉伊之战的战场不是今日纪念碑所在地，而是马尔谢附近的村庄及其四周。当地人称这场战斗为马尔谢－蒙米拉伊之战。奥拉斯·韦尔内曾描绘这一地区，若参观战场便可发现，韦尔内的杰作显然非常精确地刻画了此地的地理环境。这幅画今藏于伦敦国家美术馆。

aux-Bois）反击俄军，居约（Guyot）的骑兵则绕至敌后，击溃俄军与普军。拿破仑一边成功拖住敌军次要力量（约克的部队），一边战胜敌军主力（扎肯的部队），此战是他这套战术的经典示例。当晚，他睡在格雷诺（Grénaux）的农场。费恩回忆说，此地的"尸体被清走后，司令部设在那儿"。[46]晚上 8 点，皇帝致信妻子，要她用 60 门大炮在巴黎鸣炮称颂。他说自己"抓获了整个炮兵部队，俘虏 7000 人，缴获 40 多门大炮，这支军队溃败了，无一人逃脱"。[47]（其实他只俘虏 1000 人，缴获 17 门大炮。）

次日，拿破仑不顾以二敌三的兵力劣势，在蒂耶里堡（Chateau-Thierry）进攻扎肯和约克。事实上，在前一天的战斗中，他俩麾下的很多士兵从法军手中逃脱，蒂耶里堡之战爆发时，这一点便显而易见了。皇帝发现战场最右端的一个俄军旅被孤立了，遂派自己的少量骑兵追赶敌人。法军骑兵取得成功，又缴获了 14 门大炮。[48]然而，麦克唐纳未拿下蒂耶里堡的桥梁，导致联军逃往马恩河北岸。拿破仑从蒂耶里堡致信皇后："我的好（ma bonne）路易丝，我在马上待了一整天。"他提及下一批宣传活动的日期，并写下结尾："我非常健康。"[49]法军战胜了西里西亚军团，但乌迪诺军（2.5 万人）和维克托军（1.4 万人）根本守不住塞纳河上的五座桥，他们完全无力阻止施瓦岑贝格的波希米亚军团（15 万人）渡河。[50]

2 月 14 日，拿破仑在沃尚（Vauchamps）再败布吕歇尔。凌晨 3 点，他让莫尔捷留在蒂埃里城堡，自己则掉头回援马尔蒙。布吕歇尔正迫使马尔蒙从埃托日（Étoges）退往蒙米拉伊。7000 名近卫骑兵突然发动进攻，于是布吕歇尔和克莱斯特被迫撤至让维利耶（Janvilliers）。在那儿，格鲁希包抄敌人侧翼，德鲁奥的 50 门大炮加剧了混乱场面，因此西里西亚军团未能拿下马恩河。法军战胜并驱散了敌军，但他们并未如官方公报所称"消灭"对方。现在，拿破仑可以赶去对付波希 701 米亚军团了。该军团正逼迫乌迪诺和维克托退出塞纳河上的桥，并深入法国境内，攻占内穆尔、枫丹白露、莫雷（Moret）和楠日（Nangis）。① 更偏南的法国城镇甚至开始向小股联军部队投降，这说明国民士气的确低落。朗格勒（Langres）和第戎不战而降，埃皮纳勒向 50 名哥萨克投降，马孔（Macon）向 50 名骠骑兵投降，兰斯向半个连投降，南锡向布吕歇尔麾下跑得快的侦察兵投降，肖蒙（Chaumont）向区区一个骑兵投降。51 拿破仑希望国民起身反抗侵略军，并打出堪比西班牙和俄国游击战的游击抗争，他的愿望将成泡影。

　　五天之内，拿破仑在尚波贝尔、蒙米拉伊、蒂耶里堡和沃尚四战四捷。2 月 15 日上午 10 点，他离开蒙米拉伊司令部，去巴黎东南边 25 英里处的吉涅（Guignes）同维克托军与乌迪诺军会合。途中他停了一下，只为送 8000 名普军与俄军战俘去巴黎，好让他们在林荫大道上游街示众，从而证明他口中的（真实）胜绩。16 日晚，拿破仑已在通往首都的主干道上布阵。他发现施瓦岑贝格的军队排成长达 50 多英里的队伍，于是打算一点点击败他们。他致信科兰古："要是敌人肯签署法兰克福提议的先行基础条款，我乐意结束敌对状态，让他们平

---

① 希莫尼·约瑟夫（Simonyi Josef）上校率匈牙利骠骑兵进入枫丹白露宫，然后他把烟斗里的灰倒在拿破仑的御座上。希莫尼是刻意模仿先代匈牙利骠骑兵指挥官哈迪克·安德烈亚斯（Hadik Andreas）伯爵。1757 年，哈迪克大胆突袭柏林，还把烟斗里的灰倒在弗里德里希大王的御座上。Hollins, *Hungarian Hussar*, p. 44.

安回国。"[52] 然而，阿伯丁勋爵仍然不允许拿破仑继续控制安特卫普，战事只能继续。

2月17日，拿破仑向楠日进军，维特根施泰因的三个俄军师屯于该地。他把克勒曼和米肖将军分别置于左右翼，发动进攻，突破了俄军方阵，并用德鲁奥的大炮蹂躏敌人。为了守住塞纳河上的桥，拿破仑在楠日公路分叉口分兵。维克托南下，前往12英里之外蒙特罗（Montereau）的桥。途中，维克托在维勒讷沃（Villeneuve）进攻一个拜恩师，但在长途行军和多日的连续战斗后，他没能稳住自己的优势。拿破仑很少莫名其妙地换人，但这回他如此行事，让艾蒂安·热拉尔（Étienne Gérard）将军代替维克托。他也在居约的部队面前羞辱居约将军。亚历山大·迪容（Alexandre Digeon）将军的炮群打光弹药后，他下令以军法审判此人。"拿破仑的严苛行为令他自己都吃惊，"他的辩护人费恩男爵写道，"但他认为，值此事态紧急之刻，有必要这样做。"[53] 军令自然简短生硬。拿破仑的高级指挥官能力各异，但都是勇敢负责的军人，而他经常粗鲁地对待他们。然而，即便在此刻，他也能幽默地审视形势。"假如幸运继续眷顾我们，"他致信欧仁，"我们能保住意大利。到那时候，没准那不勒斯国王又要换阵营了。"[54]

2月18日，天气晴好，万里无云。下午3点，拿破仑率帝国近卫军到达塞纳河与约讷河交汇处。他在俯瞰城镇的叙维尔高地（Surville heights）上组织炮群，向正在穿过两座桥梁的联军步兵发射满射程霰弹，并阻止施瓦岑贝格的工兵毁桥。（若从桥上仰视，则高地像丘陵，但若站在拿破仑放上大炮的地点，就能很快明了高地控制着城镇。）路易·于盖－沙托（Louis Huguet-Chateau）将军进攻奥军，他战死沙场，但其部队仍然落败。拿破仑随后派帕若尔（Pajol）将军率领骑兵冲锋，他们冲下铺满鹅卵石的笔直街道，驰过两座桥梁，进入城镇里面。① 事后，帕若尔的副官于贝尔·比奥（Hubert Biot）听见拿破仑对其上司说："你的表现令我满意。假如我的将军都像你这样为我效力，敌人进不了法国。去治伤吧，等你康复后，我将给你1万匹马，让你代表我向拜恩国王打招呼！……前天上午，要是有人叫我用400万法郎购买蒙特罗之桥的自由支配权，我会毫不犹豫地付钱。"55 比奥随后同上司开起了玩笑，他说在那种情况下，皇帝可能会相当爽快地掏出100万法郎奖赏帕若尔。

　　次日，拿破仑致信科兰古，否认奥军已经抵达莫城（Meaux），但他们的确到了。俄军指挥官得知拿破仑打算再次进攻布吕歇尔，遂率军后撤，但巴黎人能清楚地听见扎肯的部队的加农炮声。56 警务部长萨瓦里向来可靠，当日，拿破仑致信他时发火了。当时有诗歌称，皇帝总是击败三倍于己的敌军，堪称伟大军人，而萨瓦里允许巴黎报纸刊载这种诗作。"你一定是在巴黎丢了脑子才搞出这种东西，我可是一直对外说我有30万人。"拿破仑写道（事实上，他仅仅指挥蒙特罗的3万人），"夸大己方兵力乃战争首要原则之一，可诗人们努力地拍我马屁、迎合国民的自爱，他们怎么会懂这一点？"57 蒙塔利韦在信中说，法国渴望和平，拿破仑回信道："你和（萨瓦里）对法国的了解至多跟我对中国的了解一个水平。"58

　　拿破仑急于分裂反法同盟。2月21日，他致信弗朗茨皇

703

---

①　据说，当日拿破仑说了句话："别害怕，我的朋友们。能炸死我的加农炮炮弹还没造出来呢。"遗憾的是，这句话似乎是《法国概况日报》（Journal Général de France）记者日后杜撰的言论之一。

帝，请求对方"立刻"重提法兰克福和平基础。他说沙蒂永条款会"实现伯克的梦想，从欧洲地图上抹去法国。所有法国人宁死也不当英国的奴隶"。然后，他忧虑地说，信奉新教的乔治三世之子将成为比利时国王。[59]拿破仑的信像此前的求和尝试一样，并无效果。

拿破仑任命奥热罗为罗讷军团司令，元帅却已无心战斗。驻西班牙部队支援奥热罗，但他仍未在战役中立下大功，拿破仑考虑到这一层，遂从里昂致信对方："如果你还是卡斯蒂廖内的奥热罗，那就继续指挥；如果六十年的岁月让你扛不住了，那就把指挥权交给你的高级将领们。"[60]此举只有一个效果——不抱幻想的老战士更加疏远皇帝了。奥热罗没有北上，反倒放弃里昂，退至瓦朗斯。21 日在诺让（Nogent），奈伊和乌迪诺在与拿破仑交谈时提及媾和一事，最后他狠狠地训了两位元帅一通，并邀请他们吃午餐。然而，威灵顿已渡过阿杜尔河，2 月 27 日，他在奥尔泰兹（Orthez）大败苏尔特。战略形势于是变得更加绝望。[61]

2 月 24～28 日，弗拉奥伯爵在吕西尼（Lusigny）与联军商讨停火协议。拿破仑希望磋商最终能回到法兰克福和平基础上，但他坚称必须继续战斗。他告诉费恩："我不想被这些谈判束缚。"也就是说，上年他曾遵守《普莱斯维茨停火协议》，如今他不想重蹈覆辙。1814 年 3 月 1 日，所有盟国签署了《肖蒙条约》，同意不与拿破仑单独媾和。此条约宣称，盟国的目标是各出 15 万人，从而赶走拿破仑，并清除在瑞士、意大利、比利时、西班牙与荷兰的法国势力。

丈夫的帝国即将遭灾，玛丽·路易丝也暴露了自己的本性：一个无足轻重的小女人，很不适应严峻危机。"我没收到皇帝的消息，"她在日记中写道，"他做事如此随性。我能说他正在忘记我。"她的信提及宫中碎语、她与罗马王的保姆共处时的事、礼节事务等琐事，从他的回信看，她似乎不了解也不关心身边的地震。或许她只是全神贯注地听宠物鹦鹉叽叽喳喳。皇后的侍女蒙特贝洛公爵夫人（拉纳的遗孀）想让她摆脱帝国将倾的喧嚣以及其夫与其父的战争，于是送给她这只鹦鹉。玛丽·路易丝和侍女们裁下日用织品给伤员缝衣服，但她真正感兴趣的是画素描、绣手绢、听音乐、玩牌、赏花。她甚至问拿破仑能否给卡罗琳·缪拉写信，他回信称："我的回答是<u>不能</u>。她不过是个无名之辈，我让她当了王后，而她对我的行为不当。"[62]3 月 2 日，他试图让妻子做些有用的事，要她组织枫丹白露宫、贡比涅宫、朗布依埃宫等宫殿向陆军医院捐赠1000 份担架、草垫、床单和毛毯。他补充道，自己正追赶普军，"他们相当暴露"。次日，他误报"布尔歇尔"（Bulcher，即布吕歇尔，原文如此）负伤。[63]

　　拿破仑不公正地贬黜维克托后，拨给他青年近卫军的一个师。克拉奥讷镇（Craonne）位于巴黎东北方 55 英里处，三条深谷保护着俯瞰该镇的高原，俄军还用 60 门大炮掩护峡谷。即便如此，维克托仍然在 3 月 6 日夺下高地。次日，克拉奥讷之战爆发，拿破仑欲击退敌军两翼，但失败了。为了击败布吕歇尔的俄军前卫，他最后只好发动血淋淋的正面进攻。德鲁奥用 88 门大炮组成的炮群发动攻势，奈伊向敌军右翼进军，一场当属 1814 年战役中最血腥交锋之一的交火结束后，他俩终于为拿破仑赢来战场。发生战斗的地区从于尔特比斯（Hurtebise）农场延伸至塞尔尼村（Cerny），始终不曾超出长2 英里的贵妇小径高原（Chemin des Dames pleateau）。克拉奥

讷之战始于上午 11 点清理农场，结束于下午 2 点 30 分。战场
的前线非常狭窄，几乎不比单单一块地宽，这是双方伤亡惨重
的主要原因。今天，高地草场开满罂粟花，这幅田园诗般的画
面已然不能说明俄军曾多么激烈地抵抗。因为法军筋疲力尽，
705  俄军撤退时才不受干扰。法军在克拉奥讷取胜，但消息传到巴
黎后，人们认为战争将继续，结果证券交易所的股指下跌。[64]

次日，两军休息并重组。9 日和 10 日，拿破仑在拉昂
（Laon）进攻普军主力。埃纳省（Aisne）省会拉昂位于巴黎
东北方 85 英里处，该城防卫森严。（就像当年的俄军与普军
军官一样，若站在拉昂城墙上，便可看见整片战场在脚下展
开。）与奥斯特利茨会战相反，上午 11 点，阳光驱散了平原
上的雾气，布吕歇尔的部下们便能算出拿破仑的兵力。他们发
现，虽然他的大炮更多，但他只有 21000 名步兵和 8000 名骑
兵，相形之下，联军有 75000 名步兵与 25000 名骑兵。然而，
布吕歇尔的部下们太看重他的战术才能，认定其中有诈，因此
没有全力反击，不过他们投入的兵力的确比法军的多。

马尔蒙有 9500 人和 53 门大炮，他离拉昂只有 4 英里，但
他可能没听见平原上的厮杀声，所以未支援皇帝。由于马尔蒙
日后的行径，他被指在拉昂之战中背叛，但强劲的西风刮过战
场时可湮灭一切噪声。然而 9 日晚上，马尔蒙与其部下没安排
哨兵，对此他们也难辞其咎。这样说是因为，普军之中，约克
和克莱斯特指挥的一个军趁夜奇袭马尔蒙的军营，彻底驱散了
他的军队。次日，拿破仑决定重新发动进攻，这是灾难性的决
策。直到下午 3 点，他才发现自己严重寡不敌众。法军有
4000 人死伤、2500 人被俘，另有 45 门大炮被缴获。

3 月 10 日结束时，拿破仑的军队（包括马尔蒙的部队）

从 38500 人减至 24000 人，但他体现了非凡的韧性，立刻奔袭兰斯，打算在此切断联军的交通线。可是 10 日那天，交通线的整个概念都开始丧失意义：塔列朗的信送抵沙皇亚历山大的司令部，他说约瑟夫相当忽视巴黎的围城筹备工作，鼓励联军直接进军首都。

　　塔列朗最终叛变了，这只是意料中的事。五年前，拿破仑叫他为丝袜裹着的一泡屎，从那以后，他就不时谋划叛离。然而，3 月 11 日，拿破仑倾向于认为，亲哥哥约瑟夫正在实施更私密的背叛——他似乎想勾引弟媳。玛丽·路易丝对蒙特贝洛公爵夫人说："约瑟夫国王跟我说的话非常烦人。"[65] 拿破仑显然担心此事，他从苏瓦松致信皇后：

> 不要和国王亲昵。同他保持距离，绝不允许他进你的私人房间，像康巴塞雷斯一样礼貌地接待他。你在客厅时，别让他对你的行为和生活方式指手画脚……我离你不远，所以要是国王想给你提建议，他就是多管闲事……冷落他。你要非常矜持地对待国王，别亲近他。你和他说话时，尽可能选公爵夫人在场的时候，并待在窗边。[66]

约瑟夫试图扮演《克利松与欧仁妮》中的贝维尔吗？拿破仑怀疑他想这样做。次日，皇帝致信皇后：

> 难道我命中注定被国王背叛？果真如此，我不会惊讶，也不会变脆弱。只有一件事能打击我的毅力，那就是你背着我和他有任何瓜葛，你对我来说不再是曾经的你。

706

别相信国王。他在男女关系方面声名狼藉，他在西班牙时就常怀野心……我再说一遍，别相信国王，远离国王……这些事都令我相当灰心。我需要家人的宽慰，但他们一般只会惹恼我。可是，如果是你的话，那将出乎意料，令人无法承受。[67]

拿破仑给约瑟夫本人写信："如果你想要我的帝位，拿去吧，但我只求你帮我一个忙，请把皇后的心和爱留给我……要是你想打扰摄政皇后，那就等着我的死讯吧。"[①][68]拿破仑写这些信时得了被害妄想症吗？约瑟夫已经不去见蒙特埃莫索（Montehermoso）侯爵夫人、圣-让·丹热利伯爵夫人这两位情妇，而不出一年，玛丽·路易丝的确肉体出轨，与敌将欢好。[69]据马尔蒙记载，此时约瑟夫变得狂妄自大，严重脱离现实。他认为，1813 年拿破仑之所以解除他在西班牙的指挥权，是因为"嫉妒他"。约瑟夫还坚称，"没有军队，没有弟弟"，他也能成功统治西班牙，欧洲其他国家会承认他。[70]当然，要是马尔蒙不曾编造这些话，那约瑟夫纯粹就是痴人说梦。

3 月 16 日，拿破仑特意对约瑟夫下令："不管发生什么，你绝不能让皇后和罗马王落入敌手……留在我的儿子身边。别忘了。我宁愿见他在塞纳河里淹死，也不想见法国的敌人俘虏他。我认为，被希腊人俘虏的阿斯蒂阿纳克斯（Astyanax）的故事是史上最悲伤的一页。"[71]男婴阿斯蒂阿纳克斯是特洛伊王子赫克托耳之子，欧里庇得斯和奥维德称，他被人扔下城墙，

---

① 这封信藏于国家档案馆，19 世纪 50 年代出版的《拿破仑通信集》初版未收录它。

不过塞内加说他自己跳下了墙。"轻吻我的儿子,"同日,拿破仑致信玛丽·路易丝,他的话不那么夸张了,"你跟我说的一切都让我盼着他快快长大;他快满三岁了。"[72]

3月13日,拿破仑力克兰斯。20日和21日,他在奥布河畔阿尔西(Arcis-sur-Aube)对战施瓦岑贝格的奥军与俄军,此战既是其军事生涯中第四次防御战,也是最后一次。奥布河水流湍急,河水呈焦糖色。皇帝只有23000名步兵与7000名骑兵,他以为自己的对手是联军后卫,可事实上,波希米亚军团的75000多人屯于河上桥梁的对面。1814年战役历时六十五天,其间,拿破仑走了1000英里,在48个不同的地点过夜。然而,尽管他如此调动,他的三场败仗——拉罗蒂埃之战、拉昂之战、阿尔西之战——都归咎于在同一地点待了太久,比如说21日那天,他就在阿尔西耗了太长时间。战斗中,一发榴弹炸出了拿破仑胯下坐骑的内脏,但他本人无伤。"我想光荣战死于争夺一寸寸国土之时,"他后来回忆此战时道,"我故意暴露自己。炮弹飞过我身边,它们划破了我的衣服,但都没击中我。"[73]日后他经常说,阿尔西、博罗季诺与滑铁卢是他最有可能战死之地。

3月21日,拿破仑前往圣迪济耶(Saint-Dizier),他又盼着在此切断联军的交通线。只要巴黎坚持得够久,他就能进攻敌军后方。可是巴黎人能忍受围城吗?或者说,他们会像其他法国人一样崩溃吗?同日,奥热罗任奥军不费一卒拿下里昂。拿破仑仍然指望巴黎的工人和国民自卫军会在街上设置路障,阻止联军进城。24日,他致信科兰古:"唯有剑能了断当前纷争,不管是这样还是那样。"[74]

708

23 日，联军抓获一名信使，此人身上有拿破仑致玛丽·路易丝的信。他在信中说，自己正前往马恩河，"从而驱使敌军尽量远离巴黎，并接近我的位置"。联军也截获了萨瓦里致拿破仑的信，发现他恳求皇帝回巴黎，因为政权正在瓦解，还有人公然策划反叛。[75] 因为这两封信，联军高级指挥官确认了进军巴黎的计划。拿破仑分别派轻骑兵和近卫军去奥布河畔巴尔和布列讷，尽全力袭扰联军。次日，他在圣迪济耶附近打了一系列小仗，击败了成群的俄军骑兵，但联军主力正在向严重疏于防务的巴黎集中。[76] 首都缺乏强大的防御工事，拿破仑日后完全承认了这一错误。他计划在凯旋门和蒙马特尔（Montmartre）胜利殿的顶端各安放一长列加农炮，但这两个炮台都没完工。[77]

3 月 27 日，麦克唐纳给拿破仑带去了敌军的当日公告。此公告宣称，25 日，马尔蒙和莫尔捷在费尔-尚普努瓦斯（Fère-Champenoise）之战中告败。皇帝不相信，并争辩道，既然这是 29 日公告，那它定是联军的宣传手段。德鲁奥能提明智的建议，故拿破仑昵称他为"大军团圣贤"。德鲁奥指出，印刷工制作这份公告时误把"6"印倒了。"不错，"拿破仑检查时惊叫道，"那一切都变了。"[78] 现在他得不计一切代价去巴黎。当晚，他命令军队沿通往特鲁瓦的道路离开圣迪济耶，借塞纳河掩护左翼，并准备进攻右侧的布吕歇尔。

28 日晚，巴黎诸人开会，商谈良久。约瑟夫已尽失勇气，他对摄政会议说，拿破仑希望皇后和政府从首都逃往卢瓦尔河（the Loire）上的布卢瓦（Blois）。约瑟夫举出一个月前的信为证，说服了摄政会议，但拿破仑下达此令后曾两度更改它。塔列朗（他已着手起草拿破仑倒台后自己的临时政府下辖大臣的名录）、弑君者康巴塞雷斯（他不想落入波旁王朝手中）、克拉克（没过多久，路易十八就封他为法国世袭贵族）和皇后本人（"她迫不及待地想走"）支持约瑟夫。[79]萨瓦里、帕基耶与立法院议长马萨（Massa）公爵认为，要是皇后留下，她可为自己与儿子争取到好得多的条件。奥尔唐斯也警告她："离开巴黎就是丢掉皇冠。"然而，3 月 29 日上午 9 点，皇室车队与 1200 名老近卫军士兵从首都前往朗布依埃，于 4 月 2 日到达布卢瓦。[80]康巴塞雷斯带着装有国家印章的桃花心木大盒，"一些忠诚的朋友没有抛弃他，与他同行"。[81]

709

1814 年 3 月 30 日（周三），拿破仑的军队用最快的速度从特鲁瓦经桑斯（Sens）去巴黎。此时，施瓦岑贝格的 30000 名普鲁士人、6500 名符腾堡人、5000 名奥地利人、16000 名俄国人在蒙马特尔等巴黎郊区对付马尔蒙和莫尔捷的 41000 人。3 月 29 日，约瑟夫发布宣言："让我们拿起武器，保卫这座城市，保卫它的纪念碑与财富，保卫我们的妻儿，保卫我们珍爱的一切。"然而，30 日的战斗刚打响，约瑟夫就离城而走。[82]马尔蒙和莫尔捷很难算得上陷入绝境，但两人认为形势不可逆转，加之施瓦岑贝格威胁毁灭巴黎，他们便屈服了。次日早上 7 点，双方开始商讨献城事宜。[83]莫尔捷军出城，前往巴黎西南边，但接下来几天，马尔蒙军的 11000 人留在原地。随着敌军接近，荣军院院长、老元帅塞吕里耶监督下属烧毁并藏匿战利品，包括法军缴获的 1417 面军旗以及弗里德里希大王的佩剑和肩带。

3 月 30 日晚上 10 点后，皇帝到达瑞维西（Juvisy）的驿站法兰西之心（Le Coeur de France），此地距巴黎仅 14 英里。

不多时，贝利亚尔将军来了，他告诉拿破仑，双方只打了一天，尚未分出胜负，但巴黎投降了。皇帝叫贝尔蒂埃过来，问了贝利亚尔一堆问题，他说："要是我早到一步，一切尚有救。"[84]他筋疲力尽，坐了一刻钟，双手掩面。[①][85]他打算不顾巴黎形势，就这么向那儿进军，但被将军们劝阻了。[86]于是他没去巴黎，反而成了继英国占领期（1420~1436年）之后第一个丢掉首都的法国君主。拿破仑派科兰古去巴黎求和，自己则前往枫丹白露，在31日早上6点时到达目的地。法军在枫丹白露的森林中对旗帜与鹰旗实施"信仰行动"（auto-da-fé）[②]，不过其中一些躲过营火，今展示于巴黎陆军博物馆（Musée de l'Armée）。[87]

4月1日，联军穿过圣但尼门，进入巴黎，其袖子上缠着白色绶带，其筒帽上缀着绿色小枝。民众总是喜气洋洋地欢迎得胜之师，巴黎百姓亦然。拉瓦莱特看见"女人们穿得像过节，她们几乎高兴疯了，一边挥手帕一边喊'亚历山大皇帝万岁！'"，这令他特别恶心。[88]亚历山大的军队在香榭丽舍和战神广场宿营。仅仅十八个月前，俄国人烧掉了莫斯科，他们宁愿焚毁自己的城市也不向敌人献城，但无迹象表明巴黎人也有此意图。有件事或可说明帝国其他地区多么反复无常。某米兰代表团去巴黎恭贺皇帝战胜所有敌人，他们打算称呼他为"拿破仑大帝"。路上，代表团听说首都被围，但仍决定前进。

---

① 拿破仑陷入逆境时常摆出这姿势，但此举或许是头痛产物。他对医生说，"人生的大部分时间"，头疼"不时困扰他"。BL Lowe Papers 20156 fol. 28.

② 原指异端裁判所强迫被定罪的异教徒公开忏悔。忏悔仪式后，这些异教徒将受刑，最严厉的刑罚是火刑。后来这个词一般指在情势危急之日焚烧东西。——译者注

他们到巴黎后，立刻祝贺联军"推翻了暴君"。[89]

十五年前，塔列朗支持拿破仑的雾月政变，如今他亲自上阵了。1814 年 3 月 30 日，塔列朗成立临时政府，旋即与反法同盟议和。[90]除了让波旁王朝复辟，沙皇亚历山大也考虑过其他安排，如立贝纳多特或奥尔良家族（Orléans）成员为王，也许他甚至想到为罗马王建立摄政制度，但塔列朗说服沙皇与反法同盟其他领导人接受路易十八。另一位弑君者富歇也进入临时政府。4 月 2 日，元老院颁布元老院令，废黜皇帝，邀请"路易·格扎维埃·德·波旁"（Louis Xavier de Bourbon）即位。全体法军将士曾发誓效忠拿破仑，临时政府也解除了他们的誓言。消息传至军中之后，有人指出，高级军官在认真考虑此事，但其他官兵都面露鄙夷之色。[91]（当然，人们在对待这些效忠誓言的庄严性时可能会道貌岸然——拿破仑也曾发誓忠于路易十六与共和国。）

拿破仑在枫丹白露宫考虑不断减少的选择。他自己仍想进军巴黎，可马雷、萨瓦里、科兰古、贝尔蒂埃、麦克唐纳、勒菲弗、乌迪诺、奈伊、蒙塞一致反对这个决定。后来有说法称奈伊粗鲁地直谏皇帝，但他不曾那样做；[92]有几个人主张去布卢瓦与皇后会合。矛盾的是，1812 年和 1813 年，拿破仑分别在俄国和莱比锡大败，元帅们并未逼他退位，但 1814 年他仍能打胜仗时，他们的确赞成他下台了，虽说这次战役中法军兵力远远少于敌军的。皇帝曾反复声称只会做对法国最有利的事，元帅们刻意提醒他这句话。[93]拿破仑怀疑，他们是想保护他所赏赐的城堡和财富，所以才要他退位。激辩中，他说出了这一看法。

1814 年，拿破仑曾命令让他退位的一些元帅——麦克唐

711

纳、乌迪诺，特别是维克托——打出不可能的战绩，若其战果仅至超常水平，他就痛斥他们。尽管如此，这些元帅之所以要他退位，其真实理由并不是自私，而是对战略形势的看法。他们认为，从所处的战略地位看，哪怕法军继续在法国内部作战，这场战役也注定失败。只有拿破仑退位，战争才能结束，所以元帅们这样做合乎情理，即使他们态度恭敬。4 月 3 日，拿破仑检阅近卫军与其他部队，他说想进军巴黎，他们便高呼"皇帝万岁！"然而，不管再来多少次检阅，元帅们都知道现在的兵力根本不够（如果说这场战役里他们曾有足够兵力的话。）[94]麦克唐纳在回忆录中写道，他不想让首都落得莫斯科的下场。[95]奈伊和麦克唐纳希望拿破仑立刻退位，以便在一片残局中挽救摄政制度。拿破仑派他俩和科兰古去巴黎，想看看法国是否仍有可能建立摄政制度。可是 4 月 4 日，马尔蒙率其军径直进入联军军营，向敌人投降，他还带上了所有武器与弹药。正因为此事，沙皇要求拿破仑无条件退位。[96]亚历山大率其浩大的军队横穿整个欧洲，如今他不会答应比无条件退位更宽容的条件了。

终其余生，拿破仑一遍遍地回顾马尔蒙的背叛行径。皇帝说，自己"一路带大了 16 岁的马尔蒙"，此言稍显夸张，不过情有可原。[①][97]马尔蒙则说，拿破仑"是个骄傲的恶魔"，向来"疏忽大意、冷漠无情、懒惰倦怠、疑神疑鬼、反复无常，而且一直优柔寡断"。[98]拿破仑自然骄傲，但他肯定不懒，若说他疑神疑鬼，那么拉古萨（Ragusa）公爵马尔蒙曾是主要受益

---

① 马尔蒙生于 1774 年，根据其回忆录推断，1789~1791 年，他在第戎初遇拿破仑。——译者注

人。"忘恩负义的混蛋，"拿破仑说，"他会比我更不爽。"拉　　712
古萨（ragusard）成了叛徒的代名词，近卫军中原隶属马尔蒙
的连也得绰号"犹大连"。三十年后，老迈的马尔蒙流亡威尼
斯。甚至在那时，小孩们还跟着他，一边指指点点一边叫喊：
"那就是背叛拿破仑的人！"[99]

# 第二十九章　厄尔巴

1815 年，我完成了自己的工作，因为之后的历史平庸无奇。

——梅特涅,《回忆录》

真正的英雄精神在于战胜厄运，不论它们对战斗提出何等挑战。

——1815 年,"诺森伯兰号"上的拿破仑

奈伊、麦克唐纳、勒菲弗、乌迪诺明显不愿参与内战，反法同盟也在 4 月 5 日告诉科兰古，他们会让拿破仑终身统治意大利海岸线上的地中海岛屿厄尔巴岛。皇帝随即在枫丹白露宫签发临时退位诏书，供科兰古用于和谈。[1] "你们渴望休息," 他对元帅们说，"好吧，你们将实现愿望。"[2] 退位只限于他自己，与他的继承人无关。他想让科兰古对此保密，因为涉及厄尔巴岛、保障拿破仑及其家人享有财产与人身安全的条约签订后，他只需确认一次退位之事。然而，消息自然很快走漏，官员和廷臣于是离开王宫，去找临时政府讲和，宫中遂空空如也。在离开的大群人中，国家参政约瑟夫·珀莱·德·拉洛泽尔说："人们会认为皇帝已经入土。"[3] 儒尔当、奥热罗、迈松(Maison)、拉格朗日、南苏蒂、乌迪诺、克勒曼、勒菲弗、于

兰、米肖、塞居尔、拉图尔－莫堡（Latour-Maubourg）等人声明效忠路易十八，4月7日，《箴言报》专栏都没有足够版面登载他们所有人的宣言。[4] 政府甚至任命贝尔蒂埃在路易十八的近卫军中指挥一个军。[5] "陛下伤心欲绝，很少开口。"鲁斯塔姆回忆那些日子时如此说道。[6] 路易十八原先住在拉脱维亚叶尔加瓦宫，1800年，他从此地致信拿破仑，要求对方还他王位。1807年，路易十八迁至英格兰白金汉郡（Buckinghamshire）哈特韦尔邸宅（Hartwell House），他一得知拿破仑退位，就立即准备回法国收回王座。

　　然而，哪怕拿破仑失去了军官和总参谋部，他要是愿意，他仍可发动内战。4月7日晚上，退位流言蔓延，枫丹白露的4万名士兵于是离开住处。他们擎着武器与火把游行，高喊"皇帝万岁！""打倒叛徒！""去巴黎！"[7] 奥尔良、布里亚尔（Briare）、里昂、杜埃、蒂永维尔、朗多（Landau）等地出现类似场景，在克莱蒙－费朗（Clermont-Ferrand）等地，军队公开焚烧波旁王朝的白旗。奥热罗军差点哗变，忠于拿破仑的卫戍部队试图在安特卫普、梅斯、美因茨发动起义。里尔的士兵公开造反，真的对军官开枪，迟至4月13日，这场三日反叛才结束。[8] 正如戴高乐日后所评论的："他给士兵带来的苦难最多，但他们恰恰是最忠于他的人。"[9] 忠诚士兵的抗议震动了英国外交大臣卡斯尔雷勋爵，他警告战争大臣巴瑟斯特（Bathurst）勋爵："拿破仑还待在枫丹白露，他身边的军队在很大程度上依然忠于他，这是危险的迹象。"经过五天的谈判，1814年4月11日，卡斯尔雷的警告终于促使反法同盟签署《枫丹白露条约》。[10]

　　科兰古、麦克唐纳携条约从巴黎至枫丹白露宫，现在只要拿破仑签字，和约就会生效。皇帝请他们用晚餐，发现奈伊没来，因为他留在首都，与波旁王朝讲和。[11]《枫丹白露条约》规定：拿破仑使用皇帝头衔，终身统治厄尔巴岛；整个波拿巴家族将得充裕钱款，尽管约瑟芬那高得骇人的赡养费减至每年100万法郎，拿破仑自己每年可获250万法郎，玛丽·路易丝能分到帕尔马、皮亚琴察、瓜斯达拉这三个意大利公国。[12]4月13日，皇帝致信皇后："我会招你厌，但那是我已老去、你尚年轻之时……等你既厌倦我的厄尔巴岛，也开始讨厌我时，你还有至少一座宅邸与一个美丽的国家。"他补充道："我很健康，我的勇气不曾受挫，若你安于我的厄运，自认仍可与我幸福地共享命运，那我将格外健康勇敢。"[13]他还不明白，哈布斯堡家族之所以愿把女儿嫁给一个波拿巴，是因为那个波拿巴是法兰西皇帝，如今他仅仅是厄尔巴岛皇帝，他们就觉得这桩婚事毫无益处了。拿破仑找到一本关于厄尔巴岛的书，对博塞说："那儿的空气对身体非常好，当地居民也是杰出人士。我的日子不会太差，我希望玛丽·路易丝也别太难过。"[14]按照皇帝的命令，皮埃尔·康布罗纳（Pierre Cambronne）将军率一支骑兵去54英里之外的奥尔良，欲接皇后和罗马王去枫丹白露宫。4月12日，他们到达目的地，但仅仅两小时前，梅特涅派来的奥地利代表团已把皇后及其随员带到朗布依埃城堡，他们告诉她，其父将来此同她会合。一开始，玛丽·路易丝坚称没有拿破仑的准许，她不能离开，但奥地利代表轻松地说服她改变主意，尽管她致信丈夫时称自己是被他们强行带离。如果她曾打算与他相伴，没过多久她也彻底抛弃了那些计划，转而去了维也纳。她并不想要不太难过的日子。

12日，拿破仑和科兰古、麦克唐纳吃完晚餐，当晚剩余时间和 13 日凌晨，他试图自杀，尽管他致信玛丽·路易丝时态度乐观。[15]他在小雅罗斯拉韦茨险些被哥萨克俘虏，从那以后，他就在脖子上挂了个丝绸小包，里面装着一剂混合毒药，"其大小和形状像一片蒜瓣"。[16]他没有尝试其他自杀方式，重要原因之一是鲁斯塔姆与他的侍从蒂雷纳伯爵（Comte de Turenne）亨利（Henri）拿走了他的手枪。[17]拿破仑本人日后解释道：

> 我的生命不再属于我的国家，因为最后几天的事，我又能处置自己的性命了。"为什么我要忍受这么多苦难？"我沉思，"谁又知道呢，说不定我的死可让我的儿子继位？"法国已得救。我不再犹豫，从床上跳起来，往毒药里掺了一点水，带着某种幸福感喝下了它。但它放得久了，已经失效。可怕的痛苦导致我呻吟，有人听见了动静，医疗援助便来了。[18]

皇帝的贴身男仆于贝尔（Hubert）睡在紧挨他卧室的房间里。此人听见拿破仑呻吟，便找来伊万医生。伊万让皇帝呕吐，他的法子可能是强迫对方吞服壁炉炉灰。[19]

晚上，马雷和科兰古也应召而来。拿破仑显然不会死了，次日上午，他随即在朴素的独脚桌边签署条约，同意逊位，"没有继续犹豫"。签字地点是映红耀金的前厅，现在它叫退位室（Abdication Room）。"盟国已宣布，拿破仑皇帝是恢复欧洲和平的唯一障碍，"条约写道，"拿破仑皇帝信守誓言，声明他和他的继承人放弃法兰西与意大利的君位。为了法兰西的利益，他愿意牺牲一切个人利益，哪怕是生命。"[20]

4 月 13 日上午 9 点，麦克唐纳来皇帝的寓所取签过字的

716

条约，此时马雷和科兰古尚在。麦克唐纳发现，拿破仑"坐在炉火边，穿着简单的麻纱（轻薄棉纱）晨衣。他裸着双腿，踩着拖鞋，双手托头，膝盖撑着胳膊肘……他的脸泛黄发青"。[21]对此，拿破仑只是说："前夜一直病得厉害。"他对忠诚的麦克唐纳说了些溢美之词："我不太了解你，我对你有偏见。我满怀好意地为那么多人做了那么多事，结果他们丢下我，忽视我。我没给过你什么，你却仍然忠于我！"[22]皇帝赠予麦克唐纳穆拉德贝伊的佩剑，两人拥抱，然后元帅携签好字的条约赴巴黎。此后，他们再未见面。

拿破仑自杀未遂后，鲁斯塔姆逃离了枫丹白露宫。他后来说，假如皇帝成功自尽，他害怕人们可能会错怪他，把他当成波旁和盟国的刺客。[23]

4月15日，陪拿破仑去厄尔巴岛的将军人选定下来了：贝特朗、德鲁奥、皮埃尔·康布罗纳。一小股帝国近卫军也将随行，他们共有600人。根据《枫丹白露条约》某特殊条款，反法同盟已经承诺，它们将保护厄尔巴岛免遭"柏柏里国家"（即北非国家）侵扰。（厄尔巴岛所处的地中海海域，柏柏里海盗猖獗。）次日，四位盟国专员来到枫丹白露宫，他们要去厄尔巴岛与皇帝相伴，尽管只有英军上校尼尔·坎贝尔（Neil Campbell）爵士和奥军将领弗朗茨·冯·科勒（Franz von Koller）真的住到岛上。拿破仑和坎贝尔关系不错，此人曾在费尔－尚普努瓦斯之战中负伤。当时，一个俄国人错把坎贝尔当成法军军官，用枪刺他的后背，与此同时，另一个俄国人挥舞马刀砍他的脸，纵然他已大喊："英军上校！"（Angliski polkovnik！）坎贝尔欣喜地得知，卡斯尔雷命令他"去厄尔巴

岛照顾前法国政府首脑"。（这种说法表明，拿破仑的确切地　　717
位已然很不确定。）[24]

拿破仑在枫丹白露宫阅读巴黎的报纸。据费恩回忆，报纸的辱骂"没给他留下多少印象，它们的仇恨达到荒谬程度时，他也只是遗憾地微笑"。[25]他告诉弗拉奥，2月时未接受沙蒂永和平条款一事令他高兴："假如我在立誓护得法国领土完整之日签署条约，导致它损失单单一个村子，我都会更悲伤。"[26]他一点也不肯违背关于法国荣誉（la Gloire de la France）的誓言，这是他重新掌权的关键因素。眼下，拿破仑对其贴身男仆康斯坦说："好吧，我的儿子，收拾好你的大车，我们要去种卷心菜了。"[27]然而，摇摆不定的康斯坦①没这打算。在服侍了主人十二年后，他在4月19日晚上带着5000法郎现金逃走了。（萨瓦里下令替拿破仑藏匿7万法郎，这笔钱比法兰西银行行长的年薪多出许多。[28]）

坎贝尔能讲一口流利的法语。17日，他会见了拿破仑，之后在日记中写道：

> 我眼前是一个看上去活跃的矮子。他飞快地从寓所这头踱步至那头，就像关在笼子里的野兽。他穿着上绣金色肩章的绿色旧制服与蓝色长裤，脚踩红色长筒靴。他没刮胡子，没梳头发，上唇和胸口落满鼻烟灰颗粒。他意识到我来了，迅速转身冲我打招呼，礼貌地向我微笑。他显然努力地故作镇定，以掩饰紧张与焦虑。[29]

---

① 原文为"the inconstant Constant"，因水平有限，难以表现原文妙处。——译者注

拿破仑抛出坎贝尔开始熟悉的连珠炮般的问题，问英国人其伤口、军事生涯、俄国勋章、英国勋章。他得知坎贝尔是苏格兰人后，又向对方询问诗人袅相。话题接着转到半岛战争的各场围城战，他称赞了英军将领的才干。4月10日，威灵顿和苏尔特在图卢兹交手，各自折损3000多人。拿破仑"急切地"问起不幸的堪称多此一举的图卢兹之战，① 他"非常赞赏"威灵顿，打听其"年龄、习惯等"，并评价道："此人精力充沛，具备这一素质才能打胜仗。"[30]

"你的民族是最伟大的民族，"拿破仑对坎贝尔说，"我最尊重你的民族。我很坦率地说，我曾是你的民族的最大敌人，但现在不是了。同样，我曾想提升法兰西民族，但我的计划失败了。这都是天意。"他之所以说出部分恭维之辞，可能是因为他不愿乘分给自己的法军轻型巡航舰"山林女仙号"（Dryade）去厄尔巴岛，想改乘英军战舰。也许他既考虑到海盗问题，又担心被支持国王的船长或船员刺杀。[31] 会面结束时，拿破仑热诚地说："非常好，我任你差遣。我是你的人，完全指望你了。"然后，他鞠了一躬，"丝毫不带傲慢神气"。[32] 很多英国人发现他惊人地讨人喜欢，个中原因显而易见。商谈条约之时，拿破仑指示科兰古询问自己是否可去英国流放，他认为厄尔巴社会不及伦敦市"单单一条街"。[33]

法国新任战争大臣不是别人，正是1808年率其军在西班牙拜伦投降的杜邦将军。杜邦下令，拿破仑到达厄尔巴岛前，"必须挪走"岛上"所有属于法国的库存"。4月18日，皇帝

---

① 拿破仑签署退位诏书时，威灵顿和苏尔特尚不知情，导致图卢兹之战爆发，故此才说双方是多此一举。——译者注

得知此事，于是他拒绝离开枫丹白露，理由是小岛今后易遭攻击。[34]然而，次日他还是送走了行李（但不包括其金库里的48.9万法郎，他将带这笔钱上路），并向宫中尚存的支持者分发书籍、手稿、佩剑、手枪、勋章和硬币。沙皇亚历山大去朗布依埃拜访玛丽·路易丝，拿破仑听说后发火了，这可以理解。他抱怨道，征服者去见悲伤的妻子是"希腊式"做派。（也许他想到了亚历山大大帝接纳大流士家族一事。）沙皇还拜访了约瑟芬，拿破仑便又大骂。"呸！他先是和奈伊吃早饭，然后去马尔迈松看她，"皇帝说，"他图个啥？"[35]

4月中旬，贝尔蒂埃的前副官夏尔-特里斯坦·德·蒙托隆（Charles-Tristan de Montholon）将军造访枫丹白露宫，他带来一份逃往卢瓦尔河上游的计划（这套方案有些姗姗来迟）。"昔日，宫中有一群廷臣，阔大走廊都挤不下他们，如今，除了巴萨诺公爵（马雷）和副官维克托·德·比西（Victor de Bussy）上校"，蒙托隆"发现走廊空无一人。整个宫廷、皇帝的全部私人侍者……抛弃了不幸的主人，匆匆赶往巴黎"。[36]此言并非全部真相。贝特朗将军、古尔戈将军、让-马丁·珀蒂（Jean-Martin Petit）将军（老近卫军指挥官）、廷臣蒂雷纳、廷臣梅格里尼（Megrigny）、私人秘书费恩、翻译弗朗索瓦·勒洛涅·迪德维尔（François Lelorgne d'Ideville）、副官阿尔贝·富莱·德·勒兰格（Albert Fouler de Relingue）将军、副官茹阿纳（Jouanne）骑士、副官拉普拉斯（la Place）男爵、助手路易·阿塔兰（Louis Atthalin）、波兰人科萨科夫斯基（Kossakowski）将军、波兰人翁索维奇（Wąsowicz）上校继续侍奉拿破仑，直到最后关头。科兰古和弗拉奥不在宫中，但这两人依然忠于他。[37]此后，蒙托隆一直服侍皇帝，再未离开。

在政治灾难中，忠诚与感恩都是罕事，但拿破仑仍有能力激发这两种情感，尽管他无力回报。"我从枫丹白露宫去厄尔巴岛时，并无重返法国的雄心壮志。"他后来回忆道。这些最后的忠诚随员只能盼来波旁王朝的敌意。[38]想报复的不止波旁家族。一群暴民从米兰元老院中拖出拿破仑在意大利的财政部长朱塞佩·普里纳（Giuseppe Prina），花了四小时实施私刑，杀死了他，然后把税收记录塞进尸体的嘴里。

1814 年 4 月 20 日（周三），拿破仑离开枫丹白露宫，前往厄尔巴岛，这一幕当属拿破仑史诗中最伟大的场景之一。宽阔的枫丹白露宫白马庭（Cour du Cheval Blanc）——如今它叫告别庭（Cour des Adieux）——铺就雄壮背景，其庞大的马蹄形复式楼梯构成舞台，老近卫军队列则是心怀恰当感恩与悲伤之情的观众。（杜邦的恶意命令被取消了，但巴黎的信使尚未送来相关保证，所以专员们甚至不确定拿破仑是否真的会走。上午 9 点，宫廷司礼官贝特朗将军肯定了他会走，于是他们松了一口气。）拿破仑先在宫殿上层的一间觐见室中分别接见盟国专员。他和科勒恼火地谈了半个多小时，说自己仍然被迫与妻儿分离。谈话中，"泪水真的滚下他的脸颊"。[39]他也想知道科勒是否认为英国政府会允许他住在英国，奥地利人的反驳道出应有之义："会，陛下，因为您从未在那个国家打仗，和解要更容易。"[40]科勒后来说，布拉格会议提供了"非常有利的"媾和"机会"，拿破仑回答："我的计划也许出错了。我在战争中造成了损害，但那些都像一场梦了。"[41]

拿破仑同士兵和仅剩的几个廷臣握手，"匆匆走下"大楼梯。然后，他命令两排老近卫军（grognards）围住他，对他们说话。他语调坚决，可普鲁士专员弗里德里希·冯·特鲁克泽斯－瓦格德堡（Friedrich von Truchsess-Waldburg）伯爵回忆道，他的嗓音不时激动地颤抖。[42]坎贝尔等人记下的演讲内容　　720
中有大段重复文字，这既是因为那些话代表此次大危机中他的口才，也是因为它们大致体现了日后他力图讲述这段历史时使用的论据。

老近卫军的军官们、军士们、士兵们，永别了！二十年来，我一直见你们勇敢忠诚，沿着荣誉之路进军。全欧洲联合起来对付我们。敌人瞒着我们进行了三次行军，已经进入巴黎。我向首都进军，想把敌军赶出来，他们在那儿待不过三天。在此形势下，你们在同一地点表露高尚情感，我感谢你们，但是一部分军队没有这种感情，他们抛弃了我，迈向敌营……凭借仍然忠诚的三股军队以及人民大众的同情与努力，我可以退往卢瓦尔河或要塞，继续打上好几年。然而，内外交战的烽火将撕裂美丽祖国的疆土。就算我们愿意承受所有这些牺牲与灾难，一个党派已经控制了巴黎，我们还能指望借助巴黎的影响力战胜联合的欧洲吗？在此形势下，我只考虑国家利益与法兰西的安宁。我牺牲了自己的一切权利，还准备献出生命，因为我的一生旨在追求法兰西的幸福与荣耀。士兵们，你们总是忠于责任与荣誉的道路。向你们的新君主尽忠。从今往后，让你们的伟大壮举尽皆流传后世将是最快乐的事业……你们都是我的孩子。我不能拥抱你们每一个人，所以我让你们的将军做代表。[43]

然后，拿破仑亲吻珀蒂的双颊，并宣布："我要拥抱这些鹰旗，它们在那么多光荣的日子里指引我们。"他三次拥抱其中一面旗帜，用时长达半分钟，接着他举起左手，说："再见！不要忘记我！永别了，我的孩子们！"近卫军乐队随后鼓号齐鸣，奏响称颂曲《为了皇帝》（*Pour l'Empereur*）。拿破仑在音乐声中走上马车，迅速驶离。不消说，官兵们流泪了，就连在场的一些外国军官都哭了，还有人痛不欲生，其余的人则高喊"皇帝万岁！"

721　　拿破仑一行共有 14 辆马车，由一队骑兵护送。夜幕降临，车队与护卫到达近 70 英里外的布里亚尔，拿破仑住进驿站。"再见了，亲爱的路易丝，"他致信妻子，"爱我，想想你最好的朋友和儿子。"[44] 接下来六天，他先后在讷韦尔、罗阿讷（Roanne）、里昂、栋泽尔（Donzère）、圣卡纳（Saint-Canna）、吕克（Luc）过夜。4 月 27 日上午 10 点，他到达南部海岸的弗雷瑞斯。500 英里的旅程途经保王传统浓厚的法国南部，并非平平安安。在不同场合下，拿破仑得分别穿戴科勒的制服、俄军斗篷乃至波旁帽徽，以防被认出。在奥朗日（Orange），好几块大石头从车窗砸进皇帝的车里；在阿维尼翁，人群损坏马车上的拿破仑之鹰，还逼迫一个侍从喊"国王万岁！"，否则就杀了他（一年后，布吕内元帅在阿维尼翁被保王党刺客刺杀，其尸体被扔进罗讷河）。4 月 23 日，拿破仑在瓦朗斯遇见奥热罗。老元帅曾是 1796 年意大利战局中拿破仑的首批师长之一，除了荣誉军团红绶带，前者已经不戴后者授予的任何饰物。如今，奥热罗"骂拿破仑野心勃勃，为个人尊严浪费鲜血"。元帅还相当直率地对皇帝说，他应该死在战场上。[45]

　　根据坎贝尔的安排，海军上校托马斯·厄谢尔（Thomas

Ussher，后升任将军）在弗雷瑞斯接拿破仑上皇家海军巡航舰"无畏号"（Undaunted）。皇帝在弗雷瑞斯遇见了波利娜，她提议随他流放。波利娜对丈夫们不忠，但哥哥倒台后，她却非常忠于他。28 日上午，拿破仑原想离开法国，但他错过了涨潮。午饭时，他吃了一只变质的小龙虾，结果呕吐了。直到晚上 8 点，他才起航。若依皇家海军惯例，日落后他们不鸣炮，但拿破仑登船后坚持要礼炮，于是英军比照君主待遇，用 21 响礼炮声向他致敬。[46]（《枫丹白露条约》确认了他是退位君主，享有相应礼节规格。）他离开时的码头正是十五年前他从埃及回来时登陆的码头，这种呼应真令人伤感。[47]厄谢尔上校检查了皇帝的佩剑，确保他可以轻松地拔剑出鞘，以防万一他需在众人面前自卫。可事实正相反，厄谢尔发现了一桩"最有趣的事"——拿破仑离开时人群向他欢呼。[48]坎贝尔指出，在整个旅程中，"拿破仑对我们所有人……抱着最大的热忱……随他而行的军官说，他们从没见他比现在更放松"。[49]拿破仑对坎贝尔说，他认为英国人会强迫波旁王朝签订商业条约，这将导致波旁家族"在六个月内被赶走"。[50]他要求巡航舰在阿雅克肖登陆，向厄谢尔讲述自己的童年轶事，但科勒恳求上校不要考虑此事。或许科勒担心，要是拿破仑逃入阿雅克肖的山中，他可能会制造混乱。[51]

722

　　5 月 3 日晚上 8 点，"无畏号"在厄尔巴岛主要港口费拉约港抛锚。次日下午 2 点，拿破仑下船。他上岸时，专区区长、当地神职人员、地方官前来迎接，他们带上了小岛的礼节性钥匙，但最重要的欢迎是人海中响起的呼声："皇帝万岁！""拿破仑万岁！"[52]他们在海港炮台上升起他设计的旗帜，那是一面白旗，上映镶嵌蜜蜂的红色对角线。在埃劳战场上，拿破仑曾授予一名中士荣誉军团星章。他凭借惊人的记忆力，在人群中认出此人，对方立刻哭了。[53]众人列队前往教堂，聆听《感恩赞》，然后拿破仑去市政厅会见了岛上首要的显贵。最初几天，他住在市政厅，后来他住进宽敞舒适的穆里尼别墅（Palazzina dei Mulini），该地俯瞰费拉约港。他还把圣马蒂诺别墅（Villa San Martino）当作夏宫，站在此地台阶上可清楚地纵览小镇。① 登陆后第二天，拿破仑视察了费拉约港的防御工事，第三天，他又巡视那里的铁矿。他很快就会严重缺钱，所以铁矿需要创造财富。

拿破仑认为他的钱不能满足需要。他从法国带来 50 万法郎，此外，司库佩吕斯给他汇了 258 万法郎，玛丽·路易丝也寄来 91.1 万法郎，所以他的钱加起来不足 400 万法郎。[54]根据《枫丹白露条约》，理论上他每年可得 250 万法郎，但波旁王朝其实没给他汇过一分钱。1814 ~ 1815 年，厄尔巴岛总岁入分别为 651995 法郎、967751 法郎，但 1814 年，拿破仑的民生、军事与家庭开支达到 180 多万法郎，1815 年，这些开支将近 150 万法郎，因此他的钱只够再撑二十八个月，尽管他与五位贴身男仆显然能采取节俭措施。更糟的是，12 月时，波旁王朝扣押了波拿巴家族的动产与地产。[55]

723　　　1803 年，厄尔巴岛被割让给法国。当时拿破仑写道，岛上有"宽厚勤恳的居民、两个优良港口、一个富饶铁矿"，但既然他是厄尔巴君主了，他就把占地 2 万英亩的小岛称作"小王国"（royaume d'opérette）。[56]其他君王可能都会在环境优

---

① 1851 年，拿破仑的一位远亲扩建圣马蒂诺。新增建筑豪华得离谱，其室内有一个杰出展览，展示了拿破仑的漫画的原件。圣马蒂诺的这个展览值得一看。

美、气候温和、氛围宜人的小岛上放松，尤其是刚刚经历了两年艰难岁月的人，可拿破仑没有。因个性使然，他精神抖擞地投身小岛生活的每个方面，并且一直找机会回国，如果法国政治环境改善，他将从坎贝尔身边溜走，返回法国。拿破仑在厄尔巴岛待了近十个月，其间他办成下列事务：组织新王国防务，向 11400 名居民中的最穷苦者发钱，在波焦（Poggio）外的公路上安设一座喷泉（今天，它仍然提供新鲜的凉饮用水）；如饥似渴地阅读（他在费拉约港市政府留下一座图书馆，其内有 1100 卷藏书），与宠物猴热纳尔（Jénar）玩耍，一边哼唱意大利咏叹调一边沿着海边山羊道漫步；在大街上种植桑树，建成林荫道（或许他终于摆脱苗圃诅咒了）；改革关税与消费税，修补营房；建造一家医院，设立数座葡萄园；让费拉约港的部分地区首次铺上路面，并灌溉土地。他还组织人员定期收垃圾，并颁布法律规定一张床最多只能睡五个小孩，成立上诉法院，并组建了一个旨在拓宽道路、修建桥梁的视察团。无可否认，和拿破仑昔日的领土比，厄尔巴岛好比小人国，但他想让它成为全欧洲治理得最好的小王国。[57] 他对最小细节的兴趣不但未曾消减，甚至还延伸到他要给猎狗喂什么面包上面。[58]

　　拿破仑长胖了，但他仍做完了所有这些事。5 月 20 日，坎贝尔发现他爬不上一块岩石，于是写道：“虽然他不知疲倦，但他胖得走不了多远。道路崎岖时，他被迫挽着别人的胳膊。”[59] 这种状态会让其他人变迟钝，可拿破仑不同。“我从没见过任何人在任一人生境遇中展示如此强大的个人活力与不息的毅力。”坎贝尔指出，“他看上去相当喜欢动个不停、让那些陪他的人累垮……昨天清晨 5 点至下午 3 点，他在烈日下步行造访巡航舰与港口，现在……他骑马骑了三小时，事后跟我说，这是为了'把自己累得筋疲力尽！'。"[60]

1814 年 5 月 29 日（周日）中午，约瑟芬在马尔迈松因肺结核过世，享年 50 岁。五天之前，马尔迈松举办舞会，舞会散场后，她在凉夜中陪沙皇亚历山大外出散步。"她是愿随我去厄尔巴岛的妻子。"拿破仑后来说。他下令为她哀悼两日。（1800 年，他下令为乔治·华盛顿哀悼十日。）贝特朗夫人告知了他约瑟芬的噩耗，她日后说："他面不改色，只是大喊：'啊！现在她幸福了！'"[61]上一年，拿破仑给约瑟芬写了有记录可查的最后一封信，其结尾是："再见了，我的爱人，告诉我你安好。我听说你像诺曼农夫的贤妻一样发胖了。拿破仑。"[62]这句幽默亲昵之语终结了据信是史上最浪漫爱情之一的恋情。她的生活开销甚至超出丰厚收入，但她接受了新身份——前皇后。拿破仑迷信地想，给他带来好运的是不是约瑟芬。他发现了一个巧合：离婚之后，他的运势也变了。11 月，他和前来拜访的两位英国议员交谈。谈到她可能死于债务时，他感到惊讶："再说了，当初我每年都替她付裁缝的账单。"[63]

8 月上旬，太后从罗马来厄尔巴岛，陪伴儿子流放。坎贝尔发现，她"非常友善自然。这位年长的女士长得很美，她个头中等，身材匀称，肤色靓丽"。[64]周日晚上，莱蒂齐娅与拿破仑吃饭、玩牌。她抱怨："儿子，你出老千。"他回答："妈，你有钱。"[65]三个月后，波利娜来了，兄弟姊妹中只有她来访。拿破仑在两处住宅内都给玛丽·路易丝和罗马王留了房间，并装饰它们，此举或是令人心伤的乐观行为，或是可疑的宣传手段，抑或兼而有之。8 月 10 日，玛丽·路易丝致信拿破仑。她说，尽管她承诺尽快来陪他，但她得按照父亲的旨意返回维也纳。[66]8 月 28 日，拿破仑从焦韦山（Monte Giove）上的马尔恰诺马东纳隐修院（hermitage of La Madonna di Marciano）给她写信。在现存的 318 封拿破仑致玛丽·路易丝的信件中，这是最后一封信，它凸显了他处理数据时惯有的严谨态度："我在海拔 3834 英尺的隐修院，它俯瞰四周的地中海，位于栗子树森林中。太后住的村子在隐修院下方 958 英尺处。这座港口非常宜人……我渴望见你和我的儿子。"他在结尾处写道："再见了，我的好路易丝。全部属于你的拿。"[67]然而，玛丽·路易丝已经找了个骑士护送她回维也纳，此人便是时髦的独眼奥军将领亚当·冯·奈佩格，1813 年战局中，拿破仑曾在波希米亚击败他。奈佩格据信"技巧娴熟，精力充沛，乃当世严谨之辈，亦是高明的廷臣与出色的音乐家"。[68]奈佩格年轻时和一个已婚妇女私奔，当他负责照顾玛丽·路易丝时，他也已经结婚了。到 9 月时，他俩已成情人。[69]

　　马尔恰诺马东纳隐修院（今人爬三小时山后可至此地）是浪漫的隐居地点，此地视野极佳，可纵览岛屿海湾与海口，科西嘉与意大利本土的海岸线也能映入观者眼帘。9 月 1 日，玛丽·瓦莱夫斯卡带着 4 岁大的拿破仑亲生子亚历山大来隐修院，母子俩陪他住了几天。1812 年，瓦莱夫斯卡同丈夫离婚。拿破仑在娶玛丽·路易丝之前和她断绝情人关系，并赠予她那不勒斯的土地，如今她也失去了地产，但忠诚驱使她来到他身边，不论这相伴时间多么短暂。德鲁奥警告拿破仑，岛上闲言已经泄露了他的秘密。事实上，所有人都以为皇后来了，当地某市长还爬上山，想正式向"皇后"致敬，所以玛丽只好离开。[70]

　　拿破仑数次会见来访的英国辉格党贵族与政客。11 月中旬，他见了第一批辉格党人：议员乔治·维纳布尔斯－弗农（George Venables-Vernon）与其同僚约翰·法扎克利（John Fazakerley）。他们聊了四小时。12 月上旬，他两次接见埃布灵顿子爵，他俩一共谈了六个半小时。平安夜，他会见了未来的首相约翰·罗素（John Russell）勋爵。次年 1 月中旬，又有两个英国人——约翰·麦克纳马拉（John Macnamara）与英国大臣格伦伯维（Glenbervie）勋爵之子弗雷德里克·道格拉斯（Frederick Douglas）——来访。这些人头脑聪颖、广结人脉、言谈老成，他们都惊叹道，拿破仑拥有敏锐的理解力，并且愿意谈论任何话题：他仰慕英国上院，打算在法国建立类似的贵族体制；他计划靠一夫多妻制巩固殖民地；他还谈到表里不一的沙皇亚历山大、威灵顿公爵的“杰出才干”、维也纳会议、奥地利大公卡尔的平庸之处、意大利人（“懒散孱弱”）、昂吉安公爵之死和皮舍格吕之死（他不将这俩人的死亡归咎于自己）、雅法屠杀（他承认这是他的错）、国王弗里德里希·威廉（他管普鲁士国王叫“一个下士”）、他麾下元帅的相对优势、英国骄傲与法国尊严的区别、他在埃及逃脱割礼的故事。[71]

　　“你们英国人的士兵很勇敢，”在某次邂逅中，拿破仑说，“他们是最好的战士。”[72]英国人报称，他“谈话时兴高采烈、心情愉悦，举止文雅”，并捍卫自己的履历。有一次他指出，虽然他没烧莫斯科，英国人却在当年 8 月纵火焚烧华盛顿。[73]也许拿破仑盼望最终能搬到伦敦，他试图给英国人留下好印象，但他的聪颖机智和直率坦诚的确诱使拜访者们放松了警悸。"就我而言，"他经常说，"我无足轻重了。我的时代结束了。"他也常常说："我死了。"[74]然而，他数次询问波旁王朝有多受欢迎，驻法国南部的英军和法军各部队又屯于何处。皇帝问坎贝尔这些问题时更不含蓄，以至于1814年10月，英国专员致信卡斯尔雷，警告对方拿破仑可能谋划回国。[75]然而，监视他的皇家海军只多了一艘巡航舰"山鹑号"（Partridge），他自己甚至获得16炮双桅船"无常号"（L'Inconstant），它成了厄尔巴海军的旗舰。

在梅特涅和塔列朗鼓动下，1814年9月15日，欧洲大国召开维也纳会议，想借此解决所有大分歧——这些争议涉及如何处置波兰、萨克森、莱茵邦联与那不勒斯国王缪拉。在将近四分之一世纪的战争与革命后，欧洲版图需重新划定。各国希望靠普遍协议实现永久和平，所以它们各自的迫切需求得彼此相容。[76]拿破仑倒台后，国家间长期存在的一些领土争端复燃。1815年2月下旬，他决定离开厄尔巴岛——尽管从形式上看，维也纳会议一直开到当年6月——但涵盖主要问题的协议大纲此时已拟好，他并不走运。

1814年5月，联军护送路易十八回巴黎。我们不知道拿破仑究竟在何时决定夺回君位，但他密切关注路易十八登基后波旁王室犯下的无尽错误。他越发相信，波旁王朝很快将经历他所谓的"利比亚风暴"，那是风速堪与飓风比肩的猛烈的沙漠热风，当时人们认为它源自利比亚属撒哈拉（Libyan Sahara）。[77]国王签署内容广泛的宪章，承诺回国后保障民权，可民众怕政府暗暗打算重建旧王朝制度。当局未能打消这种恐惧感，事实上，他们离那一点差得远。官方称，现在是路易十八治下的第 19 年，似乎 1795 年其侄路易十七死后，他就一直在统治法国，而国民公会、督政府、执政府、帝国只是打断正统统治的非法政权。波旁王朝同意恢复 1791 年疆界，于是法国的 109 个省减至 87 个。[78] 旧王朝时代的间接税增加，食物价格上涨。天主教会重掌革命前的某些权势与名望，激怒了自由派与共和派。[79] 雷恩举行官方仪式，纪念"殉道者"朱安党人。政府从马德莱娜公墓（Cimetière de la Madeleine）中挖出路易十六和玛丽·安托瓦内特的遗体，非常隆重地把他们葬入圣但尼修道院（Abbey of Saint-Denis）。凡尔赛的建筑工程重启，国王还任命了一位"首席推椅人"（pousse-fauteuil），他的工作内容只有一件事——当国王坐在桌旁时推入他的椅子，但政府取消了津贴，就连伤残老兵也拿不到钱了。[80] 拿破仑在卢浮宫内聚集的画作被取走，回到占领国手中。

不出拿破仑所料，英法重新签订大革命前的 1786 年贸易协议。法国降低或取消一些英国货的关税，导致本国制造商遭遇新一轮萧条。[81] 英国政府派威灵顿当驻法大使，这几乎无助于改善事态。① "任命威灵顿勋爵一定让军队火冒三丈，"拿破仑对埃布灵顿说，"国王对他的深切关照亦将如此，这好比把他的个人感受置于国民情感的对立面。"[82] 皇帝后来谈了他眼中波旁家族该做的事。"他不应自称路易十八，而应自称新王朝奠基人，他也根本不该触及旧怨。要是他那样做，十之八九永远不会有什么东西诱我离开厄尔巴岛。"[83]

波旁王朝针对军队的政策最令它自拆台脚。二十年来，三

---

① 1818 年，波拿巴分子、前军人马里 - 安德烈·康蒂永（Marie-André Cantillon）欲趁威灵顿乘车归宅时刺杀他，但康蒂永射出的子弹不知所踪，所以他和同谋被无罪释放。

色旗指引法军士兵在全欧洲决胜沙场，如今，白旗与百合花旗代替了它。荣誉军团勋章降级，论地位不及旧王朝勋章（牢骚兵立刻给某款旧王朝勋章起了个绰号——"臭虫"）。[84]曾与法军对战的流亡者就任高级军官，新的王家近卫军取代了帝国近卫军。1806 年，拿破仑创立中年近卫军，它享有大量战场荣誉，如今却被彻底取消。[85]遭人鄙视的杜邦让大批军官退役，另有 3 万名军官只能领半薪。[①]与此同时，政府依然积极搜寻逃兵役者。[86]"我读官报时发现，只有贵族夫人出席市政厅舞会，"拿破仑日后回忆道，"军官夫人都没去，于是我第一次产生了希望。"[87]1814 年 8 月 15 日，很多士兵严重抗命，公然庆祝拿破仑的生日。加农炮鸣炮致敬，战士们高喊"皇帝万岁！"，哨兵只向身佩荣誉军团勋章的军官举枪致敬。

拿破仑决定拿一切去赌君位，而波旁王朝的错误当然不是唯一原因。弗朗茨皇帝也犯了错——不让自己的女儿和外孙去找女婿。此外，他的花销实际上达到收入的 2.5 倍。他还觉得生活非常无聊，冲坎贝尔抱怨道，自己"被关在这座监狱里，与世隔绝。没有有趣活动，没有学者陪伴，我的社会也无多样性"。[②][88]另一个因素是报纸文章与维也纳会议传出的流言，这些言论称，盟国计划强迫他离开厄尔巴岛。法国驻圣彼得堡大使约瑟夫·德·迈斯特（Joseph de Maistre）提出，可以把澳

728

---

① 要想知道被迫领半薪有什么影响，可参见霍雷肖·纳尔逊的愿望。1788～1793 年，他的薪水减为半薪，于是他赤裸裸地渴望与法国重新开战。Knight, *The Pursuit of Victory*, pp. 118–30.

② 然而，当拿破仑真的遇上这种多样性时，他却成了卖弄学问的学究。举个例子，1815 年 1 月，挪威绅士昆德措（Kundtzow）来见他。"挪威有多少人口？"拿破仑问昆德措。对方回答："200 万，陛下。"拿破仑纠正昆德措道："180 万。"North ed., *Napoleon on Elba*, p. 171.

大利亚小殖民地植物湾（Botany Bay）当作终点，这一建议令人十分紧张。亦有人提到格外偏远的圣赫勒拿岛（St Helena），它是大西洋中部的一个英属小岛。[89]

1815年1月13日，拿破仑和约翰·麦克纳马拉聊了两小时，他高兴地得知法国"骚动不安"。[90]对于在莫斯科待了太久这一点，他表示认可，并且说："我错在试图征服英国。"他坚称自己已卸下国际事务中的职责。"历史上有三位伟人，"麦克纳马拉说，"亚历山大、恺撒、拿破仑。"这时，拿破仑定定地看着他，一言不发。麦克纳马拉"认为，他看到皇帝的眼睛湿润了"。麦克纳马拉的说法是拿破仑从学生时代起一直想听的话，最后他回答："要是我在莫斯科会战①中被炮弹击毙，你的话就没错，但我后来的挫折将抹去我早年的一切荣耀。"[91]他补充道，威灵顿是个"勇士"，可此人不该当大使。谈话中，拿破仑经常大笑。麦克纳马拉说，摄政王子憎恨其妻不伦瑞克的卡罗琳，他欣然接受拿破仑同约瑟芬离婚，因为他可以循此先例休妻，皇帝闻言后忍俊不禁。麦克纳马拉问拿破仑是否害怕刺杀。他说，"我不怕被英国人暗杀，他们不是刺客"，但他承认自己得提防附近的科西嘉人。[92]拿破仑走后，麦克纳马拉对贝特朗说，皇帝"一定脾气非常好，从来不会情绪激动"。贝特朗微笑着回答："我比你多了解他一点点。"[93]

2月初，坎贝尔发现，拿破仑已经"暂停道路修缮工作，他也搁置了其乡间住宅的尾期修造工程"，原因完全是费用问题，而且他打算卖掉费拉约港市政厅。[94]坎贝尔再次警告卡斯尔雷："要是扣下退位时承诺付给他的钱，他又面临金钱压

① 指博罗季诺会战。——译者注

力，我想他会狗急跳墙。"[95]后来，沙皇亚历山大痛斥塔列朗不向拿破仑支付属于他的钱："要是我们对他食言，我们怎能指望他信守诺言?"[96]

　　1815 年 2 月，拿破仑的前秘书弗勒里·德·沙布隆（Fleury de Chaboulon）来访，并捎来马雷的信。马雷称，法国已经充分准备好迎接皇帝回来。拿破仑问弗勒里军队的态度。弗勒里说，士兵们被逼着喊"国王万岁!"，但他们常常轻声加点内容，喊成"罗马王万岁"。① "所以说，他们仍然爱我?"拿破仑问道。"是的，陛下，容我大胆说句，他们比以前更爱您。"法国的很多消息来源与驻法谍报网向拿破仑提供了与此言一致的信息。他的谍报网里有个来自格勒诺布尔的医生约瑟夫·埃梅里（Joseph Emmery），此人帮他制订了接下来的远征计划，他日后写遗嘱时留给对方 10 万法郎。弗勒里说，军队斥责马尔蒙，说联军打赢怪他，拿破仑于是宣称："他们说得没错。要不是拉古萨公爵那臭名昭著的背叛行径，联军会输。我掌控了敌人的后方与一切资源，一个人都逃不掉，他们会发布（自己的）第 29 期公报②。"[97]

　　2 月 16 日，坎贝尔乘皇家海军军舰"山鹑号"离开厄尔巴岛，"因为健康原因，我旅行至离这不远的大陆"。坎贝尔或是需要去佛罗伦萨拜访其耳科医生，或是需要探访其情妇米尼亚奇（Miniacci）伯爵夫人，抑或两种情形兼而有之。[98]拿破仑的机会来了。次日，他下令整修"无常号"。这条船装载短途航程储备，还被漆成皇家海军舰艇的颜色。[99]坎贝尔到佛罗

730

---

①　喊"罗马王万岁!"（Vive le Roi de Rome!）是在喊完"国王万岁!"（Vive le Roi!）后加了点内容。——译者注

②　指 1812 年战局第 29 期公报，详见第二十五章。——译者注

伦萨后，卡斯尔雷的副手、英国外交部官员爱德华·库克（Edward Cooke）对他说："你回厄尔巴以后可以跟波拿巴说，欧洲差不多忘了他了，现在没人惦记他。"[100]几乎与此同时，太后对儿子说："是的，你必须去，这是你的命运。你活着不是为了死在这荒岛上。"[101]波利娜一直是兄弟姐妹里最慷慨的人，她送给哥哥一条非常昂贵的项链，叫他拿去卖钱，好为接下来的冒险筹资。拿破仑的贴身男仆马尔尚设法安慰波利娜，称兄妹将很快重逢。波利娜颇有先见地纠正了马尔尚，她说这次告别是永别。[102]一年之后，有人问拿破仑，德鲁奥是否真的力劝他不要离开厄尔巴岛，他回答不是。不管怎么说，他草率地反驳道："我不会屈从建议。"[103]离岛前夜，他阅读了奥地利皇帝查理五世的传记，等他走后，书就摊在桌上。拿破仑的老家政工没有碰这本书以及四处散落、"撕成小片的书写纸"。事后不久，英国来访者很快就询问家政工，她"自然地表达自己的感情，淳朴地说他向来脾气好"。[104]

1815 年 2 月 26 日（周日）晚，拿破仑乘"无常号"离开厄尔巴岛。重 300 吨的 16 炮双桅船刚起锚，船上的 607 名老近卫军掷弹兵就得知他们要去法国。他们高呼："巴黎或死亡！"拿破仑带上了贝特朗、德鲁奥、康布罗纳、铁矿矿主庞斯（Pons）先生、医生舍瓦利埃·富罗（Chevalier Fourreau）、药剂师加特（Gatte）先生。他们计划用八艘小船征服一个欧洲大国，除了"无常号"，船队里规格最大的三艘船分别重 80 吨、40 吨、25 吨。八艘船载有 118 名波兰枪骑兵（无马）、一个不足 300 人的科西嘉营、50 名宪兵、约 80 名平民（包括拿破仑的仆人）——这支军队一共有 1142 人与 2 门轻型加农炮。[105]一阵和煦的海风送船队去法国，路上，他们差点撞上了法国海军的两艘巡航舰。拿破仑在甲板上待了很久，同军官、士兵、水手聊天。枪骑兵指挥官扬·耶马诺夫斯基（Jan Jermanowski）上校记载道：

> 他们在他身边躺着、坐着、站着、溜达着，亲切地问个不停。他们很不慎重，好几次问他怎么看待活着的某人、某国王、某元帅、某大臣，还讨论他自己的战局中乃至内政政策中臭名昭著的部分。可他毫无保留地回答，没有露出一丝愤怒或不耐烦。[106]

731

在此过程中，拿破仑坦率地说了"现在想做的事、做此事的困难、他的手段、他的期盼"。

3月1日（周三），"无常号"到达法国南部海岸，驶入儒昂海湾。下午5点，拿破仑的军队下船。"关于这个计划，我考虑了很久，想得非常周到了，"队伍将要上岸前，他鼓动他们道，"我不用详述成功后我们将获得何等荣誉与利益。从年轻时起，我等军人就见多了死亡形态，对我们来说，失败后的下场也不可怕。我们知道那是什么，却不在乎，因为一次挫折就能招来最恶劣的境地，而我们曾千百次地面对它们。"[107]次年，他回忆登陆之事时道："一大群人一下子围上来，他们惊讶地看到我们出现，又震惊地发现我们的兵力那么少。人群里有个市长，他见我就带了这么点人，便对我说：'我们正要安静下来好好过日子，你又跑来给所有人惹事。'"[108]人们能和拿破仑说这种话，说明很少有人认为他是暴君。

拿破仑知道，普罗旺斯和罗讷河下游谷地盛行保王主义，他最需要做的事则是避开波旁军队，于是他选择经阿尔卑斯山脉的山路去格勒诺布尔的兵工厂。他派拉穆雷（Lamouret）上尉带 20 人去昂蒂布，当地卫戍部队逮捕并关押了他们，这证明他的直觉没错。拿破仑的人手不足以攻打土伦，他也清楚，至少在兵力增加前，他得抢在自己归来的消息传开前进军。"因此我急忙赶去格勒诺布尔，"他后来对秘书古尔戈将军说，"那里有军队、滑膛枪、加农炮，它是个中心。"[109]他的资本只有快速行动的能力（他立刻为枪骑兵买了马）和宣传天才。上岸后，他分别对法国人民和法军发布宣言，在船上时，所有识字的人就做好了这两篇宣言的手抄副本。

致军队的宣言称，1814 年之败完全归咎于马尔蒙和奥热罗的背叛："我们的队伍中出了两个叛徒，这两人背叛了我们的桂冠、他们的祖国、他们的君主、他们的恩人。"[110]接着他抛开了好战性，宣布道："我们必须忘记自己曾是各国之主，但我们绝不能容忍任何人干涉自己的事。"致民众的宣言则称，巴黎失陷后，"我的心碎了，但我的精神仍然坚毅……我把自己流放到海中岩石上"。[111]拿破仑说，他之所以动手，仅仅是因为路易十八想靠二十五年来一直"与人民为敌"的家伙恢复封建权利与统治，尽管波旁王朝肯定还没复兴封建主义。"法国人，"他接着说，"在流放途中，我听到了你们的怨言和愿望。你们要求得到自己选择的政府，只有它才合法。你们埋怨我久久沉睡，斥责我为一己安逸牺牲国家的伟大利益。"于是乎，"虽然困难重重，我还是来到你们中间。我来赢回我的权利，那也是你们的权利"。[112]此言当然是极其夸张之辞，但拿破仑知道如何取悦士兵（他们想拿回荣誉与全薪）、富农（他们害怕恢复封建税赋）、数百万名国有财产所有人（他们想保护财产，因为流亡者和教士回来了，这些人欲取回 1789 年前的资产）、工人（泛滥的英国货物打击了他们）、帝国公务员（保王党人接替了他们的工作）。[113] 因为波旁王朝失败得太彻底，就算经历过 1812 年与 1813 年的败仗，拿破仑也能在一年之内聚集相当广泛的国内同盟。

登陆那天，拿破仑在戛纳的沙丘宿营，该地靠近今十字大道（Boulevard de la Croisette）。营地对面则是一座陈年小教堂（今圣母院）。次日凌晨 2 点，他同康布罗纳的前卫会合，这支队伍包括无马的枪骑兵与 2 门加农炮。拿破仑没去普罗旺斯地区首府艾克斯，而是取道通过勒卡内（Le Cannet）的路。他走了 15 英里上坡路，到达格拉斯，因为城中只有 5 把滑膛枪可用，市长投降了。皇帝一直休息到中午时分，然后他丢下辎重和加农炮，用骡子驮运补给，沿山路北上。海拔较高处覆盖着冰雪，一些骡子滑倒了，有些地段的隘路狭窄得仅容一人通行。拿破仑随掷弹兵步行，他们亲昵地戏弄他，叫他的绰号，如“我们的小平头”（Notre petit tondu）、“仗剑的让”（Jean de l'Epée')。[114]

1934 年，法国政府创设“拿破仑之路”（Route Napoléon）来拉动旅游业。这条路上安设了壮观石鹰，少数鹰像今仍可见。拿破仑经过的每一个城市和乡村都张贴告示，自豪地宣布这一事实。这次行程后来成了传奇般的北上之旅，我们可以看到他沿途住过的很多地方。拿破仑从滨海阿尔卑斯省出发，经过下阿尔卑斯省（Basses-Alpes）①、上阿尔卑斯省（Hautes-Alpes），3 月 7 日晚他抵达伊泽尔省（Isère）格勒诺布尔，只

734

① 今上普罗旺斯阿尔卑斯省（Alpes-de-Haute-Provence）。——译者注

733

27.拿破仑之路，1815年

塞纳河
巴黎
塞纳河
枫丹白露
约讷河桥村
桑斯
茹瓦尼
欧塞尔
卢瓦尔河
阿瓦隆
约讷河
索恩河
阿尔萨斯
欧坦
索恩河畔沙隆

多尔多涅河

格勒诺布尔
伊泽尔河
维济耶　塔韦内勒
拉弗雷　埃邦

罗讷河
上阿尔卑斯省
巴亚尔山口
加普

滨海阿尔卑斯省
上普罗旺斯阿尔卑斯省
塔恩河
锡斯特龙　沃洛讷
马利热堡　迪涅莱班
巴雷姆　勒洛日迪潘
卡斯特拉讷　塞拉农
埃斯克拉尼奥勒
圣瓦利耶-德蒂耶
迪朗斯河
勒卡内
戛纳

0　20　40　60　80 英里
0　　60　　120 千米

地 中 海

用六天就走了 190 英里。拿破仑或是步行，或是骑马。他走过挺拔高原与平坦原野，穿过光秃岩石与葱郁草场，经过瑞士风格的村庄；他翻越海拔 6000 英尺、陡然下倾的雪山，并沿盘绕的傍山滨海路下山。今天，拿破仑之路是公认的世界级优质自行车与摩托车骑行路线。

离开圣瓦利耶（Saint-Vallier）之后，拿破仑经过了下列地区：埃斯克拉尼奥勒（Escragnolles）的村子，他在此地再度停留；塞拉农（Séranon），他在当地的布龙代尔城堡（Chateau de Brondel）过夜，该城堡是古尔东（Gourdon）侯爵的乡间住宅；勒洛日迪潘（Le Logis-du-Pin），他在那儿喝肉汤。3 月 3 日，他到达卡斯特拉讷（Castellane），在其专区用午餐，该地位于今马塞尔索韦尔广场（Place Marcel Sauvaire）。在卡斯特拉讷，康布罗纳要求市长提供 5000 份肉、面包和葡萄酒，拿破仑的军队（仍然少于 1000 人）于是有了数日补给。（坎贝尔认为，康布罗纳“是个拼老命、没教养的恶棍”，所以他正好适合干这种冒险之事。[115]）当晚，拿破仑待在巴雷姆村（Barrême），住进主干道上塔尔唐松（Tartanso）法官的家。3 月 4 日，他到达迪涅莱班（Digne-les-Bains），在小宫殿旅馆（Petit-Palais hotel）休息，大军团的一些老兵来此投奔他。迪涅居民恳求驻军指挥官、支持波旁王朝的尼古拉·洛韦尔多（Nicolas Loverdo）将军不要把他们的城镇变成战场。洛韦尔多发现自己缺少忠诚的士兵，于是没开战。拿破仑遂继续推进，他在马利热城堡（Chateau de Malijai）过夜，该地如今是市政厅。①

---

① "拿破仑在这住过，"村子入口的告示写道，"你干嘛不住呢？"

次日上午，即 3 月 5 日（周日）上午时，拿破仑在沃洛讷村（Volonne）停下。当地人传说，他在亨利四世建造的喷泉边喝水。在相当壮观的锡斯特龙堡垒（castle of Sisteron）面前，他首次遇上真正的考验。这座大堡垒的大炮可以轻易摧毁迪朗斯（the Durance）河上唯一的桥。他非但没有停下，还在金臂旅馆（Bras d'Or hotel）同市长和显贵吃午餐，饭后不久便动身。假如站在锡斯特龙堡垒的钟楼顶端俯瞰，则视野中的迪朗斯河流域长达 40 英里。拿破仑没有其他渡河点。或是因为疏忽，或是因为节俭，或是因为指挥官需要一个不毁桥的借口，堡垒中并无火药。从那以后，只要康布罗纳趁拿破仑来之前对各市市长采取哄骗、协商、行贿的手段，并在必要时威胁他们，就没有桥梁被毁。

拿破仑后来回忆道，他到达加普（Gap）时，"一些农民从口袋里掏出印着我肖像的五法郎硬币，喊道：'是他！'"①。[116]针对上下阿尔卑斯省的居民，他在加普写了一篇宣言："我的归来驱散了你们的所有焦虑，保全了所有财产。"其他文字则称，他反对那些"想要恢复封建权利、毁灭阶级平等、取消国有财产售卖"的人，此举乃特意夸大波旁治下可能发生的恐怖事件（但它们尚未出现）。[117]3 月 6 日下午 2 点，拿破仑离开加普。此地之后，地势陡然升高，直上海拔 3750 英尺的巴亚尔山口（Col Bayard）。当晚，他睡在科尔城（Corps）主街的宪兵营地。

旅途中最富戏剧性的时刻很快到来。几天后，在拉弗雷镇

___

① 这款独特硬币并非理想的指示物，因为上面印着的拿破仑年轻许多。硬币上的侧面像准确刻画了彼时他的形象：一头浓密卷发，下颚轮廓分明，头戴月桂树叶王冠。

（Laffrey）以南几百码的地方，拿破仑在两座山林夹着的狭窄地带碰上第 5 战列步兵团的一个营，该地如今叫相遇草地（La Prairie de la Rencontre）。波拿巴分子的传说称，拿破仑站在这个营面前，完全处于其射程之内，保护他的帝国近卫军人数少得多。接着他往后一扔标志性灰大衣，指着自己的胸口，问士兵是否想对他们的皇帝开枪。士兵扔掉滑膛枪，围住他，这证明他的魅力仍有效力。[118]两名军官曾告知拿破仑，团里的士兵支持波拿巴，但若保王党军官开了区区一枪，结果就截然不同了。萨瓦里当时不在场，而他的说法所含英雄色彩要少一点。照萨瓦里的话，那一天，拿破仑靠谈话风格和提问习惯赢得胜利：

> 皇帝走近了，这个营依然鸦雀无声。指挥官命令士兵举起滑膛枪瞄准，他们照办了，我们无法知道要是他下令开火会发生什么事。皇帝没给营长时间，他和士兵们聊天，像往常一样问："喂，你们在第 5 团过得怎样？"他们回答："非常好，陛下。"然后皇帝说："我回来看你们了，你们中有人想杀我吗？"士兵们大喊："噢，没有！"于是皇帝照例检阅他们，进而掌控了第 5 团。营长看上去不高兴。[119]

736

拿破仑本人也讲过这个故事。他说自己愉快地对待士兵，拿他们当老战友。"我走上前，向一个士兵伸出手，说：'什么，你这个老流氓，你要冲你的皇帝开枪吗？'他回答，'你瞧'，并且给我看滑膛枪，只见里面没子弹。"[120]他认为身边的老兵也是成功的因素："这件事靠的是近卫军熊皮帽。它们引人回忆我的光辉岁月。"[121] 值此紧张时刻，不管拿破仑是慷慨陈词还是与人交谈，他都显示了极大的勇气。拉弗雷也是个分水岭，因为倒戈的不再是农民或国民自卫军——正规军第一次倒向拿破仑。

在维济耶（Vizille），群众向拿破仑欢呼，夏尔·德·拉贝杜瓦耶（Charles de La Bédoyère）带第 7 战列步兵团投奔他。在塔韦内勒（Tavernelles）时，他在维吉耶（Vigier）夫人咖啡馆休息。在埃邦（Eybens），他泡了个脚，这对他来说已然非常受之无愧。3 月 7 日晚 11 点，拿破仑进入格勒诺布尔。镇民拆掉城门，将大门碎片呈给他，以此当作他们忠心的纪念品。"从戛纳去格勒诺布尔时，我是个冒险者，"拿破仑后来说，"到达格勒诺布尔后，我又成了君主。"[122] 他不肯去省长官邸留宿，而是住进蒙托日街（rue Montorge）三条海豚旅馆（Les Trois Dauphins）2 号房，此举显示了其惯有的公关天才。旅馆老板是意大利与埃及战局的老兵之子。1791 年拿破仑驻于瓦朗斯，当时他曾在这座旅馆留宿。（出于敬意，司汤达亦在 1837 年住进三条海豚旅馆 2 号房。）不管住在那儿多不舒服，他也在里昂弥补了缺憾。某日上午，国王的弟弟阿图瓦伯爵被迫仓促离开其住所大主教宫殿（今市图书馆），同日，拿破仑入住他的房间。他在里昂检阅了如今已颇具规模的军队，批评一个营在实施机动时表现不够好。他后来说，这样做"有很大效果，表明他有信心夺回权力"。[123] 值此关键时刻，如果他持恳求态度，士兵会立刻察觉。相反，甚至在他战败并退位后，他们仍愿意追随他。

3 月 5 日中午，沙普空中可视信号系统将拿破仑归来一事传至巴黎，但政府直到 7 日才公布消息。[124] 新任战争大臣苏尔

特派奈伊、麦克唐纳、圣西尔解决此事，奈伊告诉路易十八： 737
"我向你保证，我要抓住波拿巴。我会把他关进铁笼子，然后
带给你。"[125]苏尔特给军队的命令称，只有叛徒才会投靠拿破
仑，"现在这家伙只是个冒险分子，他最后的疯狂揭示了他是
什么货色"。[126]尽管如此，仅有的两位陪伴拿破仑征战滑铁卢的
元帅就是奈伊和苏尔特了。

3月13日，拿破仑离开里昂。当日，仍在开会的盟国颁
布了《维也纳宣言》：

> （拿破仑）带着骚乱与动荡的计划返回法国，他让自
> 己失去了法律的保护，并向世界宣告，不能与他媾和或停
> 战。有鉴于此，各国宣布：拿破仑·波拿巴已将他本人置
> 于国民与社会的关系之上，身为世界的敌人和扰乱者，他
> 把自己变成公众的复仇对象。[127]

拿破仑继续北上。14日晚，他在索恩河畔沙隆（Chalon-
sur-Saône）；15日晚，他在欧坦；16日晚，他在阿瓦隆
（Avallon）；17日晚，他在欧塞尔（Auxerre）的省长官邸。路
上，大批热情的群众向他欢呼，更多部队前来投靠。隆勒索涅
（Lons-le-Saunier）的奈伊元帅有3000人，拿破仑派两个军官
乔装去见他。他们告诉元帅，皇帝说了，要是他改变阵营，
"我会像在莫斯科会战次日时那样接你"。[128]奈伊离开巴黎时一
心想和拿破仑交战，但他不想发动内战，哪怕他能说服士兵开
火。"我置身暴风雨中，"他后来谈到自己的决定，"昏了
头。"[129]3月14日，奈伊带着勒古布将军、布尔蒙将军（他俩
都非常不情愿）以及几乎所有部队改投拿破仑，只有少数保

王党军官没有倒戈。"唯独拿破仑皇帝有权统治我们的美丽祖国。"奈伊告诉他的部队。[130]他后来说,军中盛行波拿巴主义,他不能"徒手逆转大潮"。[131]

18 日上午,拿破仑和奈伊在欧塞尔相会,但是元帅带来了一份文件,此文件警告皇帝,要他"考虑法国人民的福祉,努力弥补他的野心所酿罪孽",所以这次重逢冷冷冰冰、一板一眼。[132]拿破仑没有像"莫斯科会战次日时"一样对待奈伊,而是询问他军队士气、东南部省份的情绪以及他向第戎行军的经历。奈伊简要回答一番,然后奉命进军巴黎。

19 日,拿破仑在茹瓦尼(Joigny)用午餐,下午 5 点他到达桑斯。晚上,他在约讷河桥村(Pont-sur-Yonne)吃饭并过夜。3 月 20 日(周一)凌晨 1 点,他前往枫丹白露宫,阔别白马庭十一个月后,他返回此地。当日凌晨 1 点 30 分,在杜伊勒里宫,人们把痛风患者路易十八抬进他的马车(考虑到他的体重,这不是个轻松活),然后他逃离巴黎。路易十八先是去里尔,当地卫戍部队似乎态度不善,于是他进入比利时,在根特(Ghent)静待事态发展。拿破仑向来尊敬周年纪念日,他想在 20 日进入巴黎,因为那天是罗马王的 4 岁生日。果然,当晚 9 点,他进入杜伊勒里宫,再次成为事实上的法兰西皇帝。

杜伊勒里宫庭院挤满士兵与平民,他们来见证皇帝的回归。接下来发生了什么有多种说法,但所有版本一致认为,拿破仑的归来引发了激烈的喧闹与普遍的拥护。莱昂 - 米歇尔·鲁捷(Léon-Michel Routier)上校曾在意大利、卡拉布里亚、加泰罗尼亚作战,他和战友在杜伊勒里宫楼钟旁走动聊天,这时非常简朴的马车突然出现在河上侧门边，车旁没有任何护卫，有人宣布皇帝回来了……马车进来了，我们都冲过去围住它们，并且看见拿破仑走出马车。接着人人都激动得发狂，我们混乱地向他扑去，我们围着他，我们紧紧拥抱他，我们差点害他窒息……这是史上独一无二之刻，每当回忆当时之景，我的心仍会快乐地怦怦狂跳。像我这样幸福的人见证了这次奇迹般的回归，见证了在十八天内不费一滴血就穿越200英里法国国土的旅程之果。[133]

直到当日早些时候，蒂埃博将军还在守卫巴黎南部，对抗拿破仑。就连他也觉得，"无可阻挡的狂潮瞬间爆发……你会觉得天花板要塌了……我好像又变成了法国人。我激动万分，大叫大嚷，力图向人群证明我要向他效忠，什么也比不上我那时的激动心情与呼喊"。[134]拉瓦莱特回忆道，拿破仑走上杜伊勒里宫楼梯，他"像盲人一样，步履缓慢，半闭两眼，向前伸出双臂，只用微笑表达自己的喜悦"。[135]欢呼的支持者挤得太猛了，结果他进入寓所后，人们费了一番功夫才关上门。当晚，莫利安来道贺，皇帝拥抱他，说："够了，够了，我亲爱的，恭维的时刻已然结束，他们让我来时它就过去了。"[136]

739

始自儒昂海湾的传奇旅程结束后，巴黎轻松地完成政权更迭。有人记载了这样一件事。当晚，杜伊勒里宫觐见室地毯上印着的百合花可以被抹去了，而在花下面仍然可见昔日拿破仑帝国的蜜蜂。"所有女士立刻着手工作，"一名目击者谈及西班牙王后朱莉、荷兰王后奥尔唐斯以及回来侍奉她俩的侍女时道，"不出半小时，地毯又变成了帝国的，她们非常开心。"[137]

# 第三十章 滑铁卢

　　我觉得幸运正弃我而去。我再无终将胜利之感。如果时机成熟时不做好冒险准备，人将一事无成。

　　　　　　　　　　——拿破仑论滑铁卢战役

　　白天，主将应多次自问，若敌军此刻在我面前、右侧或左侧出现，那将如何？

　　　　　　　　　　——拿破仑军事箴言第8条

　　1815年3月21日（周二）凌晨3点，拿破仑上床入眠，此时他已在很大程度上重建政府。《维也纳宣言》表明，盟国不会让他重登帝位，所以他得让法国做好抵御入侵的准备，但他希望情况和1814年的不同，也就是说，经历过波旁王朝这一选项后，法国平民会积极拥戴他。某种程度上，他们的确如此，接下来几个月，新兵人数达到兵站最大负荷量。这是法国人决定向谁真正尽忠的痛苦时刻。波拿巴家族的情形如下：23日，拿破仑亲切地迎接约瑟夫，已经不怀疑哥哥想勾引玛丽·路易丝了；吕西安离开罗马，结束自找的流亡生活，拿破仑完全原谅了他，"立刻允许"他露面；热罗姆就任第6师师长；红衣主教费施回国；奥尔唐斯成了杜伊勒里宫女主人；路易没有来；欧仁听从岳父拜恩国王的话，也没有来。1月1日，玛丽·路易丝给拿破仑写了最后一封信。如今她留在奥地利，热盼他战败。[1]4月6日，这位深陷热恋的女人致信朋友，提及自己与奈佩格将军分别后度过的确切天数——十八天。没过多久，玛丽·路易丝最后一次给拿破仑捎去口信，要求分居。[2]

　　波旁王朝怀疑拿破仑归来是广泛阴谋的产物，但康巴塞雷斯这种资深政客听闻消息后着实惊讶不已，这一点否认了波旁王朝的猜测，证明回归是一个人凭意志力与机会主义所获的成果。[3]康巴塞雷斯不情愿地返回司法部，他抱怨道："我只想休息。"[4]拿破仑保证当一个立宪制君主，尊重法国人的公民权利，少数人真信了，于是支持他，坚定的共和党人卡诺就是其中一员，他去了内政部就职。① 其他大臣中，拉瓦莱特等人是彻头彻尾的波拿巴分子，德克雷、莫利安、科兰古、达吕分别返回海军部、国库部、外交部、战争管理部。马雷就任国务卿，布莱·德·拉默尔特与勒尼奥·德·圣－让·丹热利重掌参政院要职，莫莱又任路桥总监。[5]萨瓦里执掌宪兵。就连富歇也获准返回警务部，此事说明，就算富歇向来不可靠，他也不可或缺。总的来说，拿破仑迅速聚集能人与经验丰富者，假如他设法清算军事形势，这些人能让行政机关高效运转。波旁王朝让拉普指挥一个师，拿破仑见到他后便开玩笑，给了他的心口一拳（或许打得有点疼）："什么，你这流氓想杀我？"然后，拿破仑任命他为莱茵军团司令。拉普逝世后，其自传出版，此书称，"拿破仑徒劳地想戴上严肃面具"，但"友善感情总是占据支配地位"。[6]皇帝拒绝了少数写信要求重投帐下的

---

① 拿破仑像使唤之前所有的内政部长一样对待卡诺。"你会发现，"5月中旬，拿破仑论及列明军队部署的表格时道，"印出的报告漏掉了东比利牛斯省。"CN28 no. 28198.

人，如鲁斯塔姆。"这人是个懦夫，"他对马尔尚说，"把信丢进火里，别再跟我提这事。"[7]上一年，鲁斯塔姆趁夜逃离枫丹白露宫，所以拿破仑不想让他担任主要警卫，这可以理解。路易－艾蒂安·圣德尼（Louis-Étienne Saint-Denis）接替了鲁斯塔姆的职务。圣德尼是法国人，出生在凡尔赛，但是从1811年起，拿破仑就把他打扮成马穆鲁克，叫他阿里。

742　　　拿破仑重新掌权后，《箴言报》再改报道政策。3月21日，该报用四页篇幅宣告他胜利归来的消息，这些文字里至少有26个大写的"NAPOLEON"。[8]早上6点，拿破仑起床，他只睡了三小时。下午1点，他在杜伊勒里宫庭院举行大阅兵。指挥官亚历山大·库德勒（Alexandre Coudreux）向其子如此描述他的到来：

> 皇帝骑在马上，检阅所有的团，上个政府一度把这些勇士当成凶手、马穆鲁克和土匪，这样一个人露面后，他们焕发热情，热烈欢迎他。四个小时中，军队一直处于武装状态。拿破仑同围着他的军官和军士讲几分钟话，只有这时候，欢呼声才会暂停。皇帝讲话时使用一些专属于他的辞藻，它们优美动人、朝气蓬勃，总能让我们忘却所有的不幸、蔑视所有的危险！（"皇帝万岁！"与"拿破仑万岁！"的呼声）重复了成千上万遍，（而且）整个巴黎一定都听见了。我们所有人兴高采烈，不分等级与军衔，彼此拥抱。超过5.5万名巴黎人见证了如此美好的景象，面对我们流露出的高尚慷慨之情，他们全心全意地鼓掌。[9]

拿破仑的工作准则未变，从重返杜伊勒里宫到滑铁卢会战历时三个月，其间他写了 900 多封信，绝大部分涉及在法国重建战时体制，以便及时应付将要来临的敌对状态。23 日，他命令贝特朗把厄尔巴岛的各种东西带去巴黎，包括一匹特定的科西嘉马、他的黄色马车、他剩下的衬衣。[10]两天后，他已然致信侍从长阿纳托尔·德·孟德斯鸠－费臧萨克（Anatole de Montesquiou-Fezensac）伯爵，谈论当年的剧院预算。[11]

1813 年和 1814 年战局中，达武没有率兵对付法国的敌人，而是困守汉堡，对他来说，这种大材小用堪称可耻，但除了勒菲弗，元帅里只有他立刻去杜伊勒里宫报到。拿破仑退位后，少数元帅拒绝向路易十八宣誓效忠，达武是其中之一。可是皇帝犯了个大错，他任命达武为战争部长、巴黎总督、巴黎国民自卫军司令，所以他在比利时战场上没法调用最好的元帅。有人推测，两人私交不佳可能是决策的背后原因。亦有人如此猜想：拿破仑认为，万一巴黎被围，他需要达武守城。然而，要是他不能在野战中迅速取得决定性胜利，谁掌管巴黎都无意义。[12]皇帝的确充分理解这一点，5 月 12 日，他对达武说："我们需要担心的最大厄运是，我们在北方太缺兵力，早早战败。"[13]滑铁卢会战那天，达武却在签署关于和平时期军饷等级的官僚文件。[14]多年后，拿破仑后悔没有改派克洛泽尔将军或拉马克（Lamarque）将军去战争部。[15]当时，他给达武寄去一大堆惯常信件，以 5 月 29 日的信为例：他用锐利目光检阅将赴贡比涅的五个炮兵营，然后写道，"我发现好几个大炮弹药箱没有小罐油或全部备件，这不符合命令的要求"。[16]

19 位现役元帅中（4 月 15 日，格鲁希获得元帅权杖），只有达武、苏尔特、布吕内、莫尔捷、奈伊、格鲁希、圣西

743

尔、马塞纳、勒菲弗、絮歇这 10 人宣布忠于拿破仑（算上缪拉的话有 11 个。缪拉是实打实的第一个叛徒，但他决定效忠拿破仑，事实证明，这种堂吉诃德式决策是自杀之举）。① 然而，直到 4 月 10 日，马赛的马塞纳才发布宣言，支持"我们选出来的君主、伟大的拿破仑"，然后他什么也没做。[17]类似地，圣西尔留在自家庄园，勒菲弗、蒙塞、莫尔捷等人病得太重，不能征战。（莫尔捷患有严重的坐骨神经痛，但他仍指挥帝国近卫军。）[18]拿破仑认为贝尔蒂埃将回到他身边，他打趣道，除了强迫参谋长穿路易十八的近卫军的制服来杜伊勒里宫，自己不会实施报复。可是贝尔蒂埃离开法国，去了拜恩班贝格，6 月 15 日，他跌出窗外，告别人世。尚不清楚贝尔蒂埃之死是自杀、谋杀还是意外（其家族有癫痫病史），但真相很可能是自尽。[19]近二十年来，拿破仑的参谋长格外贴心地为上司效劳，我们只能猜测是何等内心冲突与绝望才催他走上绝路。失去贝尔蒂埃一事狠狠打击了未来几周的情势。

744  元帅中，14 人参加过奥斯特利茨战役，15 人参加过耶拿战役，17 人参加过波兰战局，15 人参加过伊比利亚战局，12 人参加过瓦格拉姆战役，13 人参加过俄国战局，14 人参加过莱比锡战役，11 人参加过 1814 年战役，但只有格鲁希、奈伊、苏尔特这三人参加了滑铁卢战役。拿破仑可用的人手不多，为了击败威灵顿，他得让经历过战场考验的人来指挥北方军团左翼，于是他召来奈伊。迟至 6 月 11 日，奈伊才来到军中，可他已然厌战，在整场战役中，他的表现相当不尽如人

---

① 原文有误：圣西尔保持中立；奥热罗宣布效忠拿破仑，但是拿破仑未接受他。——译者注

意。拿破仑在圣赫勒拿岛上提出，奈伊"适合指挥 1 万人，但超过那个数，他的能力就跟不上了"。[20]皇帝应该让苏尔特代替奈伊指挥左翼，苏尔特却领到参谋长之职，他干得也很差劲。拿破仑没有任命絮歇或苏尔特的副手弗朗索瓦·德·蒙蒂翁（François de Monthion）将军为参谋长，相反，他派絮歇去阿尔卑斯军团，浪费了元帅的才干，而且他不喜欢蒙蒂翁，于是分给此人次要职务。

其他元帅的情况如下：1814 年，马尔蒙和奥热罗已背叛拿破仑；维克托仍然忠于波旁王朝；到目前为止，儒尔当在政治上一直不可靠，现在他是法国世袭贵族、贝桑松总督、第 6 军区司令；麦克唐纳和乌迪诺保持消极中立。乌迪诺的部队宣布忠于拿破仑，于是他返回巴勒迪克的家宅。据说，皇帝提出任用乌迪诺时，他回答："我不会为任何人效力，陛下，因为我不会为您效力。"[21]

拿破仑先后在里昂和杜伊勒里宫发布一系列宣言，马上废止波旁王朝治下很多特别不受欢迎的改革措施。他叫停法庭、勋位和勋章的变化，复原三色旗与帝国近卫军，扣押波旁王室的财产；他废除荣誉军团的变动，恢复各团的旧数字番号（波旁王朝很不尊重军人心理，给各团改取了保王主义的名字）。拿破仑还解散立法机关，并号召帝国选民团 6 月时来巴黎战神广场集会，届时，他们将称颂他正在酝酿的新宪法，并"辅助"皇后与罗马王的加冕事宜。[22]"巴黎失守后，不论人们做了什么、写了什么、说了什么，"他承诺道，"我永远当作不知情。"[23]皇帝信守诺言，这是重建国民团结的唯一合理基础，但此举并未阻止旺代人再度反抗，他只好拨给卢瓦尔军团

2.5 万人，让拉马克率该军团镇压起义。卢瓦尔军团包括新组建的青年近卫军，他们本可在滑铁卢发挥宝贵作用。拿破仑也得派兵去马赛（直到 4 月中旬，当地才升起三色旗）、南特、昂热、索米尔等很多地方，除了 1814 年战役，过往战局中他不必这样做。[24]

拿破仑承诺重新掌权后废除令人反感的间接税，他如约而行，但战事将至，减税削弱了筹集军费的能力。[25]戈丹重任财政部长，4 月 3 日，他得知，为了置办未来战局中的军队物资，皇帝还需要 100 万法郎。"大臣们留给自己的都远远超出其实际需要，考虑到这一点，"拿破仑对戈丹说，"我认为其他预算皆可削减。"[26]（尽管他采取节俭措施，但他仍为皇室预算觅得 20 万法郎，用于"音乐家、歌手等"。[27]）戈丹大举动用皇室年俸，从巴黎总出纳处取走价值 300 万法郎的金银，靠木材税募得 67.5 万法郎。他还向法兰西银行贷款 126 万法郎，并售卖价值 38 万法郎的南部运河股份。最后加上 1816 年公债等政府资产的出售额、盐矿等产业的税收收入，戈丹一共筹得 17434352 法郎。[28]在这场战役中，拿破仑必须迅速行动，立刻取胜，因为法国显然无法承受一系列旷日持久的战事。

拿破仑声称，他希望在法国实行自由统治。为了证明自己的话，他召回在国内旺代流放的稳健派人物邦雅曼·康斯坦，要求此人起草新宪法——《帝国宪法附加法案》（Acte Additionnel aux Constitutions de l'Empire）。附加法案设立参照英国模式与皇帝分享权力的两院制立法机关，规定两阶段选举制、陪审制、言论自由乃至弹劾大臣的权力。邦雅曼·康斯坦曾出版小册子，说拿破仑像成吉思汗和阿提拉。如今他在日记中写道，拿破仑"听取谏言"。[29]皇帝后来解释道，他想靠新宪法巩固"后期的一切革新举措"，好让任何人都更难复辟波旁王朝。[30]此外，他取消了所有的审查制度（措施很彻底，以至于法国媒体可报道敌军将领的声明），彻底废除奴隶贸易，邀请斯塔埃尔夫人与美国革命战争英雄拉斐特（Lafayette）侯爵加入他的新同盟（他们都不信任他，因此拒绝了①），还下令不得拘留或骚扰英国人。他也对参政院说，自己已完全打消关于帝国的念想，"此后，我的思虑只会指向"法国的"幸福与巩固"。[31]4月4日，他致信欧洲各国君主："世界已见证伟大战局的奇观，从今往后，它最乐意见到的竞争是和平利益的竞争，它最乐意见到的冲突是人民福祉的神圣冲突。"[32]

746

　　历史学家常常嘲讽这些措施与声明，然而，1815年时法国已筋疲力尽至斯，民众大都渴望和平，所以说，如果拿破仑继续掌权，他非常可能重建执政府时代团结国民的和平政府。可是老敌人不相信他会放弃帝国野心，他们肯定不会冒着他重建帝国这一风险。老对头们也猜不到，他只剩六年寿命了。相反，一名英国议员称，人们认为"只要此人在"，和平"一定永远不稳……他统治时需常整军备，而敌对状态的筹备比战争本身叫人更不能忍"。[33]此言不无道理。盟国仍在维也纳开会，3月25日，它们组成第七次反法同盟，共同对抗拿破仑。

　　拿破仑利用迅速复位的优势，重启巴黎的各种公共项目，包括巴士底狱的大象喷泉、圣日耳曼的新市场、奥尔赛滨河路（Quai d'Orsay）和卢浮宫的外交部。[34]塔尔马回音乐学院任教（波旁王朝关闭了学院）；艺术界和医学界中，卢浮宫馆长德

---

①　奥地利人监禁了拉斐特五年，1797年，拿破仑设法释放了他，但感激之刻早就过了。

农、画家大卫、建筑师方丹、医生科维萨尔各归旧职；卢浮宫再度悬挂卡尔·韦尔内创作的马伦戈图；元老院和立法院内摆上拿破仑战争中缴获的一些军旗。[35]3 月 31 日，拿破仑探访荣誉军团已故成员的孤女，波旁王朝削减了她们在圣但尼的学校的资金。同日，他在原有基础上重建法兰西帝国大学，拉塞佩德伯爵重任校长。法兰西学院亦恢复拿破仑的院士身份。3 月，杜伊勒里宫举办音乐会，庆祝皇帝归来。音乐会上，号称"火星小姐"（Mademoiselle Mars）的 36 岁著名女演员安妮·伊波利特·布泰·萨尔韦塔（Anne Hippolyte Boutet Salvetat）和第二次意大利战局中拿破仑的老情人乔治小姐都佩戴紫罗兰花枝。拿破仑在春天回归，波拿巴分子受此启发，以紫罗兰花枝为新徽章。

然而，大部分法国人越发相信灾难正在逼近，这些公关活动都不能打消此念。4 月，征兵范围打破先例，扩大至已婚男士。激进作家约翰·卡姆·霍布豪斯（John Cam Hobhouse）时年 28 岁，客居巴黎，日后他成了英国的内阁大臣。当年 4 月，霍布豪斯指出："只有真正的军人和某些省的居民欢迎拿破仑，甚至在他们面前，兴许他也只是相对受欢迎。"霍布豪斯是狂热的波拿巴分子，就连他也得承认：圣日耳曼的贵族憎恨拿破仑；店主们想要和平；皇帝驰过全城时，各团动情高呼"皇帝万岁！"，但民众并无回应，他们"既不闹腾，也不称颂，只能听见一些轻声嘟哝和低语"。[36]4 月中旬，玛丽·路易丝和罗马王（宣传人员称母子俩为"玫瑰与玫瑰蕾"）显然没从维也纳回来，这进一步警告巴黎人战争不可避免。[37]

4 月 16 日，在杜伊勒里宫，霍布豪斯观看拿破仑检阅国民自卫军的 24 个营。现在，国民自卫军接受 20~60 岁这一年龄段中所有的体格健壮者。军队花了两小时列队走过，而霍布豪斯的站位离拿破仑仅 10 码远，所以他有机会好好观察自己的英雄。霍布豪斯认为，拿破仑和他的画像一点都不像。

> 他脸色煞白，如同死人；他下颚前凸，不过没有我听说的那么明显；他嘴唇薄薄，但有些扭曲……他的棕发又深又暗，稀稀拉拉地盖在太阳穴上；他的额头秃了……他上身不胖，但小肚子鼓得厉害，以至于马甲下的亚麻衣服都露出来了。他一般站着，双手在身前交握或交叠……他玩弄自己的鼻子，吸了三四回鼻烟，并看表。他叹气或咽口水，胸腔似乎在忙活。他几乎不说话，但他开口时会露出某种宜人的微笑。在冗长的仪式中……他一直带着沉静的不耐烦神色。[38]

一些士兵走出队伍，向掷弹兵岗哨请愿，此乃革命军的残留传统，但其他人好像不敢这样做，于是拿破仑示意收集他们的诉求。请愿者中有个 6 岁小孩，他穿着劳工队制服，戴着配套的假胡子，站在战斧一端向皇帝递交请愿书，他"接过来，聚精会神地阅读（它）"。[39]

1815 年 4 月 22 日，邦雅曼·康斯坦发布附加法案。政府将法案交付全民公决，结果 1552942 人赞成，5740 人反对。不过，我们看待这些数字时，要像对待先前的全民公决一样保守。（举个例子，有人既投赞成票又投反对票，这种错票就被当作赞成票。选民总投票率只有 22%。[40] 下塞纳省共计只有 11011 张赞成票与 34 张反对票，相对而言，在 1804 年的全民

748

公决中，该省有 62218 人投票。[41]）拉瓦莱特每日向拿破仑汇报，他回忆道，"我从没见皇帝比现在更泰然自若"。拉瓦莱特认为，这是因为附加法案通过了。附加法案蕴含所谓的"革命波拿巴主义"，设法借此淡化自由派、稳健革命派、雅各宾派、波拿巴派的政治差别。[42]

总体看来，联盟派（fédéré）民兵运动系自发产生。联盟派不断壮大，到 1815 年 4 月下旬时，法国已有成千上万人加入此运动，他们认为巴士底狱陷落时法国具有民族团结感，希望恢复这种意识。[43]联盟派每两周集会一次，要求成员用书面承诺、口头宣誓这两种形式声明对波旁势力动武。在国内的很多地方，联盟派都让保王党保持安静（这一状态至少持续到滑铁卢会战。战后，联盟派遭到残酷镇压）。[44]法国境内，革命波拿巴主义只在激烈反对波拿巴派的地区——佛兰德、阿图瓦、旺代和南部——无所适从。其他地方，它渗透到地区社会各阶层。在雷恩，中产阶级主导当地联盟派组织；在第戎，联盟派由工人组成；在鲁昂，联盟派则与国民自卫军混同。联盟派对战争没有影响，但其说明拿破仑在国内享有人民的广泛支持。这也意味着，滑铁卢之战后，要是他愿意，他或可挑起游击战。

拿破仑搬去爱丽舍宫，因为那儿有僻静的花园。5 月 15 日，反法同盟正式对法宣战。两天后，莫莱在爱丽舍宫看见他，发现他"虽忧郁消沉但镇静"。他们谈到国家可能被瓜分。[45]然而，拿破仑在公共场合照常保持冷静。当月晚些时候，他在杜伊勒里宫检阅常规部队的 5 个营与青年近卫军的 4 个营。他揪掷弹兵的鼻子，还跟一名上校开玩笑，打了此人的脸。接着，"那名军官走开，微笑着展示被打红的脸颊"。[46]

6 月 1 日，政府在巴黎军校外的战神广场举行盛大的露天仪式"五月广场"（Champ de Mai，它的原名和战神广场的易混淆）并批准了附加法案。"阳光照耀 6 万把刺刀，"蒂埃博回忆道，"似乎要点燃这一大片土地。"[47]这场典礼松松地建立在查理曼的某项传统上，系宗教、政治与军事的奇怪混合体。拿破仑穿着类似加冕斗篷的紫色服装，向在座的法国人（1.5 万人）和更加乱哄哄的群众（10 万多人）讲话。"身为皇帝、执政与军人，我的一切都是人民给的，"他说，"不论坐享荣华还是身陷逆境，不论征战、执政、称帝或流放，我的思绪和行动始终以法国为唯一宗旨。我像雅典国王①一样，为人民牺牲自己，以图履行承诺，即护得法国的天然领土完整，守护它的荣誉与权利。"[48]他接着解释道，法国所受待遇激起众怒，促使他重掌权力，他也相信可达成长期和平，因为盟国已同法国订立条约。盟国正撕毁条约，它们在荷兰屯集兵力，瓜分阿尔萨斯－洛林，并准备开战。这篇演说的结尾如下："我自己的光荣、荣耀、幸福和法兰西的不可分离。"不用说，演讲之后是长久的欢呼，接着军队、各省代表、国民自卫军排成密集队伍，列队而过。[49]整个宫廷、参政院、高级法官、高级外交官、军官皆着制服出席，女士们则佩戴钻戒。这次壮观的盛典包括 100 门礼炮齐射、鼓乐、浩大圆形露天剧场、炫示各省名称的鹰旗、镀金马车、庄重誓言、《感恩赞》合唱、身披红外套的枪骑兵、大主教主持的祭坛、服装鲜丽的信使。[50]举行弥撒时，拿破仑用观剧望远镜扫视群众。霍布豪斯得承认，皇帝"猛地坐到御座上，裹起斗篷，他看上去非常笨拙又相当矮胖"。

---

① 拿破仑很可能指科德鲁斯国王（King Codrus）。公元前 1086 年，特尔斐神谕（Delphic Oracle）预言到，只有雅典国王安然无恙，多利安人才会成功入侵。科德鲁斯遂唆使多利安人杀害自己。

750　　　　上月选举后，不少立宪主义者、自由派人士、地下保王党人和雅各宾分子当选议员，即便如此，两天后，新当选议员几乎轻而易举地向皇帝宣誓效忠。拿破仑的老对头、前元老院议员朗瑞奈伯爵当选下院议长，拉斐特也成了议员，但立法机关不大可能马上给他招来很多麻烦，因为下院立刻分散注意力，激烈争论议员能否把纸条藏进帽子，供发言时查看。次日晚上，协和广场举行盛大的烟火表演，火焰描画出拿破仑从厄尔巴岛乘船而来的场景。一名目击者记载道："群众高呼'皇帝和烟火万岁！'，君主立宪制开始了。"[51]当然了，新制度不是英国的君主立宪制，因为拿破仑是自己的首相，任命所有大臣，但这种体制也不是1814年前的绝对独裁制，看起来它可能走向自由化。

　　　　拿破仑知道，只有战场才能最终决定他的胜负。6月7日，他命令贝特朗准备好自己的望远镜、制服、马匹和马车，"以便我能在下令后两小时内动身"。他补充道："因为我会常常扎营，配备铁床和帐篷乃要务。"[52]同日，他告诉德鲁奥："今天早上两个营离开了，我难过地发现。他们每人只有一双靴子。"[53]两天后，即1815年6月9日，反法同盟签署《维也纳条约》。条约第一条重申，盟国意在强迫拿破仑下台。第三条则声明，它们同意绝不放下武器，除非他倒台。[54]

　　　　早在3月27日，拿破仑就对德鲁奥说"北方军团将是主力"，因为最近的联军部队位于佛兰德，而他肯定不想等施瓦岑贝格返回法国。[55]6月12日（周一）清晨4点，拿破仑离开爱丽舍宫，去阿韦讷（Avesnes）指挥北方军团，次日，他在那儿与奈伊用餐。15日中午，他已到达比利时沙勒罗瓦

（Charleroi），预备在弗勒吕斯附近迎战布吕歇尔的普军。他想先击败布吕歇尔，再对付威灵顿的英国－荷兰－比利时－德意志联军。在威灵顿的军队中，39％的人是英国人，49％的人以德语为母语。

拿破仑后来说："他依靠的主要策略是，假如在比利时挫败英军⋯⋯他足以让英国政府产生变动，那样的话，他就有机会立刻缔结普遍的停战协议。"[56]1814年之前，法兰西帝国的版图一直包括布鲁塞尔，夺取此地也可鼓舞士气。开战是冒险，但更冒险的是按兵不动，坐等奥军和俄军准备好再攻巴黎。纵观整个欧洲，28万名法军士兵将对付80万名联军士兵，尽管数周后奥军才会上战场，而俄军也要几个月后才能到。"要是他们进入法国，"6月14日，拿破仑从阿韦讷指示军队称，"他们会找到自己的坟墓⋯⋯对所有法国勇士来说，现在不是胜利就是死亡！"[57]

战役开局阶段，拿破仑恢复了上一年他展示的最佳战略能力。一开始，法军散布在宽175英里、纵深100英里的地区，甚至比联军更分散，但他趁机佯攻西边，然后采用经典的营方阵系统，在中部集中兵力。6月6～15日，拿破仑调动北方军团的12.5万人，让部队在马谢讷（Marchienne）、沙勒罗瓦、沙特莱（Chatelet）过河，而联军并无任何重要的反应。4月5日，威灵顿已从维也纳飞速赶来，眼下，他只好让军队沿62英里宽的前线列队，与此同时，他设法守住通往布鲁塞尔、安特卫普和根特（Ghent）的道路。6月15日晚，威灵顿同样沮丧地承认："天哪，我被拿破仑耍了。"[58]

近二十年来，拿破仑一直在敌军交合处进攻，凭借速度和战术能力，现在他又可以用这招了。法军有一半人是刚入伍的

751

通往布鲁塞尔

滑铁卢

圣让山

A-A

6月18日
普军的进

6月18日
英联军阵地

佳姻庄

普朗斯努瓦

6月17日
英联军的撤退

热纳普

尼韦勒

通往布赖讷勒孔特

6月17日
拿破仑的进

四臂村

A-A

戈斯利

格鲁希的进

奈伊的进军

沙勒罗瓦

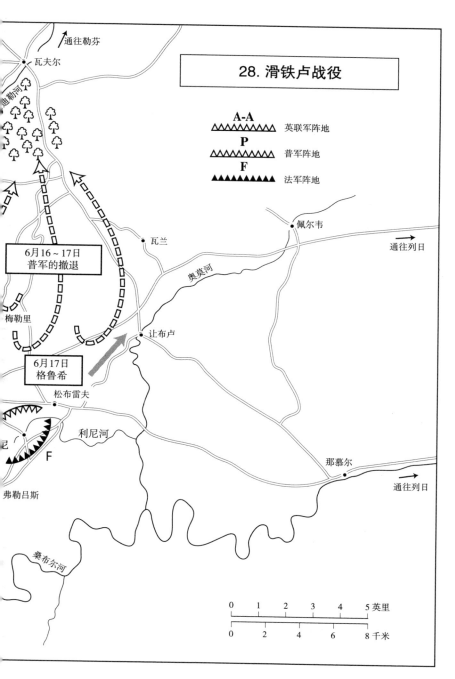

通往勒芬

瓦夫尔

迪勒河

28. 滑铁卢战役

A-A
英联军阵地

P
普军阵地

F
法军阵地

佩尔韦

通往列日

瓦兰

奥莫河

6月16～17日
普军的撤退

梅勒里

让布卢

6月17日
格鲁希

松布雷夫

利尼河

那慕尔

通往列日

尼

F

弗勒吕斯

桑布尔河

| 0 | 1 | 2 | 3 | 4 | 5英里 |

| 0 | 2 | 4 | 6 | 8千米 |

新兵，他的机动因而更显不凡。西班牙、俄国和奥地利战俘营释放了法军老兵，但最初的热情与冲劲过后，只有 1.5 万名志愿者从军，所以征兵弥补了兵员缺口。法军军心不稳，15 日上午，前朱安党领袖布尔蒙伯爵与其部下改投联军，更加动摇士气。[59] 苏尔特、奈伊、克勒曼、布尔蒙等将领曾宣誓效忠波旁王朝，但后又获准归队，有士兵便提出质疑，这不难理解。士气低迷导致军纪松弛。帝国近卫军在比利时肆意劫掠，嘲笑奉命来阻止他们的宪兵。[60] 法军也缺少装备，第 14 轻步兵团没有筒帽，第 11 胸甲骑兵团没有胸甲。（6 月 3 日，拿破仑漫不经心地对达武说："打仗不需要胸甲。"）3 月 13 日，拿破仑在里昂重建帝国近卫军，而普军则报称，近卫军的一些营看起来更像民兵，他们没有戴可怕的熊皮帽，反而戴着某种便帽或两角帽。波旁王朝解散了中年近卫军，直到上个月，拿破仑才召回他们。

6 月 16 日，拿破仑兵分三路。奈伊位于左翼，率三个军攻打四臂村（Quatre Bras）路口，以图阻止两路敌军会师。南北走向的布鲁塞尔－沙勒罗瓦干道与东西走向的那慕尔－尼韦勒（Namur-Nivelles）公路在四臂村交汇，那慕尔－尼韦勒公路至关重要，它是布吕歇尔和威灵顿的主要横向联络线。格鲁希与其军组成右翼。拿破仑、帝国近卫军和另一个军留在中路。[61] 当天晚些时候，奈伊在四臂村战斗，他的对手先是奥兰治亲王，后是威灵顿本人。此时，拿破仑和格鲁希在利尼进攻布吕歇尔。"你必须去那个尖顶，"皇帝对热拉尔说，"然后把普军赶走，越远越好。我会支援你。我已对格鲁希下令。"[62] 这些划定任务的命令听来随意，但热拉尔将军经验丰富，知道对方希望自己做什么。值此时刻，拿破仑命令埃尔隆将军的军

（2 万人）去利尼进攻暴露的普军右翼。埃尔隆原归奈伊指挥，先前他去四臂村时，苏尔特把他调离奈伊麾下。

拿破仑在利尼取得可观胜绩，如果埃尔隆如期而至，他将会击溃敌军，但事态与之相反。埃尔隆正要参战时，奈伊却下达紧急迫切的命令，说四臂村需要他，于是他转身去四臂村战场。[63]还没等埃尔隆去四臂村发挥作用，苏尔特又要他掉头回利尼。筋疲力尽的埃尔隆军来得太迟了，也没赶上利尼之战。因为奈伊、苏尔特和埃尔隆之间存在混乱，拿破仑在利尼失去了决定性的胜利。利尼之战中，布吕歇尔折损约 17000 人，拿破仑折损 11000 人。晚上，普军被逐出战场。[64]与此同时，奈伊损失 4000 人，而且他没能拿下四臂村。

"我也许会输，"之前在 1796 年，拿破仑就曾对皮埃蒙特信使说，"但人们绝不会看到我因自负和懒惰浪费时间。"[65]普军似乎正沿其补给线退往东边的列日（Liège），所以 6 月 17 日（周六）天一亮拿破仑就能攻击威灵顿，但他没有那样做，而是上午 8 点才起床。接着他又浪费了五个小时：他阅读巴黎送来的报告，造访利尼战场，并指示部下照顾伤兵；他对被俘的普军军官讲话，论及普鲁士外交政策；他还"用惯有的随和语气"同自己的将军聊各种政治话题。[66]直到中午时分，拿破仑才派格鲁希率一个庞大的军（36000 人与 96 门大炮）追赶普军，照他设想，次日他会和威灵顿大战，可他没有集中兵力，却分兵了。[67]"那么，格鲁希，跟上那些普军，"他说，"用兵刃抵着他们的肾，但你务必通过左翼与我保持联系。"[68]然而，拿破仑派出格鲁希时违背了自己的军事箴言："战斗前日不可分兵，因夜间局势或生变。敌军可能撤退，亦可能等来大批援军，重启攻势，并置你先前的阵地于险境。"[69]

755

拿破仑造访利尼战场，从而获知了普军作战序列、敌人的哪个军受损最严重，但这些情报不足以弥补放走普军的损失。要是他在 16 日或 17 日一大早派格鲁希出击，普军也许走不脱。苏尔特派帕若尔去那慕尔侦察。帕若尔缴获一些大炮，抓获若干战俘，拿破仑于是更加相信，大部分普军正沿其补给线混乱地撤退。[70] 当日及之后，他的很多言论都表明，他以为普军已在利尼受重创，不能在战役中继续发挥重要作用。结果，法军再也没派人侦察北边。

格鲁希比普军晚走十五个小时，他也不知其行军方向。布吕歇尔在战场上遭遇脑震荡，其参谋长奥古斯特·冯·格奈泽瑙（August von Gneisenau）不但没有下令向东，反而命令普军退往北边，以便和威灵顿的军队保持近距离。照威灵顿的说法，这次反常调动是 19 世纪最重要的决策。此后五年，拿破仑在脑海里反复重演滑铁卢会战，他给失败找了很多借口，但他承认，自己应该要么让更积极的旺达姆或絮歇拖住普军，要么让帕若尔率单单一个师对付普军。"我本该带上所有的其他部队。"他悔恨地总结道。[71]

756　　　　直到 6 月 17 日晚些时候，拿破仑才悠然地去四臂村。下午 1 点，他到达该地，与奈伊会合。此时威灵顿已知利尼之战，他在倾盆大雨中谨慎地退往北边，亦有充足时间在圣让山（Mont Saint-Jean）山岭建立阵地。威灵顿把司令部设在滑铁卢村，圣让山位于该村以南几英里处。他先前侦察过圣让山，已然察觉它是非常优良的防御战场。圣让山仅宽 3 英里，有很多"隐藏"地面，某条山脊前还矗立着乌古蒙（Hougoumont）和拉艾圣（La Haie Sainte）这两座石质大农舍。"公认的战争准则告诉我们，永远不要如敌人所愿行事，"拿破仑曾说，

"原因就是它本身，因为这是敌人所愿。由此可见，应当避开敌人曾调查或侦察的战场。"[72]他在博罗季诺没投入近卫军，在莫斯科和莱比锡待了太久，在莱比锡和滑铁卢战役中分兵，最后，他又在敌人选择的战场发动决定性会战。拿破仑之所以干出这些事情，都是因为他违背了自己的军事箴言。

6月17日，拿破仑花了些功夫检视在利尼表现出众的营，并训斥其他的营。他认出了第22战列步兵团上校奥多阿尔，此人曾隶属近卫军。拿破仑问奥多阿尔，他带了多少人列队行军（1830人）、昨日他损失了多少人（220人）、他如何处置普军丢弃的滑膛枪。[73]奥多阿尔说普军的枪被毁掉了，拿破仑则说国民自卫军需要那些枪。他开出悬赏，称每收集一杆枪可得3法郎。除此以外，17日上午，法军彻底一反常态，呆滞不动。

几十年后，热罗姆和拉雷声称，利尼之战后，拿破仑的痔疮发作，令他丧失了行动能力，所以他无精打采。[74]"弟弟，听说你患了痔疮，"1807年5月，拿破仑曾致信热罗姆，"最简单的疗法就是敷上三四条水蛭。十年前我用过这招，然后我再没疼过。"[75]但他实际上还疼？这也许解释了为何滑铁卢会战中他几乎不骑马（下午3点，他一度造访大炮群，傍晚6点，他骑马经过战场前线），为何他两次退到位于战线后方1500码处的罗索姆（Rossomme），在那儿的农舍待了短短一阵。[76]他大骂听差居丹（Gudin），因为当日上午，居丹在勒卡尤（Le Caillou）扶他上马时用力过猛。后来他道歉了："你帮人上马时最好温柔点。"[77]滑铁卢会战中，奥古斯特·佩蒂耶（Auguste Pétiet）将军任苏尔特的参谋，此人回忆道：

757

　　对 45 岁的人来说，他的将军肚大得超常。此外，值得注意的是，这场战役中，他待在马上的时间比以前少得多。他下马来查看地图，或发信件、收报告，这时部下们就在他面前摆上一张冷杉木小桌子、一把冷杉木粗糙椅子，他能在那椅子上坐很久。[78]

　　根据某些历史学家的诊断，拿破仑也有膀胱炎或嗜睡症，但贴身男仆马尔尚说，这段时间主人没得膀胱炎，嗜睡症之说亦缺乏可信的证据。"这是皇帝一生中最显精力、威信、领导力的时刻。"拿破仑最亲近的副官之一弗拉奥回忆道。[79]然而，1815 年时，拿破仑年近 46 岁，身材肥胖，不具备 25 岁左右时那股强大能量。到 6 月 18 日为止，他在六天中只睡了一晚好觉。弗拉奥解释道，他之所以无所作为，只是因为，"经历了激战和前日那种行军后，黎明时才能指望我军行动"。[80]1814年时这些因素亦存在，拿破仑却在五天内连战四场。

　　事实上，并无确凿证据证明，6 月 18 日那天，拿破仑的任何决策源自身体状态，而非误判与所获的错误情报。"战争中，"次年，他对一位俘获自己的人说，"谁犯错最少，谁就是赢家。"[81]威灵顿曾研究拿破仑的战术和军事生涯，滑铁卢战役中他严谨地部署军队，走遍战场。相形之下，拿破仑、苏尔特和奈伊打出了拿破仑战争中指挥最不力的战斗之一。滑铁卢会战开始之前，拿破仑遇上的最棒的沙场军人是卡尔大公，所以威灵顿这种水准的战术大师出现时，他根本没做好准备，再说了，威灵顿从没败过。

　　17 日，拿破仑在四臂村遇见埃尔隆，说："你害了法国的事业，将军。"另一个版本出自埃尔隆本人，他更愿意把皇帝的话记成这样："法国败了，我亲爱的将军。你去骑兵最前头，尽力逐走英军后卫。"[82]当晚，拿破仑仿佛快要对战英军骑兵后卫。天降大雨，他延缓了追击速度，法军前卫也把英军骑兵后卫赶往北边的圣让山山脊，但正如埃尔隆回忆录所说的，他没有参与骑兵冲锋。[83]然而，拿破仑确有时间停在负伤的英军第 7 骠骑兵团上尉埃尔芬斯通（Elphinstone）面前。他从身后裤袋掏出酒瓶，给埃尔芬斯通倒了一杯葡萄酒，还让医生照料此人。[84]他憎恨英国政府，但他大可友好对待单个英国人。

　　埃尔隆力劝拿破仑停止进攻英联军后卫，晚上 7 点左右，他叫停了攻势，说："让部队做汤，整理好他们的武器，我们且看中午会怎样。"[85]当晚，他巡视前哨，吩咐士兵好好休息，因为，"如果明天英军还在，他们就是我的囊中之物"。[86]他把勒卡尤农舍当作司令部，在其一楼睡行军床，而苏尔特在二楼睡稻草。拿破仑知道自己要收报告，所以他不想多走 3 英里来返回热纳普镇（Genappes）。夜里，科尔比诺、拉贝杜瓦耶、弗拉奥等副官冒雨骑马，他们穿行在各个军中，记录军队的调动与位置。

　　据拿破仑的法国警卫"马穆鲁克阿里"回忆，在房间布置好之前，他睡在一捆稻草上。"他占有房间后……我们给他脱靴，这有些麻烦，因为它们湿了一整天。他脱掉衣服后上床。那天晚上，他没怎么睡，每分钟，来来往往的人都会打扰他。这个是来汇报的，那个是来接令的，诸如此类。"[87]至少拿破仑是干爽的。"我们的厚大衣和裤子粘了好几磅泥泞，"第 1 掷弹兵团（Grenadiers à Pied）中士伊波利特·德·莫迪（Hippolyte de Mauduit）回忆道，"一大群士兵丢了鞋子，光着

758

脚走到宿营地。"[88]此言最能证明拿破仑对鞋子的执念没错。

拿破仑日后对拉斯卡斯说，凌晨 1 点，他和贝特朗侦察，查看威灵顿的军队是否还在。他可能撒谎了（尽管没有证据）。凌晨 2 点，他被叫醒，然后收到四小时前格鲁希写下的信。格鲁希报称，他在瓦夫尔（Wavre）附近遇上普军，认为那可能是主力部队，但他碰上的只是布吕歇尔的后卫。十小时后拿破仑才回信，尽管当日上午晚些时候，他已经知道威灵顿会守圣让山。他没有立刻命令格鲁希返回战场进攻威灵顿左翼，这是个巨大的错误。

"啊，我的天哪！"次年，拿破仑对古尔戈将军说，"6 月 17 日的雨和滑铁卢之败的关系也许比人们想的更大。要是我不那么累，我会在马上待一整晚。看起来非常小的事常有非常大的影响。"[89]拿破仑深信自己赢在全面侦察战场，如埃克米尔会战，但那场雨的真正意义在于，18 日那天，炮兵指挥官德鲁奥将军建议等土地变干再开战，这样的话，他可以更轻松地安放大炮，加农炮炮弹射出后也能弹得更远。德鲁奥后来终生懊悔这一提议，因为他和皇帝都不知道布吕歇尔已经避开格鲁希，当日早上，此人再度向威灵顿承诺，下午时普军至少有三个军能到战场。事实上，威灵顿之所以决定在圣让山开战，完全是因为他知道普军会来。

6 月 18 日（周六）上午 11 点后，拿破仑才发动进攻，要是他把开战时间改为日出时分（凌晨 3 点 48 分），那么在比洛军突然猛攻法军右翼前，他能多出七小时来击破威灵顿的战线①。[90]他

---

① 拿破仑就任第一执政后马上解散军中的气球侦察部队（aérostatier），事实证明这是个灾难性决策。如果他在滑铁卢用气球侦察，他能提前三个多小时发现普军来了。Chandler ed., *Military Maxims*, pp. 19 - 20.

命令奈伊喂饱士兵、检查部队装备，"以便9点整时每个人能做好准备，可以一战"，但9点后又过了两小时，战斗才开始。[91]会战爆发前，在勒卡尤农舍，拿破仑和高级军官在紧挨其卧室的餐厅举行早餐会议。苏尔特、雷耶、富瓦等多名将领曾在西班牙对战威灵顿，他们建议皇帝不要太指望轻松突破英军步兵，他回答："威灵顿打败了你们，你们就觉得他是个好将军。我说他是个差劲的将军，英军也是差劲的部队。这就是一顿午饭的功夫！"苏尔特显然不信，只好说："但愿如此！"[92]拿破仑经常真心称赞威灵顿和英军，这番看上去骄傲自大的评价与他之前的话截然相反。这肯定是因为，离大战就剩几小时了，他需要鼓励部将。

760

早餐会议上，热罗姆告诉拿破仑，6月16日，威灵顿在热纳普的西班牙国王旅馆用餐，旅馆侍者无意中听见一位副官说，普军将在苏瓦涅森林（Forêt de Soignes）前方与英联军会合，该地正好位于圣让山之后。事实最终证明，这条消息准得可怕，而拿破仑却回答："弗勒吕斯（即利尼）之战那种战斗后，普军还被庞大军队追赶，所以两天之内，他们不可能与英军联上。"他接着补充道："即将爆发的战斗会拯救法国，名垂世界史册。我要让炮兵开火，派骑兵冲锋，迫使敌人暴露位置。等我比较清楚英军在哪儿后，我就派老近卫军直取他们。"[93]侍者汇报了太贫嘴的副官的对话，拿破仑没有据此情报更改整个战略，这情有可原，然而，就连他自己的相关解释也说明，他打算采取的战术根本就不精明。威灵顿预计拿破仑会派法军左翼实施大规模侧翼机动，遂派17500人去阿尔（Hal）[①] 防备这

---

① 今哈勒（Halle）。——译者注

招。结果，拿破仑的计划不比他在埃劳、博罗季诺、拉昂采取的方案出彩。

上午 9 点 30 分，拿破仑离开勒卡尤。据他的传令兵雅尔丹·艾内（Jardin Ainé）回忆，他"前进半里格，在一座丘陵上站定，在那儿他可以观察英军调动。到达丘陵后，他下马，用野战望远镜努力搜寻敌军战线的任何动向"。[94]他选择了佳姻庄旅馆（La Belle Alliance inn）附近的小土丘，在桌子上铺开地图，其坐骑立于附近，并未卸鞍。[95]"我用望远镜看见他走上走下，"富瓦回忆道，"他穿着灰大衣，经常趴在放置地图的小桌上。"[96]晚上的雨停了，18 日白天，天气阴沉却干燥。苏尔特建议早早进攻，但拿破仑答道，他们"必须等待"，几乎可以肯定地说，他是想等大炮群能更轻易地穿过泥泞。据上校蒂雷纳伯爵与蒙蒂翁回忆，会战前两小时，皇帝感到疲惫，他"在桌边坐了很久……而且……他们经常看见他架不住瞌睡，睁不开眼睛，一头倒在眼前摊开的地图上"。[97]

761　　中午，拿破仑致信格鲁希，命令对方立刻与己会合，下午1 点，他再度下达此令。[98]可那时已经太迟了。（下午 6 点前，其中一封信甚至一直没送到。）拿破仑日后声称，此前他就要格鲁希返回，但我们并未找到这类命令，格鲁希也激烈地否认此事。[99]万塞讷战争部档案的文件堆叠如山，它们见证了格鲁希和热拉尔的争执。近午时分，大炮群开火，两人都没有收到拿破仑的直接命令，遂争论格鲁希应该怎么做。他得继续去瓦夫尔对付普军后卫，还是无论如何都去大炮群轰鸣处？[100]

在半岛战争中，威灵顿打过好几场防御战，如 1808 年维

梅鲁会战、1809 年塔拉韦拉会战、1810 年布萨库 (Bussaco)①
之战，他有信心守住阵地。威灵顿是英籍爱尔兰贵族、严肃强
硬的托利党人，为人坚忍不拔，直截了当。他仰慕拿破仑，称
对方为"战场第一人"，但撇去这一点，他就蔑称对方为政治
暴发户。"此人的政策就是恐吓，"滑铁卢之战后，威灵顿说，
"抛开军事不谈，他就是乔纳森·怀尔德 (Jonathan Wild)。"
怀尔德是臭名昭著的罪犯，1725 年，他在泰伯恩 (Tyburn)
被绞死。[101]威灵顿选取的阵地严重限制了拿破仑的战术选择：
乌古蒙掩护其右翼；森林掩护其左翼；其中路位于设防农舍拉
艾圣后方几百码处，占据下陷的横向公路。② 可是威灵顿这样
做非常冒险，因为他背靠苏瓦涅森林，如果拿破仑强迫英联军
退出公路，他不可能有序撤离。

　上午 11 点左右，滑铁卢会战开始。雷耶军的炮兵为热罗
姆师开道，该师将进攻乌古蒙、牵制英联军，富瓦师跟随其
后。热罗姆未能攻克农舍，随着战事推移，乌古蒙不断引来法
军士兵。不知为何，法军没有试着用骑兵炮炸碎农舍前门。当
天，威灵顿支援乌古蒙，它和拉艾圣都成了无价的"防波
堤"，扰乱并汇聚前进的法军。热罗姆英勇战斗，当他的师减
员到只剩两个营时，拿破仑召回他，说："弟弟，我后悔这么
晚才认识你。"[102]热罗姆日后回忆道，此言安抚了"他心中郁
积的诸多伤痛"。

　拿破仑用 83 门大炮组成大炮群，下午 1 点，他开始炮轰
威灵顿的战线。轰击造成的损害不及应有水平，或许这是因为

764

---

① 今作"Buçaco"。——译者注
② 战后，人们在威灵顿的战线上修筑了高 141 英尺的假山铁狮山 (Lion
　Mound)，所以今人几乎看不出阵线轮廓。

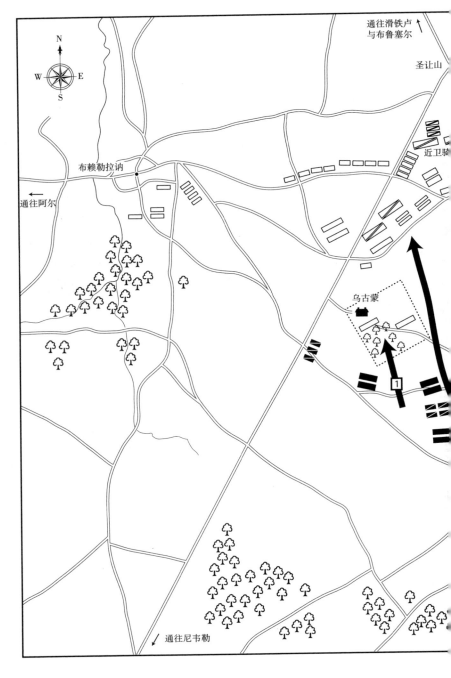

762

通往滑铁卢
与布鲁塞尔

圣让山

近卫骑

布赖勒拉讷

通往阿尔

乌古蒙

1

通往尼韦勒

通往勒芬

通往瓦夫尔

通往瓦夫尔

约晚上7:00，普军到达
（齐滕军）

二山农庄

旅

顿

比兰特

通往瓦夫尔

约下午4:30，普军
进攻（比洛军）

圣

4

2

佳姻庄

近卫军

普朗斯努瓦

**29. 滑铁卢会战，
1815年6月18日**

勒卡尤

**法军的进攻**
1. 上午11:30，雷耶与热罗姆进攻乌古蒙
2. 下午1:30，埃尔隆进攻英联军中路
3. 下午4:00，奈伊发动骑兵冲锋
4. 下午6:30，奈伊进攻，占领拉艾圣
5. 晚上7:30，老近卫军最后的进攻

| | |
|---|---|
| ▬ 法军步兵 | ▭ 联军步兵 |
| ◪ 法军骑兵 | ◪ 联军骑兵 |
| ☰ 法军炮群 | ♧ 树林 |

通往四臂村
与沙勒罗瓦

0    1/4    1/2    3/4    1 英里

0    1/2    1    1 1/2 千米

威灵顿命令部队躺在山脊之后。1 点 30 分，拿破仑发动主要的步兵攻势。埃尔隆军攻击威灵顿的中左翼，该军在长有齐胸高黑麦的泥泞田地上穿行，经过左侧的拉艾圣。就像奥斯特利茨会战中对付俄奥联军时一样，埃尔隆军打算把威灵顿的阵线一切为二，再分别碾压之。中左翼是威灵顿最薄弱的位置，故而是正确的进攻地点，但埃尔隆执行计划时犯了错。

进攻开始时，埃尔隆派出整个军，让所有的营结成 250 人宽的多排横队。或许他想增强接敌时的火力，但此举完全违背了法军的常规模式，即组成纵队后实施机动，再展开成横队。埃尔隆的布局导致整个队列臃肿笨重，难以控制，极易受损。皮埃尔·迪蒂（Pierre Duthilt）上尉隶属马尔科涅将军的师，他回忆道，那是个"奇怪的编队，我们无法组成方阵对付骑兵冲锋，敌军炮弹也能在队伍中犁过 20 排，所以我们付出了高昂代价"。[103] 埃尔隆军的进攻旨在钉住敌军前线，地位至关重要，虽然没人知道该军所用队形是谁的点子，但埃尔隆必须为如此重要的战术决策负最终责任。① 拿破仑的另一条箴言称："若步兵、骑兵或炮兵单打独斗，则它们如同无物。"可这一回，埃尔隆率步兵进攻，其他兵种却没有充分掩护他，他也没钉住威灵顿的前线，随后被击退。[104] 埃尔隆军不但没达成目的，还被英军骑兵的联合旅（Union Brigade）与近卫骑兵旅（Household Brigade）冲击。他们逃回法军战线，丢了十二面

① 埃尔隆之所以如此决策，可能是因为奈伊、埃尔隆、师长皮埃尔·德·比内·德·马尔科涅（Pierre de Binet de Marcognet）将军都在西班牙打过仗，他们知道，法军试图展开成横队时，英军便会集中火力攻击其侧翼，其常常能成功阻止变队。然而，让部队排成宽战线后，指挥很快就会失效，因为士兵离军官和军士太远了。Interview with John Lee, June 21, 2013.

鹰旗中的两面。埃尔隆撤退后，下午 3 点，英军骑兵紧接着被赶离大炮群，拿破仑随即来到炮兵指挥官让－雅克·德沃·德·圣莫里斯（Jean-Jacques Desvaux de Saint-Maurice）将军身边，以便在更近处观察战场。德沃和皇帝并肩骑行时，一发加农炮炮弹把他炸为两半。[105]

　　普军的三个军来了，下午 1 点 30 分左右，拿破仑右翼所在地开始显现打头的一个军。法军猎骑兵某中队在瓦夫尔和普朗斯努瓦（Plancenoit）之间俘虏一名普军骠骑兵，这提前警告了拿破仑普军会来，他已经花了近半小时调兵去右翼。此刻他下令告诉军队，地平线上那些穿着深色外套的人是格鲁希军，他们要来此赢取胜利。随着时间流逝，他的谎言逐渐破产，这打击了士气。下午，为了对付普军，拿破仑被迫逐渐增派军队去右翼。4 点，比洛的普军士兵（3 万人）在弗里谢蒙（Frischermont）和普朗斯努瓦之间进攻洛鲍的法军步兵与骑兵（7000 人）。[106]上午时，拿破仑有 7.2 万人和 236 门大炮，威灵顿有 6.8 万人与 136 门大炮，因此法军兵力占上风。一旦联军合兵，他们就可部署 10 万人与 200 多门大炮，所以拿破仑立刻陷入严重的兵力劣势。

　　下午 4 点左右，奈伊对威灵顿的中右翼发动一系列大型骑兵冲锋，一共调用 1 万人。继缪拉驰骋埃劳之后，这是规模最大的骑兵冲锋，但我们仍不清楚下令之人究竟是谁（若确有此人的话），因为拿破仑和奈伊事后都不承认那是自己所为。[107]"奈伊在摧毁马上要赢的战斗，"拿破仑看到他冲锋后告诉弗拉奥，"现在却必须支援他，因为那是我们唯一的机会。"[108]皇帝认为，这次冲锋"太早了，时机不当"，但他对弗拉奥说："奈伊派部队去深谷对面对付敌人，命令（你）能找到的所有骑兵协助他们。"[109] 今人可在戈登纪念碑（Gordon Monument）看到道路有多深，但它不是深谷。弗拉奥日后豁达地说："战争中，有时只能靠坚持错误来弥补错误。"[110] 不幸的是，对拿破仑来说，这次的情况不属于弗拉奥所谓的"有时"。

此时，威灵顿的步兵组成 13 个方阵（其实它们呈矩形），迎击骑兵。奈伊曾在四臂村突破第 42、第 69 步兵团的方阵，1807 年和 1813 年，法军骑兵也在霍夫和德累斯顿分别冲破俄军与奥军的方阵，但战马天生不愿冲入闪亮的刺刀丛，所以英军方阵在骑兵面前几乎固若金汤。炮兵和步兵横队尤能克制方阵，但法军骑兵冲锋时，没有炮兵和步兵支援，这证实了某种猜测：拿破仑和奈伊并未刻意下令，发生冲锋是一次意外。13 个方阵中，没有一个被击破。拿破仑在圣赫勒拿岛上承认，"那一天，英军凭良好的纪律赢得胜利"，然后他指责重骑兵指挥官居约将军，说此人没有得令就冲锋。此言毫无道理，因为居约只参加了第二波冲锋。[111]

那群才能突出、经验丰富的法军三兵种战场指挥官曾在那么多的战斗中协调行动，但这一回，他们一次又一次地未能协同作战，此乃滑铁卢会战之谜。① 这一点尤其适用于拿破仑最爱的兵种——炮兵。整场会战的各大重要阶段，炮兵一直错失密切支援步兵的机会。很多法军骑兵筋疲力尽，战马喘着气，下午 4 点 15 分后，大股普军也来了，所以拿破仑理应尽力撤

766

---

① 后人推演滑铁卢会战时，法军经常取胜。扮演拿破仑者早早进攻，最多用一个师掩蔽乌古蒙，并派雷耶军剩余兵力支援埃尔隆的历史性进攻。埃尔隆军组成纵队，洛鲍军的两个师与其相伴，骑兵预备军提供密切援助。奈伊率骑兵冲锋时，步兵和炮兵支援他。早在普军到来之前，奈伊就冲垮了威灵顿的方阵。

退。[112]事实正相反，6 点后的某时，奈伊成功占领战场中部的拉艾圣及其附近的地洞，它叫沙坑（Sandpit）。奈伊让射程为 300 码的骑兵炮上前，所以他能用滑膛枪和加农炮轰击威灵顿的中路，以至于组成方阵的第 27 恩尼斯基林步兵团（27 Inniskilling Regiment of Foot）折损了 90% 的兵力。会战迎来关键时刻，在数量庞大的普军碾压法军之前，这是他们突破英军阵线的最好机会。奈伊派副官奥克塔夫·勒瓦瑟（Octave Levasseur）恳求拿破仑派出更多部队，以便利用这种局面，但皇帝的骑兵疲惫不堪，他自己的司令部也在普军炮兵射程之内，于是他拒绝了。"部队？"他讽刺地对勒瓦瑟说，"你让我上哪儿找？要我给你变出来吗？"[113]事实上，他说这句话时，近卫军还有十四个营未参战。半小时后，拿破仑改了主意，但威灵顿已用不伦瑞克人、汉诺威人以及一个荷兰－比利时师填上了中路的危险缺口。

　　拿破仑骑过战场前线，他随即命令中年近卫军组成一串方阵，沿通往布鲁塞尔的主干道前进，此时已是晚上 7 点左右。滑铁卢会战后期，负责进攻的帝国近卫军仅占其总野战兵力的三分之一，剩下的人要么与普军争夺失守的普朗斯努瓦，要么掩护撤退。拿破仑命令奈伊支援近卫军，可近卫军上阵时，一个步兵师还未离开乌古蒙的树林，也没人召回尼韦勒公路上的任何骑兵旅。[114]威灵顿的战线又有严密防守了，近卫军上坡攻击它时，没有骑兵团掩护其侧翼，只有雷耶军的少数部队提供支援。近卫步兵一共可用 96 门大炮，但只有 12 门参与进攻。

　　150 名乐手走在近卫军前头，演奏阅兵式上的凯旋曲，但近卫军没带鹰旗，此举或可说明攻击乃孤注一掷。[115]拿破仑来到拉艾圣西南边的射击死角，该地位于通往山脊的长斜坡脚下。近卫军列队走过他身边时，纷纷欢呼"皇帝万岁！"[116]开始时，近卫军的八个营出动，其总人数很可能不足4000，他们靠一些骑兵炮掩护自己。然而，近卫军在路上甩下三个营，让他们留作预备。更硬的地面有利于威灵顿的炮兵，正如勒瓦瑟回忆的，很快，"子弹和葡萄弹袭来，路上遍布死伤者"。威灵顿用来承受攻击的大量火力（既有滑膛枪子弹，又有葡萄弹）瓦解了帝国近卫军的意志，于是他们沮丧地退回。有人喊道："近卫军撤退了！"（La Garde recule！）自从1799年执政卫队成立，一切战场上都不曾响起这句话，直到此刻。这个信号一出，法军的整条前线开始崩溃。几天后，奈伊在上院就滑铁卢会战发言，他说自己没听到这句话。可是当晚8点左右，战场上有人喊，"谁来救救我们！"（Sauve qui peut！），士兵们扔掉滑膛枪，试图趁天黑前逃走。事态已然明朗，拿破仑便拽过一位将军（不知其名）的胳膊，说："来吧，将军，事情结束了。我们输了。我们走吧。"[117]

老近卫军在沙勒罗瓦－布鲁塞尔公路两侧组成两个方阵，掩护大军匆匆撤退。在佳姻庄以南约300英里处，珀蒂将军指挥第1掷弹兵团第1营结成方阵，拿破仑躲进该方阵中。①"全军极其混乱，"珀蒂回忆道，"不管是步兵、骑兵还是炮兵，所有人都四散奔逃。"方阵稳步撤退时，皇帝命令珀蒂奏响振奋人心的鼓乐《掷弹兵》（Grenadière），以便集结"被逃命的人流困住"的近卫军。"敌军紧紧跟在后面，我们害怕他们突破方阵，只好向被追击的人开火……现在天几乎黑了。"[118]

768

---

① 此地位于今维克托·雨果纪念碑（Victor Hugo monument）的正南方，与纪念碑同处道路一侧，其后拐弯处通往普朗斯努瓦。

在罗索姆以远某地，拿破仑、弗拉奥、科尔比诺、拿破仑的传令兵雅尔丹·艾内、一些军官、猎骑兵值勤中队离开方阵，沿主干道骑行而下。皇帝在勒卡尤换了马车，但他发现奔逃的士兵阻塞了热纳普的路，遂丢掉马车，骑马驰过四臂村和沙勒罗瓦。① 据弗拉奥回忆，他们去沙勒罗瓦时遇上拥堵人潮，结果骑马比走路快不了多少。"事情到了这个地步，他非常不安，但他本人没有露出丝毫害怕的迹象。" 弗拉奥论及拿破仑道，"然而，疲惫和前几天的辛劳压垮了他，有好几次，他克制不住涌上来的睡意，要不是我撑着他，他就从马上栽下去了。"[119] 清晨 5 点左右，一行人经过沙勒罗瓦。艾内记载道，皇帝"发现，右边的草坪上有个小火堆，那是一群士兵弄出来的。他在火边停下，烤火取暖，还对科尔比诺将军说，'我亲爱的先生，我们干了件好事'"。甚至在那时，拿破仑也能开玩笑，不论他的笑话多么糟糕。据艾内回忆，"当时"，皇帝"变了很多，其脸色非常苍白，其神情相当憔悴。他喝了一小杯葡萄酒，吃了某侍从武官口袋里的一小块面包。过了一会儿，他上马，询问马匹能否疾驰"。[120]

在拿破仑战争中，博罗季诺会战是伤亡人数最高的单日战斗，滑铁卢会战仅次于它。法军有 25000 ~ 31000 人伤亡，另有很多人被俘。[121] 威灵顿损失了 17200 人，布吕歇尔又损失了

---

① 普军少校冯·凯勒（von Keller）缴获了马车，他在车里找到拿破仑的帽子和佩剑，还发现一对手枪、一顶绿色天鹅绒帽子、一张铺着美利奴羊毛垫的钢床架、一副钻石冕、一件御用斗篷、好几盒钻石、一个银制大钟。今人可在伦敦皮卡迪利广场（Piccadilly Circus）看到马车及车内的很多物品。

7200 人。1815 年，拿破仑麾下有 64 名高级将领，其中 26 人在那一年遇难或负伤。"不可思议的一天"，他后来如此评价滑铁卢会战。他承认，"自己并没有完全理解这场战斗"，并将战败归咎于"命运异数的组合"。[122]然而，真正不可思议的地方在于，他和他的高级指挥官究竟主动犯了多少错误。会战前一天，他呆滞不动；他调派格鲁希时犯下战略错误；他未能协调进攻；拉艾圣陷落后，他不肯利用最后的也是最好的机会。看看利尼之战后拿破仑的表现，我们便会回想起近二十年前他征战意大利时那些更呆板的奥军敌将。滑铁卢会战中，威灵顿和布吕歇尔赢得当之无愧，不止如此，拿破仑也输得非常理所应当。

# 第三十一章　圣赫勒拿

灵魂耗尽了肉体。

770

——拿破仑致玛丽·路易丝

他客居波斯平原中部，永远怀念故国。

——拿破仑论地米斯托克利

战后，拿破仑致信约瑟夫：

> 我们并未一败涂地。我估计，军队重新集结后尚有
> 15 万人，联盟派和国民自卫军可提供 10 万人（他们中适
> 合战斗的人），团级兵站还能再出 5 万人。所以说，我可
> 以投入 30 万名整装待发者对付敌人。我要用马车挽马拉
> 炮。我会征募 10 万人，并收缴保王党与国民自卫军中不
> 适合服役者的滑膛枪，从而武装他们。我将组织普遍征
> 兵……碾压敌人，但人民必须帮助我，而非大声提建议，
> 吵得我什么也听不见……奥军行军慢，普军害怕农民，不
> 敢太上前。仍有时间挽救形势。[1]

拿破仑认为，如果他成功聚集格鲁希（格鲁希军脱身了，且
毫发无损）、拉普、布吕内、絮歇、勒古布麾下所有兵力，并

可攻击拉长的联军补给线，边境大要塞守军也坚守至解围，那么他或能赢得喘息机会。[2] 经历了滑铁卢会战那样的溃败后，他还能认真思考这些事务，别的姑且不论，这说明他拥有非凡的意志力与持久的精力。苏尔特命令全体指挥官集中掉队者，去拉昂、拉费尔（La Fère）、马尔勒（Marle）、圣康坦（Saint-Quentin）、贝泰勒（Bethel）、韦尔维耶（Vervier）、苏瓦松、兰斯集结，未受损的各部队正驻守上述地区。[3] 与此同时，热罗姆和莫朗也在菲利普维尔（Philippeville）与阿韦讷召集了部分军队。

771

拿破仑知道，为了战斗，他需要在波旁宫（Palais Bourbon）开会的议院支持自己，所以他迅速骑马赶往巴黎，甚至乘邮车，以图领先战败的消息一步。皇帝一行途经罗克鲁瓦（Rocroi），在当地旅馆吃晚饭，老板不接征收单，非要他们付 300 法郎现金。如果说拿破仑的权威衰退了，这无疑是征兆之一。[4] 6 月 21 日（周三）早上 7 点，拿破仑到达爱丽舍宫，他召集家人和大臣，并且泡澡，他已经好几天没洗过澡了。埃及战局和莫斯科会战后，拿破仑也曾径直奔回巴黎，但这一次，他的回归显得有些绝望。就连约翰·卡姆·霍布豪斯也发现，自己的英雄"急躁慌张，完全无法为他开脱"。他迅速返回，却只鼓励了敌人，尽管两个多星期前，他们还在五月广场仪式上庄重宣誓忠于他。[5]

6 月 18 日，巴黎的 101 门加农炮轰鸣，宣告利尼胜绩。官方称，法军在利尼击败了威灵顿和布吕歇尔，但此后一直没有公报，于是巴黎人开始担心。拿破仑打算一回来就"带着战场尘埃"（一位支持者的说法）去波旁宫，呼吁立法机关爱国。[6] 康巴塞雷斯、卡诺、马雷匆匆应召而来，他们都支持此念，庭院中，他的马车也准备好了。可是大部分大臣认为，考虑到议员情绪狂热，去见他们太危险了。① 于是皇帝没去议院，而是送去一封信，声称自己已返回巴黎，"与我的大臣们商谈拯救国民的措施"。[7]他日后悔恨没有亲自去："我可以打动他们、领导他们，我的口才能鼓舞他们。我会砍掉郎瑞奈、拉斐特和另外十个人的脑袋……我得说，我不敢去。"[8]

拿破仑也没获得支持。拉斐特迅速填补了权力真空，在上下两院中各挑五人行使大臣权责，此举实际上是议会政变。[9] 772 勒尼奥·德·圣-让·丹热利和吕西安力图阻止议员这样做，但拉斐特谴责拿破仑时能言善辩，令人信服。吕西安指责拉斐特背叛，他回答："我们跟着你哥哥去了埃及沙漠，去了俄国荒原。法国人的尸骨散落各地，见证了我们的忠诚。"[10]当日，部队开始进入首都，士兵没有武器，情绪低迷，他们"一边走，一边逢人就说一切都完了"。[11]

6月21日，拿破仑撰写公报，辩称滑铁卢会战就要赢了，这时，"邪恶的罪人"（malveillants）喊道，"谁来救救我们"，所以"一瞬间后，全军只剩一片混乱"。公报结尾写道："这就是圣让山会战的问题，它为法军赢来荣誉，但如此致命。"[12]少数人相信他，但他三次使用词语"致命"（funeste），巴黎人便确信这是一场灾难，眼下，这对他保住君位的机会来说也是致命的。当晚，拿破仑可能又想服毒。1818年，皇帝的药剂师卡代·德·加西古告诉蒂埃博将军，1815年6月21日，他奉召来爱丽舍宫。原来拿破仑像上年一样服毒了，但接着又

① 富歇没出席会议，这据信是不祥之兆，因为众所周知，他从不和败者为伍。约瑟夫建议逮捕富歇并把他关在万塞讷，但拿破仑未听其言。皇帝后来说，他希望自己当初枪毙了富歇。Latimer ed., *Talks*, p. 195.

改变主意。加西古吓坏了，设法给他催吐，然后开了一些药液。[13]虽然没有其他证言，但加西古很可能说了实话。

次日中午，就连最忠实的大臣——拉瓦莱特、萨瓦里、科兰古——也主张道，退位不可避免，于是拿破仑再度逊位。"如同他在战场上行使特有组织力时常做的那样，他迅速下定决心"，口述一份文件。[14]此文开头写道：

> 法兰西人民！凭借集中起来的一切努力与意愿，凭借所有国家机关的支持，我发动了旨在维持国家独立的战争。我有理由期盼胜利，凡是反对我的盟国宣言，我一概勇敢面对。情况看来有变。我牺牲自己来弭平法国之敌的仇恨……我的政治生涯结束了，我宣布我的儿子继承法兰西皇位，并使用帝号拿破仑二世。现任大臣将组成临时政府委员会。我传给儿子的利益驱使我邀请议院立刻依法建立摄政制度。为了拯救公众、维持国家独立，必须团结一切。[15]

拿破仑仍然盼望立法机关任命他为法军总司令，派他对付进犯的联军，但他也对拉瓦莱特说，要是即将成立的临时政府不需要自己效力，他就想去美国当一个安静的平民。[16]美英战争打了三年，两国刚刚媾和，所以说，如果他能去美国，美国政府八成会允许他在本国隐居。据拉瓦莱特记载，拿破仑退位后，"那一整天，他一直保持冷静。他建议军队去某些位置，也提出未来与敌议和（时）采用何种方式"。[17]

临时政府感激地接受退位声明，并做出如下人事安排：麦克唐纳就任法军总司令；拉斐特出任国民自卫军司令，乌迪诺

任其副司令；卡诺获准保留旧职，继续担任内政部长。6 月 24
日，富歇成为临时政府主席。塔列朗四任外交部长。[18]《帝国
日报》（Journal de l'Empire）宣布，"拿破仑·波拿巴"已去
马尔迈松。如果波拿巴派首要报纸都不用帝号，那么他肯定确
已告败，因此，称呼的改变令民众大为震动。然而，有些人赤
胆忠心，仍然坚持战斗。滑铁卢会战过去八天后，莱茵军团上
校保罗－亚历克西斯·德·梅尼（Paul-Alexis de Menil）男爵
率第 37 战列步兵团在塞尔茨森林（Seltz Forest）作战。直到 8
月和 9 月，吉韦、沙勒蒙（Charlemont）、隆维（Longwy）、梅
济耶尔、沙勒维尔（Charleville）、蒙梅迪（Montmédy）等城
镇才投降。

这是拿破仑最后一次离开巴黎。临行前夕，他和维旺·德
农告别，对方不安又激动。他把手放在德农的肩膀上，说：
"我亲爱的朋友，我们不要多愁善感，在这种危机中，人要冷
静（sang froid）行事。"[19]德农记述埃及和埃及战局，设计铜制
纪念章，鼓励帝国艺术风格，并管理卢浮宫，他对波拿巴主义
中文化层面的贡献仅次于拿破仑本人。拿破仑倒台后，军队之
外的很多杰出人士都感到遗憾，德农是其中之一。

换一个没那么自信的人，逃跑路线或许就规划好了。6 月
25 日，拿破仑携奥尔唐斯、贝特朗、马雷从巴黎去马尔迈松，　774
7 月 15 日，他向英军投降。在 6 月 25 日到 7 月 15 日之间，他
完全一反常态，举棋不定。联军和波旁王室正接近巴黎，准备
再度复辟波旁王朝，普军派骑兵巡逻队去更远处，于是拿破仑
的选择余地开始变窄。他待在马尔迈松，向临时政府申请去美
国的通行证，并请求政府拨两艘巡航舰，从罗什福尔送他去美

国。[20]此举荒唐可笑。皇家海军 74 炮军舰"柏勒洛丰号"（Bellerophon）正封锁罗什福尔港，不管是富歇的政府还是谁给他签发通行证，皇家海军都会统统不认。[21]6 月 26 日，拿破仑在马尔迈松接见瓦莱夫斯卡，与她道别。

29 日，富歇的特使德克雷与布莱·德·拉默尔特告诉拿破仑，政府把"萨勒号"（Saale）与"美杜莎号"（Méduse）这两艘巡航舰拨给他使用，而且普军正在接近，所以他需要离开马尔迈松。他去了约瑟芬过世时住的房间，最后一次同母亲和奥尔唐斯告别，除此以外，他再未逗留。下午 5 点 30 分，他和贝特朗、萨瓦里离开马尔迈松。拿破仑的首席厨师费迪南（Ferdinand）决定不走，因为他去厄尔巴岛后没拿到说好的报酬。"要是我去了美国，"拿破仑后来沉思道，"或许我们能建立一个国家。"[22]7 月 2 日，他到达德塞夫勒省（Deux-Sèvres）的尼奥尔，但他还没打定主意。同行者意见不一，有人认为他应当去奥尔良找军队，也有人提出，一艘美国商船停泊在海岸线外 8 英里处，他应该设法偷渡上船。[23]

拿破仑不但没有听取建议，反而住进罗什福尔海军军区司令部。他在那待了十二天，研究如何让"萨勒号"、"美杜莎号"、一艘 20 炮轻型巡航舰以及一艘双桅船躲过"柏勒洛丰号"。"美杜莎号"上的海军上校菲利贝尔（Philibert）不肯参与任何进攻，两名年轻的海军军官——让蒂（Genty）上尉与多雷（Doret）少尉——便毛遂自荐，提议用小帆船送拿破仑横渡大西洋。让蒂和多雷违规了，结果被法国海军部除名，直到 19 世纪 30 年代波旁王朝垮台，他们才返回军队。[24]

7 月 5 日，约瑟夫到达罗什福尔。他慷慨地提出和弟弟换身份，因为他们相貌相仿。[25]拿破仑没有抓住时机，又犹豫了。

三天后，波旁王朝正式重掌权力，于是他失去了巡航舰的控制权。此时，海军将领亨利·霍瑟姆（Henry Hotham）爵士已派莱萨布勒（Les Sables）的皇家海军舰艇去吉伦特（Gironde）搜寻他。拿破仑也拒绝了数个别的冒险机会，如趁夜乘一艘丹麦船脱身。9 日，他在艾克斯岛（Île d'Aix）检阅部队，当地民众向他欢呼，但他睡在"萨勒号"上，该船停在"柏勒洛丰号"附近。

775

按照拿破仑的命令，7 月 10 日，萨瓦里和侍从拉斯卡斯侯爵登上"柏勒洛丰号"，同船上的 38 岁海军上校弗雷德里克·梅特兰（Frederick Maitland）商议他的投降条款。拿破仑得躲开波旁势力（7 月 12 日，罗什福尔升起波旁旗帜）和普军，因为他们会处决他。他后来说："知道了奥皇对付自己的方式后，他根本无法接受其好意。"[26]7 月 14 日，协商重启，谈判人为拉斯卡斯与夏尔·拉勒芒（Charles Lallemand）将军，后者曾在滑铁卢会战中指挥猎骑兵。梅特兰声称，拿破仑将在英格兰享受良好待遇，当地天气比他想的更好。[27]拿破仑以为这意味着他是英国的客人，将受该国庇护，不会沦为战俘。然而，这个海军军官无权缔结正式协议，如此解释他随口说出的话堪称荒唐。事实上，梅特兰言明他仅仅有权保证拿破仑安全抵达英国水域。[28]甚至在此时，拿破仑仍可采纳约瑟夫的建议，走陆路去更偏南的港口，等他到吉伦特后，事情或许仍有转机。可他没有那样做，而是在 6 月 13 日同哥哥告别。拿破仑曾从科西嘉、埃及、厄尔巴起航，但比起这类冒险的航行，如今他更喜欢尊严和一定程度的安全。

14 日午夜左右，拿破仑致信摄政王。"王子殿下，"信件开头写道，"我暴露在分裂我国的党派和欧洲诸国的敌意前，已然结束自己的政治生涯，并像地米斯托克利一样来到英国人民身边。我愿意接受英国法律的保护，请求殿下您给予我这一权利，您是我最强大、最恒定、最慷慨的敌人。"[29]这一回，拿破仑所受的古典教育失效了，因为雅典名将地米斯托克利实际上和波斯人一同对付他的雅典同胞，但拿破仑根本没有这类念头。不过，用"恒定"评价英国倒是没错。光是 1815 年，英国就资助了至少 30 个欧洲国家，上至最大国度（普鲁士得 210 万英镑，俄国得 200 万英镑，奥地利得 160 万英镑），下至西西里（该国得 33333 英镑）。[30]奥法之战、普法之战、俄法之战分别长达 108 个月、58 个月、55 个月，但在 1793～1815 年，英法之战总计长达 242 个月。二十年来，皇家海军封锁法国，在特拉法尔加葬送法军作战舰队。1808～1814 年，英军征战伊比利亚半岛，这六年中，威灵顿不曾离开一天。英军还发动 1801 年埃及远征、1806 年卡拉布里亚远征（英军赢得马伊达之战）、1807 年哥本哈根远征、1809 年瓦尔赫伦远征（一次灾难性的远征）、1814 年贝亨奥普佐姆（Bergen op Zoom）远征（该地位于荷兰，这次远征也失败了）。蒂尔西特会议之后，欧洲大部分地区（除了葡萄牙和西西里）都和拿破仑达成妥协，即便如此，英国仍然保留反抗其霸权的火焰。

拿破仑召集顾问开会，说："我不认识摄政王，但根据我对他的所闻，我便不禁仰赖他的高尚人格。"[31]这回拿破仑的信息也是错误的，因为摄政王是所有英国君主中最卑鄙的人之一。1830 年，乔治四世去世，《泰晤士报》如此报道："已故国王是同胞们最不愿惋惜的死者。谁会为他流泪？哪颗没被金钱收买的心脏会悲伤地搏动？……假如说国王曾有朋友、来自任何阶层的忠实朋友，我们就要反驳，因为我们从未听说他或她的名字。"[32] 摄政王只会宽待其裁缝、装饰设计师、情妇，恳求的皇帝拿不出任何他所需要的东西，所以没收到任何回信。吕西安曾在伍斯特郡过着文雅的软禁生活，拿破仑可能盼着能像弟弟一样，抑或住进他在厄尔巴岛上接见的辉格党贵族的乡间住宅。

1815 年 7 月 15 日（周六）早上 8 点，拿破仑登上"柏勒洛丰号"，向梅特兰上校投降。联络官贝克（Beker）将军负责他和临时政府的联系，于是他允许贝克不随行，以免任何人指控对方把他出卖给英国人，此乃得体之举。[33] 贴身男仆马尔尚回忆道，"每个人都流露出最深切的悲痛，英军快艇接皇帝上船时"，对岸的军官和水手中响起"最令人心碎的呼号'皇帝万岁！'"，直到他抵达"柏勒洛丰号"。[34] 有人绝望地踩帽子。拿破仑登上"柏勒洛丰号"后，海军立正，水手操纵桅杆，但没有人向他鸣炮致敬，因为还要等好一阵子才到皇家海军条例规定的白日开炮时间。拿破仑一边脱帽，一边对梅特兰说了第一句话："我登上你的船，将自己置于英国法律的保护之下。"[35] 革命战争与拿破仑战争终于结束了。

梅特兰把自己的舰长室让给拿破仑。他返回甲板后，上校带他参观船只。拿破仑问梅特兰是否觉得自己有机会逃走，但英军上校让他确信，"柏勒洛丰号"74 炮战列舰抵得过三艘巡航舰，所以逃跑困难"重重"。[36] 两人在船上走动，拿破仑轻拍一位见习船员的头，友善地揪他耳朵，还向他询问水手长、船员、他自己的职责。另一位见习船员乔治·霍姆（George Home）说，拿破仑"看上去相当自在，他就像乘坐自己的御用游艇轻松旅行一样，完全把这里当家了"。[37] 他很快赢得船上所有人的心。一名军官写道："他的牙齿很整齐，像象牙一样白，我从未在任何人脸上见到如此有魅力的嘴唇。"梅特兰自己也承认：

> 我替他惋惜，与此同时，或许我还遗憾地想，他拥有那么多迷人特质，享有如此非凡的地位，却沦落到我见他时的境地。一个英军军官竟偏爱给祖国带来那么多灾难的人，这种事看上去令人惊讶，但他非常擅长取悦他人，以至于像我一样和他同桌共处近一个月的人大都怀着这种惋惜与遗憾。[38]

在前往英国的航程中，拿破仑"没有消沉低落"，他享受了对待国家元首的正式尊贵待遇。他投降后没多久，霍瑟姆（Hotham）将军上船。拿破仑给梅特兰和霍瑟姆看其流动图书馆以及宽30英寸的行军床。他用磕磕巴巴、别人几乎听不懂的英语问了许多问题，并且说，如果查尔斯·詹姆斯·福克斯还活着，"事情绝不会到如此地步"。[39]在次日晚餐时，他拍了拍梅特兰的头，说："要不是你们英国佬，我就成了东方皇帝；但只要有一片水域能行船，你们一定会去那挡我们的道。"[40]

对英国来说，如何处置战俘是个棘手的问题。拿破仑从厄尔巴岛回来后建立百日王朝，结果各方死伤总人数几乎达到10万人。不能再冒此景重现的风险了。[41]7月20日，利物浦勋爵致信身在维也纳的外交大臣卡斯尔雷勋爵，告知对方英国内阁的意见：

> 我们的想法十分坚决，不会答应把他囚禁在我们的国

家。他可能引发非常好的法律意见，那将特别尴尬……他能立刻诱发好奇心，接下来几个月，或许他还会招来同情。只要他在英国，确切地说，只要他在欧洲的任何角落，他就会促使法国保持一定程度的骚乱……在这个世界上，圣赫勒拿岛最能算得上为此人打造的监狱……当地状态格外良好，只有一处……可容船舰抛锚，我们也能排除一切中立国船只……待在离欧洲那么远的那种地方，人根本没法搞阴谋。在他严重脱离欧洲世界之后，人们也会马上忘了他。[42]

拿破仑在军政生涯中说过一些过于乐观的话，但其敌人亦然。

7 月 23 日，拿破仑最后一次见到法国，他"多次忧郁地"看着"海岸线"，但几乎没说什么。[43]次日，"柏勒洛丰号"停在英国南部海岸的托贝（Torbay），游客们立刻按捺不住"对他的好奇心"，有人甚至从格拉斯哥（Glasgow）那么远的地方赶来，只为瞅他一眼。事实上，"柏勒洛丰号"被迫派其小船环绕自己，阻止游人过来。拿破仑走上甲板，在跳板上与钢窗边露面，从而取悦公众，还说托贝令他想起费拉约港。梅特兰指出，拿破仑"只要看到衣着考究的女人，就会向她们脱帽鞠躬"。[44]

27 日在普利茅斯（Plymouth），拿破仑享受的名人待遇甚至更胜一筹。三天后，梅特兰估计，多达 1000 艘游船围着"柏勒洛丰号"，平均每艘船载客 8 人。与此同时，拿破仑"常常在沙发上睡着，这两三年间，他变得非常懒散了"。梅特兰和他的交情只有十二天，所以这是句奇怪的评价。[45]然而，7 月 31 日那天，宜人的过渡状态结束了。当日，海军将领基思勋爵以及战争次长亨利·邦伯里（Henry Bunbury）爵士登上"柏勒洛丰号"。他们称呼拿破仑为"波拿巴将军"，并且告诉他，他命中注定要去圣赫勒拿岛。就这一点而言，之前他阅读英国报纸时已获知警告。基思和邦伯里还说，他能带3个军官、12个家仆，但不能带走萨瓦里和拉勒芒将军。萨瓦里和拉勒芒将去马耳他岛服刑，因为前者谋杀昂吉安公爵，后者背叛波旁王朝。

779

拿破仑答复基思（他的话或是高卢式宏大气魄，或是荒唐做作，视读者诸君心意而定），声称"自己宁愿血染'柏勒洛丰号'甲板"也不去圣赫勒拿岛，英国政府的决策"将给未来的英国历史蒙上一层阴云"。[46]他补充道，圣赫勒拿岛的气候会让他在三个月内丧生。基思和邦伯里走后，拿破仑对梅特兰说："这比帖木儿的铁笼子还糟。我情愿落入波旁王朝手中。除了其他羞辱……他们还叫我将军，真不如叫我大主教。"[47]一些随员脑子更发热，他们赞同他的看法，认为死在圣赫勒拿岛上"非常可耻！"，"不如为保卫自己而死，或是点燃弹药库"。贝特朗的英籍妻子范妮（Fanny）歇斯底里，忧郁消沉，当晚，她试图跳下舷窗。蒙托隆将军在窗边拽回范妮，阻止了她投海自沉。[48]

拿破仑又给摄政王寄去一封信，抗议道："我不是战俘，我是英国的客人。"尽管如此，8月7日左右，他转到80炮皇家海军军舰"诺森伯兰号"（Northumberland）上，乘坐这艘船前往4400英里之外的圣赫勒拿岛，其舰长是海军少将乔治·科伯恩（George Cockburn，上一年，此人和其他指挥官一道烧毁了华盛顿）。[49]拿破仑的随员有26人，他们愿意追随他去地球另一端。另有不少人申请陪他去，如妹妹波利娜和梅纳瓦尔，但英国政府不允许。随员如下：亨利·贝特朗将军，他那明显不情愿的妻子，他们的 3 个孩子；蒙托隆，他的漂亮妻子阿尔比娜，他们的 3 岁儿子特里斯坦（Tristan）；埃马纽埃尔·德·拉斯卡斯（Emmanuel de Las Cases）侯爵（他谙熟文秘技能，能讲一口流利英语，不过他假装说不好英文）及其子（13 岁）；加斯帕尔·古尔戈将军；贴身男仆马尔尚与诺韦拉（Noverraz）；贴身男仆/警卫"马穆鲁克阿里"；马夫兼车夫阿尔尚博（Archambault）兄弟，两人分别叫阿希尔（Achille）与约瑟夫（Joseph）；脚夫真蒂利尼（Gentilini）；御膳总管弗兰切斯基·奇普里亚尼（Franceschi Cipriani）；司酒官兼糕点师皮埃龙（Piéron）；厨师勒帕日（Le Page）；科西嘉籍门房兼理发师圣蒂尼（Santini）；灯夫兼玩具制作人鲁索（Rousseau）。蒙托隆和贝特朗也带了 4 个仆人。[50]拿破仑的医生路易·曼戈（Louis Maingault）不肯同去，于是"柏勒洛丰号"的军医、爱尔兰人巴里·奥马拉替他去。除了拿破仑，所有人的佩剑都被收走。科伯恩还没收了 4000 枚金拿破仑，他留给他们的钱只比玩牌用的零花钱多一点。[51]（不管怎么说，有 8 个随员的藏钱腰带没被发现。他们一共藏匿了 25 万法郎，在圣赫勒拿岛上，这笔钱相当于 5000 英镑。[52]）

　　在"诺森伯兰号"上的第一夜，前皇帝和船上英军军官玩 21 点，输了七八枚拿破仑。正如某人回忆时所言，他"心情非常好，和所有人聊天"，"晚餐时，他大吃大喝，几乎尝了每一道菜。他称赞一切，看起来非常安于他的命运"。[53]虽然拿破仑捞不到任何好处，但在十周的航程中，他至少在晕船不"厉害"时彰显了魅力：他询问驻印度英军的状态和特性，断言自己一直盼着格鲁希来滑铁卢；他宣称沙皇亚历山大"比

780

欧洲其他君主更活跃、更聪明，但此人极其虚伪"；他声称西班牙和葡萄牙在 1815 年私下承诺不与他交战；他向船上牧师询问英国国教；8 月 23 日，军舰驶过马德拉岛（Madeira），他便问英国驻马德拉总领事该岛的出产、海拔与人口。此外，拿破仑谈论夺取海峡群岛（Channel Islands）的计划，预言贝纳多特在瑞典待不下去，管德塞叫"他所知的最好将军"。他还否认曾与女演员圣奥班（Saint-Aubin）风流："和最漂亮的女人做爱最难。"[54]

航程中，拿破仑的日程安排大都如下。上午 10～11 点，他起床，在卧室吃早餐（肉和葡萄酒），然后一直待在那儿。下午 3 点，他穿好衣服，在甲板上走短短一段路，接着和蒙托隆下棋（蒙托隆一般故意下输），直到 5 点时晚饭开动。据科伯恩记载，晚餐桌上，拿破仑"大快朵颐，很少说话。他喜欢精加工过的各种肉类，从来不碰蔬菜"。[55]饭后，他和科伯恩在甲板上走九十分钟。晚上 8～10 点，他玩牌，随后就寝。拿破仑上英语课，抱怨天热，在甲板上冒雨散步，而且长胖了。他也同古尔戈解数学题，开平方根和立方根。8 月 15 日，他提到先前的生日，"噢，多么不同啊！"直到晚上 11 点 30 分，他才上床休息。[56]同日，玛丽·路易丝致信弗朗茨皇帝，谈论自己的丈夫：

781　　　　我希望他得到友善宽厚的待遇，亲爱的爸爸，我恳求您确保这一点……这是我最后一次为他的命运操劳。他没有让我不高兴，而是让我的生活变得淡漠冷静（ruhige Indifferenz），我欠他的情。[57]

拿破仑想看特内里费岛（Tenerife）的山峰，科伯恩乐于助人，遂修改航线，驶过加那利群岛（Canarias）的戈梅拉岛（Gomera）和拉帕尔马岛（La Palma）之间。9 月 23 日，"诺森伯兰号"穿过赤道，前皇帝下令将 100 枚拿破仑扔出船舷外，把它们送给海神涅普顿。贝特朗认为扔得太多，科伯恩则说，他觉得涅普顿拿到 5 枚就高兴了。[58]下一周，拿破仑谈到滑铁卢会战时道，"啊，要能再来一遍就好了！"此后五年，他常常会说"再来一遍"。

10 月 14 日（周六），拿破仑一行的目的地终于映入眼帘。火山岩小岛圣赫勒拿岛仅仅占地 85 平方英里，其周长只有 28 英里。圣赫勒拿距安哥拉（Angola）1150 英里，距巴西 2000 多英里，距最近的陆地阿森松岛（Ascension Island）也有 700 英里，它号称"最远离世上一切地方之地"。[59]17 世纪中期至 1834 年，大英帝国把这块位置极偏远、名声极暗淡的微小领土当作补水站，供来往印度的船只使用。1815 年，圣赫勒拿岛上有 3395 名欧洲人、218 名黑奴、489 名中国人、116 名马来人。[60]圣赫勒拿岛管理者东印度公司与英国政府达成协议，同意支付监禁拿破仑的费用。

若走水路去圣赫勒拿岛上的唯一城镇詹姆斯敦（Jamestown），便可看到一幅壮观画面：600 英尺高的黑色悬崖在小港口两侧陡然升起，令人望而生畏。10 月 15 日，拿破仑靠着马尔尚的肩头，透过他在奥斯特利茨所用的望远镜观察小岛。"这个地方无趣，"他说，"我情愿留在埃及。"[61]两艘皇家海军巡航舰一直在圣赫勒拿岛巡逻，岛上亦有很多彼此联络的信号站，只要任何方向有船来，信号站都能发现它。所以，拿破仑一定知道，他会葬身于此。

10 月 17 日，圣赫勒拿岛盛行的东南风猛烈地刮过。拿破仑下船，他被带往亡林高原（Deadwood Plateau）上的长林（Longwood），在那稍事停留。长林已经布置好了，可供他居住。[62]这座房子原是小岛总督的住宅，但它高出海平面 1500 英尺，导致它在和煦的热带小岛上自成与众不同的小气候区，所以一年之中，总督只在长林住三个月。圣赫勒拿岛上的英军军官言之凿凿，称小岛"或许"拥有"世上最温和、最有益健康"的气候。1805 年，威灵顿从印度回国时途经圣赫勒拿岛，他写道："据我生平所见，当地气候显然最有利于健康。"[63]可是这些访客大都待在詹姆斯敦城中或其周边地区。相形之下，每年有 300 多天，长林云遮雾罩。[64]当地湿度一般是 74%，但非常容易达到 100%。因此，所有东西虽湿得不严重，但一直不干，就连墙纸也不例外。树木被风压弯，全长了苔藓。拿破仑的扑克牌得在烤炉里加热，以防它们粘在一起。

长林也闹白蚁、老鼠、蠓虫、蚊子和蟑螂。今天，前句列出的最后三害仍在该地肆虐（尽管长林住客、法国名誉领事米歇尔·当夸纳－马蒂诺精心地修复并维护住宅）。夏季，即 9 月至次年 2 月，长林气候一直湿冷，这意味着拿破仑与其随员总是患上支气管炎、黏膜炎、咽喉炎。然而，除了 3 英里外的总督府，只有长林又大又偏僻，足以安置前皇帝及其廷臣与仆役班子，而且高原上的长林引人注目，因此附近的亡林营房看守它时更方便。长林旗语通信站向总督汇报拿破仑在做什么，所报事项有六种，上至"波拿巴将军一切安好"，下至"波拿巴将军不见了"。[65]

人们花了七周时间翻新并扩建长林，在此期间，拿破仑住进比长林更靠近詹姆斯敦的漂亮平房荆园（The Briars）。他和东印度公司总经理威廉·巴尔科姆（William Balcombe）一家共处，分到一个房间与花园里的一座阁楼。[66]荆园的七周成了他在圣赫勒拿岛上度过的最快乐时光，重要原因之一是他和巴尔科姆之女贝琪建立了纯洁又迷人、令人不可思议的友谊。巴尔科姆家有4个孩子存活下来，贝琪在他们中排行第二，她现年14岁，生气勃勃。她说法语时可能不讲究语法，但别人能听懂，而拿破仑像长辈一样宠爱她。贝琪说，一开始，她所受教导告诉她，拿破仑是"巨大的食人魔或巨人，他的额头中心长了一只燃烧的大眼睛，他用嘴里伸出的长长獠牙把小女孩咬成碎片然后吞噬她们"[67]，但她立马就喜欢上他了。"画布无法表现拿破仑的微笑和眼神，这些是他的首要魅力，"她后来写道，"他的深棕色头发像小孩的发丝一样柔顺丝滑。事实上，他的头发对男人来说太顺滑了，因为它非常软，以至于显得稀薄。"[68]

〔在右页边标注〕783

　　拿破仑拿欧洲各国首都考贝琪，两人的友谊随之开始。他问俄国首都是哪座城市，她回答："现在是圣彼得堡，以前是莫斯科。"于是"他突然转身，其锐利目光全盯着我的脸，然后他严厉地问，'谁烧了莫斯科？'"。她吓得目瞪口呆，直到他忍俊不禁："是是是。你非常清楚是我烧的！"少女纠正他："先生，我想是俄国人烧的，他们要赶走法国人。"[69]拿破仑大笑，于是他和"贝琪小姐"（Mademoiselle Betsee①）、"小猴子"（lettle monkee②）、"娃儿"（bambina）、"小迷糊"成了朋友。他们一起唱歌，并且一边哼着跑调的"亨利四世万岁"

---

① 原文如此。——译者注
② 原文如此。——译者注

（Vive Henri Quatre）一边在房间里齐步走。"我从没见过谁比拿破仑更能忍耐小鬼的肆意胡闹，"贝琪回忆道，"每逢开心事或快乐事，他似乎都像小孩一样高兴。我经常严重挑战他的耐性，但我从未见他失态，也从未见他变回他那地位或年纪的样儿。"[70]

拿破仑和巴尔科姆一家同住，他下棋、打桌球、玩惠斯特牌（和贝琪玩，赌注是水果糖）、"抢位置"（儿童游戏）、捉迷藏、打手枪、传播岛上闲言。很多时候，他泡热水澡，看云朵从长林飘落，在日落后"听成千上万只蟋蟀鸣叫"，还驾着他的爱尔兰旅游马车疾驰在为数不多但险峻陡峭的小岛公路上。拿破仑卸下职责，充分享受轻松生活，几近返老还童。贝琪的弟弟亚历山大（Alexander）叫他波尼（Boney，意为"瘦骨嶙峋"），这是英国人给他起的绰号，但他不懂他们在影射什么，特别是拉斯卡斯解释了绰号的字面意义后。拿破仑指出："我一点也不瘦。"这一点已然再明显不过。[71]

拿破仑告诉贝琪，玛丽·路易丝"和蔼可亲，是出色的贤妻"。他还说，"如果她获准随他来圣赫勒拿岛，她会来"，此言不像前句那么可信。他还称赞波利娜、乔治小姐、阿尔比娜·德·蒙托隆（Albine de Montholon）的美貌。贝琪称，阿尔比娜"身材高挑优雅，故而为人称道"。在去圣赫勒拿岛途中，阿尔比娜怀孕了，孩子受洗时得名拿破仑-玛丽-埃莱娜（Napoléone-Marie-Hélène），但其生父据信不是拿破仑。然而，阿尔比娜后来成了拿破仑的最后一个情妇。[72]贝特朗夫人、古尔戈等人都如此认为，因为她的房间在他的食品储藏室对面。事实上，贝特朗夫人嫉妒阿尔比娜，哪怕她自己曾拒绝了拿破仑的勾引。[73]阿尔比娜看起来非常理解拿破仑。"他的火焰需要燃料，耗尽了他和他身边的人。"她日后写道。1818 年 1 月 26 日，阿尔比娜又诞下一女约瑟芬－拿破仑（Joséphine-Napoléone），她很可能是拿破仑的第三个，也是最后一个私生孩子。可是阿尔比娜返回欧洲后，1819 年 9 月 30 日，约瑟芬－拿破仑在布鲁塞尔佳景庄（Hôtel Belle-Vue）夭折。［阿尔比娜之所以离开，要么是出于她所谓的"健康原因"，要么是因为她想逃离圣赫勒拿岛，以便继续和巴兹尔·杰克逊（Basil Jackson）少校欢好。圣赫勒拿岛总督副官杰克逊曾是滑铁卢的老兵。阿尔比娜离岛后过了一周，杰克逊跟着她去了布鲁塞尔。］[74]

一些当代作者认为，这种三角关系（ménage-à-trois，如果算上杰克逊，也能说是四角）意味着蒙托隆恨拿破仑，但事情不一定是这样。在法国贵族界，这是常见的安排。拿破仑已经睡过马雷和国家参政迪沙泰尔两人的妻子、沙普塔尔的情妇、波利娜的侍读女郎，可见他的宫廷显然承认初夜权（droit de seigneur）理念。阿尔比娜回欧洲后，俯首帖耳的蒙托隆留在圣赫勒拿岛，终其一生，他都是首要的波拿巴分子。1840年，拿破仑的侄子政变未遂，蒙托隆也参与了此事，结果坐了七年牢。假如蒙托隆痛恨拿破仑，他很可能不会做出这些事。

1815 年 12 月 10 日，拿破仑搬入长林，心情沉重。贝特朗住在附近的哈特门（Hutt's Gate），其房子是一座木屋。贝特朗告诉拿破仑，他的"新宫殿"准备好了，他回答："别叫它我的宫殿，叫它我的坟墓。"[75]长林包括桌球室（因为东印度公司有大量绿油漆，桌球室墙壁绿得刺眼，令人震惊）、客厅、餐厅、图书馆、仆役宿处以及蒙托隆一家的卧室。英国政府坚称，拿破仑只享有"退役将军"的地位，它害怕得罪波旁王朝，所以拿破仑绝不能被称为皇帝（哪怕乔治三世治下的前四十二年中，英国国王根据中世纪的权利，在头衔中正式写入"法兰西国王"）。[76]于是英国人常常叫他先生、"阁下"或"波拿巴将军"。一份请柬送至长林，邀请"波拿巴将军"参加舞会，拿破仑俏皮地说："把这张卡片送给收件人，我在金字塔和塔博尔山最后一次听人说起他。"[77]

战争大臣巴瑟斯特勋爵不准拿破仑看报纸，他的理由是保障国家安全，但消息仍然渗透进长林。[78]拿破仑听闻约瑟夫成功逃脱抓捕，如今住在新泽西州（New Jersey）的博登敦（Bordentown），于是"思索了一阵子"（他无疑在想，假如自己采纳替身策略会怎样），"然后说感到满意"。[79]1815 年 8 月 19 日，波旁王朝实施骇人暴行，枪决拉贝杜瓦耶将军。拿破仑哀悼拉贝杜瓦耶之死，但波旁王朝枪毙奈伊元帅之事传来后，他的反应却丢人现眼。拿破仑对古尔戈说："奈伊应有此下场。他在战场上是无价的，所以我为他惋惜，但他太冲动、太愚蠢，除了打仗干不了别的事。"[80]拿破仑后来说，1814 年时奈伊在枫丹白露宫背叛了他，这些话解释了他的怒火。[81]

那不勒斯波旁王朝在卡拉布里亚处决缪拉，起初，拿破仑的反应和他对奈伊的并无不同："缪拉应有此下场。"不过前皇帝继续反思，说："这都是我的错。我应该让他一直当元帅，根本不该封他为贝格大公，更不用说那不勒斯国王。他昏了头。他野心包天。"[82]为防别人认为此言虚伪，拿破仑补充道："我一步步崛起，但缪拉想一步登天。"拉瓦莱特被关进巴黎裁判所附属监狱（Conciergerie prison），他将因叛国罪被处决，其妻（此前，拿破仑认为她是个"小傻瓜"）却和他调包，让他穿她的衣服逃走。拉瓦莱特脱身一事轰动巴黎，拿破仑听闻后心生敬佩。[83]（向来"宽大"的波旁王朝监禁了拉瓦莱特夫人，直到她发疯。）1816年，玛丽·瓦莱夫斯卡嫁给波拿巴分子奥尔纳诺（Ornano）公爵，拿破仑听说后声称自己"欣慰"。前皇帝说，他一度每月给她1万法郎，"她一定攒下不少，所以她富有"。[84]玛丽没有多少时间来享用这些钱了，次年，她在公爵的流亡地列日去世，死因是肾脏衰竭。在圣赫勒拿岛上，拿破仑与古尔戈讨论他和女人交往时的"上好运势"（bonnes fortunes），他非常乐意说出情妇的名字，但坚称自己只有六七名情妇，而真实人数至少多出两倍。[85]

让拿破仑这种大人物待在这么小的岛屿上，他的监禁生活自然不会舒适，而且绝不愉快，不过相对而言，这种日子尚可忍耐，但是1816年4月14日，情况有变。当日，赫德森·洛（Hudson Lowe）抵达圣赫勒拿岛，并接替和蔼的马克·威尔克斯（Mark Wilks）上校任新总督。拿破仑初会洛时送给他一只金表，该表今展示于伦敦国家陆军博物馆（National Army Museum），但两人迅速交恶。拿破仑的命运已经让他自己窝火，而新任监狱看守一丝不苟、机械刻板、死守规矩，不适合担当此任。蒙托隆后来承认，"从天堂下凡的天使都不能取悦圣赫勒拿总督"，可洛的军事履历几乎意味着冲突不可避免。[86]大英图书馆（British Library）藏有未出版的洛自传，他在书中写道，1794年2月上旬，纳尔逊夜袭科西嘉圣菲奥伦佐海湾（San Fiorenzo Bay）的国民公会多面堡，他参加了这次攻击，并指挥一个连。

然后，全军冲上去。和我一同向前的队伍进入缺口，

786

> 发现法军卫戍部队的尸体堵死了口子，他们都隶属拉费尔
> 团，奉命守卫此地……很多人堆叠在缺口上，我们为了前
> 进，只好踩过死人和垂死者。[87]

几个月前，拿破仑才离开拉费尔团，此刻，洛和王家科西嘉突击营（Royal Corsican Rangers）并肩作战，正践踏其战友的伤残之身或尸体。王家科西嘉突击营是一支反法的科西嘉部队，被拿破仑蔑称为叛徒，而洛最后亲自指挥他们。

洛也曾在巴斯蒂亚和卡尔维（Calvi）战斗，并住进阿雅克肖波拿巴宅，然后他在葡萄牙和梅诺卡岛服役，还去埃及指挥科西嘉突击营。1801年，驻埃及法军投降，这是拿破仑的执政府受辱之刻。当时洛在埃及，他也与此相关——押送开罗的败军去登船地罗塞塔。洛在卡普里（Capri）待了两年，他主管印刷厂，确保那不勒斯等意大利城市秘密张贴布告，宣告半岛战争中联军的所有胜绩。[88]拿破仑不会尊重此举，他认为士兵不该干这种事。不止如此。洛还认识沙皇亚历山大，并且深深仰慕他。洛参加了莱比锡会战，在战后加入布吕歇尔的参谋部，他也敬重此人。拿破仑在拉罗蒂埃和拉昂战败时，洛在场。马尔蒙投降后，洛进入巴黎。1815年年初，洛甚至提议在滑铁卢山脊设防（不过他没有参加滑铁卢会战，当年7月，他率领一支军队把布吕内赶出了土伦）。[89]所以说，洛在总离队时间不超过十二个月的三十四年服役生涯中多次见证拿破仑最惨的耻辱与败仗，还逆转了他最早的胜利。两人不可能惺惺相惜，洛也不大可能认为拿破仑的人格中有丝毫迷人之处。"你仅仅指挥过科西嘉叛徒，"两人最后一次面谈时，拿破仑嘲讽洛道，"你算不上将军，只是个文员。"[90]

拿破仑的支持者把洛刻画成无知又残忍的虐待狂，但他不是这种人。他们也把洛塑造成粗鲁冒失、傲慢自大、心胸狭窄之辈，这倒没错。第五代阿尔比马尔（Albemarle）勋爵曾在滑铁卢作战，据他记载，科西嘉突击营的不少军官认为，洛"不讲礼貌，暴躁傲慢"。[91]威灵顿甚至更严厉地说，洛是"非常糟糕的人选，这家伙缺乏教养和判断力。他是个蠢货，对世界一无所知，就像所有对世界一无所知的人一样，他猜疑且嫉妒"。[92]拿破仑和其他英国人关系很好，如福克斯、康沃利斯、雅茅斯、坎贝尔、麦克纳马拉、埃布灵顿、罗素、法扎克利、维纳布尔斯－弗农、道格拉斯、厄谢尔、梅特兰、奥马拉、科伯恩、巴尔科姆一家以及圣赫勒拿岛上的很多访客，考虑到这一点后，英国派这样一个冷漠无情、严格执行纪律的人当总督真是浪费机会。英国本可让拿破仑开口，盘问前十六年中欧洲宫廷的无数政治秘密。他已经和科伯恩说过瑟堡港的水雷，这是有用的海军机密。

拿破仑和洛的住处仅隔 3 英里，但接下来的四个月里，他拒绝见洛的次数超过六次。此后，两人爆发了规模特别小的战争，直到五年后拿破仑去世。洛埋怨长林烧的木柴太多；贝琪骑了拿破仑的马后，洛训斥威廉·巴尔科姆；洛不让人给拿破仑的钢琴重新调音，也不让人给他送历史书、罗马王半身像、上刻帝号"N"的象牙棋子。[英国完全禁止拿破仑联系其子。罗马王不能学法语，1818 年，他受封奥地利头衔赖希施塔特（Reichstadt）公爵。]洛规定，1818 年圣诞节后出生的孩子都不是奴隶，但他不准拿破仑花钱替马来人托比（Toby）赎身，此人是巴尔科姆家的老奴/老园丁。[93]更有甚者，拿破仑请求看看海军上校默里·马克斯韦尔（Murray Maxwell）的王蛇（它

788

能吞下一头山羊），洛拒绝了；拿破仑赠予岛上高级牧师鼻烟盒，洛认为他试图贿赂官僚，不许牧师收。[94]

1820 年 5 月，洛干了一桩最荒唐的事。当时洛向巴瑟斯特勋爵报称，蒙托隆告诉岛上法国专员蒙舍尼（Montchenu）侯爵长林的蔬菜长势喜人，还说要把花园厨房里的绿豆和白豆送给侯爵。洛认为此举含有深沉的政治用意，因为绿色是波拿巴派的颜色，白色是波旁王朝的颜色。"我觉得，"洛的报告写道，"要是侯爵一概不收，或仅限于索要白豆，他的行为会更得体。"洛不止一次向战争大臣（估计巴瑟斯特完全不知所措）提到豆子颜色的问题。[95]拿破仑想学英语，让人送来一本儿童寓言，其中一则故事写道，病狮坚毅地挺过其他动物的攻击，直到它的脸最终被驴子踢中。"我可以忍受一切，但这个不行。"狮子咽气前说。"这讲的是我和你的总督。"拿破仑告诉贝琪。[96]

然而，挑衅和多疑也非限于一方，拿破仑亦有份。他修了墙，挖了壕沟，以便挡住洛的哨兵的视线；他让人挪走椅子，所以洛和他谈话时被迫站着，如同会见国家元首；他叫人在桌球室百叶窗上剪开小孔（事实上，根据圣赫勒拿岛民的说法，他亲自用小折刀剪了洞），从而暗中监视花园里的岗亭，即便该岗亭背屋而设，并未面向房子。[97]拿破仑管洛叫"西西里走狗"，他经常说，总督是"英国寡头政权"（即英国政府）派来的刺客，房子周围的卫兵都奉命来杀他，有一天他会被刺刀戳中，"意外"身亡。[98]"我忍不了红色，"反英情绪发作时，他曾说，"这是英国的颜色。"[99]

洛想把监禁拿破仑的年费从 2 万英镑减至 1.2 万英镑（相当于从 40 万法郎减至 24 万法郎），这是两人的主要争议点。

费用之争细至长林所用黄油的价格和质量。洛很难明白为何拿破仑需要糕点师和灯夫，不过，尽管贝特朗抗议削减费用，长林住户几乎不缺物资。[100]举个例子，1816年最后三个月，3700瓶葡萄酒（包括830瓶波尔多葡萄酒）被送至长林。①[101]

　　虽然洛不可能知道，但拿破仑从没想过逃离圣赫勒拿岛。在人生的其他阶段，他追求冒险，在罗什福尔之前，他的海上出逃记录（科西嘉、埃及、厄尔巴）也不错，考虑到这两点，他不打算逃跑也就显得有些奇怪了。囚禁前期，拿破仑的确搞过假逃跑的恶作剧。他突然骑上悬崖，甩下他的传令军官、第53团上尉托马斯·波普尔顿（Thomas Poppleton）。可是科伯恩未能警觉，并对波普尔顿说，他很可能会发现拿破仑回长林了，诚如此言。[102]随员经常讨论逃跑，商议了很多计划，包括拉塔皮（Latapie）上校和拉勒芒将军共同制定的方案。拉勒芒在马耳他岛过了两个月囚徒生活，然后逃走了。[103]［葡萄牙监狱岛费尔南多·迪诺罗尼亚（Fernando de Noronha）距巴西海岸线220英里，拉塔皮打算攻占该岛，煽动岛上的2000名囚犯造反，并率他们乘船去圣赫勒拿岛，从而解救拿破仑。拿破仑自己指责整个想法："他俩发明一则无稽之谈，好让赫德森·洛爵士②的恼火更具威信。"[104]］古尔戈夸口称，他们经常讨论，如果拿破仑"躲进一篮脏衣服、一桶啤酒、一箱糖里，

789

---

①　拿破仑在巴黎的银行家拉菲特（Lafite）定期给他汇款，监禁期间，就他自己的钱而言，他一共花了1818245法郎，其中100多万法郎最后用于何处仍是个谜。Branda, *Le prix de la gloire*, p. 81. 太后每年寄6万法郎，以改善儿子的经济处境。然而，费施、约瑟夫、吕西安、热罗姆起初承诺汇来10万法郎，后来什么也没给。Martineau, *Napoleon's St Helena*, p. 62. 1821年，拿破仑的班子返回欧洲，欧仁补偿了他们650768法郎。

②　1816年，洛加封骑士。

他或可脱身"。但古尔戈补充道，皇帝明确地说他既不会伪装自己，也不会为了逃跑做出一丁点实质性努力，因为那样的话，他会大丢面子。[105]此外，洛疑心深重，所以白天时他至少在长林附近布置 125 人，晚上时则至少布置 72 人。

拿破仑在圣赫勒拿岛待了五年半，这比他的第一执政任期更长。下个世纪，长林毁于白蚁，需要重建。除了长林，拿破仑只能在岛上留下一个纪念物——回忆录。1802 年，他说"丧钟敲响时，自己不会遗憾，也不会担心身后评说"，但流放圣赫勒拿岛后，他的首要活动就是毫不掩饰地试图影响后世评价。[106]他非常善于赋予他要讲的故事非凡特性，亦具备斐然文采。"演讲者必须劝服他人，"拿破仑对贝特朗说，"同样，历史学家也必须令人信服。"[107]于是，1816 年 6 月，他开始对拉斯卡斯父子、古尔戈、蒙托隆口述过去的事，间或也讲给奥马拉听，有时他一天能讲十二个小时。拿破仑去世两年后，拉斯卡斯出版了他的口述内容，即四卷本《圣赫勒拿回忆录》（*Le Mémorial de Sainte-Hélène*）。19 世纪，它是卖得最好的国际畅销书。[108]拿破仑讲完自己的事后，口述了一本论尤利乌斯·恺撒的书。此书有 238 页，正如我们所见，它富含自传色彩。

拿破仑在整张桌球桌上摊开地图，用桌球固定它们，并借助他的公报回忆那 60 场战斗的场景。一位访客问，为何他能记住每次行动的参战部队细节，他回答："夫人，这好比情夫回忆其前情妇。"[109]然而，就像其他追忆生平的政客一样，他回想的事实根本不准确。他说："我的人生是怎样一部小说啊！"拿破仑复述的人生中，虚构和事实成分必然占据同等分量。[110]他夸大成就，淡化败绩，假装自己推崇泛欧主义，但他从未采

790

取这类政策。(拉斯卡斯甚至插入了第二十章提到的假文件。)不出所料,拿破仑想靠回忆录战胜诋毁者。[111]"我的生涯里肯定有很多错误,"他说,"但阿尔科莱、里沃利、金字塔、马伦戈、奥斯特利茨、耶拿、弗里德兰是花岗岩,嫉妒之齿拿它们毫无办法。"[112]拿破仑也觉得需要抹黑历史上其他伟人(除了尤利乌斯·恺撒),他之所以这样做,估计是为了给自己的脸上贴金。所以,古斯塔夫·阿道夫没有实施多少彰显才华的机动,弗里德里希大王不懂"炮兵","亨利四世根本没有丰功伟绩……圣路易是个傻瓜",就连亚历山大大帝也不曾采取"体现伟大将才的卓越机动"。[113]在拿破仑死后、回忆录出版前,古尔戈发表了拿破仑口述的一些记忆。格鲁希元帅阅读后,认为古尔戈的文字严重篡改并歪曲了自己和奈伊元帅在滑铁卢的表现,于是他写了一本小册子《质疑所谓的拿破仑的历史回忆录真实性》,声称这些话不可能是拿破仑说的。[114]可拿破仑的确说了。

1820 年,拿破仑患病,至少在此之前,他在长林的每日作息如下。早上 6 点,他起床,喝茶或咖啡,洗漱,刮面,还用古龙水做全身按摩。("用力搓,"他对自己的贴身男仆说,"就当你是给驴子搓。")[115]上午 10 点,他吃午饭,然后口述回忆录,接着他泡澡,一泡就是一至三小时,有时他甚至在浴缸里吃饭。傍晚时分是会客时间,他会站在客厅壁炉边,把帽子夹在胳膊下。会客结束后他走去贝特朗家,随后返回长林,在晚饭前修正口述文本。[116]晚餐时,他回忆伟人与伟大事件,令高级随员入迷,但晚饭后,他对他们大声朗读高乃依、伏尔泰、裴相、荷马的作品,有时还读《圣经》,这令他们厌烦。直到晚上 11 点,他才停止读书,上床就寝。[117]拿破仑的小宫廷

791

中，有两人在暗中谋划这样一件事：要是他提出再读一遍伏尔泰所著悲剧《扎伊尔》（*Zaïre*），他们就让那本书"丢失"。[118]

1816 年 6 月中旬，海军将领普尔特尼·马尔科姆（Pulteney Malcolm）来到圣赫勒拿岛，接替科伯恩任岛上高级军官。拿破仑喜欢让马尔科姆夫妇陪伴自己，滑铁卢会战前一天，他恰好帮过马尔科姆夫人的弟弟埃尔芬斯通上尉。马尔科姆夫妇与拿破仑多次面谈，事后，马尔科姆夫人迅速记下这些详细长谈。[119]马尔科姆发现，拿破仑"比其画像高瘦一些……他的举止平易近人"。他们讨论的话题有：海军元帅圣文森特勋爵的痛风、小皮特的个人所得税（"几乎所有人都抱怨这种税，此举表示他们都要交税"）、奴隶制的"可耻处"、波旁王朝的命运、特拉法尔加海战中纳尔逊所用战术、为何说滑铁卢会战中威灵顿冒了太大风险。谈话还涉及昂吉安公爵与雅法屠杀，这说明马尔科姆夫妇可以和拿破仑聊任何事。[120]在单单一次会面中，他们就谈到苏格兰贵族制、威灵顿和纳尔逊如何选择头衔、谢里登（Sheridan）的剧作《对手》（*The Rivals*）、约翰·弥尔顿的共和主义、莎士比亚之后英语有多大改变、德莱顿（John Dryden）和艾迪生（Joseph Addison）是否让英语走向现代化。拿破仑询问拜伦，对比意大利诗歌与散文，然后他坐下，同马尔科姆夫人下棋。据马尔科姆夫妇记载，拿破仑经常大笑。有一回，冷藏业先锋莱斯利（Leslie）教授把他发明的新型冰淇淋机带到岛上，拿破仑看到后设法打碎了机器的温度计，并恰当评价自己的笨拙行为："符合我的水平。"[121]

为了打发无聊时光，如果有船只在圣赫勒拿岛再补给，拿破仑就接见船上下来的数十名访客。1817 年 6 月 7 日，他会见正要去中国的西藏探险者托马斯·曼宁（Thomas Manning）博士。拿破仑想知道拉萨的达赖喇嘛有多少岁人，并"提出成百上千的问题，询问中国人及其语言、风俗等"。除此之外，圣赫勒拿岛上的生活单调乏味，而长林鼠灾不时增添趣味。有一次，拿破仑对贝琪说："他正要戴帽子时，一只大老鼠从里面跳出来，吓了他一跳。"[122]他也模仿伦敦货郎的著名叫卖声，借此自娱自乐。

　　从 1816 年 10 月下旬开始（距拿破仑的死期还有整整四年半），拿破仑开始露出重病迹象。这既是因为他和洛交恶后不再经常骑马，在某种意义上成了隐士，也是因为他很少吃果蔬，还拒绝服用给他开的药，只同意泡热水澡，而且泡澡时间越来越长。（给他开的药包括吐酒石、氯化亚汞、树皮熬的汁，所以拒绝服药也许没多大害处。）此外，对于置身这片"被诅咒的""可怕的""糟糕的""令人伤心的"（不同场合下，他有不同说法）礁石上的命运，拿破仑越发感到消沉，这也折磨着他。[123]

　　巴里·奥马拉定期向洛汇报其病人的身体状况，他每周写下详细总结，有时每天都写。根据这些文件，我们可以获知拿破仑的症状。奥马拉诊断后，认为病人患有肝炎，1817 年 10 月，他和洛为此争吵。洛认为，这种结论一出，人们会指责英国政府把拿破仑送来这个骨子里有些不健康的地方。吵架后，因为拿破仑不肯见洛任命的医生亚历山大·巴克斯特（Alexander Baxter），他只好记下奥马拉的口述内容，然后向总督报告。这种荒唐局面一直持续到 1818 年 8 月，当月，洛把奥马拉赶出圣赫勒拿岛。（此时古尔戈也被洛赶走了，因为他

792

试图联系吕西安·波拿巴。)

1816 年 10 月 20 日，奥马拉报称，拿破仑（洛坚持要求奥马拉在报告中称他为"波拿巴将军"）抱怨道，他的"牙龈松软……轻轻一碰就流血，脸色也更苍白了"。[124] 此后，拿破仑的病况如下："呼吸困难"（10 月 21 日）；下肢"肿胀发冷"（11 月 10 日）；患有"间歇性神经性头痛（多年宿疾）……和轻微腹泻"（1817 年 3 月 5 日）；"脸颊稍肿，牙龈发红"（3 月 28 日）；"脸颊肿大……极其疼痛"（6 月 30 日）；患有"严重的黏膜炎"（7 月 3 日）；"脚踝水肿（膨胀）……晚间想休息，常有尿频倾向"（9 月 27 日）；"右疑难症区"有钝痛，"右肩有类似感觉"，脉搏从一分钟 60 下升到 68 下，肠子易受刺激，脸颊疼痛，肋骨疼痛（10 月 9 日）。奥马拉据此推测，"要是这些症状存留或加剧，那么完全有理由认为，他的慢性肝炎发作了"（10 月 1 日）。

1817 年秋，奥马拉拔掉了拿破仑的一颗牙，这是后者一生中唯一一次做手术。10 月 9 日，拿破仑的"右肋钝痛，痛感更加深入体内，他的双腿有些消肿"；"右肋感觉不变。昨夜，他有一些心悸症状……更确切地说，肩胛骨下剧痛，右肋断断续续发痛，一定程度上影响呼吸……昨日，他在阳台台阶上坐了很久，这很可能是疼痛原因……"（10 月 11 日）；"右肋钝痛，想睡觉"（10 月 13 日）。[125]拿破仑寿数未尽，但他的身体显然不好。

1817 年末，拿破仑苦于消沉、肝病、胃疼，或许他还得了乙肝。"想到夜晚就令人不快。"他对贝特朗说。[126] 1814 年，他试图在枫丹白露宫自杀，1815 年，他可能也试着在爱丽舍宫自杀，但不管怎么说，眼下他似乎没有认真想过自我了断。

793

只有一条线索表明他兴许曾在圣赫勒拿岛上考虑过自杀，它出自他去世半个多世纪后的二手材料：1877 年，阿尔比娜·德·蒙托隆的情夫巴兹尔·杰克逊出版回忆录，此书称，在圣赫勒拿岛上，古尔戈"会……说奇怪的话，有一回他谈论烧炭自杀，甚至不仅仅是暗示拿破仑曾和他提起自裁"。[127]（烧炭可产生一氧化碳。）到 1818 年时，拿破仑的状况的确如下：他写完了回忆录；他再也见不到家人；他抱怨记忆力下降、性欲衰退；他显然病了，经常疼痛。他可以立刻鼓起勇气自杀，而且他缺乏宗教信仰，所以"我没有害怕地狱的妄想"。[128]"死亡不过是无梦长眠"，"至于我的身体，它会变成胡萝卜或芜菁。我不怕死。在军中时，我见过许多正和我说话的人死去"。[129]

"人有权自尽吗？"1786 年，拿破仑在其随笔《论自杀》794 中问道。"有，只要他的死不伤及他人，且生命于他而言是痛苦。"[130]拿破仑知道塞内加、普林尼、马提雅尔、塔西陀、卢坎都歌颂自杀。[131]然而，就 1802 年掷弹兵戈班（Gobain）殉情自杀一事（当月第二起殉情事件），拿破仑发布当日公告，严肃地说："士兵应该知道如何克服其激情的痛苦与忧郁。不断承受精神痛苦与坚守在葡萄弹雨下彰显同等勇气。在懊丧面前不战而降并自尽，此乃征服战场前就放弃战场。"[132]马库斯·波尔基乌斯·加图自杀后，同时代人称赞此人的行为，但拿破仑在其所著的恺撒传记里问道："他的死对谁有用呢？恺撒。让谁高兴呢？恺撒。给了谁致命打击呢？罗马和他的党……蔑视和绝望催他自尽。加图之死是伟大灵魂的弱点、斯多葛信徒的错误、他自己一生的污点。"[133]拿破仑之所以没有在圣赫勒拿岛上自杀，很可能是因为那会让他的敌人高兴得不得了。正如他本人所说的："活着受罪比死亡更需要勇气。"[134]1817 年 6 月，他

对马尔科姆夫妇说:

> 我赢得了法兰西帝冠与意大利铁王冠，现在英国给了我一个比它们更大更光荣的荆棘冠，因为这是救世主戴过的冠冕。针对我的压迫和一切侮辱只会为我增光，我的声誉中最光辉的部分归功于英国的迫害。[135]

这句典型的夸张之言异常渎神，在很多层面也不符合事实，但是对统治过大半个欧洲的人来说，住在圣赫勒拿岛上的确是严惩（尽管波旁王朝和普鲁士想实施明显更严酷的惩罚——处决）。当年夏天，圣赫勒拿岛发生轻微地震，拿破仑便对一名副手说："我们这座岛和我们所有人都该被吞掉。一起死真叫人开心。"[136]他抓住所有可让他获释的政治前景，提到"法国叛乱"、霍兰勋爵就任首相、路易十八死亡。他还说，摄政王的独女夏洛特（Charlotte）公主成为英国女王后，"她会让我回欧洲"。事实上，这些猜想根本不具备解救拿破仑的可能性，特别是 1817 年 11 月之后。当月，夏洛特死亡，没有同情心的摄政王之弟取代她成为继承人，他后来成了国王威廉四世（William IV）。[137]

795

1818 年，巴尔科姆一家离开圣赫勒拿岛，奥马拉被打发走，拿破仑此前常常念叨的科西嘉人奇普里亚尼也去世了。贝琪临走前发现，某次发病后，拿破仑的健康水平严重恶化了。她写道:

> 疾病破坏并改变他的样貌，见他这样让人忧伤。他的脸简直是蜡黄色，两侧脸颊都有肉块下垂。他的脚踝肿得

厉害，以至于肌肉几乎是挂在鞋子两侧。他非常虚弱，无法站立，除非他把一只手放在旁边的桌子上，并把另一只手搭在侍者肩上。[138]

拿破仑和贝琪永别，说："你很快就会驶往英国，留我在这片令人悲伤的礁石上等死。看那些可怕的山，它们是我的狱墙。"他一直清楚礼物的力量：贝琪哭着把脸埋进他的手帕里，他就把这块手帕送给她；她想要他的一缕头发，他便让马尔尚剪了四缕，分别赠给她和她的家人。[139]

多年来，历史学家们认为拿破仑患有如下疾病：淋病、胆结石、癫痫、偏头痛、消化性溃疡、疟疾、布氏杆菌病、变形虫肝炎、痢疾、坏血病、痛风、脑下垂体过度活跃、裂体血吸虫病、胀气、消化不良、肾病、性腺机能减退症、心脏衰竭、膀胱炎、躁狂抑郁症以及各种综合征，如克兰费尔特综合征、弗勒利希氏综合征、佐林格–埃利森综合征。[140]除了痔疮、他小时候染上的轻度肺结核（已彻底痊愈）、结石性膀胱炎、疥疮、头痛这些他来圣赫勒拿岛之前就有的病，我们可以有把握地否认几乎所有诊断结果。1947 年，《拿破仑的每日行程》(Itinéraire de Napoléon au jour le jour) 首次出版，此书特别详细地记录了成年拿破仑每日在何地做何事。书中内容显然说明，他很少因为生病而休息。事实上，迟至 1815 年 1 月，他还夸口："我这辈子就没生过病。"[141]征战时，他得过流感。在瓦格拉姆会战日、博罗季诺会战日、莱比锡会战第三日以及或许也能算上的滑铁卢会战日，他的身体状况也许的确低于一般水平，但我们不能认为疾病可能影响了上述任一战斗的决策，因为他的病没那么严重。

1818 年，这一切都变了，拿破仑开始出现下列症状：长
**796** 期腿肿、更易头痛、经常呕吐、缺乏食欲、"漏汗"、心悸、
右肋疼痛、严重便秘、精神状态非常低落（这不出所料）。[142]
1818 年初期至中期，杀手胃癌在他体内扎根，但过了两年多，
医生才正确地诊断出他患有胃癌。1818 年年初某月，拿破仑
压根儿就没出门。"从一开始，"亡林营地成员、第 66 步兵团
助理军医沃尔特·亨利（Walter Henry）指出，"拿破仑似乎
就知道他的病有何特征。他说（那是）胃病，害父亲 35 岁时
辞世，而（波利娜·）博尔盖塞公主也有患此病的危险。"[143]
波利娜和卡罗琳分别在 44 岁和 57 岁时死于癌症，拿破仑的亲
生子夏尔·莱昂也死于胃癌，尽管那时他已 81 岁。[144]（假如拿
破仑能活这么久，那么 1848 年其侄当选总统时，英国会释放
他。）

1809 年，拿破仑对科维萨尔说他想学解剖，于是人体部
位被带到马尔迈松，午饭前，两人在他的书房里解剖这些肉
体。约瑟芬发现，拿破仑的"脸色比平常更苍白，他吃不下
饭"。她劝科维萨尔不要在午饭后继续解剖，他随后为此感谢
她。[145]拿破仑在战场上见过那么多失去内脏的尸体，考虑到这
一点，他对解剖的反应显得神经质，可谓怪哉。然而，这次短
暂的课程帮助他理解了人体机理，他所学知识肯定足以在
1818 年时告诉他，自己的病危及生命。

许多年来，人们提出各种富含想象力的阴谋论，声称蒙托
隆和/或其他人毒杀拿破仑，给他下了砒霜，理由是其头发据
说含有高浓度的砷。可是不少同时代人（如约瑟芬和罗马王）
的头发样本所含砷浓度与他的差不多高，去圣赫勒拿岛之前的

不同人生阶段中，拿破仑的头发也留下了含砷量高的记录。举个例子，拿破仑的头发的含砷量为百万分之十点三八，这还不及乔治三世的水平，后者的头发的含砷量为百万分之十七。[146]太后和费施派来弗朗切斯科·安托马尔基（Francesco Antommarchi）医生（拿破仑根本不肯见洛选派的医生），1819年9月，他开始医治拿破仑。安托马尔基勉强具备行医能力，如果拿破仑有更好的医生，他的确可能会受益，但胃癌一旦扎根，做什么都无力回天了。[147]拿破仑死后第二天，其尸体被放在桌球室的一些木板上，下边有支架支撑。七名英国军医和安托马尔基实施验尸，剖开尸体。官方尸检报告称：

797

　　几乎整个胃部内表面都长着大块肿瘤，抑或出现正在癌变的纤维病变，幽门附近特别明显。看来，只有靠近食道终点的一小块贲门顶端处于健康状态，胃里近乎充满大量咖啡渣般的体液。肝脏左叶的凸起表面粘着隔膜。[148]

　　在抑制胃酸的医疗手段出现之前，良性胃溃疡常常演变成恶疾。从拿破仑患病的症状和时间过程来看，情况可能不是这样。也就是说，他一开始就得了癌症，癌细胞不断扩散，直到占领了几乎整个胃。验尸报告表明，癌细胞扩散至淋巴结以及与胃相连的组织，但未波及肝脏。胸腔里有黏液，说明此处曾被感染（早年的肺结核或此前某时的细菌性肺炎），但这和他的死亡无关。胸膜和心包里有染血液体，原因可能是胃穿孔诱发感染性休克。咖啡渣般的体液则是血液，胃酸和消化酶使它变成暗棕色。[149]

　　医生的诊断结论都是癌症，只有安托马尔基除外。贝特朗和蒙托隆向安托马尔基施压，强迫他说拿破仑得了胃肝炎，这样的话，人们可以指责"英国寡头政权"把拿破仑关在环境不利于其健康的长林。[150] 验尸报告第三页写道，"肝脏可能大得有点不正常"，此言暗示道，拿破仑虽死于癌症，但他或许同时患有肝炎。[151] 于是，洛删掉了这句话，我们在出版的报告里读不到它。阴谋论者执着于此，可这句话基本上无关紧要，因为正如在场医生沃尔特·亨利描述拿破仑的胃部时所说的：

> 这个器官的紊乱区域非常大，事实上，它全都溃烂了，像蜂巢一样。病灶核心恰恰是拿破仑曾多次指出的部位——幽门或连接肠子的胃部末端（有好几次，他提到自己最后的疾病时都这样说）。我把手指伸进溃疡在那儿引发的孔。溃疡穿透了胃部，但邻近器官肝脏的轻微黏附阻止了它扩大。[152]

798　沃尔特·亨利补充道："拿破仑的胃没有一点地方是健康的，只要他带着这种器官活下来，那就是奇迹。"[153]

　　拿破仑在悲伤中度过了 50 岁生日，他忧愁地回忆往事。"我变得铁石心肠，"他说，"我从没爱过谁，约瑟芬除外，或许我稍稍爱她。27 岁那年，我第一次见到她。我真心喜欢玛丽·路易丝。"[154] 1821 年 1 月，随员在桌球室内安放一架跷跷板，好让皇帝锻炼身体，但他很少用跷跷板。[155] 2 月，他把安托马尔基的一些药扔出窗外，几乎每天都会呕吐。[156] 当月晚些时候，"干咳、呕吐、几乎无法忍受的肠部灼痛、全身兴奋、焦虑、焦渴感"折磨着他。[157] 拿破仑人生的最后阶段，身边之人痛苦地看着他衰弱。他的脸被比作兽脂，亦有人比较他和幽灵的相似之处。

红衣主教费施派来博纳维塔（Buonavita）教士。1821 年 3 月 17 日，拿破仑接见了博纳维塔，告诉此人应该对太后及波拿巴家族说什么。教士"发现疾病残害了他的容貌，心生哀伤，与此同时又被他的冷静和无奈深深触动"。拿破仑试图和蒙托隆上马车，但他进不去，于是"他回来了，打着寒战"。蠓虫群聚长林，蚊子亦在此筑窝。[158] "难道你不觉得，死亡对我来说是天赐解脱？" 3 月下旬，拿破仑问安托马尔基时道，"我不怕死，但既然我根本不会加快死亡进程，我也不会抓住任何救命稻草。"[159]

英国医生托马斯·阿诺特（Thomas Arnott）告诉洛，安托马尔基谎报拿破仑发烧，迟至 4 月 6 日，此人还说："波拿巴将军压根没有重病，他的问题最可能出在精神上。"[160] 于是洛被说服，坚持认为拿破仑至多患了疑难病症。阿诺特承认，拿破仑的一脸大胡子看上去"可怕"。（两天后，他刮了胡子。）其他人向洛报称，拿破仑的脸"非常白，如同死人"，他的卧室肮脏不堪，"但寝具尤脏，波拿巴将军有时会吐在上面。他咳嗽，经常吐痰，根本不会转头来避开床铺，只吐在眼前"。[161] 人生的最后六个月中，拿破仑的体重掉了 22～33 磅，但他去世时，其心脏上的脂肪还有 1 英寸厚。不管怎么说，从安托马尔基给他制作的模制遗容看，他的双颊明显凹陷。

799

1821 年 4 月 15 日，拿破仑立下了遗嘱。"五十多年前，我在使徒与罗马的教义中呱呱坠地，"遗嘱开头写道，"如今，我在它怀中与世长辞。我希望把我的骨灰安葬在塞纳河畔，安葬在我如此珍爱的法兰西人民之中。"[162] 他把财物分给家人、仆役和昔日的将军，其中的数百万法郎实际上不是他的。康蒂永刺杀威灵顿未遂，拿破仑给此人留了 10 万法郎，说，"那个寡头政客有权送我去圣赫勒拿礁石上等死"，康蒂永"同样有权杀他"。[163]拿破仑对洛的指控像对威灵顿的一样拙劣："英国寡头政权和它雇佣的刺客谋害我，致使我过早辞世。"[164]他声称，"因为马尔蒙、奥热罗、塔列朗、拉斐特背叛"，法国在1814 年和1815 年遭到入侵，但他补充道，"我宽恕他们，愿法兰西的后代如我一般宽恕他们"，不过此言的真实性几何就存疑了。

拿破仑也在遗嘱中分配了很多不属于他的物品，比如"我从波茨坦带来的弗里德里希二世的闹钟"。遗嘱还列出其衣柜所含物件，包括"1 对吊带、4 套白色羊绒衬衣裤、6 条领巾、6 件法兰绒马甲、4 条内裤……1 个塞满鼻烟的小盒……1 双拖鞋、6 条腰带"，等等。[165]他"留在牙医那的金制盥洗用具盒"给罗马王。拿破仑没有放下给别人做媒的癖好，要贝西埃之子娶迪罗克之女，还要马尔尚娶老近卫军官兵的遗孀、妹妹或女儿。对昂吉安公爵一事，他不知悔改，说："法兰西人民的安全、利益、荣誉需要我这样做……假如遇上类似情况，我会采取同等行动。"[166]拿破仑给约瑟夫留了一对金鞋扣，给吕西安留了"一对金制吊袜带小搭扣"，给热罗姆留了一只金领钩。[167]他送发束给玛丽·路易丝、太后、所有兄弟姊妹、侄子、侄女，把"最多的一束留给我儿子"。比起家人（除了罗马王），他的遗嘱对仆役们慷慨得多，不过他的确说："我和最珍爱的配偶玛丽·路易丝在一起时总是非常高兴。最后时刻，我对她怀有最多温情。"玛丽·路易丝和奈佩格缱绻风流，在拿破仑生前，他们一共生了两个孩子。他死后，他俩成婚。假如他知晓此事，他可能不会写下这句话。①

"我感谢既善良又非常杰出的母亲，"拿破仑写道，"感谢红衣主教（费施），感谢我的兄弟约瑟夫、吕西安、热罗姆，感谢波利娜、卡罗琳、朱莉（约瑟夫之妻）、奥尔唐斯、卡塔琳娜（热罗姆之妻），感谢他们一直关心我。"[168]考虑到卡罗琳曾背叛他，把她列入名单显得格外宽大。上年 8 月，埃莉萨在意大利去世。路易不在名单里，但拿破仑也原谅了"1820 年他出版的诽谤之词，它充斥着伪命题与伪证"。（路易出版了一本历史文献摘要，谈论他治下的荷兰。书中，他反抗拿破仑以保护荷兰的内容引人瞩目。）

4 月 26 日，拿破仑呕血，次日，他吐出咖啡渣一般的深色液体。他要求把覆顶行军床搬到通风更好的客厅。贝特朗发现，他几乎没力气吐痰，所以他的马甲染上了红色唾液。[169]据马尔尚回忆，他仍然"端庄、冷静、友善"，就算他在抱怨右肋的疼痛"像剃须刀一样刮过我的身体"。[170]

在 4 月 29 日之前，拿破仑遗嘱的八份附件就已拟出，其中几份的订立日期经篡改后提前至 27 日。29 日和 30 日，他开始不断重复自己的话。拿破仑的遗言要么是"法兰西……陆军……陆军统帅"，要么是"法兰西……陆军统帅……约瑟芬"。此时他丧失了语言能力，其遗言是一通胡言乱语，别人几乎听不清。尽管如此，他最后的清晰发言更有趣。[171]拿破仑

---

① "我对他从来没有强烈感情，"拿破仑死后，玛丽·路易丝写道，"但我不会忘记，他是我儿子的父亲。人们大都认为他待我恶劣，但事实远非如此，他总是对我表露最深敬意，只能期盼政治婚姻当事人做到这地步……我可以祝愿他长命百岁、幸福安康，只要他远离我。"Palmer, *Napoleon and Marie Louise*, p. 213.

曾给贴身男仆兼遗嘱执行人马尔尚口述关于恺撒的书。马尔尚在此书的一份抄本上记载，5 月 2 日晚上 8~9 点，拿破仑口授道："我在阿雅克肖的地产留给儿子；萨利讷（Salines）郊区的两座房子及其花园；阿雅克肖之内，我所有可获 5 万法郎年租金的不动产。"[172] 马尔尚用铅笔在书的序言页记下皇帝的话，然后他小心地把纸片缝入凸印皇帝的盾徽的红色小皮盒衬里。马尔尚的后人把盒子赠给拿破仑时代历史学家亨利·拉舒克，如今，拉舒克家族仍然拥有此盒。所以说，叱咤欧洲之后，走完近现代世界中最冒险的人生之后，临终病榻上的拿破仑回到了三十年前努力协商桑树事务之时，他又成了小贵族阶级里的科西嘉地主，急于保护家族的财产权利。

5 月 3 日，安杰洛－保罗·维尼亚利（Angelo-Paulo Vignali）教士私自为拿破仑行临终涂油礼。终其一生，拿破仑只是个有名无实的天主教徒，他曾对一位教皇开战，还曾监禁另一位，但临终之时，教会重新接纳了他。濒死之刻，拿破仑要贝特朗在他死后替他阖眼，"因为死人一般会继续睁眼"。经历了 60 场战斗之后，他必然会注意到这一点，并为之久久不安。[173]4 日，拿破仑苦于长时间打嗝，晚上，他神志不清，询问儿子的名字。次日上午，即 1821 年 5 月 5 日（周六）上午，狂风呼啸，暴雨倾注。下午，拿破仑三次叹气，每次叹气之间都间隔很久。5 点 49 分，小岛上的日落鸣炮刚刚结束，51 岁的前皇帝溘然长逝。[174]夏多布里昂所谓的"赋予肉体生命的最强大的生灵气息"消散了。

拿破仑葬在美丽的景点托贝特喷泉（Torbett's Spring），他的葬礼配有全套军事荣典。托贝特喷泉距长林 1 英里，不时被柳树隔断，他生前也来过此地。遗体穿着猎骑兵上校制服。英军第66团和第20团的掷弹兵沿着山羊道，把棺材抬到墓地，一位目击者遂指出："讽刺的是，皇帝在绣有金字'塔拉韦拉'、'阿尔武埃拉'（Albuera）、'维多利亚'、'比利牛斯山脉'的团旗下安葬，这些文字如同奇怪的嘲讽。"[175] 15门礼炮轰鸣三次，滑膛枪三度齐射，"山谷间传来一连串清晰的回声"。[176] 然而，拿破仑的墓碑上没有文字。甚至在前皇帝死后，洛也不准其墓碑印上帝号"拿破仑"，他提出刻上不具帝王内涵的"拿破仑·波拿巴"，贝特朗和蒙托隆不同意，结果墓碑成了无字碑。[177]（墓碑今展示于长林庭院，仍无文字。）1840年，贝特朗和古尔戈把拿破仑的遗骨从岛上墓地带到巴黎。12月2日，即奥斯特利茨会战和皇帝加冕纪念日，巴黎为他举行盛大的葬礼。当日天寒，但是葬仪队伍穿过巴黎时，据估计有100万法国人排在其路线两侧。拿破仑葬在荣军院，苏尔特、蒙塞、乌迪诺、格鲁希这四位元帅出席了葬礼。其他人中，贝纳多特、马尔蒙和维克托尚在人世，但他们已经反对他，所以没来。

802

　　拿破仑死后，路易·马尔尚（Louis Marchand）给长林图书馆开出清单，上列370本书。书单证明，皇帝的文学品味和兴趣不拘一格。单上书籍包括《诺桑觉寺》，《失乐园》，约翰逊博士的《词典》与《高地游记》，各种军事列表，《鲁宾逊漂流记》，埃及史，乔治三世的传记，伏尔泰的《卡尔十二世》（他在莫斯科读过此书，包括它对俄国天气的苛责），夏多布里昂的《君主制》，至少20本关于宗教的书，喜剧小说《拉克伦特堡》，拜伦的不少作品，莎士比亚的一些作品，吉本的《罗马帝国衰亡史》，一本关于"风情"的书，《德布雷特贵族》，八卷《旁观者报》，埃德蒙·伯克的《反思法国大革命》（此书激烈反对雅各宾主义），亚当·斯密的《国富论》（要是他遵循斯密的理念，或许能给自己省去很多麻烦），纳尔逊将军的传记。[178]

书单上自然也有很多古代史书籍，如不久前才出的新版《伟大统帅传记集》（科奈利乌斯·奈波斯著），四十多年前，拿破仑初读这本书。去圣赫勒拿岛时，他可以确信，如果当代人撰写《伟大统帅传记集》，则书中必有一章讲他。他在布列讷军校产生凌云壮志，此后从未动摇理想，并最终实现抱负。拿破仑改革了领导艺术，开创帝国，留下传承数代的法律，可与古代巨人比肩。

# 结语：拿破仑大帝

尤利乌斯·恺撒之后，欧洲最伟大的军事家。

——温斯顿·丘吉尔论拿破仑

他曾是大智大勇之人。

——拿破仑论尤利乌斯·恺撒

邪恶精神："……我的论点是，战争构造上佳历史，但和平读来乏味。于是我支持波拿巴，因为他能取悦后世。"

——托马斯·哈代，《列王》

何等统治者才能赢得"大帝"或"大王"之称？亚历山大、阿尔弗雷德、查理曼、彼得、弗里德里希、叶卡捷琳娜都是大人物，深深影响其所属时代的历史。然而，我们不费什么功夫就能想到影响同样深远、成就同样显赫的另一群人，如"红胡子"弗里德里希、英国国王亨利二世与女王伊丽莎白一世、西班牙国王费迪南德与女王伊莎贝拉、神圣罗马帝国皇帝查理五世（查理曼之后、拿破仑之前，他统治的欧洲领土最多）、"太阳王"路易十四等，这些人确实在人性上往往更胜一筹（至少依今日标准看），但他们却无这种称呼。① 为何本书主角配得上"大帝"之称呢？

拿破仑·波拿巴是现代法国奠基人，一个时代也以他命名。1793 年拿破仑来法国时，他几乎还是个一文不名的政治难民，仅仅六年后，他就靠军事政变上台。他其实是个军官，这一身份是他余生中的首要定位。大量文字论述他的科西嘉血统、他的小贵族出身、他汲取的启蒙思想、古代世界赋予他的灵感，但布列讷军校与巴黎王家军校的教育甚至比上述因素更具影响力，他的大部分信念和设想也出自陆军思潮。军队既让他深深信奉实用智慧的重要性、以才能为基的等级制、法律与秩序、艰苦奋斗、勇毅身心，也令他厌恶自私的律师与政客。从严格意义上说，拿破仑是贵族，大革命见证了他满腔热忱地接纳了其早期信条，如法律面前人人平等、理性政府、精英政权、激进民族主义。所有这些理念正好适合于他那些将有利于法国陆军的设想。相形之下，他又认为结果平等、无序社会、代议制政体、媒体自由（他认为这是鼓励煽动行径的许可证）与军事原则冲突。曾有短短一阵，他拥护雅各宾主义，即便在那时，他也不提倡平等主义。情况差不多是这样的：身为深受军事思潮和气质熏陶的法军军官拿破仑崭露头角，证明自己对大革命有益，然后夺权，并维持统治。

拿破仑 24 岁时拜将。战果是评价任何将军的最终标准。拿破仑的征服以失败告终，最后他沦为屈辱的阶下囚，然而，他的军事生涯短暂却充实，终其一生，他一共打了 60 场战斗和围城战，仅仅输了 7 场：阿克会战、阿斯佩恩 – 埃斯灵会

806

---

① 不过，伊丽莎白·詹金斯为伊丽莎白一世写了本不错的传记——《伊丽莎白大王》。

战、莱比锡会战、拉罗蒂埃之战、拉昂之战、阿尔西之战、滑铁卢会战。拿破仑拥有非凡的战斗感觉和战场决策力。他的60片疆场中，我去过53处。当我走过战场时，他对地形的直觉、他判断距离和选择战场的精准度、他的时机感常常令我震惊。"战斗中某刻，最小的机动决定战局、赢来优势。"他写道，"正如洪峰起于滴水。"[1] 他当然从不对自己拥有作为一位军事领导人的才能缺乏信心。在圣赫勒拿岛上，有人问他，为何参观无忧宫时不拿弗里德里希大王的佩剑，他回答："因为我有自己的。"（事实上，他的确把弗里德里希大王的佩剑带至荣军院。）

七年战争中，法国落败，击败它的重要对手之一正是弗里德里希大王的剑。从那以后，法国军事战略家与军事理论家思索如何改善法军步兵、骑兵与炮兵以及如何大大提高三个兵种的协同作战能力，他们提出了很多重要观点。拿破仑深入钻研吉贝尔、格里博瓦尔、布尔塞、萨克斯元帅等人的著作，在战场上践行他们的思想。他没有发明营方阵、中央位置战略、混合队形、敌后机动乃至军系统这些理念，但他的确完善了它们。因为这些理念，他能打任何一种军事战斗，还能把几乎所有局势转化为对己方有利。单单是 1796～1797 年的意大利战局，他就不断钉住敌军，并击退其一股侧翼（他在蒙特诺特击退右翼、在罗韦雷托击退左翼），有时一并击退两翼，如蒙多维之战。他善于鼓励士兵攻上窄桥，如洛迪之战、阿尔科莱会战；他精于靠直觉从情报中判断形势，如马伦戈会战前；他长于追赶败退的敌军，如米莱西莫之战、普里莫拉诺之战。在洛纳托和里沃利，他阻止敌军进攻自己的后方，并成功反击。在卡斯蒂廖内，他用两个军包夹敌军，并攻击其后方。战局中可能产生各种战术形势，一代宗师（virtuoso）才会次次胜出，近二十年来，拿破仑的表现一向如此。事实上，1814 年香槟战役中，他在五日内连续赢取四场独立的战斗，彰显了其最佳将才的一部分。

普遍征兵令造就了革命军，按照昔日标准，这支军队不仅非常庞大，而且焕发爱国热情。鼓舞军队需要至关重要的军旅精神，拿破仑自封皇帝后马上意识到，若想塑造军旅精神，他要动用超出纯粹革命品格的东西。于是，他迎合军人的荣誉观，激发他所谓的军事勇气的"神圣火焰"，如撰写宣言、发表鼓舞人心的演说、发布当日公告，最重要的则是创立荣誉军团。[2] 拿破仑设法融合旧王朝军队和革命军的元素，开创新型军事文化。这种文化受荣誉、爱国主义、对他本人的狂热个人崇拜鼓舞，指引他的军队穿过埃及沙漠，横渡欧洲大河，最终走向灾难之地——俄国冰冻荒原。

马伦戈战役和奥斯特利茨战役之间有五年和平时间，在此期间，拿破仑教授军队如何实施机动，此后很多战役中，他能靠这些机动获得出色的战果。因为皇家海军阻挠，他一直没机会率屯于布洛涅的英格兰军团侵英，尽管如此，军队连续操练三年，拔营东进时，士兵已经被训练到完美地步。18 世纪，军队带着大型辎重队，征收战役所需物资，因此士兵行军时蔚为壮观，但革命军及后来的拿破仑大军不同，他们靠分兵（限度受严格控制）来因地自给。于是，如果指挥官和拿破仑一样精力旺盛，那么法军行军速度和敌军的完全不在一个等级上。拿破仑明白，当代战争（他的战争）赢在闪击敌人的野战军主力，所以他不会为了围城放慢脚步。凭借所知地形学与数学，他在土伦、耶拿、瓦格拉姆、蒙特罗等很多地方把炮兵

808

运用到极致。哪怕看上去就要战败，他仍可镇定自若，并分析形势，有时甚至保持幽默感，如里沃利会战和瓦格拉姆会战。对拿破仑来说，其他指挥官可能视为潜在危机的事是个机会。举个例子，当他得在严重拉长的交通线末端战斗时（如奥斯特利茨会战和弗里德兰会战，但博罗季诺会战不在此列），暴露的战略位置似乎鼓励他采用更大胆的战术。拿破仑的将才还有另一个重要方面——保持主动权。他的 60 场战斗中只有 5 次防御战（金字塔会战、马伦戈会战、阿斯佩恩－埃斯灵会战、莱比锡会战、拉罗蒂埃之战），其余的都是进攻战。

最重要的是，拿破仑行动迅捷，此乃个人性格。我们已经见识过下列记录：1807 年 7 月，他在四天内从德累斯顿抵达圣克卢；1808 年 9 月，他在五天内从巴黎抵达爱尔福特；1809 年 1 月，他在六天内从巴利亚多利德抵达巴黎。拿破仑大军在穿越欧洲以及在战场上时，也往往快敌一步。1805 年 8 月 29 日，英格兰军团撤营，到 10 月 5 日时，该军团已至多瑙河畔，开始包围乌尔姆城中的马克。二十天行军中，苏尔特军走了 400 英里，达武军不曾停留一整天，走了 370 英里。两军到达时，没有一人因开小差或患病脱队。"行动，行动，速度！" 1809 年 4 月，拿破仑致信马塞纳。这是他最典型的指挥方式，只有兵力太多导致他不能亲自监督每个方面时（如 1812 年俄国战局），军队才变得臃肿笨重，无法实施为他带来早年胜绩的大规模包围机动。拿破仑也没意识到敌人已从他身上学习良多。卡尔大公、巴克莱·德·托利、冯·沙恩霍斯特分别在奥地利、俄国、普鲁士主持深层次军事改革，他们既向拿破仑与其作战方式致敬，也对他构成威胁，等他醒悟时已然太迟。1812 年，欧洲所有军队都采用拿破仑的军系统，他们效仿此前赋予拿破仑大军优势的革新举措，有时甚至加以改进。

海洋是另一个关键领域，就此而言，拿破仑的问题在于他 809
几乎一无所知。尽管他出生在海港，但他从没弄懂海军机动，
甚至在特拉法尔加海战之后，他还相信能建立入侵舰队，有朝
一日羞辱英国，结果他把太多太多财力、人力、物力砸进注定
一败涂地的事业。然而，他的确是陆军天才。威灵顿公爵曾被
问及谁是当代最伟大的统帅，难怪他如此回答："拿破仑，前
无古人，今无匹敌，后无来者。"3

拿破仑算不上伟大的征服者，即便如此，他仍是近代史巨
人，因为其政绩不输战绩，而且其政绩存续时间长得多。1794
年7月，恐怖统治结束，可雅各宾派仍然强大，但是1795年
10月，拿破仑在巴黎街头用葡萄弹扫射雅各宾派与葡月暴动
中的其他反叛者，从此以后，雅各宾派在政界便黯然失色。法
国人经历了恐怖统治与腐败混乱的督政府时代，大都渴望安稳
的共和国，拿破仑满足了他们的愿望。他眼中的理想社会似乎
只是超大型军队，而总司令是其军政统帅。"大革命的传奇已
经结束，"某次参政院早会上第一执政说，"现在我们必须让
它的历史开始。"4 18世纪，欧洲出现开明独裁者，他们首次建
立理性政府，改善臣民生活。从很多方面看，拿破仑是最后的
也是最伟大的开明独裁者。歌德说，拿破仑"一直被理性启
迪……永远处于开明状态"。5 他是马背上的启蒙者。

1804年，拿破仑自封"法兰西共和国皇帝"，表面上看这
个概念自相矛盾，事实上它却切实刻画了其统治特征。他刻意
仰赖并维护法国大革命的最好层面，即法律面前人人平等、理
性政府、精英政权。与此同时，他丢弃无法维系的十日一周制

革命历，抛开荒唐的至上崇拜，并了结共和国衰亡时出现的腐败、任人唯亲、超级通货膨胀。精英政权、法律面前人人平等、财产权、宗教宽容、世俗教育、健全财政、高效政府等概念是巩固并激励现代民主政治的最佳理念，在十六年统治生涯中，拿破仑从大革命旋涡中挽救了很多这类概念，他把这些东西写入法典，并巩固它们。和那个时代的许多欧洲国家一样，拿破仑政权审查媒体，动用秘密警察（他们建立了效率较高的监视系统）。他举行全民公决，似乎给了法国人民政治发言权，但这些活动一般受人操纵。可他的确赢得了全民公决，就算他夸大了胜果。拿破仑不是极权独裁者，也没兴趣控制臣民生活的所有方面。他行使非常庞大的权力，但科西嘉族间复仇风俗并未驱使他变得暴虐无道、报复心切。富歇、缪拉、塔列朗等人不断背叛他，假如拿破仑变成了那种人，他几乎不会忍这么久。我们用一只手就能数出政治因素致使拿破仑处决了多少人，即昂吉安、帕尔姆、霍弗、皮舍格吕（可能死于他之手）、卢维杜尔（实际上死于他之手），尽管如此，我们不能原谅他在雅法屠杀土耳其战俘，也不能免除他试图重新征服圣多明各的责任，这两件事的残忍层面中定有种族因素（尽管他本人没参加圣多明各远征）。拿破仑的确一度在法属西印度群岛恢复奴隶制，但是 1815 年，他最终在法属殖民地全境废除了奴隶制。

1815 年年末，法国被迫恢复前拿破仑时代的疆界，可是拿破仑重新构建的国家已然稳固，足以让波旁王朝无法在复辟后逆转局面。于是，他的很多内政改革措施存续数十年，甚至数百年。《拿破仑法典》为现代欧洲的大量法律奠定了基础，在五片有人口定居的大陆上，都有国家（一共 40 个）移植法典各方面的内容。他在塞纳河上架桥，修筑水库、运河、阴沟，这些工程今天仍发挥效用；他沿塞纳河修建长 2.5 英里的石砌滨河路，如今，法国外交部位于这条路的某段之上；他设立审计院（Cour des Comptes），两个多世纪后，它依然检查公共开支记录。中学继续提供优质教育。参政院仍在每周三开会，以便审查法国的法律议案。拿破仑自夸道，他扔下"花岗巨岩"，支撑法国社会，这些"花岗巨岩"传承至今。有人向拿破仑的母亲道贺，称赞其子的成就，她回答："但愿长久！"（Mais pourvu que ça dure!）[6] 的确长久。

1792 年，法国成了革命急先锋，一心向欧洲其他地区输出大革命的价值和理念。欧洲君主根本不吃这一套，于是他们组成七个反法同盟中的第一个，从而抵御侵蚀。拿破仑正是继承了这些战争，凭借其军事能力，他一度赢取胜利结局。一百四十年前，英国已经发生了政治革命，所以它享受大革命带给法国的种种利益。拿破仑先是谋划侵英，然后试图靠经济战绞杀英国、迫使它臣服。不出所料，这些威胁举动必然导致英国历届政府决心推翻他。同样不出所料的是，统治奥地利、普鲁士、俄国的王朝也不愿接受他提出的媾和条件。因此，拿破仑被宣战的频率远远高于他主动宣战的频率：1800 年，奥地利对法宣战；1803 年，英国对法宣战；1805 年，奥地利入侵法国盟友拜恩；1806 年，普鲁士对法宣战；1809 年，奥地利对法宣战。1807 年和 1808 年，法军分别攻击葡萄牙和西班牙，1812 年，法军侵略俄国，这些战事的确是拿破仑挑起的，因为他想贯彻大陆体系（不过正如我们所知，1812 年，沙皇也在计划进攻他），可是 1813～1815 年的敌对状态全是出于别国

811

对他宣战。他在每次敌对状态前求和，事实上，从 1803 年《亚眠条约》废止到 1812 年，他至少四次给英国送去不同的求和提议。革命战争和拿破仑战争一共牺牲了约 300 万名军人与 100 万名平民，法国人占到 140 万（帝国时期，死者有91.6 万人，其中战死者不足 9 万）。①[7] 拿破仑自然必须为这些死亡负重责。"要是某人永远考虑人性、只考虑人性，"拿破仑曾说，"他就别打仗了。我不知道怎么靠多愁善感的计划作战。"但他不能被指控为那个时代唯一的战争贩子，甚至不能被指控为首要的战争贩子。从 1688 年光荣革命到 1815 年滑铁卢会战的这一百多年中，几乎有一半时间英法都在打仗，而革命战争爆发时，拿破仑只是个中尉。

"国际秩序有两种建立方式，"亨利·基辛格在论及后拿破仑时代的欧洲时写道，"靠决心或放弃；靠征服或合法性。"[8] 拿破仑只能选择决心与征服，并遵循此径。他夸口道，自己"属于开创帝国的种族"，但正如我们在本书第三部中反复所见，他非常清楚其政权合法性有赖于维持欧洲境内的法国势力，有赖于他所谓的他的荣耀、法兰西的荣耀。1810 年或1812 年时，拿破仑的实力强劲，但他明白，他征服的土地尚未历经足够时间，还不能赋予他的政权正统地位。一些杰出历史学家断定，拿破仑帝国根本不能维系，因为它的性质是殖民帝国，而一个欧洲民族无法长期统治另一个欧洲民族。可是，土耳其人统治了希腊 363 年，西班牙人统治了荷兰 158 年，奥地利人统治了北意大利与荷兰 80 年。"化学家能用一种粉末

812

---

① 大部分欧洲军队中，病死者多于战死者。事实上，1793 ~ 1815 年，皇家海军有 6663 人战死，另有 13621 人死于沉船、火灾，抑或溺毙。此外，病死者特别多，达 72102 人，他们大都死在西印度群岛。

制成大理石，"拿破仑说，"但它需要时间来固化。"⁹假如他没有犯下一些关键的军事错误，他的欧洲秩序很可能稳固下来：涅曼河与英吉利海峡分别是帝国两界，奥地利是不情愿的盟友，普鲁士是一蹶不振的附庸国，拿破仑的内政改革或许也能在法国境外扎根。然而，从 1810 年开始，欧洲旧王朝君主（梅特涅灵活地指点他们，塔列朗暗中鼓励他们，卡斯尔雷资助他们）动用一切力量驱逐他。① 拿破仑倒台后，正统政权再度强行实施明显更保守的统治，这种治国方式最终被大革命催生的民族主义推翻。19 世纪，普鲁士统治了德意志，然后它把自己的秩序强加给欧洲大陆。普鲁士政权远远不及拿破仑的温和，其欧洲秩序最终瓦解。假如在那个年代，开明的法国统治欧洲，有谁能说情况会更糟呢？

最后，拿破仑有魅力。现在拿破仑基金会郑重提供 33000 封信，本书即以此为基。这些信是出色证言，证明他思绪宽广。他和天文学家、化学家、数学家、生物学家的通信说明，他尊重他们的研究，还能参与其中，鲜有政客能做到这一点。"我不停工作，经常沉思，"1809 年 3 月，皇帝告诉勒德雷尔，"假如我看上去总能备好一切答案、满足一切要求，那是因为我动手前已沉思许久，并预见到可能发生什么。在别人没料到的场合，突然悄悄告诉我如何说话、如何行事的不是天才，而是反思和沉思。"¹⁰拿破仑相当聪明，他治理国家时不断运用自

813

---

① 君主们谴责拿破仑的帝国主义，此言自然纯属虚伪之辞。英国在全球特别是亚洲大肆扩张。叶卡捷琳娜大帝、弗里德里希大王、约瑟夫二世都试图拓展其欧洲领土，人们对这一切记忆犹新。这些征服者的继承人本身并不反对帝国主义，他们只是反对成为输家。

己的智力，就此而言，他很可能是史上无人能及的统治者。

拿破仑划分生活的能力达到了非凡水平，甚至远远超出大部分伟大领袖。他可让脑海中某区域同其余区域的思绪完全隔离，他自己把这比作开关橱柜抽屉。[11]博罗季诺会战前夕，副官们来来往往，一会儿给元帅送去命令，一会儿捎来将军的报告，而他还能口述为荣誉军团成员遗孤建立女子学校的设想。他占领莫斯科后，很快制定法兰西喜剧院新管理规章。他拥有不知疲倦、刨根究底的精力，所以对他来说，帝国上下没有一处太渺小的细节。他指示某省长别带年轻情妇去观剧，批评默默无闻的某乡村神父在皇帝生辰日不好好布道；他警告某下士，称对方喝了太多酒；他告诉某半旅，他们可在军旗上绣金字"无双"。从拿破仑的信件和评论中，我们可以看到他充满魅力，间或坦率地评价自己，并具备一种极好的幽默感，使他可在几乎所有情况下开玩笑，哪怕正面临灾难。熟悉他的人提供无数证言，佐证其人格魅力与无尽精力。他可能失态，有时其怒火会如火山爆发，但他发火常常事出有因。拿破仑亦有缺陷：他偶有冷酷无情之时，但这种状态绝不会一直持续；随着年岁渐长，他越发自恋，也愈发质疑人性。拿破仑自然野心勃勃，但他具备非凡的精力、管理能力、看上去近似照相机的对人和资料的记忆力、训练有素又机敏深刻的头脑、对法国可获成就与如何规划欧洲的清晰思绪，如果算上这些，我们就不应该对其野心感到惊讶了。拿破仑废黜了弟弟路易的荷兰王位，就连后者最后也说："拿破仑需要克服困难，并对抗无数内奸外敌，各种陷阱包围了他。他一直紧绷思绪，从不停止行动，还得应付超常疲惫感。假如我们回顾这一切，批评之声就会立刻融于仰慕之情。"[12]

814

拿破仑所受批判中最常见的是：他决定在 1812 年侵俄，当时他患有某种"拿破仑情结"（Nepoleon Complex），也就是说，不管牺牲多少臣民与士兵，他也要实现统治世界的傲慢愿望。然而，他并不渴求俄国领土，他只是想强迫沙皇践行五年前在蒂尔西特做出的实施经济封锁的承诺。他自信能取胜，事后诸葛亮或许认为他目中无人，但他的自信也没到那地步：他曾经两次大败俄军；他原计划最多打一个月，没想过深入敌境；他的兵力远远超出俄军西方第一军团的两倍；他以为沙皇会求和，根本没料到俄国人会实施如此严格的焦土防御，以至于自己烧掉莫斯科；战争爆发后、斑疹伤寒开始摧毁其中央军队后，他经常考虑停在维捷布斯克、斯摩棱斯克等地；进入莫斯科后，他立刻非常在意俄国的凛冬，在冬季变得不可忍耐前，他留出足够时间让部队返回斯摩棱斯克营地。拿破仑制定了成千上万的军事决策，可是 1812 年 10 月 25 日晚上的决定毁灭了他。

所以说，虽然效仿古希腊戏剧的某当代剧作以及强加给拿破仑的数十篇历史解读都认为他是注定受天罚的怪物，但他不是那种生物。事实正相反，决定论者分析历史时用庞大的客观力解释事件，淡化个人作用，而拿破仑的人生和履历批判了他们。我们应该认为这一点振奋人心，因为正如皇家海军军舰"柏勒洛丰号"上的见习船员乔治·霍姆在回忆录中所说的："他告诉了我们，像我们一样的渺小个人在短短一生中能成就什么。"[13]

拿破仑可称大帝吗？当然。

# 尾　声

　　　　1815 年 6 月，拿破仑在滑铁卢战败。后来，维也纳会议亦于同年结束。此后，大国联合起来，共同压制欧洲人民要求自由宪法和民族自决的呼声。沙皇亚历山大一世成了欧洲最强大的君主，其统治方式越发趋向神秘与专制。1825 年，沙皇去世，他生前一直镇压那不勒斯、希腊和德意志的自由派起义。奥皇弗朗茨一世越发依赖梅特涅。他收回了奥地利的古老领土，建立保守的神圣同盟（Heilige Allianz），但再未重建神圣罗马帝国。1835 年弗朗茨去世，享年 67 岁。弗里德里希·威廉三世亦变成顽固保守分子，1813 年他承诺制定普鲁士宪法，日后却忽视诺言。1840 年，弗里德里希·威廉三世去世。梅特涅仍然在欧洲外交舞台上扮演主角，维持维也纳会议确立的均势体系，直到 1848 年革命爆发，彼时他被迫乔装成洗衣妇，逃出维也纳。1859 年，梅特涅去世。庇护七世也转而反对启蒙运动，《维也纳条约》把教皇国还给他后，他便在教皇国重塑专制主义。1823 年，教皇去世。1820 年，西班牙国王费迪南德七世被迫接受自由宪法。1823 年，西班牙人民把费迪南德赶下台，法国又帮他复位。由于他渴望复仇，事后他疏远了法国。1833 年，费迪南德七世去世，无人哀悼。

　　1815 年，波旁王朝再度复辟，多亏了拿破仑的法律与政治改革，波旁家族无法重建旧日的统治方式。路易十八的弟

弟、保守分子阿图瓦伯爵试图阻挠任何民主化的让步，自由宪
政派则推动法国效法英国，从而实施君主立宪制。路易十八在
位时，他一直设法在两派之间行事。1824 年，路易十八去世，
阿图瓦伯爵继位，是为夏尔十世。1830 年，七月革命爆发，　816
夏尔十世倒台，更温和的国王路易－菲利普（Louis-Philippe，
夏尔的表弟）登基。夏尔流亡国外，1836 年，他在意大利身
亡，顽固保王党人的愿望随之破灭。

　　滑铁卢之战后，拿破仑的家人大都住在罗马，受教皇保
护，其母莱蒂齐娅亦然，她和自己同母异父的兄弟费施在此隐
居。莱蒂齐娅 85 岁时已失明，她缩在扶手椅里，向女伴罗莎·
梅利尼（Rosa Mellini）口述回忆。"人人都说我是世上最幸福
的母亲，"她说，"但我的人生一直悲伤痛苦。"1836 年 2 月，
莱蒂齐娅逝世。三年后，费施在绝妙的艺术藏品之中过世。他
把其中很多藏品捐给了阿雅克肖市和里昂市。路易继续在罗马
追求文学事业，但 1840 年，他化名后造访荷兰，而昔日的臣
民认出路易，向他欢呼。1846 年 7 月，路易在里窝那去世。
路易的妻子奥尔唐斯和他长期分居，1817 年，她在瑞士买下
阿雷嫩贝格城堡（chateau of Arenenberg），此后一直住在那
儿。1837 年 10 月，奥尔唐斯去世，享年 54 岁。后来，她和
弗拉奥将军的私生子被拿破仑三世封为莫尔尼公爵。洛伊希滕
贝格公爵欧仁·德·博阿尔内同妻子和 7 个孩子平静地生活在
慕尼黑，他的一个女儿日后成了巴西皇后。1824 年 2 月，欧
仁过世。1823 年，他的另一个女儿约瑟芬公主嫁给贝纳多特
之子、瑞典王储奥斯卡（Oscar）王子。约瑟芬与奥斯卡的儿
子马克西米利安（Maximilian）娶了沙皇尼古拉一世（Tsar
Nikolai I）之女。

滑铁卢之战后，吕西安被捕，但他获准在教皇国隐居。1840 年 6 月，吕西安去世，留下两次婚姻的结晶——11 名子女。约瑟夫住在新泽西州博登敦，长达十六年，他自称叙维利耶（Survilliers）伯爵。1820 年，他明智地拒绝了墨西哥王位。约瑟夫曾在英格兰萨里郡（Surrey）短暂居住。他成功捍卫了二弟的名誉。1844 年 7 月，约瑟夫在佛罗伦萨过世。1816 年，热罗姆在流亡地的里雅斯特定居。他自称蒙福尔（Montfort）伯爵，但一直认为自己是君主。1847 年，热罗姆返回法国。1850 年，他成为荣军院院长，后来又担任元老院议长。1860 年，热罗姆去世。缪拉被处决后，卡罗琳·缪拉再婚，此后她一直住在佛罗伦萨，并使用自封头衔利波那（Lipona，这个词是"Napoli"倒过来）伯爵夫人。1839 年 5 月，卡罗琳过世。波利娜声称，哥哥逝世的消息传来时，她正要去圣赫勒拿岛。卡米洛·博尔盖塞已经和一个情妇交往了十年，但他仍允许波利娜搬回他在佛罗伦萨的房子，三个月后，即 1825 年 6 月，波利娜去世。（博尔盖塞被卷入波拿巴分子的阴谋，直到 1832 年他过世。）

817　　　荷兰国王路易的三个儿子中，夏尔－路易－拿破仑（Charles-Louis-Napoléon）最小。1831 年，夏尔参加意大利革命；1836 年，他试图从斯特拉斯堡入侵法国；1837 年，他造访美国；1840 年，他又想入侵法国，结果被捕，但他在 1845 年越狱。1848 年，夏尔凭借 990 万张赞成票当选总统。1851 年，他实施政变，成为皇帝拿破仑三世。1870～1871 年的普法战争推翻了拿破仑三世。1873 年，他死在流放地。所以说，1796 年时始于阿雅克肖的帝国时代历经 104 年，在肯特郡（Kent）的奇斯尔赫斯特（Chislehurst）灰飞烟灭。拿破仑三世生前一直佩戴伯父赠给外祖母约瑟芬的婚戒。

拿破仑去世后过了四个月，玛丽·路易丝与庶民奈佩格缔结婚姻。在拿破仑死前，他们已有两个私生子女，后来他们又添了一个婚生孩子。1829 年，奈佩格去世，然后玛丽·路易丝嫁给邦贝勒（Bombelles）伯爵。从 1814 年起，她统治过帕尔马、皮亚琴察和瓜斯特拉。1847 年 12 月，玛丽·路易丝去世。

拿破仑的孩子们走上了截然不同的人生道路。马尔蒙教导罗马王、赖希施塔特公爵拿破仑二世，他试图让学生憎恨其父，未能成功。罗马王加入奥军，但 1832 年 7 月 22 日，他在美泉宫死于肺结核，年仅 21 岁。罗马王的模制遗容今展示于罗马拿破仑博物馆（Museo Napoleonica）。1940 年，阿道夫·希特勒欲促进奥地利与法国维希政府的友谊，遂把罗马王的遗体运至荣军院。玛丽·瓦莱夫斯卡去世时，其子亚历山大·瓦莱夫斯卡伯爵只有 7 岁，但亚历山大的叔父、某法军军官让他接受了良好教育。他加入外籍兵团，征战北非，后任驻伦敦大使。在职期间，亚历山大安排了堂兄拿破仑三世的访英之旅以及维多利亚女王的访法之旅。亚历山大还当选立法院议长。1868 年，他在斯特拉斯堡死于心脏病，享年 58 岁。拿破仑曾与埃莱奥诺尔·德努埃勒·德·拉普莱涅生下莱昂伯爵夏尔·德努埃勒（Charles Denuelle），他长大后特别像生父，以至于街上行人都会盯着他看。奥尔唐斯曾送给莱昂一枚纽扣，1832 年 2 月，他和威灵顿的传令兵决斗，认为这枚纽扣救了他一命。莱昂后来成了喜欢争吵的酗酒浪子，拿破仑三世替他偿债，给他津贴，但他仍因贫困患上胃癌。1881 年 4 月，他在蓬图瓦兹（Pontoise）病逝。1812 年战局中，莱昂的母亲守寡了。1814 年，她嫁给夏尔－埃米尔－奥古斯特－路易·德·吕克斯堡（Charles-Émile-Auguste-Louis de Luxbourg）伯爵，两人一直相伴，直到三十五年后他去世。1868 年，埃莱奥诺尔过世。

818 　　再看拿破仑的元帅们。1835 年，某次阅兵式上发生爆炸，导致莫尔捷等 12 人身亡。凶手是一名心怀不满的意大利人，他本想刺杀路易－菲利普国王。在莫尔捷的葬礼上，国王落泪。达尔马提亚公爵让－德－迪厄·苏尔特流亡德意志，他在那一直待到 1819 年，但他后来成了波旁王朝的大臣以及路易－菲利普的首相、战争部长。出任战争部长期间，他奉行改革。1838 年，苏尔特代表法国出席维多利亚女王加冕礼，威灵顿设宴为他庆祝。1851 年，苏尔特去世。1818 年，贝纳多特继承瑞典王位，此后一直统治该国。1844 年，贝纳多特过世，他的后代至今仍是瑞典君主。儒尔当元帅不肯加入审判奈伊的军事法庭，但 1819 年，他加封伯爵，并进入上院。他支持 1830 年革命，三年后去世。拉古萨公爵马尔蒙曾是罗马王的短期教师。1852 年，马尔蒙去世，在拿破仑的元帅中，他是最后一个辞世的。马尔蒙死后，他的回忆录出版，某个评论者把他比作"一位神枪手，躲在自己的墓碑后，冲那些无法回击的人开火"。

　　然后是拿破仑昔日的大臣们。第二次复辟时期，让－雅克－雷吉斯·德·康巴塞雷斯逃往布鲁塞尔，但他在 1818 年获准回国，此后他过着非常舒适的退隐生活。1824 年，康巴塞雷斯去世。复辟时期，路易－马蒂厄·莫莱就任路桥总长，后改任海军大臣。在路易－菲利普国王治下，他成了外交大臣，并且在 1836～1839 年出任首相。1855 年，莫莱过世。路易十八将阿尔芒·德·科兰古列入危险分子名录，而沙皇亚历山大说服国王抹去了他的名字。1827 年，科兰古去世。路易-菲利普封巴萨诺公爵于格·马雷为法国世袭贵族，1834年，他当了八天法国首相。1839 年，马雷逝世。1828 年，勒内·萨瓦里出版了八卷本回忆录。1831 年，他曾短暂出任驻阿尔及利亚法军总司令，在职期间，他显得非常冷酷。1833年，萨瓦里去世。

拿破仑死后，圣赫勒拿岛上的班子迅速解散。亨利·贝特朗返回巴黎，入住尚特雷纳街上拿破仑和约瑟芬的旧宅。1844年 1 月，贝特朗去世。1840 ~ 1846 年，蒙托隆伯爵和拿破仑三世一同在哈姆监狱（Ham prison）服刑。蒙托隆曾伴三世的叔父度过六年，现在又陪了他六年。1853 年 8 月，蒙托隆在巴黎过世。阿尔比娜·德·蒙托隆早已和丈夫分居，她待在布鲁塞尔，继续与巴兹尔·杰克逊欢好。1848 年 3 月，阿尔比娜的孙辈们举办舞会为她庆祝，她在舞会上逝世。1823 年，埃马纽埃尔·德·拉斯卡斯出版四卷本《圣赫勒拿回忆录》。819终其一生，他不断发布修订版。1831 年，他当选下院议员。1842 年，拉斯卡斯过世。路易·马尔尚在欧塞尔过上了舒适生活，并撰写回忆录。1822 年，贝琪·巴尔科姆嫁给查尔斯·埃布尔（Charles Abell），他日后抛弃了她。贝琪带着他们唯一的孩子搬到澳大利亚悉尼，但她后来回到伦敦教音乐。她出版回忆录时，拿破仑三世授予她阿尔及尔（El Djazaïr）的土地，但她选择留在伦敦。1871 年，贝琪在伦敦去世。1825 年，弗朗切斯科·安托马尔基出版《拿破仑的最后时刻》。1833 年，他试图出售拿破仑的模制遗容副本，但这些东西应当属于弗朗西斯·伯顿（Francis Burton）医生，所以他因制作人身份问题被诉。安托马尔基在其墓碑上刻下墓志铭："为皇帝和穷人服务的意大利医生。"拿破仑死后，赫德森·洛爵士离开圣赫勒拿岛。1825～1830年，他在锡兰指挥英军，但未就任锡兰总督。1844年1月，洛爵士过世，享年74岁。1836年6月，维尼亚利医生在科西嘉岛的家中被谋杀。

接下来是拿破仑的其他追随者。1815年，夏尔·勒菲弗－德努埃特将军负伤，后移居美国。1822年，勒菲弗－德努埃特回国，但他所乘船只中途失事，导致他溺毙。让·拉普成了议员，代表上莱茵省（Haut-Rhin），后来他出任路易十八的司库。1821年10月，拉普去世。1815年后，雅克－路易·大卫在布鲁塞尔定居，再度描绘古典题材。1825年，大卫逝世。安托万－让·格罗发现，他的新古典风格历史画作越来越不好卖。1835年，格罗过世。鲁斯塔姆最后穿上马穆鲁克戏装，在伦敦表演节目。1845年12月，鲁斯塔姆去世，享年65岁。1827年，克洛德－弗朗索瓦·德·梅纳瓦尔出版回忆录。1840年，他参加了拿破仑遗体迁回巴黎的典礼。1850年，梅纳瓦尔在巴黎过世。1812年，奥克塔夫·塞居尔在俄国受伤，然后被俘。他活了下来，并于战后回国。1818年，塞居尔发现妻子不忠，遂投塞纳河自尽。

拿破仑的数名敌人与诋毁者落得悲惨的下场。1829年，路易·德·布列纳出版了恶毒回忆录，诬蔑拿破仑。1834年，他在卡昂疯人院去世。1838年，阿布朗泰斯公爵夫人洛尔贫病交加，死在租来的破房子里，享年54岁。1822年8月12日，卡斯尔雷勋爵用小折刀割喉自杀。激进诗人庆祝此事，但英国失去了它最伟大的外交大臣之一。

拿破仑的其他敌人结局如下。波旁王朝治下，勒内·德·

夏多布里昂多次出任大臣和大使，但他一直反对路易·菲利 820
普，给对方起了绰号"资本家国王"。1848 年，夏多布里昂逝
世，其遗著《墓后回忆录》（*Mémoires d'Outre-Tombe*）痛斥拿
破仑，骂他是暴君，就处决昂吉安公爵一事，此书骂得格外厉
害。1830 年，波旁王朝被推翻，邦雅曼·康斯坦就任参政院
参政，但那年他过世了。保罗·巴拉斯曾见波旁人士没收康巴
塞雷斯的身后文件。1829 年 1 月 29 日晚上 11 点，巴拉斯去
世，当日早些时候，他把教子保罗·格朗（Paul Grand）叫来
床边，将回忆录托付给对方。次日，当局来清理巴拉斯的文
件，但他们来得太迟了。由于各种私人与法律原因，直到 19
世纪 80 年代，巴拉斯回忆录才出版，结果这本书充斥着诽谤
之词，以至于没多少史料价值。1837 年，伊波利特·夏尔将
死，他在病榻上要别人烧掉约瑟芬的来信，只有 5 封信保存下
来。卡尔·冯·施瓦岑贝格满载荣誉与勋章，但他在 1817 年
患上中风。三年后，施瓦岑贝格造访莱比锡战场，出席莱比锡
会战七周年纪念典礼，可是他的中风复发了。10 月 15 日，施
瓦岑贝格逝世。1840 年，西德尼·史密斯爵士葬于拉谢斯公
墓，其棺椁裹着英国国旗。三篇致他的颂文皆出自法国人之
手。史密斯曾在阿克逆转拿破仑的命运，他虽是荣誉军团成
员，但军团没给他派去传统仪仗队。

贝内文托亲王夏尔-莫里斯·德·塔列朗的一名助手说，
拿破仑之死是"事件"，他批评了对方，说此事不过是"消
息"。塔列朗继续侍奉一切愿意接纳他的政权，他是波旁王朝
的外交大臣与高级侍从，1830 年革命后他是路易-菲利普的
驻伦敦大使。1838 年，塔列朗去世，当时国王守在他床边，
巴黎红衣主教给他行临终涂油礼。

　　威灵顿公爵听说拿破仑死了，便对友人阿巴思诺特（Arbuthnot）夫人说："现在我也许能说，活着的将军里我最成功。"他和拿破仑的两个情妇——朱塞平娜·格拉西尼与乔治小姐——风流。1828～1830 年，威灵顿当上首相，他干了两年，政绩平平。1852 年，威灵顿去世，享受了对他来说非常当之无愧的国葬大典。1840 年，威灵顿听闻拿破仑迁葬巴黎的盛大场面，他评论道，"迟早有一天，法国一定会让此事变成对英国的胜利"，但就他个人而言，"我他妈一点也不在乎！"

# 注　释

## 第一章　科西嘉

Napoleon on *The Templars* is from Bausset, *Private Memoirs* p. 41　Napoleon to Caulaincourt is from Dwyer, *Napoleon* p. 45　1. ed. Latimer, *Talks* p. 37　2. Chuquet, *Jeunesse* I p. 42, Browning, *Napoleon* p. 22, Davies, *Vanished Kingdoms* p. 500　3. ed. Metternich, *Memoirs* I p. 277　4. Parker, 'Why did Napoleon' p. 142　5. Buhl MSS 110 Box 1 fol. 2 p. 4　6. ed. Wilson, *Diary* p. 46　7. Dwyer, *Napoleon* p. 24, Englund, *Napoleon* p. 8　8. Bonaparte, Joseph, *Mémoires et correspondance* X p. 25　9. Carrington, *Napoleon and his Parents* pp. 29–31, Englund, *Napoleon*, p. 10　10. Chuquet, *Jeunesse* I p. 44　11. Decaux, *Napoleon's Mother* p. xii　12. Englund, *Napoleon* p. 10　13. Englund, *Napoleon* p. 10　14. ed. Latimer, *Talks* p. 33　15. Markham, 'The Emperor at Work' p. 59　16. ed. Latimer, *Talks* p. 33　17. Sudhir Hazareesingh in *TLS* 12/2/2005 p. 11　18. Burdon, *The Life* p. 6　19. Williams, *A Narrative* p. 168　20. ed. Jones, *Intimate Account* p. 425　21. Chaptal, *Souvenirs* pp. 173–4　22. ed. Frayling, *Napoleon Wrote Fiction* p. x, Healey, *Literary Culture* p. 20 n. 37　23. Bonaparte, Joseph, *Mémoires et correspondance* X p. 26　24. Zarzeczny, *Meteors*, p. 45　25. Ross, 'Napoleon and Manouver Warfare' p. 1　26. Gillian Tindall in *TLS* 24/9/1999 p. 34, Sudhir Hazareesingh in *TLS* 20/2/2004 p. 9　27. Buhl MSS 110 Box 2 fol. 7 p. 11　28. Forrest, *Napoleon* p. 25　29. Markham, *Napoleon* p. 3, Rose, *Napoleon* p. 5, Dwyer, *Napoleon*, p. 25, Englund, *Napoleon* p. 15, Dwyer, 'From Corsican Nationalist' p. 136　30. Bourgoing, *Quelques notices* p. 1　31. Rapp, *Memoirs* p. 55　32. Coston, *Biographie* p. 20　33. Assier, *Napoleon I* p. 44　34. Kiley, *Artillery* p. 29　35. ed. Haythornthwaite, *Final Verdict* p. 240　36. Biagi, 'A Coincidence' pp. 19, 154–5　37. Dwyer, *Napoleon*, p. 28　38. Nasica, *Mémoires* p. 12　39. ed. Sanderson, *Bourrienne's Memoirs* p. 5　40. Rose, *Napoleon* I p. 11　41. Healey, *Literary Culture of Napoleon* p. 21　42. Hicks, 'The Napoleonic "Police"', Englund, *Napoleon* p. 31　43. ed. Gaskill, *The Reception of Ossian* p. xxvii　44. Levy, *Napoléon intime* p. 14, McLynn, *Napoleon* p. 21　45. Barral, *Histoire des Sciences* p. 7　46. Levy, *Napoléon intime* p. 8　47. ed. Sanderson, *Bourrienne's Memoirs* p. 4　48. Hicks, 'Late 18th Century' *passim*　49. Baring-Gould, *Napoleon*

p. 17, Rose, *Napoleon* I p. 12 50. ed. Sanderson, *Bourrienne's Memoirs* p. 4 51. CG1 no. 1 p. 43, June 24, 1784 52. Robb, *Parisians* p. 13 53. Forrest, *Napoleon* p. 34 54. AN AII. 1891 p. 51 55. *TLS* 30/12/1939 p. 754 56. ed. Méneval, *Memoirs* I p. 107 57. Bonaparte, Joseph, *Mémoires et correspondance* X p. 29 58. CG1 no. 5 p. 47, March 28, 1745 59. Levy, *Napoléon intime* p. 17 60. Bonaparte, *A Reply* p. 14 61. Englund, *Napoleon* p. 24 62. Boswell, *Account of Corsica* p. 77 63. CG1 no. 21 p. 65, August 29, 1788 64. NYPL MSS Coll 4854, Englund, *Napoleon* p. 25 65. Smith, *Napoleon's Regiments* p. 294 66. Chaptal, *Souvenirs* p. 184 67. Holland, *Foreign Reminiscences* pp. 211–12 68. Healey, *Literary Culture of Napoleon* Appendix A 69. ed. Castle, *Stanley Kubrick's Napoleon* p. 164 70. Levy, *Napoléon intime* p. 23 71. Rose, *Napoleon* I p. 19 72. Dwyer, 'From Corsican Nationalist' p. 134 73. Bodleian MS Curzon e1. p. 16 74. Plumptre, *A Narrative* p. 260 75. Browning, *Napoleon* p. 283, ed. Hicks, *Clisson and Eugénie* pp. 42, 63 76. Browning, *Napoleon* pp. 283–4 77. Forrest, *Napoleon* p. 24 78. Rose, *Napoleon* I p. 20, Englund, *Napoleon* p. 31 79. ed. Frayling, *Napoleon Wrote Fiction* p. 31 80. Browning, *Napoleon* pp. 285–8, ed. Hicks, *Clisson and Eugénie* pp. 42–3 81. Browning, *Napoleon* pp. 285–8 82. ed. Frayling, *Napoleon Wrote Fiction* p. 25 83. ed. Frayling, *Napoleon Wrote Fiction* pp. 36–7 84. Ibid. 85. CG1 no. 11 p. 54, April 21, 1787 86. Dwyer, *Napoleon* p. 47 87. Kiley, *Artillery of the Napoleonic Wars* p. 26 88. Kiley, *Artillery of the Napoleonic Wars* p. 29 89. ed. Johnston, *The Corsican* p. 143 90. eds. Masson and Biagi, *Napoléon inconnu* II p. 53 91. Englund, *Napoleon* p. 31 92. ed. Frayling, *Napoleon Wrote Fiction* p. 61 93. ed. Hicks, *Clisson and Eugénie* pp. 44–5 94. Chaptal, *Souvenirs* p. 308 95. CG1 no. 31 p. 78, July 22, 1789 96. CG1 no. 29 p. 76, June 12, 1789

## 第二章　大革命

Metternich on Napoleon is from ed. Metternich, *Memoirs* I p. 281 Napoleon to the Elector Frederick is from ed. North, *Napoleon on Elba* pp. 153–4 1. CG1 no. 31 p. 78, July 22, 1789 2. Pelet, *Napoleon in Council* p. 21 3. Simonetta and Arikha, *Napoleon and the Rebel* p. 10, Collins, *Napoleon and His Parliaments* p. 7 4. Rose, *Napoleon* I pp. 28–9, Forrest, *Napoleon* p. 45 5. Thrasher, *Paoli* p. 197 6. Masson and Biagi, *Napoléon inconnu* II pp. 79–83, Dwyer, 'From Corsican Nationalist' pp. 141–2 7. ed. Frayling, *Napoleon Wrote Fiction* p. 71 8. ed. Frayling, *Napoleon Wrote Fiction* p. 73 9. CG1 no. 39 p. 86, June 24, 1790 10. ed. Bingham, *Selection* I p. 11 11. ed. Bingham, *Selection* I p. 21. The pamphlet itself has not survived. 12. Bonaparte, Joseph, *Mémoires et correspondence* I p. 44 13. Pierpont Morgan Library MA 6942 14. Dwyer, 'From Corsican Nationalist' p. 147 15. Masson and Biagi, *Napoléon inconnu* II p. 128 16. Rose, *Napoleon* I p. 32 17. Dwyer, 'From Corsican Nationalist' p. 148 18. ed. Bingham, *Selection* I p. 22 19. Rose, *Napoleon* I p. 33 20. Dwyer, 'From Corsican Nationalist' p. 139 21. ed. Hicks, *Clisson and Eugénie*

p. 45   22. ed. Frayling, *Napoleon Wrote Fiction* p. ix   23. ed. Latimer, *Talks*
p. 42   24. ed. Bingham, *Selection* I p. 24   25. CG1 no. 67 p. 115, July 25,
1792   26. ed. Bingham, *Selection* I p. 24   27. Richardson, *Dictionary*
p. 469   28. ed. Bingham, *Selection* I p. 28   29. ed. Bingham, *Selection* I
p. 27   30. ed. Sanderson, *Bourrienne's Memoirs* p. 8   31. CG1 no. 65 p. 113,
June 22, 1792   32. Robb, *Parisians* p. 435   33. Orieux, *Talleyrand* p. 224
34. ed. Latimer, *Talks* pp 46–7   35. ed. Latimer, *Talks* p. 47   36. ed. Bingham,
*Selection* II p. 29, Thibaudeau, *Mémoires* p. 59   37. ed. Latimer, *Talks* p. 38
38. ed. Latimer, *Talks* p. 38   39. Chaptal, *Souvenirs* pp. 185–6   40. ed. Wilson,
*Diary* pp. 137–8   41. CG1 no. 75 p. 121, January 12, 1793   42. Pellew, *Life of
Lord Sidmouth* I p. 72   43. Sherwig, *Guineas and Gunpowder* p. 345
44. Thrasher, *Paoli* p. 255   45. CG1 no. 77 p. 122, March 2, 1793   46. Musée
National de la Maison Bonaparte   47. Dwyer, 'From Corsican Nationalist'
p. 148, ed. Latimer, *Talks* p. 38   48. Dwyer, 'From Corsican Nationalist'
p. 149   49. Paoli, *La Jeunesse de Napoléon* p. 9   50. Foladare, *Boswell's Paoli*
p. 225   51. Bodleian MS Curzon e.1. p. 23   52. ed. Frayling, *Napoleon Wrote
Fiction* p. 128, Masson and Biagi, *Napoléon inconnu* II pp. 477–97   53. Pelet,
*Napoleon in Council* p. 22   54. Bodleian MS Curzon e1. p. 16, ed. Wilson,
*Diary* p. 87   55. ed. Bingham, *Selection* I p. 32   56. ed. Latimer, *Talks* p. 43, ed.
North, *Napoleon on Elba* pp. 53–4   57. CG1 no. 111 p. 142, November 14,
1793   58. CG1 no. 95 p. 132, October 1793   59. CG1 no. 96 p. 133, October
16, 1793   60. CG1 no. 102 p. 137, October 2, 1793   61. Rose, *Napoleon* I
p. 49   62. Rose, *Napoleon* I p. 52   63. Friedman, *The Emperor's Itch* p. 33
64. ed. Latimer, *Talks* p. 43   65. Friedman, *The Emperor's Itch* pp. 22–3
66. Las Cases, *Journal* I pt 2 p. 67, O'Meara, *Napoleon at St Helena* I pp. 198–9,
229   67. CN32 p. 82   68. Williams, *A Narrative* p. 180   69. ed. Bingham,
*Selection* I p. 35   70. Crook, *Toulon in War and Revolution* p. 145   71. Bona-
parte, *A Reply* p. 10   72. ed. North, *Napoleon on Elba* p. 152   73. Emsley,
*Napoleon* p. 9

## 第三章　渴望

Napoleon to O'Meara is from O'Meara, *Napoleon in Exile* I p. 203   Napoleon
to Bausset is from Bausset, *Private Memoirs* p. 259   1. ed. Bingham, *Selection* I
p. 36, Fraser, *Napoleon's Cursed War* p. 23   2. CG1 nos. 163, 172, 191 p. 171,
April 4, 1794, p. 174, May 7, 1794, p. 182, June 10, 1794   3. ed. Bingham, *Selec-
tion* I p. 36   4. Lavalette, *Memoirs* p. 9   5. CG1 no. 232 p. 196, August 7,
1794   6. Bonaparte, *A Reply* p. 18   7. eds. Tulard and Garros, *Itinéraire*
p. 60   8. CG1 no. 139 p. 159, January 4, 1794   9. CG1 no. 235 p. 197August
12 or 19, 1794   10. ed. Bingham, *Selection* I p. 41   11. CG1 no. 244 p. 201,
September 10, 1794   12. CG1 no. 283 p. 218, February 4, 1795   13. CG1 no.
285 p. 219, February 12, 1795   14. CG1 no. 290 p. 221, April 11, 1795
15. *Mars & Clio* Autumn 2010 p. 21   16. ed. Bingham, *Selection* I p. 44
17. Branda, *Napoléon et ses hommes* p. 9   18. Bonaparte, *A Reply* p. 19

**19.** CG1 no. 322 p. 248, August 10, 1795  **20.** Horne, *Age of Napoleon* p. 16  **21.** ed. Méneval, *Memoirs* I p. 104n  **22.** Englund, *Napoleon* p. 76  **23.** D'Abrantès, *At the Court* p. 34  **24.** Las Cases, *Le Mémorial* I p. 401  **25.** CG1 no. 297 p. 224, May 9, 1795  **26.** CG1 no. 298 p. 224, May 22, 1795  **27.** CG1 no. 301 p. 227June 4, 1795  **28.** CG1 no. 303 pp. 228–9, June 14, 1795  **29.** CG1 no. 321 p. 247, August 10, 1795  **30.** CG1 no. 309 p. 233, July 6, 1795  **31.** CG1 no. 310 p. 235, July 12, 1795  **32.** Bertrand, *Cahiers* II p. 218, Las Cases, *Le Mémorial* I p. 284  **33.** CG1 no. 309 p. 233, July 6, 1795  **34.** ed. Bingham, *Selection* I p. 55  **35.** CG1 no. 327 p. 252, August 20, 1795  **36.** Brown, *War, Revolution* p. 128  **37.** ed. Handel, *Leaders and Intelligence* p. 42  **38.** CG1 no. 345 p. 268, between September 15 and October 5, 1795  **39.** ed. Hicks, *Clisson and Eugénie* p. 13  **40.** ed. Hicks, *Clisson and Eugénie* p. 15  **41.** ed. Hicks, *Clisson and Eugénie* pp. 2–21  **42.** ed. Hicks, *Clisson and Eugénie* pp. 2–21  **43.** ed. Hicks, *Clisson and Eugénie* p. 67  **44.** CG1 no. 334 p. 258, September 1, 1795  **45.** Dumas, *Memoirs* II p. 40  **46.** Healey, *Literary Culture* p. 79  **47.** Bonaparte, *A Reply* p. 20  **48.** Lavalette, *Memoirs* p. 12  **49.** ed. Lecestre, *Lettres Inédites* II p. 133  **50.** CN2 no. 485 p. 15  **51.** Arnault, *Memoirs* I p. 35, Lavalette, *Memoirs* pp. 12–13  **52.** Sarrazin, *Confession* p. 13  **53.** *Annual Register* 1795 no. 37 p. 106  **54.** Gibbs, *Military Career* p. 42  **55.** D'Abrantès, *At the Court* p. 37  **56.** Christies Rare Books catalogue 27/11/2012 p. 14  **57.** Memes, *Memoirs* p. 13  **58.** Horne, *Age of Napoleon* p. 45  **59.** D'Abrantès, *At the Court* p. 237  **60.** Haig, *Napoleon and Josephine's Paris* p. 50  **61.** Haig, *Napoleon and Josephine's Paris* p. 49.  **62.** Philip Mansel in *TLS* 16/1/2004 p. 23  **63.** Stuart, *Rose of Martinique* p. 277  **64.** Stuart, *Rose of Martinique* p. 206  **65.** ed. Méneval, *Memoirs* I p. 123, Bruce, *Napoleon and Josephine* p. 74  **66.** ed. Duruy, *Memoirs of Barras* II p. 72  **67.** ed. Metternich, *Memoirs* I p. 281  **68.** Thody, *French Caesarism* p. 35  **69.** Chuquet, *Jeunesse* I p. 65, Rose, *Napoleon* I p. 3  **70.** ed. Hanoteau, *Memoirs of Queen Hortense* I p. 326 n. 3  **71.** ed. Latimer, *Talks* p. 138  **72.** Bruce, *Napoleon and Josephine* p. 162  **73.** ed. Duruy, *Memoirs of Barras* II p. 79  **74.** Pratt, 'Vignettes' p. 59  **75.** Chuquet, *Jeunesse* I p. 41, Davies, *Vanished Kingdoms* p. 501  **76.** Dubroca, *Life of Bonaparte* p. 94, Poultier, *History of the War* p. 260

## 第四章　意大利

Stendhal, *The Charterhouse of Parma* (1839)  Napoleon to Chaptal is from Chaptal, *Souvenirs* p. 296  **1.** Pratt, 'Vignettes' p. 60  **2.** Boycott-Brown, *Road to Rivoli* p. 412  **3.** Chaptal, *Souvenirs* p. 204, ed. Haythornthwaite, *Final Verdict* pp. 290–92  **4.** Baldet, *La vie quotidienne* p. 33  **5.** Starke, *Letters from Italy* I p. 60  **6.** ed. Chandler, *Military Maxims* pp. 135, 205  **7.** Holland, *Foreign Reminiscences* pp. 217–19  **8.** CG1 no. 426 p. 304, March 28, 1796  **9.** ed. Hanoteau, *Napoleon in Russia* p. 367  **10.** CG1 no. 471 p. 328, April 8, 1796  **11.** ed. Haythornthwaite, *Final Verdict* pp. 290–92  **12.** ed. Bingham, *Selection* I p. 67  **13.** ed. Luvaas, *Art of War* p. 10  **14.** Gray, *Words of Napoleon*

p. xii　**15.** *TLS* 12/5/1927　p. 325, Hazareesingh in *TLS* 3/2/2012　p. 4　**16.** AN 192AP/2, SHD GR6.YD/1　**17.** CG4 no. 8847 p. 694, April 28, 1804　**18.** CG1 no. 463 p. 324, April 6, 1796　**19.** ed. Chandler, *Military Maxims* p. 146　**20.** ed. Cerf, *Letters to Josephine* p. 32　**21.** ed. Cerf, *Letters to Josephine* p. 34, CG1 nos. 464, 467 p. 325, April 6, 1796, p. 326, April 7, 1796　**22.** CG7 no. 14120 p. 111, January 19, 1807　**23.** ed. Cerf, *Letters to Josephine* p. 73, Stuart, *Rose of Martinique* p. 206, CG3 no. 5277 p. 230, May 11, 1800, GC1 no. 1068 p. 672, November 21, 1796　**24.** ed. Cerf, *Letters to Josephine* pp. 25–6, Pierpont Morgan Library MA 6936 and *passim*　**25.** CG1 no. 463 p. 324　**26.** ed. Bingham, *Selection* I p. 70　**27.** ed. Bingham, *Selection* I p. 74　**28.** eds. Dwyer and McPhee, *French Revolution and Napoleon* pp. 128–9, ed. Bingham, *Selection* I p. 74　**29.** ed. Bingham, *Selection* I p. 72　**30.** ed. Bingham, *Selection* I pp. 71–2　**31.** Foy, *History* I p. 43　**32.** ed. Chandler, *Military Maxims* p. 111　**33.** Blaze, *Life in Napoleon's Army* pp. 42–3　**34.** Blaze, *Life in Napoleon's Army* p. 145　**35.** Rose, *Napoleon* I p. 88　**36.** ed. Yonge, *Man of Other Days* II p. 112ff　**37.** ed. Yonge, *Man of Other Days* II p. 122　**38.** ed. Yonge, *Man of Other Days* II pp. 126–7　**39.** CG1 no. 545 p. 370, April 20, 1796　**40.** Woolf, *Napoleon's Integration* p. 252　**41.** ed. Bingham, *Selection* I p. 76　**42.** CG1 no. 557 p. 377, May 1, 1796　**43.** *Edinburgh Review* no. XLVI September 1814 p. 470　**44.** Plumptre, *A Narrative* III p. 352　**45.** ed. Bingham, *Selection* III p. 55　**46.** CG1 no. 573 p. 384, May 6, 1796　**47.** CG1 no. 582 p. 389, May 9, 1796　**48.** CG1 nos. 609–11, pp. 406–7, May 18, 1796　**49.** Higgonet, *Paris* p. 136　**50.** ed. Chandler, *Military Maxims* p. 203　**51.** Tulard, *Napoléon: les grands moments* p. 97　**52.** Cockburn, *Buonaparte's Voyage* p. 114, Branda, *Napoléon et ses hommes* p. 10　**53.** CG1 no. 589 p. 393 and CG1 no. 588 p. 392, May 11, 1796　**54.** ed. Cerf, *Letters to Josephine* pp. 37–40　**55.** CG1 no. 595 pp. 396–7, May 13, 1796　**56.** Bruce, *Napoleon and Josephine* p. 174　**57.** Dwyer, *Napoleon* p. 243　**58.** CG1 no. 596 p. 397, May 14, 1796　**59.** CG1 no. 597 p. 398, May 14, 1796　**60.** CG1 no. 599 p. 399, May 14, 1796　**61.** ed. Tarbell, *Napoleon's Addresses* pp. 34–5　**62.** ed. Duruy, *Memoirs of Barras* II p. 153　**63.** Gaffarel, *Bonaparte et les républiques italiennes* p. 5　**64.** CG1 no. 1880, p. 1107, August 6, 1797　**65.** ed. Bingham, *Selection* I pp. 82, 85　**66.** Broers, *Napoleonic Empire in Italy* p. 31　**67.** Woolf, *Napoleon's Integration* p. 9　**68.** Woloch, *Jacobin Legacy* p. 70　**69.** CG1 no. 627 p. 415, May 24, 1796　**70.** ed. Tarbell, *Napoleon's Addresses* pp. 36–7　**71.** ed. Tarbell, *Napoleon's Addresses* pp. 37–8　**72.** CG1 no. 639 p. 421, June 1, 1796　**73.** CG1 no. 629 p. 416, May 25, 1796　**74.** CG1 no. 629 p. 416, May 25, 1796, Chrisawn, *Emperor's Friend* p. 22　**75.** ed. Haythornthwaite *Final Verdict* pp. 240–41　**76.** Pigeard, *L'Armée* p. 182　**77.** CG1 no. 639, p. 421, June 1, 1796　**78.** CG6 no. 11392 pp. 86–7, February 4, 1806　**79.** CN6 no. 478 p. 73　**80.** CG1 no. 625, p. 414, May 25, 1796　**81.** ed. Cerf, *Letters to Josephine* p. 43　**82.** CG1 no. 642, p. 424, June 1, 1796　**83.** ed. Fleischmann, *Memoirs* p. 51　**84.** Branda, *Napoléon et ses hommes* p. 11　**85.** ed. Bingham, *Selection* I p. 95　**86.** ed. Cerf, *Letters to Josephine* pp. 47–9　**87.** CG1 no. 672 p. 441, June 11, 1796　**88.** CG1 no. 677 p. 443, June 11, 1796, ed. Cerf, *Letters to Josephine* pp. 46–7

**89.** *TLS* 24/11/2006 p. 14　**90.** CG1 no. 693 p. 451, June 15, 1796　**91.** *Quarterly Review* 1833 pp. 179–84　**92.** ed. Haythornthwaite, *Final Verdict* p. 224　**93.** Summerville, *Ségur* p. 119

### 第五章　克敌制胜

Napoleon to Joseph is from CN25 no. 19895 p. 218　Napoleon to Talleyrand is from CG8 no. 19233 p. 1209　**1.** Chadwick, *Popes* p. 450　**2.** Rose, *Napoleon* I p. 103　**3.** CG1 no. 845 p. 542, August 11, 1796　**4.** CG1 no. 710 p. 462, June 21, 1796　**5.** CG1 no. 711 p. 464, June 21, 1796　**6.** ed. Bingham, *Selection* I p. 96　**7.** ed. Fleischmann, *Memoirs* p. 55　**8.** ed. Fleischmann, *Memoirs* p. 56　**9.** ed. Fleischmann, Memoirs pp. 60–61　**10.** Starke, *Letters from Italy* I pp. 74–5　**11.** Knapton, *Empress Josephine* pp. 133–4, Stuart, *Rose of Martinique* p. 199　**12.** Pierpont Morgan Library MA 6938　**13.** ed. Cerf, *Letters to Josephine* p. 59　**14.** ed. Cerf, *Letters to Josephine* p. 60　**15.** Hamelin, *Douze Ans* pp. 14–15　**16.** Bibliothèque Thiers, Fonds Masson No. 223/I/81　**17.** CG1 no. 776 pp. 500–501, July 12, 1796, AN 400AP/6/p. 4　**18.** AN 400AP/6/p. 4　**19.** eds. Olsen and van Creveld, *Evolution of Operational Art* p. 32　**20.** ed. Chandler, *Military Maxims* p. 211　**21.** ed. Handel, *Leaders and Intelligence* p. 40　**22.** CG1 no. 833 p. 533, August 2, 1796　**23.** Chlapowski, *Polish Lancer* p. 60　**24.** CG1 no. 820 p. 526, July 29, 1796　**25.** ed. Bingham, *Selection* I p. 107　**26.** CG1 no. 832 p. 532, August 2, 1796　**27.** CG1 no. 826 p. 529, July 30, 1796　**28.** CG 1 no. 822 p. 527, July 30, 1796　**29.** CG1 no. 828 p. 530, July 31, 1796　**30.** ed. Latimer, *Talks* p. 261　**31.** Marbot, *Mémoires* II ch. 16　**32.** ed. Bingham, *Selection* I p. 106　**33.** Wood, 'Forgotten Sword' p. 79　**34.** CG1 no. 837 p. 538, August 7, 1796　**35.** CG1 no. 838 p. 538, August 8, 1796　**36.** CG1 no. 840 p. 540, August 9, 1796　**37.** CG1 nos. 839–40 p. 539, August 9, 796　**38.** Smith, *Data Book* p. 122　**39.** CG1 no. 961 p. 612, October 2, 1796　**40.** CG 1 no. 962 p. 614, October 2, 1796　**41.** CG1 nos. 961 and 980 p. 612, October 2, 1796, p. 620, October 8, 1796　**42.** CG1 no. 993 p. 628, October 12, 1796　**43.** CG1 no. 992 p. 628, October 12, 1796　**44.** CG1 no. 996 p. 631, October 16, 1796　**45.** Broers, *Politics of Religion* p. x　**46.** CG1 no. 1007 p. 639, October 21, 1796　**47.** CG1 no. 1008 p. 639, October 24, 1796　**48.** Paris, *Napoleon's Legion* p. 15　**49.** CG1 no. 1059 p. 664, November 13, 1796　**50.** ed. Bingham, *Selection* I p. 123　**51.** CG1 no. 1060 p. 666, November 19, 1796　**52.** CG1 no. 1086 p. 681, November 29, 1796　**53.** Rose, *Napoleon* I pp. 130–31, ed. Fleischmann, *Memoirs* p. 93　**54.** ed. Bingham, *Selection* I p. 120　**55.** CG1 no. 1084 p. 680, November 27, 1796　**56.** CG1 no. 1085 p. 681, November 28, 1796　**57.** Lavalette, *Memoirs* p. 19　**58.** CG1 no. 1093 p. 685, December 5, 1796　**59.** CG1 no. 1112 p. 696, December 8, 1796　**60.** CG1 no. 1127 p. 704, December 10, 1796　**61.** CG1 no. 1209 p. 746, December 28, 1796　**62.** CG1 no. 1274 p. 778, January 6, 1797　**63.** CG1 no. 1279 p. 782, January 7, 1797　**64.** CG1 no. 1286 p. 784, January 7, 1797　**65.** Rose, *Napoleon* I p. 136　**66.** Smith, *Data Book* p. 131, ed. Bingham, *Selection*

I p. 131　67. René, *Original Journals* p. 121　68. CG1 no. 1315 p. 802, January 22, 1797　69. ed. Fleischmann, *Memoirs* p. 91　70. ed. Bingham, *Selection* I p. 135　71. CG1 no. 1395 p. 849, February 19, 1797　72. Forrest, *Napoleon* p. 87　73. Forrest, *Napoleon* p. 86　74. Dziewanowski, 'Napoleon' p. 91, 89 Carnavalet Portraits Box 229, Bibliothèque Thiers 34/7001–7274　75. Theodore D. Buhl MSS 110 Box 1/fol. 1/pp. 18, 23, 26　76. Laskey, *A Description* p. 1　77. ed. Bingham, *Selection* I p. 142　78. Knight, *Britain Against Napoleon* p. 522　79. eds. Nafziger et al., *Imperial Bayonets* p. 165, CG1 no. 1640 p. 880　80. CG1 no. 1469 p. 885, March 22, 1797　81. CG1 no. 1476 p. 889, March 25, 1797　82. eds. Horn and Walker, *Le Précis de leadership militaire*, p. 485, Englund, *Napoleon* p. 105　83. CG7 no. 14773 p. 396, March 20, 1807　84. Bausset, *Private Memoirs* p. 67　85. Bourne, *History of Napoleon* p. 376　86. CG3 no. 5087 p. 138　87. Cottin, *Souvenirs de Roustam* p. 154　88. D'Abrantès, *At the Court* p. 117　89. ed. Summerville, *Ségur* p. 38　90. CN32 p. 68　91. ed. Haythornthwaite, *Final Verdict* p. 222　92. ed. Tarbell, *Napoleon's Addresses* p. x　93. Houssaye, *The Return of Napoleon* p. 7　94. Chaptal, *Souvenirs* p. 337

## 第六章　和平

Napoleon to Joseph is from ed. Bingham, *Selection* I p. 96　Napoleon to the Conseil d'État is from Johnston, *The Corsican* p. 160　1. CG1 no. 1495, p. 901, April 8, 1797　2. CG1 no. 1514 p. 914, April 16, 1797　3. CG1 no. 1514 p. 914, April 16, 1797, Dubroca, *Life of Bonaparte* p. 90　4. CG1 no. 1514 p. 916, April 16, 1797　5. CG1 no. 1497 p. 905, April 9, 1797　6. CG1 no. 1521 p. 923, April 30, 1797　7. ed. Sanderson, *Bourrienne's Memoirs* p. 55　8. CG1 no. 1516 p. 917, April 19, 1797　9. ed. Sanderson, *Bourrienne's Memoirs* p. 54　10. CG1 no. 1587 p. 962, May 27, 1797　11. ed. Bingham, *Selection* I p. 156　12. ed. Sanderson, *Bourrienne's Memoirs* p. 54　13. CG1 no. 1587 p. 962, May 27, 1797　14. ed. Sanderson, *Bourrienne's Memoirs* p. 64　15. ed. Fleischmann, *Memoirs* p. 94　16. ed. Fleischmann, *Memoirs* pp. 94–5, Markham, *Napoleon* p. 63, McLynn, *Napoleon* p. 153, Schom, *Napoleon* p. 65, ed. Bingham, *Selection* I p. 160, eds. Dwyer and Forrest, *Napoleon and His Empire* p. 1　17. Horne, *Age of Napoleon* p. 19　18. ed. Bingham, *Selection* I p. 168　19. CG1 no. 1785 p. 1058, July 15, 1797　20. Schneid, *Soldiers* p. 3　21. CG1 no. 1785 p. 1058, July 15, 1797　22. TLS 8/8/1971 p. 1208, ed. Latimer, *Talks* p. 97　23. ed. Latimer, *Talks* p. 98　24. Rose, *Napoleon* I p. 165　25. CG1 no. 1822 p. 1081, July 26, 1797　26. Rose, *Napoleon* I p. 161　27. ed. Bingham, *Selection* I p. 171　28. CG1 no. 1962 p. 1140, September 3, 1797　29. ed. Fleischmann, *Memoirs* p. 109, Brown, 'From Organic Society' p. 661, ed. Sanderson, *Bourrienne's Memoirs* p. 59, Lavalette, *Memoirs* p. 28　30. ed. Sanderson, *Bourrienne's Memoirs* p. 59　31. Hicks, 'Late 18th Century' *passim*　32. Carnot, *Reply of Carnot* p. 30　33. Lavalette, *Memoirs* p. 29　34. CG1 no. 2009 p. 1166, September 12, 1797　35. CG1 no. 2098 p. 1216, September 26, 1797

36. Dubroca, *Life of Bonaparte* p. 91  37. Rose, *Napoleon* I p. 169
38. ed. Méneval, *Memoirs* I p. 106  39. CG1 no. 2149, p. 1244, Octoebr 7,
1797  40. ed. Bingham, *Selection* I p. 189  41. ed. Sanderson, *Bourrienne's
Memoirs* p. 60  42. CG1 no. 2170 p. 1256, October 18, 1797  43. Dubroca,
*Life of Bonaparte* p. 90  44. CG1 no. 2163 p. 1253, October 17, 1797  45. CG1
no. 2170 p. 1257, October 18, 1797  46. Jenkins, *French Navy* p. 226, CG1 no.
2191 p. 1267, November 5, 1797  47. ed. Bingham, *Selection* I p. 192  48. CG1
no. 2220 pp. 1283–9, November 11, 1797  49. ed. Sanderson, *Bourrienne's
Memoirs* p. 63  50. ed. Sanderson, *Bourrienne's Memoirs* p. 64  51. Simms,
*Europe* p. 156  52. CG1 no. 1587, p. 963, May 27, 1797  53. CG1 no. 2274
p. 1313, November 30, 1797  54. Lavalette, *Memoirs* p. 35  55. ed. Bingham,
*Selection* I p. 194  56. Espitalier, *Vers Brumaire* pp. 45–6  57. ed. Hanoteau,
*Memoirs of Queen Hortense* I p. 32  58. Knapton, *Empress Josephine*
p. 153  59. ed. North, *Napoleon on Elba* pp. 153–4, ed. Bingham, *Selection* I
p. 195  60. Rovigo, *Mémoires* I p. 25  61. ed. Bingham, *Selection* I p. 200
62. Espitalier, *Vers Brumaire* pp. 45–7  63. Williams, *A Narrative* p. 5
64. D'Abrantès, *At the Court* p. 46, Rovigo, *Mémoires* I p. 24  65. ed. Sander-
son, *Bourrienne's Memoirs* pp. 65–6  66. ed. Bingham, *Selection* I p. 195, Rose,
*Napoleon* I p. 173, Lockhart, *Napoleon Buonaparte* I p. 105  67. ed. Sanderson,
*Bourrienne's Memoirs* p. 63  68. CG1 no. 12280 p. 1316, November 26,
1797  69. Lockhart, *Napoleon Buonaparte* I pp. 105–6  70. Healey, *Literary
Culture* p. 88, Williams, *The Life of Goethe* p. 39  71. ed. Hanoteau, *Memoires
of Queen Hortense* I p. 33  72. Rovigo, *Mémoires* I p. 26  73. Tone, *Wolfe Tone*
p. 266  74. ed. Sanderson, *Bourrienne's Memoirs* p. 68  75. CG2 no. 2315
p. 38, February 23, 1798  76. Holland, *Foreign Reminiscences* p. 245  77. ed.
Sanderson, *Bourrienne's Memoirs* p. 68  78. Knapton, *Empress Josephine*
pp. 150–53  79. Knapton, *Empress Josephine* p. 151  80. Hastier, *Le Grand
Amour* p. 152  81. Hastier, *Le Grand Amour* pp. 152–4  82. Hastier, *Le Grand
Amour* p. 160

### 第七章　埃及

The anonymous Islamic historian comes from ed. Chandler, *Military Maxims*
p. 24  Napoleon to Gourgaud comes from ed. Latimer, *Talks* p. 66  1. Murphy,
'Napoleon's International Politics' p. 165, Volney, *Voyage* p. 235  2. CG1 no.
1908 p. 1118, August 16, 1797  3. eds. Bertaud et al., *Napoléon* p. 312  4. CG2
no. 2390 p. 80, April 13, 1798  5. Abulafia, *The Great Sea* p. 516  6. Rose,
*Napoleon* I p. 185, ed. Handel, *Leaders and Intelligence* p. 41, ed. Hicks, *Clisson
and Eugénie* p. 56  7. ed. Latimer, *Talks* p. 69  8. ed. Moreh, *Napoleon in Egypt*
p. 12  9. CN15 no. 12924 p. 537  10. CN4 no. 2570 p. 128  11. Plumptre, *A
Narrative* p. 321  12. Strathearn, *Napoleon in Egypt* p. 39  13. CG2 no. 2415
p. 94, April 19, 1798  14. eds. Tortel and Carlier, *Bonaparte de Toulon*
p. 28  15. CG2 no. 2391 p. 81, April 13, 1798  16. Knight, *Pursuit of Victory*
p. 284  17. ed. Frayling, *Napoleon Wrote Fiction* pp. xv–xvi  18. Lavalette,

*Memoirs* p. 37　**19.** CG2 no. 2519 p. 142, June 13, 1798, Rose, *Napoleon* I p. 184, ed. Bingham, *Selection* I p. 210, ed. North, *Napoleon on Elba* p. 76 **20.** CG2 no. 2547, p. 155, June 17, 1798　**21.** Anon., *Copies of Original Letters* I pp. 239–40　**22.** ed. Bingham, *Selection* I pp. 212–13　**23.** Anon., *Copies of Original Letters* I p. 132　**24.** ed. Bingham, *Selection* I p. 210, Rose, *Napoleon* I p. 188, Anon., *Copies of Original Letters* I pp. 244–6, ed. Moreh, *Napoleon in Egypt* p. 3　**25.** CG2 no. 4174 p. 820, January 28, 1799　**26.** Stratheam, *Napoleon in Egypt* p. 46, Rose *Napoleon* I p. 190　**27.** Arnault, *Memoirs* I p. 86 **28.** Bodleian MS Curzon e1. p. 15　**29.** Anon., *Copies of Original Letters* I p. 134　**30.** Anon., *Copies of Original Letters* I p. 133　**31.** Jonquière, *L'Expédition* II ch. 5　**32.** CG2 no. 2625 p. 193, July 24, 1798　**33.** ed. Moreh, *Napoleon in Egypt* p. 8　**34.** Holland, *Foreign Reminiscences* p. 248　**35.** Bourrienne, *Memoirs* I p. 66, Stuart, *Rose of Martinique* p. 234　**36.** ed. Howard, *Letters and Documents* I pp. 258–9　**37.** BL Add. MSS 23003　**38.** CG2 no. 2635, p. 199, July 25, 1798　**39.** CG3 no. 5277 p. 230, May 11, 1800　**40.** Anon., *Copies of Original Letters* II p. 111　**41.** Anon., *Copies of Original Letters* I p. 121　**42.** Gichon, 'East Meets West' p. 106 n. 12　**43.** ed. Dufourcq, *Mémoires* pp. 121–2　**44.** Chaptal, *Souvenirs* p. 270　**45.** Duffy, *Austerlitz* p. 137 **46.** Anon., *Copies of Original Letters* I p. 133　**47.** ed. Brindle, *Guns in the Desert* pp. 15–16, Anon., *Copies of Original Letters* I p. 78　**48.** ed. Bierman, *Napoleon in Egypt* p. 85　**49.** ed. Latimer, *Talks* p. 209　**50.** Solé, *Conquête de l'Égypte*, pp. 108–9　**51.** Balcombe, *To Befriend* p. 74　**52.** Bertrand, *Cahiers* I p. 21　**53.** CN29 p. 570　**54.** ed. Kerry, *The First Napoleon* p. 99　**55.** Ebrington, *Memorandum* p. 18　**56.** ed. Kerry, *First Napoleon* p. 89　**57.** Forrest, *Napoleon* p. 112　**58.** Forrest, *Napoleon* p. 108　**59.** ed. Bingham, *Selection* I pp. 221–5　**60.** ed. Bingham, *Selection* I pp. 221–5　**61.** ed. Bingham, *Selection* I pp. 221–5　**62.** ed. Moreh, *Napoleon in Egypt* p. 14　**63.** ed. Bierman, *Napoleon in Egypt* p. 85　**64.** ed. Ainé, *Histoire de l'expédition* pp. 13–14　**65.** ed. Bingham, *Selection* I pp. 221–5　**66.** CG2 no. 2625 p. 193, July 24, 1798 **67.** ed. Latimer, *Talks* p. 64　**68.** CG2 no. 3890 p. 706, December 9, 1798, CG2 no. 2676 p. 216, July 30, 1798　**69.** CG2 no. 2870 p. 299, August 19, 1798 **70.** CG2 no. 2870 p. 299, August 19, 1798　**71.** CG2 no. 2857 p. 289, August 18, 1798, Smith *Data Book* p. 140　**72.** CG2 no. 2870 p. 299, August 19, 1798　**73.** Anon., *Copies of Original Letters* I p. xvi, Alison, *History of Europe* I p. 580　**74.** Lavalette, *Memoirs* p. 43, CG2 no. 2832 p. 277　**75.** Cole, *Napoleon's Egypt* p. 123　**76.** Cole, *Napoleon's Egypt* p. 126　**77.** Byrd, 'Napoleonic Institute' p. 4　**78.** Sudhir Hazareesingh in *TLS* 16/7/2006 p. 27　**79.** Montefiore, *Jerusalem* p. 315, CG2 no. 4280 p. 874　**80.** CG2 no. 3112 p. 399, September 8, 1798　**81.** CG2 no. 3424 p. 523, October 11, 1798, CG2 no. 3148 p. 414, September 12, 1798　**82.** CG2 no. 3554 p. 574, October 27, 1798 **83.** CG2 no. 3557 p. 576, October 27, 1798　**84.** ed. Sanderson, *Bourrienne's Memoirs* p. 80　**85.** Prat and Tonkovich, *David, Delacroix* p. 44　**86.** CG2 no. 3529, p. 564, October 23, 1798　**87.** ed. Sanderson, *Bourrienne's Memoirs* p. 81　**88.** Lavalette, *Memoirs* p. 50, CG2 no. 3557 p. 576, October 27, 1798　**89.** CG2 no. 3656, p. 613, November 11, 1798　**90.** ed. Bingham,

*Selection* I p. 238   91. Strathearn, *Napoleon in Egypt* pp. 260–64   92. eds. Tulard and Garros, *Itinéraire* p. 123, Strathearn, *Napoleon in Egypt* pp. 260–64   93. Strathearn, *Napoleon in Egypt* p. 427   94. CG2 no.3740 p. 647, November 18, 1798   95. ed. Bingham, *Selection* I p. 239   96. Derogy and Carmel, *Bonaparte en Terre Sainte* p. 99   97. ed. Brindle, *Guns in the Desert* p. 35   98. ed. Brindle, *Guns in the Desert* p. 37

## 第八章　阿克

Napoleon's Military Maxim comes from ed. Chandler, *Military Maxims* p. 83   Napoleon's *Caesar's Wars* comes from CN32 p. 44   1. CG2 no. 4235 p. 849, February 10, 1799   2. CG2 no. 4235 p. 850, February 10, 1799   3. CG2 no. 4167 p. 817, January 25, 1799   4. Derogy and Carmel, *Bonaparte en Terre Sainte*, pp. 102–4   5. CG2 no. 4235 p. 850, February 10, 1799   6. Shmuelevitz, *Napoleon and the French in Egypt* p. 19   7. CG2 no. 4265 p. 867, February 27, 1799   8. ed. Noailles, *Count Molé* p. 140   9. ed. Sanderson, *Bourrienne's Memoirs* p. 81   10. ed. Brindle, *Guns in the Desert* p. 54   11. CG2 no. 4265 p. 867, February 27, 1799   12. ed. Brindle, *Guns in the Desert* p. 60   13. ed. Brindle, *Guns in the Desert* p. 64   14. ed. Brindle, *Guns in the Desert* p. 66   15. Montefiore, *Jerusalem* p. 316, ed. Brindle, *Guns in the Desert* p. 67, ed. Weit, *Nicolas Turc* p. 53   16. ed. Jourquin, *Journal* I p. 280   17. CG2 no. 4271 p. 870, March 9, 1797   18. Berthier, *Relation des campagnes* p. 56   19. ed. Quentin, *André Peyrusse* p. 55, Jonquière, *L'Expédition* IV p. 271   20. Coxe, *The Exposé* p. 61   21. ed. Millet, *Le Chasseur Pierre Millet* p. 262   22. For the numbers debate, see CG2 no. 4271 p. 870 n. 3, Jonquière, *L'Expédition* IV pp. 270–71, Herold, *Bonaparte in Egypt* p. 306, eds. Tortel and Carlier, *Bonaparte de Toulon* p. 158, Rose, *Napoleon* I p. 201, Anon., 'The French Expedition' p. 197, ed. Brindle, *Guns in the Desert* p. 68, Plumptre, *A Narrative* p. 276, Lavalette, *Memoirs* p. 52, Berthier, *Relation des campagnes* p. 56, ed. Millet, *Le Chasseur Pierre Millet* Appendix XV p. 262, Strathearn, *Napoleon in Egypt* p. 328   23. Ebrington, *Memorandum* pp. 18–19   24. Hobhouse, *Recollections* I p. 181   25. Jonquière, *L'Expédition* IV p. 273, Rose, *Napoleon* I p. 201   26. Chandler, *Campaigns of Napoleon* p. 236, Plumptre, *A Narrative* p. 286n   27. ed. Bingham, *Selection* I p. 250   28. CG2 no. 4277, pp. 872–3, March 9, 1799   29. ed. Brindle, *Guns in the Desert* p. xix   30. ed. Jourquin, *Journal* I p. 281   31. ed. Bulos, *Bourrienne et ses erreurs* I p. 44   32. Cockburn, *Buonaparte's Voyage* p. 78   33. Cockburn, *Buonaparte's Voyage* p. 78   34. CG2 no. 4294 p. 881, March 13, 1799   35. ed. Brindle, *Guns in the Desert* p. 77   36. Lavalette, *Memoirs* p. 59   37. CG2 no. 4346 p. 911, May 10, 1799   38. Lavalette, *Memoirs* p. 58   39. Lavalette, *Memoirs* pp. 60–61   40. Lockhart, *History of Napoleon* I p. 150   41. Sparrow, *Secret Service* p. 191   42. ed. Wilson, *Diary* p. 88   43. ed. Brindle, *Guns in the Desert* p. 90, Coxe, *The Exposé passim*   44. CG2 no. 4346 p. 910, May 10, 1799   45. ed. Davis, *Original Journals* I pp. 215–16   46. ed. Latimer, *Talks* p. 246   47. CG2 no. 4362 p. 920, May 27, 1799   48. ed. Latimer, *Talks* pp. 69–70

49. Smith, *The French Expedition* p. x　50. ed. Brindle, *Guns in the Desert* p. 93　51. Strathearn, *Napoleon in Egypt* p. 6　52. ed. Iung, *Lucien Bonaparte* II ch. 14　53. Friedman, 'On the Affair' pp. 65–77　54. Rose, *Napoleon* I p. 211　55. ed. Brindle, *Guns in the Desert* p. 99　56. For the Jaffa plague debate see Lavalette, *Memoirs* p. 63, Desgenettes, *Histoire médicales* pp. 104–5, ed. Brindle, *Guns in the Desert* pp. 99–106, ed. Bulos, *Bourrienne et ses erreurs* I pp. 34–5, Cockburn, *Buonaparte's Voyage* pp. 83–5, Montefiore, *Jerusalem* p. 317, Balcombe, *To Befriend* p. 174, Ebrington, *Memorandum* p. 18, Hobhouse, *Recollections* I p. 181, ed. Lewis, *Extracts from the Journals* II p. 235, Wilson, *History* pp. 91–2　57. Balcombe, *To Befriend* pp. 175–6　58. Balcombe, *To Befriend* p. 176　59. ed. Lewis, *Extracts from the Journals* II p. 235　60. ed. Bingham, *Selection* I p. 256　61. ed. Brindle, *Guns in the Desert* p. 102　62. CG2 no. 4404 p. 940, June 19, 1799　63. ed. Bingham, *Selection* I p. 256　64. ed. Brindle, *Guns in the Desert* p. 104　65. ed. Brindle, *Guns in the Desert* p. 105　66. ed. Bingham, *Selection* I p. 254, Smith, *Data Book* p. 156, Smith, *The French Expedition* p. 9　67. CG2 no. 4479 p. 972, June 28, 1799　68. Lavalette, *Memoirs* p. 65　69. CG2 no. 4633 p. 1032, July 21, 1799　70. CG2 no. 4638 p. 1035, July 21, 1799　71. ed. Brindle, *Guns in the Desert* p. 113　72. Lavalette, *Memoirs* p. 66　73. ed. Brindle, *Guns in the Desert* p. 114　74. Smith, *Data Book* p. 161, CG2 no. 4666 p. 1048　75. CG2 no. 4758 pp. 1086–8 , August 22, 1799　76. Sauzet, *Desaix* p. 131　77. Strathearn, *Napoleon in Egypt* pp. 413–14　78. ed. North, *Napoleon on Elba* p. 30　79. ed. Cottin, *Souvenirs de Roustam* p. 75　80. CG2 no. 4757 p. 1085, August 22, 1799　81. CG2 no. 4758 p. 1086, August 22, 1799, ed. Brindle, *Guns in the Desert* pp. 120 n. 26　82. Davis, *Original Journals* I p. 263　83. Denon, *Travels in Egypt* III p. 119　84. Lavalette, *Memoirs* p. 68　85. CG3 p. 1216　86. Lavalette, *Memoirs* p. 69　87. Simonetta and Arikha, *Napoleon and the Rebel* p. 50　88. CN7 no. 15677 p. 809, Horne, *Age of Napoleon* p. 26　89. CG2 no. 4479 p. 972 n. 2, June 28, 1799　90. Ripaud, *Report passim*　91. Byrd, 'Napoleonic Institute of Egypt' p. 4

## 第九章　雾月

Napoleon on St Helena comes from ed. Wilson, *Diary* p. 87　Napoleon on St Helena comes from Las Cases *Memoirs* I p. 529　1. Lavalette, *Memoirs* p. 71, ed. Cottin, *Souvenirs de Roustam* p. 83　2. ed. Summerville, *Exploits of Baron de Marbot* p. 7　3. ed. Summerville, *Exploits of Baron de Marbot* p. 8　4. eds. Tulard and Garros, *Itinéraire* p. 133　5. Bruce, *Napoleon and Josephine* p. 274, Mossiker, *Napoleon and Josephine* pp. 195–200, Stuart, *Rose of Martinique* pp. 248–51　6. Lavalette, *Memoirs* p. 71　7. ed. Butler, *Baron Thiébault* II p. 14, CN30 p. 305　8. ed. Butler, *Baron Thiébault* II p. 13　9. Adams, *History of the United States* I ch. 14, Dwyer, *Talleyrand* pp. 73–4　10. ed. Malmesbury, *Diaries* IV p. 257, eds. Tulard and Garros, *Itinéraire* p. 133　11. D'Abrantès, *At the Court* p. 50　12. Simonetta and Arikha, *Napoleon and the Rebel* p. 48　13. CG2 no. 4764 p. 1090, October 31, 1799   **14.** Bingham, *Selection* I p. 270   **15.** ed. Arnold, *Documentary Survey* p. 14, Lefebvre, *The Directory* p. 213   **16.** Gildea, *Children of the Revolution* p. 27   **17.** Lavalette, *Memoirs* p. 71   **18.** Roederer, *Autour de Bonaparte* p. 3   **19.** Lyons, *France Under the Directory* pp. 230–31, Carpenter, *Refugees* p. 188, Crook, *Toulon in War* p. 188, Woolf, *Napoleon's Integration* p. 254, Vandal, *L'Avènement de Bonaparte* I pp. 8ff   **20.** Bertaud, *Bonaparte prend le pouvoir* pp. 188ff   **21.** Bingham, *Selection* I p. 271   **22.** Rose, *Napoleon* I p. 218   **23.** ed. Butler, *Baron Thiébault* II p. 17   **24.** Roederer, *Autour de Bonaparte* p. 4   **25.** Simonetta and Arikha, *Napoleon and the Rebel* p. 53   **26.** Rose, *Napoleon* I p. 223   **27.** Lefebvre, *The Directory* p. 214   **28.** CN30, p. 311   **29.** ed. Latimer, *Talks* p. 73   **30.** CN30 p. 311   **31.** Sparrow, *Shadow* p. 131   **32.** Cole, *Fouché* p. 121, Forrest, *Napoleon* p. 147   **33.** ed. Plenel, *Joseph Fouché* p. ix   **34.** Zweig, *Fouché* p. 146   **35.** ed. Latimer, *Talks* p. 95n   **36.** ed. Duruy, *Memoirs of Barras* IV p. 40   **37.** ed. Butler, *Baron Thiébault* II p. 18, CN30 p. 307   **38.** CN30 p. 306   **39.** D'Abrantès, *At the Court* p. 146   **40.** Chaptal, *Souvenirs* p. 259   **41.** CG7 no. 15126 p. 562, April 6, 1807   **42.** eds. Tulard and Garros, *Itinéraire* p. 135   **43.** Rovigo, *Mémoires* I p. 234   **44.** eds. Tulard and Garros, *Itinéraire* p. 136   **45.** Lavalette, *Memoirs* p. 74, Goodspeed, *Bayonets* p. 107, Forrest, *Napoleon* p. 123   **46.** Lavalette, *Memoirs* p. 75, CN30 p. 306, Gildea, *Children of the Revolution* p. 27, Lyons, *France Under the Directory* p. 231, Crook, *Napoleon Comes to Power* p. 1   **47.** ed. Arnold, *Documentary Survey* p. 15   **48.** CN30, p. 315   **49.** McLynn, *Napoleon* p. 216   **50.** Gueniffey, *Le Dix-Huit Brumaire* p. 15   **51.** Gueniffey, *Le Dix-Huit Brumaire* p. 16   **52.** Lavalette, *Memoirs* p. 75   **53.** Crook, *Napoleon Comes to Power* p. 2   **54.** ed. Broglie, *Memoirs* p. xviii n. 1, Harris *Talleyrand* p. 113   **55.** CN30 p. 380   **56.** CN30 p. 381   **57.** Crook, *Napoleon Comes to Power* p. 2   **58.** Bigonnet, *Coup d'état* p. 23   **59.** Aulard, *Histoire politique* p. 699   **60.** Gildea, *Children of the Revolution* p. 27   **61.** Sciout, *Le Directoire* IV pp. 652–3   **62.** Lavalette, *Memoirs* p. 77   **63.** Lavalette, *Memoirs* p. 77   **64.** Berlier, *Précis de la Vie* pp. 68–9   **65.** Gildea, *Children of the Revolution* p. 27, Rose, *Napoleon* I p. 225, Lyons, *France Under the Directory* p. 232   **66.** Rose, *Napoleon* I p. 224, Roederer, *Oeuvres* III p. 302   **67.** Boissonnade, *18 Brumaire* p. 93   **68.** Rose, *Napoleon* I p. 225   **69.** Lavalette, *Memoirs* p. 71   **70.** ed. Arnold, *Documentary Survey* p. 17   **71.** ed. Haythornthwaite *Final Verdict* p. 287   **72.** Lavalette, *Memoirs* p. 76   **73.** Rovigo, *Mémoires* I p. 234   **74.** CN30 p. 319   **75.** Schlabrendorf, *Bonaparte* pp. 13–16   **76.** CG1 no. 232 p. 196, August 7, 1794   **77.** Simonetta and Arikha, *Napoleon and the Rebel* p. 5   **78.** Rovigo, *Mémoires* I p. 239   **79.** Rose, *Napoleon* I p. 225   **80.** Aulard, *Histoire politique* p. 699   **81.** Lavalette, *Memoirs* p. 77   **82.** CG2 no. 4790 p. 1103 n. 2, December 7, 1799   **83.** ed. Butler, *Baron Thiébault* II p. 21   **84.** ed. Arnold, *Documentary Survey* pp. 17–18   **85.** Crook, *Napoleon Comes to Power* p. 3, Rose, *Napoleon* I p. 226, Lyons, *France Under the Directory* p. 232   **86.** Lentz, *18-Brumaire* p. 328   **87.** Gallais, *Histoire* I p. 90   **88.** Lentz, *18-Brumaire* p. 327   **89.** Bingham, *A Selection* I p. 270   **90.** Lyons, *France Under the Directory* p. 233   **91.** Holland, *Foreign Reminiscences* p. 243

## 第十章　执政

The Talleyrand quote is from Bergeron, *France Under Napoleon* p. 106　Napoleon to Fouché is from CG4 no. 9195 p. 386　1. eds. Tulard and Garros, *Itinéraire* p. 141, Forrest, *Napoleon* p. 124　2. CN30 p. 306　3. ed. Gaudin, *Mémoires* p. 45　4. ed. Gaudin, *Mémoires* p. 45　5. CN6 pp. 6–8　6. Collins, *Napoleon and His Parliaments* p. 10　7. Rudé, *Revolutionary Europe* p. 226　8. Rose, *Napoleon* I pp. 231–2　9. Boulay, *Boulay* p. 116, Rudé, *Revolutionary Europe* p. 227　10. Rose, *Napoleon* I p. 232　11. Brown, *Ending the Revolution* p. 301, Carpenter, *Refugees* p. 188, Lyons, *France Under the Directory* pp. 233–4　12. CG2 nos. 4766 and 4767 pp. 1091–2, November 15, 1799　13. Bourrienne, *Memoirs* I p. 315　14. Thody, *French Caesarism* p. 36　15. Roederer, *Bonaparte me disait* p. 60　16. CG3 pp. 1237–47, eds. Laven and Riall, *Napoleon's Legacy* p. 2　17. CN32 p. 84　18. ed. Arnold, *Documentary Survey* pp. 34–5, Forrest, *Napoleon* p. 170　19. France, *Constitution de la République Française* p. 16　20. Rose, *Napoleon* I p. 229　21. Gildea, *Children of the Revolution* p. 28　22. Ellis, *Napoleon* p. 2　23. Rose, *Napoleon* I p. 231　24. ed. Arnold, *Documentary Survey* pp. 24–33　25. Broers, *Europe under Napoleon* p. 51　26. CG2 no. 4817 p. 1115, December 25, 1799　27. Rodger, *War of the Second Coalition* p. 275　28. CG2 no. 4772 pp. 1094–5, November 24, 1799　29. Ségur, *Memoirs* p. 152　30. Emsley, *Napoleon* p. 117　31. Broers, *Napoleonic Empire in Italy* pp. 23ff　32. Mollien, *Mémoires* I p. 314　33. Hicks, 'Late 18th Century' *passim*　34. Bertaud, *La France* p. 38, Horne, *Age of Napoleon* p. 20, Markham, *Napoleon* p. 80　35. Cobban, *Modern France* II p. 13, ed. Arnold, *Documentary Survey* p. 23　36. ed. Rowe, *Collaboration and Resistance* p. 21, Forrest, *Napoleon* p. 132, Jordan, *Napoleon and the Revolution* p. 5, Gildea, *Children of the Revolution* p. 28　37. eds. Kafker and Laux, *Napoleon and His Times* p. 59　38. eds. Kafker and Laux, *Napoleon and His Times* p. 61　39. eds. Kafker and Laux, *Napoleon and His Times* p. 63　40. Lyons, *France Under the Directory* p. 234　41. CN10 no. 8922 p. 674, Emsley, *Gendarmes and the State* p. 60　42. Emsley, *Gendarmes and the State* pp. 54–7, Brown, 'From Organic Society' p. 693　43. ed. Dwyer, *Napoleon and Europe* p. 6, Forrest, *Napoleon* pp. 133, 150　44. Brown, *Ending the Revolution* p. 303　45. CG7 no. 14006 p. 60, January 11, 1807　46. Tomiche, *Napoléon Écrivain* pp. 208–12, Forrest, 'Propaganda and the Legitimation of Power' p. 428　47. Carpenter, *Refugees* p. xxiii　48. eds. Carpenter and Mansel, *The French Émigrés in Europe* p. 193, Lewis, *France* p. 234　49. McPhee, *Social History of France* p. 86　50. Brown, *Ending the Revolution* pp. 264–5　51. CG2 no. 4825 p. 1121, December 29, 1799　52. Holtman, *Napoleonic Propaganda* p. 44, Forrest, *Napoleon* p. 133　53. ed. Arnold, *Documentary Survey* pp. 37–8　54. ed. Orwicz, *Art Criticism* p. 23 n. 4　55. Montholon, *Captivity* II p. 88　56. Bertaud, *Napoleon* p. 78　57. ed. Orwicz, *Art Criticism* p. 9　58. Popkin, *The Right-Wing Press in France* pp. 170–71　59. ed. Noailles, *Count Molé* p. 190　60. Holtman, *Napoleonic Revolution* p. 165　61. Rosen, *Napoleon's Opera-Glass* p. 74　62. CG12 no. 31894 p. 1181, October 11, 1812　63. Forrest, *Napoleon* p. 137, Whitcomb

'Napoleon's Prefects' p. 1101  64. Godechot, *Les Instititions* p. 590  65. ed. Walter, *Las Cases* p. xv, eds. Laven and Riall, *Napoleon's Legacy* p. 4  66. eds. Dwyer and Forrest, *Napoleon and His Empire* p. 4, Hicks, 'The Napoleonic "Police"' p. 3  67. Woloch, *The New Regime* p. 430  68. ed. Charles, *Victor Marie du Pont* p. 37  69. Ramon, *Banque de France* p. 19, Lefebvre, *Napoleon* p. 77  70. Bruce, *Napoleon and Josephine* p. 310  71. Carnavalet Portraits 229 Bonaparte, Iᵉʳ Consul  72. ed. Lewis, *Journals and Correspondence of Miss Berry* II pp. 163–5  73. Holland, *Foreign Reminiscences* pp. 213–14  74. D'Abrantès, *At the Court* p. 74  75. D'Abrantès, *At the Court* p. 252  76. Carnavalet Portraits 229  77. Baldet, *La vie quotidienne* p. 34  78. CG3 no. 5639 p. 386, September 7, 1800  79. Roederer, *Autour de Bonaparte* p. 22  80. ed. Latimer, *Talks* p. 83  81. CG3 no. 5110 p. 148, March 16, 1800

## 第十一章  马伦戈

Napoleon to the other consuls comes from CG3 no. 5330 p. 254, May 18, 1800 Napoleon's *Caesar's Wars* comes from Rose, *Napoleon* I p. 187  1. CG3 no. 4903 pp. 55–6, January 25, 1800  2. Dumas, *Memoirs* II p. 107  3. eds. Tulard and Garros, *Itinéraire* p. 153  4. ed. Summerville, *Exploits of the Baron de Marbot* p. 39  5. CG3 no. 5198 p. 189, April 25, 1800  6. CG3 no. 5310 p. 245, May 15, 1800  7. CG3 no. 5375 p. 275, May 27, 1800  8. CG3 no. 5350 p. 262, May 19, 1800  9. Uffindell, *Napoleon's Chicken Marengo* p. 28  10. CG3 no. 5341 p. 258, May 19, 1800  11. Uffindell, *Napoleon's Chicken Marengo* p. 19  12. CG3 no. 5343 p. 259, May 19, 1800  13. Uffindell, *Napoleon's Chicken Marengo* p. 31  14. ed. North, *Napoleon on Elba* p. 62  15. Uffindell, *Napoleon's Chicken Marengo* p. 31  16. CG3 no. 5366 p. 272, May 24, 1800  17. CG3 no. 5398 p. 283, June 4, 1800  18. Pierpont Morgan Library MA 6939  19. Smith, *Data Book* p. 185  20. ed. Latimer, *Talks* p. 81  21. Gachot, *Siège de Gênes* passim  22. Masson, *Napoléon et les femmes* p. 84  23. CG3 no. 5432 p. 300, June 9, 1800  24. ed. Bingham, *Selection* I pp. 307–8  25. CG2 no. 4633 p. 1032, July 21, 1799  26. CG3 no. 5434 p. 301, June 10, 1799, Smith, *Data Book* p. 186  27. CG3 no. 5295 p. 238, May 14, 1800  28. Petit, *Marengo* p. 45  29. Petit, *Marengo* p. 45  30. Wood, 'Forgotten Sword' p. 79  31. Smith, *Data Book* pp. 186–7  32. Petit, *Marengo* p. 46  33. Petit, *Marengo* p. 27  34. Rouart, *Napoléon ou la destinée* pp. 127–8  35. Petit, *Marengo* p. 26  36. Petit, *Marengo* p. 26  37. Petit, *Marengo* p. 26  38. ed. Summerville, *Exploits of Baron de Marbot* p. 50  39. Rose, *Napoleon* I p. 258, ed. Chandler, *Military Maxims* p. 156  40. Crowdy, *Incomparable* pp. 94–7  41. eds. Bertaud et al., *Napoléon* p. 184  42. Smith, *Data Book* p. 187  43. D'Abrantès, *At the Court* p. 74  44. CG3 nos. 5553 and 5743 p. 351, July 22, 1800, p. 435, November 4, 1800  45. Smith, *Data Book* p. 187  46. Innocenti, 'Souls Not Wanting' p. 78  47. Hobhouse, *Recollections* I p. 181 n. 1  48. Rovigo, *Mémoires* VIII pp. 96–7  49. CG3 no. 5435 p. 301, June 15, 1800  50. Crowdy, *Incomparable* pp. 94–7, Petit, *Marengo* p. 47  51. Johnson, *Napoleon's Cavalry* p. 28  52. Rose,

Napoleon I p. 259  53. Dumas, *Memoirs* II p. 102  54. Simms, *Europe* p. 159  55. CG3 no. 5461 p. 313, June 21, 1800  56. Hibbert, *Napoleon* p. 120

<h2 style="text-align:center">第 十 二 章　正 法 直 度</h2>

Napoleon to Chaptal comes from Chaptal, *Souvenirs* pp. 236–7  Napoleon on St Helena comes from Montholon, *Récit* I p. 401  1. Chaptal, *Souvenirs* pp. 236–7  2. CG1 no. 980 pp. 620–21, October 8, 1796  3. Cobban, *Modern France* II p. 30  4. ed. Crook, *Revolutionary France* p. 124  5. ed. Hanoteau, *Napoleon in Russia* p. 392  6. Woloch, *New Regime* p. 431  7. Pigeard, *L'Armée* p. 182  8. ed. Latimer, *Talks* p. 272  9. Antommarchi, *Last Days* II p. 118, ed. Latimer, *Talks* p. 270  10. Chaptal, *Souvenirs* pp. 236–7  11. Bertrand, *Cahiers* I p. 84, ed. Walter, *Las Cases* p. x, ed. Latimer, *Talks* pp. 273, 276  12. ed. Latimer, *Talks* p. 273  13. ed. Latimer, *Talks* p. 280  14. ed. Latimer, *Talks* p. 280  15. Bertrand, *Cahiers* I p. 120  16. Rudé, *Revolutionary Europe* p. 237, Roederer, *Autour de Bonaparte* p. 18  17. Roederer, *Autour de Bonaparte* p. 16  18. Gibbon, *Decline and Fall* Bk I ch. 2  19. Bertrand, *Cahiers* I p. 182  20. O'Meara, *Napoleon in Exile* II p. 139  21. Rose, *Personality of Napoleon* p. 125  22. CN21 no. 17478 p. 566  23. Roederer, *Bonaparte me disait* p. 87  24. CG3 no. 6359 p. 72  25. Anonymous, *The Concordat* p. 2  26. Cobban, *Modern France* II p. 31  27. Rose, *Napoleon* I p. 281  28. Rose, *Personality of Napoleon* p. 130  29. Tulard, *Napoleon* p. 142, Ségur, *Memoirs* p. 78, CG3 no. 6882 p. 966, May 2, 1802  30. Mansel, *Louis XVIII* p. 235, Pelet, *Napoleon in Council* p. 235  31. ed. Bingham, *Selection* II p. 4  32. Daly, *Inside Napoleonic France* p. 250  33. ed. Baldick, *Memoirs of Chateaubriand* p. 207  34. Rudé, *Revolutionary Europe* p. 232  35. Bausset, *Private Memoirs* p. 405  36. ed. Bredin, *Code Civil* p. 4, ed. Schwartz, *Code Napoleon* p. 106  37. ed. Schwartz, *Code Napoleon* p. 109 n. 44  38. ed. Schwartz, *Code Napoleon* p. 105  39. ed. Schwartz, *Code Napoleon* p. 49, eds. Laven and Riall, *Napoleon's Legacy* p. 3  40. ed. Schwartz, *Code Napoleon* p. 104  41. Rudé, *Revolutionary Europe* p. 233  42. Holtman, *Napoleonic Revolution* p. 98  43. ed. Crook, *Revolutionary France* p. 102  44. ed. Crook, *Revolutionary France* p. 102  45. Horne, *Age of Napoleon* p. 32  46. Gourgaud, *Journal* I pp. 390–91, Thody, *French Caesarism* p. 39  47. Rudé, *Revolutionary Europe* p. 236  48. Emsley, *Napoleon* p. 117  49. McPhee, *Social History of France* p. 83  50. eds. Dwyer and McPhee, *The French Revolution and Napoleon* p. 166  51. eds. Kafker and Laux, *Napoleon and His Times* p. 220  52. Rowe, 'Between Empire and Home Town' p. 643  53. ed. Crook, *Revolutionary France* p. 124  54. ed. Latimer, *Talks* p. 86  55. ed. Crook, *Revolutionary France* p. 164  56. ed. Crook, *Revolutionary France* p. 165  57. ed. Boudon, *Napoléon et les lycées* p. 382  58. ed. Lentz et al., *Quand Napoléon* p. 411, Rose, *Personality of Napoleon* p. 141, Cobban, *Modern France* II p. 34  59. ed. Lentz et al., *Quand Napoléon* p. 410  60. ed. Boudon, *Napoléon et les lycées* p. 381  61. ed. Noailles, *Count Molé* p. 63  62. ed. Arnold, *Documentary Survey* p. 260  63. ed. Noailles, *Count Molé*

p. 72   **64.** ed. Bourdon, *Napoleon au conseil d'état* p. 18   **65.** Rudé, *Revolutionary Europe* p. 231   **66.** Rose, *Personality of Napoleon* p. 136   **67.** AN 29Ap/75 p. 141   **68.** Chaptal, *Souvenirs* p. 328   **69.** Rose, *Personality of Napoleon* p. 136   **70.** Pelet, *Napoleon in Council* p. 14   **71.** Chaptal, *Souvenirs* p. 56   **72.** Lanzac, *Paris sous Napoleon* II p. 92   **73.** ed. Noailles, *Count Molé* p. 79   **74.** Pelet, *Napoleon in Council* pp. 7–8   **75.** Chaptal, *Souvenirs* p. 333   **76.** Rose, *Personality of Napoleon* p. 136   **77.** CN32 p. 84

## 第十三章　阴谋

Talleyrand on Napoleon comes from Bell, *First Total War* p. 234   Napoleon to Jourdan comes from CG3 no. 591, p. 513   **1.** CG3 no. 5476 p. 319, June 29, 1800   **2.** CG3 no. 5462 p. 314, June 22, 1800   **3.** Moorehead, *Dancing* p. 287   **4.** CG3 no. 5896 p. 505, January 9, 1801   **5.** Nester, *Art of Diplomacy* p. 121   **6.** ed. Bingham, *Selection* I p. 334   **7.** Sparrow, *Secret Service* pp. 221–2   **8.** Rapp, *Memoirs* p. 21   **9.** Thiry, *La machine infernale* p. 167, *Moniteur* 29/12/1800   **10.** Rose, *Napoleon* I p. 304, Rapp, *Memoirs* p. 21   **11.** Sparrow, *Secret Service* p. 219   **12.** Rose, *Napoleon* I p. 303   **13.** ed. Bingham, *Selection* I p. 325   **14.** Sparrow, *Secret Service* p. 217   **15.** Sparrow, *Secret Service* pp. 219–21   **16.** Sparrow, *Secret Service* p. 222   **17.** Rose, *Napoleon* I p. 304, Roederer, *Bonaparte me disait* pp. 65–70   **18.** Thibaudeau, *Bonaparte and the Consulate* p. 75   **19.** ed. Bingham, *Selection* I p. 331   **20.** Thibaudeau, *Bonaparte and the Consulate* p. 75   **21.** Bonaparte, *Confidential Correspondence* II p. 23   **22.** CG4 no. 9450 p. 978, December 17, 1804   **23.** Brown, *Ending the Revolution* p. 326, eds. Dwyer and Forrest, *Napoleon and His Empire* p. 83   **24.** Rose, *Personality of Napoleon* p. 124   **25.** Balcombe, *To Befriend* p. 177   **26.** Rovigo, *Mémoires* I p. 364   **27.** Davies, *Vanished Kingdoms* p. 510   **28.** D'Abrantès, *At the Court* p. 211   **29.** Brown, *Ending the Revolution* p. 347   **30.** ed. Bingham, *Selection* I p. 341   **31.** ed. Charles, *Victor Marie du Pont* pp. 27–8   **32.** ed. Charles, *Victor Marie du Pont* p. 28   **33.** Horne, *Age of Napoleon* p. 55   **34.** Rose, *Napoleon* I pp. 263, 310   **35.** ed. Wilson, *A Diary* p. 37   **36.** ed. Bingham, *Selection* I p. 350   **37.** ed. Haythornthwaite, *Final Verdict* p. 294   **38.** CG3 no. 6233 p. 664, April 24, 1801   **39.** *The Times* 3/10/1801   **40.** Ragsdale, *Détente* p. 105   **41.** ed. Malmesbury, *Series of Letters* II p. 11   **42.** Authority, *Preliminary Articles* passim   **43.** Rose, *Napoleon* I p. 315   **44.** ed. Sadler, *Diary* I p. 105   **45.** Barnett, *Bonaparte* p. 78   **46.** Branda, *Napoléon et ses hommes* p. 147   **47.** ed. Fleischmann, *Mémoires* p. 490, Mowat, *Diplomacy of Napoleon* p. 103   **48.** eds. Dwyer and Forrest, *Napoleon and His Empire* p. 2   **49.** Philip Mansel in *TLS* 23/11/2001 p. 18   **50.** ed. Bingham, *Selection* I p. 373   **51.** Stark, 'Society: Friend or Enemy' p. 120, James, *The Black Jacobins* p. 8, ed. Bingham, *Selection* I p. 373, Zamoyski, *Holy Madness* p. 124, ed. Nesbitt, *Toussaint L'Ouverture* p. xiii   **52.** Dubois, *Colony of Citizens* pp. 121, 214   **53.** Branda and Lentz, *Napoléon, l'esclavage* p. 49, CG3 no. 6647 p. 853, November 18, 1801   **54.** CG2 no. 4486 p. 975, June 25, 1799, Ott, *Haitian Revolution* p. 139   **55.** ed.

Bingham, *Selection* I p. 375　56. Ott, *Haitian Revolution* p. 147　57. Ott, *Haitian Revolution* p. 147　58. Ott, *Haitian Revolution* p. 146　59. James, *Black Jacobins* p. 269, Boudon, *Les habits neuf* p. 36, Dumas, *Memoirs* I p. 64, Branda and Lentz, *Napoléon, l'esclavage* p. 112, Stark, 'Society: Friend or Enemy' p. 120　60. Herold, *The Mind of Napoleon* p. 5　61. CG3 no. 6627 p. 841, October 31, 1801　62. Tulard, *Dictionnaire amoureux* p. 204　63. *Edinburgh Review* No. XIII pp. 244–6　64. Ott, *Haitian Revolution* pp. 178–9, Dubois, *Colony of Citizens* p. 403, ed. Bingham, *Selection* II p. 5　65. Ott, *Haitian Revolution* p. 159　66. Tulard, *Dictionnaire amoureux* p. 205　67. CG3 no. 7317 p. 1168, November 27, 1802　68. D'Abrantès, *At the Court* p. 224　69. eds. Ambrose and Martin, *Many Faces* pp. 241–2, Rose, *Napoleon* I p. 363　70. ed. Nesbitt, *Toussaint L'Ouverture* pp. vii–xxv　71. ed. Latimer, *Talks* p. 112　72. ed. Hanoteau, *With Napoleon in Russia* p. 305

第十四章　亚眠

Napoleon to Roederer comes from Roederer, *Bonaparte me disait* p. 81　Napoleon to Eugène comes from CG5 no. 10224 p. 386, June 7, 1805　1. ed. Latimer, *Talks* p. 258　2. Lentz, *Le Grand Consultat* pp. 264–8, Fraser, *Venus of Empire* p. 103　3. CG3 no. 5942 p. 528, January 19, 1801　4. ed. Tulard, *Cambacérès: lettres inédites* II pp. 19–20　5. Connelly, *Napoleon's Satellite Kingdoms* p. 2　6. ed. Chatel de Brancion, *Cambacérès* I p. 7　7. Rose, *Napoleon* I pp. 319–20　8. Villefosse and Bouissounouse, *Scourge of the Eagle passim*　9. *TLS* 4/8/1972 p. 912　10. CG3 no. 6827 p. 939, March 22, 1802　11. Buhl MSS 110 Box 1 fol. 2 p. 19　12. Grainger, *Amiens Truce* p. 211　13. Jenkins, *French Navy* p. 241　14. Burrows, *French Exile Journalism* p. 121　15. CG3 no. 6632 p. 845, November 2, 1801　16. ed. Foster, *The Two Duchesses* p. 173　17. ed. Lewis, *Extracts* II p. 186, Alger, 'British Visitors' p. 254　18. Horne, *Age of Napoleon* p. 22　19. Alger, 'British Visitors' pp. 740–41　20. BL Add. MS 51799 ff. 54–5　21. ed. North, *Napoleon on Elba* p. 49, Lockhart, *Napoleon* I pp. 264–5　22. Rose, *Napoleon* I p. 321　23. Daly, *Inside Napoleonic France* p. 251, ed. Arnold, *Documentary Survey* p. 136　24. ed. Rowe, *Collaboration and Resistance* pp. 22–5, eds. Kafker and Laux, *Napoleon and His Times* p. 65　25. Holland, *Foreign Reminiscences* p. 194　26. CG3 no. 6948 p. 998, June 19, 1802　27. CG3 no. 6366 p. 729, June 16, 1801　28. CG3 no. 6892 p. 970, May 15, 1802　29. CG3 no. 6983 p. 1014, July 3, 1802　30. Rose, *Napoleon* I p. 389　31. eds. Lewis and Lucas, *Beyond the Terror* p. 238　32. Rose, *Napoleon* I pp. 324–5　33. CG3 no. 7142 pp. 1089–90, September 5, 1802　34. Grab, 'The Geopolitical Transformation' pp. 21–22　35. CG3 no. 7174 pp. 1105–6, September 23, 1802　36. Bertrand, *Cahiers* I p. 93　37. Rose, *Napoleon* I p. 392　38. *TLS* 3/2/2012 p. 4　39. Atteridge, *Marshal Ney* pp. 71–2　40. Horne, *Age of Napoleon* p. 21　41. Cobban, *Modern France* II pp. 49–52　42. Chaptal, *Souvenirs* p. 132　43. Cobban, *Modern France* II p. 49　44. Cobban, *Modern France* II p. 51　45. Burrows, *French Exile Journalism* p. 109　46. Pelet, *Napoleon in Council* p. 308, CG3 no. 6749 pp. 899–900, February 2, 1802   **47.** Pelet, *Napoleon in Council* p. 308   **48.** Burrows, *French Exile Journalism* pp. 110–11   **49.** PRO FO 27/66 28 August 1802   **50.** Darnton, *The Devil in the Holy Water* pp. 43–5   **51.** CG3 no. 5490 p. 326, July 4, 1800, Englund, *Napoleon* pp. 258–9   **52.** Bryant, 'Graphic Warriors' p. 17   **53.** Champfleury, *Histoire de la caricature* IV pp. 247–397, Buhl MSS 110 Box 1 fol. 3 frontispiece   **54.** Ashton, *English Caricature passim*   **55.** Plumptre, *Narrative*, p. 245   **56.** Yale Center, 'Nelson and Anti-Napoleon Verse' *passim*   **57.** *Moniteur* of 8/8/1802, 9/10/1802, 6/11/1802, 1/1/1803, 9/1/1803, 28/2/1803, 3/3/1803   **58.** Burrows, *French Exile Journalism* p. 117   **59.** CG3 no. 6294 p. 988, June 1, 1802,  CG4 no. 7503 p. 62, March 3, 1805   **60.** eds. Carpenter and Mansel, *French Émigrés* p. 56, Ashton, *English Caricature* I p. 174, Welschinger, *La censure* p. 86, Peltier, *Trial of John Peltier* p. xviii   **61.** Welschinger, *La censure* p. 143   **62.** CG4 no. 7425 p. 30, January 15, 1803   **63.** CG3, no. 7173 pp. 1104–5, September 22, 1802   **64.** CG3 no. 7386 p. 1199, December 28, 1802   **65.** Grainger, *Amiens Truce* p. 210   **66.** Pelet, *Napoleon in Council* p. 35   **67.** Thibaudeau, *Bonaparte and the Consulate* p. 119   **68.** Cobban, *Modern France* II p. 41   **69.** Aubry, *St Helena* p. 214   **70.** ed. Bingham, *Selection* II p. 5   **71.** ed. Bingham, *Selection* II p. 6   **72.** Wilson, *War, Society and State* p. 25   **73.** Mowat, *Diplomacy of Napoleon* pp. 108–9   **74.** CG4 no. 7515 p. 68, March 11, 1803   **75.** ed. Browning, *England and Napoleon* p. 116   **76.** Madelin, *Consulate and the Empire* p. 182   **77.** Rovigo, *Mémoires* II p. 457   **78.** ed. Browning, *England and Napoleon* p. 116   **79.** Alison, *History of Europe* V p. 109   **80.** ed. Browning, *England and Napoleon* p. ix   **81.** CG4 no. 7521 p. 74, March 13, 1803   **82.** CG4 no. 7516 p. 69, March 11, 1803   **83.** CG4 no. 7573 p. 100, April 14, 1803   **84.** CG4 no. 7629 p. 127, May 10, 1803   **85.** ed. Bingham, *Selection* II pp. 11–12   **86.** Brooks's Club Betting Book   **87.** Hozier, *Invasions of England* p. 312   **88.** ed. Malmesbury, *Diaries* IV p. 253   **89.** ed. Malmesbury, *Diaries* IV p. 258   **90.** CG4 nos. 7778, 7793 p. 193, July 3, 1803, p. 200, July 7, 1803   **91.** ed. Arnold, *Documentary Survey* p. 175   **92.** CG4 no. 7683 p. 151, May 29, 1803   **93.** Simms, *Europe* p. 159   **94.** Barbé-Marbois, *History of Louisiana* pp. 270–75   **95.** Rose, *Napoleon* I p. 372   **96.** DeConde, *This Affair of Louisiana* p. 162   **97.** DeConde, *This Affair of Louisiana* p. 166   **98.** *TLS* 20/2/2004 p. 10   **99.** Ziegler, *Sixth Great Power* p. 71, Mowat, *Diplomacy of Napoleon* p. 142 n. 1   **100.** DeConde, *This Affair of Louisiana* p. 173

## 第十五章　加冕

Napoleon on the Duc d'Enghien comes from eds. Forrest and Wilson, *The Bee and the Eagle* p. 117   Napoleon to the Conseil d'État comes from ed. Haythornthwaite, *Final Verdict* p. 240   **1.** CG4 no. 7813 p. 209, July 11, 1803   **2.** CG4 no. 8217 p. 426, November 5, 1803   **3.** Hughes, *Forging Napoleon's Grande Armée* p. 10   **4.** Wheeler and Broadley, *Napoleon and the Invasion* I p. x   **5.** Peter Mandler in *TLS* 7/7/2006 p. 9, Pelet *Napoleon in Council* p. 39, Anon, 'Descente en Angleterre' pp. 43–4   **6.** Pelet, *Napoleon in Council* p. 87, Ségur,

*Memoirs* pp. 101–3   7. Hozier, *Invasions of England* p. 313   8. Ségur, *Memoirs* p. 124   9. SHD GR2.C/571   10. Pelet *Napoleon in Council* p. 39, ed. Bingham, *Selection* II p. 32   11. ed. Bingham, *Selection* II p. 81, Knight, *Britain Against Napoleon* p. 251   12. Desbrière, *Projets et tentatives* IV p. 3, Jenkins, *French Navy* p. 245   13. Jenkins, *French Navy* p. 240   14. CG4 no. 9025 p. 779, July 27, 1804   15. Ségur, *Memoirs* p. 128   16. CG4 no. 7847 p. 223, July 22, 1803   17. CG4 nos. 8285, 7988 p. 452, November 17, 1803, p. 317, September 1, 1803   18. CG4 no. 7914 p. 258, August 8, 1803   19. ed. Bingham, *Selection* II pp. 32–3   20. CG4 no. 8096 p. 369, October 1, 1803   21. CG4 no. 8251, p. 439, November 11, 1803   22. CG4 no. 8457 p. 557, January 3, 1804   23. CG4 no. 8313 p. 463, November 23, 1803   24. CG4 no. 8347 p. 478, November 29, 1803   25. CG3 no. 7259 p. 1145, November 2, 1802   26. CG4 no. 8253 p. 440, November 12, 1803   27. CG4 no. 8273 p. 448, November 16, 1803   28. CG4 no. 8614 p. 583, January 24, 1804   29. CG4 no. 8593 p. 575, January 13, 1804   30. ed. North, *Napoleon on Elba* p. 69   31. ed. North, *Napoleon on Elba* p. 70   32. Knight, *Britain Against Napoleon* pp. 251–61   33. ed. Lloyd, *Keith Papers* III p. 31, Pocock, *Terror Before Trafalgar* p. 106   34. Rovigo, *Mémoires* II p. 25   35. Ségur, *Memoirs* p. 100   36. Pocock, *Terror Before Trafalgar* pp. 110–11   37. Sparrow, *Shadow of the Guillotine* p. 164   38. NYPL Napoleon I folder 1   39. ed. Butler, *Baron Thiébault* II p. 106   40. Pocock, *Terror Before Trafalgar* p. 131   41. CG4 no. 8717 p. 628, 8 March, 1804   42. Pocock, *Terror Before Trafalgar* pp. 132–3, Ségur, *Memoirs* p. 99   43. Ségur, *Memoirs* p. 100   44. Pelet, *Napoleon in Council* p. 87, Ségur, *Memoirs* pp. 101–3   45. CG4 no. 8679 p. 614, February 19, 1804   46. CG4 no. 8681 p. 615, February 20, 1804   47. Pocock, *Terror Before Trafalgar* pp. 133–4   48. Ségur, *Memoirs* p. 104   49. Ségur, *Memoirs* p. 105   50. Bourrienne, *Memoirs* p. 289   51. CG4 no. 8718 p. 629, March 9, 1804   52. ed. Latimer, *Talks* p. 110, ed. North, *Napoleon on Elba* p. 146, ed. Chatel de Brancion, *Cambacérès: Mémoires* I pp. 710–11   53. Rovigo, *Mémoires* II pp. 52–3   54. Ségur, *Memoirs* p. 106   55. Rémusat, *Memoirs* I pp. 126–31, Ségur, *Memoirs* p. 117   56. Welschinger, *Le duc d'Enghien* pp. 219–39   57. Pocock, *Terror Before Trafalgar* p. 135   58. Bertaud, *Le duc d'Enghien* p. 320   59. eds. Forrest and Wilson, *The Bee and the Eagle* p. 117   60. CG4 no. 8751 p. 649, March 20, 1804   61. Las Cases, *Le Mémorial* II pp. 622, Balcombe, *To Befriend* pp. 177–8, Ségur, *Memoirs* pp. 118–19, 122   62. Ebrington, *Memorandum* p. 16, Cockburn, *Buonaparte's Voyage* p. 122   63. Cole, *The Betrayers* p. 43   64. CG4 no. 8749 p. 648, March 20, 1804   65. Ségur, *Memoirs* p. 112   66. Ségur, *Memoirs* p. 112   67. Ségur, *Memoirs* p. 121   68. Horne, *Age of Napoleon* p. 30   69. Pelet, *Napoleon in Council* p. 45   70. CG4 no. 8870 p. 704, May 13, 1804   71. Pelet, *Napoleon in Council* pp. 46–7   72. Pelet, *Napoleon in Council* p. 49   73. Ségur, *Memoirs* p. 122   74. ed. Bingham, *Selection* II p. 54   75. Ségur, *Memoirs* p. 122   76. Sparrow, *Secret Service* p. 293   77. ed. Bingham, *Selection* II p. 55   78. Cockburn, *Buonaparte's Voyage* p. 32   79. CG4 no. 9100 p. 817, August 14, 1804   80. CG5 no. 10845 p. 716, September 19, 1805   81. Pelet, *Napoleon in Council* p. 58   82. Ségur, *Memoirs* p. 124   83. Pelet, *Napoleon in Council* pp. 59–60   84. Pelet, *Napoleon in Council* p. 55, eds.

Dwyer and Forrest, *Napoleon and His Empire* p. 14 n. 7   85. Pelet, *Napoleon in Council* p. 66   86. Pelet, *Napoleon in Council* p. 71   87. Tissot, *Souvenirs historiques* pp. 34–5   88. CG4 no. 8804 p. 672, April 14, 1804   89. Lentz, *Napoléon et la conquête* p. 50   90. CG4 no. 8938 p. 738, June 14, 1804   91. eds. Tulard and Garros, *Itinéraire* p. 211   92. CG4 no. 9039 p. 785, July 30, 1804   93. CG5 no. 10037 p. 300, May 13, 1805   94. CG5 no. 9877 p. 224, April 22, 1805   95. Fraser, *Venus of Empire* pp. 102–3   96. CG4 no. 8789 p. 666, April 6, 1804   97. Fraser, *Venus of Empire* p. 119   98. ed. Latimer, *Talks* p. 236   99. ed. Butler, *Baron Thiébault* II p. 114   100. Gallaher, 'Davout and Napoleon' p. 3   101. Currie, *The Bâton* p. 11, ed. Chandler, *Napoleon's Marshals* p. xxxix   102. Jourquin, *Dictionnaire des Marechaux* pp. 54–5   103. ed. Chandler, *Napoleon's Marshals* p. 442   104. Jourquin, *Dictionnaire des Marechaux* p. 116   105. Jourquin, *Dictionnaire des Marechaux* p. 116   106. Rose, *Napoleon* I p. 24   107. Moreau, *Bonaparte and Moreau* p. 25   108. Pelet, *Napoleon in Council* p. 87   109. ed. Bingham, *Selection* II p. 53   110. Ségur, *Memoirs* p. 100   111. Pocock, *Terror Before Trafalgar* p. 143   112. ed. Bingham, *Selection* II p. 80   113. ed. Lentz, *Le Sacre de Napoléon* p. 105   114. Fraser, *The War Drama* p. 3   115. Fraser, *The War Drama* p. 9   116. MacCulloch, *History of Christianity* p. 811   117. Cobban, *Modern France* II p. 16   118. eds. Dwyer and Forrest, *Napoleon and His Empire* p. 14 n. 11   119. eds. Kafker and Laux, *Napoleon and His Times* p. 65   120. Gonneville, *Recollections* I p. 59   121. Paris, *Napoleon's Legion* p. 13   122. Hughes, *Forging Napoleon's Grande Armée* p. 3   123. Dumas, *Memoirs* II p. 131   124. Paris, *Napoleon's Legion* pp. 17–18, Thibaudeau, *Mémoires* ch. 26   125. Rose, *Personality of Napoleon* p. 134   126. D'Abrantès, *At the Court* p. 248   127. CG4 no. 9015 p. 775, July 21, 1804   128. CG4 no. 9223 p. 874, September 15, 1804   129. CG4 no. 9310 p. 917, October 6, 1804   130. CG4 nos. 9318–34 pp. 920–27, October 7, 1804   131. CG4, no. 8473 p. 529, December 19, 1803   132. CG4 no. 8924 p. 729, May 30, 1804   133. ed. Tulard, *Cambacérès: lettres inédites* I p. 190   134. ed. Bingham, *Selection* II p. 48   135. Rose, *Personality of Napoleon* p. 130   136. ed. Bingham, *Selection* III pp. 5–6   137. Roederer, *Bonaparte me disait* p. 112   138. Nester, 'Napoleon, Family Values' p. 106   139. Roederer, *Bonaparte me disait* p. 108   140. Roederer, *Bonaparte me disait* p. 113   141. Roederer, *Bonaparte me disait* p. 114   142. Roederer, *Bonaparte me disait* p. 114   143. CG4 nos. 9007, 9009 pp. 772–3, 17 July, 1804, p. 773, 18 July 1804   144. CG5 no. 10342 p. 452, June 24, 1805   145. ed. Castle, *Stanley Kubrick's Napoleon* p. 197   146. CG5 no. 9973 p. 266, May 4, 1805   147. Masson, *Napoleon and his Coronation* p. 225   148. Masson, *Napoleon and his Coronation* p. 220   149. Thiard, *Souvenirs* p. 5   150. Bausset, *Private Memoirs* p. 27   151. Masson, *Napoleon and his Coronation* p. 230   152. Knapton, *Empress Josephine* p. 151   153. Parker, 'Why Did Napoleon' p. 136   154. Masson, *Napoleon and his Coronation* p. 310   155. D'Abrantès, *At the Court* p. 263   156. Knapton, *Empress Josephine* p. 228   157. Brookner, *Jacques-Louis David* p. 153   158. Anon., *Description des cérémonies* p. 5   159. Prat and Tonkovich, *David, Delacroix* p. 28, Brookner, *Jacques-Louis David* p. 153   160. Knapton, *Empress Josephine* p. 229   161. Bausset, *Private Memoirs*

p. 31　**162.** Masson, *Napoleon and his Coronation* p. 230　**163.** ed. Yonge, *Marshal Bugeaud* p. 22　**164.** Sudhir Hazareesingh in *TLS* 12/2/2005 p. 11

## 第十六章　奥斯特利茨

Napoleon's quote from *Caesar's Wars* comes from CN32 p. 82　Napoleon's letter to Decrès comes from CG5 no. 10618 p. 594　**1.** ed. Haythornthwaite, *Final Verdict* pp. 215–16　**2.** ed. Butler, *Baron Thiébault* II p. 120　**3.** ed. Markham, *Imperial Glory* p. 139　**4.** Hughes, *Forging Napoleon's Grande Armée* p. 20　**5.** CG4 no. 8731 pp. 637–8, March 12, 1804　**6.** Sherwig, *Guineas and Gunpowder* pp. 345, 368　**7.** CG5 nos. 9485, 10200 p. 22, 2 January, 1805, p. 375, 3 June, 1805　**8.** ed. Bingham, *Selection* II p. 103　**9.** CG5 no. 9536 p. 50, January 30, 1805　**10.** CG5 no. 9566 p. 63, February 16, 1805　**11.** CG5 no. 10009 p. 287, May 9, 1805　**12.** CG5 no. 10163 p. 358, May 30, 1805　**13.** Balcombe, *To Befriend* pp. 184–5　**14.** Bausset, *Private Memoirs* p. 429　**15.** CG5 no. 9700 pp. 136–7, March 17, 1805　**16.** D'Abrantès, *At the Court* p. 289　**17.** Hibbert, *Napoleon* p. 296　**18.** CG5 no. 10137 p. 348, May 27, 1805　**19.** Bausset, *Private Memoirs* p. 34　**20.** Schneid, *Soldiers* p. 7　**21.** CG5 no. 10224 p. 386, June 7, 1805　**22.** Connelly, *Satellite Kingdoms* p. 2　**23.** CG5 no. 10303 p. 433, June 19, 1805　**24.** ed. Hinard, *Dictionnaire-Napoleon* p. 200　**25.** CG5 no. 10427 pp. 495–6, July 20 1805　**26.** CG5 no. 10474 p. 520, July 28, 1805　**27.** ed. North, *Napoleon on Elba* p. 155　**28.** CG5 no. 10412 pp. 489–90, July 16, 1805　**29.** CG5 no. 10493 p. 530, August 3, 1805　**30.** Bausset, *Private Memoirs* p. 45　**31.** Ségur, *Memoirs* p. 146　**32.** CG5 no. 10554 p. 561, August 13, 1805　**33.** CG5 no. 10561 pp. 565–7, August 13, 1805　**34.** Ibid.　**35.** CG5 no. 10562 p. 568, August 13, 1805　**36.** Ségur, *Memoirs* p. 146　**37.** Ségur, *Memoirs* p. 147　**38.** Muir, *Tactics and the Experience of Battle* p. 146　**39.** eds. Olsen and van Creveld, *Evolution of Operational Art* pp. 22–3　**40.** Abel, 'Jacques-Antoine-Hippolyte' p. 37, Summerville, *Napoleon's Polish Gamble* p. 28　**41.** ed. Latimer, *Talks* p. 60　**42.** CG5 no. 10661 p. 620, August 25, 1805　**43.** Ségur, *Memoirs* p. 154, Schneid, *Napoleon's Conquest of Europe* p. 93　**44.** Ségur, *Memoirs* p. 148　**45.** CG5 no. 10629 pp. 598–600, August 22, 1805　**46.** ed. Bingham, *Selection* II, p. 147　**47.** CG5 no. 10516, pp. 541–2, August 6, 1805　**48.** CG5 no. 10729 p. 659, September 1, 1805　**49.** CG5 no. 10786 p. 685, September 12, 1805　**50.** CG5 no. 10756 p. 673, September 7, 1805　**51.** eds. Kagan and Higham, *Military History of Tsarist Russia* p. 110　**52.** CG5 no. 10775 p. 680, September 10, 1805　**53.** CG5 no. 10887 p. 742, September 28, 1805　**54.** Pelet, *Napoleon in Council* pp. 282–3　**55.** Ségur, *Memoirs* p. 153　**56.** Ségur, *Memoirs* p. 154　**57.** CG5 no. 10917 pp. 757–8, October 2, 1805　**58.** Balcombe, *To Befriend* p. 75　**59.** CG5 no. 10561 pp. 565–7, August 13, 1805　**60.** CG5 no. 10960 p. 778, October 4, 1805　**61.** Ségur, *Memoirs* p. 161　**62.** ed. Markham, *Imperial Glory* p. 11　**63.** ed. Davis, *Original Journals* II p. 6　**64.** ed. Davis, *Original Journals* II p. 19　**65.** CG5 no. 10998 p. 797, October 12, 1805　**66.** Ségur, *Memoirs* p. 172　**67.** Ségur, *Memoirs* p. 173　**68.** ed. Davis, *Original Journals* II p. 10

69. Ségur, *Memoirs* p. 175   70. Rapp, *Memoirs* p. 34   71. CG5 no. 11018 p. 808, October 19, 1805   72. ed. Davis, *Original Journals* II p. 10   73. Rapp, *Memoirs* p. 37, Smith, *Data Book* p. 205   74. Rapp, *Memoirs* p. 38   75. CG5 no. 11018 p. 808, October 19, 1805   76. ed. Markham, *Imperial Glory* p. 20   77. Ségur, *Memoirs* p. 188, ed. Bingham, *Selection* II p. 159   78. Rovigo, *Mémoires* II p. 153   79. Rapp, *Memoirs* p. 38   80. ed. Markham, *Imperial Glory* p. 20   81. ed. Dwyer, *Napoleon and Europe* p. 113   82. ed. Latimer, *Talks* p. 236   83. Rodger, *Second Coalition* p. 227   84. CG5 no. 11067 p. 830, November 2, 1805   85. Ségur, *Memoirs* p. 196   86. ed. Davis, *Original Journals* II p. 29   87. ed. Davis, *Original Journals* II p. 29   88. Rapp, *Memoirs* pp. 59–62   89. Ségur, *Memoirs* p. 202   90. Ségur, *Memoirs* p. 205   91. CG5 no. 11101 p. 850, November 15, 1805   92. Billings, 'Napoleon' p. 79, ed. Jennings, *Croker Papers* I pp. 340–41   93. Ségur, *Memoirs* p. 207   94. Ségur, *Memoirs* p. 208   95. Ségur, *Memoirs* p. 208   96. ed. Butler, *Baron Thiébault* II p. 154   97. ed. Butler, *Baron Thiébault* II p. 154   98. Ségur, *Memoirs* p. 208   99. ed. Butler, *Baron Thiébault* II p. 149   100. CG5 no. 11148 p. 875, December 5, 1805   101. Rovigo, *Mémoires* II p. 196, Ségur, *Memoirs* p. 210   102. Rovigo, *Mémoires* II p. 198   103. CG5 no. 11138 p. 869, November 30, 1805   104. Muir, *Tactics and the Experience of Battle* p. 155   105. ed. Yonge, *Memoirs of Bugeaud* I p. 38   106. Pelet, *Napoleon in Council* p. 15 & n   107. ed. Summerville, *Exploits of Baron de Marbot* p. 54   108. ed. Bell, *Baron Lejeune* I pp. 27–8   109. ed. Butler, *Baron Thiébault* II p. 151   110. ed. Butler, *Baron Thiébault* II p. 152   111. ed. Butler, *Baron Thiébault* II p. 153   112. Ibid.   113. Ibid.   114. Haythornthwaite, *Napoleonic Cavalry* p. 119   115. ed. Summerville, *Exploits of Baron de Marbot* p. 56   116. ed. Summerville, *Exploits of Baron de Marbot* p. 57   117. Thiard, *Souvenirs* p. 231   118. ed. Summerville, *Exploits of Baron de Marbot*, p. 58, ed. Garnier, *Dictionnaire* p. 104   119. ed. Summerville, *Exploits of Baron de Marbot* p. 58   120. ed. Haythornthwaite, *Final Verdict* p. 222   121. Bourne, *History of Napoleon* p. 360   122. Smith, *Data Book* p. 217   123. Dumas, *Memoirs* II p. 149   124. CG5 no. 11144 p. 873, December 3, 1805

## 第十七章　耶拿

The quote about Prussia comes from Gray, *In the Words* p. 188   Napoleon to Joseph comes from CG6 no. 12758 p. 734, August 20, 1806   1. ed. Summerville, *Exploits of Baron de Marbot* p. 60   2. ed. Summerville, *Exploits of Baron de Marbot* p. 62   3. CG5 no. 11146 p. 873, December 4, 1805   4. ed. Fleischmann, *L'Épopée Impériale* p. 69   5. ed. Summerville, *Exploits of Baron de Marbot* p. 64   6. ed. Wilson, *Diary* p. 42   7. CG5 no. 11149 p. 876, December 5, 1805   8. ed. Bertrand, *Lettres de Talleyrand* pp. 209–12   9. ed. Butler, *Baron Thiébault* II p. 183   10. Horne, *Age of Napoleon* p. 57   11. Pelet, *Napoleon in Council* pp. 283–4   12. Clark, *Iron Kingdom* p. 302   13. CG5 no. 11186 p. 892, December 15, 1805   14. CG5 no. 11223 p. 910, December 25, 1805   15. ed. Arnold, *Documentary Survey* p. 209   16. Dwyer, *Talleyrand* p. 100   17. ed. Arnold, *Documentary Survey*

p. 213　18. Bausset, *Private Memoirs* p. 54　19. Connelly, *Satellite Kingdoms* p. 9　20. Connelly, *Satellite Kingdoms* p. 10　21. CG6 no. 12235 p. 491, June 6, 1806　22. CG5 no. 11241 p. 920, December 31, 1805　23. CG6 no. 12823 p. 768, August 31, 1806　24. CG7 no. 14927 p. 471, March 27, 1807　25. Schneid, *Conquest of Europe* p. 143　26. Schneid, *Conquest of Europe* p. 143　27. Branda, 'Did the War' p. 132　28. Branda, 'Did the War' p. 132　29. Branda, 'Did the War' pp. 135–7　30. Pelet, *Napoleon in Council* p. 275　31. Branda, 'Did the War' p. 135　32. Gates, 'The Wars of 1812' p. 45　33. ed. Noailles, *Count Molé* p. 64　34. CG6 no. 11335 p. 63, January 27, 1806　35. CG5 no. 11161 p. 880, December 12, 1805　36. CG6 no. 12223 p. 484, June 5, 1806　37. CG6 no. 12785 p. 752, August 23, 1806　38. Israel, *The Dutch Republic* pp. 1127–9　39. Israel, *The Dutch Republic* p. 1130　40. Connelly, *Satellite Kingdoms* p. 13　41. CG6 no. 13871 pp. 1284–5, December 15, 1806　42. Chaptal, *Souvenirs* p. 339　43. ed. Latimer, *Talks* p. 144　44. CG6 no. 11815 p. 289, April 1, 1806　45. CG6 no. 11833 p. 297, April 8, 1806　46. AN AF/IV/1231　47. Branda, *Le prix de la gloire* p. 57, ed. Castle, *Stanley Kubrick's Napoleon* p. 195　48. CAD P11778/16–18　49. CAD P11778　50. ed. Bingham, *Selection* II p. 255　51. CG6 no. 12748 p. 729, August 18, 1806　52. Pelet, *Napoleon in Council* p. 258　53. Pelet, *Napoleon in Council* p. 272　54. Pelet, *Napoleon in Council* p. 272　55. Pelet, *Napoleon in Council* p. 273　56. Pelet, *Napoleon in Council* p. 205　57. CG6 no. 11655 p. 213, March 12, 1806　58. Pelet, *Napoleon in Council* p. 263　59. CG6 no. 11898 pp. 325–6, April 14, 1806　60. CG6 no. 12023 p. 388, April 30, 1806　61. CG6 no. 12206 p. 475, May 31, 1806　62. ed. Arnold, *Documentary Survey* p. 226　63. Markham, 'Was Napoleon an Anti-Semite?' *passim*, eds. Kafker and Laux, *Napoleon and His Times* p. 296　64. *Moniteur* May 22, 1799　65. eds. Brenner et al., *Jewish Emancipation Reconsidered* p. 80　66. Pelet, *Napoleon in Council* p. 251　67. Benbassa, *The Jews of France* p. 88　68. Weider, 'Napoleon and the Jews' p. 3　69. Weider, 'Napoleon and the Jews' p. 2　70. Schwarzfuchs, *Napoleon, the Jews* pp. 125–30　71. Lentz, *La France et l'Europe* pp. 254–8, eds. Brenner et al., *Jewish Emancipation Reconsidered* p. 196　72. eds. Kafker and Laux, *Napoleon and His Times* p. 299　73. Mauduit, *Les derniers jours* II p. 39　74. ed. Latimer, *Talks* p. 277　75. Hazareesingh, *The Saint-Napoleon* pp. 3–4　76. Koebner, *Empire* p. 282　77. Clark, *Iron Kingdom* p. 303　78. Simms, *The Impact of Napoleon* p. 291　79. Simms, *The Impact of Napoleon* p. 292　80. Simms, *The Impact of Napoleon* p. 295　81. CG6 no. 12643 pp. 684–5, August 2, 1806　82. CG6 no. 12642 p. 684, August 2, 1806　83. ed. Metternich, *Memoirs* I p. 270　84. ed. Metternich, *Memoirs* I p. 271　85. CG6 no. 12646 p. 686, August 5, 1806　86. Clark, *Iron Kingdom* p. 301　87. ed. Summerville, *Exploits of Baron de Marbot* p. 67　88. ed. Handel, *Leaders and Intelligence* p. 42　89. CG6 no. 12897 p. 816, September 10, 1806　90. Lentz, *Napoléon et la conquête* p. 327　91. Maude, *Jena Campaign* pp. 118–19　92. Maude, *Jena Campaign* p. 121 n. 1　93. Rapp, *Memoirs* p. 73　94. Napoleonic Historical Society Newsletter (Berthier Supplement) May 2014 p. 13　95. Rapp, *Memoirs* p. 74　96. CG6 no. 13259 p. 999, October 12, 1806　97. Clark, *Iron Kingdom* p. 305　98. Hayman, 'France Against Prussia' p. 188　99. Hayman,

'France Against Prussia' p. 194　100. Clark, *Iron Kingdom* p. 306　101. Hayman, 'France Against Prussia' p. 188　102. Paret, *Cognitive Challenge of War* p. 21　103. Paret, *Cognitive Challenge of War* p. 21　104. Gallaher, *Iron Marshal*, p. 26　105. ed. Cottin, *Souvenirs de Roustam* p. 135　106. Jomini, *Summary* p. 73　107. Smith, *Data Book* pp. 225–6　108. Cook, 'Bernadotte 1806' (unpaged)　109. Rapp, *Memoirs* p. 86　110. ed. Latimer, *Talks* pp. 123–4　111. CG6 no. 13312 p. 1023, October 23, 1806, Palmer, *Bernadotte* p. 135, Cook, 'Bernadotte 1806' (unpaged)　112. CG6 no. 13267 pp. 1003–4, October 15, 1806

## 第十八章　受阻

Captain Blaze quote comes from Blaze, *Life in Napoleon's Army* p. 183　Napoleon's maxim comes from ed. Chandler, *Napoleon's Military Maxims* p. 204　1. ed. Latimer, *Talks* p. 125　2. Butterfield, *Peace Tactics of Napoleon* p. 7　3. CG6 no. 12684 p. 701, August 8, 1806　4. Bausset, *Private Memoirs* p. 64　5. ed. Summerville, *Exploits of Baron de Marbot* p. 76　6. ed. Bingham, *Selection* II p. 263　7. CG6 no. 13318 p. 1028, October 23, 1806　8. CG6 no. 13915 p. 1303, December 31, 1806　9. Rovigo, *Mémoires* II pp. 287–8　10. Rapp, *Memoirs* p. 94　11. Clark, *Iron Kingdom* p. 307, ed. Markham, *Imperial Glory* p. 97, ed. Bingham, *Selection* II p. 267　12. Rapp, *Memoirs* pp. 107–8　13. Rovigo, *Mémoires* II p. 317　14. CG6 no. 13355 p. 1037, October 25, 1806　15. ed. Markham, *Imperial Glory* p. 97　16. ed. Markham, *Imperial Glory* p. 97　17. CG6 no. 13482 p. 1106, November 6, 1806　18. ed. Markham, *Imperial Glory* p. 101　19. Coignet, *Captain Coignet* p. 133　20. ed. Sage, *Private Diaries of Stendhal* p. 253　21. Branda, *Le prix de la gloire* p. 57　22. Clark, *Iron Kingdom* p. 308　23. CG6 no. 13426 p. 1076, November 3, 1806　24. CG6 no. 13413 p. 1070, November 2, 1806　25. Summerville, *Napoleon's Polish Gamble* p. 10　26. ed. North, *Napoleon on Elba* p. 49　27. ed. Arnold, *Documentary Survey* p. 230, Melvin, *Napoleon's Navigation System* p. 5 n. 6　28. Rudé, *Revolutionary Europe* p. 250　29. CG6 no. 13743 p. 1222, December 3, 1806　30. CN28 11010, 11064, 11093, 11217 and 11271　31. Melvin, *Napoleon's Navigation System* p. 14　32. Mollien, *Mémoires* II p. 444　33. *Edinburgh Review* No. 23 April, 1808 p. 228　34. *TLS* 15/2/1923 p. 99, ed. Bingham, *Selection* II p. 329 n. 1　35. *TLS* 15/2/1923 p. 99　36. Melvin, *Napoleon's Navigation System* p. 11 n. 13　37. Rapp, *Memoirs* pp. 158–61　38. CG7 no. 16785 p. 1310, November 13, 1807　39. eds. Dwyer and Forrest, *Napoleon and His Empire* p. 7　40. Knight, *Britain Against Napoleon* pp. 402–4, ed. Bingham, *Selection* III p. 113　41. Knight, *Britain Against Napoleon* p. 403　42. Gates, 'The Wars of 1812' p. 46, Knight, *Britain Against Napoleon* p. 404　43. Lentz, *Napoléon et la conquête* p. 265　44. Fain, *Manuscrit de 1812* I p. 7　45. CG8 no. 17215 p. 165, February 18, 1808　46. ed. Bingham, *Selection* III p. 45　47. Gray, *Spencer Perceval* pp. 45–6　48. *Conservative History Journal* II, Issue 1, Autumn 2012 p. 40　49. Summerville, *Napoleon's Polish*

Gamble p. 36　50. ed. Latimer, *Talks* p. 124　51. Summerville, *Napoleon's Polish Gamble* p. 38　52. CG6 no. 13719 p. 1213, December 2, 1806　53. Ibid. 54. Rapp, *Memoirs* p. 119　55. Rapp, *Memoirs* p. 120　56. Rovigo, *Mémoires* III p. 23　57. Ibid.　58. CG6 no. 13739 p. 1220, December 3, 1806　59. Summerville, *Napoleon's Polish Gamble* p. 47　60. Rapp, *Memoirs* p. 128 61. Esdaile, 'Recent Writing on Napoleon' p. 211　62. Summerville, *Napoleon's Polish Gamble* p. 136　63. Summerville, *Napoleon's Polish Gamble* p. 57 64. Summerville, *Napoleon's Polish Gamble* pp. 56–7　65. Percy, *Journal des Campagnes* p. 137　66. Summerville, *Napoleon's Polish Gamble* p. 21 67. Howard, *Napoleon's Doctors* p. 69　68. Howard, *Napoleon's Doctors* pp. 68–71　69. ed. Cottin, *Souvenirs de Roustam* p. 161　70. Cate, *War of the Two Emperors* p. 170　71. Howard, *Napoleon's Doctors* pp. 70–71　72. Howard, *Napoleon's Doctors* p. 251　73. Muir, *Tactics and the Experience of Battle* p. 9　74. Sutherland, *Marie Walewska* p. 61　75. ed. Stryjenski, *Mémoires* p. 125　76. CG7 no. 13938 p. 27, January 3, 1807　77. CG7 no. 13988 p. 52, January 8, 1807　78. Rapp, *Memoirs* p.129　79. CG7 no. 14001 p. 58, January 10, 1807　80. Arnold and Reinertsen, *Crisis in the Snows* p. 1295　81. CG7 no. 14211 p. 152, January 29, 1807　82. CG7 nos. 14134, 14139, p. 116, between January 17 and 24, 1807, p. 119, January 21 or 22, 1807　83. Branda, *Le prix de la gloire* p. 57　84. CG7 no. 16323 p. 1100, September 7, 1807　85. Summerville, *Napoleon's Polish Gamble* p. 63　86. CG7 no. 14270 p. 174, February 5, 1807　87. Blond, *La Grande Armée* p. 121　88. Smith, *Data Book* p. 241 89. Blaze, *Life in Napoleon's Army* p. 10　90. ed. Summerville, *Exploits of Baron de Marbot* p. 84　91. ed. Fleischmann, *L'Épopée Impériale* p. 123　92. Summerville, *Napoleon's Polish Gamble* p. 79　93. Muir, *Tactics and the Experience of Battle* p. 147　94. Summerville, *Napoleon's Polish Gamble* p. 87　95. Uffindell, *Napoleon's Immortals* p. 245　96. ed. Cottin, *Souvenirs de Roustam* p. 138 97. Smith, *Data Book*, p. 242　98. CG7 no. 14280 pp. 177–8, February 9, 1807　99. ed. Bingham, *Selection* II p. 294

## 第十九章　蒂尔西特

Napoleon on Eylau comes from ed. Bingham, *Selection* II p. 292　Napoleon to Josephine comes from CG7 no. 14930 p. 472, March 27, 1807　1. CG7 no. 14277 pp. 176–7, February 9, 1807　2. Saint-Chamans, *Mémoires* p. 59　3. ed. Markham, *Imperial Glory* p. 144　4. CG7 no. 14312 p. 191, February 14, 1807　5. CG7 no. 15240 p. 608, April 13, 1807　6. SHD GR2/C 66　7. SHD GR2/C 66　8. SHD GR2/C 66　9. CG7 no. 14448 pp. 249–50, March 1, 1807　10. CG7 no. 15743 p. 837, May 27, 1807　11. CG7 no. 15224, pp. 600–601, April 12, 1807　12. CG7 no. 15947 p. 926, July 4, 1807　13. Summerville, *Napoleon's Polish Gamble* p. 118　14. Gonneville, *Recollections* I p. 50　15. Kiley, *Once There Were Titans* p. 200　16. Summerville, *Napoleon's Polish Gamble* p. 133 17. Summerville, *Napoleon's Polish Gamble* p. 134　18. Summerville, *Napoleon's Polish Gamble* p. 134　19. Wilson, *Campaigns in Poland* p. 157　20. CG7 no. 15874 p. 898, June 19, 1807    **21.** Smith, *Data Book* pp. 250–51    **22.** Woloch, *The French Veteran* p. 199    **23.** de la Bédoyère, *Memoirs of Napoleon* II p. 481    **24.** Clark, *Iron Kingdom* p. 308    **25.** ed. Markham, *Imperial Glory* p. 174    **26.** CG12 no. 31068 p. 787, July 1, 1812    **27.** Ibid.    **28.** CG7 no. 15868 p. 895, June 16, 1807    **29.** Clark, *Iron Kingdom* p. 308    **30.** Summerville, *Napoleon's Polish Gamble* p. 141    **31.** Clark, *Iron Kingdom* p. 314    **32.** Hobhouse, *Recollections* I p. 185    **33.** ed. Wilson, *A Diary* p. 84    **34.** Ebrington, *Memorandum* p. 11    **35.** Fox, *The Culture of Science* p. 305    **36.** eds. Larichev and Ostarkova, , *Paris-St Petersburg* p. 18    **37.** Wesling, *Napoleon* p. 3    **38.** ed. Latimer, *Talks* p. 124    **39.** ed. Arnold, *Documentary Survey* pp. 239–45, Clark, *Iron Kingdom* p. 313    **40.** Butterfield, *Peace Tactics passim*    **41.** ed. Latimer, *Talks* pp. 62–3    **42.** Clark, *Iron Kingdom* p. 317    **43.** Cockburn, *Buonaparte's Voyage* p. 91    **44.** ed. Cottin, *Souvenirs de Roustam* p. 151    **45.** ed. Latimer, *Talks* p. 125    **46.** ed. Latimer, *Talks* p. 125, Cockburn, *Buonaparte's Voyage* p. 87    **47.** Connelly, *Satellite Kingdoms* p. 15    **48.** CG7 no. 16812 p. 1321, November 15, 1807    **49.** CG7 no. 15499 p. 730, May 2, 1807    **50.** CG7 no. 15528 p. 743, May 4, 1807    **51.** CG7 no. 15982 p. 939, July 7, 1807    **52.** CG7 no. 15972 p. 936, July 6, 1807    **53.** ed. Cottin, *Souvenirs de Roustam* p. 157    **54.** Chaptal, *Souvenirs* p. 327    **55.** CG7 no. 16072 p. 987, July 29, 1807

## 第二十章　伊比利亚半岛

The Duke of Wellington to Lord Castlereagh comes from ed. Wellington, 2nd Duke of, *Despatches, Correspondence and Memoranda* I p. 117    Napoleon on the Peninsular War comes from Tone, *Fatal Knot* p. 3    **1.** Montesquiou, *Souvenirs* p. 113    **2.** Blaufarb, 'The Ancien Régime Origins' p. 408    **3.** CN32 p. 84    **4.** Bergeron, *France Under Napoleon* p. 106    **5.** D'Abrantès, *At the Court* p. 344    **6.** Simms, *Europe* p. 165, Tulard, *Napoléon et la noblesse* p. 97    **7.** Ellis, *The Napoleonic Empire* p. 77    **8.** Ellis, *The Napoleonic Empire* p. 114    **9.** Tulard, *Napoléon et la noblesse* p. 93    **10.** Ellis, *The Napoleonic Empire* p. 114    **11.** ed. Chatel de Brancion, *Cambacérès* II p. 141    **12.** Rovigo, *Mémoires* III p. 236    **13.** CG7 no. 14909 p. 457, March 26, 1807    **14.** SHD GR2/C 66    **15.** Tulard, *Napoleon: The Myth of the Saviour* p. 185    **16.** Branda, *Le prix de la gloire* p. 57    **17.** CG7 no. 16560, p. 1208    **18.** Stuart, *Rose of Martinique* p. 284    **19.** ed. Méneval, *Memoirs* I pp. 125–6    **20.** ed. Park, *Napoleon in Captivity* p. 238 n. 3, Bruce, *Napoleon and Josephine* p. 305    **21.** Branda, *Napoléon et ses hommes* p. 208    **22.** Branda, *Napoléon et ses hommes* p. 29    **23.** Mansel, *Eagle in Splendour* p. 67    **24.** Sudhir Hazareesingh in *TLS* 3/2/2012 p. 4    **25.** Chaptal, *Souvenirs* p. 338    **26.** Woolf, *Napoleon's Integration* p. vii    **27.** Blaze, *Life in Napoleon's Army* p. 174    **28.** ed. Bingham, *Selection* III p. 118    **29.** Bausset, *Private Memoirs* p. 15    **30.** Markham, 'The Emperor at Work' p. 584    **31.** ed. Butler, *Baron Thiébault* II p. 17    **32.** Branda, *Napoléon et ses hommes* p. 140, ed. Butler, *Baron Thiébault* II p. 17, D'Abrantès, *At the Court* p. 156    **33.** Balcombe, *To Befriend* p. 51    **34.** Roederer, *Bonaparte me disait* pp. 85–6    **35.** ed.

Noailles, *Count Molé* p. 189   36. ed. Jones, *Napoleon: How He Did It* p. 184   37. ed. Méneval, *Memoirs* I p. 122   38. ed. Latimer, *Talks* p. 261   39. Méneval, *Memoirs* I p. 135   40. ed. Latimer, *Talks* p. 92   41. Chaptal, *Souvenirs* p. 354   42. ed. Méneval, *Memoirs* I p. 107   43. ed. Noailles, *Count Molé* p. 101   44. Bausset, *Private Memoirs* p. 301, Chaptal, *Souvenirs* p. 348   45. Chaptal, *Souvenirs* p. 348   46. Branda, *Napoléon et ses hommes* p. 271   47. ed. Méneval, *Memoirs* I pp. 125–6   48. ed. Méneval, *Memoirs* I pp. 121–2   49. ed. Méneval, *Memoirs* I p. 123   50. CG3 no. 5751 p. 438, November 8, 1800   51. Esdaile, *Peninsular War* p. 5   52. ed. Bingham, *Selection* I p. 349   53. CG7 no. 16336 p. 1106, September 8, 1807   54. Bausset, *Private Memoirs* p. 78   55. Esdaile, *Peninsular War* p. 7   56. Lipscombe, *Peninsular War Atlas* p. 23   57. CG7 no. 16554 p. 1204, October 17, 1807   58. ed. Woloch, *Revolution and Meanings of Freedom* p. 68   59. ed. Bingham, *Selection* II p. 352   60. ed. Bingham, *Selection* II p. 349   61. Broers, *Europe under Napoleon* p. 156   62. ed. Bingham, *Selection* II p. 349   63. CG8 no. 17350 pp. 236–7, March 9, 1808   64. ed. Woloch, *Revolution and Meanings of Freedom* p. 70   65. Rovigo, *Mémoires* III p. 251   66. ed. Woloch, *Revolution and Meanings of Freedom* p. 71   67. ed. North, *Napoleon on Elba* p. 50   68. ed. North, *Napoleon on Elba* p. 50   69. Bausset, *Private Memoirs* p. 118   70. Bausset, *Private Memoirs* p. 125   71. ed. Woloch, *Revolution and Meanings of Freedom* p. 73, Rovigo, *Mémoires* III p. 255   72. CG8 no. 17699 p. 423, April 25, 1808   73. ed. Woloch, *Revolution and Meanings of Freedom* p. 73   74. Gates, 'The Wars of 1812' p. 50   75. Gates, 'The Wars of 1812' p. 51   76. Sarrazin, *The War in Spain* p. 33   77. Esdaile, 'Recent Writing on Napoleon' p. 211, ed. Tulard, *Bibliographie critique* p. 175, Anon., 'The Unpublished Letters of Napoleon' p. 358   78. CG8 no. 17759 pp. 451–4, May 2, 1808   79. Lipscombe, *The Peninsular War Atlas* p. 23   80. Blaze, *Life in Napoleon's Army* p. 57   81. Rovigo, *Mémoires* III p. 352, Bausset, *Private Memoirs* p. 180   82. CG8 no. 17829 p. 489, May 10, 1808   83. ed. Latimer, *Talks* p. 130   84. ed. Summerville, *Exploits of Baron de Marbot* p. 283   85. CG8 no. 17699 p. 423, April 25, 1808   86. CG8 no. 17826 p. 487, May 9, 1808   87. CG8 no. 18480 p. 831, July 4, 1808   88. Tulard, *Le grand empire* p. 146   89. Rovigo, *Mémoires* III p. 358   90. ed. Woloch, *Revolution and Meanings of Freedom* pp. 75–6   91. eds. Kafker and Laux, *Napoleon and His Times* p. 220 n. 9   92. Bausset, *Private Memoirs* pp. 188–9   93. Vaughan, *Siege of Zaragoza* p. 5, Bell, *First Total War* p. 281   94. Vaughan, *Siege of Zaragoza* p. 22   95. CG8 no. 18401 p. 797, June 25, 1808, CG9 no. 18659 p. 930, July 25, 1808   96. Lipscombe, *Peninsular War Atlas* p. 52   97. ed. Latimer, *Talks* p. 257   98. Dumas, *Memoirs* II p. 186, CG8 no. 18835 p. 1036, September 6, 1808   99. CG8 no. 18685, p. 945, August 3, 1808   100. CG8 no. 18797 p. 1007, August 30, 1808   101. CG8 no. 18619 p. 909, July 19, 1808   102. CG8 no. 18707 p. 957, August 16, 1808   103. Aldington, *Wellington* p. 48   104. CG8 no. 18951 pp. 1090–91, September 18, 1808   105. CG8 no. 18869 p. 1055, September 9, 1808   106. Rovigo, *Mémoires* III p. 450   107. CG8 no. 18685 p. 945, August 3, 1808   108. Grimsted, *Foreign Ministers* p. 166   109. Grimsted, *Foreign Ministers* p. 166   110. ed. Lentz, *1810* p. 300

**111.** Bausset, *Private Memoirs* p. 212   **112.** Chevallier, *Empire Style* p. 64   **113.** Bausset, *Private Memoirs* p. 213   **114.** ed. North, *Napoleon on Elba* p. 145, Rapp, *Memoirs* p. 133   **115.** Dwyer, *Talleyrand* pp. 99, 116, ed. Bingham, *Selection* II p. 413   **116.** ed. Bingham, *Selection* II pp. 413–14   **117.** Bausset, *Private Memoirs* p. 212   **118.** eds. Larichev and Ostarkova, *Paris-St Petersburg* p. 18   **119.** eds. Larichev and Ostarkova, *Paris-St Petersburg* p. 18   **120.** *TLS* 12/5/1927 p. 325, Florange and Wunsch, *L'Entrevue* pp. 12ff, Brown, *Life of Goethe* II p. 547 n. 1   **121.** Florange and Wunsch, *L'Entrevue* pp. 12ff   **122.** Brown, *Life of Goethe* II pp. 546–7   **123.** Brown, *Life of Goethe* II p. 547   **124.** CG8 no. 19042 p. 1126, October 9, 1808   **125.** Brown, *Life of Goethe* II p. 547   **126.** Williams, *Life of Goethe* p. 39   **127.** Brown, *Life of Goethe* II p. 546, Florange and Wunsch, *L'Entrevue* pp. 12ff   **128.** Bausset, *Private Memoirs* p. 223   **129.** Bausset, *Private Memoirs* p. 217   **130.** CG8 no. 19050 p. 1130, between October 11 and 13, 1808   **131.** CG8 no. 19053 p. 1131, October 12, 1808   **132.** CG8 no. 19056 p. 1133, October 13, 1808   **133.** CG8 nos. 19184, 19270, p. 1186, November 4, 1808, p. 1225, November 14, 1808   **134.** CG8 no. 19327 pp. 1248–9, November 19, 1808   **135.** ed. Dwyer, *Napoleon and Europe* p. 18   **136.** Esdaile, 'Recent Writing on Napoleon' pp. 217–18   **137.** Tone, *Fatal Knot* p. 4   **138.** Tone, *Fatal Knot* p. 182   **139.** Sherwig, *Guineas and Gunpowder* pp. 367–8   **140.** Blaze, *Life in Napoleon's Army* pp. 58–9, Bell, *First Total War* p. 290, Gonneville, *Recollections* I p. 61   **141.** CG8 no. 19197 p. 1192, November 5, 1808   **142.** Dumas, *Memoirs* II p. 180   **143.** Chlapowski, *Polish Lancer* p. 45   **144.** Bausset, *Private Memoirs* p. 233   **145.** Bausset, *Private Memoirs* p. 235   **146.** Bausset, *Private Memoirs* p. 232   **147.** *The Nation*, 16/7/1896 p. 45   **148.** Bausset, *Private Memoirs* p. 239   **149.** Gonneville, *Recollections* p. 65   **150.** CG8 no. 19650 pp. 1388–9, December 31, 1808   **151.** ed. Jennings, *Croker Papers* I p. 355   **152.** CG8 no. 19675 p. 1402, January 2, 1809   **153.** Bonaparte, Napoleon, *Confidential Correspondence* II p. 4n   **154.** Chlapowski, *Polish Lancer* p. 72   **155.** Bausset, *Private Memoirs* p. 242   **156.** Bausset, *Private Memoirs* p. 242   **157.** CG8 no. 19855 p. 1497, January 15, 1809   **158.** Cobban, *Modern France* II p. 56, Tone, *Fatal Knot* p. 4   **159.** Alexander, 'French Replacement Methods' p. 192   **160.** Alexander, 'French Replacement Methods' p. 192   **161.** Lipscombe, *Peninsular War Atlas* p. 23, Alexander, 'French Replacement Methods' p. 193, Fraser, *Napoleon's Cursed War* passim   **162.** Lentz, *Savary* p. 188

## 第二十一章　瓦格拉姆

Napoleon's Military Maxim comes from ed. Chandler, *Military Maxims* p. 199   Napoleon to Bertrand comes from Bertrand, *Cahiers* II p. 344   **1.** CG8 no. 19856 p. 1498, January 15, 1809   **2.** CG7 no. 15264 p. 617, April 14, 1807   **3.** ed. Haythornthwaite, *Final Verdict* p. 244   **4.** ed. Butler, *Baron Thiébault* II p. 241, ed. Latimer, *Talks* p. 131, ed. Lacour-Gayet, *Chancellor Pasquier* p. 78 n. 22   **5.** Dumas, *Memoirs* II p. 187   **6.** ed. Bingham. *Selection*, III

p. 130　7. ed. Lacour-Gayet, *Chancellor Pasquier* pp. 76–80, Dwyer, *Talleyrand* p. 120, Mollien, *Mémoires* II pp. 334ff, ed. Latimer, *Talks* p. 89　8. Dwyer, *Talleyrand* p. 120, ed. Lacour-Gayet, *Chancellor Pasquier* p. 80　9. Arnold, *Crisis on the Danube* pp. 25–6　10. Rovigo, *Mémoires* IV p. 46　11. Rovigo, *Mémoires* IV p. 47　12. ed. Lentz, *1810* p. 301, Adams, *Napoleon and Russia* p. 288　13. ed. Bingham, *Selection* II p. 448　14. ed. Latimer, *Talks* p. 132　15. Chlapowski, *Polish Lancer* p. 56　16. CG9 no. 20869 p. 510, April 18, 1809 ed. Bell, *Baron Lejeune* I p. 218　17. Arnold, *Crisis on the Danube* p. 106　18. ed. Haythornthwaite, *Final Verdict* p. 233　19. Smith, *Data Book* p. 291　20. ed. Haythornthwaite, *Final Verdict* p. 233　21. ed. Latimer, *Talks* p. 143　22. Chaptal, *Souvenirs* p. 252　23. ed. Fleischmann, *L'Épopée Impériale* p. 204　24. ed. Summerville, *Exploits of Marbot* p. 126, Muir, *Tactics and the Experience of Battle* p. 152, Chlapowski, *Polish Lancer* p. 60　25. ed. Haythornthwaite, *Final Verdict* p. 223　26. CG9 no. 20975 p. 569, May 6, 1809　27. ed. Summerville, *Exploits of Marbot* p. 137　28. Blaze, *Life in Napoleon's Army* pp. 181–2　29. ed. Haythornthwaite, *Final Verdict* pp. 220–21　30. Chlapowski, *Polish Lancer* p. 64　31. Chlapowski, *Polish Lancer* p. 64　32. ed. Markham, *Imperial Glory* p. 199　33. Rothenberg, *Art of Warfare* p. 130　34. Smith, *Data Book* p. 310　35. Smith, *Data Book* p. 310　36. ed. Markham, *Imperial Glory* p. 205　37. Musée de la Préfecture de Police, Paris　38. Blond, *La Grande Armée* p. 242, ed. Summerville, *Exploits of Marbot* p. 167, Dumas, *Memoirs* II p. 196, Rovigo, *Mémoires* IV p. 125　39. Martin, *Napoleonic Friendship* p. 40　40. Martin, *Napoleonic Friendship* p. 43　41. CG9 no. 21105 p. 634, May 31, 1809　42. Rovigo, *Mémoires* IV p. 145　43. Markham, 'The Emperor at Work' p. 588　44. Rapp, *Memoirs* p. 140　45. Caulaincourt, *Mémoires* I p. 368　46. Arnold, *Crisis on the Danube* p. 122　47. Esdaile, 'Recent Writing' p. 21, Gill, *Thunder on the Danube* III p. 223　48. Dumas, *Memoirs* II p. 102, Arnold, *Napoleon Conquers Austria* p. 128　49. ed. Summerville, *Exploits of Marbot* p. 172　50. Arnold, *Napoleon Conquers Austria* pp. 135–6　51. Rothenberg, *Emperor's Last Victory* p. 181, ed. Summerville, *Exploits of Marbot* pp. 172–3　52. Arnold, *Napoleon Conquers Austria* p. 155　53. ed. Haythornthwaite, *Final Verdict* p. 223　54. Arnold, *Napoleon Conquers Austria* p. 147　55. Gill, *Thunder on the Danube* III p. 239　56. Dumas, *Memoirs* II p. 206　57. Lachouque and Brown, *Anatomy of Glory* p. 163　58. Rothenberg, *Emperor's Last Victory* p. 193　59. Blond *La Grande Armée* p. 254　60. Blaze, *Life in Napoleon's Army* p. 131　61. Rovigo, *Mémoires* IV p. 187　62. Eidahl, 'Oudinot' p. 11　63. CG9 no. 21467 p. 833, July 7, 1809　64. CG9 no. 21739 p. 975, August, 1809　65. Pelet, *Napoleon in Council* p. 96

## 第二十二章　登峰造极

Napoleon to Tsar Alexander comes from CG8 no. 18500 p. 840–41, July 8, 1808　Napoleon on St Helena comes from ed. Latimer, *Talks* p. 151　1. Simms, *Europe* p. 166　2. Woolf, *Napoleon's Integration* p. 10　3. Fisher, *Bonapartism*

p. 84  4. Fisher, *Bonapartism* p. 84  5. Parker, 'Why Did Napoleon Invade Russia?' pp. 142–3  6. ed. Dwyer, *Napoleon and Europe* p. 19  7. ed. Dwyer, *Napoleon and Europe* pp. 16–17  8. ed. Dwyer, *Napoleon and Europe* pp. 8–9, Broers, *Europe under Napoleon* pp. 88, 126–7, Hales, *Napoleon and the Pope* p. 105, Davis, *Conflict and Control* p. 23  9. eds. Dwyer and Forrest, *Napoleon and His Empire* p. 9, Jordan, *Napoleon and the Revolution* p. 1, ed. Dwyer, *Napoleon and Europe* p. 17  10. eds. Laven and Riall, *Napoleon's Legacy* p. 1  11. Davis, *Conflict and Control* p. 23  12. Woolf, 'The Construction of a European World-View' p. 95  13. eds. Dwyer and Forrest, *Napoleon and His Empire* p. 204  14. ed. Dwyer, *Napoleon and Europe* p. 11  15. CG7 no. 16057 p. 979, July 22, 1807  16. Hales, *Napoleon and the Pope* p. 120  17. CG9 no. 22074 p. 1179, September 14, 1809  18. Hales, *Napoleon and the Pope* pp. 114–19  19. CG9 no. 21717 p. 959, August 6, 1809  20. CG9 no. 21865 p. 1052, August 21, 1809  21. CG9 no. 21971 p. 1116, September 4, 1809  22. CG9 no. 21865 p. 1052, August 21, 1809  23. *The Nation*, 16/7/1896 p. 46, Hazareesingh, *The Saint-Napoleon* p. 4  24. CG9 nos. 21801–21807 pp. 1009–12, August 15 and 16, 1809  25. Lanfrey, *History of Napoleon the First* IV p. 218  26. ed. Kerry, *The First Napoleon* p. 7  27. ed. Kerry, *The First Napoleon* p. 7  28. Rovigo, *Mémoires* IV p. 217  29. ed. Lentz, *1810* p. 304  30. ed. Arnold, *Documentary Survey* pp. 290–94  31. ed. Caisse, *Mémoires et correspondance* VI pp. 557–79  32. Eyck, *Loyal Rebels* p. 191  33. Eyck, *Loyal Rebels* p. 194, ed. Caisse, *Mémoires et correspondance* VI p. 277  34. Adams, *Napoleon and Russia* p. 240  35. Tulard, *Napoléon: une journée* pp. 140, 172  36. CG7 no. 15867 p. 894, June 16, 1807  37. Wright, *Daughter to Napoleon* p. 213  38. CG7 no. 15619 p. 782, May 14, 1807  39. Rapp, *Memoirs* p. 142  40. Rapp, *Memoirs* p. 145, Rovigo, *Mémoires* IV p. 221  41. ed. Latimer, *Talks* p. 84  42. Hibbert, *Napoleon: His Wives and Women* pp. 183, 296  43. ed. Hanoteau, *Memoirs of Queen Hortense* I p. 289  44. Bausset, *Private Memoirs* p. 253  45. Blaufarb, 'The Ancien Régime Origins' p. 409  46. ed. Latimer, *Talks* p. 138  47. Rapp, *Memoirs* p. 152  48. Bausset, *Private Memoirs* p. 241  49. ed. Latimer, *Talks* p. 138 and n. 1  50. Cobban, *Modern France* II p. 57  51. BNF NAF 4020 pp. 9–10  52. Lavalette, *Memoirs* p. 99  53. ed. Cerf, *Letters* p. 17  54. Swanson, *Napoleon's Dual Courtship* pp. 6–7  55. Mowat, *The Diplomacy of Napoleon* p. 252  56. ed. Bingham, *Selection* III p. 2, Mowat, *The Diplomacy of Napoleon* p. 252  57. ed. Bingham, *Selection* III p. 2  58. ed. Lentz, *1810* p. 305  59. Schroeder, 'Napoleon's Foreign Policy' p. 154  60. Lentz, *L'Effondrement* p. 210  61. ed. Lentz, *1810* p. 304  62. CG9 no. 22761 p. 1554, December 31, 1809  63. ed. Lentz, *1810* p. 310  64. ed. Lentz, *1810* p. 311  65. ed. Bingham, *Selection* III p. 3, ed. Latimer, *Talks* p. 139  66. ed. Roncière, *Letters to Marie-Louise* p. 6  67. ed. Latimer, *Talks* p. 135  68. Lavalette, *Memoirs* p. 99  69. ed. Roncière, *Letters to Marie-Louise* pp. 19–20  70. ed. Bingham, *Selection* III p. 24  71. ed. Roncière, *Letters to Marie-Louise* p. 33  72. Chevallier, *Empire Style* p. 60  73. Bausset, *Private Memoirs* p. 279  74. Palmer, *Napoleon and Marie Louise* p. 99  75. ed. Metternich, *Memoirs* I p. 279  76. ed. Latimer, *Talks* pp. 136–7  77. ed. Latimer, *Talks* p. 137  78. Clary-et-Aldringen, *Trois mois à Paris* pp. 70–71　79. Woloch, *French Veteran* p. 314　80. Branda, *Le prix de la gloire*, p. 52, Philip Mansel in *TLS* 16/1/2004, p. 23　81. NYPL Napoleon I folder 3　82. Palmer, *Alexander I* p. 189　83. ed. Lacour-Gayet, *Chancellor Pasquier* p. 108　84. CG5 no. 10517 p. 543, August 6, 1805　85. Jordan, *Napoleon and the Revolution* p. ix　86. Masson, *Napoleon and his Coronation* p. 313　87. Gildea, *Children of the Revolution* p. 183　88. Stourton and Montefiore, *The British as Art Collectors* p. 153　89. O'Brien, 'Antonio Canova's Napoleon' pp. 354–5　90. O'Brien, 'Antonio Canova's Napoleon' p. 358　91. Chevallier, *Empire Style* p. 8　92. Wilson-Smith, *Napoleon and His Artists* p. xxix　93. Chevallier, *Empire Style passim*, Wilson-Smith, *Napoleon and His Artists passim*　94. CG8 no. 18931 p. 1083, September 15, 1808　95. Horward, 'Masséna and Napoleon' p. 84　96. Horward, *Napoleon and Iberia* p. 29　97. Chaptal, *Souvenirs* p. 304　98. Johnson, *Napoleon's Cavalry* p. 94　99. ed. Bingham, *Selection* II p. 472　100. Blaze, *Life in Napoleon's Army* p. 141　101. ed. Bingham, *Selection* III p. 42　102. Woolf, *Ouvrard* p. 115　103. ed. Bingham, *Selection* III p. 42　104. Pelet, *Napoleon in Council* p. 96, Brice, *Riddle of Napoleon* p. 139　105. Woolf, *Ouvrard* pp. 116–18　106. Knight, *Britain Against Napoleon* p. 404 n　107. Mollien, *Mémoires* II p. 444　108. CN23 no. 18636, p. 359　109. Melvin, *Napoleon's Navigation System* pp. 238–9　110. Palmer, *Alexander I* p. 195　111. Schmitt, '1812' pp. 326–7　112. ed. Roncière, *Letters to Marie-Louise* p. 63　113. Rovigo, *Mémoires* IV p. 346　114. CN21 no. 16762 pp. 12–29　115. ed. Bingham, *Selection* III p. 50

## 第二十三章　俄国

Tsar Alexander to Caulaincourt comes from Promyslov, 'The Grande Armée's Retreat' p. 131 n. 34　Napoleon on St Helena comes from ed. Latimer, *Talks* p. 210　1. Faber, *Sketches* pp. 187–8　2. Faber, *Sketches* p. 191　3. ed. Bingham, *Selection* III p. 69　4. CN21 nos. 17179 and 17187 pp. 297–302　5. Clark, *Iron Kingdom* p. 353, Méneval, *Napoléon et Marie Louise* I p. 342, Palmer, *Alexander I* p. 199n　6. Cate, *Two Emperors* p. xiii　7. Lentz, *L'Effondrement* p. 202　8. Riehn, *Napoleon's Russian Campaign* p. 33　9. Riehn, *Napoleon's Russian Campaign* pp. 34–5　10. Clark, *Iron Kingdom* p. 317　11. ed. Lentz, *1810* p. 306　12. ed. Chatel de Brancion, *Cambacérès* II p. 387　13. Thiers, *History of France* XII p. 477　14. ed. Summerville, *Napoleon's Expedition to Russia* p. 6, Bausset, *Private Memoirs* p. 290　15. Rudé, *Revolutionary Europe* p. 251, Knight, *Britain Against Napoleon* ch. 13　16. Cobban, *Modern France* II p. 52　17. Schroeder, 'Napoleon's Foreign Policy' p. 156　18. Gates, 'The Wars of 1812' p. 48　19. Fain, *Manuscrit de 1812* I pp. 3–4　20. Fain, *Manuscrit de 1812* I p. 9　21. Knight, *Britain Against Napoleon* p. 412　22. Knight, *Britain Against Napoleon* pp. 410–12　23. ed. Gielgud, *Prince Adam Czartoryski* II p. 214　24. ed. Gielgud, *Prince Adam Czartoryski* II p. 216　25. ed. Gielgud, *Prince Adam Czartoryski* II p. 221　26. Lieven, *Russia against Napoleon passim*　27. eds. Kagan and Higham, *Military History of Tsarist Russia* pp. 115–16,

Palmer, *Alexander I* p. 201　28. Méneval, *Napoléon et Marie Louise* I pp. 341–2　29. Palmer, *Alexander I* p. 199　30. Nafziger, *Napoleon's Invasion of Russia* p. 85　31. ed. Bingham, *Selection* III p. 84　32. Mowat, *The Diplomacy of Napoleon* p. 253　33. Palmer, *Alexander I* p. 202　34. ed. Bingham, *Selection* III p. 89　35. ed. Lentz, *1810* pp. 307–8, ed. Chatel de Brancion, *Cambacérès* II p. 391　36. ed. Lentz, *1810* p. 309　37. Bausset, *Private Memoirs* p. 290　38. Lavalette, *Memoirs* p. 102　39. Rovigo, *Mémoires* V p. 147　40. ed. Latimer, *Talks* pp. 152–3　41. Lavalette, *Memoirs* p. 102　42. Musée de la Préfecture de Police　43. ed. Cerf, *Letters to Josephine* p. 231　44. D'Abrantès, *At the Court* p. 360　45. ed. Latimer, *Talks* p. 153　46. ed. Bingham, *Selection* III p. 98　47. Esdaile, 'Recent Writing' p. 219, Lipscombe, *Peninsular War Atlas* p. 25　48. Alexander, 'French Replacement Methods' p. 196　49. ed. Bingham, *Selection* III p. 135　50. Parker, 'Why Did Napoleon Invade Russia?' p. 132　51. Whitcomb, *Napoleon's Diplomatic Service* pp. 152–8　52. Palmer, *Alexander I* p. 203　53. Palmer, *Alexander I* p. 203　54. ed. Bingham, *Selection* III p. 110　55. ed. Lacour-Gayet, *Chancellor Pasquier* p. 112　56. ed. Lacour-Gayet, *Chancellor Pasquier* p. 114　57. CN23, no. 18568 p. 302　58. Bergeron, *France Under Napoleon* pp. 102–3　59. Palmer, *Alexander I* pp. 204–5　60. Palmer, *Alexander I* p. 205　61. AN AF IV 1656　62. McLynn, *Napoleon* p. 499　63. SHD GR 4.C/73　64. Cate, *Two Emperors* p. 70　65. Palmer, *Alexander I* p. 207　66. Palmer, *Alexander I* p. 207, Arboit, '1812: Le Renseignement Russe' p. 86, ed. Lentz, *1810* p. 310, Fain, *Manuscrit de 1812* I p. 27, Bausset, *Private Memoirs* p. 289　67. ed. Chatel de Brancion, *Cambacérès* II p. 391　68. Buckland, *Metternich* p. 219　69. Palmer, *Alexander I* p. 208, Mowat, *Diplomacy of Napoleon* p. 254　70. Fain, *Manuscrit de 1812* I pp. 81–2　71. AN AF IV 1654　72. CN23 no. 18420, p. 160　73. CN23 no. 18523 p. 253　74. Fain, *Manuscrit de 1812* I pp. 16–19　75. Fain, *Manuscrit de 1812* I pp. 49–50　76. Pradt, *Histoire de l'Ambassade* p. 122　77. CG12 no. 30343 p. 429, March 30, 1812　78. Fain, *Manuscrit de 1812* I p. 32　79. Fain, *Manuscrit de 1812* I p. 310　80. Fain, *Manuscrit de 1812* I p. 311　81. CN12 no. 30225 p. 374　82. Dague, 'Henri Clarke' pp. 2–3　83. Simms, *Europe* p. 170, Fain, *Manuscrit de 1812* I pp. 57–8　84. CN23 no. 18652 p. 371　85. CG12 no. 30492 p. 517, April 25, 1812　86. ed. Lacour-Gayet, *Chancellor Pasquier* p. 119　87. ed. Lacour-Gayet, *Chancellor Pasquier* p. 118　88. ed. Metternich, *Memoirs* I p. 122　89. ed. Roncière, *Letters to Marie-Louise* p. 49　90. Cate, *Two Emperors* p. 127　91. ed. Ernouf, *Souvenirs* pp. 232–3　92. CG12 nos. 30799–30827 pp. 666–77, June 4, 1812　93. Rapp, *Memoirs* pp. 168–9　94. Fain, *Manuscrit de 1812* I pp. 88–9　95. Forrest, *Napoleon* p. 199, Evstafiev, *Resources of Russia* p. 6　96. CN23 no. 18855 p. 528　97. *TLS* 10/4/1959 p. 206, ed. Roncière, *Letters to Marie-Louise* p. 68, Soltyk, *Napoléon en 1812* pp. 8–10　98. ed. Summerville, *Napoleon's Expedition to Russia* p. 15　99. ed. Summerville, *Napoleon's Expedition to Russia* p. 15　100. Ashby, *Napoleon against Great Odds* p. 1, Weigley, *Age of Battles* p. 443, ed. Bingham, *Selection* III p. 136, Gill, *With Eagles to Glory* p. 9　101. Schroeder, 'Napoleon's Foreign Policy' p. 153　102. Gill, *With Eagles to Glory* p. 9　103. ed. Raeff, *Foot Soldier* p. xxiii　104. ed. Summerville,

*Napoleon's Expedition to Russia* p. 12　105. Lochet, 'Destruction of the Grande Armée' *passim*, Rothenberg, *Art of Warfare* p. 128　106. Lochet, 'Destruction of the Grande Armée' *passim*　107. Lochet, 'Destruction of the Grande Armée' *passim*, Nafziger, *Napoleon's Invasion of Russia* p. 86　108. ed. Summerville, *Napoleon's Expedition to Russia* p. 12　109. Merridale, *Red Fortress* p. 211

## 第二十四章　进退维谷

Champagny's quote comes from Champagny, *Souvenirs* p. 142　Lord Montgomery's quote comes from *Hansard* Fifth Series House of Lords vol. ccxli col. 227　1. ed. Summerville, *Napoleon's Expedition to Russia* p. 17　2. ed. Roncière, *Letters to Marie-Louise* p. 67　3. CG12 no. 31046 p. 775, June 25, 1812　4. CG12 no. 31066 p. 786, June 30, 1812　5. Soltyk, *Napoléon en 1812* pp. 35–8　6. Davies, *Vanished Kingdoms* p. 293　7. Zamoyski, *1812* pp. 161–3　8. CN24, no. 18962 p. 61　9. Coignet, *Captain Coignet* p. 201　10. ed. Brett-James, *Eyewitness Accounts* p. 53　11. AN 400AP/81/pp. 22–5　12. Fain, *Manuscrit de 1812* I p. 188　13. Dumas, *Memoirs* II p. 232　14. AN 400AP/81/p. 30　15. CG12 no. 31077 p. 793, July 1, 1812　16. ed. Roncière, *Letters to Marie-Louise* p. 75　17. CG12 no. 31068 p. 787, July 1, 1812　18. CG12 no. 31068 pp. 787–90, July 1, 1812　19. Chaptal, *Souvenirs* p. 302　20. Lieven, *Russia against Napoleon* p. 219　21. ed. Castellane, *Journal* I p. 113　22. ed. Summerville, *Napoleon's Expedition to Russia* p. 25　23. ed. Summerville, *Napoleon's Expedition to Russia* p. 26　24. Cartwright and Biddiss, *Disease and History* p. 91　25. ed. Hanoteau, *With Napoleon in Russia* pp. 66–7　26. CG12 no. 51150 p. 829, July 8, 1812　27. ed. Brett-James, *Eyewitness Accounts* p. 47　28. Cartwright and Biddiss, *Disease and History* pp. 83ff　29. Cartwright and Biddiss, *Disease and History* p. 91　30. CG12 no. 31201 p. 858, July 12, 1812　31. Rose, *Napoleon's Campaign in Russia* pp. 101–2　32. Rose, *Napoleon's Campaign in Russia* p. 182　33. Cobb, *Police and the People* p. 111 n. 1　34. Prinzing, *Epidemics Resulting from Wars* p. 106　35. Kerckhove, *Histoire des maladies* p. 405　36. Kerckhove, *Histoire des maladies* pp. 406–7　37. Gourgaud, *Napoleon and the Grand Army* p. 12　38. ed. Castellane, *Journal* I p. 113　39. CG12 no. 31184 p. 847, July 10, 1812　40. ed. Brett-James, *Eyewitness Accounts* p. 51　41. ed. Brett-James, *Eyewitness Accounts* p. 53　42. Austin, *1812* p. 160　43. Saint-Denis, *Napoleon from the Tuileries* p. 66　44. Rossetti, 'Journal' pp. 217–19　45. CG12 no. 31261 p. 889, July 19, 1812　46. Rossetti, 'Journal' pp. 217–19　47. ed. Hanoteau, *With Napoleon in Russia* p. 634　48. ed. Markham, *Imperial Glory* p. 262, Smith, *Data Book* p. 382　49. CG12 no. 31335 p. 926, July 26, 1812　50. CG12 nos. 31291, 31337 p. 904, July 22, 1812, p. 927, July 26, 1812　51. ed. Summerville, *Napoleon's Expedition to Russia* p. 34　52. ed. Summerville, *Napoleon's Expedition to Russia* p. 35　53. Labaume, *The Crime of 1812* p. 80　54. ed. Summerville, *Napoleon's Expedition to Russia* p. 36　55. CG12 no. 31396 p. 952, August 2, 1812　56. ed. Summerville, *Napoleon's Expedition to Russia*

p. 38　57. Nicolson, *Napoleon: 1812* p. 99　58. ed. Roncière, *Letters to Marie-Louise* p. 86　59. ed. Summerville, *Napoleon's Expedition to Russia* p. 40　60. CG12 no. 31435 p. 971, August 7, 1812　61. ed. Summerville, *Napoleon's Expedition to Russia* p. 44　62. ed. Summerville, *Napoleon's Expedition to Russia* p. 45　63. ed. Summerville, *Napoleon's Expedition to Russia* pp. 41–4　64. Fain, *Manuscrit de 1812* I pp. 321–4　65. ed. Castellane, *Journal* I p. 112　66. ed. Summerville, *Napoleon's Expedition to Russia* p. 50, ed. Haythornthwaite, *Final Verdict* p. 223　67. ed. Summerville, *Napoleon's Expedition to Russia* p. 284 n. 5　68. ed. Summerville, *Napoleon's Expedition to Russia* p. 67　69. ed. Latimer, *Talks* p. 159　70. Rossetti, 'Journal' pp. 232–3　71. Rapp, *Memoirs* p. 193　72. ed. Summerville, *Napoleon's Expedition to Russia* pp. 61–2　73. ed. Summerville, *Napoleon's Expedition to Russia* p. 61　74. Lochet, 'The Destruction of the Grande Armée' *passim*　75. ed. Summerville, *Napoleon's Expedition to Russia* p. 68　76. ed. Summerville, *Napoleon's Expedition to Russia* p. 265　77. CG12 no. 31608 pp. 1046–7, August 26, 1812　78. ed. Kerry, *The First Napoleon* p. 20　79. Girod de l'Ain, *Dix ans* pp. 252–4　80. CG12 no. 31610 p. 1047, August 26, 1812　81. Wesling, *Napoleon* p. 154　82. CG12 no. 31659 p. 1071, September 2, 1812　83. CG12 no. 31666 p. 1075, September 3, 1812　84. CG12 no. 31671 pp. 1076–7, September 3, 1812　85. Cartwright and Biddiss, *Disease and History* p. 94　86. Fain, *Manuscrit de 1812* II p. 8　87. Castelot, *La Campagne* p. 143.　88. Bausset, *Private Memoirs* p. 315, Weigley, *Age of Battles* p. 449, Cartwright and Biddiss, *Disease and History* p. 94, Forrest, *Napoleon* p. 308　89. ed. Summerville, *Napoleon's Expedition to Russia* p. 82, *TLS* 10/4/1959 p. 206, Brett-James, *Eyewitness Accounts* p. 131　90. ed. Bell, *Baron Lejeune* II pp. 216–18　91. Rapp, *Memoirs* p. 201, ed. Bell, *Baron Lejeune* II pp. 205–6, Fain, *Manuscrit de 1812* II p. 11　92. CN24 no. 19182 p. 207　93. Rapp, *Memoirs* p. 202　94. Rapp, *Memoirs* p. 205　95. Fain, *Manuscrit de 1812* II p. 19　96. ed. Summerville, *Napoleon's Expedition to Russia* p. 75　97. ed. Summerville, *Napoleon's Expedition to Russia* p. 82　98. Fain, *Manuscrit de 1812* II p. 41　99. ed. Summerville, *Napoleon's Expedition to Russia* p. 73　100. Headley, *Imperial Guard* p. 127　101. Headley, *Imperial Guard* p. 127　102. Bausset, *Private Memoirs* p. 320　103. Rapp, *Memoirs* p. 208　104. ed. Summerville, *Napoleon's Expedition to Russia* pp. 82, 84　105. ed. Summerville, *Napoleon's Expedition to Russia* p. 73　106. Smith, *Data Book* pp. 389–90　107. CG12 no. 31678 p. 1080, September 8, 1812　108. Bausset, *Private Memoirs* p. 319　109. ed. Latimer, *Talks* p. 158　110. Dumas, *Memoirs* II p. 440　111. Fain, *Manuscrit de 1812* II p. 45　112. Pawly, *Red Lancers* pp. 37–8　113. ed. North, *With Napoleon's Guard* p. 61　114. ed. Summerville, *Napoleon's Expedition to Russia* p. 70

## 第二十五章　大撤退

Napoleon's military maxim comes from ed. Chandler, *Napoleon's Military Maxims* p. 57　1. Bausset, *Private Memoirs* p. 319　2. ed. Summerville, *Napoleon's Expedition to Russia* p. 86　3. CG12 no. 31708 p. 1091, September 10, 1812

4. Palmer, *Napoleon in Russia* p. 132  5. ed. Brett-James, *Eyewitness Accounts* p. 144, Merridale, *Red Fortress* p. 211  6. Vaskin, 'Three Mistakes of Napoleon' p. 1, Soltyk, *Napoléon en 1812* pp. 26–70  7. ed. Summerville, *Napoleon's Expedition to Russia* p. 90  8. ed. Brett-James, *Eyewitness Accounts* p. 172  9. ed. Summerville, *Napoleon's Expedition to Russia* p. 90, Olivier, *Burning of Moscow* p. 43  10. Merridale, *Red Fortress* p. 212  11. ed. Summerville, *Napoleon's Expedition to Russia* p. 90  12. Merridale, *Red Fortress* p. 211  13. Olivier, *Burning of Moscow* p. 189, Rostopchine, *L'Incendie de Moscou* p. 103  14. Rapp, *Memoirs* p. 210, ed. Kerry, *The First Napoleon* p. 24, Merridale, *Red Fortress* p. 216  15. Cockburn, *Buonaparte's Voyage* p. 18  16. Merridale, *Red Fortress* p. 216  17. ed. Summerville, *Napoleon's Expedition to Russia* p. 96  18. ed. Summerville, *Napoleon's Expedition to Russia* p. 94  19. ed. Summerville, *Napoleon's Expedition to Russia* p. 97  20. Merridale, *Red Fortress* p. 211  21. ed. Fleischmann, *L'Épopée Impériale* p. 266  22. Peyrusse, *Mémorial et Archives* p. 97  23. Merridale, *Red Fortress* p. 211  24. Ebrington, *Memorandum* p. 12  25. Ebrington, *Memorandum* p. 12  26. Merridale, *Red Fortress* p. 211  27. SHD GR C2/167  28. Fain, *Manuscrit de 1812* II pp. 93–94  29. Fain, *Manuscrit de 1812* II p. 95  30. Fain, *Manuscrit de 1812* II p. 96  31. Fain, *Manuscrit de 1812* II p. 97  32. ed. Summerville, *Napoleon's Expedition to Russia* p. 100  33. ed. Latimer, *Talks* p. 158  34. eds. Kagan and Higham, *Military History of Tsarist Russia* p. 118  35. Fain, *Manuscrit de 1812* II p. 99  36. CG12 no. 31731 p. 1101, September 18, 1812  37. CG12 no. 31736 p. 1103, September 20, 1812  38. ed. Bingham, *Selection* III p. 176  39. ed. North, *With Napoleon's Guard* p. 37  40. SHD GR C2/524, Austin, *1812* pp. 156–7  41. ed. Castellane, *Journal* I p. 161  42. Bausset, *Private Memoirs* pp. 330–31  43. Rapp, *Memoirs* p. 210  44. Merridale, *Red Fortress* p. 215  45. Lieven, *Russia against Napoleon* pp. 89, 134–5  46. CG12 no. 31411 p. 959, August 5, 1812  47. ed. Bingham, *Selection* III p. 199  48. ed. Summerville, *Napoleon's Expedition to Russia* p. 109  49. CG12 no. 31862 pp. 1160–61, October 6, 1812  50. CG12 no. 31863 p. 1161, October 6, 1812  51. Fain, *Manuscrit de 1812* II p. 55  52. Fain, *Manuscrit de 1812* II pp. 151–2  53. Fain, *Manuscrit de 1812* II p. 152  54. Bausset, *Private Memoirs* p. 336  55. ed. Roncière, *Letters to Marie-Louise* p. 115  56. Adlerfeld, *King Charles XII* III p. 96n  57. Fain, *Manuscrit de 1812* II p. 152  58. Labaume, *Crime of 1812* p. 168  59. Smith, *Data Book* p. 395, ed. Summerville, *Napoleon's Expedition to Russia* p. 123, Rothenberg, *Art of Warfare* p. 130  60. ed. Castellane, *Journal* I p. 171  61. CG12 nos. 31938, 31941 pp. 1201–3, October 18, 1812  62. Merridale, *Red Fortress* p. 215  63. CG12 no. 31958 p. 1211, October 21, 1812  64. Austin, *1812* p. 184  65. Labaume, *Crime of 1812* p. 183  66. ed. Summerville, *Napoleon's Expedition to Russia* pp. 132–5, Bausset, *Private Memoirs* p. 33, Fain, *Manuscrit de 1812* II p. 250  67. ed. Hanoteau, *With Napoleon in Russia* p. 298  68. Fain, *Manuscrit de 1812* II p. 253  69. CG12 no. 32019 p. 1240, November 6, 1812  70. ed. Summerville, *Napoleon's Expedition to Russia* pp. 136–8  71. ed. Summerville, *Napoleon's Expedition to Russia* pp. 136–8  72. ed. Summerville, *Napoleon's Expedition to Russia* p. 138  73. CG12 no.

31971 p. 1219, October 26, 1812  74. ed. Latimer, *Talks* p. 159  75. Labaume, *Crime of 1812* p. 185  76. Labaume, *Crime of 1812* p. 186  77. Labaume, *Crime of 1812* p. 189  78. Labaume, *Crime of 1812* p. 193  79. Labaume, *Crime of 1812* p. 195  80. Labaume, *Crime of 1812* p. 218  81. Wilson, *Narrative of Events* pp. 225–60  82. Labaume, *Crime of 1812* p. 163  83. Labaume, *Crime of 1812* p. 206  84. Bell, *First Total War* p. 261  85. *The Nation*, 16/7/1896 p. 45  86. ed. Tulard, *Cambacérès: lettres inédites* p. 14  87. Emsley, *Gendarmes and the State* p. 62, Rovigo, *Mémoires* VI pp. 4, 53, Lavalette, *Memoirs* pp. 105–9, Lentz, *La conspiration du Général Malet* p. 271n, Cobban, *Modern France* II p. 60, ed. Lacour-Gayet, *Chancellor Pasquier* pp. 120–21, eds. Dwyer and McPhee, *The French Revolution and Napoleon* p. 188  88. Dague, 'Henri Clarke' p. 10 n. 25  89. ed. Noailles, *Count Molé* p. 129  90. Lavalette, *Memoirs* p. 109  91. Fain, *Manuscrit de 1812* II p. 285  92. Guérard, *Reflections* p. 91  93. ed. Brett-James, *Eyewitness Accounts* pp. 233–9  94. Langeron, *Mémoires de Langeron* p. 93  95. Wilson, *Narrative of Events* pp. 255–60  96. eds. Hennet and Martin, *Lettres interceptées* p. 319  97. CG12 no. 32026 p. 1242  98. Labaume, *Crime of 1812* p. 224  99. Rose, *Napoleon's Campaign in Russia* p. 105  100. Smith, *Data Book* p. 404  101. ed. Bingham, *Selection* III p. 184  102. Bausset, *Private Memoirs* p. 349  103. ed. Brett-James, *Eyewitness Accounts* p. 207  104. Bausset, *Private Memoirs* p. 350  105. Langeron, *Mémoires de Langeron* p. 89  106. ed. Cisterne, *Journal de marche* pp. 140–45  107. Mikaberidze, *The Battle of the Berezina passim*  108. Rossetti, 'Journal du Général Rossetti' p. 33  109. CG12 no. 32071 p. 1270, November 24, 1812  110. Saint-Cyr, *Mémoires* III pp. 230–31  111. ed. Cisterne, *Journal de marche* pp. 140–45  112. Rossetti, 'Journal du Général Rossetti' p. 37  113. Fain, *Manuscrit de 1812* II p. 329  114. ed. Cisterne, *Journal de marche* pp. 140–45  115. ed. Cisterne, *Journal de marche* pp. 140–45  116. ed. Cisterne, *Journal de marche* pp. 140–45  117. ed. Brett-James, *Eyewitness Accounts* p. 256  118. ed. Brett-James, *Eyewitness Accounts* pp. 256–7  119. Rossetti, 'Journal du Général Rossetti' p. 39  120. Rossetti, 'Journal du Général Rossetti' p. 38  121. ed. Brett-James, *Eyewitness Accounts* p. 258  122. ed. Brett-James, *Eyewitness Accounts* p. 246  123. ed. Raeff, *Napoleonic Foot Soldier* p. 81  124. Kiley, *Once There Were Titans* p. 196  125. CG12 no. 32079 p. 1276, November 27, 1812  126. ed. Brett-James, *Eyewitness Accounts* p. 260  127. Langeron, *Mémoires de Langeron* p. 218  128. ed. Brett-James, *Eyewitness Accounts* p. 262  129. CG12 no. 32084 p. 1278, November 29, 1812  130. ed. Markham, *Imperial Glory* pp. 310–13  131. Clark, *Iron Kingdom* p. 356  132. Namier, *Vanished Supremacies* pp. 1–3  133. ed. Noailles, *Count Molé* p. 164  134. Clark, *Iron Kingdom* pp. 358–90  135. CN24 no. 19490, p. 430  136. ed. Hanoteau, *With Napoleon in Russia* I p. 203  137. Cartwright and Biddiss, *Disease and History* p. 98  138. Schneid, 'The Dynamics of Defeat' pp. 7–8  139. Labaume, *Crime of 1812* p. 205  140. *The Nation* 16/7/1896 p. 46  141. Rapp, *Memoirs* p. 250  142. ed. Bingham, *Selection* III p. 195  143. Fain, *Manuscrit de 1813* I p. 8  144. Rapp, *Memoirs* p. 24  145. SHD GR21.YC/679  146. SHD GR21.YC/36  147. Kiley, *Once*

*There Were Titans* p. 293 n. 3 **148.** ed. Raeff, *Napoleonic Foot Soldier* p. xxvi **149.** Schneid, 'The Dynamics of Defeat' p. 12 **150.** Eidahl, 'Marshal Oudinot' p. 14, Labaume, *Crime of 1812* p. 233 **151.** ed. Brett-James, *Eyewitness Accounts* p. 282

## 第二十六章 重整旗鼓

Molé to Napoleon comes from ed. Noailles, *Count Molé* p. 193 Metternich on Napoleon comes from ed. Metternich, *Memoirs* I p. 283 **1.** Saint-Cyr, *Mémoires* IV p. 2 **2.** ed. Noailles, *Count Molé* p. 138 **3.** ed. Hanoteau, *Memoirs of Queen Hortense* II p. 51 **4.** Bowden, *Napoleon's Grande Armée* pp. 27–8, CN25 no. 19689 p. 51 **5.** ed. Noailles, *Count Molé* p. 147, Lamy, 'La cavalerie française' p. 40 **6.** Schroeder, 'Napoleon's Foreign Policy' p. 152 **7.** ed. Butler, *Baron Thiébault* II p. 373 **8.** Blaze, *Life in Napoleon's Army* p. 3 **9.** ed. Chandler, *Napoleon's Marshals* pp. 30–32 **10.** CN24 no. 19388 p. 341 **11.** ed. Bingham, *Selection* III p. 209 **12.** Evstafiev, *Memorable Predictions* p. 71 **13.** Fain, *Manuscrit de 1813* I p. 8 **14.** CN24 no. 19462 p. 402 **15.** CN24 no. 19424 p. 368 **16.** CN24 no. 19402 p. 354 **17.** Fain, *Manuscrit de 1813* I pp. 193–5 **18.** Bausset, *Private Memoirs* p. 373 **19.** ed. Noailles, *Count Molé* p. 168 **20.** ed. Noailles, *Count Molé* p. 156 **21.** CN25 no. 19910 p. 232 **22.** ed. Noailles, *Count Molé* p. 161 **23.** ed. Noailles, *Count Molé* p. 161 **24.** ed. Noailles, *Count Molé* p. 162 **25.** ed. Noailles, *Count Molé* p. 163 **26.** ed. Noailles, *Count Molé* p. 172 **27.** Fain, *Manuscrit de 1813* I pp. 77, 219–23 **28.** CN24 no. 19581 p. 520 **29.** Schmidt, 'Idea and Slogan' pp. 610–13 **30.** McPhee, *Social History* p. 87, Woloch, *New Regime* pp. 152–3 **31.** CN24 no. 19608 p. 539 **32.** CN24 no. 19457 p. 397 **33.** CN24 no. 19625 p. 556 **34.** Simms, *Struggle for Mastery* pp. 75–82 **35.** Simms, *Europe* p. 173 **36.** Leggiere, *Napoleon and Berlin passim* **37.** CN27 no. 21231 pp. 150–51 **38.** CN25 no. 19664 p. 30 **39.** CN25 no. 19688 pp. 46–51 **40.** CN25 no. 19706 pp. 70–72 **41.** CN25 no. 19659 p. 25 **42.** CN25 no. 19632 p. 5 **43.** CN25 no. 19640 p. 9 **44.** ed. Noailles, *Count Molé* p. 193 **45.** ed. Noailles, *Count Molé* p. 194 **46.** ed. Noailles, *Count Molé* p. 195 **47.** Ashby, *Napoleon against Great Odds* p. 15 **48.** ed. Roncière, *Letters to Marie-Louise* p. 140 **49.** CN25 no. 19647 p. 15 **50.** CN25 no. 19914 pp. 235–6 **51.** Johnson, *Napoleon's Cavalry* p. 22 **52.** CN25 no. 19941 p. 253 **53.** CN25 no. 19977 p. 276 **54.** Bausset, *Private Memoirs* p. 375 **55.** Wood, 'Forgotten Sword' p. 81 **56.** Fain, *Manuscrit de 1813* I p. 349 **57.** Brett-James, *Europe Against Napoleon* p. 23 **58.** CN25 no. 19951 pp. 258–62 **59.** Brett-James, *Europe Against Napoleon* p. 24 **60.** ed. Roncière, *Letters to Marie-Louise* p. 149 **61.** CN25 no. 19963 pp. 268–9 **62.** ed. Markham, *Imperial Glory* pp. 33–7 **63.** CN25 no. 19899 pp. 222–3 **64.** ed. Roncière, *Letters to Marie-Louise* p. 152, Fain, *Manuscrit de 1813* I pp. 374–7 **65.** CN25 no. 19994 p. 285 **66.** ed. Roncière, *Letters to Marie-Louise* p. 154 **67.** ed. Bingham, *Selection* III p. 240 **68.** CN25 no. 20017 pp. 299–300 **69.** ed. Roncière,

*Letters to Marie-Louise* p. 157　70. CN25 no. 20029 and 20030 pp. 307–8
71. Rovigo, *Mémoires* VI p. 102　72. ed. Roncière, *Letters to Marie-Louise*
p. 158　73. CN25 no. 20042 pp. 321–2　74. Ebrington, *Memorandum* pp.
18–19　75. ed. Roncière, *Letters to Marie-Louise* p. 160　76. CN25 no. 20096
p. 368　77. CN25 no. 20070 pp. 346–7　78. Clark, *Iron Kingdom* p. 365
79. CN25 no. 20140 pp. 393–7　80. CN25 no. 20070 p. 347　81. Fain, *Manu-
scrit de 1813* I p. 449　82. ed. Bingham, *Selection* III p. 250　83. Fain, *Manuscrit
de 1813* II pp. 26–31　84. Fain, *Manuscrit de 1813* II pp. 26–31　85. Fain,
*Manuscrit de 1813* II pp. 26–31　86. CN25 no. 20119 p. 382　87. Bausset,
*Private Memoirs* p. 383　88. ed. Roncière, *Letters to Marie-Louise* p. 169
89. Price, 'Napoleon and Metternich in 1813' pp. 482–503　90. Price, 'Napoleon
and Metternich in 1813' p. 503, CN25 no. 20175 pp. 423–6, Fain, *Manuscrit de
1813* II pp. 36–42, Ashby, *Napoleon against Great Odds* p. 15, ed. Metternich,
*Memoirs* I p. 413 n. 67 and II pp. 538–40　91. Price, 'Napoleon and Metternich
in 1813' p. 501　92. CN25 no. 20175 pp. 423–6　93. Price, 'Napoleon and
Metternich in 1813' pp. 494, 503　94. ed. Metternich, *Memoirs* I pp. 185–8
95. ed. Metternich, *Memoirs* I p. 190　96. CN25 no. 20175 pp. 423–6　97. ed.
Roncière, *Letters to Marie-Louise* p. 169　98. ed. Roncière, *Letters to Marie-
Louise* p. 171　99. ed. Latimer, *Talks* p. 143　100. ed. Roncière, *Letters
to Marie-Louise* pp. 171–2　101. Sked, *Radetsky* p. 41　102. Fain, *Manuscrit
de 1813* II pp. 79–80　103. CN26 no. 20327 pp. 2–3　104. Fain, *Manuscrit de
1813* II p. 93

## 第二十七章　莱比锡

*Le Moniteur* statement comes from CN10 no. 8237 p. 116　Military Maxim No.
25 comes from ed. Chandler, *Military Maxims* p. 145　1. ed. Walter, *Las Cases*
p. xv　2. Odeleben, *Circumstantial Narrative* II p. 189　3. Lamy, 'La cavalerie
française' pp. 42–3　4. Menzl, *Germany* IV p. 1585　5. CN26 no. 20375 pp.
48–9　6. CN26 no. 20360 pp. 34–6　7. Chandler, *Campaigns of Napoleon*
pp. 900–902　8. Gallaher, 'Political Considerations and Strategy' p. 68 n. 2
9. Gallaher, 'Political Considerations and Strategy' p. 68　10. CN26 nos. 20381
and 20390 pp. 71–2, 80–82　11. ed. Roncière, *Letters to Marie-Louise*
p. 184　12. ed. Roncière, *Letters to Marie-Louise* p. 186　13. Eidahl, 'Marshal
Oudinot' p. 15　14. ed. Roncière, *Letters to Marie-Louise* p. 186　15. CN26 no.
20445 pp. 118–19　16. ed. Bingham, *Selection* III p. 262　17. Karlen, *Napoleon's
Glands* p. 11　18. ed. Chandler, *Military Maxims* p. 165　19. *TLS* 12/5/1927
p. 325　20. Smith, *Data Book* pp. 443–5　21. ed. Latimer, *Talks* p. 254 and
n. 1　22. ed. Bingham, *Selection* III p. 266　23. ed. Roncière, *Letters to Marie-
Louise* p. 190　24. ed. Roncière, *Letters to Marie-Louise* pp. 190–91　25. ed.
Roncière, *Letters to Marie-Louise* p. 191　26. CN26 no. 20482 p. 147　27. ed.
Bingham, *Selection* III p. 267　28. Clark, *Iron Kingdom* p. 367, Nafziger, *Napoleon
at Leipzig* p. 70　29. Chandler, *On the Napoleonic Wars* p. 112　30. Smith, *Data
Book* pp. 446–7　31. eds. Tulard and Garros, *Itinéraire* p. 423, Fain, *Manuscrit*

*de 1813* II p. 312　32. eds. Tulard and Garros, *Itineraire* p. 423, Fain, *Manuscrit de 1813* II p. 312　33. CN26 no. 20546 p. 190　34. ed. Butler, *Baron Thiébault* II p. 381　35. Fain, *Manuscrit de 1813* II pp. 351-2　36. ed. Bingham, *Selection* III p. 277　37. Shoberl, *Narrative* p. vii　38. CN26 no. 20791-3 pp. 349-52　39. Odeleben, *Circumstantial Narrative* II p. 312　40. Odeleben, *Circumstantial Narrative* II pp. 315-16　41. Odeleben, *Circumstantial Narrative* I p. 187, CN26 no. 20809 pp. 361-2　42. Clark, *Iron Kingdom* p. 367 43. Smith, *Data Book* pp. 461-70, Lamy, 'La cavalerie française' p. 43　44. ed. Fleischmann, *L'Épopée Imperiale* p. 323　45. Nafziger, *Napoleon at Leipzig* p. 113　46. ed. Pope, *Cassell Dictionary* p. 299　47. Fain, *Manuscrit de 1813* II pp. 410-11　48. Fain, *Manuscrit de 1813* II p. 412　49. eds. Tulard and Garros, *Itinéraire* p. 426　50. Brett-James, *Europe Against Napoleon* p. 164 51. Bruyere-Ostells, *Leipzig* p. 177　52. Nafziger, *Napoleon at Leipzig* p. 189　53. eds. Nafziger et al., *Poles and Saxons* pp. 244-5　54. Smith, *1813 Leipzig* p. 188　55. Smith, *1813 Leipzig* p. 189　56. Fain, *Manuscrit de 1813* II p. 432　57. Odeleben, *Circumstantial Narrative* II p. 42n　58. Odeleben, *Circumstantial Narrative* II p. 43　59. ed. Davis, *Original Journals* p. 400, CN26 no. 20830 p. 378　60. Clark, *Iron Kingdom* p. 371　61. ed. Brindle, *With Napoleon's Guns* p. 187n　62. Odeleben, *Circumstantial Narrative* II p. 45n　63. ed. Haythornthwaite, *Final Verdict* p. 300　64. Ashby, *Napoleon against Great Odds* p. 17　65. CN26 no. 20830 pp. 374-9　66. ed. Roncière, *Letters to Marie-Louise* p. 200　67. ed. Barrès, *Memoirs* p. 193　68. Fain, *Memoirs of the Invasion* p. 1　69. ed. Lacour-Gayet, *Chancellor Pasquier* p. 139　70. Koebner, *Empire* p. 284, Fain, *Memoirs of the Invasion* p. 6　71. Fain, *Memoirs of the Invasion* p. 8　72. CN26 no. 20886 p. 424　73. CN26 no. 20895 p. 429 74. CN26 no. 20902 pp. 434-5　75. ed. Lacour-Gayet, *Chancellor Pasquier* p. 139 n. 10　76. Rovigo, *Mémoires* VI p. 239　77. Fain, *Memoirs of the Invasion* p. 11　78. Watson, *Reign of George III* p. 560　79. ed. Bingham, *Selection* III p. 286, Fain, *Memoirs of the Invasion* p. 12　80. ed. Bingham, *Selection* III p. 286　81. Cobban, *Modern France* II p. 62　82. Ashby, *Napoleon against Great Odds* p. 1　83. Rovigo, *Mémoires* VI p. 262

## 第二十八章　困兽犹斗

Napoleon's maxim comes from ed. Chandler, *Military Maxims* p. 114　Napoleon on Pompey comes from CN32 p. 47　1. Crouzet, 'The Second Hundred Years' War' p. 441　2. Ashby, *Napoleon against Great Odds* p. 183　3. Elting, *Swords* p. 329 4. CG7 no. 15830 p. 875, June 4, 1807　5. Ashby, *Napoleon against Great Odds* p. 4　6. Dziewanowski, 'Napoleon' p. 91　7. Las Cases, *Memorial* I p. 232 8. Richardson, *French Prefectoral Corps* pp. 44-6, Cobban, *Modern France* II p. 25　9. Daly, *Inside Napoleonic France* p. 255　10. Pigeard, *La Conscription* pp. 269-70　11. Price, 'Napoleon and Metternich' p. 500　12. Pelet, *Napoleon in Council* p. 261　13. Pelet, *Napoleon in Council* p. 267　14. Markham, *Awakening of Europe* p. 174　15. Guérard, *Reflections* p. 94　16. D'Abrantès,

*At the Court* p. 21　**17.** ed. Bingham, *Selection* III p. 293　**18.** ed. Bingham, *Selection* III p. 298　**19.** Rovigo, *Mémoires* VI p. 289　**20.** ed. Bingham, *Selection* III p. 313　**21.** Fain, *Memoirs of the Invasion* p. 48　**22.** ed. Lacour-Gayet, *Chancellor Pasquier* p. 145, Rovigo, *Mémoires* VI p. 301　**23.** Boigne, *Mémoires* pp. 280–81　**24.** ed. Lacour-Gayet, *Chancellor Pasquier* p. 138　**25.** ed. Bingham, *Selection* III p. 301　**26.** ed. Latimer, *Talks* p. 39　**27.** Fain, *Memoirs of the Invasion* pp. 77–80　**28.** ed. Bingham, *Selection* III p. 301　**29.** ed. North, *Napoleon on Elba*, p. 63　**30.** Fain, *Memoirs of the Invasion* p. 79, ed. Fleischmann, *L'Épopée Impériale* pp. 346–7　**31.** ed. Roncière, *Letters to Marie-Louise* p. 206　**32.** Stanhope, *Notes of Conversations* p. 6　**33.** ed. Bingham, *Selection* III p. 302　**34.** ed. Bingham, *Selection* III p. 302　**35.** Fain, *Memoirs of the Invasion* p. 94　**36.** ed. Gallatin, *Diary of James Gallatin* p. 53　**37.** ed. Bingham, *Selection* III p. 320　**38.** ed. Roncière, *Letters to Marie-Louise* p. 207　**39.** ed. Roncière, *Letters to Marie-Louise* p. 209　**40.** ed. Roncière, *Letters to Marie-Louise* p. 209　**41.** ed. Bingham, *Selection* III p. 302　**42.** ed. Bingham, *Selection* III p. 306　**43.** ed. Roncière, *Letters to Marie-Louise* p. 212　**44.** ed. Roncière, *Letters to Marie-Louise* p. 213, Fain, *Memoirs of the Invasion* p. 97　**45.** ed. Roncière, *Letters to Marie-Louise* p. 214　**46.** Fain, *Memoirs of the Invasion* p. 102　**47.** ed. Roncière, *Letters to Marie-Louise* p. 215　**48.** Smith, *Data Book* p. 496　**49.** ed. Roncière, *Letters to Marie-Louise* pp. 216–17　**50.** Innocenti, 'Souls Not Wanting' p. 56　**51.** Cobban, *Modern France* II p. 62, ed. Roncière, *Letters to Marie-Louise* p. 204　**52.** ed. Bingham, *Selection* III p. 315　**53.** Fain, *Memoirs of the Invasion* p. 116　**54.** ed. Bingham, *Selection* III p. 317　**55.** ed. Fleischmann, *L'Épopée Impériale* p. 358　**56.** ed. Bingham, *Selection* III p. 317　**57.** ed. Bingham, *Selection* III p. 316　**58.** ed. Bingham, *Selection* III p. 325　**59.** ed. Bingham, *Selection* III pp. 322–3　**60.** ed. Bingham, *Selection* III p. 321　**61.** Lentz, *L'Effondrement* p. 570　**62.** ed. Roncière, *Letters to Marie-Louise* p. 233　**63.** ed. Roncière, *Letters to Marie-Louise* p. 234　**64.** Foch, 'La Bataille de Laon' p. 11　**65.** ed. Roncière, *Letters to Marie-Louise* pp. 236–7　**66.** ed. Roncière, *Letters to Marie-Louise* p. 237　**67.** ed. Roncière, *Letters to Marie-Louise* p. 238　**68.** AN 440 AP 12　**69.** Ross, *Reluctant King* p. 228　**70.** Marmont, *Memoirs* p. 69　**71.** ed. Roncière, *Letters to Marie-Louise* p. 241　**72.** ed. Roncière, *Letters to Marie-Louise* p. 241　**73.** Bausset, *Private Memoirs* p. 425, ed. North, *Napoleon on Elba* p. 27, McLynn, *Napoleon* p. 584, Anon., 'More about Napoleon' p. 228　**74.** ed. Roncière, *Letters to Marie-Louise* p. 245, ed. North, *Napoleon on Elba* p. 64　**75.** Chardigny, *L'Homme Napoléon* pp. 154–5　**76.** Ashby, *Napoleon against Great Odds* p. 272　**77.** ed. Latimer, *Talks* pp. 87–8　**78.** ed. Roncière, *Letters to Marie-Louise* p. 245　**79.** ed. Lacour-Gayet, *Chancellor Pasquier* p. 146, Bausset, *Private Memoirs* pp. 398–402　**80.** ed. Roncière, *Letters to Marie-Louise* p. 249　**81.** Bausset, *Private Memoirs* p. 405　**82.** ed. Roncière, *Letters to Marie-Louise* p. 249　**83.** Lavalette, *Memoirs* p. 121, Mikaberidze, 'Russian Eagles over the Seine' pp. 155–6　**84.** eds. Tulard and Garros, *Itinéraire* p. 444　**85.** Lavalette, *Memoirs* p. 122　**86.** ed. Gallatin, *Diary of James Gallatin* p. 53, Hobhouse, *Substance of Some Letters*

p. 226　87. INV AA 1751–1758, 1761　88. Lavalette, *Memoirs* p. 123, Mikaberidze, 'Russian Eagles over the Seine' p. 158　89. Bourrienne, *Memoirs* IV p. 230　90. Waresquiel, *Talleyrand* p. 125　91. Lentz, *L'Effondrement* p. 568　92. Lentz, *L'Effondrement* p. 569　93. Innocenti, 'Souls Not Wanting' p. 51　94. Houssaye, *Campaign of 1814* p. 502　95. ed. Rousset, *Recollections of Marshal Macdonald* II pp. 246–7　96. Lentz, *L'Effondrement* p. 572　97. Hobhouse, *Recollections* I p. 183, ed. North, *Napoleon on Elba* p. 65　98. Cronin, *Napoleon* p. 554, Raguse, *Mémoires* VI p. 274　99. Houssaye, *Campaign of 1814* p. 499

## 第二十九章　厄尔巴

Metternich on 1815 comes from ed. Metternich, *Memoirs* III pp. 338–9　Napoleon on board HMS *Northumberland* comes from Warden, *Letters Written on Board HMS Northumberland* p. 58　1. Lentz, *L'Effondrement* p. 570, ed. Cisterne, *Journal de marche* p. 250, ed. Park, *Napoleon in Captivity* p. 36　2. Houssaye, *The Campaign of 1814* p. 507, Lentz, *L'Effondrement* p. 573, Fain *Memoirs of the Invasion* p. 212　3. Houssaye, *The Campaign of 1814* p. 507　4. Houssaye, *The Campaign of 1814* p. 508　5. SHD GR6.YD/1　6. ed. Cottin, *Souvenirs de Roustam* p. 191　7. Houssaye, *The Campaign of 1814* p. 508　8. Houssaye, *Campaign of 1814* p. 511　9. Kauffmann, *Black Room at Longwood*, p. xvii　10. ed. North, *Napoleon on Elba* p. 32 n. 31　11. ed. Rousset, *Recollections of Marshal Macdonald* II p. 197　12. ed. North, *Napoleon on Elba* p. 17　13. ed. Roncière, *Letters to Marie-Louise* p. 258　14. Bausset, *Private Memoirs* p. 423　15. Fain, *Memoirs of the Invasion* p. 258; Philip Dwyer dates it to April 7 in eds. Dwyer and McPhee, *The French Revolution and Napoleon* p. 191; Wairy says April 11 in ed. Jones, *Napoleon: An Intimate Account* p. 420　16. Saint-Denis, *Napoleon from the Tuileries to St Helena* p. 66　17. ed. Cottin, *Souvenirs de Roustam* pp. 196–7, ed. Roncière, *Letters to Marie-Louise* p. 262　18. Montholon, *History of the Captivity* III p. 135, Fain, *Memoirs of the Invasion* p. 259　19. ed. Roncière, *Letters to Marie-Louise* p. 263　20. Lentz, *L'Effondrement* p. 574, Fain, *Memoirs of the Invasion* p. 259　21. ed. Rousset, *Recollections of Marshal Macdonald* II p. 199　22. ed. Rousset, *Recollections of Marshal Macdonald* II p. 199　23. ed. Cottin, *Souvenirs de Roustam* p. 198　24. ed. North, *Napoleon on Elba* p. 14　25. Fain, *Memoirs of the Invasion* p. 264　26. Kerry, *First Napoleon* pp. 71–2　27. ed. Jones, *Napoleon: An Intimate Account* p. 420　28. ed. North, *Napoleon on Elba* p. 30　29. ed. North, *Napoleon on Elba* p. 18　30. ed. North, *Napoleon on Elba* p. 19　31. ed. North, *Napoleon on Elba* pp. 37–8, 46　32. ed. North, *Napoleon on Elba* p. 20　33. ed. North, *Napoleon on Elba* p. 27　34. ed. North, *Napoleon on Elba* p. 25　35. ed. North, *Napoleon on Elba* p. 27　36. Montholon, *History of the Captivity* I p. 1　37. Wolff, *Island Empire* pp. 158–9　38. ed. Latimer, *Talks* p. 167　39. ed. North, *Napoleon on Elba* pp. 31–2　40. ed. North, *Napoleon on Elba* p. 32

**41.** ed. North, *Napoleon on Elba* p. 33　**42.** Wolff, *Island Empire* p. 159, Fain, *Memoirs of the Invasion* p. 267　**43.** ed. North, *Napoleon on Elba* pp. 34–5, Wolff, *Island Empire* pp. 159–60, Rovigo, *Mémoires* VII pp. 212–13, AN 400AP/5　**44.** ed. Roncière, *Letters to Marie-Louise* p. 269　**45.** ed. North, *Napoleon on Elba* p. 39　**46.** ed. North, *Napoleon on Elba* p. 47　**47.** BNF NAF 20071 p. 2　**48.** ed. Rose, *Napoleon's Last Voyages* p. 32　**49.** ed. North, *Napoleon on Elba* p. 47　**50.** ed. Rose, *Napoleon's Last Voyages* p. 36　**51.** ed. Rose, *Napoleon's Last Voyages* p. 46　**52.** ed. Rose, *Napoleon's Last Voyages* p. 51　**53.** ed. Rose, *Napoleon's Last Voyages* p. 52　**54.** Branda, *Le prix de la gloire* p. 62　**55.** Branda, *Le prix de la gloire* p. 64, ed. Rose, *Napoleon's Last Voyages* p. 52　**56.** ed. Bingham, *Selection* II p. 4, ed. North, *Napoleon on Elba* p. 31　**57.** ed. Rose, *Napoleon's Last Voyages* p. 52, ed. North, *Napoleon on Elba* p. 62, Wolff, *Island Empire* pp. 8–9, Houssaye, *The Return of Napoleon* p. 4　**58.** ed. Tarbell, *Napoleon's Addresses* p. xvii　**59.** ed. North, *Napoleon on Elba* p. 74　**60.** ed. North, *Napoleon on Elba* p. 81　**61.** ed. Latimer, *Talks* p. 138 n. 2 and p. 56　**62.** ed. Cerf, *Letters to Josephine* p. 234　**63.** ed. Kerry, *First Napoleon* p. 99　**64.** ed. North, *Napoleon on Elba* p. 105　**65.** Christophe, *Napoleon on Elba* p. 138　**66.** ed. Roncière, *Letters to Marie-Louise* p. 277　**67.** ed. Roncière, *Letters to Marie-Louise* p. 277, ed. Palmstierna, *Dearest Louise* pp. 222–3　**68.** Saint-Amand, *Marie-Louise and the Decadence of Empire* p. 2　**69.** ed. Palmstierna, *Dearest Louise* p. 223　**70.** Pocock, *Stopping Napoleon* pp. 211–12, Sutherland, *Marie Walewska* pp. 218ff　**71.** Kissinger, *A World Restored passim*　**72.** ed. Kerry, *First Napoleon* p. 82, Ebrington, *Memorandum* p. 27　**73.** ed. Kerry, *First Napoleon* p. 95　**74.** ed. Kerry, *First Napoleon* p. 105　**75.** ed. Kerry, *First Napoleon* p. 95, ed. Gallatin, *Diary of James Gallatin* p. 54　**76.** ed. North, *Napoleon on Elba* p. 140　**77.** ed. Kerry, *First Napoleon* p. 95　**78.** ed. Rowe, *Collaboration and Resistance* p. 22　**79.** Forrest, *Napoleon* p. 280. Some priests even refused the sacrament to purchasers of *biens nationaux*. Alexander, *Bonapartism and Revolutionary Tradition* p. 3　**80.** Hobhouse, *Substance of Some Letters* pp. 28–42, CN28 no. 21714 p. 30　**81.** Daly, *Inside Napoleonic France* p. 256, McPhee, *Social History* p. 88　**82.** Ebrington, 'Conversation' *passim*　**83.** Bodleian MS Curzon e.1. p. 18　**84.** Fleischmann, *En Écoutant Parler* p. 31　**85.** Alexander, *Bonapartism and Revolutionary Tradition* p. 4　**86.** Cobban, *Modern France* II p. 65　**87.** ed. Latimer, *Talks* p. 167　**88.** ed. North, *Napoleon on Elba* pp. 14, 159　**89.** ed. North, *Napoleon on Elba* pp. 140 n. 75, 165, Holland, *Foreign Reminiscences* p. 196　**90.** Hobhouse, *Recollections* I pp. 178–83　**91.** Hobhouse, *Recollections* I p. 183　**92.** Hobhouse, *Recollections* I p. 187　**93.** Hobhouse, *Recollections* I p. 188　**94.** ed. North, *Napoleon on Elba* p. 166　**95.** ed. North, *Napoleon on Elba* p. 177　**96.** ed. North, *Napoleon on Elba* p. 177 n. 86　**97.** Fleury de Chaboulon, *Memoirs* I pp. 55–6　**98.** ed. North, *Napoleon on Elba* p. 172, Pocock, *Stopping Napoleon* p. 216　**99.** Kircheisen, *Napoleon* p. 685　**100.** ed. North, *Napoleon on Elba* p. 172　**101.** ed. Hanoteau, *Queen Hortense* II p. 213　**102.** Fraser, *Venus of Empire* p. 216　**103.** ed. Latimer, *Talks* p. 225　**104.** Hobhouse, *Substance of Some Letters* p. 66 n. 2　**105.** ed. North, *Napoleon on Elba* pp. 188–9, Mudford,

*An Historical Account* p. 56　**106.** Hobhouse, *Substance of Some Letters* p. 55　**107.** Hobhouse, *Substance of Some Letters* p. 55　**108.** ed. Latimer, *Talks* p. 172　**109.** ed. Latimer, *Talks* p. 178　**110.** CN28 no. 21682 p. 3　**111.** CN28 no. 21681 p. 1　**112.** eds. Dwyer and McPhee, *The French Revolution and Napoleon* pp. 195–6　**113.** Jarrett, *Congress of Vienna* p. 158　**114.** Hobhouse, *Substance of Some Letters* p. 57　**115.** ed. North, *Napoleon on Elba* p. 179　**116.** ed. Latimer, *Talks* p. 17　**117.** CN28 no. 21684–6 pp. 6–7　**118.** Cockburn, *Buonaparte's Voyage* pp. 41–2, Hobhouse, *Substance of Some Letters* p. 58　**119.** Rovigo, *Mémoires* VII pp. 351–2　**120.** ed. Latimer, *Talks* p. 55　**121.** ed. Latimer, *Talks* p. 183　**122.** ed. Latimer, *Talks* p. 175　**123.** ed. Wilson, *Diary of St Helena* p. 90　**124.** Houssaye, *The Return of Napoleon* p. 66, Reiset, *Souvenirs* III p. 75　**125.** Waresquiel, *Les cent jours* p. 241　**126.** Houssaye, *The Return of Napoleon* p. 67, BNF Micr D71/86, *Le Moniteur* 9/3/1815　**127.** Thornton, *Napoleon after Waterloo* p. 54　**128.** Atteridge, *Marshal Ney* p. 170　**129.** Atteridge, *Marshal Ney* p. 170　**130.** Houssaye, *Return of Napoleon* p. 110　**131.** Houssaye, *Return of Napoleon* p. 108　**132.** Atteridge, *Marshal Ney* p. 172　**133.** ed. Fleischmann, *L'Épopée Impériale* pp. 390–91, ed. Routier, *Récits d'un soldat* pp. 175–6　**134.** ed. Butler, *Baron Thiébault* II pp. 418–19　**135.** Lavalette, *Memoirs* p. 154　**136.** Villemain, *Souvenirs* II p. 48　**137.** Lavalette, *Memoirs* p. 150

## 第三十章　滑铁卢

Napoleon on Waterloo comes from Field, *Waterloo* p. 22　Napoleon's Maxim comes from ed. Chandler, *Military Maxims* p. 109　**1.** Rapp, *Memoirs* p. 13　**2.** ed. Roncière, *Letters to Marie-Louise* p. 281　**3.** AN 286 AP3 dossier 32　**4.** ed. Noailles, *Count Molé* p. 213　**5.** BNF Micr D.71/86 *Le Moniteur* 21/3/1815　**6.** Rapp, *Memoirs* p. 4　**7.** ed. Cottin, *Souvenirs de Roustam,* p. xxxv　**8.** BNF Micr D.71/86　**9.** ed. Schlumberger, *Lettres* p. 245　**10.** CN28 no. 21696 p. 20　**11.** CN28 no. 21711 p. 29　**12.** Gallaher, 'Davout and Napoleon' p. 7　**13.** CN28 no. 21896 p. 177　**14.** SHD GR16/C21 and SHD GR 15.C/39　**15.** ed. Latimer, *Talks* p. 187　**16.** CN28 no 21987 p. 241　**17.** Marshall-Cornwall, *Marshal Masséna* p. 259　**18.** Jourquin, *Dictionnaire des Marechaux* pp. 70–71　**19.** SHD GR6.YD/1, ed. Butler, *Baron Thiébault* II p. 420, Macirone, *Interesting Facts* pp. 146–8　**20.** Chandler, *On the Napoleonic Wars* p. 112　**21.** ed. Stiegler, *Récits de guerre* p. 307　**22.** Hobhouse, *Substance of Some Letters* pp. 116–17　**23.** Hobhouse, *Substance of Some Letters* p. 118　**24.** CN28 nos. 21813, 21948 pp. 102, 214　**25.** Mudford, *An Historical Account* p. 193　**26.** CN28 no. 21761 p. 66　**27.** CN28 no. 21876 p. 162　**28.** Branda, *Le prix de la gloire* p. 73　**29.** Charvet, *Literary History* p. 57　**30.** Cockburn, *Buonaparte's Voyage* p. 72　**31.** Beslay, *Souvenirs* p. 50, Hobhouse, *Substance of Some Letters* pp. 88, 122–4, McPhee, *Social History* p. 88, CN28 nos. 21743 and 21753 pp. 51, 60　**32.** CN28 no. 21769 p. 76　**33.** Hobhouse, *Substance of Some Letters* p. 160　**34.** Hobhouse, *Substance of*

*Some Letters* p. 126    35. CN28 no. 21713 p. 29    36. Hobhouse, *Substance of Some Letters* p. 87    37. ed. Palmstierna, *Dearest Louise* p. 226    38. Hobhouse, *Substance of Some Letters* p. 18    39. Hobhouse, *Substance of Some Letters* p. 18    40. Bluche, *Le plébiscite* p. 36 n. 109, ed. Fontana, *Benjamin Constant* pp. 11–13, eds. Dwyer and McPhee, *The French Revolution and Napoleon* p. 199    41. Daly, *Inside Napoleonic France* p. 257, ed. Rowe, *Collaboration and Resistance* p. 29    42. Lavalette, *Memoirs* p. 150    43. Emsley, *Napoleon* p. 116, Daly, *Inside Napoleonic France* p. 258    44. Alexander, *Bonapartism and Revolutionary Tradition* p. 284    45. ed. Noailles, *Count Molé* p. 225    46. Hobhouse, *Substance of Some Letters* p. 189    47. ed. Butler, *Baron Thiébault* II p. 420    48. BNF Micr D.71/86, CN28 no. 21997 p. 246    49. *Le Moniteur* 2/6/1815    50. Hobhouse, *Substance of Some Letters* pp. 190–94, Williams, *A Narrative* p. 160    51. Williams, *A Narrative* p. 166    52. CN28 no. 22030 p. 265    53. CN28 no. 22030 p. 265    54. Thornton, *Napoleon after Waterloo* p. 56    55. CN28 no. 21733 p. 44    56. Cockburn, *Buonaparte's Voyage* pp. 45–6    57. CN28 no. 22052 p. 281    58. Davies, *Wellington's Wars* p. 226    59. CN28 no. 21999 p. 249    60. Houssaye, *1815* III p. 48    61. Chandler, *Campaigns of Napoleon* p. 1040    62. Muir, *Tactics and the Experience of Battle* p. 147    63. Hayman, *Soult* p. 227    64. Field, *Waterloo* p. 29    65. Rose, *Napoleon* I p. 88    66. Gardner, *Quatre Bras* p. 127    67. Macbride, *With Napoleon at Waterloo* p. 182    68. ed. Kerry, *First Napoleon* p. 117    69. Field, *Waterloo* p. 31    70. ed. Latimer, *Talks* p. 189    71. ed. Chandler, *Military Maxims* p. 150    72. ed. Chandler, *Military Maxims* p. 128    73. Fantin des Odoards, *Journal* p. 431    74. Albermarle, *Fifty Years* II p. 21, *Quarterly Review* July 1875 p. 225, Forrest, *Napoleon* p. 308    75. CG7 no. 15797 p. 862    76. Adkin, *Waterloo Companion* p. 79    77. Albermarle, *Fifty Years II* p. 23    78. Pétiet, *Souvenirs Militaires* pp. 195–6    79. ed. Kerry, *First Napoleon* p. 125    80. ed. Kerry, *First Napoleon* p. 120    81. Forsyth, *History of the Captivity* I p. 140    82. Germain, *Drouët d'Erlon* pp. 175–6, Field, *Waterloo* p. 32, D'Erlon, *Vie militaire* p. 96    83. D'Erlon, *Vie militaire*, pp. 96–7    84. Balcombe, *To Befriend* p. 117    85. D'Erlon, *Vie militaire* pp. 96–7, ed. Maricourt, *Général Noguès* p. 270    86. Field, *Waterloo* p. 33, Macbride, *With Napoleon at Waterloo* p. 183    87. Saint-Denis, *Napoleon from the Tuileries to St Helena* p. 113    88. Mauduit, *Les derniers jours* II p. 231    89. ed. Latimer, *Talks* p. 143    90. Gardner, *Quatre Bras* p. 37 n. 18    91. SHD GR15/C5/18 June 1815    92. Hayman, *Soult* p. 228, Houssaye *1815* III pp. 244ff    93. ed. Girod de l'Ain, *Vie militaire* pp. 278–9    94. Macbride, *With Napoleon at Waterloo* p. 183    95. Gardner, *Quatre Bras* p. 222    96. Adkin, *Waterloo Companion* p. 79    97. Gardner, *Quatre Bras* p. 236 n. 148, Albermarle, *Fifty Years* p. 21, *Quarterly Review* July 1875 p. 225    98. SHD GR15/C5/18 June 1815, Houssaye, *1815* III pp. 191–2, Hayman, *Soult* p. 230    99. Field, *Waterloo* p. 43    100. SHD GR15/C5/18 June 1815    101. ed. Jennings, *Croker Papers* I p. 340    102. Bonaparte, Jérôme, *Mémoires et Correspondance* VII p. 95, Boudon, *Le roi Jérôme* p. 442    103. ed. Lévi, *Mémoires du Capitaine Duthilt* pp. 391ff    104. ed. Chandler, *Military Maxims* p. 187    105. Linck, *Napoleon's Generals* p. 62    106. Davies, *Wellington's*

*Wars* p. 239　107. Roberts, *Waterloo* pp. 126–8　108. ed. Kerry, *First Napoleon* p. 126　109. ed. Kerry, *First Napoleon* pp. 126, 129　110. ed. Kerry, *First Napoleon* p. 129　111. ed. Latimer, *Talks* p. 189　112. D'Erlon, *Vie militaire* pp. 96–8　113. ed. Brett-James, *Hundred Days* p. 139　114. Ropes, *Campaign of Waterloo* p. 337　115. Levasseur, *Souvenirs Militaires* pp. 303–4　116. Fuller, *Decisive Battles* p. 204　117. Williams, *A Narrative* p. 184　118. Smith, 'General Petit's Account'　119. ed. Kerry, *First Napoleon* p. 131　120. Macbride, *With Napoleon at Waterloo* pp. 184–5　121. Smith, *Data Book*, p. 539　122. ed. Latimer, *Talks* p. 187, Lancesseur, *L'Enigme de Waterloo* p. 146

## 第三十一章　圣赫勒拿

Napoleon to Marie Louise comes from ed. Roncière, *Letters to Marie-Louise* p. 60　Napoleon on Themistocles comes from ed. Frayling, *Napoleon Wrote Fiction* p. 37　1. ed. Lecestre, *Lettres inédites* II pp. 357–8　2. ed. Haythornthwaite, *Final Verdict* p. 191　3. SHD GR17.C/193　4. ed. Latimer, *Talks* p. 2　5. Hobhouse, *Substance of Some Letters* p. 240　6. Montholon, *History of the Captivity* I p. 4　7. CN28 no. 22062 p. 299　8. Villepin, *Les cent jours* p. 450　9. Williams, *A Narrative* pp. 189–91　10. Hobhouse, *Substance of Some Letters* p. 244, Unger, *Lafayette* p. 345　11. Cockburn, *Buonaparte's Voyage* p. 25　12. CN28 no. 22061 p. 293, *Le Moniteur* 21/6/1815, BNF Micr D.71/86　13. ed. Calmettes, *Général Thiébault* V pp. 373–4　14. Montholon, *History of the Captivity* I p. 7　15. CN28 no. 22063 p. 299, BNF Micr D.71/86, *Le Moniteur* 23/6/1815　16. ed. Latimer, *Talks* p. 3, Lavalette, *Memoirs* p. 172　17. Lavalette, *Memoirs* p. 171　18. BNF Micr D.71/86, *Le Moniteur* 24/6/1815　19. ed. Jennings, *Croker Papers* I p. 62　20. Rovigo, *Mémoires* VIII pp. 175–6　21. ed. Jennings, *Croker Papers* I p. 328　22. ed. Latimer, *Talks* p. 264　23. ed. Jennings, *Croker Papers* I p. 68　24. ed. Latimer, *Talks* p. 12 n. 2　25. Markham, 'Napoleon's Last Hours' p. 39　26. Cockburn, *Buonaparte's Voyage* p. 48　27. Markham, 'Napoleon's Last Hours' p. 42　28. Maitland, *Surrender of Napoleon* pp. 175–6, Bodleian MS Curzon d.2 *passim*　29. CN28 no. 22066 p. 301　30. Sherwig, *Guineas and Gunpowder* pp. 345, 368　31. Rovigo, *Mémoires* IV p. 161　32. *The Times* 15 July 1830　33. Smith, *Data Book* pp. 535–60　34. Markham, 'Napoleon's Last Hours' p. 47　35. ed. Jones, *In Napoleon's Shadow* pp. 285–6　36. Markham, 'Napoleon's Last Hours' p. 48, Home, *Memoirs of an Aristocrat* p. 212　37. Maitland, *Surrender of Napoleon* p. 77　38. Home, *Memoirs of an Aristocrat* p. 227　39. Markham, 'The Emperor at Work' p. 587　40. Maitland, *Surrender of Napoleon* p. 85　41. Maitland, *Surrender of Napoleon* p. 98　42. ed. Londonderry, *Memoirs and Correspondence* X p. 415　43. Maitland, *Surrender of Napoleon* p. 107　44. Maitland, *Surrender of Napoleon* p. 118　45. Maitland, *Surrender of Napoleon* p. 137　46. ed. Latimer, *Talks* p. 25, Maitland, *Surrender of Napoleon* p. 130　47. Maitland, *Surrender of Napoleon* p. 141　48. Maitland, *Surrender of Napoleon* p. 154　49. Maitland, *Surrender of Napoleon* p. 173　50. Cockburn, *Buonaparte's*

*Voyage* pp. 15–16, ed. Kemble, *St Helena* pp. 7–8, Balcombe, *To Befriend* pp. 12, 80, Martineau, *Napoleon's St Helena* p. 40   51. Maitland, *Surrender of Napoleon* p. 189, Cockburn, *Buonaparte's Voyage* p. 15   52. Martineau, *Napoleon's St Helena* p. 51   53. Cockburn, *Buonaparte's Voyage* pp. 17–18   54. Cockburn, *Buonaparte's Voyage passim*, Latimer, *Talks* pp. 29–31   55. Cockburn, *Buonaparte's Voyage* p. 60   56. ed. Latimer, *Talks* p. 29, Cockburn, *Buonaparte's Voyage* p. 40   57. Palmer, *Napoleon and Marie Louise* p. 201   58. ed. Latimer, *Talks* p. 31   59. Martineau, *Napoleon's St Helena* p. 1, ed. Latimer, *Talks* p. 33   60. Blackburn, *The Emperor's Last Island* p. 5   61. Tulard, *Dictionnaire amoureux* p. 505   62. Martineau, *Napoleon's St Helena* p. 11   63. ed. Wilson, *Diary of St Helena* p. 13   64. Interview with Michel Dancoisne-Martineau at Longwood 4/5/2013   65. Martineau, *Napoleon's St Helena* p. 37   66. Tyrwhitt MSS Osborn fc112 no. 22   67. Balcombe, *To Befriend* pp. 34, 135   68. Balcombe, *To Befriend* pp. 42–3   69. Balcombe, *To Befriend* pp. 43–4   70. Balcombe, *To Befriend* p. 55   71. Balcombe, *To Befriend* p. 56   72. Balcombe, *To Befriend* pp. 83–5, 166   73. Bodleian MS Curzon e1. p. 12, ed. Kemble, *St Helena* p. 2, Giles, *Napoleon Bonaparte* p. 111   74. Montholon, *Journal secret* p. 8   75. Vernon, *Early Recollections* p. 168   76. Rosebery, *Last Phase* p. 62   77. Martineau, *Napoleon's St Helena* p. 22   78. Brunyee, *Napoleon's Britons* p. 81   79. ed. Latimer, *Talks* p. 142   80. ed. Latimer, *Talks* p. 191   81. ed. Park, *Napoleon in Captivity* p. 36   82. ed. Latimer, *Talks* p. 221   83. ed. Latimer, *Talks* p. 145   84. ed. Latimer, *Talks* p. 259   85. ed. Latimer, *Talks* p. 245   86. Forsyth, *History of the Captivity* I p. 137   87. BL Add. MS 56088 fols. 89–90   88. BL Add. MS 56088 fols. 97ff   89. BL Add. MS 56088 fol. 101   90. Martineau, *Napoleon's St Helena* pp. 55–6   91. Albermarle, *Fifty Years* II p. 103   92. Rosebery, *Last Phase* p. 68   93. Martineau, *Napoleon's St Helena* p. 17, BL Add. MS 80775 fol. 143, 20202 fol. 42, Balcombe, *To Befriend* p. 115   94. BL Lowe Papers 20202 fol. 20   95. Unwin, *Terrible Exile* pp. 184–5, Forsyth, *History of the Captivity* III pp. 224–5   96. Balcombe, *To Befriend* p. 188   97. ed. Haythornthwaite, *Final Verdict* p. 199   98. ed. Walter, *Las Cases* p. viii   99. ed. Latimer, *Talks* pp. 240–42   100. Branda, *Le prix de la gloire* p. 77   101. Forrest, *Napoleon* p. 304   102. Balcombe, *To Befriend* pp. 67–9   103. ed. Park, *Napoleon in Captivity* pp. 149, 153–5   104. ed. Park, *Napoleon in Captivity* p. 161   105. ed. Park, *Napoleon in Captivity* pp. 166–7   106. ed. Arnold, *Documentary Survey* p. 138   107. Bertrand, *Cahiers* II p. 344   108. Tulard, *Napoleon: The Myth of the Saviour* p. 346, ed. Woloch, *Revolution and the Meanings of Freedom* p. 36   109. ed. Haythornthwaite, *Final Verdict* p. 286   110. Rouart, *Napoléon ou la destinée* p. 9   111. ed. Latimer, *Talks* p. 208   112. ed. Haythornthwaite, *Final Verdict* p. 301   113. ed. Latimer, *Talks* pp. 207, 210, 218   114. Grouchy, *Doubts of the Authenticity* pp. 3–4   115. Martineau, *Napoleon's St Helena* p. 39   116. ed. Haythornthwaite, *Final Verdict* p. 197   117. Martineau, *Napoleon's St Helena* p. 49   118. Healey, *Literary Culture* p. 82   119. ed. Wilson, *Diary of St Helena* p. 7   120. ed. Wilson, *Diary of St Helena* pp. 29, 31–2, Bodleian MS Curzon e.1.

p. 17, O'Meara, *Napoleon in Exile* I pp. 284–6   **121.** ed. Wilson, *Diary of St Helena* p. 50   **122.** Balcombe, *To Befriend* p. 163   **123.** Balcombe, *To Befriend* p. 182, ed. Wilson, *Diary of St Helena* p. 103   **124.** BL Lowe Papers 20156 fol. 2   **125.** BL Lowe Papers 20156 *passim*   **126.** Bertrand, *Cahiers* I p. 118, AN 390/AP/32   **127.** Jackson, *Notes and Reminiscences* p. 153   **128.** Forrest, *Napoleon* p. 309, ed. Latimer, *Talks* pp. 258–60   **129.** ed. Latimer, *Talks* p. 276, Constant, *Memoirs of Constant* I p. 162   **130.** CN31 p. 579, Browning, *Napoleon* pp. 283–4   **131.** Griffin, 'Philosophy, Cato and Roman Suicide' p. 1   **132.** ed. Bingham, *Selection* I p. 392   **133.** CN32 p. 70   **134.** ed. Latimer, *Talks* p. 245   **135.** ed. Wilson, *Diary of St Helena* p. 152   **136.** ed. Latimer, *Talks* p. 265   **137.** ed. Latimer, *Talks* pp. 201–3   **138.** Balcombe, *To Befriend* p. 154   **139.** Balcombe, *To Befriend* p. 182   **140.** Richardson, *The Apocalypse of Napoleon* p. 223, Weider and Hapgood, *Murder of Napoleon* pp. 175–6, ed. Jones, *Napoleon: An Intimate Account* p. 425, Forrest, *Napoleon* p. 310   **141.** Hobhouse, *Recollections* I p. 185   **142.** BL Lowe Papers 20156 fols. 30ff   **143.** Henry, *Trifles from My Portfolio* II p. 5   **144.** Bruce, *Napoleon and Josephine* p. 500, Fraser, *Venus of Empire*, p. 250, Hibbert, *Napoleon: His Wives and Women* p. 331   **145.** ed. Noailles, *Count Molé* p. 124   **146.** Richardson, *The Apocalypse of Napoleon* p. 229   **147.** Bodleian MS Curzon e1. pp. 2–3   **148.** Bodleian MS Curzon c.2. pp.1–2   **149.** My thanks for Drs Guy O'Keeffe and Michael Crumplin   **150.** Richardson, *Napoleon's Death* p. 166, Henry, *Trifles from My Portfolio* II p. 10   **151.** NYPL Napoleon I folder 3   **152.** Henry, *Trifles from My Portfolio* II p. 10   **153.** Henry, *Trifles from My Portfolio* II p. 10   **154.** ed. Latimer, *Talks* p. 139   **155.** eds. Chevallier et al., *Sainte-Hélène* p. 70   **156.** Henry, *Trifles from My Portfolio* II p. 5, Masson, *Napoleon at St Helena* p. 246   **157.** Masson, *Napoleon at St Helena* p. 247   **158.** Masson, *Napoleon at St Helena* p. 248   **159.** Masson, *Napoleon at St Helena* p. 248   **160.** BL Lowe Papers 20157 fol. 3 Arnott   **161.** BL Lowe Papers 20157 fol. 3   **162.** AN 400AP/5   **163.** ed. Jonge, *Napoleon's Last Will* p. 78   **164.** ed. Jonge, *Napoleon's Last Will* p. 36   **165.** ed. Jonge, *Napoleon's Last Will* p. 46   **166.** ed. Jonge, *Napoleon's Last Will* p. 36   **167.** ed. Jonge, *Napoleon's Last Will* p. 46   **168.** ed. Jonge, *Napoleon's Last Will* p. 36   **169.** Richardson, *Napoleon's Death* p. 163   **170.** ed. Marchand, *Précis des Guerres de César* p. 3   **171.** ed. Marchand, *Précis des Guerres de César* p. 15, Richardson, *Napoleon's Death* pp. 163–4, Antommarchi, *Last Days of Napoleon* II p. 152   **172.** ed. Marchand, *Précis des Guerres de César* p. 14   **173.** Albermarle, *Fifty Years* II p. 105   **174.** Henry, *Trifles from My Portfolio* II p. 7, Richardson, *Napoleon's Death* p. 164, Antommarchi, *Last Days of Napoleon* II p. 105   **175.** Henry, *Trifles from My Portfolio* II p. 11   **176.** Henry, *Trifles from My Portfolio* II p. 11   **177.** Balcombe, *To Befriend* p. 116   **178.** BNF NAF 25548

## 结语：拿破仑大帝

Churchill on Napoleon is from *A History of the English-Speaking Peoples* III, ix, ch. 3    Napoleon on Julius Caesar is from CN32 p. 63    **1.** CN32 p. 82 **2.** Hughes, *Forging Napoleon's Grande Armée passim*    **3.** Longford, *Pillar of State* p. 413    **4.** Rose, *Napoleon* I p. 266    **5.** Horne, *Age of Napoleon* p. 52 **6.** Sudhir Hazareesingh, *TLS*, February 12, 2005    **7.** Gates, *Napoleonic Wars* p. 272    **8.** Kissinger, *A World Restored* p. 172    **9.** Kerry, *The First Napoleon* p. 93    **10.** Lt-Col Pierron, 'Les Methodes de Guerre Actuelles' (Paris 1878), *RUSI Journal* vol. 23, no 99 1879    **11.** *Quarterly Review* 1833 pp. 179–84 **12.** Bonaparte, *Reply to Sir Walter Scott* p. 39    **13.** Home, *Memoirs of an Aristocrat* p. 223

# 参考文献

## 著作

关于拿破仑的参考文献出了名的多。打着他的名头出版的图书数量比自他死后已经过去的天数更多。我的个人网站（www.andrew-roberts.net）上有我写作本书时参考的所有书籍，但限于版面原因，我只在这份参考文献中列出自己引用过的作品。除非另有说明，所有的书都是在伦敦或巴黎出版的。

有拿破仑签名的33000封信全部收录进了拿破仑基金会从2004年起出版的 *Correspondance Générale*。这一出版事业是拿破仑时代学术研究的里程碑，它既是不朽的，又是无价的。本书引用 *Correspondance Générale* 时将它写为 "CG"，以下是引用过的卷册的编号：

I ed. Lentz, Thierry, *Les Apprentissages 1784–1797* 2004
II ed. Lentz, Thierry, *La Campagne d'Égypte et l'Avènement 1798–1799* 2005
III ed. Lentz, Thierry, *Pacifications 1800–1802* 2006
IV ed. Houdecek, François, *Ruptures et fondation 1803–1804* 2006
V eds. Kerautret, Michel and Madec, Gabriel, *Boulogne, Trafalgar, Austerlitz 1805* 2008
VI ed. Kerautret, Michel, *Vers le Grand Empire 1806* 2009
VII eds. Kerautret, Michel and Madec, Gabriel, *Tilsit, l'Apogée de l'Empire 1807* 2010
VIII ed. Madec, Gabriel, *Expansions méridonales et résistances 1808–Janvier 1809* 2011
IX ed. Gueniffey, Patrice, *Wagram Février 1809–Février 1810* 2013
XII ed. Lentz, Thierry, *La Campagne de Russie 1812* 2012

本书引用由 Henri Plon 编辑、于1858年出版的拿破仑通信集 *Correspondance de Napoléon I$^{er}$* 时将它写为 "CN"。

Adams, Henry, *History of the United States during the Administrations of Jefferson and Madison* 1967

Adams, Michael, *Napoleon and Russia* 2006

Adkin, Mark, *The Waterloo Companion* 2001

Adlerfeld, Gustavus, *The Military History of King Charles VII of Sweden* 3 vols. 1740

ed. Ainé, Desgranges, *Histoire de l'expédition des français en Égypte* 1839

Albermarle, Earl of, *Fifty Years of My Life* 2 vols. 1876

Albion, Robert Greenhalgh, *Forests and Sea Power* 1927

Aldington, Richard, *Wellington* 1946

Alexander, Robert S., *Bonapartism and Revolutionary Tradition in France* 1991

*Napoleon* 2001

Alison, Sir Archibald, *The History of Europe from the Commencement of the French Revolution to the Restoration of the Bourbons* vol. 1 1843

Allison, Charles W., *Ney* (Charlotte, NC) 1946

eds. Ambrose, Douglas and Martin, Robert W. T., *The Many Faces of Alexander Hamilton* (New York) 2006

Anonymous, *Copies of Original Letters from the Army of General Bonaparte in Egypt, Intercepted by the Fleet under the Command of Admiral Lord Nelson* 3 vols. 1798, 1799 and 1800

*The Concordat Between His Holiness Pope Pius VII and Bonaparte Chief Consul to the French Republic* (Dublin) 1802

*A Short View of the Causes Which Led to and Justified the War with France* 1803

*The Atrocities of the Corsican Daemon, or, a Glance at Buonaparte* 1803

*Description des cérémonies deset des fêtes qui ont eu lieu pour le coronnement de leurs majestés* 1807

*An Exact and Impartial Account of the Most Important Events Which have Occurred in Aranjuez, Madrid and Bayonne* 1808

*Relation de la bataille de Mont St Jean par un Temoin Occulaire* 1815

*Napoleon's Appeal to the British Nation on His Treatment at St Helena* 1817

*A Review of Warden's Letters from St Helena Containing Remarks on Bonaparte's Massacres at Jaffa and El Arish* (Boston) 1817

*The Battle of Waterloo* (New York) 1819

*Memoirs of the Public and Private Life of Napoleon Bonaparte* 1827

*Life of Napoleon Bonaparte* (Philadelphia) 1845

Antommarchi, Francesco, *The Last Days of Napoleon* 2 vols. 1826

ed. Appleton, D., *The Confidential Correspondence of Napoleon Bonaparte With His Brother Joseph* 2 vols. 1855

Arnault, A. V., *Memoirs of the Public and Private Life of Napoleon Bonaparte* 2 vols. (Boston) 1833

ed. Arnold, Eric, *A Documentary Survey of Napoleonic France* (Maryland) 1994

Arnold, James, *Crisis on the Danube* 1990

Arnold, James R. and Reinertsen, Ralph R., *Crisis in the Snows* 2007

Ashby, Ralph, *Napoleon against Great Odds* 2010

Ashton, John, *English Caricature and Satire on Napoleon I* 2 vols. 1884

Assier, Alexandre, *Napoléon I à l'École Royale Militaire de Brienne* 1874
Atteridge, A. H., *Marshal Ney* 2005
Aubry, Octave, *St Helena* 1936
Aulard, François, *Histoire politique de la Révolution française* 1901
Austin, Paul Britten, *1812* 2000
Authority, *Preliminary Articles of Peace between His Britannick Majesty and the French Republick* 1801
Babbage, Charles, *Reflections on the Decline of Science in England* 1830
Balcombe, Betsy, *To Befriend an Emperor* 2005
Baldet, M., *La vie quotidienne dans les armées de Napoléon* 1964
ed. Baldick, Robert, *The Memoirs of Chateaubriand* 1961
Barbé-Marbois, François, *History of Louisiana* 1829
Baring-Gould, S., *The Life of Napoleon Bonaparte* 1897
Barnett, Correlli, *Bonaparte* 1978
Barral, Georges, *Histoire des sciences sous Napoleon Bonaparte* 1889
ed. Barrès, Maurice, *Memoirs of a French Napoleonic Officer: Jean-Baptiste Barrès* 1988
Bausset-Roquefort, Baron Louis François de, *Private Memoirs of the Court of Napoleon* (Philadelphia) 1828
Bell, David A., *The First Total War* 2007
ed. Bell, Nancy, *Memoirs of Baron Lejeune* 2 vols. 1897
Benbassa, Esther, *The Jews of France* (Princeton) 1999
Bergeron, Louis, *France Under Napoleon* (Princeton) 1981
Berlier, Théophile, *Précis de la vie politique de Théophile Berlier* 1838
Bertaud, Jean-Paul, *Bonaparte prend le pouvoir* 1987
 *La France de Napoléon* 1987
 *Le duc d'Enghien* 2001
 *Quand les enfants parlaient de gloire* 2006
Berthier, Louis-Alexandre, *The French Expedition into Syria* 1799
 *Relation des campagnes du Général Bonaparte en Égypte et en Syrie* 1801
Bertrand, Henri-Gratien, *Cahiers de Sainte-Hélène* 3 vols. 1951
 *Napoleon at St Helena* 1952
ed. Bertrand, Pierre, *Lettres de Talleyrand à Napoléon* 1889
Beslay, Charles, *Mes souvenirs* 1873
ed. Bierman, Irene A., *Napoleon in Egypt* 2003
Bigonnet, M., *Coup d'état du dix-huit Brumaire* 1819
ed. Bingham, D. A., *A Selection from the Letters and Despatches of the First Napoleon* 3 vols. 1884
Blackburn, Julia, *The Emperor's Last Island* 1991
Blaufarb, Rafe, *The French Army 1750–1820* 2002
Blaze, Captain Elzéar, *Life in Napoleon's Army* 1995
Blond, Georges, *La Grande Armée* 2005
Bluche, Frédéric, *Le plébiscite des cent jours* (Geneva) 1974
eds. Bogle, James and Uffindell, Andrew, *A Waterloo Hero* 2013
Boigne, Countess de, *Les mémoires de la Comtesse de Boigne* 1999

Boissonnade, Euloge, *18 Brumaire An VII* 1999

Bonaparte, Caroline, *Memoirs* (New York) 1910

Bonaparte, Jérôme, *Mémoires et correspondance du Roi Jérome et de la Reine Catherine* vol. VII 1866

Bonaparte, Joseph, *Mémoires et correspondance politique et militaire du Roi Joseph* 10 vols. 1855

Bonaparte, Louis, *A Reply to Sir Walter Scott's History of Napoleon* (Philadelphia) 1829

Bonaparte, Lucien, *Memoirs of Lucien Bonaparte, Prince of Canino* 2009

Bonaparte, Napoleon, *The Confidential Correspondence of Napoleon Bonaparte with his Brother Joseph* 2 vols. 1855

  *Supplément à la correspondance de Napoléon I^er* 1887

Boswell, James, *An Account of Corsica* 1769

Boudon, Jacques-Olivier, *Le roi Jérôme* 2008

  *Les habits neuf de Napoléon* 2009

ed. Boudon, Jacques-Olivier, *Napoléon et les lycées* 2004

Boulay de la Meurthe, Count F. J., *Boulay de la Meurthe* 1868

Bourgogne, Adrien, *Memoirs of Sergeant Bourgogne* 1929

Bourgoing, Chevalier, *Quelques notices sur les premières années du Buonaparte* 1797

Bourne, George, *The History of Napoleon Bonaparte* (Baltimore) 1806

Bourrienne, Louis-Antoine Fauvelet de, *Memoirs of Napoleon Bonaparte* 1836

Bowden, Scott, *Napoleon's Grande Armée of 1813* 1990

Bowle, John, *Napoleon* 1973

Boycott-Brown, Martin, *The Road to Rivoli* 2001

Branda, Pierre, *Le prix de la gloire* 2007

  *Napoléon et ses hommes* 2012

Branda, Pierre and Lentz, Thierry, *Napoléon, l'esclavage et les colonies* 2006

Bredin, Jean-Denis, *Code civil des Français bicentenaire de 1804 à 2004* 2004

eds. Brenner, Michael, Caron, Vicki and Kaufmann, Uri R., *Jewish Emancipation Reconsidered* 2003

Brett-James, Antony, *Europe Against Napoleon* 1970

ed. Brett-James, Antony, *The Hundred Days* 1964

  *Eyewitness Accounts of Napoleon's Defeat in Russia* (New York) 1966

Brice, Raoul, *The Riddle of Napoleon* 1937

ed. Brindle, Rosemary, *Captain Joseph-Marie Moiret* 2001

  *Guns in the Desert* 2002

  *With Napoleon's Guns* 2005

  *Campaigning for Napoleon: Maurice de Tascher 1806–1813* 2006

Broers, Michael, *Europe under Napoleon 1799–1815* 1996

  *Napoleonic Imperialism and the Savoyard Monarchy* 1997

  *The Politics of Religion in Italy* 2002

  *The Napoleonic Empire in Italy 1796–1814* 2005

  *Napoleon's Other War* 2010

ed. Broglie, Duc de, *Memoirs of the Prince de Talleyrand* 1891

Brookner, Anita, *Jacques-Louis David 1980*

Brown, Howard G., *War, Revolution and the Bureaucratic State 1995*
*Ending the French Revolution 2006*

Brown, Peter Hume, *Life of Goethe* 2 vols. 1920

Browning, Oscar, *Napoleon, the First Phase 1895*

ed. Browning, Oscar, *England and Napoleon in 1803, the Despatches of Lord Whitworth 1887*

Bruce, Evangeline, *Napoleon and Josephine 1995*

Brunyee, Paul F., *Napoleon's Britons and the St Helena Decision 2009*

Bruyere-Ostells, Walter, *Leipzig 2013*

Buckland, C. S. B., *Metternich and the British Government from 1809 to 1813 1932*

ed. Bulos, A., *Bourrienne et ses erreurs voluntaires et involuntaires* 2 vols. 1830

Burdon, William, *The Life and Character of Bonaparte 1804*

Burrows, Simon, *French Exile Journalism and European Politics 1792–1814 2000*

ed. Butler, A. J., *The Memoirs of Baron Thiébault, 1896*

Butterfield, Herbert, *The Peace Tactics of Napoleon 1806–1808 1929*

ed. Caisse, A. du, *Mémoires et correspondance politique et militaire du Prince Eugène* 10 vols. 1858–60

ed. Calmettes, Fernand, *Mémoires du Général Thiébault* vol. V 1895

Campbell, Neil, *Napoleon at Fontainebleau and Elba 1869*

Carnot, Lazare, *Reply of L. N. M. Carnot 1799*
*Mémoires historiques et militaires sur Carnot 1824*

Carpenter, Kirsty, *Refugees of the French Revolution: Émigrés in London 1789–1802 1999*

eds. Carpenter, Kirsty and Mansel, Philip, *The French Émigrés in Europe and the Struggle Against the Revolution 1789–1814 1999*

Cartwright, Frederick and Biddiss, Michael, *Disease and History 1972*

ed. Castellane, Boniface de, *Journal du Maréchal de Castellane* vol. 1 1896

Castelot, André, *La Campagne de Russie 1991*

ed. Castle, Alison, *Stanley Kubrick's Napoleon 2009*

Cate, Curtis, *The War of the Two Emperors* (New York) 1985

ed. Cerf, Leon, *Letters of Napoleon to Josephine 1931*

Chadwick, Owen, *The Popes and the European Revolution 1981*

Champagny, J.-B. Nompère de, *Souvenirs 1846*

Champfleury Jules, *Histoire de la caricature* 4 vols. 1885

Chandler, David, *Campaigns of Napoleon 1965*
*Napoleon 1973*
*Dictionary of the Napoleonic Wars* (New York) 1993
*On the Napoleonic Wars 1994*
*Jena 1806 2005*

ed. Chandler, David, *The Military Maxims of Napoleon 1987*
*Napoleon's Marshals 1987*

Chaptal, Jean-Antoine, *Mes souvenirs de Napoléon 1893*

Chardigny, Louis, *Les maréchaux de Napoléon* 1977

    *L'Homme Napoléon* 1986

ed. Charles, David W., *Victor Marie du Pont* 1961

Charvet, P. E., *A Literary History of France* vol. IV 1967

Chateaubriand, F. A. de, *Of Buonaparte and the Bourbons* 1814

ed. Chatel de Brancion, Laurence, *Cambacérès: mémoires inédits* 2 vols. 1999

Chevallier, Bernard, *Empire Style* 2008

eds. Chevallier, Bernard, Dancoisne-Martineau, Michel and Lentz, Thierry, *Sainte-Hélène, Île de Mémoire* 2005

Chlapowski, Dezydery, *Memoirs of a Polish Lancer* 2002

Chrisawn, Margaret, *The Emperor's Friend* 2001

Christophe, Robert, *Napoleon on Elba*, 1964

Chuquet, Arthur, *La jeunesse de Napoléon* 3 vols. 1897–99

ed. Cisterne, Raoul de, *Journal de marche du Grenadier Pils* 1895

Clark, Christopher, *Iron Kingdom* 2006

Clary-et-Aldringen, Prince Charles de, *Trois mois à Paris lors du marriage de l'Empereur Napoléon I et de L'Archduchesse Marie-Louise* 1914

Cobb, Richard, *The Police and the People* 1970

Cobban, Alfred, *A History of Modern France* vol. II 1961

Cockburn, Sir George, *Buonaparte's Voyage to Saint Helena* (Boston) 1833

Coignet, Jean-Roch, *Captain Coignet* 2007

Cole, Hubert, *Fouché* 1971

    *The Betrayers* 1972

Cole, Juan, *Napoleon's Egypt* (New York) 2007

Collins, Irene, *The Government and the Newspaper Press in France 1814–1881* 1959

    *Napoleon and His Parliaments* 1979

Connelly, Owen, *Napoleon's Satellite Kingdoms* (New York) 1965

    *Blundering to Glory* 1993

Constant, Louis, *Memoirs of Constant* 4 vols. 1896

Coston, F. G. de, *Biographie des premières années de Napoléon Bonaparte* 1840

ed. Cottin, Paul, *Souvenirs de Roustam* 1911

Coxe, Peter, *The Exposé* 1809

Croker, John Wilson, *An Answer to O'Meara's Napoleon in Exile* 1823

Cronin, Vincent, *Napoleon* 1971

Crook, Malcolm, *Toulon in War and Revolution* 1991

    *Napoleon Comes to Power* 1998

ed. Crook, Malcolm, *Revolutionary France 1788–1880* 2002

Crowdy, T. E., *Incomparable: Napoleon's 9th Light Infantry Regiment* 2012

Currie, Laurence, *The Bâton in the Knapsack* 1934

D'Abrantès, Duchess, *Memoirs of Napoleon, his Court and his Family* 2 vols. 1857

    *At the Court of Napoleon* 1991

Daly, Gavin, *Inside Napoleonic France* 2001

Darnton, Robert, *The Devil in the Holy Water* 2010

Davies, Huw, *Wellington's Wars* 2011
Davies, Norman, *Vanished Kingdoms* 2011
ed. Davis, J., *Original Journals of the Eighteen Campaign of Napoleon Bonaparte*
2 vols. 1817
Davis, J. A., *Conflict and Control* 1988
Decaux, Alain, *Napoleon's Mother* 1962
DeConde, Alexander, *This Affair of Louisiana* 1976
Denon, Vivant, *Travels in Upper and Lower Egypt* 3 vols. 1803
D'Erlon, Le Maréchal Drouet, Comte, *Vie militaire* 1844
Derogy, Jacques and Carmel, Hesi, *Bonaparte en terre sainte* 1992
Desbrière, Édouard, *Projets et tentatives de débarquement aux îles Britanniques*
5 vols. 1900–1902
Desgenettes, René-Nicolas, *Histoire médicales de l'Armée d'Orient* 1802
Dubois, Laurent, *A Colony of Citizens* (Chapel Hill, NC) 2004
Dubroca, Louis Jean, *Life of Bonaparte, First Consul of France* 1802
Duffy, Christopher, *Austerlitz* 1977
ed. Dufourcq, Albert, *Mémoires du Général Baron Desvernois* 1898
Dumas, Lt-Gen. Comte Mathieu, *Memoirs of his own Time* 2 vols. 1839
ed. Duruy, George, *Memoirs of Barras* 4 vols. (New York) 1895
Dwyer, Philip, *Talleyrand* 2002
    *Napoleon: The Path to Power* 2008
ed. Dwyer, Philip, *Napoleon and Europe* 2003
eds. Dwyer, Philip and Forrest, Alan, *Napoleon and His Empire* 2007
eds. Dwyer, Philip and McPhee, Peter, *The French Revolution and Napoleon*
2002
Ebrington, Lord, *Memorandum of Two Conversations between the Emperor
Napoleon and Viscount Ebrington* 1823
Ellis, Geoffrey, *Napoleon's Continental Blockade* 1981
    *Napoleon* 1997
    *The Napoleonic Empire* 2003
Elting, John, *Swords around a Throne* 1986
Emsley, Clive, *The Longman Companion to Napoleonic Europe* 1993
    *Gendarmes and the State in Nineteenth-Century Europe* 1999
    *Napoleon: Conquest, Reform and Reorganisation* 2003
Englund, Steven, *Napoleon* 2004
ed. Ernouf, Baron, *Souvenirs d'un officier polonais* 1877
Esdaile, Charles, *The Wars of Napoleon* 1995
    *The Peninsular War* 2002
    *Fighting Napoleon* (New Haven, CT) 2004
Espitalier, Albert, *Vers Brumaire* 1914
Etruria, Maria Louisa, Queen of, *Memoirs of the Queen of Etruria* 1823
Evstafiev, Alexis, *The Resources of Russia, in the Event of a War with France*
1812
Eyck, F. G., *Loyal Rebels* (Maryland) 1986
Faber, Theodor von, *Sketches of the Internal State of France* 1811

Fain, Agathon-Jean-François, Baron, *Manuscrit de mil huit cent treize* 2 vols. 1824
  *Manuscrit de mil huit cent douze* 2 vols. 1827
  *Memoirs of the Invasion of France by the Allied Armies in 1814* 1834
  *Mémoires* 2001
Fantin des Odoards, Louis-Florimond, *Journal de Général Fantin des Odoards
  1800–1830* 1895
Field, Andrew, *Waterloo* 2012
Fisher, H. A. L., *Studies in Napoleonic Statesmanship* 1903
  *Bonapartism* 1961
ed. Fleischmann, General, *Memoirs of the Count Miot de Melito* 1881
Fleischmann, Théo, *Histoire de la ferme du Caillou* 1954
  *Napoléon en bivouac* 1957
  *En écoutant parler les grognards de Napoléon* 1962
  *Napoléon et la musique* 1965
ed. Fleischmann, Théo, *L'Épopée Impériale* 1964
Fleury de Chaboulon, Baron, *Memoirs of the Private Life, Return and Reign of
  Napoleon in 1815* 2 vols. 1820
Florange, Charles and Wunsch, A., *L'Entrevue de Napoleon et de Goethe* 1932
Foladare, Joseph, *Boswell's Paoli* 1979
ed. Fontana, Biancamaria, *Benjamin Constant: Political Writings* 1988
Fontanes, Louis, Marquis de, *Parallèle entre César, Cromwell, Monck et Bona-
  parte* 1800
Foord, Edward, *Napoleon's Russian Campaign* 1914
Forrest, Alan, *Conscripts and Deserters* 1989
  *Napoleon's Men* 2002
  *Napoleon* 2011
eds. Forrest, Alan and Jones, Peter, *Reshaping France* 1991
eds. Forrest, Alan, Hagemann, Karen and Rendall, Jane, *Soldiers, Citizens and
  Civilians: Experiences and Perceptions of the Revolutionary and Napoleonic
  Wars 1790–1820* 2009
eds. Forrest, Alan and Wilson, Peter H., *The Bee and the Eagle* 2008
Forsyth, William, *History of the Captivity of Napoleon at St Helena* 3 vols. 1853
ed. Foster, Vere, *The Two Duchesses* 1898
Fox, Robert, *The Culture of Science in France 1700–1900* 1992
Foy, General, *Discours du Général Foy* vol. I 1826
  *History of the War in the Peninsula under Napoleon* 2 vols. 1829
France, *Constitution de la République Française* 1800
Fraser, Edward, *The War Drama of the Eagles* 1912
Fraser, Flora, *Venus of Empire* 2009
Fraser, Ronald, *Napoleon's Cursed War* (New York) 2008
ed. Frayling, Christopher, *Napoleon Wrote Fiction* 1972
Freedman, Lawrence, *Strategy* 2013
French Government, *Code civil des français* 1805
Friedman, Dr Reuben, *The Emperor's Itch* (New York) 1940
Fuller, J. F. C., *The Decisive Battles of the Western World* 1970

Gachot, J. Édouard, *Siège de Gênes* 1908

Gaffarel, Paul, *Bonaparte et les républiques italiennes* 1895

Gallaher, John G., *The Iron Marshal* 2000

Gallais, M., *Histoire du Dix-Huit Brumaire* 4 vols. 1814–17

ed. Gallatin, Count, *The Diary of James Gallatin* 1914

Gardner, Dorsey, *Quatre Bras, Ligny and Waterloo* 1882

ed. Garnier, Jacques, *Dictionnaire Perrin des guerres et des batailles de l'histoire de France* 2004

eds. Garnier, Jacques and Tulard, Jean, *Nouvelle bibliographie critique des mémoires sur l'époque napoléonienne* 1991

ed. Gaskill, Howard, *The Reception of Ossian in Europe* 2006

Gates, David, *The Napoleonic Wars 1803–1815* 1997

ed. Gaudin, Martin, *Mémoires, souvenirs, opinions et écrits du Duc de Gaète* 1826

Germain, Pierre, *Drouët d'Erlon* 1985

Geyl, Pieter, *Napoleon: For and Against* 1949

Gibbs, Montgomery B., *The Military Career of Napoleon the Great* (Chicago) 1895

ed. Gielgud, Adam, *Memoirs of Prince Adam Czartoryski* 2 vols. 1888

Gildea, Robert, *Children of the Revolution: The French 1799–1914* 2008

Gill, John H., *With Eagles to Glory* 1992

*Thunder on the Danube* 3 vols. 2008–2010

Gillevoison, C. A. G. Duchesne de, *Le Maréchal Moncey* 1902

Gilmour, David, *The Pursuit of Italy* 2011

Girod de l'Ain, Général, *Dix ans de mes souvenirs militaires* 2000

ed. Girod de l'Ain, Maurice, *Vie militaire du Général Foy* 1900

Giubelli, Antonio, *Napoleon on the Island of Elba* 2008

Godechot, Jacques, *Les instititions de la France sous la Révolution et l'Empire* 1985

Gonneville, Aymar-Olivier de, *Recollections of Colonel de Gonneville* 2 vols. 2009

Goodspeed, D. J., *Bayonets at St-Cloud* 1965

Gourgaud, General Baron Gaspard, *The Campaign of 1815* 1818

*Napoleon and the Grand Army in Russia* 1825

*Journal de Sainte-Hélène* 2 vols. 1944–47

ed. Gourgaud, General Gaspard, *Memoirs of the History of France During the Reign of Napoleon dictated by the Emperor at St Helena* 2 vols. 1823

Grainger, John D., *The Amiens Truce* 2004

ed. Gray, Daniel Savage, *In the Words of Napoleon* (Troy, AL) 1977

Gray, Denis, *Spencer Perceval* 1963

Grimsted, Patricia Kennedy, *The Foreign Ministers of Alexander I* (Oakland, CA) 1969

Grouchy, Count de, *Doubts of the Authenticity of the Historical Memoirs Attributed to Napoleon* (Philadelphia) 1820

Grouchy, Marquis de, *Mémoires de Maréchal de Grouchy* 5 vols. 1873

Gueniffey, Patrice, *Le Dix-Huit Brumaire* 2008

Guérard, Albert Léon, *Reflections on the Napoleonic Legend* 1924

Haig, Diana, *Walks Through Napoleon and Josephine's Paris* 2003

Hales, E. E. Y., *Napoleon and the Pope* 1961

Hamelin, Antoine, *Douze ans de ma vie* 1926

ed. Handel, Michael, *Leaders and Intelligence* 1989

ed. Hanoteau, Jean, *The Memoirs of Queen Hortense* 2 vols. (New York) 1927
    *With Napoleon in Russia* 2 vols. 1935

Harris, Robin, *Talleyrand* 2007

Hastier, Louis, *Le grand amour de Joséphine* 1955

Hayman, Peter, *Soult: Napoleon's Maligned Marshal* 1990

ed. Haythornthwaite, Philip, *The Napoleonic Source Book* 1990
    *Napoleon: The Final Verdict* 1996
    *Napoleonic Cavalry* 2001
    *Napoleonic Infantry* 2001

Hazareesingh, Sudhir, *The Saint-Napoleon* (Cambridge, MA) 2004

Headley, J. T., *The Imperial Guard of Napoleon* 1851

Healey, F. G., *The Literary Culture of Napoleon* 1959

eds. Hennet, Léon and Martin, le Commandant, *Lettres interceptées par les Russes* 1913

Henry, Walter, *Trifles from My Portfolio* 2 vols. (Quebec) 1839

Herold, C., *The Mind of Napoleon* (New York) 1955
    *Bonaparte in Egypt* 1962
    *The Age of Napoleon* 1963

Hibbert, Christopher, *Napoleon: His Wives and Women* (New York) 2002

ed. Hicks, Peter, *Clisson and Eugénie* 2009
    *Lieutenant Woodberry* 2013

Higonnet, Patrice, *Paris* 2002

Hobhouse, John Cam (Baron Broughton), *The Substance of Some Letters Written by an Englishman Resident at Paris* 2 vols. 1816
    *Recollections of a Long Life* 6 vols. 1909

Holland, Lord, *Foreign Reminiscences* 1850

Hollins, David, *Hungarian Hussar 1756–1815* 2003

Holtman, Robert B., *Napoleonic Propaganda* (Louisiana) 1950
    *The Napoleonic Revolution* (Philadelphia) 1967

Home, George, *Memoirs of an Aristocrat, and Reminiscences of the Emperor Napoleon* 1837

eds. Horn, Colonel Bernd and Walker, Robert W., *Le Précis de leadership militaire* (Ontario) 2008

Horne, Alistair, *Napoleon, Master of Europe 1805–1807* 1979
    *How Far from Austerlitz?* 1996
    *The Age of Napoleon* 2004

Horward, Donald D., *Napoleon and Iberia* 1994

Houssaye, Henry, *Napoleon and the Campaign of 1814* 1914
    *Le dernier jour de Napoléon à la Malmaison* 1914
    *1815* 3 vols. 1917
    *The Return of Napoleon* 1934

ed. Howard, J. E., *Letters and Documents of Napoleon* vol. I 1961

Howard, Martin, *Napoleon's Doctors* 2006
Hozier, Captain H. M., *The Invasions of England* vol. II 1876
Hughes, Michael, *Forging Napoleon's Grande Armée* 2012
Israel, Jonathan I., *The Dutch Republic* 1995
ed. Iung, Theodore, *Lucien Bonaparte et ses mémoires* 3 vols. 1882
Jackson, Basil, *Notes and Reminiscences of a Staff Officer* 1903
James, C. L. R., *The Black Jacobins* 1938
Jarrett, Mark, *The Congress of Vienna and its Legacy* 2013
Jefferson, Thomas, *Memoirs, Correspondence and Private Papers* 4 vols. 1829
Jenkins, E. H., *A History of the French Navy* 1973
ed. Jennings, Louis J., *The Croker Papers*, 3 vols. 1885
ed. Jimack, Peter, *A History of the Two Indies* 2006
Johnson, David, *Napoleon's Cavalry and its Leaders* (New York) 1978
Johnson, Paul, *Napoleon* 2003
ed. Johnston, R. M., *The Corsican* (New York) 1930
  *In the Words of Napoleon* 2002
eds. Jomard, E. F., et al., *Description de l'Égypte* 21 vols. 1809–23
Jomini, General Baron A. H. de, *The Political and Military History of the Campaign of Waterloo* 1853
  *Summary of the Art of War* 1854
  *Life of Napoleon* 4 vols. (New York) 1864
ed. Jones, Proctor Patterson, *Napoleon* 1992
  *Napoleon, How He Did It* 1998
  *In Napoleon's Shadow* (San Francisco) 1998
ed. Jonge, Alex de, *Napoleon's Last Will and Testament* 1977
Jonquière, Clément de la, *L'Expédition d'Égypte 1798–1801* 4 vols. 1908
Jordan, David P., *Napoleon and the Revolution* 2012
Jourdan, Annie, *Napoléon* 1998
Jourquin, Jacques, *Dictionnaire des marechaux du Premier Empire* 1999
ed. Jourquin, Jacques, *Journal de Capitaine François* 2 vols. 1984
eds. Kafker, Frank and Laux, James, *Napoleon and His Times* (Florida) 1989
eds. Kagan, Frederick W and Higham, Robin, *The Military History of Tsarist Russia* 2002
Karlen, Arno, *Napoleon's Glands* 1984
Kauffmann, Jean-Paul, *The Black Room at Longwood* 1997
Kemble, James, *Napoleon Immortal* 1959
ed. Kemble, James, *St Helena During Napoleon's Exile* 1969
Kerckhove, J. L. R. de, *Histoire des maladies observées à la Grande Armée en 1812* 1836
ed. Kerry, the Earl of, *The First Napoleon* 1925
Kiley, Kevin, *Artillery of the Napoleonic Wars* 2004
  *Once There Were Titans: Napoleon's Generals and Their Battles* 2007
Kircheisen, Friedrich, *Napoleon* 1931
Kissinger, Henry, *A World Restored* 1957
Knapton, Ernest John, *Empress Josephine* (Cambridge, MA) 1963

Knight, Roger, *The Pursuit of Victory* 2006
 *Britain Against Napoleon* 2013
Koebner, Richard, *Empire* 1961
Kolli, Baron de, *Memoirs of the Baron de Kolli* 1823
Labaume, Eugene, *The Crime of 1812 and its Retribution* (New York) 1912
La Bédoyère, Charles de, *Memoirs of the Public and Private Life of Napoleon*
 *Bonaparte* 2 vols. 1835
Lachouque, Henry and Brown, Anne S. K., *The Anatomy of Glory* 1978
Lacour-Gayet, G., *Talleyrand 1754–1838* 1933
ed. Lacour-Gayet, Robert, *Mémoires du Comte Beugnot* 1959
 *The Memoirs of Chancellor Pasquier* 1967
Lancesseur, Pierre de, *L'Enigme de Waterloo* 2012
Langeron, L. A.-A., Comte de, *Mémoires de Langeron* 1902
Lanzac de Laborie, Léon de, *Paris sous Napoleon* vol. II 1905
ed. Lanzac de Laborie, Léon de, *Mémorial de J. de Norvins* 3 vols. 1896
eds. Larichev, E. and Ostarkova, I., *Paris-St Petersburg 1800–1830* (Moscow)
 2003
Las Cases, Comte Emmanuel de, *Memoirs of Emanuel Augustus Dieudonné*
 *Count de Las Casas* 1818
 *Le Mémorial de Sainte-Hélène* 4 vols. 1823
 *Memorial de Saint-Hélène: Journal of the Private Life and Conversations of*
 *the Emperor Napoleon at St Helena* 4 vols. 1823
 *The Life, Exile, and Conversations of the Emperor Napoleon* 4 vols. 1835
Laskey, Captain J. C., *A Description of the Series of Medals Struck at the National*
 *Medal Mint by Order of Napoleon Bonaparte* 1818
ed. Latimer, Elizabeth, *Talks of Napoleon at St-Helena* 1903
Lavalette, Count Marie, *The Memoirs of Count Lavalette* (Philadelphia) 1832
eds. Laven, David and Riall, Lucy, *Napoleon's Legacy* 2000
ed. Lecestre, Léon, *Lettres inédites de Napoléon I<sup>er</sup>* 2 vols. 1897
Lefebvre, Georges, *Napoleon 1799–1807* 2 vols. 1935
 *The Directory* 1964
Leggiere, Michael, *Napoleon and Berlin* 2002
Lentz, Thierry, *Roederer* 1989
 *Le 18-Brumaire* 1997
 *Dictionnaire des ministres de Napoléon* 1999
 *Le Grand Consulat 1799–1804* 1999
 *Savary* 2001
 *Napoléon et la conquête de l'Europe 1804–1810* 2002
 *L'Effondrement du système napoléonien 1810–1814* 2004
 *La France et l'Europe de Napoléon 1804–1814* 2007
 *La conspiration du Général Malet* 2012
 *Napoléon diplomate* 2012
ed. Lentz, Thierry, *Le Sacre de Napoléon* 2003
 *1810: Le tournant de l'Empire* 2010
Lentz, Thierry and Imhoff, Denis, *La Moselle et Napoléon* 1986

Lentz, Thierry and Macé, Jacques, *La mort de Napoléon* 2009

eds. Lentz, Thierry et al., *Quand Napoléon inventait la France* 2008

Levasseur, Octave, *Souvenirs militaires* 1914

Levy, Arthur, *Napoléon intime* 1893

Lewis, Gwynne, *France 1715–1804* 2004

eds. Lewis, Gwynne and Lucas, Colin, *Beyond the Terror* 1983

ed. Lewis, Theresa, *Extracts from the Journals and Correspondence of Miss Berry* vols. II and III 1866

Lieven, Dominic, *Russia against Napoleon* 2009

Linck, Tony, *Napoleon's Generals: The Waterloo Campaign* 1993

Lipscombe, Nick, *The Peninsular War Atlas* 2010

ed. Lloyd, Charles, *The Keith Papers* 3 vols. 1955

Lockhart, J. G., *The History of Napoleon Buonaparte* 2 vols. 1831

ed. Londonderry, 2nd Marquess of, *Memoirs and Correspondence of Viscount Castereagh* 12 vols. 1848–53

Longford, Elizabeth, *Wellington: Years of the Sword* 1971
   *Wellington: Pillar of State* 1972

Lullin de Châteauvieux, Jacob Frédéric, *Manuscript Transmitted from St Helena by an Unknown Channel* 1817

ed. Luvaas, Jay, *Napoleon on the Art of War* 1999

Lyons, Martyn, *France Under the Directory* 1975
   *Napoleon Bonaparte and the Legacy of the French Revolution* 1994

Macbride, Mackenzie, *With Napoleon at Waterloo* (Philadelphia) 1911

MacCulloch, Diarmaid, *A History of Christianity* 2009

Macirone, Francis, *Interesting Facts Relating to the Fall and Death of Joachim Murat* 1817

McLynn, Frank, *Napoleon* 1997

McPhee, Peter, *A Social History of France* 2004

Madelin, Louis, *The Consulate and the Empire* 1934

ed. Madelin, Louis, *Lettres inédites de Napoléon I$^{er}$ à Marie-Louise* 1935

Maitland, Sir Frederick Lewis, *The Surrender of Napoleon* 1904

ed. Malmesbury, 3rd Earl of, *Diaries and Correspondence of James Harris, 1st Earl of Malmesbury* vol. IV 1844
   *A Series of Letters of the First Earl of Malmesbury* vol. II 1870

Mansel, Philip, *Louis XVIII* 1981
   *The Eagle in Splendour* 1987
   *The Court of France 1789–1830* 1988
   *Prince of Europe* 2003

Marbot, Baron de, *Mémoires du Général Baron de Marbot* 3 vols. 1891

ed. Marchand, Louis, *Précis des Guerres de César, par Napoléon* 1836

ed. Maricourt, Baron André, *Mémoires du Général Noguès* 1922

Markham, David, *Napoleon's Road to Glory* 2003

ed. Markham, David, *Imperial Glory* 2003

Markham, Felix, *Napoleon and the Awakening of Europe* 1954
   *Napoleon* 1963

Marshall-Cornwall, James, *Marshal Massena* 1965

Martin, Andy, *Napoleon the Novelist* 2001

Martin, Brian, *Napoleonic Friendship* 2011

Martineau, Gilbert, *Napoleon's St Helena* 1968

*Napoleon Surrenders* 1971

Masséna, André, *Mémoires* 1848

Masson, Frédéric, *Napoleon at Home* 2 vols. 1894

*Napoléon et les femmes* 1894

*Napoléon dans sa jeunesse* 1907

*Napoleon and his Coronation* 1911

*The Private Diaries of the Empress Marie-Louise* 1922

*Napoleon at St Helena* 1949

eds. Masson, Frédéric and Biagi, Guido, *Napoléon inconnu* 2 vols. 1

Maude, F. N., *The Jena Campaign* 2007

*The Leipzig Campaign* 2007

Mauduit, Hippolyte de, *Les derniers jours de la Grande Armée* 2 vols. 1847–48

Melvin, Frank Edgar, *Napoleon's Navigation System* (New York) 1919

Memes, John, *Memoirs of the Empress Josephine* (New York) 1832

Méneval, Baron Claude-François, *Napoléon et Marie Louise* 3 vols. 1843–45

ed. Méneval, Baron Napoleon, *Memoirs to Serve for the History of Napoleon I from 1802 to 1815* 3 vols. 1894

Menzl, Wolfgang, *Germany from the Earliest Period* vol. IV 1898

Merridale, Catherine, *Red Fortress* 2013

ed. Metternich, Prince Richard, *Memoirs of Prince Metternich 1773–1815* vols. I and II 1880

Mikaberidze, Alexander, *The Battle of Borodino* 2007

*The Battle of the Berezina* 2010

ed. Millet, Stanislaw, *Le Chasseur Pierre Millet* 1903

Mollien, Comte, *Mémoires d'un ministre du trésor public* 3 vols. 1898

Montefiore, Simon Sebag, *Jerusalem* 2011

Montesquiou, Anatole de, *Souvenirs sur la Révolution, l'Empire, la Restauration et le Règne de Louis-Philippe* 1961

Montesquiou-Fezensac, Raymond de, *The Russian Campaign 1812* 1970

Montholon, Albine de, *Journal secret d'Albine de Montholon* 2002

Montholon, General Count Charles-Tristan de, *History of the Captivity of Napoleon at St Helena* 3 vols. 1846

Moorehead, Caroline, *Dancing to the Precipice* 2009

Moreau, Jean, *Bonaparte and Moreau* (Philadelphia) 1806

ed. Moreh, Schmuel, *Napoleon in Egypt* 1993

Mossiker, Frances, *Napoleon and Josephine* 1964

Mowat, Robert, *The Diplomacy of Napoleon* 1924

Mudford, William, *An Historical Account of the Battle of Waterloo* 1817

Muir, Rory, *Britain and the Defeat of Napoleon* 1996

*Tactics and the Experience of Battle in the Age of Napoleon* 1998

Nafziger, George, *Napoleon's Invasion of Russia* (Novato, CA) 1988
    *Napoleon at Dresden* 1994
    *Imperial Bayonets* 1996
    *Napoleon at Leipzig* 1997
Nafziger, George, Wesolowski, Mariusz T. and Devoe, Tom, *The Poles and Saxons during the Napoleonic Wars* (Chicago) 1991
Namier, Sir Lewis, *Vanished Supremacies* 1970
Nasica, Abbé T., *Mémoires sur l'enfance et la jeunesse de Napoléon* 1852
Nepos, Cornelius, *Vies des Grands Capitaines* 1818
ed. Nesbitt, Nick, *Toussaint L'Ouverture* 2008
Nester, Wiliam R., *Napoleon and the Art of Diplomacy* 2011
Nicolson, Nigel, *Napoleon* 1985
ed. Noailles, Marquis de, *The Life and Memoirs of Count Molé* vol. I 1923
ed. North, Jonathan, *With Napoleon in Russia* 2001
    *Napoleon on Elba* 2004
    *With Napoleon's Guard in Russia* 2013
Odeleben, Baron Ernst von, *A Circumstantial Narrative of the Campaign in Saxony in 1813* 1820
Olivier, Daria, *The Burning of Moscow* 1966
eds. Olsen, John and van Creveld, Martin, *The Evolution of Operational Art from Napoleon to the Present* 2011
O'Meara, Barry, *Napoleon in Exile, or, a Voice from St Helena* 2 vols. 1820
Orieux, Jean, *Talleyrand* (New York) 1974
ed. Orwicz, Michael R., *Art Criticism and its Institutions in Nineteenth-Century France* 1994
Ott, Thomas, *The Haitian Revolution 1789–1804* (Knoxville, TN) 1973
Palmer, Alan, *Alexander I* 1974
    *An Encyclopaedia of Napoleon's Europe* 1984
    *Bernadotte* 1990
    *Napoleon and Marie Louise* 2001
    *Napoleon in Russia* 2003
ed. Palmstierna, C.-F., *My Dearest Louise* 1955
Paoli, François, *La Jeunesse de Napoléon* 2005
Paret, Peter, *The Cognitive Challenge of War* 2009
Paris, William Francklyn, *Napoleon's Legion* 1927
ed. Park, Julian, *Napoleon in Captivity* 1827
Pawly, Ronald, *Napoleon's Red Lancers* 2003
Pelet de la Lozère, Baron Joseph, *Napoleon in Council* 1837
Pellapra, Emilie de, *A Daughter of Napoleon* (New York) 1922
Peltier, John, *The Trial of John Peltier, Esq, for a Libel Against Napoleon Buonaparté* 1803
Percy, Pierre-François, *Journal des campagnes du Baron Percy* 1986
Pétiet, Général Baron Auguste, *Souvenirs militaires de l'histoire contemporaine* 1844

Petit, Joseph, *Marengo* 1801

Peyrusse, Guillame, *Mémorial et archives de M. le Baron Peyrusse* (Carcassonne) 1869

Pigeard, Alain, *L'Armée de Napoléon 1800–1815* 2000

*La conscription au temps de Napoléon* 2003

*Napoléon amoureux* 2007

ed. Plenel, Edwy, *Joseph Fouché, minister de la police* 1993

Plumptre, Anne, *A Narrative of a Three Years' Residence in France 1802–1805* 3 vols. 1810

Pocock, Tom, *The Terror Before Trafalgar* 2002

*Stopping Napoleon* 2004

Pontécoulant, Philippe-Gustave, *Napoleon à Waterloo* 2004

ed. Pope, Stephen, *The Cassell Dictionary of the Napoleonic Wars* 1999

Popkin, Jeremy, *The Right-Wing Press in France 1792–1800* (Chapel Hill, NC) 1980

Poultier, François, *A Sketch of the History of the War in Europe* (New York) 1798

Pradt, Abbé de, *Histoire de l'ambassade dans le Grand Duché de Varsovie* 1815

Prat, Louis-Antoine and Tonkovich, Jennifer, *David, Delacroix and Revolutionary France* 2011

Price, Munro, *The Perilous Crown* 2007

Prinzing, Friedrich, *Epidemics Resulting from Wars* 1916

ed. Quentin, Roger, *André Peyrusse* 2010

ed. Raeff, Marc, *The Diary of a Napoleonic Foot Soldier* 1991

Ragsdale, Hugh, *Détente in the Napoleonic Era* 1980

Raguse, Duc de, *Mémoires du Maréchal Marmont* 9 vols. 1857

Ramon, G., *Histoire de la Banque de France* 1929

Rapp, General Count, *Memoirs of General Count Rapp* 1823

Reiset, Le Vicomte de, *Souvenirs du Lieutenant Général Vicomte de Reiset 1814–1836* vol. III 1899

ed. Rémusat, Paul de, *Memoirs of Madame de Rémusat* 3 vols. 1880

*A Selection of the Letters of Madame de Rémusat* 1881

ed. René, François, *Original Journals of the Eighteen Campaigns of Napoleon Bonaparte* 2 vols. 1817

Reynier, General Jean, *Mémoires du Comte Reynier* 1827

Ribbe, Claude, *Le crime de Napoléon* 2005

Richardson, Hubert N. B., *A Dictionary of Napoleon and His Times* 1920

Richardson, Nicholas, *The French Prefectoral Corps 1814–1830* 1966

Richardson, Robert, *The Apocalypse of Napoleon* 2009

Riehn, Richard, *Napoleon's Russian Campaign* (New York) 1991

Ripaud, Citizen, *Report of the Commission of Arts* 1800

Robb, Graham, *Parisians* 2010

Roberts, Andrew, *Waterloo* 2011

Rodger, A. B., *The War of the Second Coalition 1798–1801* 1964

Rodger, N. A. M., *Command of the Ocean* 2006

Roederer, Pierre-Louis, *Autour de Bonaparte* 1909
　　*Bonaparte me disait* 1942
ed. Roncière, Charles de la, *The Letters of Napoleon to Marie-Louise* 1935
Ropes, John, *The Campaign of Waterloo* (New York) 1892
Rose, John Holland, *The Life of Napoleon* 2 vols. 1903
　　*The Personality of Napoleon* 1912
ed. Rose, J. H., *Napoleon's Last Voyages* 1906
Rosebery, Lord, *Napoleon: The Last Phase* 1900
Rosen, Lew, *Napoleon's Opera-Glass* 1897
Ross, Michael, *The Reluctant King* 1976
Rostopchine, Fyodor, *L'Incendie de Moscou* 2000
Rothenberg, Gunther E., *The Art of Warfare in the Age of Napoleon* 1977
　　*The Napoleonic Wars* 1999
　　*The Emperor's Last Victory* 2005
Rouart, Jean-Marie, *Napoléon ou la destinée* 2012
ed. Rousset, Camille, *Recollections of Marshal Macdonald* 2 vols. 1892
ed. Routier, Colonel Léon, *Récits d'un soldat de la République et de l'Empire* 2004
Rovigo, Duc de, *Mémoires du duc de Rovigo* 8 vols. 1828
ed. Rowe, Michael, *Collaboration and Resistance in Napoleonic Europe* 2003
Rudé, George, *Revolutionary Europe* 1964
ed. Sadler, Thomas, *Diary, Reminiscences and Correspondence of Henry Crabb Robinson* 3 vols. 1869
ed. Sage, Robert, *The Private Diaries of Stendhal* (New York) 1954
Saint-Amand, Imbert de, *Marie Louise and the Decadence of the Empire* (New York) 1902
　　*Marie Louise, the Island of Elba, and the Hundred Days* (New York) 1902
eds. St-Cère, Jacques and Schlitter, H., *Napoléon à Sainte-Hélène* n.d.
Saint-Chamans, Gén. Comte Alfred de, *Mémoires du Général Comte de Saint-Chamans* 1896
Saint-Cyr, Laurent Gouvion, *Mémoires pour servir à l'histoire militaire* 4 vols. 1831
Saint-Denis, Louis Étienne (Known as Ali), *Napoleon from the Tuileries to St Helena* 1922
　　*Souvenirs du Mameluck Ali* 1926
Saint-Hilaire, Émile de, *Napoléon au Conseil-d'État* 1843
eds. Saint-Pierre, Louis and Saint-Pierre, Antoinette, *Mémoires du Maréchal Soult* 1955
ed. Sanderson, Edgar, *Bourrienne's Memoirs of Napoleon Bonaparte* 1900
Sarrazin, General, *Confession of General Buonaparté to the Abbé Maury* 1811
　　*History of the War in Spain and Portugal* 1815
Sauzet, Armand, *Desaix, le sultan juste* 1954
Savary, Anne-Jean-Marie, *Memoirs Relative to the Duke D'Enghien* 1823
Savatier, René, *L'Art de faire les lois* 1927
Schlabrendorf, Graf Gustav von, *Bonaparte and the French People* 1804
　　*Napoleon and the French People Under his Empire* 1806

ed. Schlumberger, Gustave, *Lettres du commandant Coudreux* 1908

Schneid, Frederick C., *Soldiers of Napoleon's Kingdom of Italy* 1995

    *Napoleon's Italian Campaigns 1805–1815* 2002

    *Napoleon's Conquest of Europe* (New Haven, CT) 2005

Schom, Alan, *Napoleon Bonaparte* 1997

Schroeder, Paul, *The Transformation of European Politics 1763–1848* 1994

Schur, Nathan, *Napoleon in the Holy Land* 1999

ed. Schwartz, Bernard, *The Code Napoleon and the Common-Law World* (New York) 1956

Schwarzfuchs, Simon, *Napoleon, the Jews and the Sanhedrin* (Philadelphia) 1979

Sciout, Ludovic, *Le Directoire* vol. 4 1895

Ségur, General Count Philippe de, *Memoirs of an Aide-de-Camp of Napoleon 1800–1812* 2005

Ségur, Paul de, *Napoléon et la Grande Armée en 1812* 1824

Shepherd, Rev. William, *Paris in 1802 and 1814* 1814

Sherwig, John M., *Guineas and Gunpowder* (Cambridge, MA) 1969

Shmuelevitz, Aryeh, *Napoleon and the French in Egypt and the Holy Land* (Istanbul) 2010

Shoberl, Frederic, *Narrative of the Most Remarkable Events which Occurred in and near Leipzig* 1814

Simms, Brendan, *The Impact of Napoleon* 1997

    *The Struggle for Mastery in Germany 1779–1850* 1998

    *Europe: The Struggle for Supremacy* 2013

Simonetta, Marcello and Arikha, Noga, *Napoleon and the Rebel* 2011

Six, Georges, *Dictionnaire biographique des généraux et amiraux français de la Révolution et de l'Empire 1792–1814* 2 vols. 1934

Sked, Alan, *Radetzky* 2011

Smith, Digby, *The Greenhill Napoleonic Wars Data Book* 1998

    *Napoleon's Regiments* 2000

    *1813 Leipzig* 2001

    *The Decline and Fall of Napoleon's Empire* 2005

    *'Charge!'* 2007

Smith, Sir William Sidney, *The French Expedition into Syria* 1799

Solé, Robert, *La conquête de l'Égypte* 2006

Soltyk, Roman, *Napoléon en 1812* 1838

ed. Soult, fils, *Mémoires du Maréchal-Général Soult* 3 vols. 1854

Sparrow, Elizabeth, *Secret Service* 1999

    *Shadow of the Guillotine* 2013

Staël, Madame Germaine de, *An Appeal to the Nations of Europe against the Continental System* 1813

    *Dix années d'exil* 2 vols. 2000

Stanhope, 5th Earl, *Notes of Conversations with the Duke of Wellington 1831–1851* 1888

Starke, Mariana, *Letters from Italy Between the Years 1792 and 1798* 2 vols. 1800

Stendhal (Henri Beyle), *The Red and the Black* 2004
　*The Charterhouse of Parma* 2006
ed. Stiegler, Gaston, *Récits de guerre et de foyer* 1894
eds. Stoker, Donald, Schneid, Frederick and Blanton, Harold, *Conscription in the Napoleonic Era* 2009
Stourton, James and Montefiore, Charles Sebag, *The British as Art Collectors* 2012
Strathearn, Paul, *Napoleon in Egypt* 2007
ed. Stryjenski, Casimir, *Mémoires de la Comtesse Potocka* 1897
Stuart, Andrea, *Rose of Martinique* 2003
Suchet, Marshal Louis Gabriel, *Memoirs of the War in Spain* 2 vols. 1829
Summerville, Christopher, *Napoleon's Polish Gamble* 2005
ed. Summerville, Christopher, *Napoleon's Expedition to Russia* 2003
ed. Summerville, C. J., *The Exploits of Baron de Marbot* 2000
Sutherland, Christine, *Marie Walewska* 1979
Swanson, William C., *Napoleon's Dual Courtship* (privately published) 1923
ed. Tarbell, Ida M., *Napoleon's Addresses* (Boston) 1897
Thiard, A. M. T., *Souvenirs diplomatiques et militaires* 1900
Thibaudeau, Antoine, *Bonaparte and the Consulate* 1908
　*Mémoires sur la Consultat 1799 à 1804* 1913
Thiers, Louis Adolphe, *History of the Consulate and the Empire of France under Napoleon* vol. XII 1893
Thiry, Jean, *La machine infernale* 1952
Thody, Philip, *French Caesarism from Napoleon to Charles de Gaulle* 1989
Thornton, Michael, *Napoleon after Waterloo* (Stanford, CA) 1968
Thrasher, Peter, *Pasquale Paoli* 1970
Thuillier, Guy, *Regards sur la haute administration de France* 1979
Tissot, P. F., *Souvenirs historiques sur la vie et la mort de F. Talma* 1826
　*Histoires de Napoléon* 2 vols. 1833
Tolstoy, Leo, *War and Peace* 1869
Tomiche, Nada, *Napoléon écrivain* 1952
Tone, John L., *The Fatal Knot* 1994
Tone, Theodore Wolfe, *The Life of Theodore Wolfe Tone* 1828
ed. Tortel, Christian, *Avec Bonaparte en Égypte et en Syrie* 1976
eds. Tortel, Christian and Carlier, Patricia, *Bonaparte de Toulon au Caire* 1996
Tranié, Jean, *Napoléon et son entourage* 2001
Tranié, Jean and Camigniani, J.-C., *Napoléon Bonaparte, la première campagne d'Italie 1796–97* 1990
Troyat, Henri, *Alexander of Russia* 1982
Tulard, Jean, *L'Anti-Napoléon* 1965
　*Napoléon et la noblesse d'Empire* 1979
　*Le grand empire* 1982
　*Napoleon: The Myth of the Saviour* 1984
　*Napoléon: une journée particulière* 1994
　*Murat* 1999

*Les vingt jours 1–20 March 1815* 2001
*Napoléon: les grands moments d'un destin* 2006
*Dictionnaire amoureux de Napoléon* 2012
ed. Tulard, Jean, *Proclamations, orders du jour, bulletins de la Grande Armée* 1964
*Bibliographie critique des mémoires sur le Consultat et l'Empire* 1971
*Cambacérès, lettres inédites à Napoléon* 2 vols. 1973
*Dictionnaire Napoléon* 1989
*La Berline de Napoléon* 2012
eds. Tulard, Jean and Garros, Louis, *Itinéraire de Napoléon au jour de jour* 1992
Turnbull, Patrick, *Napoleon's Second Empress* 1971
Uffindell, Andrew, *The Eagle's Last Triumph* 1994
*Napoleon's Immortals* 2007
*Napoleon's Chicken Marengo* 2011
Underwood, Thomas Richard, *A Narrative of Memorable Events in Paris in the year 1814* 1828
Unger, Harlow, *Layfayette* 2002
Unwin, Brian, *Terrible Exile* 2010
Vandal, Albert, *Napoléon et Alexandre I* 3 vols. 1893
*L'Avènement de Bonaparte* 2 vols. 1907
Van-Ess, Willem Lodewyk, *The Life of Napoleon Buonaparte* 4 vols. (Philadelphia) 1809
Vaughan, C. R., *Narrative of the Siege of Zaragoza* 1809
Vernon, B. J., *Early Recollections of Jamaica to Which are Added Trifles from St Helena* 1848
Villefosse, Louis de and Bouissounouse, Janine, *The Scourge of the Eagle* 1972
Villemain, Abel-François, *Souvenirs contemporains d'histoire et de littérature* 2 vols. 1854
Villepin, Dominique de, *Les cent jours* 2001
Volney, Constantin de, *Voyage en Égypte et en Syrie* 1787
Vossler, Lieutenant H. A., *With Napoleon in Russia 1812* 1998
Wairy, Constant, *Mémoires de Constant* 1831
ed. Walter, Gérard, *Le Comte de Las Cases* 2 vols. 1956
Warden, William, *Letters Written on Board HMS Northumberland and at St Helena* 1817
Waresquiel, Emmanuel de, *Talleyrand* 2011
Watson, Stephen, *The Reign of George III* 1960
Weider, Ben and Forshufvud, Sten, *Assassination at St Helena Revisited* (New York) 1995
Weider, Ben and Hapgood, David, *The Murder of Napoleon* 1982
Weigley, Russell, F., *The Age of Battles* (Bloomington, IN) 1991
ed. Weit, Gaston, *Nicolas Turc, chronique d'Égypte 1798–1804* (Cairo) 1950
Weller, Jac, *Wellington in India* 1972

ed. Wellington, 2nd Duke of, *Despatches, Correspondence and Memoranda of Field Marshal Arthur, Duke of Wellington, K.G.* 15 vols. 1858–72

Welschinger, Henri, *La censure sous le premier empire* 1882
   *Le duc d'Enghien* 1888

Wesling, Molly, *Napoleon in Russian Cultural Mythology* (New York) 2001

Wheeler, H. B. F. and Broadley, A. B., *Napoleon and the Invasion of England* 2 vols. 1907

Whitcomb, Edward A., *Napoleon's Diplomatic Service* (Durham, NC) 1979

Williams, Helen Maria, *A Narrative of the Events Which Have Taken Place in France* 1815

Williams, John R., *The Life of Goethe* 1998

Williams, Kate, *Josephine* 2013

ed. Wilson, Sir Arnold, *A Diary of St Helena, the Journal of Lady Malcolm* 1929

Wilson, Peter H., *War, Society and State in Württemberg 1677–1793* 1995

Wilson, Sir Robert, *History of the British Expedition to Egypt* 1802
   *Brief Remarks on the Character and Composition of the Russian Army in the Years 1806 and 1807* 1810
   *Campaigns in Poland in the Years 1806 and 1807* 1810
   *Narrative of Events during the Invasion of Russia by Napoleon Bonaparte* 1860

Wilson-Smith, Timothy, *Napoleon and His Artists* 1996
   *Napoleon: Man of War, Man of Peace* 2002

Winograd, Lee, *Strategical Considerations Concerning the Battle of Acre during Napoleon's Holy Land Campaign* (Tel Aviv) 1973

Wolff, Sir Henry Drummond, *The Island Empire* 1855

Woloch, Isser, *Jacobin Legacy* (Princeton, NJ) 1970
   *The French Veteran from the Revolution to the Restoration* 1979
   *The New Regime: Transformations of the French Civic Order 1789–1820s* 1994
   *Napoleon and His Collaborators* 2001

ed. Woloch, Isser, *Revolution and the Meanings of Freedom in the Nineteenth Century* (Stanford, CA) 1996

Woolf, Otto, *Ouvrard: Speculator of Genius* 1962

Woolf, Stuart, *Napoleon's Integration of Europe* 1991

Wright, Constance, *Daughter to Napoleon* (New York) 1961

ed. Wright, O. W., *History of Charles XII by M. de Voltaire* 1887

Yevstafiev, Aleksye Grigoryevich, *The Resources of Russia in the Event of a War with France* 1813

ed. Yonge, Charlotte M., *A Man of Other Days* 2 vols. 1877
   *Memoirs of Marshal Bugeaud* vol. I 1884

Zamoyski, Adam, *Holy Madness* 1999
   *1812: Napoleon's Fatal March on Moscow* 2005

Zarzeczny, Matthew, *Meteors that Enlighten the Earth* 2013

Ziegler, Philip, *The Sixth Great Power* 1988

Zweig, Stefan, *Joseph Fouché* 1930

## 文章、随笔与未发表论文

Abel, Jonathan, 'Jacques-Antoine-Hippolyte, Comte de Guibert's Military Reforms' *Napoleonic Scholarship* vol. 1 no. 3 May 2010

Abramova, Inna, 'Les médailles relatives à la guerre de 1812 et à Napoléon du Musée de Vitebsk' *Études Napoléoniennes* nos. 31–34 1994

Alexander, Don W., 'French Replacement Methods during the Peninsular War' *Military Affairs* vol. 44 issue 4 December 1980

Alger, J. G., 'Napoleon in Egypt' *Westminster Review* vol. 150 no. 4 1898

'British Visitors to Paris 1802–1803' *English Historical Review* vol. 14 October 1899

Allégret, Marc, 'Autour de la rédaction du Code Civil' *Revue du Souvenir Napoléonien* no. 495 April–June 2013

Anonymous, 'Bonaparte's Campaign in Russia' *Edinburgh Review* no. 24 February 1815

'Mémoires pour servir à l'histoire des éxpeditions en Égypte et en Syrie par J. Miot' *Quarterly Review* no. 25 April 1815

'Letters from France' *Edinburgh Review* no. 51 February 1816

'Descente en Angleterre' *Notes and Queries* 21 July 1855

'Marshal Marmont's *Memoirs*' *Edinburgh Review* no. 106 July 1857

'The Napoleon Correspondence' *Edinburgh Review* no. 258 Oct 1867

'More about Napoleon' *Quarterly Review* vol. 139 July 1875

'The Unpublished Letters of Napoleon' *Quarterly Review* vol. 187 1898

'The French Expedition to Egypt in 1798' *Edinburgh Review* no. 208 July 1908

Arboit, Gérard, '1812: Le reseignement Russe face à Napoléon' *Revue de l'Institute Napoléon* no. 204 2012

Arnold, James R., 'A Reappraisal of Column versus Line in the Peninsular War' April 2004 *Napoleon Series* website

Beaucour, Fernand, 'Les besoins en voitures pour le chauffage de l'armée au Camp de Boulogne en Janvier 1804' *Études Napoléoniennes* nos. 31–34 1994

Beerbuehl, Margrit Schulte, 'Crossing the Channel: Nathan Mayer Rothschild and his Trade with the Continent during the Early Years of the Blockades 1803–1808' *The Rothschild Archive Review of the Year* 2007/8

Bertaud, Jean-Paul, 'Napoleon's Officers' *Past and Present* no. 111 1986

Biagi, Guido, 'A Coincidence in Napoleon's Life' *Century Magazine* November 1894

Billings, Mark, 'Napoleon: A Dealer of Hope' *Napoleonic Scholarship* vol. 1 no. 3 May 2010

Blaufarb, Rafe, 'The Ancien Régime Origins of Napoleonic Social Reconstruction' *French History* vol. 14 no. 4 2000

Boisson, Daniel, 'Maréchaux et généraux français tués et blessés en 1812' *Les Amis du Patrimonie Napoléonien* no. 35 July 2012

Brack, General de, 'Waterloo' *La Revue de France* vol. 4 July 1932

Branda, Pierre, 'Did the War Pay for the War? An Assessment of Napoleon's Attempts to Make his Campaigns Self-Financing' *Napoleonic Scholarship* vol. 1 no. 4 November 2011

Brier, Bob and Wood, Mary Mendenhall, 'Napoleon in Egypt: The Battle of Chobrakit' *Napoleonic Scholarship* vol. 1 no. 2 December 1998

Broers, Michael, 'The Napoleonic Police and Their Legacy' *History Today* May 1999

'Cultural Imperialism in a European Context?' *Past and Present* no. 170 2001

'Napoleon, Charlemagne and Lotharingia: Acculturation and the Boundaries of Napoleonic Europe' *Historical Journal* vol. 44 2001

Brown, Howard G., 'From Organic Society to Security State: The War on Brigandage in France 1797–1802' *Journal of Modern History* vol. 69 1997

Bryant, Mark, 'Graphic Warriors: War Cartoonists 1792–1945' *The London Library Magazine* Winter 2011

Burrows, Simon, 'Culture and Misperception: The Law and the Press in the Outbreak of War in 1803' *International History Review* vol. 18 1996

Byrd, Melanie, 'The Napoleonic Institute of Egypt' *Napoleonic Scholarship* vol. 1 no. 2 December 1998

Chandler, David, 'Napoleon and Death' *Napoleonic Scholarship* vol. 1 no. 1 April 1997

Chaplin, Dr T. H. Arnold, 'Napoleon's Funeral: A Lost Record' *Times Literary Supplement* 30 September 1915

Choffat, Thierry, 'La Bérézina: victoire française' *Centre d'Études et de Recherches sur la Bonapartisme* no. 48 Spring 2013

Cook, John, 'Bernadotte 1806: Is There a Case for the Defence?' *Napoleon Series* website

Crook, Malcolm, 'Time for a Hero? Reappraising Napoleon on the Bicentenary of his Rise to Power' *History* vol. 87 issue 288 October 2002

Crouzet, François, 'The Second Hundred Years War' *French History* vol. 10 1997

Dague, Everett, 'Henri Clarke, Minister of War, and the Malet Conspiracy' *Napoleonic Scholarship* vol. 1 no. 2 December 1998

Davies, Huw J., 'Diplomats as Spymasters: A Case Study of the Peninsular War 1809–1813' *Journal of Military History* vol. 76 no. 1 January 2012

Davies, Peter, 'Who Killed Napoleon Bonaparte?' *The Waterloo Journal* vol. 32 no. 3 Winter 2010

Desclaux, Dr, 'A propos de la "Gale" de Napoléon' *Journal des Patriciens* April 1932

'Détenu', 'The Journal of a Detenu: An Eye-witness of the Events in Paris' *London Magazine* September 1825

Dhombres, Nicole, 'Napoléon et les scientifiques Part I: 1779–1798' *La Revue du Souvenir Napoléonien* no. 350 1985

Dufraisse, Roger, 'Napoleon et l'Empereur' *Études Napoléoniennes* nos. 31–34 1994

Dunne, John, 'Napoleon's Mayoral Problem' *Modern & Contemporary French History* vol. 8 2000

Dupâquier, J., 'Problèmes démographiques de la France Napoléonienne' *Revue d'Histoire Moderne et Contemporaine* vol. 17 1970

Dusoulier, Louis, 'En vendant La Louisiane' *Les Annales de les Compagnons de l'Empire* no. 4 2003

Dutcher, George Matthew, 'Napoleon and the Napoleonic Period' *The Journal of Modern History* vol. 4 no. 3 September 1932

Dwyer, Philip G., 'From Corsican Nationalist to French Revolutionary: Problems of Identity in the Writings of the Young Napoleon 1785–1793' *French History* vol. 16 2002

'Napoleon Bonaparte as Hero and Saviour' *French History* vol. 18 2004

'"It Still Makes Me Shudder": Memories of Massacres and Atrocities During the Revolutionary and Napoleonic Wars' *War in History* vol. 16 no. 4 2009

Dziewanowski, Lieutenant M. K., 'Napoleon: Legend and Propaganda' *Military Affairs* vol. 9 issue 1 January 1945

Ebrington, Lord, 'A Conversation with Napoleon at Elba' *Macmillan's Magazine* December 1894

Eidahl, Kyle, 'Marshal Nicolas Charles Oudinot' *Napoleonic Scholarship* vol. 1 no. 1 April 1997

Ela, Alfred, 'Napoleon's Wounds' *The Boston Medical and Surgical Journal* vol. 174 nos. 22 and 24 June 1916

Epstein, James, 'Politics of Colonial Sensation: The Trial of Thomas Picton and the Cause of Louisa Calderon' *American Historical Review* June 2007

Esdaile, Charles, 'Spanish Guerrillas: Heroes or Villains?' *History Today* no. 38 April 1988

'Recent Writing on Napoleon and His Wars' *The Journal of Military History* vol. 73 issue 1 January 2009

Feinberg, Herb, 'North to Palestine: Napoleon Marches Against the Turks' *Napoleonic Scholarship* vol. 1 no. 2 December 1998

Field, Andrew, 'The Famous Words: The Capture of Cambronne at Waterloo' *Waterloo Journal* vol. 35 no. 1 Spring 2013

Fitzsimmons, Michael P., 'The Debate on Guilds under Napoleon' *Proceedings of the Western Society for French History* vol. 36 2008

Foch, Marshal, 'La bataille de Laon' *Revue de France* May 1921

Forrest, Alan, 'Propaganda and the Legitimation of Power in Napoleonic France' *French History* vol. 18 2004

Friedman, Elias, 'On the Affair of the Murder of the French Soldiers in the Carmelite Monastery during Napoleon's Campaign' *Ariel Journal on the Land of Israel* no. 37 March 1985 (in Hebrew)

Gallaher, John, 'Political Considerations and Strategy: The Dresden Phase of the Leipzig Campaign' *Military Affairs* vol. 49 issue 2 April 1985

'Davout and Napoleon' *Napoleonic Scholarship* vol. 1 no. 1 April 1997

Gates, David, 'The Wars of 1812: A French Perspective' *Mars & Clio* no. 34 Summer 2012

George, Christopher T., 'The Eroica Riddle: Did Napoleon Remain Beethoven's "Hero"?' *Napoleonic Scholarship* vol. 1 no. 2 December 1998

Gichon, Mordechai, 'Jaffa, 1799' *Napoleonic Scholarship* vol. 1 no. 2 December 1998

'East Meets West: The Clash Between French and Oriental Society during Napoleon's Campaign in Egypt' *Napoleonic Scholarship* vol. 1 no. 3 May 2010

Gill, Conrad, 'The Relations Between England and France in 1802' *English Historical Review* vol. 24 1909

Glover, Richard, 'The French Fleet 1807–1814' *Journal of Modern History* vol. 39 no. 3 September 1967

Grab, Alexander, 'Army, State and Society: Conscription and Desertion in Napoleonic Italy 1802–1814' *Journal of Modern History* vol. 47 1995

'State Power, Brigandage and Rural Resistance in Napoleonic Italy' *European History Quarterly* vol. 25 1995

'The Geopolitical Transformation of the Italian Peninsula Under Napoleon' *Napoleonic Scholarship* vol. 1 no. 3 May 2010

Griffin, Miriam, 'Philosophy, Cato and Roman Suicide' *Greece & Rome* vol. 33 no. 1 April 1986

Groutso, Igor, 'Le sort des aigles napoléoniennes pendant le campagne de 1812' *Études Napoléoniennes* nos. 31–34 1994

Hartley, Janet, 'Napoleon in Russia: Saviour or Anti-Christ?' *History Today* vol. 41 no. 1 1991

Harvey, A. D., 'European Attitudes to Britain during the French Revolutionary and Napoleonic Era' *History* vol. 63 1978

Hayman, Neil M., 'France Against Prussia: The Jena Campaign of 1806' *Military Affairs* vol. 30 issue 4 Winter 1966

Hazareesingh, Sudhir, 'Memory and Political Imagination: The Legend of Napoleon Revisited' *French History* vol. 18 2004

'God of War' *Times Literary Supplement* 3 February 2012

Hicks, Peter, 'The Napoleonic "Police" or "Security" State in Context' *Napoleonica La Revue* nos. 2–10 2009

'Late 18th Century and very early 19th Century British writings on Napoleon: Myth and History' *Fondation Napoléon* website

Hochel, Marian, 'Dominique-Vivant Denon: Napoleon's Chief Arts Adviser' *Napoleonic Scholarship* vol. 1 no. 4 November 2011

Hollins, Dave, 'The Hidden Hand: Espionage and Napoleon' *Osprey Military Journal* vol. 2 no. 2 25 March 2000

Holmes-Wilson, Captain C., 'Nelson and Napoleon: A Criticism of Sea Power' *Minutes of Proceedings of the Royal Artillery Institution* vol. 30 1903–4

Horward, Donald D., 'Masséna and Napoleon: Abandonment in Portugal' *Military Affairs* vol. 37 issue 3 October 1973

'Napoleon in Review: A Bibliographical Essay' *Military Affairs* vol. 43 issue 3 October 1979

Innocenti, Claudio, 'Souls Not Wanting: The Marshalate's Betrayal of Napoleon' *Napoleonic Scholarship* vol. 1 no. 3 May 2010

Jourdan, Annie, 'Napoleon and History' *French History* vol. 10 1996

'The Grand Paris of Napoleon: From a Dream of Magnificence to a Dream of Utility' *Napoleonic Scholarship* vol. 1 no. 4 November 2011

Keene, Edward, 'The Treaty-making Revolution of the Nineteenth Century' *International History Review* vol. 34 no. 3 September 2012

Lamy, Gautier, 'La cavalerie française de 1813' *La Revue Napoléon* no. 9 June 2013

Lewin, Peter K., Hancock, Ronald G.V. and Voynovich, Paul, 'Napoleon Bonaparte: No Evidence of Arsenic Poisoning' *Nature* vol. 299 14 October 1982

Lochet, Jean, 'The Destruction of the Grande Armée and its Cavalry in Russia 1812' www.magweb.com

Lugli, Alessandro et al., 'Napoleon Bonaparte's Gastric Cancer: A Clinico-pathologic Approach to Staging, Pathogenesis, and Etiology' *Nature Clinical Practice Gastroenterology and Hepatology* vol. 4 no. 1 2007

Maamar, Sayah, 'Propos critiques sur l'Université Impériale vers 1810' *Études Napoléoniennes* nos. 31–34 1994

McErlean, J. M. P., 'Governor Raffles' Fifteen Minutes with Napoleon' *The Waterloo Journal* vol. 27 no. 1 Spring 2005

Markham, Felix, 'The Emperor at Work' *History Today* September 1963

Markham, J. David, 'Napoleon's Last Hours in France' *Napoleonic Scholarship* vol. 1 no. 3 May 2010

'Was Napoleon an Anti-Semite? Napoleon, the Jews and Religious Freedom' Speech to the Symposium on the Bicentenary of the Sanhedrin, Tel Aviv, Israel 31 May 2007

Mikaberidze, Alexander, ' "The Russian Eagles over the Seine": Russian Occupation of Paris in 1814' *Napoleonic Scholarship* vol. 1 no. 4 November 2011

Murphy, Orville T., 'Napoleon's International Politics: How Much Did He Owe to the Past?' *Journal of Military History* vol. 54 April 1990

Nester, William, 'Napoleon, Family Values and the Fate of Europe' *Napoleonic Scholarship* vol. 1 no. 4 November 2011

Norris, A. H. and Bremner, R. W., 'The Lines of Torres Vedras' *The British Historical Society of Portugal* 1986

O'Brien, David, 'Antonio Canova's Napoleon as Mars the Peacemaker and the Limits of Imperial Portraiture' *French History* vol. 18 no. 4 2004

Ocampo, Emilio, 'Rescuing Napoleon from St Helena' *Napoleonic Scholarship* vol. 1 no. 4 November 2011

Packwood, Allen, 'A Tale of Two Statesmen: Churchill and Napoleon' *Finest Hour* no. 157 Winter 2012–13

Parker, Harold T., 'Why Did Napoleon Invade Russia?' *Journal of Military History* vol. 54 April 1990

Paz, Ignacio, '1808, the Point of Implosion for the Napoleonic Empire' *Napoleonic Series* website

Pierron, Lt.-Col., 'Les methodes de guerre actuelles' (Paris 1878) *Royal United Services Institute Journal* vol. 23 no. 99 1879

Pratt, Fletcher, 'Vignettes of Napoleon in Italy 1796' *Journal of American Military History* vol. 2 issue 2 Summer 1938

Price, Munro, 'Napoleon and Metternich in 1813' *French History* vol. 26 no. 4 December 2012

Promyslov, Nikolay, 'The Grande Armée's Retreat as Seen from the Intercepted Soldiers' Correspondence' *Napoleonic Scholarship* vol. 1 no. 4 November 2011

Reid, Loren, 'The Last Speech of William Pitt' *Quarterly Journal of Speech* vol. 49 issue 2 1963

Riaud, Xavier, 'Napoleon and His Teeth' *Napoleonic Scholarship* vol. 1 no. 3 May 2010

Rose, J. Holland, 'A Document Relating to the Continental System' *English Historical Review* no. 69 1903

Ross, Steven, 'Napoleon and Manouver Warfare' 28th Harmon Memorial Lecture in Military History, United States Air Force Academy, Colorado 1985

Rossetti, Marie-Joseph, 'Journal du Général Rossetti' *La Revue de France* vol. 5 March 1933

Rowe, Michael, 'Between Empire and Home Town: Napoleonic Rule on the Rhine 1799–1814' *The Historical Journal* vol. 42 1999

Sainsbury, J., 'Thirty Facsimiles of the Different Signatures of the Emperor Napoleon and a Sketch of the Events Connecting Them' 1836

Schmidt, H. D., 'The Idea and Slogan of "Perfidious Albion"' *Journal of the History of Ideas* no. 14 1953

Schmitt, Hans, '1812: Stein, Alexander I and the Crusade against Napoleon' *Journal of Modern History* vol. 31 March 1959

Schneid, Frederick C., 'The Dynamics of Defeat: French Army Leadership, December 1812–March 1813' *Journal of Military History* vol. 63 issue 1 January 1999

Schroeder, Paul W., 'Napoleon's Foreign Policy: A Criminal Enterprise' *Journal of Military History* vol. 54 April 1990

Sibalis, Michael, 'Conspiracy on St Helena? (Mis)remembering Napoleon's Exile' *French History and Civilization* vol. 4 2011

Siegfried, Susan L., 'The Politicisation of Art Criticism in the Post-Revolutionary Press' in ed. Orwicz, Michael R., *Art Criticism and Its Institutions in Nineteenth Century France* 1994

Smith, G. C. Moore, 'General Petit's Account of the Waterloo Campaign' *English Historical Review* vol. 18 no. 70 1903

Sparrow, Elizabeth, 'The Alien Office 1792–1806' *Historical Journal* vol. 33 no. 2 1990

Stark, Nicholas, 'Society: Friend or Enemy of the Blacks' *Napoleonic Scholarship* vol. 1 no. 4 November 2011

Uffindell, Andrew, 'Napoleon Fights for Paris' *Military Illustrated* no. 251 April 2009

Vaskin, Alexander, 'Three Mistakes of Napoleon' *Nezavisimaya Gazeta* 30 August 2012

Weider, Ben, 'The Assassination of Napoleon' *Napoleonic Scholarship* vol. 1 no. 1 April 1997

'Napoleon and the Jews' *Napoleonic Scholarship* vol. 1 no. 2 December 1998

Weigall, Arthur, 'Napoleon's "Great Adventure"' *Blackwood's Magazine* no. 191 April 1912

Whitcomb, E. A., 'Napoleon's Prefects' *American Historical Review* no. 79 1974

Woloch, Isaac, 'Napoleonic Conscription: State Power and Civil Society' *Past and Present* no. 111 1986

Wood, William J., 'Forgotten Sword' *Military Affairs* October 1970

Woolf, Stuart, 'French Civilisation and Ethnicity in the Napoleonic Empire' *Past and Present* no. 124 1989

'The Construction of a European World-View in the Revolutionary–Napoleonic Period' *Past and Present* no. 137 1992

Yale Center, 'Nelson and Anti-Napoleon Verse' Yale University pamphlet [n.d.]

Yarrow, Dr H., 'The Death of Napoleon on St Helena' *Journal of the Association of the Friends of Waterloo Committee* December 1982

## 一些关于拿破仑的网站

Fondation Napoléon www.napoleon.org
Musée de l'Armée www.invalides.org
Napoleonic Alliance www.napoleonic–alliance.com
Napoleonic Guide www.napoleonguide.com
Napoleon Internet Guide www.napoleonbonaparte.nl
Napoleonic Literature www.napoleonic-literature.com
Napoleonic Series www.napoleonseries.org
La Souvenir Napoléonien http://www.souvenirnapoleonien.org
War Times Journal www.wtj.com

## 档案

Prince Piotr Bagration, Russian State Military Historical Archive, Moscow

Antoine-Alexandre Barbier, Bibliothèque National de France, Paris

Hortense de Beauharnais, Archives Nationales, Paris

Marshal Alexandre Berthier, Bibliothèque National de France, Paris, and Service Historique de la Défense, Vincennes

General Henri Bertrand, Bibliothèque National de France, Paris

Sir Charles Blagden, Beinecke Library, Yale

Caroline Bonaparte, Archives Nationales, Paris

Elisa Bonaparte, Archives Nationales, Paris

Jérome Bonaparte, Archives Nationales, Paris

Joseph Bonaparte, Archives Nationales, Paris, and Service Historique de la Défense, Vincennes
Josephine Bonaparte, Archives Nationales, Paris
Letizia Bonaparte (Madame Mère), Archives Nationales, Paris
Louis Bonaparte, Archives Nationales, Paris
Lucien Bonaparte, Archives Nationales, Paris
Emperor Napoleon I, Archives Nationales, Paris
Pauline Bonaparte, Archives Nationales, Paris
Theodore D. Buhl, Sterling Memorial Library, Yale
Cabinet du Ministre de l'Intérieur, Archives Nationales, Paris
Jean-Jacques Cambacérès, Archives Nationales, Paris
Vicomte de Charrier-Moissard, Bibliothèque National de France, Paris
Thomas Cholmondeley (Lord Delamore), Beinecke Library, Yale
Conseil d'Administration de la Justice, Archives Nationales, Paris
Conseils d'Administration de la Légion d'Honneur, Archives Nationales, Paris
Conseils d'Administration de la Maison de l'Empereur, Archives Nationales, Paris, and Bibliothèque National de France, Paris
Conseil d'Administration des Relations Extérieurs, Archives Nationales, Paris
Conseil d'État, Archives Nationales, Paris
Lord Curzon, Bodleian Library, Oxford
Comte Pierre-Antoine Daru, Service Historique de la Défense, Vincennes
Louis-Nicolas Davout, Service Historique de la Défense, Vincennes
Sir William Fellowes, Beinecke Library, Yale
French Foreign Ministry, Centre des Archives Diplomatiques, La Courneuve
Sir William Gell, Beinecke Library, Yale
Sir John Harper, Beinecke Library, Yale
Keith Hearl, Rhodes House Library, Oxford
General Lazare Hoche, Archives Nationales, Paris
Marshal François-Christophe Kellermann, Archives Nationales, Paris
General Jean-Baptiste Kléber, Archives Nationales, Paris
Stanley Kubrick, London College of Communication, London
La Grande Armée, Service Historiques de la Défense, Vincennes
Jean Lannes, Service Historiques de la Défense, Vincennes
General Bernard Lauriston, Archives Nationales, Paris
Sir Hudson Lowe, British Library, London
Susan Marie Mackenzie, Beinecke Library, Yale
Hugues Maret, Service Historique de la Défense, Vincennes
Marshal Joachim Murat, Service Historique de la Défense, Vincennes
Comte Louis de Narbonne, Archives Nationales, Paris
François de Neufchâteau, Archives Nationales, Paris
Frederick Sheldon Parker, Sterling Memorial Library, Yale
Louis-Marie de la Revellière-Lépeaux, Beinecke Library, Yale
Count Pierre-Louis Roederer, Archives Nationales, Paris
Fyodr Rostopchin, Russian State Military Historical Archive, Moscow
Marshal Gouvion Saint-Cyr, Archives Nationales, Paris

General Barthélemy Schérer, Archives Nationales, Paris
Marshal Nicolas Soult, Archives Nationales, Paris
Adolphe Thiers, Bibliothèque Thiers, Paris
Sir Thomas Tyrwhitt, Beinecke Library, Yale
Marshal Claude Victor-Perrin, Archives Nationales, Paris
Jane Waldie Watts, Beinecke Library, Yale
War Ministry, Service Historique de la Défense, Vincennes
Sir Nathaniel Wraxall, Beinecke Library, Yale

# 索　引

# 译后记

在翻译本书的过程中，我得到了很多前辈和同人的帮助，在此谨向他们致以由衷的谢意。我尤其要感谢《鏖战欧罗巴——俄国与拿破仑的决战》译者吴畋的悉心指导以及中国拿破仑论坛版主黎炜健在资料查询和译稿审阅上的长期支持。

由于个人水平有限，译文难免有疏漏之处，敬请读者谅解并批评指正。

补充一点，国内曾翻译不少拿破仑时代的作品，其中一些译名存在争议。本书译名主要依照新华社标准，与常见译名有一定区别，故列出对照，供读者参考。

| 本书译名 | 常见译名 |
|---|---|
| 柏柏里（Barbary） | 巴巴里 |
| 拜恩（Bavaria） | 巴伐利亚 |
| 巴格拉季翁（Bagration） | 巴格拉季昂 |
| 本尼希森（Bennigsen） | 本尼格森 |
| 布列讷（Brienne） | 布里埃纳 |
| 布列纳（Bourrienne） | 布里昂 |
| 布洛涅（Boulogne） | 布伦 |
| 布吕内（Brune） | 布律纳 |
| 昂吉安（Enghien） | 当甘 |

| | |
|---|---|
| 弗里德里希（Frederich） | 腓特烈 |
| 海尔斯贝格（Heilsberg） | 海尔斯堡 |
| 约翰·穆尔（John Moore） | 约翰·摩尔 |
| 康沃利斯（Cornwallis） | 康华里 |
| 柯尼希斯贝格（Königsberg） | 柯尼斯堡 |
| 拉斐特（Lafayette） | 拉法耶特 |
| 曼托瓦（Mantova） | 曼图亚 |
| 莫尔捷（Mortier） | 莫蒂埃 |
| 奈伊（Ney） | 内伊 |
| 纽伦贝格（Nuremberg） | 纽伦堡 |
| 维梅鲁（Vimeiro） | 维米埃罗 |
| 维斯瓦河（Wisła） | 维斯杜拉河 |

**图书在版编目（CIP）数据**

拿破仑大帝：全 2 册/（英）罗伯茨（Roberts，A.）
著；苏然译.—北京：社会科学文献出版社，2016.4
（2024.1 重印）
ISBN 978 - 7 - 5097 - 8717 - 5

Ⅰ.①拿… Ⅱ.①罗… ②苏… Ⅲ.①拿破仑，B.
（1769~1821）- 传记 Ⅳ.①K835.655.2

中国版本图书馆 CIP 数据核字（2016）第 022447 号

**拿破仑大帝**（上、下册）

著　　者／〔英〕安德鲁·罗伯茨（Andrew Roberts）
译　　者／苏　然

出 版 人／冀祥德
项目统筹／段其刚　董风云
责任编辑／张金勇
责任印制／王京美

出　　版／社会科学文献出版社·甲骨文工作室（分社）（010）59366527
　　　　　地址：北京市北三环中路甲 29 号院华龙大厦　邮编：100029
　　　　　网址：www.ssap.com.cn
发　　行／社会科学文献出版社（010）59367028
印　　装／三河市东方印刷有限公司

规　　格／开本：889mm×1194mm　1/32
　　　　　印张：37.375　插页：1　字数：845 千字
版　　次／2016 年 4 月第 1 版　2024 年 1 月第 9 次印刷
书　　号／ISBN 978 - 7 - 5097 - 8717 - 5
著作权合同
登 记 号／图字 01 - 2014 - 7476 号
定　　价／158.00 元（上、下册）

读者服务电话：4008918866